Jüdische Geschichte in Berlin

Essays und Studien

Herausgegeben von Reinhard Rürup

Edition Hentrich

Bei dem vorliegenden Band handelt es sich um eine Begleitveröffentlichung zu der Ausstellung »Jüdische Geschichte in Berlin. Bilder und Dokumente«, die von der Stiftung Topographie des Terrors, Berlin, im Auftrag der Stiftung Neue Synagoge – Centrum Judaicum, Berlin, erarbeitet wurde und vom 8. Mai 1995 bis 31. Januar 1996 in der Neuen Synagoge, Oranienburger Straße 29, 10117 Berlin-Mitte gezeigt wird.

Redaktion:
Professor Dr. Reinhard Rürup
Susanne Köstering, M.A.

Gestaltung und Herstellung:
Blank & Reschke, Berlin

Druck: Druckhaus Hentrich, Berlin
Bindung: Buchbinderei Stein, Berlin

Edition Hentrich
ISBN 3-89468-182-9
Erste Auflage 1995
Printed in Germany

Inhalt

Einleitung

Reinhard Rürup

Berlin ist – im Guten wie im Bösen – ein zentraler Ort der jüdischen Geschichte, und die jüdische Geschichte ist zugleich ein konstitutives Element der Berliner und der deutschen Geschichte. Spätestens seit der zweiten Hälfte des 18. Jahrhunderts sind die allgemeine jüdische Geschichte und die Geschichte Berlins untrennbar miteinander verbunden: Ihr Schnittpunkt ist die jüdische Geschichte in Berlin. Heute ist diese Geschichte dauerhaft überschattet durch den Völkermord an den europäischen Juden, der von Berlin aus ins Werk gesetzt wurde. In Berlin saßen die Verantwortlichen für den Tod von fünf bis sechs Millionen Menschen, die der »Vernichtung durch Arbeit« und den unmenschlichen Verhältnissen in den Lagern und Zwangsghettos zum Opfer fielen oder von den »Einsatzgruppen« und in den Vernichtungslagern ermordet wurden.
Gut anderthalb Jahrhunderte früher aber war Berlin schon auf eine andere, positive Weise mit der Weltgeschichte des Judentums verbunden. Im Zeitalter der Aufklärung wurden hier von Moses Mendelssohn und seinen Freunden die Grundlagen des modernen Judentums erarbeitet, wurden die inneren Voraussetzungen für die jüdische Existenz in einer modernen, nichtjüdischen Gesellschaft geschaffen. Und zur gleichen Zeit wurde in Berlin – im Jahrzehnt vor der Französischen Revolution von 1789 – erstmals in Europa das politische Programm der Emanzipation, der gleichberechtigten Integration der Juden in die entstehende moderne Gesellschaft, formuliert. Für rund fünf Generationen trugen Berliner Juden dann wesentlich dazu bei, die Grundformen modernen jüdischen Lebens zu entwickeln: Das galt für die radikale Reform und das liberale Judentum, für die ›Wissenschaft des Judentums‹ und die moderne Orthodoxie, für das assimilierte Bürgertum und den Zionismus, für unterschiedliche Formen säkularisierter jüdischer Existenz und die ›Jüdische Renaissance‹. Und andererseits: In keiner anderen großen deutschen und europäischen Stadt konnten sich anderthalb Jahrhunderte lang so viele jüdische Begabungen entfalten, in keiner anderen Stadt war der Anteil der Juden an den allgemeinen wirtschaftlichen, sozialen und kulturellen Entwicklungen so stark und prägend wie in Berlin. Es fehlte gewiß nicht an Gegenströmungen – Berlin spielte eine wichtige Rolle bei der Entstehung des modernen Antisemitismus -, doch war die jüdische Geschichte in Berlin bis 1933 im wesentlichen eine Erfolgsgeschichte, eine Geschichte des oft steilen wirtschaftlichen und sozialen Aufstiegs und der ungewöhnlichen wissenschaftlichen und künstlerischen Leistungen. Berlin war der Ort, an den diejenigen zuerst und vor allem dachten, die von einer »deutsch-jüdischen Symbiose« sprachen – es war der gleiche Ort, der wenig später zur Befehlszentrale des Völkermords wurde.

Die ältere Geschichte der Juden in Berlin ist wenig aufregend und bedarf im Rahmen einer Betrachtung, die dem besonderen Profil der berlinisch-jüdischen Geschichte gewidmet ist, keiner eingehenden Erörterung. Immerhin ist es bemerkenswert, daß das älteste schriftliche Zeugnis, in dem Berlin genannt wird, und der älteste überlieferte Grabstein des jüdischen Friedhofs in Spandau aus dem gleichen Jahr 1244 stammen. Die Geschichte der Stadt und die Geschichte der Juden, über die in den ersten Jahrhunderten wenig bekannt ist, sind damit von Anfang an ineinander verschränkt. Die Juden, die hier wie überall auf den Handel und das Geldgeschäft verwiesen wurden, hatten vermutlich einen gewissen Anteil an der wirtschaftlichen Blüte Berlins im späten Mittelalter, doch waren sie auch immer wieder Opfer von Verfolgungen und Vertreibungen. Es entstand keine große jüdische Gemeinde, die eine überregionale Bedeutung gehabt hätte, und es gibt keine Anzeichen für eine auch nur vorübergehende Blüte jüdischer Kultur. Überregionale Aufmerksamkeit fanden vor allem zwei große Prozesse mit anschließenden öffentlichen Hinrichtungen, deren Opfer Juden waren. So kamen 1510 unter der Anklage eines »Hostienfrevels« fünfzig Juden durch die Folter, auf dem Scheiterhaufen und durch den Strick ums Leben, und 1573 wurde der bis dahin einflußreiche kurfürstliche »Hofjude« Lippold auf grausamste Weise vom Leben zum Tode befördert. Mit der Vertreibung der Juden »auf alle Ewigkeit«, die dieses Mal immerhin fast genau hundert Jahre währte, ging die ältere jüdische Geschichte in Berlin abrupt zu Ende.

Als 1671 die ersten, aus Wien vertriebenen, jüdischen Familien die Erlaubnis erhielten, sich in Berlin niederzulassen, war das ein völliger Neuanfang, ohne Kontinuität zu den früheren Jahrhunderten jüdischer Geschichte in der Stadt. Die Entscheidung, Juden nicht nur erneut zuzulassen, sondern sie sogar anzuwerben, diente – ebenso wie die Aufnahme der Hugenotten und anderer christlicher Glaubensflüchtlinge – der wirtschaftlichen Entwicklung der immer noch an den Folgen des Dreißigjährigen Krieges laborierenden Stadt. Es ging um »reiche, wohlhabende Leute«, und auch im 18. Jahrhundert wurde von fremden Juden, die sich in Berlin niederlassen wollten, ein Vermögen von mindestens 10000 Talern verlangt. Auf diese Weise entstand eine jüdische Gemeinde, die insgesamt durch einen bemerkenswerten Wohlstand gekennzeichnet war und deshalb auch in wirtschaftlicher Hinsicht völlig den Erwartungen entsprach, die an die Ansiedlung von Juden geknüpft worden waren. Obwohl die Zahlen niedrig blieben – 1700 wurden 117 Familien gezählt, und um 1800 waren es, bei einer Gesamteinwohnerzahl von 172000, nicht mehr als 3000 Personen –, bildete die jüdische Bevölkerung bald einen unverzichtbaren Teil des Berliner Wirtschaftslebens. Die Juden waren als Händler und Kreditgeber, als Hof- und Heereslieferanten, seit der Mitte des 18. Jahrhunderts auch als Münzmeister und nicht zuletzt als vorindustrielle Manufakturunternehmer tätig und bildeten – bei immer noch eingeschränkten Rechten – eine großbürgerliche Schicht, die über prachtvolle Stadthäuser und Landsitze, über Bibliotheken, Gemäldesammlungen und andere Kostbarkeiten verfügte. Die großen Familien Ephraim und Itzig waren die wichtigsten Repräsentanten der jüdischen Oberschicht, die sich zumindest in der zweiten Hälfte des 18. Jahrhunderts durch allge-

meine Bildung und großzügige Geselligkeit auszeichnete und die – ohne Bruch mit dem überlieferten Judentum – um eine moderne, der europäischen Aufklärung verpflichtete Erziehung ihrer Kinder bemüht war.
Das Ansehen, das diese Oberschicht auch über die jüdische Gemeinde hinaus genoß, fand seinen Ausdruck in zwei bemerkenswerten Vorgängen des ausgehenden 18. Jahrhunderts. Während die allgemeine Emanzipationsgesetzgebung noch auf sich warten ließ, entschloß sich der preußische König 1791, dem Hofbankier Itzig und den Familien seiner Söhne und Töchter, also einem großen Teil der jüdischen Oberschicht in der Stadt, die »Naturalisation«, d.h. die volle rechtliche Gleichstellung mit den Christen, zu gewähren. Zwei Jahre später war es das Schöneberger Anwesen seines älteren Sohnes Isaac Daniel Itzig, des Oberhofbankiers und Straßenbauinspekteurs, von dem aus die künftige Königin Luise in einem großen Festzug in die Stadt geleitet wurde. Uniformiert und mit Degen ausgestattet, marschierte im Festzug ein »Korps junger Kaufleute jüdischer Nation«, wie die ›Vossische Zeitung‹ berichtete, und wie selbstverständlich gehörten die Ältesten der Jüdischen Gemeinde zu den Repräsentanten der Stadt, die an einer Ehrenpforte ihren Willkommensgruß entboten. Die ›Jüdische Kolonie‹, wie man sich jetzt in Analogie zur hugenottischen ›Französischen Kolonie‹ gern nannte, war Mitträger und Mitgestalter des festlichen Zeremoniells.
Inzwischen hatte sich in Berlin, mit Duldung und auch Unterstützung der jüdischen Unternehmerschicht, eine andere Entwicklung vollzogen, die von grundlegender Bedeutung für die allgemeine jüdische Geschichte wurde. In der zweiten Hälfte des 18. Jahrhunderts bildete sich eine kleine, aber einflußreiche Gruppe jüdischer Aufklärer, die sich eine Reform jüdischen Denkens und Lebens zum Ziel setzte, um jüdische Tradition und moderne Welt miteinander zu verbinden. Im Mittelpunkt dieser Bewegung stand Moses Mendelssohn. Er war 1743 als junger Talmud-Schüler nach Berlin gekommen und trat ein gutes Jahrzehnt später bereits als Verfasser philosophischer Schriften im Geiste der europäischen Aufklärung hervor. Er war mit Lessing und Nicolai befreundet, wurde Mitglied der wichtigsten Berliner Aufklärungsvereinigungen, fand Anerkennung auch über die deutschen Grenzen hinaus – seine Bücher wurden in viele europäische Sprachen übersetzt -, blieb aber stets ein treues Mitglied seiner Gemeinde, das sein Leben den jüdischen Gesetzen entsprechend führte. Durch Mendelssohn, seine Weggenossen und seine Schüler wurde Berlin zur Wiege des modernen Judentums, eines Judentums, das sich als aktiver, mitgestaltender Teil der entstehenden modernen Gesellschaft verstand.
Als Mendelssohn 1786 starb, war die Frage, ob ein Jude als Jude in einer nichtjüdischen Gesellschaft leben könne, theoretisch wie praktisch entschieden. Der »Aufbruch aus dem Ghetto« hatte begonnen. In den achtziger und neunziger Jahren entstanden in Berlin die berühmten Salons junger, geistreicher und gebildeter jüdischer Frauen, in denen sich Juden und Christen, Bürger und Adlige in ungezwungener intellektueller Geselligkeit begegneten. Henriette Herz und Rahel Levin (später Varnhagen) wurden zu den bewunderten Mittelpunkten eines geistigen Lebens zwischen Aufklärung und Romantik. Im Zusammenhang mit den Salons zeigten sich allerdings auch erste Auflösungserscheinungen im Berliner Judentum. Nicht wenige Angehörige der gebil-

deten Oberschicht ließen sich in den ersten Jahrzehnten des 19. Jahrhunderts taufen, um den Schritt in die bürgerliche Welt konsequent und ohne Belastung durch die jüdische Tradition zu tun. Übertreibend ist gelegentlich von einer »Taufepidemie« in Berlin gesprochen worden. Das traf für die Masse der jüdischen Bevölkerung nicht zu, doch war der Übertritt zum Christentum in den wirtschaftlich und kulturell führenden Familien bis um 1830 nicht gerade selten.
In der großen Zeit der Berliner Salons bis 1806 galten in Berlin wie in ganz Preußen und im übrigen Deutschland noch immer »Judenrechte«, diskriminierende Sonderrechte für die Juden. Das war deshalb besonders auffällig, weil die europäische Emanzipationsdiskussion ihren Ausgang in Berlin genommen hatte. Als 1781 Christian Wilhelm Dohm im Verlag von Friedrich Nicolai sein epochemachendes Buch »Über die bürgerliche Verbesserung der Juden« veröffentlichte, lag zum ersten Mal eine systematisch argumentierende politische Theorie der Emanzipation, d.h. der rechtlichen Gleichstellung und sozialen Integration der Juden, unter den Voraussetzungen der Aufklärung und des modernen Staates vor. Daß das in Berlin geschah, war durchaus nicht dem Zufall geschuldet. Die Berliner Juden – die erfolgreichen Unternehmer ebenso wie die jüdischen Intellektuellen – bildeten den konkreten Erfahrungshintergrund für die Entwicklung der emanzipatorischen Theorie. Mit Dohms Buch begann die deutsche und internationale Debatte über die rechtliche Gleichstellung der Juden, die von Mirabeau in das vorrevolutionäre Frankreich getragen wurde und mit der Revolution schon 1791 zu einem positiven Abschluß kam. Den in Berlin erbrachten theoretischen Leistungen folgten jahrzehntelang keine praktischen Schritte, so daß erst die Gesetzgebung der preußischen Reformzeit den Durchbruch brachte. 1808 erhielten die Berliner Juden durch die Steinsche Städteordnung Stadtbürgerrechte, 1812 wurden ihnen die Staatsbürgerrechte zuerkannt. Erst die judenfeindliche Tendenz der preußischen Regierung zwischen 1815 und 1848 zeigte, daß das Emanzipationsedikt nicht, wie zunächst geglaubt, der Abschluß, sondern der Anfang der Emanzipationsgesetzgebung war.
Unbeschadet der Tatsache, daß die volle rechtliche Gleichstellung bis zur Revolution von 1848 und – wegen des entgegenstehenden Prinzips des ›christlichen Staates‹ – sogar bis zur Gesetzgebung des Norddeutschen Bundes von 1869 auf sich warten ließ, schritt der Prozeß der Integration und Assimilation der jüdischen Minderheit in Berlin in raschem Tempo, wenn auch nicht ohne Widerstände und Gegenströmungen, voran. Die Berliner Juden wurden zu einem wesentlichen Bestandteil der Trägerschicht der neuen, durch Kapital und Industrie, Freiheits- und Eigentumsrechte geprägten Gesellschaft. Ihre Zahl stieg von 3373 im Jahre 1815 auf knapp 10 000 im Jahre 1849; sie betrug bei der Reichsgründung schon 36 000 und wuchs, die Berliner Vororte eingeschlossen, bis 1910 auf 130 000. Der Höchststand wurde 1925 mit knapp 175 000 Personen erreicht. Da die Gesamtbevölkerung in annähernd gleichem Tempo anstieg, blieb der jüdische Bevölkerungsanteil in Berlin, der bis zur Mitte des 19. Jahrhunderts bei etwa zwei Prozent lag, in den späteren Jahrzehnten mit vier bis fünf Prozent relativ stabil. Dabei war die Verteilung der jüdischen Wohnbevölkerung in Berlin bzw. ›Groß-Berlin‹ durchaus unterschiedlich. Von den alten Wohngebieten in der Mitte der Stadt, die wegen der großen Zahl jüdi-

scher Einrichtungen immer ein Zentrum blieben, zogen die sozial Aufsteigenden zunächst nach Tiergarten, dann nach Charlottenburg, Wilmersdorf und Schöneberg. Von den zwanzig Bezirken der 1920 gebildeten Großgemeinde Berlin hatten acht nur einen Anteil von weniger als einem Prozent der jüdischen Gesamtbevölkerung, während in den sechs Bezirken Mitte, Charlottenburg, Wilmersdorf, Prenzlauer Berg, Schöneberg und Tiergarten über achtzig Prozent (in Mitte, Charlottenburg und Wilmersdorf allein 49 Prozent) aller Juden wohnten.
Unübersehbar war der wirtschaftliche Erfolg der Berliner Juden auch im 19. und frühen 20. Jahrhundert. Sie traten als Großhändler und Bankiers, als Textilfabrikanten und Konfektionisten, als Werkzeugmaschinenbauer und Elektroindustrielle, als Verleger und Warenhausbesitzer hervor, während die große Mehrzahl dem kaufmännischen und auch handwerklichen Mittelstand angehörte und im frühen 20. Jahrhundert mit den osteuropäischen Einwanderern sogar ein jüdisches Proletariat entstand. Aufs Ganze gesehen bildeten die Berliner Juden eine ausgesprochen bürgerliche Schicht – von den kleinen Selbständigen und den zahlreichen Angestellten über den gehobenen, vielfach akademischen Mittelstand bis zu der nicht geringen Zahl großbürgerlicher Existenzen. Das wirtschaftliche Gewicht läßt sich an wenigen Beispielen demonstrieren: In der ersten Hälfte des 19. Jahrhunderts stellten die Juden zeitweise rund die Hälfte aller Berliner Unternehmer, und eine Konfessionsstatistik von 1882 über die Inhaber und Direktoren der Berliner Banken weist einen jüdischen Anteil von über 55 Prozent aus. Eine Liste der zwanzig reichsten Männer in Berlin aus dem Jahre 1911, die von Kaiser Wilhelm II. angeführt wurde, enthält die Namen von zwölf Männern, die jüdisch oder jüdischer Herkunft waren, wobei inzwischen mit Fritz von Friedländer-Fuld, Rudolf Mosse, Sigmund Aschrott, Eduard Arnhold, James Simon u.a. die Unternehmer deutlich vor den Bankiers rangierten. Und es waren nicht nur die wenigen großen Vermögen: Für 1905 ist festgestellt worden, daß die Berliner Juden, die zu diesem Zeitpunkt etwa fünf Prozent der Bevölkerung ausmachten, nicht weniger als 30,7 Prozent der Berliner Steuern aufbrachten. Es ist offensichtlich, wenn auch nicht genauer untersucht, daß sich die wirtschaftliche Situation der Berliner Juden in der Weimarer Republik, vor allem unter dem Einfluß der Inflation, deutlich verschlechterte. Große Kaufhäuser und Verlage, aber auch viele kleine Geschäfte gerieten zudem durch die anhaltende Wirtschaftskrise seit Ende 1929 unter starken Druck.
Wie keine andere Bevölkerungsgruppe öffnete sich das Berliner jüdische Bürgertum der höheren Bildung – der Bildung im Sinne des klassischen Bildungsideals, auch des Zugangs zu wissenschaftlichen Berufen und eines Mittels des sozialen Aufstiegs. 1867 waren rund 15 Prozent der Berliner Gymnasiasten jüdisch, und 1906 betrug der jüdische Anteil an den Schülern der Humanistischen Gymnasien 25 Prozent; jüdische Schülerinnen machten an den höheren Mädchenschulen im gleichen Jahr sogar 30 Prozent aus. Für das Universitätsstudium sind keine spezifisch Berliner Daten bekannt, doch dürften sie deutlich über den zehn Prozent liegen, die den Anteil jüdischer Studenten an den deutschen Universitäten zu Beginn des 20. Jahrhunderts bezeichnen. Dieser Ausbildungssituation entsprechend waren Juden in den akademischen Berufen stark vertreten. Da sie im Staatsdienst auch im Kaiserreich noch immer auf Widerstände

und judenfeindliche Praktiken stießen, wandten sie sich in besonders hohem Maße den freien Berufen zu, vor allem als Journalisten, Ärzte und Rechtsanwälte. Arzt und Anwalt wurden in Berlin geradezu die ›klassischen‹ jüdischen Akademikerberufe, so daß 1933 der jüdische Anteil unter den Berliner Rechtsanwälten 48 Prozent, unter den Berliner Ärzten 52 Prozent betrug. Von der Berliner Theaterkritik der zwanziger Jahre ist gelegentlich festgestellt worden, daß man unter den dreizehn führenden Kritikern nur zwei Nichtjuden finde, doch entziehen sich solche Beobachtungen und Bewertungen einer exakten Quantifizierung.

Zur Wissenschaftsstadt Berlin haben Juden erst relativ spät, dann allerdings umso nachdrücklicher, beigetragen. Bis zur Mitte des 19. Jahrhunderts und darüber hinaus war ihnen eine wissenschaftliche Karriere an der Berliner Universität, sofern sie sich nicht taufen ließen, praktisch versperrt. Erst allmählich lockerte sich die Diskriminierung, so daß jüdische Wissenschaftler vor allem in den medizinischen und naturwissenschaftlichen Disziplinen, aber auch in den Rechts- und Geisteswissenschaften, seit den zwanziger Jahren auch in den Sozialwissenschaften, hervortraten. Der eigentliche Durchbruch geschah schließlich 1911 mit der Gründung der ›Kaiser-Wilhelm-Gesellschaft für die Förderung der Wissenschaften‹, zu deren Institutsdirektoren von Richard Willstädter und Fritz Haber bis Albert Einstein in beträchtlichem Umfang jüdische Wissenschaftler – und spätere Nobelpreisträger – berufen wurden. Die jüdische Wissenschaft im engeren Sinne blieb allerdings bis zum Schluß von den staatlichen Bildungs- und Forschungseinrichtungen ausgeschlossen. Für einen großen Gelehrten wie Leopold Zunz gab es keine Universitätsprofessur, und die Wissenschaft des Judentums mußte sich ihre eigenen – von der Jüdischen Gemeinde oder jüdischen Vereinen getragenen – Einrichtungen schaffen.

Die künstlerischen Begabungen entfalteten sich am eindrucksvollsten in der Musik: Von Giacomo Meyerbeer und Felix Mendelssohn Bartholdy bis zu Otto Klemperer und Bruno Walter, Arnold Schönberg und Kurt Weill waren jüdische Komponisten, Dirigenten und Solisten ein nicht wegzudenkender Teil des viel bewunderten Berliner Musiklebens. Das große Regie-Theater von Otto Brahm, Max Reinhardt und Leopold Jessner begründete eine neue Epoche in der Berliner Theatergeschichte, und Schauspielerinnen und Schauspieler wie Albert Bassermann, Elisabeth Bergner, Alexander Granach, Lucie Mannheim und viele andere feierten Triumphe auf der Bühne wie im Film. Auch die Entwicklung der modernen Formen von Kunst und Unterhaltung – Film und Funk, Revue und Kabarett – ist ohne jüdische Künstler und Unternehmer nicht vorstellbar. Es war schließlich auch kein Zufall, daß Max Liebermann 1920 zum Präsidenten der Preußischen Akademie der Künste gewählt wurde oder daß der bedeutendste Berlin-Roman der zwanziger Jahre mit Alfred Döblin einen jüdischen Autor hatte. Was Joseph Roth 1933, aus Berlin vertrieben, über die Schriftsteller notierte, läßt sich auch über das Werk vieler anderer jüdischer Künstler – und mancher Wissenschaftler – in Berlin sagen: »Das unbestreitbare Verdienst der jüdischen Schriftsteller für die deutsche Literatur besteht in der Entdeckung und literarischen Auswertung des Urbanismus. Die Juden haben die Stadtlandschaft und die Seelenlandschaft des Stadtbewohners entdeckt und geschildert. Sie haben die ganze Vielschichtigkeit der städtischen Zivilisation entschleiert.«

Aufmerksame Beobachter haben seit dem späten 18. Jahrhundert immer wieder die besondere Bedeutung der Juden für das gesellschaftliche Leben und die Kultur der Stadt hervorgehoben. Das bezog sich zunächst vor allem auf die Salons und auf die wissenschaftlich-künstlerische Geselligkeit in den großbürgerlichen Häusern solcher Familien wie Beer und Mendelssohn, wurde in späteren Jahren aber zunehmend verallgemeinert. Theodor Fontane, der von sich selber sagte, daß er »nicht eigentlich ein Philosemit« sei, kam 1890 in einem Brief zu dem zögernden Schluß, er habe »unserm von mir aufrichtig geliebten Adel gegenüber einsehen müssen, daß uns alle Freiheit und feinere Kultur, wenigstens hier in Berlin, vorwiegend durch die reiche Judenschaft vermittelt wird«. Wenig später notierte er in einem nicht veröffentlichten Manuskript mit der gleichen widerwilligen Anerkennung: » [...] die Juden als Träger feiner Bildung und Sitte. Natürlich vielfach nicht. Aber vielfach *doch*.« Für Fontane war auch der »berlinisch-jüdische Geist«, dessen Entstehung er mit dem Zeitalter der Aufklärung und der Bildung eines bürgerlichen Mittelstandes verband, keine Erfindung, sondern unmittelbare Wirklichkeit. In einem scharfsinnigen Essay über das moderne Berlin schrieb 1910 Karl Scheffler, der die Berliner Juden zu den wichtigsten Vertretern einer »bürgerlichen Familienkultur« in Berlin rechnete: »In der Tat ist das bürgerliche Patriziat, soweit in Berlin davon überhaupt die Rede sein kann, im wesentlichen aus dem Judentum hervorgegangen.« Wer immer über Berlin nachdachte, konnte nicht die Tatsache übersehen, daß die Juden Geist und Struktur der Stadt wesentlich prägten. Leistung und Bedeutung der Berliner Juden sind von Gottfried Benn, der nicht zu ihren kritiklosen Bewunderern gehörte, am einprägsamsten benannt worden: »Der Glanz des Kaiserreichs, sein innerer und äußerer Reichtum, verdankte sich sehr wesentlich dem jüdischen Anteil der Bevölkerung. Die überströmende Fülle von Anregungen, von artistischen, wissenschaftlichen, geschäftlichen Improvisationen, die von 1918-1933 Berlin neben Paris rückten, entstammte zum großen Teil der Begabung dieses Bevölkerungsanteils, seinen internationalen Beziehungen, seiner sensitiven Unruhe und vor allem seinem todsicheren Instinkt für Qualität.«

Das war – und ist – eine ungewöhnlich eindrucksvolle Bilanz. Und dennoch erfolgte der Absturz von 1933 an in einem atemberaubenden Tempo. Schon mit den ersten gesetzlichen Bestimmungen, die sich ausschließlich gegen die Juden richteten, war die rechtliche Gleichstellung aufgehoben, war die in einem langen Prozeß erkämpfte Emanzipation rückgängig gemacht. In ungehemmter Radikalität wurden anderthalb Jahrhunderte der berlinischen – und deutschen – Geschichte zur Fehlentwicklung erklärt, die es nun zu revidieren galt. Die bewunderten Leistungen, die jüdische Wissenschaftler und jüdische Unternehmer, jüdische Künstler und jüdische Mäzene für das Gemeinwesen erbracht hatten – sie alle galten plötzlich nicht mehr, wurden im Gegenteil als eine Überfremdung und Bedrohung ›deutschen Wesens‹ denunziert. In der Tradition der ›völkischen‹ Propagandisten des ausgehenden 19. Jahrhunderts wurde ›deutsch‹ nun auch offiziell so definiert, daß es Jüdisches ausschloß. Die Trennung von ›Deutschen‹ und ›Juden‹ wurde zum Programm, an die Stelle der Integration trat die Segregation. Mit den Zwangsmitteln des Staates und der antisemitischen Propaganda wurden die Juden künstlich zu Fremden gemacht – »Aus Nachbarn wurden Juden«, wie es treffend im Titel einer Berliner

Ausstellung des Jahres 1988 hieß. Der Entrechtung und sozialen Ausgrenzung folgte die Vertreibung, und am Ende stand die sogenannte ›Endlösung‹ einer in Wirklichkeit gar nicht existierenden ›Judenfrage‹: die planmäßige Ermordung aller Juden, deren das Verbrechensregime habhaft werden konnte. Ab Frühjahr 1943 galt Berlin offiziell als ›judenfrei‹. Über 90 000 Menschen hatten die Stadt und das Land zwangsweise verlassen, etwa 55 000 wurden bis zum Ende der NS-Herrschaft ermordet. Nicht wenige hatten sich angesichts der Verfolgungen und der drohenden Deportation das Leben genommen. Von etwa 5000 Menschen, die im Laufe des Krieges in Berlin ›untertauchten‹, überlebten rund 1300. Dazu kamen, neben den wenigen, die aus den Lagern zurückkehrten, etwa 4000 bis 5000 Jüdinnen und Juden, die der Deportation entgingen, weil sie in sogenannten ›Mischehen‹ lebten.

Vertreibung und Völkermord bedeuteten für Berlin das Ende einer Geschichte, die noch wenige Jahre vorher zu den Höhepunkten jüdischer und deutscher Geschichte gehört hatte. Daß es auch nach dem Ende des ›Dritten Reiches‹ wieder eine Jüdische Gemeinde in Berlin gab, hatte zunächst vor allem damit zu tun, daß für die Überlebenden gesorgt werden mußte, ehe sie das Land verlassen würden. Es vergingen viele Jahre, ehe es überhaupt wieder möglich schien, daß jüdisches Leben in Berlin mehr als ein Übergangsphänomen sein konnte. Auch heute, wo wieder eine Gemeinde mit mehr als 10 000 Mitgliedern besteht, erscheint im Blick auf die Geschichte der Bruch größer als die Kontinuität.

Der Neubeginn jüdischen Lebens in Berlin seit 1671: Die ersten Generationen

Stefi Jersch-Wenzel

Die Geschichte der Juden in Berlin ist etwa so alt wie die der Stadt Berlin. Schon vom 13. bis zum 16. Jahrhundert hatten sich Juden mehrmals für einige Jahre oder Jahrzehnte hier niedergelassen.[1] Diese Ansiedlungen wurden jedoch häufig nach kurzer Zeit durch Vertreibung wieder aufgelöst, begründet mit den im Mittelalter in Notzeiten verbreiteten Verdächtigungen der Hostienschändung, des Ritualmordes an christlichen Kindern oder auch der Brunnenvergiftung, also der vorsätzlichen Verbreitung von Epidemien, wie der Pest, durch die Juden. Mit der Hinrichtung des Münzmeisters Lippold, dem man vorwarf, seine Position als Günstling und Finanzberater Kurfürst Joachims II. ausgenutzt und den Fürsten schließlich umgebracht zu haben, erfolgte gleichzeitig (1573) eine Vertreibung aller Juden aus der Mark Brandenburg.
Danach lebten fast hundert Jahre lang keine Juden auf längere Zeit in der Stadt. Ein Wandel trat erst ein, als sich auch in Brandenburg-Preußen die absolutistischen, auf Machtzuwachs angelegten Regierungsziele durchzusetzen begannen. Friedrich Wilhelm, der ›Große Kurfürst‹, forderte im Laufe seiner Regierungszeit (1640–1688) Fremde mehrerer Nationalitäten auf, sich in seinem Herrschaftsgebiet niederzulassen. Das durch Kriege, Mißernten und Entvölkerung in seiner Entwicklung weit zurückgeworfene Land brauchte einen erheblichen Bevölkerungszuwachs, vor allem aber Arbeitskräfte, die über noch nicht oder zu wenig vorhandene Kenntnisse und Fertigkeiten verfügten und damit den wirtschaftlichen Aufschwung beschleunigen konnten. Angeworbene Niederländer oder die aus Frankreich geflüchteten Hugenotten waren vor allem Fachleute in Landwirtschaft und Gewerbe aus Ländern, deren Wirtschaft florierte; die Juden galten als Spezialisten in der Kapital- und Kreditwirtschaft wie auch im Warenhandel. Als 1670 einige von den aus Wien vertriebenen Juden um Aufnahme in Brandenburg-Preußen und speziell in der Residenzstadt Berlin baten, erließ der Kurfürst daher nach eingehenden Erkundigungen und Verhandlungen am 21. Mai 1671 das »Edikt wegen aufgenommenen 50 Familien Schutz-Juden, jedoch daß sie keine Synagoge halten«.[2]

In zehn Punkten werden darin für die Juden die Gründe für die Aufnahme, die angebotenen Niederlassungsorte und -bedingungen, die Voraussetzungen für eine Berufstätigkeit, die Bedingungen für die Abhaltung von Gottesdiensten sowie Fragen der Rechtsprechung abgehandelt. Das Edikt beginnt mit einer Einleitung, in der die Motive und das Ziel der Aufnahme benannt werden. Es ist bemerkenswerterweise noch bis ins 20. Jahrhundert als »ein schönes Denkmal der Toleranz«[3] bezeichnet worden. Der Kurfürst gewährt darin »aus besonderem Anlaß« – »und auf untertänigstes Anhalten« einiger österreichischer Juden – fünfzig »von andern Orten sich wegbegebenden« jüdischen Familien Aufnahme in der Mark Brandenburg. Der Grund für die um

Niederlassungsrechte nachsuchenden Juden, ihre bisherige Heimat zu verlassen – ihre im Februar 1670 vom Kaiser verfügte Vertreibung aus Wien –, wird nicht erwähnt. Vielmehr nennt bereits die Einleitung des Ediktes, wohl auch um Widerständen anderer Bevölkerungsgruppen entgegenzutreten, die Absicht dieses Aktes: »die Beförderung Handels und Wandels« durch die Ansiedlung einer begrenzten Zahl von »reiche[n], wohlhabende[n] Leute[n] [...], welche ihre Mittel ins Land bringen und hier anlegen wollten«. Sie können sich in »unsere Lande der Kur- und Mark Brandenburg, auch in Unser Herzogtum Krossen und incorporirte Landen« begeben und sich dort an dem Ort niederlassen, der ihnen am günstigsten erscheint. Miete, Kauf oder der Bau von Häusern sollen ihnen gestattet sein, was zwar – da keine zahlenmäßige Begrenzung genannt wird – im Vergleich zu den Verordnungen des 18. Jahrhunderts sehr großzügig erscheint, aber nur mit Einschränkung so beurteilt werden kann, besonders wenn man berücksichtigt, daß jeder Kauf oder Neubau »wiederkäuflich« geschehen soll. Gegen Erstattung der Unkosten ist es also jedem Christen gestattet, die von Juden wiederhergestellten Häuser oder die neubebauten Grundstücke zurückzuerwerben. Eine Befreiung von Abgaben findet für Juden nicht statt. Sie haben »Zölle, item Accise und doppelte Metze,« wie die übrigen Einwohner zu zahlen, bleiben allerdings innerhalb der brandenburgisch-preußischen Gebiete vom Leibzoll befreit. Den Beginn der im 18. Jahrhundert bis zur Existenzvernichtung ansteigenden Sonderabgaben für das bloße Aufenthaltsrecht bilden die acht Reichstaler Schutzgeld, die jede Familie jährlich zahlen muß, und ein Goldgulden für jede Heirat. Wegen der übrigen öffentlichen Lasten sollen sich die Juden mit dem jeweiligen Magistrat, notfalls auch mit dem Kurfürsten selbst, in Verbindung setzen. – In den Bereich der Niederlassungsbedingungen gehört auch die den instrumentellen Charakter der Judenansiedlung deutlich machende Befristung des Privilegs auf einen Zeitraum von zwanzig Jahren.
Die Nichtaufnahme von Juden als einer der nicht zunftfähigen Bevölkerungsgruppen in die Zünfte und Innungen versteht sich offenbar im Rechtsbewußtsein der Zeit von selbst. Im Aufnahmeedikt von 1671 wird ihnen von vornherein und ausschließlich der Handel als wirtschaftliches Betätigungsfeld zugewiesen, wobei für die Wahl der Handelsgüter keine Einschränkung vorgenommen ist. Ausdrücklich zugestanden wird ihnen der Besitz von offenen Buden, der Verkauf von Tüchern und Schnittwaren beziehungsweise deren später so umstrittene ellenweise Ausmessung, das Halten von großen und kleinen Gewichten, sofern kein anderer dadurch Nachteile hat, sowie der Handel mit alten und neuen Kleidern und mit Wolle und Spezereien sowohl am Wohnort als auch auf den Jahr- und Wochenmärkten des Landes. Darüber hinausgehende Erklärungen zur Art des Handels sind Ermahnungen, wie sie seit dem Mittelalter in fast allen die Juden betreffenden Verordnungen zu finden sind: die Warnung vor dem Handel mit gestohlenen Gütern – eine Situation, in die der nicht zur Gilde gehörende jüdische Händler leicht kommen konnte –, vor unerlaubt rücksichtslosem Handel und vor Wucher; die für die eigene Position im europäischen Geldhandel äußerst wichtige Anweisung, keine guten Münzen aus- oder schlechte einzuführen, sowie die Aufforderung, jede etwaige Kenntnis von gestohlenem Silber sofort zu melden.

Religiöse Einrichtungen werden ihnen nur begrenzt zugestanden. Während die Bestellung eines Rabbiners nicht angeführt, also weder erlaubt noch verboten wird, ist es ihnen ausdrücklich untersagt, »eine Synagoge zu halten«, das heißt ihren Gottesdienst öffentlich abzuhalten. Zugestanden wird ihnen nur die Zusammenkunft in ihren Häusern; sie können »allda ihr Gebet und Ceremonien, doch ohne gebendes Aergernis an die Christen, verrichten, bevorab sich alles Lästern und Blasphemirens bei harter Strafe enthalten«, sowie einen Schächter und einen Schulmeister einstellen. Die Magistrate werden angehalten, ihnen unverzüglich »um einen billigen Entgelt einen Ort zur Begrabung ihrer Toten« zu überlassen.
Während sich im Hinblick auf andere zuwandernde Gruppen von Glaubensflüchtlingen wie die Hugenotten der brandenburgischen Regierung die Aufgabe stellte, eine ständisch strukturierte Gruppe anderer Nationalität dem Staat einzufügen, entfiel bei den gesetzlichen Niederlassungsbestimmungen für das völlig außerhalb der ständischen Gesellschaft und nach eigenen, innergemeindlich bestimmten hierarchischen Prinzipien lebende europäische Judentum des 17. und 18. Jahrhunderts jede Form der Berücksichtigung eines besonderen Standes, wie er dem Verständnis der Zeit entsprochen hätte.
In den gleichen Themenkreis gehört die die Juden betreffende Regelung für den Kriegsfall. Da ihnen seit dem 12. Jahrhundert das Recht, Waffen zu tragen, abgesprochen wurde, soll auch in Brandenburg »der mehrgedachten Judenschaft gleich andern Unsern Untertanen in Unsern Festungen mit dem ihren zu flüchten unverboten sein, auch sie darin eingenommen und geduldet werden«.

Lange ging man davon aus, daß sich im Jahre 1671 tatsächlich und gemäß dem Edikt fünfzig Wiener jüdische Familien in Berlin und der Mark Brandenburg niedergelassen haben. Eine nähere Untersuchung erweist jedoch, daß in Berlin, dem Hauptniederlassungsort neben Frankfurt an der Oder, im Jahre 1671 erst die Zahl von neun jüdischen Familien erreicht war, von denen wiederum nur sieben aus Österreich stammten.[4] Nach Brandenburg kam im wesentlichen nur ein Verwandtenkreis: der Rabbinatsassessor Model Ries, sein Schwager Benjamin Mirels-Fränkel, die Söhne Model Ries', Abraham, Koppel und Hirschel, sowie Abraham Ries' Schwiegervater Jakob Gumprecht und Abraham Ries' Schwager Benedikt Veit, der zugleich ebenfalls ein Schwiegersohn Jakob Gumprechts war. Darüber hinaus baten nur die österreichischen Juden David Nathan und Hirschel Lazarus um Aufnahme, bei denen eine Verwandtschaft zur Familie Ries nicht nachzuweisen ist. Hinzu kamen im Laufe des Jahres 1672 zwei weitere jüdische Familien, Moses Leif (Moysis Levin) Lipschutz aus Helmstedt und Jeremias Jacob aus Halberstadt, also keine weiteren Flüchtlinge aus Österreich. Und auch bei den zwölf Juden, die das »Gemeindestatut der Berliner Judenschaft« vom 9. Juni 1674 unterzeichneten, dürfte es sich nicht um die Ältesten der Gemeinde, sondern um alle »vergleiteten«, also mit einem Schutz- und Geleitbrief versehenen Juden handeln, die sich in der Stadt bis zu diesem Zeitpunkt niedergelassen hatten. Ihre Zahl erweiterte sich bis 1688 auf mindestens 40 Familien, von denen 31 vergleitet und 9 unvergleitet waren. Erst im letzten

Jahrzehnt des 17. Jahrhunderts stieg die Mitgliederzahl der jüdischen Gemeinde in Berlin bis zum Jahre 1700 auf insgesamt 117 Familien, davon 70 vergleitete und 47 unvergleitete, an. Im Verhältnis zur Gesamtbevölkerung der Stadt, die sich im gleichen Zeitraum von 1670 bis 1700 nahezu vervierfachte, ist für den jüdischen Teil der Einwohner zwar ein stärkeres Anwachsen zu verzeichnen, doch stieg er von etwa 0,6 % zu Beginn der 1670er Jahre nur auf knapp 1 % um 1690 und auf etwa 2 % um 1700 an. Abgesehen von einem Anstieg auf fast 3 % um die Mitte des 18. Jahrhunderts, blieb er bis zum Beginn des 19. Jahrhunderts konstant bei 2 % oder etwas darüber.[5]

Die vollständige Ausstattung der Glaubensgemeinde mit den für die Einhaltung der religiösen Vorschriften erforderlichen Institutionen und dem dazu notwendigen Personal erfolgte erst allmählich. 1672, wenige Monate nach der Niederlassung, kaufte Model Ries, einer der aus Österreich eingewanderten Juden, den Platz für einen Friedhof, auf dem noch im gleichen Jahr Jakob Gumprecht, Schwiegervater Benedikt Veits, und im Jahr 1675 Model Ries selbst begraben wurden. Zur Organisation und Ausstattung der Beerdigungen sowie zur Unterstützung der Hinterbliebenen gründeten einige – wiederum österreichische – Gemeindemitglieder 1676 eine Beerdigungsgesellschaft, deren Vorsitzender über einen Zeitraum von vierzig Jahren Model Ries' Sohn Koppel war.[6]

Die Frage der Synagoge und damit zugleich der Schule entwickelte sich im Laufe der ersten Jahrzehnte nach der Niederlassung zu einem der Hauptstreitpunkte innerhalb der erst im Entstehen begriffenen Gemeinde. Die Gottesdienste sollten privat abgehalten werden. Welches ihrer Häuser dazu ausersehen werden sollte, wurde schon bald zur Prestigefrage zwischen schließlich vier rivalisierenden Familien mit ihren Anhängern. Die jahrelangen Auseinandersetzungen endeten im Jahre 1700 nach einem erbittert geführten Prozeß zunächst mit der Entscheidung, daß es nur noch zwei private Synagogen, die der Hoffaktorenfamilie Liebmann und die der österreichischen Familie Ries, geben solle und daß daneben eine öffentliche Synagoge allen Juden zugänglich gemacht werden müsse. Es dauerte wiederum lange, bis die neu erbaute Synagoge in der Heidereuthergasse 1714 eingeweiht werden konnte, während die Konzessionen für die privaten aufgehoben wurden.[7]

Weitaus schwieriger als zur Frage der Synagogen, die quasi in der Öffentlichkeit ausgetragen wurde, sind Nachrichten über die Gemeindebediensteten zu erhalten. Auf Vermittlung des Hoffaktors Israel Aaron wurde im Februar 1672 der bisherige Rabbiner für die wenigen in der Neumark ansässigen Juden, Rabbi Cain, als zuständig für die ganze Mark Brandenburg erklärt. Man kann jedoch annehmen, daß es in Berlin für jede Synagoge einen eigenen Rabbiner und zusätzliche Rabbinatsassessoren gegeben hat. Neben dem Gottesdienst gehörte die Erziehung der Kinder zu den dringendsten Erfordernissen der Gemeinde. Es ist zu vermuten, daß zunächst die größte Zahl der Kinder von Privatlehrern unterrichtet wurde. Erst in einem Dekret vom Februar 1696, der ersten erhaltenen Aufstellung von konzessionierten Gemeindebeamten, werden fünf Schulmeister genannt. Hinzu kommen zwei Schulklöpper, ein Vorsinger, ein Bassist, ein Krankenwärter und ein Totengräber. Eine weitere wichtige Funktion nahm die rituelle Schlachtung ein. Salomon Moses Aaron (Aaron Salomon) aus Glogau erhielt im Juli 1673 die Erlaubnis, sich in Berlin als Schlächter niederzulassen.[8]

Die Repräsentation der Gemeinde nach außen lag bei den Ältesten, die als jüdische Selbstverwaltungsinstanz eine jahrhundertelange Tradition aufweisen konnten. Ihr Aufgabenbereich umfaßte zunächst ähnlich dem des Rabbiners ein gewisses Strafrecht bei der Schlichtung von Streitigkeiten in der Synagoge. Sodann hatten sie die Abgaben je nach der Höhe des Vermögens auf die einzelnen Gemeindemitglieder zu verteilen, die Gemeindebediensteten zu überwachen und darauf zu achten, daß die in den Niederlassungsedikten wie in ergänzenden Reskripten und Deklarationen festgelegten Vorschriften eingehalten wurden. Zu ihren schwierigsten Pflichten rechnete aber offenbar die sowohl von staatlicher Seite als auch – als Selbstschutz – von den Juden selbst immer wieder angestrebte Abwehr der fremden, das heißt der unvergleiteten Juden.[9] Das Aufenthaltsrecht der Schutzjuden war gebunden an ihren wirtschaftlichen Nutzen für die Stadt und ihre Zahlungsfähigkeit im Hinblick auf die Abgaben. Wurden diese Voraussetzungen beeinträchtigt, z. B. dadurch, daß sie die »Einschleichung« fremder, zumeist armer Juden duldeten, konnten sie selbst in Gefahr geraten, den Schutz der Obrigkeit zu verlieren.

Nach anfänglichen organisatorischen Schwierigkeiten und Zuständigkeitsproblemen konsolidierte sich die Gemeinde in den ersten Jahrzehnten des 18. Jahrhunderts in den inneren Angelegenheiten. Es wurde ein mehrfach geändertes Reglement für die Ältesten eingeführt, in dem deren Wahl, Amtsdauer und Aufgabengebiete, einschließlich der Rechenschaftslegung, festgeschrieben wurden. Daneben gab es ein Rabbinatskollegium, das aus dem Oberrabbiner, dem Vizerabbiner und zwei oder drei Assessoren bestand und in manchen Fragen mit den Ältesten zusammenarbeitete.[10] Innergemeindliche Auseinandersetzungen und staatliche Eingriffe in Organisation und Verwaltung der Gemeindeangelegenheiten erschwerten jedoch eine kontinuierliche Entwicklung.

Wenngleich es ein Charakteristikum der absolutistischen Staatspraxis in Preußen überhaupt war, die Lebensverhältnisse und die Erwerbsmöglichkeiten eines jeden Untertanen weitestgehend zu »reglementieren«, so dürfte doch kaum eine andere Bevölkerungsgruppe in ähnlichem Maße wie die Juden durch Einzelvorschriften in ihrer Bewegungsfreiheit behindert worden sein. Das Niederlassungsedikt von 1671, das wahrscheinlich aus Mangel an Erfahrung in seinen Verfügungen noch relativ unpräzise gehalten war, wurde, sobald sich die finanzielle Ergiebigkeit der Juden in ihrer Wirtschaftstätigkeit und vor allem in ihrer Eigenschaft als Abgaben- und Steuerzahler erwiesen hatte, ständig verschärft und durch Zusatzverordnungen eingeengt.

Die Berliner jüdische Gemeinde, die im Jahre 1750 mit 2188 Personen 1,93 % der gesamten Stadtbevölkerung ausmachte, stellte zu dieser Zeit die größte jüdische Ansiedlung in der Mark Brandenburg dar. Hier war zwar die Besteuerung am härtesten – besonders was die Sonderabgaben zum Beispiel bei dem Erwerb des Niederlassungsrechtes anging –, aber gleichzeitig übte die Residenz mit ihrer wachsenden und staatlich geförderten Wirtschaft auch auf Juden eine starke

Anziehungskraft aus. Die Furcht, »daß derselben überhand nehmende Vermehrung nicht nur dem Publico, besonders aber denen christlichen Kaufleuten und Einwohnern ungemein Schaden und Bedrückung« zufügen könnte, diente als Begründung für den Erlaß des »Revidierten General-Privilegiums und Reglements vor die Judenschaft im Königreiche Preußen« vom 17. April 1750.[11] Die darin enthaltenen Bestimmungen galten im wesentlichen bis zum Emanzipationsedikt vom 11. März 1812, so daß alle Assimilations- und Integrationsbestrebungen der Berliner Juden seit der zweiten Hälfte des 18. Jahrhunderts ebenso wie die Diskussionen über ihre bürgerliche Gleichstellung auf diesem gesetzlichen Hintergrund zu sehen sind.

Forderte Kurfürst Friedrich Wilhelm im Aufnahmeedikt von 1671 noch relativ vage, es sollten vorwiegend vermögende Juden sein, die ein Niederlassungsrecht erhielten, so wird im Reglement von 1750 in fast allen Bestimmungen deutlich, daß nur noch außerordentlich reiche jüdische Zuwanderer einen Antrag auf »Ansetzung« stellen konnten. Zunächst wurde die Zahl der Schutzjuden auf 203 ordentliche und 63 außerordentliche begrenzt. Den ordentlichen Schutzjuden stand das Recht zu, ein Kind mit einem Schutzbrief anzusetzen, das heißt, eine ökonomisch selbständige Existenz führen zu lassen; weitere Kinder konnten nur hoffen, ein Privileg zu erhalten, wenn sie ein Vermögen von 10 000 Reichstalern nachwiesen oder wenn sie zusätzlich zu einem gewissen Vermögen »Genie zu Fabriken und Manufakturen haben, auch dergleichen Fabriken etabliren oder entrepreniren, welche im Lande noch gar nicht oder nicht genugsam vorhanden sind«.[12] Außerordentliche Schutzjuden waren nur auf Lebenszeit geduldet, konnten aber für ein Kind einen zusätzlichen Schutzbrief erhalten, wenn sie es mit einem Vermögen von 1000 Reichstalern ausstatteten. Zu diesen Außerordentlichen gehörten auch alle Gemeindebediensteten, die nie zu solchem Reichtum gelangten und in deren Stellen man alte oder verarmte Schutzjuden einzusetzen strebte, und die wenigen zugelassenen Handwerker. Ähnlich strengen Regelungen unterlag die Heiratserlaubnis: »Knechten, Mägden und andern Domestiken« wurde »zu heirathen gar nicht gestattet«; für Kinder von Schutzjuden, die in Berlin angesetzt werden sollten, mußte ein Partner mit »gutem Vermögen« gewählt werden, weil die Eltern sich durch die Kosten von Ansetzung und Mitgift nicht »um ihr eigenes Vermögen bringen dürfen«. Erwünscht waren Ehepartner aus dem Kreis der Berliner Schutzjuden, um die Gesamtzahl nicht zu vermehren; wurde jedoch ein fremder Jude gewählt, mußte er »ein ansehnliches Vermögen ins Land bringen« – an anderer Stelle wird dieses »ansehnliche Vermögen« präziser bezeichnet: 10 000 Reichstaler –, um überhaupt einen Antrag auf Niederlassungserlaubnis stellen zu können, die wiederum Voraussetzung für den Trauschein war.

Die von den Juden zu zahlenden Abgaben erreichten in der zweiten Hälfte des 18. Jahrhunderts ihren Höhepunkt.[13] Zunächst einmal entrichteten sie die gleichen Abgaben wie die christlichen Untertanen; hinzu kamen bestimmte allgemeine Lasten, wie die je nach Vermögen gestaffelten Schutzgelder, die Silberlieferung, die Abgaben zur Kasse Mons pietatis, die Kalendergelder oder die Rekrutengelder; eine weitere Rubrik bildeten die Abgaben zu bestimmten Anlässen, zum Beispiel bei der Bestätigung der Wahl der Ältesten einer Gemeinde, bei Trauungen, Scheidungen,

Reisen etc., und die Feuersozietätsgelder. Eine andere umfangreiche Gruppe waren schließlich die für jede Wirtschaftstätigkeit unumgänglichen Konzessionsgelder, deren Auffächerung vom Erfindungsreichtum der Finanzbürokratie zeugt, und die Stempelgebühren, die bei den erstaunlichsten Anlässen erhoben wurden und wesentlich höher lagen als für die christliche Bevölkerung. Um dem Staat in jedem Fall die bestimmten allgemeinen Lasten (Schutzgelder und anderes) zu sichern, war für sie die solidarische Haftung aller Juden eingeführt worden; sie galt auch bei Diebstählen und bei Bankrotten – eine schwere Belastung für eine auf wirtschaftliches Risiko angewiesene Gruppe.

Es stellt sich die Frage, welcher Spielraum den Juden zugestanden wurde, die für diese aufwendige Existenzabsicherung nötigen Mittel zu erwerben und gleichzeitig noch die von ihnen erwartete anregende Funktion für die gesamte Wirtschaft zu erfüllen. Wie in früheren Verordnungen war es ihnen verboten, bürgerliche, das heißt zünftig organisierte Handwerke auszuüben. Erlaubt war ihnen das »Pettschierstechen, Mahlen, Optischen-Gläser-Diamant- und Stein-Schleifen, Gold und Silber sticken, weiße Waare ausnähen, Krätz-Waschen«.[14] Allerdings sollten diejenigen, die »zur Errichtung gewisser Sorten von Fabriquen oder zum Verlage einiger Christen-Fabricanten besondere Concessiones erhalten haben oder noch erhalten möchten, dabei nach wie vor geschützet werden«.[15]

Im wesentlichen wurden sie nach wie vor auf den Handel verwiesen und auch das nur insoweit, als sie dadurch den christlichen Kaufleuten keinen »Eintrag und Abbruch« taten. Das Schwergewicht bei den zugelassenen Handelswaren lag daher auf den Produkten der einheimischen Manufakturen, speziell der Textilmanufakturen und -verlage (weiße und seidene Waren, Nesseltuche, Kattune und Zitzen, Leinwand, Zwirn, Samt, halbwollene und baumwollene Waren, Kanten, Bänder, Produkte der Gold- und Silbermanufaktur etc.), ferner auf Luxusgegenständen, für deren Beschaffung Beziehungen zum Ausland oft unerläßlich waren (Juwelen, kostbare ausländische Tuche, Tee, Kaffee, Schokolade, Schnupf- und Rauchtabak, Talg, Wachs, Honig), und schließlich auf dem Gebiet, auf dem sie seit Erlaß des kanonischen Zinsverbotes führend waren, dem Geld- und Wechselhandel, der Pfandleihe und dem Maklergeschäft.

Diesen Vorschriften entsprechen auch die Berufsangaben in einer 1749 aufgenommenen Berliner Judenliste.[16] Gemäß der Liste wurden in Berlin 321 jüdische Haushalte gezählt; bei 18 Haushaltsvorständen fehlt die Berufsangabe beziehungsweise wird auf das Alter oder die Witwenschaft der Betreffenden hingewiesen. Die übrigen 303 Haushaltsvorstände gaben insgesamt 455 Erwerbstätigkeiten an, so daß bei einer Auszählung eher ein Bild von der Beteiligung der Juden an der Berliner Wirtschaft als eine Berufsstatistik entsteht. Der Grund für diese Mehrfachbeschäftigungen dürfte darin gelegen haben, daß die Konkurrenz innerhalb der begrenzten Erwerbsmöglichkeiten sowohl nach außen als auch innerhalb der jüdischen Bevölkerung zu groß war, um durch den Handel mit nur einem Produkt oder auch durch eine einzige gewerbliche Tätigkeit über die genannten überaus hohen Abgabesummen hinaus die Existenz einer Familie zu sichern; außerdem schützte diese Art der Wirtschaftstätigkeit stärker vor Konjunkturschwankungen, Absatzschwierigkeiten, plötzlichen Stockungen in der Warenbeschaffung aus

dem Ausland und anderen Gefahren für einen nicht zünftig oder gildenmäßig organisierten Handel- und Gewerbetreibenden.
Gemäß den gesetzlichen Vorschriften sind Angaben über eine gewerbliche Tätigkeit selten. Sie beschränken sich auf die wenigen rituellen Kuchenbäcker, Fleischhacker und Schächter, auf die Setzer und Drucker in der hebräischen Druckerei, die traditionellen Steinschneider und Petschierstecher und die ausdrücklich zugelassenen Juweliere, Gold- und Silberscheider sowie die Gold- und Silbersticker. Weitere 11 Angaben aus dem gewerblichen Sektor bezeichnen Fabrikanten, für die aber die gesetzlichen Beschränkungen ohnehin außer Kraft gesetzt werden konnten. Wie bei den Händlern lag auch bei den Fabrikanten das Schwergewicht auf dem staatlich am stärksten geförderten Produktionsbereich, der Textilindustrie und dem Bekleidungsgewerbe (2 Seiden-, 1 Samt-, 1 Broderie-, 1 Bandfabrikant; 4 Fabrikanten von ausgenähten Waren); außerdem werden 2 Haarsiebfabrikanten genannt. Dabei ist zu beachten, daß jüdische Fabrikanten auf staatliche Veranlassung ihre Unternehmen in der Mehrzahl in Potsdam angesiedelt hatten. Diese zweite Residenz sollte, ebenso wie Berlin, zu wirtschaftlichem Aufschwung gelangen. Die zumeist in Berlin lebenden jüdischen Manufakturunternehmer stellten auch in Potsdam Luxusprodukte wie Samt- und Seidenstoffe, Spitzen oder englisches Leder her, obwohl der unmittelbare Abnehmerkreis mit Ausnahme der höfischen Gesellschaft klein war.[17]
Im Bereich der Dienstleistungen müssen 30 der insgesamt 43 Berufsangaben den »publiquen jüdischen Bedienten« zugerechnet werden. Diese Gemeindebediensteten mußten von der Gemeinde bezahlt werden, durften nur in wenigen Fällen heiraten und eine Familie gründen und waren in jedem Fall außerordentliche Schutzjuden, also nur auf Lebenszeit geduldet.
Der allgemeinen Abhängigkeit des Aufenthaltsrechts von einem Schutzbrief entsprach die im Paragraphen XXVIII des Generalreglements von 1750 festgelegte Regelung für jüdischen Hausbesitz, also für die äußere Dokumentation der im Sozialprestige hoch eingeschätzten »Ansässigkeit«. Indem die Zahl der Häuser, die von Juden besessen werden durften, auf 40 begrenzt wurde – nach dem Siebenjährigen Krieg erhöhte man sie, wohl um die Kriegsgewinne im Lande zu behalten, auf 70 –, verwehrte man nicht nur vielen, trotz aller Hindernisse zu einigem Wohlstand gelangten Schutzjuden diese für Bequemlichkeit und Prestige gleichermaßen geschätzte Möglichkeit der Geldanlage, man stellte die Berliner Juden auch schlechter als die in der Provinz.[18] In Provinzstädten sollten Juden »bis auf 5 Familien ein Haus« kaufen können, während die 266 ordentlichen und außerordentlichen Schutzjudenfamilien in Berlin mit ihrem insgesamt 396 Personen umfassenden Dienstpersonal und den bereits genannten Gemeindebediensteten, die zum Teil auch mit ihren Familien hier lebten, nur diese 40 Häuser zugestanden bekamen. Daß das Verbot des Kaufs weiterer Häuser zuweilen mit Hilfe von Christen unterlaufen worden sein muß, lassen der präzise beschriebene Ablauf einer solchen Transaktion und die Höhe der angedrohten Strafe vermuten.
Diese restriktiven Existenzbedingungen bestimmten das alltägliche Leben der meisten Juden in Berlin. Sie lebten weiterhin außerhalb oder neben der ständischen Gesellschaft und hatten mit ihrer christlichen Umgebung nur den erforderlichen Kontakt im ökonomischen Bereich.

Von einigen Juden wurden seit der Mitte des 18. Jahrhunderts Versuche unternommen, aus der gesellschaftlichen Isolation auszubrechen und sich der sie umgebenden Gesellschaft anzunähern. Allerdings konnte diese Annäherung zunächst nur im persönlichen Kontakt, in der intellektuellen Gesprächsatmosphäre oder in Form der Gastlichkeit Ausdruck finden. Im übrigen mußten sie um die gesetzliche Gleichstellung kämpfen, die ihnen erst 1812, und auch dann nicht in vollem Umfang, gewährt wurde. Da auch die wirtschaftlichen Betätigungsfelder bis dahin begrenzt blieben, entwickelten sie als Äquivalent eine gesellschaftliche Kultur, mit deren Hilfe sie den Zugang zur deutschen Umgebung zu erleichtern hofften. Das geschah nicht zielstrebig und zweckgebunden, sondern aus einem Zusammengehen verschiedener Entwicklungen, zum einen materieller Art, wie dem Beginn der Frühindustrialisierung, zum anderen auf philosophischem Gebiet, wo vor allem die Aufklärung und der Rationalismus außerhalb und innerhalb des Judentums sowie in der Auseinandersetzung zwischen Christen und Juden wichtige Voraussetzungen für gesellschaftliche Berührungspunkte schufen.
Das galt für das mittlere und vor allem das gehobene jüdische ›Bürgertum‹, nicht aber für die kleinen jüdischen Händler, Trödler und Hausierer, deren ganze Aufmerksamkeit der Existenzerhaltung zugewandt war. Auch auf christlicher Seite fand nur auf dieser Ebene eine bewußte Rezeption ökonomischer, geistiger und sozialer Umwandlungsprozesse statt. Es stellt sich auch die Frage nach den ›Kosten‹, die für das Judentum insgesamt aus dieser – nur vereinzelt erwiderten – Annäherung an die deutsche Umgebung, die einer Identitätsaufgabe nahekam, entstanden. Die Diskussion darüber wurde von Juden geführt, seit das Problem bestand.
Als Motto für die am meisten ins Auge fallende Änderung in der Einschätzung der Juden seitens der christlichen Mehrheit im Laufe des 18. Jahrhunderts mag die vielzitierte Äußerung des Theologen und Philosophen Friedrich Schleiermacher gelten, der in einem Brief äußerte: »[...] es sind bei weitem die reichsten bürgerlichen Familien hier, fast die einzigen, die ein offenes Haus halten und bei denen man wegen ihrer ausgebreiteten Verbindungen in allen Ländern Fremde von allen Ständen antrifft. Wer also auf eine recht ungenierte Art gute Gesellschaft sehen will, läßt sich in solchen Häusern einführen [...]«.[19] Diejenigen Juden, die hier von Schleiermacher gemeint sind, waren praktisch identisch mit dem ›geschlossenen Kreis‹ der Hoffaktoren, Großhändler und/oder Manufakturunternehmer, der auch durch seine Heiratspolitik miteinander verbunden war.
Während die Berliner Judenschaft, wie erwähnt, insgesamt nur 40 Häuser, nach dem Siebenjährigen Krieg 70 Häuser besitzen durfte, nutzten diejenigen, denen die Rechte christlicher Kaufleute zugestanden worden waren, die Gelegenheit, um sich gleich mehrfach mit diesem wichtigen Merkmal sozialen Ansehens und bürgerlicher Angesessenheit zu versehen. Für sie gab es keine Beschränkungen. Die reichsten unter ihnen, die Familien Ephraim und Itzig, erwarben jede bis zu zehn Häuser und Grundstücke, von denen ein Teil zu geräumigen großbürgerlichen Wohnhäusern umgebaut und ein anderer verpachtet wurde. So wurden 1766 Räumlichkeiten des Ephraim-Palais an die »General-Tabak-Administration« verpachtet, die dort auch Tabakfabrikation betrieb, weil mit dem an den Mühlendamm angrenzenden Gebäude eine Wasser-

mühle verbunden war. Das geräumig angelegte Gebäude bot außer den Wohnräumen für die Familie Ephraim die Möglichkeit zur Vermietung als »Logis zu drei, vier und mehr Stuben sowie Läden für Kaufleute und Italiener«, wie aus einem Inserat von 1767 hervorgeht.[20]

Die Innenausstattung gibt Aufschluß über Lebensstil und Assimilationsgrad dieser jüdischen Oberschicht in der zweiten Hälfte des 18. Jahrhunderts. Die Räume waren von zeitgenössischen Malern ausgestattet. Eine Verbindung von Glaubenstreue gegenüber dem Judentum und Weltoffenheit, was die Wissenschaften und Künste der Zeit angeht – Bibliotheken und Gemäldesammlungen werden für diese Häuser fast durchgängig genannt –, war kennzeichnend für diesen Kreis von wohlhabenden Juden; von der folgenden Generation konnte sie allerdings nicht mehr aufrechterhalten werden, da die Anpassung des jüdischen Glaubens an die neuen Bedingungen nicht Schritt halten konnte mit der Anziehungskraft, die die deutsche Sprache und Kultur sowie das Bedürfnis dazuzugehören auf sie ausübten.

Der Beginn dieser Entwicklung zur Annäherung lag um die Zeit des Siebenjährigen Krieges. Zwar wurden die Verachtung und Feindseligkeit, die man diesen zu Reichtum gelangenden Heereslieferanten, Münzentrepreneurs und deren Agenten entgegenbrachte, auf die Mehrzahl der Juden übertragen. Doch verhalf der so erworbene Wohlstand ihnen zu einer besseren Rechtslage und versetzte sie damit in die Lage, sich die Attribute einer großbürgerlichen Lebenshaltung zuzulegen. Daß sie diese überhaupt für erstrebenswert hielten, basierte – jedenfalls in der Form, wie sie sie praktizierten – auf der etwa gleichzeitig einsetzenden geistigen und kulturellen Annäherung an die Normen und Wertvorstellungen der sie umgebenden Gesellschaft. Als Sinnbild für diesen Prozeß steht die Person Moses Mendelssohns, wenn er auch weder der erste gewesen ist, der ihn in Gang gesetzt hat, noch ohne die Wirksamkeit seiner Schüler ihn zu einer solchen Bedeutung gebracht hätte.

Die von den Juden zur Selbstdarstellung dieser Wandlung allmählich herausgebildeten Konsequenzen bestanden nicht nur in dem erwähnten Erwerb von Haus- und Grundbesitz, obwohl dieser am augenfälligsten war, sondern auch in einer sorgfältigen weltlichen und geistlichen Erziehung ihrer Kinder, in der Angleichung von Kleidung und Haartracht an die Gepflogenheiten der Umgebung und in der Förderung eines bisher am Talmud geschulten Reservoirs an Intelligenz, das, wo es erlaubt war, einer Ausbildung an deutschen Universitäten zugeführt wurde. Das lebendige Interesse, das kulturelle Ereignisse wie Theateraufführungen oder literarische Neuerscheinungen hervorriefen, die nicht nur in den vielbeschriebenen Salons Gegenstand der Unterhaltung waren, gehörte ebenso dazu wie wohltätige Schenkungen und Stiftungen, die keineswegs nur mehr der eigenen Gruppe zugute kamen. Daß der überwiegende Gebrauch der deutschen Sprache in diesen Kreisen selbstverständlich war – auch gegen den Widerstand orthodoxer Gruppierungen innerhalb der Gemeinde –, braucht nicht betont zu werden.

Inwiefern diese wohlhabenden, in ihrer Lebensführung großbürgerlichen Juden einen Anreiz zur Nachahmung für ihre christlichen ›Berufsgenossen‹ darstellten oder ob sie nicht vielmehr den Neid und den Vorwurf der neureichen Prunksucht auf sich zogen, ist schwer zu beurteilen, da die zeitgenössischen Berichte entweder von durchreisenden Schriftstellern überliefert sind, die in der Regel von dieser Entwicklung angenehm überrascht waren, oder von ohnehin wohlwollenden Gästen. Diese setzten sich zusammen aus Vertretern der Aufklärung in Wissenschaft und Kunst, die das Zentrum ihres Denkens und Daseins nicht nur innerhalb ständischer Schranken sahen; aus höheren Beamten, also den Vertretern der für die Juden bis ins 19. Jahrhundert entscheidenden Zentralgewalt, die seit einem Jahrhundert am genauesten mit den Bedingungen jüdischer Existenz vertraut waren und daher am ehesten den krassen Widerspruch zwischen Gesetzgebung und Realität beurteilen konnten[21], und auch aus christlichen Aristokraten. Der Kontakt zu den Mittel- und Unterschichten der eigenen Gruppe war einstweilen noch durch die Glaubensgemeinde gegeben, während er zum christlichen Bürgertum erst in den ersten Jahren des 19. Jahrhunderts in institutionellen Formen, wie der gemeinsamen Mitgliedschaft in der Börsenkorporation, dem Zusammenschluß der Handelsgilden und aller anderen an der Börse interessierten Kaufleute und Fabrikanten, aufgenommen wurde.

Bei den Juden Berlins kann man also im Hinblick auf ihre Oberschicht im 18. Jahrhundert davon ausgehen, daß sie, soweit das im Rahmen des straff organisierten absolutistischen Staates möglich war, mit ihrer Wirtschaftstätigkeit die in sie gesetzten Erwartungen erfüllt und darüber hinaus im gesellschaftlichen und sozialen Bereich neue Ebenen großbürgerlichen Lebens erschlossen haben. Als tragfähiger erwies sich auf längere Sicht für die Entwicklung Berlins die Entstehung eines dem Stadtbürgertum zuzurechnenden jüdischen Mittelstandes. Aus ihm rekrutierte sich trotz der weiter bestehenden juristischen Beschränkungen ein wichtiger Teil der gegenüber der Obrigkeit selbstbewußter werdenden handel- und gewerbetreibenden Bevölkerung Berlins.

1 Vgl. dazu noch immer Werner Heise, Die Juden in der Mark Brandenburg, Berlin 1932; Eugen Wolbe, Geschichte der Juden in Berlin und in der Mark Brandenburg, Berlin 1937. – Zu dem im folgenden Dargestellten vgl. Stefi Jersch-Wenzel, Juden und »Franzosen« in der Wirtschaft des Raumes Berlin/Brandenburg zur Zeit des Merkantilismus, Berlin 1978; dies. und Thomas Jersch, Zur Geschichte der jüdischen Gemeinde in Berlin, Berlin 1987, S. 19–38. Ich habe Ergebnisse, teilweise auch Formulierungen, aus diesen Arbeiten übernommen.

2 Abgedruckt bei Selma Stern, Der Preußische Staat und die Juden, T. 1, Tübingen 1962, 2. Abt.: Akten, S. 13–16. Danach wird hier zitiert.

3 So u. a. Hugo Rachel, Das Berliner Wirtschaftsleben im Zeitalter des Frühkapitalismus, Berlin 1931, S. 42.

4 Hierzu und zum folgenden siehe Ludwig Geiger, Geschichte der Juden in Berlin, 2 Bde., Berlin 1871, Reprint Leipzig 1988, hg. von Hermann Simon, Bd. 2, S. 6ff.; Moritz Stern, Die Niederlassung der Juden in Berlin im Jahre 1671, in: Zeitschrift für die Geschichte der Juden in Deutschland 2 (1930), passim.

5 Vgl. Herbert Seeliger, Origin and Growth of the Berlin Jewish Community, in: Leo Baeck Institute. Year Book III (1958), S. 159ff.

6 Geiger, S. 8.

7 Die Streitigkeiten beschäftigten sowohl die jüdische Gemeinde als auch die Behörden. Davon zeugen mehrere Aktenstücke, die bei S. Stern abgedruckt sind: T. 1, 2. Abt., Nr. 216, 246, 250, 292, 312, 314, 321, 322, 327, 330; T. 2, 2. Abt., Nr. 4, 7, 17. Eine ausführliche Schilderung findet sich bei Geiger, Bd. 1, S. 21ff. und Bd. 2, S. 43ff.

8 Geiger, Bd. 2, S. 10, 45.

9 Zum frühen Zusammenwirken der Vertreter der jüdischen Gemeinde und der Behörden in dieser Frage vgl. die bei S. Stern abgedruckten Schriftstücke, T. 1, 2. Abt., Nr. 31, 31a, 44, 48, 211, 228, 229, 273.

10 Dazu im einzelnen Geiger, Bd. 1, S. 37ff., Bd. 2, S. 66ff.

11 Abgedruckt u. a. bei Ludwig von Rönne/Heinrich Simon, Die früheren und gegenwärtigen Verhältnisse der Juden in den sämmtlichen Landestheilen des Preußischen Staates, Breslau 1843, S. 240–264. Danach wird hier zitiert.

12 Hierzu und zum folgenden Rönne/Simon, S. 241ff.

13 Die einzelnen Abgaben sind ebd., S. 248–251, aufgeführt.

14 Ebd., S. 252.

15 Ebd., S. 253.

16 Abgedruckt bei Jacob Jacobson, Jüdische Trauungen in Berlin 1723–1759, Berlin 1938, S. 93–115.

17 Die wichtigsten Fabrikgründungen durch Juden im 18. Jahrhundert in Berlin und Potsdam waren:

1730 David Hirsch, Samt- und Plüschfabrik in Potsdam (bedeutendstes privates Unternehmen seiner Zeit).

1748 Moses Ries (Schwiegersohn Ephraims), Seidenfabrik in Potsdam, später auch in Berlin.

1748 Baruch Aaron, Seidenfabrik in Potsdam.

1749 Veitel Ephraim, Spitzenklöppelei beim Potsdamer Militärwaisenhaus.

1749 Isaak Joel, Ausnähfabrik beim Potsdamer Militärwaisenhaus.

1751 Benjamin Wulff, Parchent- und Kattunfabrik im Tiergarten, seit 1756 von seinem Sohn Isaak Benjamin fortgeführt, der 1757 auch eine Kattundruckerei und Baumwollstrumpffabrik anlegte; 1774 ging er auch zur Seidenfabrikation über, 1786 hatte er über 100 Webstühle für Baumwolle und 70 für Seide.

1752 Isaak Bernhard, Seidenfabriken in Potsdam und Berlin (sein Teilhaber wurde später Moses Mendelssohn).

1753 Isaak Joel, Stepp- und Schattierfabrik in Potsdam.

1763 Isaak Joel, Tapetenfabrik in Klein-Glienicke.

1763 Veitel Ephraim, Übernahme der Gold- und Silbermanufaktur in Berlin (von ihm zum größten Fabrikbetrieb der Hauptstadt entwickelt, 800–900 Beschäftigte).

1765 Moses Isaak, Seidenfabrik in Potsdam.

1772 Daniel Itzig, Übernahme der vom König angelegten Fabrik für englisches Leder in Potsdam.

1777 Israel Marcus, Seidenfabrik (1784: 170 Stühle) in Berlin.

1778 Veitel Ephraim und Jacob Borchard, Mousselinfabrik (Verfahren durch sie eingeführt), Berlin.

1780 Abraham Friedländer, Frisoletbänderfabrik in Berlin.

1796 Jacob Gerson, genannt Bleichröder, Fabrik für französische Parfümerien in Berlin.

(Zusammengestellt nach Hugo Rachel, Die Juden im Berliner Wirtschaftsleben zur Zeit des Merkantilismus, in: Zeitschrift für die Geschichte der Juden in Deutschland 2 [1930], S. 188f.).

Eine auf intensivem Quellenstudium beruhende Spezialstudie zu den jüdischen Fabrikanten in Potsdam hat neuerdings Erika Herzfeld vorgelegt: Der Schutzjude Isaac Levin Joel – ein hervorragender Manufakturunternehmer im Potsdam des 18. Jahrhunderts, in: Robert Kaelter, Geschichte der jüdischen Gemeinde zu Potsdam, Potsdam 1903, Reprint, hg. von Julius H. Schoeps und Hermann Simon, Berlin 1993, S. 177–226.

18 Rönne/Simon, S. 259f.

19 Zitiert nach dem Abdruck bei Ruth Glatzer (Hg.), Berliner Leben 1648–1806. Erinnerungen und Berichte, Berlin 1956, S. 328.

20 Vgl. Hugo Rachel/Paul Wallich, Berliner Großkaufleute und Kapitalisten, Bd. 2, Berlin 1938, S. 311f.; Rolf-Herbert Krüger, Das Ephraim-Palais in Berlin. Ein Beitrag zur preußischen Kulturgeschichte, Berlin 1987, S. 28, 56.

21 Auch Christian Wilhelm Dohm, der Verfasser der in seiner Zeit bahnbrechenden Schrift »Ueber die bürgerliche Verbesserung der Juden« (2 Tle., Berlin-Stettin 1781 und 1783), gehörte zu diesem Kreis.

Die Berliner Juden 1770–1830: Pioniere jüdischer Modernität

Steven M. Lowenstein

Der Wandel des Berliner Judentums von einer traditionellen zu einer modernen Gemeinde ähnelte einer Revolution.[1] Der Übergang vollzog sich nicht nur schnell, nämlich innerhalb einer Generation, sondern löste auch eine Krise aus, die für einige Zeit das Überleben der jüdischen Gemeinde zu bedrohen schien. Die Berliner Juden, die als erste größere jüdische Gemeinde in Europa den Übergang vollzogen, lieferten den nachfolgenden Gemeinden sowohl ein Beispiel als auch eine Warnung vor den Gefahren kulturellen Wandels für die jüdische Identität.

Mitte des 18. Jahrhunderts lebte die relativ kleine jüdische Bevölkerung Berlins (2000–3000 Personen) weitgehend so wie andere aschkenasische jüdische Gemeinden in Europa. Die Juden Berlins hielten die jüdischen Traditionen ein, beachteten den Sabbat und befolgten die Speisegesetze. Ihre Synagoge in der Heidereuthergasse war am Sabbat gut besucht. Das gleiche galt für mehr als ein Dutzend kleinerer privater Betsäle. Die Juden sprachen und schrieben vorwiegend jiddisch, erzogen ihre Söhne in traditionellen Talmudschulen *(Chadurim)* und lebten fast ausschließlich vom Handel. Wie alle Juden im Preußen Friedrichs II. und seiner Vorgänger litten die Juden Berlins unter strengen Sonderbestimmungen, die nicht nur die Berufswahl einschränkten, sondern sogar das Recht ihrer Kinder, sich niederzulassen, d. h. zu heiraten und einen selbständigen Haushalt zu gründen. Obwohl Berlin kein Ghetto besaß, lebten praktisch alle Juden der Stadt in einem einzigen Viertel – in Alt-Berlin zwischen der Spree und der Neuen Friedrichstraße in der Nähe der Marien- und der Nikolaikirche.

In der Zeit zwischen dem Siebenjährigen Krieg (1756–1763) und dem Tode Friedrichs des Großen (1786) begannen sich fast alle Aspekte jüdischen Lebens in Berlin zu verändern – Sprache, Ausbildung, Wirtschaftsleben, Lebensstil. Zunächst vollzog sich der Übergang unter geringen Auseinandersetzungen und mit Unterstützung der Führung der Berliner Jüdischen Gemeinde. Nach dem Tode Friedrichs II. jedoch bewegte sich der Prozeß der Modernisierung in immer radikaleren Bahnen, was Konflikte innerhalb der Gemeinde und Krisen in vielen jüdischen Familien nach sich zog.

Der wirtschaftliche und der intellektuelle Wandel vollzogen sich fast gleichzeitig. Das war kein Zufall: Der kulturelle Übergang setzte innovative jüdische Intellektuelle voraus und dazu eine Gemeindeführung, die bereit war, sie zu unterstützen. Während des Siebenjährigen Krieges sammelte eine kleine Gruppe jüdischer Münzunternehmer, besonders Veitel Heine Ephraim, Daniel Itzig und Moses Isaac-Fliess, gewaltige Reichtümer an, indem sie der preußischen Regierung half, während des Krieges die Münzen Preußens und seiner Nachbarstaaten systematisch zu entwerten. Diese sagenhaft reichen Familien begannen, anders als die vorangegangene jüdische

Führung, den Lebensstil der Berliner Oberschicht zu imitieren. Sie kleideten sich nach der neuesten Mode, bauten stattliche Palais, sammelten Kunstwerke und Bücher und gaben ihren Kindern eine weltliche Ausbildung. Den neuen Lebensstil der Reichen ahmten andere Berliner Juden bald nach. Die Männer begannen, ihre Bärte abzunehmen und Perücken zu tragen, die Frauen verhüllten ihr Haar nicht mehr, und beide Geschlechter wechselten allmählich in ihrer gesprochenen und geschriebenen Sprache vom Westjiddischen zum Hochdeutschen über.
Der erste große moderne jüdische Denker Berlins war Moses Mendelssohn. 1743 kam er in die Stadt, lange vor dem Aufstieg der Itzigs und Ephraims. Bei seiner Ankunft war er allerdings noch ein traditioneller Jude mit nur wenig weltlicher Bildung. Erst Anfang der fünfziger Jahre, nach umfassenden autodidaktischen Studien, kam er in Verbindung mit dem Kreis der deutschen Aufklärung um Lessing und Nicolai. Mendelssohns erste Veröffentlichungen in deutscher Sprache stammen aus den Jahren 1754 und 1755. Bis etwa 1770 war Mendelssohn praktisch der einzige jüdische Intellektuelle in Berlin, der im Stile der Aufklärung schrieb. Zu jener Zeit bestand sein Publikum fast ausschließlich aus Christen, und seine Schriften hatten fast nie jüdische Themen zum Inhalt. In den Siebzigern bildete sich jedoch um Mendelssohn ein wachsender Kreis anderer jüdischer Denker und Schriftsteller, die sich dem aufklärerischen Denken verpflichtet fühlten, darunter Markus Herz, David Friedländer, Herz Homberg, Isaak Satanow, Hartwig (Naftali Herz) Wessely und Salomon Maimon. Einige schrieben hochdeutsch, während andere (vor allem Wessely und Satanow) zu den ersten gehörten, die das Hebräische als Literatursprache wiederzubeleben suchten.
Trotz wichtiger sozialer Unterschiede zwischen der neuen wirtschaftlichen Elite und dem wachsenden Kreis der jüdischen Aufklärer arbeiteten die beiden Gruppen eng zusammen. Angehörige der Familien Itzig und Ephraim stellten einige Intellektuelle als Hauslehrer an und gaben anderen Stipendien. Isaac Daniel Itzig und David Friedländer, Daniel Itzigs Sohn und Schwiegersohn, gründeten 1778 gemeinsam die erste jüdische Schule, in der auch weltliche Fächer gelehrt wurden – die Jüdische Freischule. Friedländer und Mendelssohn gaben für deren Schüler 1779 gemeinsam das »Lesebuch für jüdische Kinder« heraus – das erste moderne jüdische Schulbuch. Angehörige der führenden Familien nutzten ihre Stellung als Gemeindeälteste, um die Schriftsteller der Aufklärung gegen die rabbinische Opposition zu schützen. Sie verschafften Mendelssohn Ehrenämter sowie die Befreiung von den Gemeindesteuern. Sie standen auch ganz obenan unter den Subskribenten der Mendelssohnschen Bibelübersetzung ins Deutsche, wie auch bei zahlreichen anderen Werken der Aufklärung. Tatsächlich subskribierte praktisch jeder wohlhabende Berliner Jude zumindest ein Aufklärungswerk, viele eine große Zahl dieser Werke. Da die meisten einflußreichen Familien die Aufklärung unterstützten und Mendelssohn als führende Figur der Aufklärung einen gemäßigten Kurs einschlug, gab es zu Mendelssohns Lebzeiten relativ wenig Opposition gegen die Aufklärung. Mendelssohn befürwortete die Übernahme der deutschen Sprache, die Aneignung westlicher Kultur und die Einschränkung der Strafbefugnisse der jüdischen Gemeinde, aber er bestand auf der Geltung des jüdischen Religionsgesetzes (der *Halacha*) für alle Angehörigen des Judentums.

Als 1786 sowohl Mendelssohn als auch König Friedrich II. starben, bedeutete dies das Ende für die Epoche des friedlichen Übergangs. Ohne die zügelnde Hand Mendelssohns begannen die Schriftsteller der jüdischen Aufklärung, die rabbinische Führung und viele traditionelle jüdische Bräuche auf deutsch und hebräisch zu kritisieren und zu verspotten. Viele begannen, die *Halacha* nicht mehr zu befolgen, häufig mit der Begründung, Mendelssohn habe die Ritualgesetze nur aus Furcht vor Streitigkeiten eingehalten, nicht aus Überzeugung. Der Tod des antijüdisch eingestellten Friedrich II. ermutigte die Vorsteher der Gemeinde, bei dem neuen König Friedrich Wilhelm II. eine Verbesserung des politischen Status der Juden zu erbitten. Die Kampagne für politische Emanzipation trug dazu bei, die Forderungen der intellektuellen und sozialen Führungsschicht nach weitgehenden Änderungen der religiösen Bräuche zu verstärken.

Ein Grund für die radikalisierende Wirkung der Emanzipationsdiskussion auf den innerjüdischen Modernisierungsprozeß lag in den Grundannahmen der Befürworter der bürgerlichen Rechte der Juden. Christian Wilhelm Dohm argumentierte in seinem epochemachenden Buch »Über die bürgerliche Verbesserung der Juden« von 1781, Juden seien nur deshalb ein Problem für die Gesellschaft, weil die Beschränkungen, denen sie unterworfen waren, ihre kulturelle und ökonomische Absonderung bewirkten. Würden die Beschränkungen aufgehoben, behauptete er, so würden sich die Juden in Beruf, Kultur und gesellschaftlichem Zugehörigkeitsgefühl alsbald ihren nichtjüdischen Nachbarn angleichen. Die führenden Persönlichkeiten des Berliner Judentums (besonders David Friedländer), die nach 1786 für bürgerliche Rechte eintraten, weigerten sich zwar, religiöse Änderungen zur Voraussetzung politischer Gleichstellung zu erklären, aber sie teilten mit Dohm die Überzeugung, daß die Juden sich ändern müßten, wenn sie vollwertige Mitglieder der preußischen Gesellschaft werden sollten. Orthodoxe jüdische Bräuche wie der Sabbat und die Speisegesetze erschienen vielen von ihnen als Hindernisse auf dem Weg zur vollständigen Integration, die deshalb aufgegeben werden müßten.

In den 1790ern zerbrach der Konsens unter den Berliner Juden, daß kulturelle Veränderungen mit der Befolgung der Gesetze der Tora einhergehen könnten, und der Konflikt zwischen Traditionalisten und Radikalen trat offen zutage. Häufig waren sogar die Familien in eine jüngere Generation, die die Sprache und den kulturellen Stil der christlichen Mehrheit übernommen hatte, und eine ältere Generation, die die neuen Wege ihrer Kinder weder verstand noch guthieß, gespalten.

Der Optimismus der Mendelssohnschen Aufklärung wurde auch auf andere Weise angefochten. Unter Friedrich II. war die Aufklärung von der preußischen Regierung gebilligt und gefördert worden, während unter Friedrich Wilhelm II. Mystizismus und eine protestantische religiöse Orthodoxie in Mode kamen und die Aufklärung als mehr oder weniger staatsfeindlich galt. Führende Schriftsteller des Sturm und Drang (darunter auch Goethe) sowie romantische Autoren wie Fichte und August Wilhelm Schlegel machten die entschiedenen Verfechter der Aufklärung, wie Mendelssohns alten Freund Nicolai, lächerlich. Selbst unter jenen, die nach wie vor an der Aufklärung festhielten, ging unter dem Einfluß der kritischen Philosophie Kants die

dogmatische Gewißheit eines gemäßigten Philosophen wie Mendelssohn verloren, der geglaubt hatte, er könne die Unsterblichkeit der Seele beweisen.
Nicht nur kam die Aufklärung bei deutschen Intellektuellen aus der Mode, sondern auch die jüdische Oberschicht, die die Aufklärung unter den Berliner Juden gefördert hatte, geriet in eine wirtschaftliche Krise. Die Seidenindustrie erlitt schwere Rückschläge. Die Familien, die während des Siebenjährigen Krieges in den Vordergrund getreten waren, verfielen rasch und wurden in der Gemeindeführung durch andere ersetzt, die weniger eng mit der Haskala verbunden waren. Der Sohn Daniel Itzigs, des Oberlandesältesten der Jüdischen Gemeinde, ging 1797 in Konkurs, bald gefolgt von anderen Mitgliedern der Familie. Die neuen Familien, die jetzt die reichsten in der Berliner Judenschaft waren, teilten nicht das Engagement der Itzigs für das Programm der Aufklärung. Einige neigten zur Orthodoxie, während andere zu den ersten Konvertiten gehörten und gänzlich aus der Gemeinde ausschieden.
Für viele der jüdischen Intellektuellen in Berlin hatte es nicht länger den Anschein, als ob die Aufklärung ein klares Programm böte, um die jüdische Gemeinschaft in die Modernität zu führen. Auch war es offensichtlich unsicher, ob die Anhänger der Aufklärung weiterhin den Prozeß kontrollieren könnten. Vor diesem Hintergrund schrieb David Friedländer, einstmals Moses Mendelssohns engster Schüler, seinen berühmten Brief an Probst Abraham Teller, den Vorsitzenden des evangelischen Konsistoriums in Berlin. Das Sendschreiben, anonym im April 1799 im Namen »einiger jüdischer Hausväter« veröffentlicht, gehört zu den merkwürdigsten Dokumenten, die jemals von einem intellektuell und sozial führenden Juden geschrieben wurden. Einerseits verteidigt Friedländer an vielen Stellen die Aufklärung und behauptet, das Wesen des jüdischen Glaubens entspreche diesen Lehren, andererseits endet der Brief mit der Frage an Teller, ob er die Autoren als Mitglieder der Kirche aufnehmen würde, selbst wenn sie die Dogmen der christlichen Kirche (insbesondere die Göttlichkeit Jesu) nicht akzeptieren könnten. Die Historiker sind sich nicht einig, ob Friedländer tatsächlich Protestant werden wollte oder nicht, aber es ist klar, daß er daran verzweifelte, einen Weg zur Modernität im Judaismus zu finden. Es ist ein Zeichen für die Verwirrung der Zeit und für die schnellen Wandlungen in den Ansichten der Individuen, daß Friedländers Annäherung an das Christentum seine Stellung als Führer des Berliner Judentums nicht dauerhaft beeinträchtigte. Nur neun Jahre später, 1808, wurde er zu einem der Ältesten der Berliner Jüdischen Gemeinde gewählt.
Selbst wenn sie in ihren Hoffnungen auf eine Reform der Jüdischen Gemeinde aus eigener Kraft radikal desillusioniert wurden, glaubten die meisten männlichen jüdischen Intellektuellen weiterhin an die Gültigkeit der Lehren der Aufklärung. Die Bücher, die sie schrieben, die Schulen, die sie gründeten, und die jüdische religiöse Reformbewegung, die sie später schufen, betonten alle die grundlegende Bedeutung der Vernunft. Sie wollten eine jüdische Gemeinde, die von Aberglauben und Rückständigkeit befreit wäre und den Lehren der natürlichen Moral und der natürlichen Religion folgen würde.
Führende intellektuelle Frauen dagegen ließen sich eher von der Romantik anziehen, nicht in erster Linie als Schriftstellerinnen, sondern als Teilnehmerinnen am sozialen und kulturellen

Leben der Romantikerkreise. Eine knappe Generation lang, vom Beginn der achtziger Jahre bis zur französischen Besetzung Berlins im Jahre 1806, führte eine kleine Gruppe jüdischer Frauen der Oberschicht Salons, die zu Zentren des intellektuellen Lebens der Stadt wurden. Die Salons durchbrachen die Schranken zwischen Gruppen, die üblicherweise nicht gesellschaftlich miteinander verkehrten – zwischen Adligen und Bürgerlichen, Juden und Christen, Frauen und Männern. Die Intensität des gesellschaftlichen Austausches zwischen den führenden Intellektuellen, Beamten, jüdischen und Adelskreisen in den Salons wurde wahrscheinlich in der deutschen Geschichte nie wieder erreicht.

Aber die Salons waren nicht nur elegante Zusammenkünfte, bei denen Konversation und intellektueller Austausch gepflegt wurden, sie boten auch Gelegenheit zu Romanzen zwischen Menschen aus den unterschiedlichsten sozialen Gruppen. Moses Mendelssohns Tochter Brendel Veit (die den Namen Dorothea annahm) begegnete im Salon von Henriette Herz dem romantischen Dichter Friedrich Schlegel. Sie verließ ihren jüdischen Ehemann und lebte in aller Öffentlichkeit mit Schlegel zusammen, bevor sie schließlich zum Christentum übertrat und ihn heiratete. Viele der anderen jüdischen Frauen der Salons verließen schließlich ebenfalls das Judentum und verheirateten sich mit Christen.

Die Salons in jüdischen Häusern haben die Aufmerksamkeit vieler Historiker auf sich gezogen, von denen einige die Gastgeberinnen sehr kritisch beurteilten. Aber die Salons waren kein isoliertes Phänomen im Berlin ihrer Tage, sie waren eine Oberklasse-Version der Lockerung der Sexualsitten, wie sie die Stadt zwischen dem Tode Friedrichs des Großen und der französischen Besetzung insgesamt erlebte. In Berlin wurde fast jedes fünfte Kind unehelich geboren; tonangebende romantische Schriftsteller erklärten die meisten Ehen für bloße Konkubinate, und selbst König Friedrich Wilhelm II. hielt sich in aller Öffentlichkeit eine Mätresse.

Anders als in anderen Perioden der jüdischen Geschichte stand die Berliner jüdische Bevölkerung dem veränderten Sexualverhalten ebenso offen gegenüber wie ihre nichtjüdischen Nachbarn. Ehemals seltene außereheliche Affären wurden üblich, nicht nur unter den wohlhabenden Besuchern der Salons, sondern in allen Schichten der jüdischen Bevölkerung. Liebesbeziehungen zwischen Personen unterschiedlicher Religionszugehörigkeit wurden so häufig, daß die preußische Regierung 1789 ein Dekret erließ, alle unehelichen Kinder aus gemischten Paaren müßten getauft werden, ungeachtet der Religion der Mutter. Seit Mitte der achtziger Jahre wurden Kinder unverheirateter jüdisch-christlicher Paare in ständig wachsender Zahl getauft. In den ersten Jahren des 19. Jahrhunderts wurden jährlich zehn bis fünfzehn uneheliche Kinder aus solchen Verbindungen getauft. Manche der Paare hatten langfristige Beziehungen, aus denen fünf, sechs oder sogar noch mehr uneheliche Kinder hervorgingen. Jüdische Frauen, die mit christlichen Männern liiert waren, traten häufiger zum Christentum über und heirateten eher als jüdische Männer, die mit christlichen Frauen zusammenlebten.

Das Thema der religiös ›gemischten‹ Beziehungen fand auch seinen Weg in die damalige Literatur. Zwei Dramen von jüdischen Schriftstellern der Aufklärung in den neunziger Jahren – »Leichtsinn und Frömmelei« von Aron Wolffsohn und »Reb Henoch« von Isaac Euchel – warnten

vor solchen Verhältnissen und suchten die Schuld an ihrem Aufkommen in einer Kombination von Faktoren. Einerseits, so schrieben sie, trieben die altmodischen Traditionalisten die jüngere Generation vom Judentum weg, andererseits glaubten viele junge Menschen im Gefolge einer ›falschen Aufklärung‹, die Ablehnung der alten Bräuche gestatte die Befriedigung der eigenen sinnlichen Gelüste. Die der Aufklärung verpflichteten Autoren behaupteten, nur ihre eigene Philosophie könne diese Übel verhindern. Zahlreiche uneheliche Kinder gingen nicht nur aus Beziehungen zwischen Christen und Juden hervor; es gab auch in ausschließlich jüdischen Verbindungen viele uneheliche Kinder. Häufig waren die Eltern Angehörige der ärmeren Klassen der jüdischen Gemeinschaft – Dienstmädchen, Handwerker und Arbeiter.
Die Blütezeit der christlich-jüdischen Verbindungen erlebte ein plötzliches Ende nach 1806, dem Jahr der französischen Besetzung, in dem die meisten jüdischen Salons zu bestehen aufhörten. Die neue ›patriotische‹ Atmosphäre, die vom Kampf gegen die Franzosen ausgelöst wurde, führte auch zu einer Reaktion gegen sexuelle Freizügigkeit, weibliche Intellektuelle und ungezwungenen Umgang zwischen Juden und Christen. In intellektuellen Kreisen fand das seinen Ausdruck in der ›Christlich-teutschen Tischgesellschaft‹, die 1811 gegründet wurde und sowohl Frauen als auch Personen jüdischer Herkunft die Zulassung verweigerte. Die Zahl der unehelichen Kinder aus gemischten Verbindungen fiel nach 1806 scharf ab; die Geburten aus außerehelichen Verbindungen zwischen Juden begannen erst etwas später zurückzugehen – von 14 % der jüdischen Geburten in den Jahren 1813 bis 1815 auf lediglich 2 % nach 1819.

Im Gefolge der katastrophalen Niederlage Preußens bei Jena und Auerstedt 1806 durchlief das Land eine Periode gründlicher politischer und sozialer Reformen unter der Führung des Freiherrn vom Stein. Obwohl viele Mitglieder des Kreises um Stein entschieden antijüdisch eingestellt waren, begannen sie zu erkennen, daß die Eingliederung der preußischen Juden in die allgemeine Gesellschaft eine Notwendigkeit war. Unter Steins stärker projüdisch eingestelltem Nachfolger, Graf von Hardenberg, erhielten die preußischen Juden schließlich 1812 die Staatsbürgerschaft unter relativ großzügigen Bedingungen. Innerhalb der Jüdischen Gemeinde wurde der Kampf um die Emanzipation von David Friedländer angeführt (dem Autor des Sendschreibens an Teller von 1799), der auch die frühere Kampagne für die Gleichheit der Rechte in den Jahren 1787 bis 1793 angeführt hatte.
Aber weder die Gewährung der Staatsbürgerschaft 1812 noch die Abnahme der unehelichen Geburten nach 1806 machte der Modernisierungskrise der Berliner Juden ein Ende. Im Gegenteil wurde das Krisengefühl stärker als je zuvor, als immer mehr Berliner Juden zur vorherrschenden Religion übertraten. Bis in die siebziger Jahre des 18. Jahrhunderts hinein waren in Berlin nur wenige Juden zum Christentum übergetreten, viele von ihnen gehörten zum Dienstpersonal, und andere waren aus anderen Städten und Provinzen zur Taufe nach Berlin gekommen. Die Zahl der Judentaufen nahm zunächst langsam zu, wuchs dann aber immer schneller an, bis manche eine wahre ›Taufepidemie‹ zu erkennen glaubten. Die Welle der Übertritte war nicht mehr auf Zuwanderer oder Arme beschränkt, sondern erfaßte in relativ größerem Ausmaß

auch die Wohlhabenden und die Aufgeklärten. Einigen schien es, als stünde gar die Existenz des Judaismus auf dem Spiel, während anderen die Welle der Übertritte als Beweis dafür galt, daß die Aufklärung, die mit Mendelssohn begonnen hatte, eine Bedrohung für die jüdische Gemeinschaft darstellte. Diese Eindrücke wurden durch die Tatsache verstärkt, daß unter den Konvertiten vier der noch lebenden Kinder Moses Mendelssohns waren und viele Enkel von Daniel Itzig. Kinder und Enkel von Gemeindeältesten und gelegentlich sogar Inhaber von Gemeindeämtern fanden ihren Weg zum Taufbecken.

Das Ausmaß der Taufbewegung hat zu vielen Diskussionen Anlaß gegeben. Heinrich Graetz behauptete, ein Drittel der Berliner Juden sei zum Christentum übergetreten. Genaue Untersuchungen der Taufregister zeigen, daß solche Zahlen übertrieben waren. Viele von denen, die in Berlin getauft wurden, waren keine Einwohner der Stadt, sondern kamen aus den Provinzen. Ein Blick auf die Liste aller Berliner Juden zur Zeit des Emanzipationsedikts von 1812 zeigt, daß 250 (7 %) der 3493 aufgeführten Personen später konvertierten. Die Getauften fanden sich vor allem unter den Jüngeren. Von den zwischen 1800 und 1810 Geborenen wurde später etwa jeder Siebente getauft. Etwa jedes vierte jüdische Paar, das zwischen 1790 und 1812 in Berlin heiratete, hatte mindestens ein Kind, das konvertierte (oder die Eltern konvertierten selber).

Die Übertritte erfolgten in drei größeren Wellen, die einander überlappten. Zwischen 1770 und 1805 waren die meisten Getauften in Berlin die unehelichen Kinder aus gemischten jüdisch-christlichen Verbindungen. Zusätzlich ließen sich einige Juden aus wohlhabenden Familien, hauptsächlich Frauen, außerhalb Berlins taufen (manchmal insgeheim), um Christen – darunter auch einige Adlige – heiraten zu können. Ab 1800 setzte eine zweite Welle von Übertritten ein, die bis etwa 1820 anhielt. In diesem Zeitraum wurde der Übertritt von Juden der Oberschicht viel gebräuchlicher. Nun wurden auch eheliche Kinder von ihren Eltern getauft, und manchmal gingen ganze Familien zur Taufe. 1809 klagte die Jüdische Gemeinde, sie habe durch die Übertritte wohlhabender Gemeindeangehöriger zehn Prozent ihrer Einnahmen verloren. Inzwischen stieg die Zahl der Konvertiten ständig an. Von 39 zwischen 1770 und 1779 stieg sie 1790 bis 1799 auf 136, auf 397 zwischen 1810 und 1819 bis zu einem Höhepunkt von 615 in den Jahren 1820 bis 1829.[2] Die dritte Welle nach 1820, in der die Krise ihren Höhepunkt erreichte, unterschied sich deutlich von den früheren Phasen. Wurden anfangs hauptsächlich Kinder und junge Frauen getauft, waren es nun in erster Linie junge Männer im Alter zwischen 18 und 29 Jahren, viele von ihnen aus Schlesien und Posen. Während die Frauen häufig übergetreten waren, um ihre Geliebten heiraten zu können, konvertierten diese jungen Männer in der Regel aus Karrieregründen. Zu diesem Anstieg der Übertritte junger Männer trug die preußische Regierung im Jahre 1822 bei, als sie für Juden hinsichtlich des Regierungsdienstes und der Lehrtätigkeit erneute Beschränkungen verhängte.

Entgegen den Hoffnungen, die einige führende Berliner Juden auf das Emanzipationsgesetz von 1812 gesetzt hatten, wurde der ständige Anstieg der Austritte aus dem Judentum dadurch nicht aufgehalten. Auch begann die Regierung nach der Niederlage Napoleons, die in diesem

Gesetz festgelegten Rechte mehr und mehr einzuschränken. Aber die Gewährung der preußischen Bürgerrechte hatte doch eine wichtige Wirkung: Sie gab den Anstoß für die religiöse Reformbewegung in der Berliner Judenschaft. Gleich nach der Bekanntgabe des Bürgerrechtsgesetzes veröffentlichte David Friedländer eine Broschüre, in der er eine Änderung des Gottesdienstes, unter Aufgabe des Hebräischen als Gebetssprache, forderte, die dem neuen Status gerecht würde. Ein reformierter Gottesdienst wurde in Berlin eingeführt, wenn auch weit weniger radikal, als Friedländer es gewünscht hatte, als Ende 1814 Israel Jacobson nach Berlin kam, der frühere Sprecher und Anführer der Juden im napoleonischen Königreich Westfalen. Bald trafen sich mehrere hundert Menschen zum Sabbat-Gottesdienst im prunkvollen Wohnhaus von Jacob Herz Beer, dem Vater des Komponisten Giacomo Meyerbeer. Der ›Beer-Jacobson-Tempel‹ gehörte zu den ersten reformierten jüdischen Gotteshäusern der Welt. Gebete auf deutsch und hebräisch wurden begleitet von einer Orgel und einem Knabenchor, die Predigt wurde in deutscher Sprache gehalten. Eine Liste der Angehörigen des Reform-Tempels von 1818 führt 245 Haushaltsvorstände und insgesamt 945 Namen auf – über ein Viertel der Gemeinde. Neben dem Wunsch, eine Form des Judaismus zu finden, die ihrem neuen politischen Status und der Übernahme deutscher Kulturformen entspräche, hatten die frühen Reformer in Berlin noch ein anderes Ziel: Sie hofften, eine Reform des Judaismus könne junge, akkulturierte Juden vom Religionswechsel abhalten.

Die Einführung eines reformierten Gottesdienstes in Berlin mag teilweise von dem Motiv bestimmt gewesen sein, den Judaismus vor der ›Taufepidemie‹ zu schützen, aber sie führte zu einer Eskalation der Spaltung zwischen Traditionalisten und Modernisten. Bis 1812 hatten die Modernisten die traditionellen Bräuche größtenteils aufgegeben und manchmal sogar verspottet, aber im allgemeinen hatten sie die religiösen jüdischen Institutionen in den Händen der Traditionalisten belassen. Obwohl in ihrem Status weit schwächer als noch ein halbes Jahrhundert zuvor, kontrollierten die traditionellen Juden in Berlin noch immer das Rabbinat, unterhielten eine *Jeschiwa* (Talmudschule) mit über vierzig Studenten und hatten ein Monopol auf den jüdischen Gottesdienst in der Stadt. Der ›Beer-Jacobson-Tempel‹ war ein Angriff auf diese letzte Festung der Orthodoxie.

Der Konflikt wurde durch die Einmischung der preußischen Regierung noch verschärft. Das Dekret König Friedrich Wilhelms III. von 1815, mit dem er alle privaten Synagogen in der Stadt schloß, löste einen unvermeidlichen Konflikt über die Form des Gottesdienstes in der Berliner Hauptsynagoge aus. Obwohl sich die Mehrheit der Berliner Gemeindeältesten für die Reform aussprach, konnten die Reformer ihr Ziel nicht erreichen. Die orthodoxen Gegner der Reform blieben nach Jahren voller Auseinandersetzungen erfolgreich, indem sie Ende 1823 eine Verordnung des Königs erwirkten, wonach »der Gottesdienst der Juden nur in der hiesigen Synagoge und nur nach dem hergebrachten Ritus ohne die geringste Neuerung in der Sprache und in der Ceremonie, Gebeten und Gesängen, ganz nach dem alten Herkommen gehalten werden« sollte. Das Verbot des reformierten Gottesdienstes bei Beer-Jacobson verlieh der orthodoxen Partei ein Monopol auf den legalen jüdischen Gottesdienst in Berlin, aber ihre beherrschende Position

erhielten die Orthodoxen dennoch nicht zurück. Eine Mehrheit der Berliner Juden hielt sich nicht länger an das jüdische Religionsgesetz. Eine Steuerliste auf koscheres Fleisch von etwa 1814 zeigt, daß knapp über die Hälfte der jüdischen Familien der Gemeinde kein koscheres Fleisch mehr kaufte. Viele besuchten auch die Synagoge nicht mehr. Die orthodoxe Synagoge wird in den humorvollen Memoiren von Aron Hirsch Heymann, der 1830 in Berlin ankam, als ziemlich trostlos beschrieben. Viele Gottesdienstbesucher plauderten während der Gebete mit ihren Nachbarn und boten einander Schnupftabak an. Die Rabbiner sprachen Deutsch mit starkem jiddischen Akzent, ebenso wie viele der Gemeindemitglieder. Das Ansehen der Rabbiner sank auf eine so tiefe Stufe, daß der ranghöchste Rabbiner sich nach 1825 mit der Bezeichnung »Rabbinatsverweser« zufrieden geben mußte, weil ihm der Titel »Oberrabbiner« verwehrt wurde. Obwohl die orthodoxe Partei die Kontrolle über alle religiösen Institutionen des Berliner Judentums noch fast ein weiteres Vierteljahrhundert behielt, war sie doch nur noch ein Schatten ihres früheren Selbst und von geringer Bedeutung im Leben der Juden in der Stadt.
Während der ersten drei Jahrzehnte des 19. Jahrhunderts weitete sich die Krise der Berliner Judenschaft weiter aus und wurde immer ernsthafter. Nach etwa 1830 begann das Gefühl einer Krise jedoch nachzulassen. Die wichtigste Ursache dafür war nicht ein plötzlicher geistiger Wandel, sondern eine Veränderung in der Bevölkerungsentwicklung. Die Zahl der Berliner Juden, die von den 1770er Jahren bis 1822 fast stagniert hatte, begann aufgrund von Zuwanderung aus den Provinzen schnell anzusteigen. Um 1825 gab es in der Stadt 4000 Juden, 1831 fast 5000 und 1839 etwa 6000. In den folgenden dreizehn Jahren wuchs die jüdische Bevölkerung fast noch einmal um das Doppelte und erreichte 1852 die Zahl 11 840. Die Mehrheit der Zuwanderer nach 1830 kam aus kleinen traditionellen jüdischen Gemeinden in den drei östlichen preußischen Provinzen Schlesien, Westpreußen und Posen.
Die Berliner Jüdische Gemeinde der vierziger Jahre war eine fast vollständig neue Gruppierung. Zwei Drittel ihrer Mitglieder hatten keine persönlichen Verbindungen zu der Jüdischen Gemeinde der Krisenzeit. Während Mitglieder der Gemeinde um 1810 und 1820 glauben konnten, alle ihre Freunde, vor allem in der jüngeren Generation, träten zum Christentum über und das Überleben der Gemeinde sei bedroht, bot sich den Mitgliedern in den folgenden Dekaden ein anderes Bild. Sie wußten nicht viel von den Konvertiten, hatten von dem Kreis um Mendelssohn und dem Tempel von Beer-Jacobson nur vom Hörensagen vernommen und erlebten das schnelle Wachstum der Berliner Jüdischen Gemeinde. Da sie aus den kleinen Städten eher traditionelle Orientierungen mitgebracht hatten, empfanden sie auch nicht den starken Druck, die gesamte frühere Lebensweise aufzugeben, dem die früheren Berliner Juden ausgesetzt gewesen waren. Die Krise der Berliner Judenschaft wurde allmählich zu einer verblassenden historischen Erinnerung.

Die Frage liegt nahe, welche Verbindung zwischen dem Modernisierungsprozeß, den die Berliner Judenschaft als erste vollzog, und der Krise in seinem Gefolge bestand. Wie kam es zu der Welle von Übertritten? Traten in erster Linie die Modernisten zum Christentum über, oder betraf die Krise gleichermaßen alle Teile der Gemeinde? Die Jüdische Gemeinde Berlins im frühen 19. Jahrhundert ist so gut dokumentiert, daß sich das Schicksal der meisten Familien während des Krisenzeitraums verfolgen läßt. Dabei treten hinsichtlich der Ausbreitung der Konversionen unter den Berliner Juden zwei Fakten hervor. Das erste Faktum betrifft den Einfluß der Familienbande bei der ›Taufepidemie‹, das zweite den Zusammenhang zwischen Modernismus und Konversion.

In der Krise der Berliner Juden zerbrach die traditionelle Rolle der jüdischen Familie als Bollwerk jüdischer Loyalität. In der ersten Phase der Krise suchten viele jüdische junge Menschen romantische Beziehungen außerhalb der Ehe und außerhalb der jüdischen Gemeinschaft. In der späteren Phase der Krise, als nichteheliche Beziehungen abnahmen, ebnete die Familie vielen Menschen eher den Weg zur Konversion, als daß sie einen Schutz davor bot. Nicht nur folgten Eltern ihren Kindern zur Taufe und konvertierten die Paare gemeinsam, sondern oftmals ließen sich die Mitglieder ganzer Großfamilien nacheinander taufen. Individuen ließen sich von der vorangegangenen Konversion eines Bruders, einer Schwester, eines Vetters, einer Tante oder eines Onkels beeinflussen und folgten deren Beispiel. In manchen Familien muß der Eindruck entstanden sein, als werde ›jeder‹ Christ und ›niemand‹ bleibe Jude. Dies galt insbesondere bei den sehr Wohlhabenden. Von den Enkeln Daniel Itzigs zum Beispiel konvertierten mindestens 24, und nur etwa acht blieben zeit ihres Lebens Juden.

Es bestand auch ein enger Zusammenhang zwischen Konversion und der Parteinahme für Aufklärung und Reform. Unter den (aufklärungsfreundlichen) Subskribenten von Mendelssohns Bibelübersetzung hatten mindestens 32 % ein Kind, das später konvertierte, gegenüber lediglich 7 % der (traditionalistischen) Mitglieder der Berliner *›Chewra Kaddischa‹* (der jüdischen Begräbnisgesellschaft). Ähnlich bestand eine viel höhere Konversionsrate unter den Anhängern des Reformgottesdienstes und ihren Kindern als unter ihren orthodoxen Gegnern. Es gab auch mehr Konversionen in den Familien, die kein koscheres Fleisch kauften, als bei den Käufern.

Diese Korrelationen scheinen zumindest an der Oberfläche die damaligen und späteren Behauptungen der Traditionalisten zu bestätigen, die vor den Gefahren der Modernität für die Kontinuität der Jüdischen Gemeinde warnten. Aber es wäre eine grobe Vereinfachung einer sehr komplizierten Situation, würde man die Krise allein auf die Preisgabe der Tradition zurückführen. Zunächst einmal ist es nötig zu erklären, warum die Berliner Juden sich in ihrer Mehrheit von der Tradition abwandten. Ein Teil der Begründung ist darin zu suchen, daß die Tradition, so wie sie sich ihnen darstellte, ihren spirituellen, gesellschaftlichen oder intellektuellen Bedürfnissen nicht mehr genügte. Zweitens könnte es auch sein, daß der religiöse Modernismus nicht die Ursache dafür war, daß die Individuen ihr Judentum aufgaben und sich taufen ließen, sondern daß die Preisgabe der Traditionen und die Übernahme moderner Positionen einerseits und die Aufgabe der jüdischen Identität und Annahme der Taufe andererseits zwei Aspekte desselben Prozesses der Entfremdung von der alten Lebensweise waren.

Von Bedeutung ist schließlich die Tatsache, daß die Krise zeitlich begrenzt war. Warum standen Juden in Berlin zwischen 1800 und 1830 unter so großem Druck, sich taufen zu lassen, während dieser Druck später sehr viel geringer war? Das lag zweifellos nicht daran, daß sich die Juden nach 1830 sämtlich zur Tradition bekannt hätten. Im Gegenteil, erst in den dreißiger Jahren und danach begann der liberale Judaismus sich auszubreiten und zur Bewegung der Mehrheit der deutschen Juden zu werden. Das Krisengefühl der frühen Modernisierungsperiode läßt sich vor allem damit erklären, daß in dieser Phase ein Modell modernen Judentums fehlte. Abgesehen von einer winzigen Minderheit führten die Juden in aller Welt noch immer ein Leben, das durch die Tradition bestimmt war. Da die große Mehrheit der Juden auf diese Weise lebte, schien es, als ob ›Judentum‹ nur in der Form der traditionellen religiösen Observanz und des orthodoxen Glaubens möglich sei. Wer die traditionelle Praxis nicht mehr akzeptierte, hatte daher häufig das Gefühl, er hätte das Judentum bereits verlassen. Es war unklar, wo die Grenze verlief. Lag der Bruch mit dem Judaismus schon in der Übernahme nichtjüdischer kultureller Muster, in der Aufgabe der Sabbatheiligung und der Speisegesetze, oder erst in der Taufe? Diejenigen Juden, die die einzige ihnen bekannte Art des Judaismus verließen, besaßen weder eine alternative Bezeichnung für die neue, von ihnen gelebte Art des Judaismus, noch die Möglichkeit, sie zu lehren und weiterzugeben.

Juden in späterer Zeit, besonders nach 1840, befanden sich in einer anderen Situation als die Pioniere der Modernisierung unter den Juden Berlins. Die Zahl der modern orientierten Juden war in der späteren Zeit viel größer als in der früheren. Die Ausbreitung des liberalen Judentums und anderer nicht-orthodoxer jüdischer Denkströmungen ermöglichte jenen, die die Tradition aufgegeben hatten, sich auch weiterhin als Juden zu begreifen. Sie konnten sagen: »Wir sind keine orthodoxen Juden, aber wir sind reformierte (oder zionistische, oder weltliche) Juden.« Es gab viele gleichgesinnte Juden und viele Institutionen, die eine Lebensweise lehrten und förderten, die ihrer persönlichen zumindest ähnlich war. In den meisten Fällen hatten sie nicht mehr das Gefühl, sie müßten die jüdische Gemeinde ganz verlassen, nur weil sie ihre traditionelle Lebensweise aufgegeben hatten.

Obwohl spätere jüdische Gemeinden nicht die gleiche Art einer akuten Krise durchliefen wie die Pioniere der jüdischen Moderne in Berlin zwischen 1770 und 1830, bietet die Geschichte der Berliner Juden noch immer einen Testfall für die Erfahrung der Modernisierung. Alle modernen Juden haben sich mit den Themen der Identität, der Integration und der Assimilation zu beschäftigen, mit denen sich die Berliner Juden erstmals vor über zweihundert Jahren auseinanderzusetzen begannen. In einer abgeschwächten Form ist die Frage der jüdischen Existenz in einer offenen westlichen Gesellschaft auch heute noch ebenso ein Thema wie damals. Das ist einer der Gründe, warum die Debatten aus der Zeit Mendelssohns und seiner Nachfolger über die Möglichkeit der Integration in die nichtjüdische Umwelt ohne Preisgabe der jüdischen Identität keineswegs an Schärfe verloren haben.

1 Für die hier geschilderte Entwicklung vgl. die ausführliche Darstellung in Steven M. Lowenstein, The Berlin Jewish Community. Enlightenment, Familiy and Crisis 1770–1830, Oxford 1994; dort auch die einzelnen Belege.

2 Diese Zahlen gründen sich auf die »Fremdstämmigen-Kartei« (im Sprachgebrauch ›Judenkartei‹) beim Evangelischen Zentralarchiv in Berlin, ein Register, in das 1935 alle Juden (und andere ›Nicht-Arier‹) aufgenommen wurden, die in den Taufregistern der protestantischen Kirchen Berlins aufgeführt waren (außer den Militärkirchenbüchern und denen des Französischen Doms). Die Zahlen entsprechen den ›Rassen‹-Kriterien der Nazis und erfassen daher viele Individuen, die nach religiösen Kriterien niemals Juden waren, zum Beispiel Kinder konvertierter Juden oder Kinder christlicher Mütter und jüdischer Väter. Die Listen enthalten die in Berliner Kirchen Getauften, deshalb auch Nicht-Berliner, die zur Taufe in die Stadt kamen, nicht aber Berliner Juden, die außerhalb getauft wurden. Aus diesen Gründen unterscheiden sich die hier genannten Zahlen von denen, die an anderen Stellen dieses Aufsatzes angegeben werden.

Aus dem Englischen übersetzt von Meinhard Büning.

Von Moses Mendelssohn bis Leo Baeck: Die Bedeutung Berlins für die jüdische Reform

Michael A. Meyer

Das Reformjudentum, das heute in aller Welt und vor allem in den Vereinigten Staaten weit über eine Million Anhänger zählt, hatte seinen Ursprung in Deutschland. Mit der einzigen Ausnahme der gemäßigt reformierten und kurzlebigen Adath-Jeschurun-Kongregration (1797–1808) in Holland in der Zeit der französisch inspirierten Batavischen Republik erfolgten die ersten praktischen Ansätze zu einer religiösen Reform des Judentums in Deutschland. Auch die grundlegenden Lehren, durch die sich Reform von Orthodoxie unterschied, wurden von jüdischen Denkern entwickelt, die vom deutschen intellektuellen Milieu beeinflußt waren. Noch heute sind so fundamentale Begriffe wie »fortschreitende Offenbarung«, »die Mission Israels« und die Zentralität der moralischen Gebote – sämtlich von deutsch-jüdischen Theologen stammend – grundlegend für die Reformjuden. Obwohl einige Gelehrte, wenn sie das phänomenale Wachstum des Reformjudentums in den Vereinigten Staaten im 19. Jahrhundert erklären wollten, den Einfluß amerikanischer Faktoren stärker hervorhoben, ist die Bedeutung des deutschen Erbes nicht zu leugnen.
Aber läßt sich das auch für die Bedeutung einer einzelnen Stadt sagen, nämlich Berlins? Ging der Einfluß von der jüdischen Gemeinde der preußischen Hauptstadt aus? Oder waren andere deutsche Städte ebenso wichtig oder sogar noch wichtiger: Hamburg zum Beispiel, Breslau oder Frankfurt am Main? Der folgende Aufsatz setzt sich mit der Rolle Berlins in der Reformbewegung zu verschiedenen Zeitpunkten der Moderne auseinander, angefangen mit der Aufklärung bis hin zur Nazizeit. In jedem Falle werden wir versuchen, Berlins Bedeutung für die zeitgenössischen und folgenden Entwicklungen in Deutschland wie im Ausland zu beurteilen.

Moses Mendelssohn und die Haskala

Wie Berlin im Zentrum der deutschen Aufklärung stand, so wurde es auch zum Brennpunkt ihres jüdischen Äquivalents, auf hebräisch Haskala. Ihr Vorläufer war der Philosoph Moses Mendelssohn, dessen enge Beziehungen zu führenden Geistern der Aufklärung, vor allem zu Lessing und Nicolai, ihn zuerst in Verbindung mit ihren literarischen und philosophischen Unternehmungen brachte und ihn dann zwangen, sich mit der Frage der »Aufklärung« des Judentums auseinanderzusetzen. Die beispiellose Toleranz und sogar persönliche Freundschaft, die Mendelssohn in den fortschrittlichsten Kreisen Berlins zuteil wurde, zog ihn aus seiner eigenen Gemeinde in die weitere Welt deutscher und europäischer Kultur. Wäre er in seinem Geburtsort Dessau geblieben, hätte sich Mendelssohn wohl kaum zu einem allgemein anerkannten deutschen Populärphilosophen oder zu einem Erneuerer des Judentums entwickelt. Sobald er begann, sich mit Gedanken und Werten zu identifizieren, die er aus der Lektüre Lockes, Leibniz' und Christian Wolffs sowie aus Diskussionen mit seinen Freunden gezogen hatte, mußte er auch erklären, wie er seine weitere Zugehörigkeit zum Judentum mit der scheinbar dazu im Widerspruch stehenden Übernahme der Grundsätze der Aufklärung versöhnen konnte.

Mendelssohn reagierte auf diese Schwierigkeit, indem er das Judentum als aufgeklärten Glauben neu definierte, der der Kritik der gemäßigten Aufklärung standzuhalten vermochte, wenn auch nicht der ihres radikaleren französischen Äquivalents. Das Judentum kannte keine Dogmen, behauptete Mendelssohn, und deshalb tat es der menschlichen Vernunft keine Gewalt an. Seine Besonderheit lag nur in seinem geoffenbarten Gesetz, das nur für Juden bindend war und nicht ausschlaggebend für die Erlösung. Mit dieser Umformung des Judentums zu einem Glauben, der sich in Mendelssohns Augen mit dem modernen Denken noch besser vereinbaren ließ als das Christentum, legte er den Grund für das moderne Judentum, wie es sich dann nicht nur in Deutschland, sondern auch an anderen Orten entwickelte. Im 19. Jahrhundert übernahm nicht nur das Reformjudentum, sondern auch die moderne Orthodoxie die Vorstellung vom Judentum als einer rationalen Religion und kam von daher zu der Ansicht, das Judentum sei keineswegs überholt, wie seine Kritiker behaupteten, sondern vielmehr für die Moderne am besten geeignet. Das Judentum war, in den Worten der »Plattform von Pittsburgh«, die 1885 von einer Versammlung von Reform-Rabbinern verabschiedet wurde, immer bestrebt, »den Forderungen der Vernunft gerecht zu werden«. Tatsächlich war es dic »Sendung Israels«, diesen aufgeklärteren Glauben zu einer Menschheit zu bringen, die ihn noch nicht besaß. Erst sehr viel später, im 20. Jahrhundert, sollte das Reformjudentum zu einer Neueinschätzung der jüdischen mystischen Tradition gelangen, von der sich Mendelssohn und seine Nachfolger gelöst hatten.

Auch in einem zweiten wichtigen Aspekt legte Mendelssohn die Grundlagen für die religiöse Reform: in der Privatisierung des Judentums. Bis zum 18. Jahrhundert konnten jüdische Gemeinden über ihre Mitglieder die soziale Kontrolle ausüben, mittels des »Bannes«, einer Form des Scherbengerichts, durch das einzelnen Juden, die gegen das jüdische Gesetz verstoßen hatten, jeder Kontakt zu anderen Juden verboten wurde. Zu Mendelssohns Zeit und danach begannen die Regierungen gegen dieses Privileg vorzugehen, weil es innerhalb des zentralisierenden Staates eine Quelle unabhängiger Autorität begründete und weil es auch verhinderte, daß Juden bestimmte Bräuche ihrer Umwelt übernahmen – zum Beispiel auf den traditionellen jüdischen Bart zu verzichten oder verbotene Nahrung zu sich zu nehmen. Obwohl Mendelssohn selbst sich streng an jüdische Gesetze und Sitten hielt und nicht als Reformer des persönlichen religiösen Verhaltens der Juden angesehen werden kann, sprach er sich doch öffentlich für die Abschaffung des Bannes aus – nur der Staat, aber keine religiöse Autorität solle die Zwangsmacht besitzen. Mendelssohn sanktionierte somit religiöse Reformer, die behaupteten, die religiöse Praxis sei eine persönliche Angelegenheit zwischen dem Individuum und Gott, und die jüdische Gemeinde besitze kein Recht zum Eingreifen, selbst wenn die private Praxis gegen öffentliche Normen verstoße. Als die Reformer später eigene Synagogen begründeten, konnten sie behaup-

ten, die religiöse Duldung durch den Staat impliziere nicht nur die Anerkennung des Judentums, sondern auch seiner verschiedenen Strömungen.
Weitgehend war Mendelssohn selbst mit dem rituellen Status quo zufrieden. Nur in einem Fall führten ihn seine von der Berliner Aufklärung geprägten Ansichten in Widerspruch zu einer akzeptierten Praxis. Seit langem war es jüdische Tradition, die Toten noch an ihrem Todestag zu begraben. Mendelssohn war sich jedoch durchaus darüber im klaren, daß in dieser Praxis eine Gefahr lag, da der Tod nicht sofort mit Sicherheit bestimmt werden konnte. Er muß darüber hinaus gewußt haben, daß ein Grund für das schnelle Begräbnis bei den Juden in der Furcht lag, der Körper würde sonst von Dämonen angegriffen, ein Aberglaube, der sich nur schwer mit Mendelssohns Vorstellung von einem völlig rationalen Judentum vereinbaren ließ. Später wurde die Frage des Begräbnisses zum wichtigsten Punkt der praktischen religiösen Kontroverse, die seine Schüler, die Verfechter der Haskala, in Widerspruch zu den rabbinischen Autoritäten brachte.
Diese Schüler traten in Mendelssohns Fußstapfen, gingen aber auch weit über ihn hinaus. Einige waren eigens nach Berlin gekommen, um bei Mendelssohn zu lernen und an seiner Arbeit teilzuhaben, besonders an seinem Projekt, den Pentateuch ins Deutsche zu übersetzen und ihn mit einem modernen hebräischen Kommentar zu versehen. Über seine Schüler verbreitete sich die Haskala von Berlin aus nach Königsberg, Wien, Prag und in andere Städte. Zu den radikalsten Schülern gehörte David Friedländer, ein sehr erfolgreicher Manufakturbesitzer in Berlin, der im Unterschied zu Mendelssohn in den Angelegenheiten der Berliner Gemeinde eine wichige Rolle spielte. Wenn Mendelssohn sich als wichtigste Quelle einer Rationalisierung der jüdischen Religion in der Moderne begreifen läßt – auch wenn er sich meistens nicht ausdrücklich für praktische religiöse Reformen einsetzte – und von späteren Judengenerationen im Westen fast allgemein in dieser Hinsicht als richtungweisend betrachtet wurde, so war Friedländers Wirkung stärker eingeschränkt: Er beeinflußte nur jene, die auf religiösen Radikalismus eingestellt waren. Sein Judentum war nicht weniger als das Mendelssohns von der Berliner Aufklärung beeinflußt, aber nicht länger in der persönlichen Bindung an jüdische Traditionen verankert. Bei Friedländer, der an einem Punkt seines Lebens den Übertritt zum Christentum erwog, erkennen wir deutlich zum ersten Male die Schwierigkeit, ein rationalisiertes Judentum zu rechtfertigen, das aller ritueller Zwangshandlungen entkleidet ist.
In der Berliner Jüdischen Gemeinde traten in den Jahren unmittelbar nach Mendelssohns Tod 1786 neue Vorstellungen vom Judentum auf, die seine besonderen Elemente auf ein Minimum beschränkten oder sie völlig ausschalteten. Der rationalistische Buchhändler Saul Ascher forderte eine »Reformation« des Judentums, die es des Ballasts seiner Gesetze entkleiden sollte, die noch aus der Zeit stammten, als das Judentum die Verfassung eines antiken Staates gewesen war. Er strebte danach, es nach dem Modell des Christentums in einen religiösen Glauben zu verwandeln, mit eigenen Überzeugungen und Bräuchen, aber ohne Beziehung zu einem jüdischen »Staatswesen«. Ascher versuchte, jüdische Glaubensinhalte mit Kants Philosophie in Einklang zu bringen, während er die Praxis auf einige Zeremonien – zum Beispiel die Beschneidung und die

Beachtung des Sabbats und der Feste – beschränkte, die auch zeitgenössischen aufgeklärten Juden noch von Bedeutung sein konnten. Der Kantianer Lazarus Bendavid ging noch weiter, indem er dem jüdischen Ritual überhaupt keinen Wert mehr beimaß und die reine Lehre Moses' wiederbeleben wollte, verstanden als das früheste Beispiel einer Naturreligion.

Ascher und Bendavid waren im Berlin des späten 18. Jahrhunderts als radikale religiöse Denker nicht isoliert. Eine kleine Gruppe, die sich gerne als die »wahrhaft Aufgeklärten« bezeichnete, war überzeugt, sie liefere die radikalsten Antworten auf die Fragen, die Mendelssohn aufgeworfen, aber nicht bis zu ihrem notwendigen Ende weitergedacht hatte. So wurde die ursprüngliche Mäßigung der Haskala, die zu Mendelssohns Zeit und besonders danach ihren Weg in immer breitere Kreise der Gemeinde gefunden hatte, unter einigen seiner Schüler ersetzt durch ein radikaleres Verständnis des Judentums, womit sie an den Rand des Berliner Judentums gerieten und in noch größere Entfernung zur deutschen Judenheit insgesamt, die in ihrer religiösen Orientierung auch weiterhin überwiegend traditionell blieb.

Obwohl die meisten religiösen Reformer ihre Verpflichtung gegenüber Mendelssohn anerkannten, sah sich die radikalste Reformgruppe, die jemals in seiner eigenen Stadt entstand, die Reformgemeinde von 1845 (weiter unten werden wir sie noch genauer würdigen), in der Nachfolge von Mendelssohns engem Freund Lessing. Diese Gruppe erkannte, daß das Reformjudentum in einem entscheidenden Streitpunkt zwischen den beiden Männern eher in Lessings Fußstapfen trat als in die Mendelssohns. Indem er sich an die Prinzipien der frühen Aufklärung hielt, glaubte Mendelssohn, die Wahrheit sei ihrem Wesen nach ewig und der Lauf der Zeit sei für sie ohne Bedeutung. Das Judentum, wie er es verstand, war ein unveränderlicher Glaube, der schon früh eine für alle Zeiten gültige Wahrheit erfaßt habe. Lessing kam jedoch gegen Ende seines Lebens zu einer anderen Ansicht. Er begann die Überzeugung zu vertreten, Religionen seien historischen Veränderungen unterworfen und die Menschheit insgesamt schreite in ihrer religiösen Entwicklung voran. Diese dynamische Sicht der Religion wurde von den jüdischen Reformern übernommen, die sie auf das Judentum anwandten, indem sie es historisierten und relativierten; vor allem aber schrieben sie ihm einen inhärenten Grundsatz des Fortschritts zu. Daß das Judentum dynamisch und nicht statisch sei, wurde in den fundamentalen Kanon der religiösen Reform aufgenommen – und bald nicht nur unter den Radikalen. Hier ging die Reform über Mendelssohn und die Aufklärung – jedenfalls in ihren früheren Phasen – hinaus und wurde eher zu einem Produkt des heraufdämmernden 19. als des 18. Jahrhunderts.

Die ›deutsche Synagoge‹

Vorschläge zu praktischen religiösen Reformen in Deutschland und anderen Ländern häuften sich, wenn den Juden mehr Gleichheit eingeräumt wurde und sie daher das Gefühl hatten, der neue Status erfordere eine gewisse Anpassung ihrer Religion. Als daher 1812 ein Emanzipationsedikt für die preußischen Juden erlassen wurde und die Juden ermutigt wurden, sie sollten sich

äußern, wie daraufhin die jüdische Gemeinde umgewandelt werden könne, veröffentlichte David Friedländer eine Broschüre, in der eine solche »Umbildung« hinsichtlich der Gottesdienste und der jüdischen Ausbildung umrissen wurde. Da die Juden nun preußische Bürger seien, hielt er es nicht mehr für angemessen, daß sie für ihre Rückkehr in das Land ihrer Vorväter und den Wiederaufbau des alten Tempels in Jerusalem beteten. Solche Gebete paßten für ein unterdrücktes Volk, aber nicht für ein Volk, das emanzipiert worden war. Aber selbst in der preußischen Hauptstadt fand ein solcher Radikalismus wenig Anklang, und an anderen Orten war das Echo nur negativ. Erst als der ›Germanisierungsprozeß‹ weiter fortgeschritten war, nach der begeisterten Teilnahme der preußischen Juden an den Befreiungskriegen, erlangte der Wunsch nach ›Germanisierung‹ ihres Gottesdienstes größere Verbreitung und nahm praktische Formen an.
Dies zeigte sich zum ersten Mal 1814, als die ›Gesellschaft der Freunde‹, die in erster Linie aus aufgeklärten Berliner Juden bestand, bei der Gemeinde eine religiöse Feier in der Synagoge beantragte, um den Friedensschluß zu feiern. Sie schlugen vor, bei dieser Gelegenheit sollten Männer und Frauen beisammen sitzen, die Predigt sollte auf deutsch gehalten werden, und im Chor sollten auch weibliche Stimmen zu hören sein. Dagegen regte sich – besonders unter den Berliner Rabbinern – so heftiger Widerstand, daß die Gesellschaft ihre Feier in ihrem eigenen Versammlungshaus abhalten mußte. Dennoch war deutlich geworden, daß sich das religiöse Leben nicht mehr lange gegen den Wunsch abschirmen konnte, es in Einklang mit den neuen Empfindungen als Deutscher und Preuße neu zu gestalten.
Die ersten religiösen Reformen in Deutschland wurden allerdings nicht in Berlin durchgeführt, sondern im Königreich Westfalen unter der Herrschaft von Napoleons Bruder Jerome. Die gleiche Empfindung, daß politische Errungenschaften religiöse Veränderungen nach sich ziehen müßten, war dort aufgetreten, nachdem den Juden 1807 völlige Gleichheit eingeräumt worden war. Erst als Israel Jacobson, der Leiter des jüdischen Konsistoriums in Westfalen, sich nach dem Zusammenbruch von Jeromes Königreich in Berlin niederließ, wurde auch dort zum ersten Mal ein religiös reformierter Gottesdienst abgehalten.
Als Jacobson in die preußische Hauptstadt kam, war eine beträchtliche Minderheit der jüdischen Gemeinde in unterschiedlichem Ausmaß von Unzufriedenheit mit dem Judentum geprägt. In einer Atmosphäre, in der die Autorität der Gemeinde zerbrochen war, in der sich der oberste Rabbiner, Meyer Simon Weyl, weder intellektuell in den talmudischen Studien auszeichnete noch richtig deutsch sprach, gingen immer mehr Juden nur noch bei seltenen Gelegenheiten zum Gottesdienst. In Ermangelung einer Alternative zu einem Gottesdienst, der wenig erbaulich und ästhetisch geschmacklos wirkte, blieben sie der Synagoge einfach fern. Einige gingen am Sonntagmorgen zur Kirche. Als daher Israel Jacobson und kurz darauf auch der reiche Zuckerfabrikant Jacob Herz Beer im Jahre 1815 begannen, Gottesdienste bei sich zuhause abzuhalten, zogen sie die Juden nicht etwa von der Synagoge ab, sondern brachten eher die Säumigen zum religiösen Leben zurück. Der junge Leopold Zunz, 1815 frisch in Berlin angekommen, schrieb begeistert über den Gottesdienst zu Yom Kippur dieses Jahres: »Gestern oder vielmehr Sonnabend (d. 14.) war ich in Jacobsons Synagoge. Menschen, die 20 Jahre keine Gemeinschaft mit Juden

hatten, verbrachten dort den ganzen Tag: Männer, die über die religiöse Rührung schon erhaben zu sein glaubten, vergossen Tränen der Andacht; der größte Teil der jungen Leute fastete.«[1] Die Veranstalter der neuen Gottesdienste waren naiv überzeugt, die Behörden stünden ihrem Unternehmen wohlwollend gegenüber, weil sie in einer Art auf die Emanzipation reagierten, wie sie der Monarch, der sie emanzipiert hatte, begrüßen müßte. Wenn sie Kritik verdienten, so nur, weil sie so lange gezögert hatten, durch eine revidierte Form des Gottesdienstes die Wertschätzung ihrer Emanzipation zum Ausdruck zu bringen. Daher appellierten die Herausgeber des neuen Gebetbuches im Vorwort an ihre Glaubensgenossen: »Auf! Haus Jisrael! Ermuntere dich von deinem Schlafe, denn schon steht die Sonne hoch am Himmel; auf und gürte deine Lenden und rüste dich mit Kraft zur That, denn Thaten nur sind ächten Dankes würdige Zeichen.«[2] Aber zur Enttäuschung der Reformer fand ihr neuer Gottesdienst keine Ermutigung, sondern traf auf die Ablehnung des preußischen Königs, der »Sektiererei« unter Juden genauso gründlich verabscheute wie unter Christen. Zuerst erzwang Friedrich Wilhelm III. die Schließung der neuen Gottesdienste für mehr als eineinhalb Jahre, bis die Gemeindesynagoge repariert werden mußte und eine Zeitlang nicht benutzbar war. Daher durfte Beers geräumige Wohnung von 1817 bis 1823 als eines von mehreren Ersatzgotteshäusern dienen, bis die Mißbilligung der Regierung gemeinsam mit orthodoxem Druck dem Experiment endgültig ein Ende bereitete.
Während dieses Zeitraums jedoch hatten die Gottesdienste in Berlin bemerkenswerten Erfolg; sie wurden bekannt als ›deutsche Synagoge‹, weil ein Teil der Liturgie und die Wochenpredigten auf deutsch gehalten wurden. Manchmal nahmen bis zu 400 Personen teil, und besonders bemerkenswert war der hohe Anteil an Frauen. Nur wenige Frauen konnten genug Hebräisch, um dem Gottesdienst in der Gemeindesynagoge folgen zu können, wo sie hinter einem Gitter auf dem Balkon saßen. Nur sehr wenige kamen regelmäßig. Bei den reformierten Gottesdiensten dagegen saßen Männer und Frauen getrennt, aber auf gleicher Ebene einander gegenüber, jede Gruppe mit dem Gesicht zu Kanzel und Vorlesepult im Zentrum des großen Raumes. Frauen und Männer konnten sich gleichermaßen an den Predigten erbauen, die von jungen, universitätsgebildeten Männern in reinem Deutsch und im Stil der besten und modernsten christlichen Predigtlehre gehalten wurden. Die Musik war nicht der herkömmliche Gesang, sondern der eines Knabenchores von einer lokalen jüdischen Schule unter Orgelbegleitung. Gelegentlich wurden Mädchen ebenso wie Jungen konfirmiert, eine Zeremonie, die von der protestantischen Kirche übernommen und dem Judentum angepaßt worden war. Auch Hochzeiten wurden dort abgehalten, begleitet von Hochzeitspredigten in deutscher Sprache.
Die politische Atmosphäre in Berlin wurde für die jüdische religiöse Reform jedoch bald noch ungünstiger. 1821 verbot der König Christen den Besuch der jüdischen Gottsdienste. Im folgenden Jahr kam es zu politischen und religiösen Rückschlägen: Juden wurden in Preußen von den höheren Rängen der Armee und von akademischen Positionen ausgeschlossen und den Bekehrungsversuchen einer neuen Missionsgesellschaft ausgesetzt, die der König genehmigt hatte. Innenminister von Schuckmann behauptete, »die vielbelobte Veredlung des Israelitischen Cultus [ist] nicht bloß eine Seifenblase jüdischer Eitelkeit, sondern [macht] die Juden der bürgerlichen

Gesellschaft noch gefährlicher als sie vorher waren. Denn es bedarf wohl keines Beweises, daß dieser israelitische Deismus die gewinnsüchtigen Leidenschaften dieses Volkes noch weniger im Zaume halten würde als alttestamentarischer Glaube«. Die Bekehrung zum Christentum, so glaubte er, sei »die einzige wahrhafte religiöse Verbesserung der Juden«.[3] Angesichts dieser Einstellung, die von Friedrich Wilhelm III. und seinen Ministern geteilt wurde, konnte es nicht überraschen, daß eine Petition von 150 Mitgliedern der Berliner Jüdischen Gemeinde für eine Fortführung der reformierten Gottesdienste, angeführt von Moses Mendelssohns ältestem Sohn Joseph, kein positives Ergebnis zur Folge hatte. Am 9. Dezember 1823 verlautbarte der König, »daß der Gottesdienst der Juden nur in der hiesigen Synagoge und nur nach dem hergebrachten Ritus ohne die geringste Neuerung in der Sprache und in der Ceremonie, Gebeten und Gesängen, ganz nach dem alten Herkommen gehalten werden soll«.[4] Als das Ergebnis bereits klar war, schrieb Joseph Muhr, ein junger Freund Jacobsons und eines der Mitglieder der leitenden Kommission der deutschen Synagoge, untröstlich an seinen Onkel in Warschau: »Seit 8 Jahren wurde hier ein Gottesdienst eingerichtet, der Ihnen wohl [...] bekannt geworden ist. Nach 8jährigem Bestand unter Kampf und jissurim [Leiden] ist er gediehen und wahre jirat haschem [Gottesfurcht], wahre emuna [Glaube] [haben] bereits bei zartem Fördern im Herz der Jugend gewurzelt. Pitom [plötzlich] ist durch die Gesellschaft, welche sich vereint hat, benej amenu [unser Volk] zum Übergang zum Christentum zu bewegen, gewirkt worden, daß wir den Gottesdienst in der Art, wie wir ihn eingerichtet, cessieren müssen [...]. Ich kann, mein geliebter und verehrter Onkel, unmöglich schriftlich auseinandersetzen, welcher Geist jetzt hier herrschend ist.«[5] Wären die preußischen Behörden Beers Tempel günstiger gesonnen gewesen, hätte er ohne Zweifel als Modell für andere preußische Städte gedient. Tatsächlich war die Liturgie nicht nur für Berlin allein vorgesehen, sondern auch für andere Gemeinden, »die sich der deutschen Gebete bedienen«. Aber Versuche zur Einführung der Neuerungen in Breslau und Königsberg blieben erfolglos. Nur außerhalb Preußens konnte der Geist der religiösen Reform in den zwanziger und dreißiger Jahren lebendig bleiben. Einer der jungen Prediger bei den Berliner Gottesdiensten, Eduard Kley, ging 1817 nach Hamburg und gab dort den Anstoß zur Einrichtung eines reformierten Gottesdienstes, ähnlich dem in Berlin. In der offeneren Atmosphäre dieser Freien Stadt konnte die orthodoxe Opposition keine Regierungsunterstützung gegen den ›Hamburger Tempel‹ erlangen, der erst nach dem November-Pogrom von 1938 zu bestehen aufhörte. Bis Mitte der vierziger Jahre bot er das einzige Beispiel für eine deutsche Synagoge mit einer Orgel und einer Liturgie, die revidiert worden war, um die neue Beziehung zwischen den deutschen Juden und ihrer politischen und kulturellen Umgebung zu berücksichtigen. Als die frühen amerikanischen religiösen Reformer in Charleston, South Carolina, die geeigneten Hymnen für ihren Gottesdienst suchten, übernahmen sie sie für den englischen Gebrauch aus dem Hymnal des ›Hamburger Tempels‹; als deutsche Einwanderer 1842 in Baltimore die Har-Sinai-Gemeinden gründeten, wurde das Gebetbuch des ›Hamburger Tempels‹ unverändert in seiner deutschen Form übernommen. Inzwischen geriet Berlin, vormals die Pioniergemeinde, zwanzig Jahre lang ins Hintertreffen und übte keinerlei Einfluß auf die liturgische Reform aus.

Nur in einer Hinsicht blieb Berlin während dieser Jahre von Bedeutung. Einer der Prediger in der ›deutschen Synagoge‹ war Leopold Zunz gewesen, ein Philologiestudent an der neu gegründeten Berliner Universität. Zusammen mit einem Kreis junger Freunde war Zunz zu dem Schluß gekommen, die religiöse Reform könne nur Erfolg haben, wenn sich ihre Ansprüche auf eine feste historische Grundlage stützten. Er wurde zum Initiator der ›Wissenschaft des Judentums‹, einer Bewegung, die abgesehen von rein akademischen Zielen von Zunz und dann auch von anderen dazu benutzt wurde, um solche Neuerungen wie eine regelmäßige erbauende Predigt im Rahmen eines jüdischen Gottesdienstes zu unterstützen. Zunz, der mehr als siebzig Jahre in Berlin lebte, blieb im Mittelpunkt dieses Unternehmens, zusammen mit seinem jüngeren Kollegen in der Stadt, Moritz Steinschneider. Rabbiner wie Abraham Geiger, die später selbst angesehene Gelehrte wurden und in der Reformbewegung eine aktivere Rolle spielten als Zunz, verehrten den ›Altmeister‹ und bauten auf seinen Ergebnissen auf. Erst als 1854 das Jüdisch-Theologische Seminar gegründet wurde, verlagerte sich das Zentrum der Wissenschaft des Judentums für einige Zeit von Berlin nach Breslau.

Die Jüdische Reformgemeinde

Das dritte und vierte Jahrzehnt des 19. Jahrhunderts blieb in Preußen für die religiöse Erneuerung bei Christen und Juden gleichermaßen unfruchtbar. Friedrich Wilhelm III. gestattete beiden Gruppen keinerlei religiöse Reformbewegungen. In Berlin predigte Ernst Wilhelm Hengstenberg lutheranische Orthodoxie an der Universität und in seiner einflußreichen ›Evangelischen Kirchenzeitung‹. Unter den Juden der Hauptstadt stieß jede Bemühung um eine Reform des Gottesdienstes in der Gemeindesynagoge auf den Widerstand ihrer Gegner, die einfach behaupteten, solche Versuche seien »Neuerungen« – und nicht, wie von den Reformern argumentiert wurde, bloße »Verbesserungen« – und daher illegal. Als 1827 bei der Einweihung des neuen Friedhofs in der Schönhauser Allee eine deutsche Rede gehalten wurde, schritt die Polizei ein, und die Regierung entschied, eine solche Rede könne als »Nachahmung christlicher Sitten« nicht erlaubt werden. Schließlich wurden Ende der dreißiger Jahre einige formale Veränderungen eingeführt, darunter ein »geregelter« Gottesdienst, ein männlicher Chor und eine Amtstracht (Talar und Barett) für die Vorsänger. Aber die Liturgie blieb unverändert, und es gab noch immer keinen Rabbiner in Berlin, der eine richtige deutsche Predigt hätte halten können.

Der Thronwechsel im Jahre 1840 schien eine neue Epoche einzuleiten. Obwohl Friedrich Wilhelm IV. sich als ein ebenso entschiedener Verteidiger des religiösen Status quo erwies wie sein Vorgänger, mischte er sich in religiöse Angelegenheiten nicht ein. Die Berliner Gemeinde fühlte sich daher berechtigt, einen prominenten modernen Rabbiner zu suchen. Sie bot diese Position alsbald Zacharias Frankel aus Dresden an, der als talentiertester und fähigster unter den religiös Gemäßigten galt. Aber Frankel lehnte das Angebot ab, als der preußische Staat sich 1843 weigerte, ihn gegenüber dem Vorstand der Gemeinde zu unterstützen, indem er ihn offiziell als Oberrabbiner von Berlin bestätigte. Einige Monate später wählte die Gemeindeführung Michael Sachs (wenn auch nur als »Rabbinatsassessor«), einen Vertreter der modernen Orthodoxie, der deutsche Predigten in einem romantischen Stil hielt und mit großer Anstrengung von der Laienführung die Zustimmung zu einer sehr geringfügigen Verkürzung der hebräischen Liturgie erringen konnte, die jedoch die Verfechter einer grundlegenderen religiösen Reform nicht zufriedenzustellen vermochte. Über zweihundert Mitglieder der Gemeinde protestierten gegen seine Wahl.

Daß die Entscheidung für Sachs die Unzufriedenen nicht einfach in ihrer religiösen Gleichgültigkeit bestätigte, hatte zweierlei Gründe: die Wiederbelebung der religiösen Kontroversen unter den Juden an anderen Orten Deutschlands und das gleichzeitige Auftreten religiöser Reformbewegungen im Christentum. In den unmittelbar voraufgegangenen Jahren war der herausragende rabbinische Befürworter entschiedener religiöser Reformen, Abraham Geiger, nach einem langen und erbitterten Konflikt mit den Orthodoxen in das Breslauer Rabbinat gewählt worden; der ›Hamburger Tempel‹ hatte neue Opposition wachgerufen, als er eine revidierte Version seines Gebetbuches veröffentlichte und eine größere Synagoge baute; und in Frankfurt am Main hatte eine radikale Laiengruppe einen Skandal in der Gemeinde ausgelöst, als sie ihre eigenen, ausgesprochen unorthodoxen Glaubensüberzeugungen vorgelegt hatte. Ähnlich wie unter den Christen war nach langen Jahren der Ruhe religiöse Gärung eingetreten. Die protestantischen ›Lichtfreunde‹ und die ›Deutsch-Katholiken‹ begünstigten jeweils einen radikalen theologischen Rationalismus und eine demokratischere Form der religiösen Organisation. Somit wurde die Religion nicht länger ausschließlich mit konservativen Trends assoziiert. Wieder einmal wurde sie mit Bildung und Fortschritt in Zusammenhang gebracht. Einige glaubten, für die Berliner Juden, inzwischen etwa siebentausend Menschen, viele darunter gebildet und mit progressiven Ansichten, sei die Zeit gekommen, ihre führende Position in der Bewegung für religiöse Reform zurückzugewinnen. Eine jüdische Zeitung berichtete: »Ronge Äder [Führer der ›Deutsch-Katholiken‹] und seine Anhänger haben einen Brennstoff in die Gemüther des hiesigen jüdischen Publikums geschleudert, und es bedürfte nur eines Zunders, um dieses Brennmaterial in Flamme zu stecken.«[6]

In dieser Atmosphäre beschloß eine Gruppe Berliner Juden, die ›Genossenschaft für Reform im Judenthum‹ zu gründen. Ihre ersten Anhänger entstammten weitgehend der intellektuellen jüdischen Elite der Stadt: Fast ein Drittel der 51 Mitglieder der Gemeinde, die das Programm unterzeichneten, besaß den Doktortitel. Interessanterweise waren jedoch fast alle Führer insoweit für Berlin als Ziel interner jüdischer Wanderungen repräsentativ, als sie nicht in der Stadt geboren waren. Wie ein zeitgenössischer Beobachter erklärte: Indem sie einander suchten, folgten sie einem vorherrschenden Muster, »nach welchem die große Zahl der in die Residenz eingewanderten Juden, von den Stätten ihrer Jugenderinnerung entfernt und von der Pietät gegen ihre Familienhäupter nicht mehr gebunden, sich nach einem neuen Gemeindeverbande sehnt und so zur Bildung religiöser Vereine gedrängt wird, bei denen freilich die Religion oft nur den Namen hergiebt«.[7]

Das neue Ferment der Reform kam somit nicht aus der etablierten Führung der Berliner Gemeinde und ähnelte in dieser Hinsicht den Gottesdiensten von 1815, die von Israel Jacobson kurz nach seiner Ankunft begonnen worden waren. Sondern es handelte sich hier um eine jüngere Gruppe, eingestimmt auf den Geist der Vierziger, die sich ebenso wie die christlichen Gruppen ihrer demokratischen Organisation rühmte und Frauen zur Teilnahme an ihren Versammlungen zuließ. Ihr Ziel war es, den Anstoß für weitere Gesellschaften in Preußen und Deutschland zu geben, die wie sie eine fundamentale theologische und praktische Reform des Judaismus anstrebten. Schließlich würden sich alle auf einer Synode aus Laien und Rabbinern vereinen, um einen neuen Judaismus für die moderne Zeit zu formulieren.

Bei einem Treffen in Berlin im April 1846 trafen sich sechs Vertreter der Berliner Gruppe mit sieben Delegierten aus anderen Städten, in denen die Gesellschaft Unterstützung fand. Die letzteren kamen aus Zülz, Breslau, Soest, Kulm, Frankfurt am Main, Dessau und Luxemburg. Weitere Gruppen bestanden in Mannheim und Marienwerder, aber diese hatten keine Delegierten entsenden können. Der Rabbiner in Kulm, Heymann Jolowicz, konnte auf »den großen Anklang, den der Aufruf der Berliner Genossenschaft in Preußen gefunden«[8] hatte, verweisen. Es wurde ein provisorischer Ausschuß gewählt, der sich fast ausschließlich aus in Berlin wohnenden Männern zusammensetzte, und alle religiösen Gottesdienste, die in anderen Städten eingeführt wurden, sollten dem Modell derer folgen, die ein Jahr zuvor von der Gruppe in der preußischen Hauptstadt begründet worden waren. So hatte es für kurze Zeit den Anschein, als könne Berlin zum Zentrum einer radikalen Reformbewegung werden, die sich alsbald über Deutschland und vielleicht sogar über seine Grenzen hinaus ausbreiten würde.

Daß dies nicht eintrat, ging auf sowohl interne jüdische als auch äußere Faktoren zurück. Kurz nach ihrer Gründung im Frühjahr 1845 hatte die Reformgenossenschaft drei ihrer Führer zur zweiten Rabbiner-Versammlung in Frankfurt am Main entsandt, in der Hoffnung, für ihre Laien-Unternehmung rabbinische Unterstützung zu gewinnen. Die Rabbiner waren jedoch in ihrer Mehrheit nur zu gemäßigten Veränderungen bereit, die sich in den existierenden Gemeinden leichter durchführen ließen. Da sie die Führung der Reformbewegung nicht allzu gern einer nur von Laien geführten Gruppe anvertrauen wollten, behandelten sie die Delegierten höflich, stellten aber nur dann Unterstützung in Aussicht, wenn ihre Bestrebungen »mit denjenigen Prinzipien übereinstimmen, von welchen wir bei einer Reform im Judenthume ausgehen zu müssen glauben«.[9] Ein Jahr später, nachdem die Genossenschaft bereits ungeduldig ihren eigenen Gottesdienst eingerichtet hatte, ohne die Ergebnisse der Überlegungen der Rabbiner zur Liturgie abzuwarten, trennten sich die Wege der beiden Gruppen, wobei jede ihre vollständige Unabhängigkeit bewahrte. Ohne rabbinische Unterstützung konnte die geplante Synode nicht stattfinden, und da auch Samuel Holdheim – der Mann, den die Genossenschaft schließlich für ihre Kanzel ausgewählt hatte, der radikalste unter den führenden deutschen Rabbinern – sich ebenfalls der Idee widersetzte, war sie bald vergessen. Der Einfluß der Gesellschaft schwand weiter aufgrund der schnellen Entwicklung der politischen Ereignisse bis zur Revolution von 1848, die das öffentliche Interesse von der religiösen auf die politische Reform umlenkte. Die Gesellschaften außerhalb Berlins verschwanden schnell. »Es ist zu einer Lokal-Chebra [Verein] herabgesunken«, berichtete eine jüdische Zeitung bereits gegen Ende 1846. »Von einer Bedeutung für weitere Kreise ist keine Rede mehr.«[10] Ihre eigene Zeitung, die die Genossenschaft 1847 unter dem Namen ›Reform-Zeitung‹ herausbrachte, erreichte kaum 300 Abonnenten und konnte sich nur ein Jahr halten.

So blieb die Reformgenossenschaft allein und wurde zur »Berliner Reformgemeinde«, einer einzigartigen Kongregation in ihrer Art des Gottesdienstes. Als einzige jüdische Gemeinde in Deutschland hielt sie ihren Hauptgottesdienst am Sonntag ab, bot Männern und Frauen gleiche Sitzplätze auf verschiedenen Seiten eines Mittelganges, verlangte von den Männern nicht, daß sie ihren Kopf während des Gebets bedecken sollten, und strich praktisch das Hebräische aus ihrem stark gekürzten Gebetbuch. In Berlin selbst genoß die Reformgemeinde beträchtliche Unterstützung, besonders in den ersten Jahren. 1845 besuchten etwa 600 Menschen den ersten Gottesdienst zum Neujahrstag, viele weitere fanden keinen Zutritt; offiziell traten 300 der Gemeinde bei. Obwohl die Reformgemeinde in den folgenden Jahren nicht im selben Maße zunahm wie die Berliner Jüdische Gemeinde, zog sie doch weiterhin einige hundert Mitglieder an, die den Judaismus strikt als Konfession betrachteten und sich jedem Gedanken an jüdischen Nationalismus widersetzten. Wie der ›Hamburger Tempel‹ existierte auch sie, bis die Nazis ihr Gebäude zerstörten.

Wenn die Reformgemeinde in ihrem Radikalismus innerhalb Deutschlands isoliert blieb, galt das nicht für das Ausland. Als sich in Pest während des Revolutionsjahrs 1848 eine radikale Reformgemeinde bildete, übernahm sie das Stichwort aus Berlin. Tatsächlich schickte die Gruppe sogar ihren Prediger in die preußische Hauptstadt, um von Holdheim zu lernen, und benutzte das Gebetbuch der Reformgemeinde. Die größte Wirkung zeigte sich in Amerika, wo die Reformbewegung nicht von Faktoren wie doppelter Besteuerung und einer fest verschanzten Orthodoxie behindert wurde und wo in christlichen Gruppen schon seit dem 18. Jahrhundert der Radikalismus üblich gewesen war. Samuel Hirsch und Samuel Adler, die vor Holdheims Anstellung Gastpredigten bei den Gottesdiensten in Berlin gehalten hatten, wurden prominente Reformrabbiner in Philadelphia bzw. New York. Gustav Gottheil, der nach seiner Zeit als Rabbiner im englischen Manchester zum Rabbiner der angesehensten Reformsynagoge in Amerika wurde, des Temple Emanu-El in New York, war von Holdheim ordiniert worden und fungierte eine Zeitlang als sein Gehilfe bei der Reformgemeinde. Und David Einhorn, dessen Gebetbuch schließlich in revidierter Fassung als Liturgie der vereinigten Reformbewegung in den Vereinigten Staaten übernommen wurde, gestaltete seine Arbeit teilweise nach dem Muster der Berliner Reformgemeinde. Während in Deutschland der Radikalismus auf eine einzige Gemeinde beschränkt blieb, ging die religiöse Reform in den Vereinigten Staaten immer schneller voran, beginnend in der Mitte des 19. Jahrhunderts, bis gegen Ende des Jahrhunderts die gesamte Bewegung weit mehr der Berliner Reformgemeinde ähnelte als dem Judaismus der übrigen ›Liberalen‹ in den deutschen Gemeinden. Über ein Dutzend Reformgemeinden in Amerika hielten nun ihren wichtigsten Gottesdienst am Sonntag ab, und viele verwendeten praktisch kein Hebräisch. In Erinnerung an die Berliner

Reformgemeinde konnte David Philipson, Anfang des 20. Jahrhunderts ein führender amerikanischer Reformrabbiner, 1907 schreiben: »Was heute in Berlin, ja in ganz Deutschland gebraucht wird, ist eine Wiederkehr des Geistes der Reformer der fünfziger Jahre...«.[11]

Liberales Judentum

Die Schaffung der Reformgemeinde verringerte den Drang nach religiöser Veränderung innerhalb der allgemeinen Gemeinde in Berlin, die unter der Leitung von Michael Sachs über kleinere Veränderungen nicht hinausging. In einem Dokument von 1855 spiegelt sich die damals empfundene Notwendigkeit, solche Veränderungen deutlich von ›Reform‹ abzugrenzen: »Übrigens sind die beabsichtigten Anordnungen gar nicht mit der Benennung ›Reformen‹ zu belegen; sie enthalten keine wesentlichen Neuerungen, sondern beabsichtigen bloß, eingeschlichene, widrige Mißbräuche abzuschaffen, um Anstand und Ruhe zu erhalten und Erbauung bei der Gemeinde zu erreichen.«[12] Solch extreme Mäßigung entsprach der konservativen Atmosphäre der fünfziger Jahre, als auch Protestanten und Katholiken zu den traditionellen Einstellungen zurückkehrten, die vor einem Jahrzehnt in Frage gestellt worden waren.
Erst Mitte der sechziger Jahre begannen gemäßigte, nicht-orthodoxe Juden in der allgemeinen Gemeinde auf wesentlichere Änderungen zu dringen. Zu jener Zeit stand die Gemeinde vor zwei Aufgaben: einen neuen Rabbiner als Ersatz für den 1864 gestorbenen Sachs auszuwählen und eine neue Synagoge zu erbauen, um die alte zu ergänzen, die 1714 gebaut worden war und für die stark angewachsene jüdische Bevölkerung der Stadt viel zu klein war. Erst jetzt, lange nach anderen deutschen Städten, wählte die Berliner Gemeinde endlich einen Rabbiner, der der progressiven Auffassung vom Judaismus verpflichtet war. Die Wahl fiel auf Joseph Aub, der den jüdischen Gemeinden in Bayreuth und Mainz gedient hatte. Obwohl ein Gemäßigter, stand Aub mit der Reformbewegung in Kontakt und war daher für die Orthodoxen der Gemeinde nicht tragbar. Ähnlich unannehmbar war der Bau einer Orgel in der großen und eleganten Neuen Synagoge in der Oranienburger Straße, die 1866 eingeweiht wurde. Für diese Synagoge stellte Aub eine neue Liturgie zusammen, die zum ersten Mal in der allgemeinen Jüdischen Gemeinde theologisch motivierte Textänderungen vornahm, darunter auch der Verzicht auf die Hoffnung auf nationale Wiedergeburt in Palästina und den Wiederaufbau des alten Heiligtums. Die Kombination des neuen Gebetbuches, des eindrucksvollen Gebäudes und der Synagogenmusik von Louis Lewandowski, die hier unter Orgelbegleitung erklang, machte den Gottesdienst in der Neuen Synagoge bald nicht nur zu einer Quelle des Stolzes für die meisten Berliner Juden, sondern auch zu einem Modell für Gottesdienste an anderen Orten.
Die Berliner Gemeinde wurde nun zunehmend beherrscht von einer gemäßigt fortschrittlichen Fraktion, die als ›liberale‹ bekannt wurde, um sie von den Orthodoxen einerseits und der Reformgemeinde andererseits zu unterscheiden. Nachdem der letzte orthodoxe Rabbiner alten Stils in der Stadt, Elkan Rosenstein, gestorben war, entschied sich die Gemeindeführung, die liberale

Position weiter zu stärken, indem sie einen zweiten progressiven Rabbiner berief, diesmal den prominentesten von allen, Abraham Geiger, der zuvor in Wiesbaden, Breslau und Frankfurt am Main amtiert hatte. Die Wahl Geigers im Jahre 1869 hatte wie die Entscheidung für Sachs ein Vierteljahrhundert zuvor zur Folge, daß die entschiedensten Gegner der Orientierung des neuen Rabbiners die allgemeine Gemeinde verließen. In diesem Falle war es eine Gruppe der Orthodoxen, die nun Adass Jisroel als eigenständige Gemeinde begründete.[13] Ihr Rückzug stärkte nur die Position der Liberalen.

Aub und Geiger spielten beide eine aktive Rolle bei den ›Israelitischen Synoden‹, die 1869 und 1871 in Leipzig bzw. Augsburg abgehalten wurden, im Gegensatz zu den früheren Rabbiner-Versammlungen der vierziger Jahre, als überhaupt keine Vertreter aus Berlin teilgenommen hatten. Der Vorsitzende dieser religiös gemäßigten Synoden von Rabbinern und Laien war selbst ein Berliner, der Philosoph Moritz Lazarus, der 1867 in die Hauptstadt gekommen war, um an der Kriegsakademie zu lehren. Lazarus war der erste akademische Würdenträger, der im deutschen liberalen Judentum eine nationale Führungsrolle spielte. Sein klassisches Werk »Die Ethik des Judentums« war der beste Ausdruck des Judentums, wie es die Liberalen begriffen: weit mehr auf prophetische Moralität als auf Beachtung des Rituals eingestimmt.

Was in Berlin und in Deutschland insgesamt noch fehlte, war eine Institution für die Ausbildung von Rabbinern und Gelehrten im liberalen Geist. Das in Breslau 1854 gegründete Seminar zeigte eine deutlich konservative Grundhaltung, indem es seinem Lehrkörper zum Beispiel nicht erlaubte, die Bibelkritik auf den Pentateuch anzuwenden, und statt dessen die Details des jüdischen Rechts im Lehrplan betonte. Als daher Rabbiner Aub 1868 aufgefordert wurde, in der Neuen Synagoge eine Gedenkrede zum hundertsten Geburtstag von Israel Jacobson zu halten, nutzte er den Anlaß zu den folgenden Worten: »Meine Freunde! Unsere Gemeinde, in deren Mitte Moses Mendelssohn und Israel Jacobson gelebt und gewirkt, von der die ersten Strahlen religiöser Bildung und Aufklärung in die weitesten Fernen hinausgingen, unsere Gemeinde, die nach ihrem Umfang die erste ist in Deutschland, nach ihren geistigen Mitteln die erste der Welt – unsere Gemeinde hat die Aufgabe und die Pflicht, rettend einzutreten und die Abhilfe zu beschleunigen [...]. O möchte es uns beschieden sein, daß unsere Gemeinde im Hinblick auf ihre religiöse Bildung das neue Zion und Jerusalem genannt werden könnte, daß von diesem Zion die Religionswissenschaft [Tora] und von diesem Jerusalem das Wort Gottes [diwrej haschem], die religiöse Bildung ausstrahle in alle Welt!«[14]

Vier Jahre später – nach großen Anstrengungen vor allem von Moritz Lazarus – eröffnete die Hochschule für die Wissenschaft des Judentums 1872 zum ersten Mal ihre Tore, so daß Berlin tatsächlich zum intellektuellen Zentrum des liberalen Judentums in Deutschland werden konnte. Die Hochschule (die zweimal den geringeren Titel »Lehranstalt« annehmen mußte) war die erste dauerhafte zentrale Institution der Reformbewegung überhaupt auf der Welt. Ursprünglich sollte diese Institution ihre Unabhängigkeit sowohl von der offiziellen Berliner Jüdischen Gemeinde als auch von den verschiedenen religiösen Strömungen im deutschen Judentum bewahren. Zu ihrem ersten Lehrkörper gehörten nicht nur die Liberalen Abraham Geiger und

Heymann Steinthal, sondern auch zwei traditionelle Dozenten. Bald wurde sie jedoch in erster Linie eine Institution zur Ausbildung liberaler Rabbiner, parallel zum Breslauer Jüdisch-Theologischen Seminar als einer Ausbildungsstätte für die Konservativen und dem bald darauf ebenfalls in Berlin gegründeten Rabbinerseminar für das orthodoxe Judentum.
Wegen ihrer liberalen Orientierung und dem wissenschaftlichen Ruf ihres Lehrkörpers wurde die Hochschule nicht nur von Studenten aus europäischen Ländern besucht, sondern auch aus Übersee. Unter den ersten Ankömmlingen war Emil G. Hirsch, der später als Rabbiner der Sinai-Gemeinden von Chicago einer der hervorragendsten Führer der Reformbewegung in den Vereinigten Staaten werden sollte. 1900 kam Judah Magnes an die Hochschule, um nach Vollendung des rabbinischen Lehrplans am Hebrew Union College in Cincinnati weiter zu studieren. Magnes sollte später als erster Kanzler und dann als erster Präsident der hebräischen Universität in Jerusalem berühmt werden. Zu den bekanntesten späteren Dozenten der Hochschule gehörte der Kantianer Hermann Cohen, der dort seit seiner Ankunft in Berlin 1912 bis zu seinem Tod 1918 allgemeine und jüdische Philosophie lehrte und als der tiefste liberale jüdische Denker galt. Die Hochschule existierte auch während der Nazi-Jahre, bis sie 1942 zur Schließung gezwungen wurde.
Gegen Ende des Jahrhunderts begannen sich die liberalen Laien und Rabbiner national zu organisieren. 1895 gründete die Berliner liberale Fraktion den ›Liberalen Verein für die Angelegenheiten der jüdischen Gemeinde‹, der besonders die liberale Sache bei Gemeindewahlen fördern, aber auch das religiöse Interesse unter den Gleichgültigen wiederbeleben sollte. Zusammen mit ähnlichen Vereinigungen in anderen Städten schloß er sich 1908 zur ›Vereinigung für das liberale Judentum‹ zusammen, der ersten dauerhaften Laienorganisation, die dem liberalen Judentum verpflichtet war. Die ›Vereinigung der liberalen Rabbiner‹ wurde in Berlin 1908 gegründet und hielt dort im folgenden Jahr ihre erste Hauptversammlung ab.

Obwohl Berlin gegen Ende des Jahrhunderts die bei weitem größte Zahl liberaler Juden in Deutschland aufweisen konnte, besaß die Stadt damals dennoch keinen liberalen Rabbiner von Rang. Das änderte sich erst 1912 mit der Ankunft von Leo Baeck in Berlin. Baeck hatte sich bereits einen Namen als entschiedener Polemiker gegen die antijüdische Orientierung des protestantischen Theologen Adolf von Harnack und als Autor des bedeutenden theologischen Werkes »Das Wesen des Judentums« gemacht. In Berlin praktizierte er als Rabbiner innerhalb des liberalen Flügels der Gemeinde und war zugleich Lehrer an der Hochschule. Während der zwanziger und dreißiger Jahre wurde die Stadt vor allem dank Baeck zu einem geistigen Zentrum des liberalen Judentums.
Angesichts des Umfangs und der Organisation der liberalen jüdischen Fraktion in Berlin schien es schon am Vorabend des Ersten Weltkriegs angemessen, daß Liberale und Reformjuden aus ganz Europa nach Berlin berufen werden sollten, um auf einem Kongreß zum ersten Mal eine internationale Organisation zu begründen. Aber der Krieg verhinderte die Durchführung des Plans. Als der Gedanke ein Jahrzehnt später wieder aufgenommen wurde, kam die Initiative aus

England, und die Gründungsversammlung der ›World Union for Progressive Judaism‹ fand in London statt. Die erste offizielle Konferenz wurde dann jedoch 1928 in Berlin abgehalten. Die Arbeitssitzungen fanden in den prächtigen Räumen des einstigen Preußischen Herrenhauses und die Gottesdienste in der Neuen Synagoge statt. Zur Reformgemeinde sprach bei dieser Gelegenheit eine der Führerinnen der britischen Bewegung, Lily Montagu, als erste Frau von einer deutschen Kanzel.

Leo Baeck hielt die Hauptansprache und erklärte, es sei – im Gegensatz zu der früheren Stoßrichtung der Reformbewegung – die Aufgabe der Juden, die Gesellschaften zu kritisieren, in denen sie lebten. »Juden sind immer die Unzeitgemäßen«, erklärte er.[15] Einige Jahre später wurde Baeck als Nachfolger des britischen Gelehrten Claude Montefiore Präsident der ›World Union‹.

In den dreißiger Jahren verband Baeck seine Aufgaben als Rabbiner und Lehrer in Berlin mit seinem Vorsitz in der ›Reichsvertretung der Juden in Deutschland‹. In diesen Jahren schlossen sich dem liberalen Rabbinat der Stadt jüngere Männer an, besonders Joachim Prinz und Max Nussbaum, die nach dem Krieg wichtige Führer des amerikanischen und Weltjudentums wurden. Aber die Nazizeit war keine Zeit, in der Berliner Juden jenseits der deutschen Grenzen eine Führungsrolle hätten spielen können. Die Bedeutung dieser letzten Jahre für das liberale Judentum liegt lediglich in dem Weg vieler seiner Anhänger zu einem intensiveren Ausdruck ihres Glaubens als Hilfe im Widerstand gegen den Druck von außen. Die Hochschule wurde nun zum Zentrum einer Bewegung für Erwachsenenbildung, und liberale Synagogen waren oft überfüllt, wenn Juden einander suchten und in alten Gebeten neuen Sinn entdeckten. Einstmals Vorreiter der religiösen Reform, die als Anpassung an die Moderne verstanden wurde, erlebten die Berliner Juden vor ihrem Untergang die unerwartete Perversion der Moderne durch eine Regierung, die in der Stadt Mendelssohns und Lessings ihren Sitz hatte. So steckte zum Schluß die historische Bedeutung Berlins für die religiöse Reformbewegung voller Ironie: Berlin, die Wiege ihres Optimismus und ihrer Hoffnung, war zugleich auch der Ort, an dem diese Hoffnungen – soweit sie sich auf Deutschland bezogen – zunächst enttäuscht und dann ausgelöscht wurden.

1 Nahum N. Glatzer (Hg.), Leopold and Adelheid Zunz: An Account in Letters, 1815–1885, London 1958, S. 4.

2 E. Kley/C. S. Günsburg (Hg.), Die deutsche Synagoge, Berlin 1817, S. VI–VII.

3 Der vollständige Text dieses Briefes von Schuckmann an »General-Major und General-Adjutant Herrn v. Witzleben«, den Leiter der Missionsgesellschaft, datiert vom 13. 4. 1822, ist abgedruckt in: Leo Baeck Institute. Year Book XXIV (1979), S. 155.

4 Zitiert bei Ludwig Geiger, Geschichte der Juden in Berlin, Berlin 1871, Bd. 2, S. 233 f.

5 Der Brief ist wiedergegeben in: Monatsschrift für Geschichte und Wissenschaft des Judentums 76 (1932), S. 150–52.

6 Der Israelit des neunzehnten Jahrhunderts 6 (1845), S. 88.

7 M. Kalisch, Berlins Jüdische Reformatoren nach der Thronbesteigung Friedrich Wilhelms III. und IV., Berlin 1845, S. 151.

8 Berathungen der vom 14. bis 16. April 1846 in Berlin versammelten Deputierten der Genossenschaft für Reform im Judenthum, Berlin 1846, S. 4.

9 Protokolle und Aktenstücke der zweiten Rabbiner-Versammlung, abgehalten zu Frankfurt am Main, Frankfurt/Main 1846, S. 277.

10 Der Orient 7 (1846), S. 319.

11 David Philipson, The Reform Movement in Judaism, New York 1907, S. 367.

12 Berlin Collection, P 17/549, Central Archives for the History of the Jewish People, Jerusalem, S. 529.

13 Ton und Inhalt der orthodoxen Beschwerde wiederholen sich in einem zeitgenössischen Pamphlet: Ein Aufruf an die unterdrückten Gesetzestreuen der Synagogen-Gemeinde in Berlin von Zewi, Mitglied derselben, Berlin 5629 (1869), S. 3: »Eine neue Synagoge mit einem Kostenaufwande von über eine Million Thaler wurde erbaut. – Orgel und deutsche Gebete wurden eingeführt, die rituellen Gebete wurden zerstückelt, resp. beseitigt. Ein Prediger, der Neologie huldigend, wurde als Rabbiner für die alte und neue Synagoge berufen [...]. Die göttliche Autorität wurde entthront, und statt ihrer durch Majoritätsbeschluß ein menschliches Machwerk als die Signatur des sogenannten veredelten Judenthums auf den Thron erhoben [...]. Der Ultra-Reform Rabbiner Dr. Geiger, für den die heilige Schrift nicht das geoffenbarte Wort Gottes ist, [wurde] in Aussicht gestellt [...].«

14 Joseph Aub, Predigt gehalten am 17. October 1869 in der neuen Synagoge zu Berlin bei der Feier des hundertjährigen Geburtstages Israel Jacobsons, Berlin 1868, S. 7 f.

15 Leo Baeck, Die Botschaft des liberalen Judentums an den Juden von heute, in: First Conference of the World Union for Progressive Judaism, Berlin 1928, S. 62.

Berliner Juden und die Revolution von 1848

Rüdiger Hachtmann

»Der Absolutismus, von allen Seiten eingeengt, wird endlich zertreten, und hinter ihm das Priestertum«, prophezeite Leopold Zunz, der Begründer der Wissenschaft des Judentums und in den Jahren 1848 bis 1850 außerdem überaus engagiert in der demokratischen Bewegung Berlins, nach dem Eintreffen der ersten Nachrichten über die italienische Revolution. Als in der preußischen Hauptstadt bekannt wurde, daß der französische ›Bürgerkönig‹ Louis Philippe gestürzt und in Paris die Republik ausgerufen worden war, jubelte Zunz geradezu: »Allen Tyrannen wird vergolten werden, wenn ihr Maß voll ist.«[1]

Viele Juden in Berlin und andernorts fühlten ähnlich; nicht wenige äußerten sich genauso erleichtert und mitunter überschwenglich wie Zunz. Der ausführlich dokumentierte Briefwechsel zwischen der Pragerin Auguste Auerbach und ihrem in der preußischen Hauptstadt lebenden Verlobten, dem Lehrer und Schriftsteller Moritz Steinschneider, kann stellvertretend genommen werden für die Hoffnungen, die vermutlich sehr viele Juden hegten, als in den ersten Monaten des Jahres 1848 die Revolution ihren Siegeszug durch Europa antrat.[2] Die Pariser Februarrevolution und die Aufnahme zweier französischer Juden in die neue provisorische Regierung begrüßte Auguste Auerbach als »vorurteilsfreie Probe der Fraternité [und ein] erquickliches Zeichen des erleuchteten Menschengeistes«. Ihr bebe das »Herz im freudigen Hinblick auf die nächsten Zeiten«. Ähnlich enthusiastisch äußerte sie sich über die Wiener Märzrevolution: Wer am Morgen des 15. März erwacht sei, »über den war keine Nacht, sondern ein Jahrhundert dahingegangen!« Der Verlobte, Moritz Steinschneider, teilte diese Gefühle aus vollem Herzen und artikulierte die Hoffnungen, die er für die Juden in Preußen und Deutschland damit verband. Steinschneider hatte selbst an den Berliner Barrikadenkämpfen vom 18. März teilgenommen (»Steine gewälzt«) und beobachtet: »Von ›Jud‹ oder ›Christ‹ ist gottlob nicht mehr die Rede.« Daraus glaubte Steinschneider – noch ganz unter dem Eindruck der Berliner Märzrevolution und der Vorbereitungen für die Begräbnisfeierlichkeiten der Märzgefallenen – den Schluß ziehen zu können: »In vier Wochen müssen Preußens Juden emancipiert sein, denn das Volk emancipiert sie bereits.«

Mit der Berliner Märzrevolution schien die Judenemanzipation quasi automatisch und endgültig vollzogen – jedenfalls in Preußen; die Bevölkerung Preußens habe (wie Steinschneider formulierte) einen »gewaltigen Culturfortschritt« gemacht. Um die weiterhin rückständige, emanzipationsfeindliche Haltung der Bevölkerung anderer Regionen Mitteleuropas herauszustreichen, wählte Auguste Auerbach nicht zufällig den Vergleich mit Preußen: »In Böhmen müssen wenigstens zwei Generationen vergehen, bevor die Leute auf preußischem Standpunkte stehen.« Ähnlich hoffnungsfroh und überschwenglich äußerten sich auch andere, weniger bekannte Juden. Einem Joseph Alexander Franklinsky beispielsweise galt der 18. März als ein »Freudentag für die Israeliten«, als »ein Tag von [sic!] Befreiung der Unterdrückten, der nie vergessen werden wird«. In seinem, mit »Dank Euch braven Bürgern!« überschriebenen Leserbrief, den die Vossische Zeitung am 27. März veröffentlichte, erklärte er, die Märzrevolution sei »für ganz Deutschland und selbst Europa [wie] ein Wunder« gewesen, nach »so vielen Jahrhunderten, in welchen diese Nation [die Juden] in Unterdrückung lebte«.

Die Ansicht, daß mit der Berliner Märzrevolution die Judenemanzipation zwar noch nicht formell, aber doch faktisch zum Abschluß gekommen sei und namentlich das ›Volk‹ der Preußenmetropole den Emanzipationsbestrebungen gegenüber besonders aufgeschlossen sei, wurde innerhalb der jüdischen Bevölkerung Berlins offenbar weitgehend geteilt. Besonders deutlich wird dies in einer »wahrhaft begeisterten und begeisternden Rede«, die der Rabbiner Michael Sachs[3] während einer Trauerfeier hielt, mit der die Jüdische Gemeinde Berlins am 26. März aller »gefallenen Freiheitskämpfer« gedachte. Zugleich spricht Sachs an, welche Konzessionen die Juden ihrerseits als ›Dank‹ für die nun erreichte Gleichstellung seiner Ansicht nach zu machen hätten. Zunächst beschrieb Sachs in »blüthevoller Sprache« (so ist der Zeitschrift ›Der Publicist‹ vom 29. März zu entnehmen) »die hohe Selbstverleugnung der für die Freiheit Verbluteten, die Nichtigkeit des menschlichen Geschlechts« und – in Anspielung auf die Märzrevolution, die unter die jahrhundertelangen Diskriminierungen scheinbar einen Schlußstrich gezogen habe – »die Allmacht Gottes, die in kurzen Minuten ganze Völker neu geboren [...]. Wie es uns früher geziemte, so fuhr der Redner in Beziehung auf Israel fort, uns zu erheben für unser Recht, hervorzutreten, wenn es unsere entzogene Freiheit galt – so geziemt es uns jetzt, nachdem ein Band der gleichen Rechte, der gleichen Liebe alle Confessionen umschließt, bescheidentlich zurückzutreten, und nicht durch vorlautes, selbstsüchtiges Streben gar wieder Zwiespalt zu spinnen und die Werke der Freiheit zu hemmen. Wirke jeder in seinem Kreise, als ein lebendiges Glied der großen Kette; er kann und muß es jetzt. Der Herr [...] erneuert das Antlitz der Erde [...]; nur erneuern will es die Gottheit, nicht zertrümmern und zerschmettern durch Uneinigkeit und Zwiespalt, darum lasset uns in Frieden und Einigkeit dem theuren Vaterlande, mit Dankbarkeit und Segnungen dessen erhobenem Führer [Friedrich Wilhelm IV.] anschließen, und uns so der erworbenen Freiheit würdig finden.«

Deutlicher ließ sich kaum zum Ausdruck bringen, daß ›Jude-Sein‹ nunmehr in erster Linie die Konfessionszugehörigkeit meinen solle, man ansonsten als ›Deutscher‹ fühlen, handeln und sich der nationalen Einigungsbewegung ohne Vorbehalte anschließen wolle. Die »herrliche Rede« habe sich den Anwesenden (heißt es im ›Publicisten‹ weiter) »tief, mit mächtigen Flammenzügen in das Herz geschnitten«. Sachs habe ausgesprochen, was die dicht »gedrängte Masse« dachte, die sich in der »von zahllosen Lichtern fast magisch erleuchteten Synagoge« zusammengefunden hatte.[4] Der Berichterstatter des ›Publicisten‹ mag mit seiner pathetischen Formulierung übertrieben haben; im Kern hatte er jedoch recht. Worte des Widerspruchs wurden nicht laut – auch nicht gegen Sachs' Mahnung, sich mit weitergehender Kritik an der Monarchie zurückzuhalten, jetzt (am 26. März), nachdem der preußische König kurz zuvor (am 21. März 1848) versprochen hatte, er wolle sich an die Spitze Deutschlands stellen und Preußen würde fortan in Deutschland aufgehen. Bereits in seiner kurzen Rede vor den Särgen der Märzgefallenen am 22. März hatte Sachs anklingen lassen, daß die Berliner Juden nun ›deutsch‹ denken und fühlen müßten und einem allen gemeinsamen, deutschen »Vaterland« verpflichtet seien. Die Barrikadenkämpfer seien, so betonte er, mit »der Gluth der Begeisterung« für die »Macht einer Idee« gestorben, »die alle Dämme und Scheidewände niederriß, welche sonst den Menschen von sich selbst, den Menschen vom Menschen scheiden«.[5] Unter dem Eindruck des »Weltereignisses« vom 18./19. März und im Überschwang der Gefühle hoffte die nichtjüdische wie die jüdische Bevölkerung Berlins, die politische Eintracht der ersten Tage nach der Märzrevolution erhalten zu können. Politische Meinungsverschiedenheiten und Parteiungen traten unter ihnen wie innerhalb der Gesamtbevölkerung erst seit April offener zutage, nachdem allmählich klar wurde, daß der Monarch und seine Berater die Versprechungen vom 19. und 21. März nur unter Druck gemacht hatten und die ›Märzerrungenschaften‹ wieder zurückzunehmen gedachten, sobald die politische Lage dies erlaubte.

Bevor ich auf die Rolle und das Selbstverständnis der politisch *aktiven* Berliner Juden und die Frage eingehe, welche Stellung die *nichtjüdische* Bevölkerung ihren jüdischen Mitbürgern und der ›Judenfrage‹ gegenüber einnahm, sollen die sozialökonomische Stellung der Berliner Juden während der vierziger Jahre sowie die politisch-rechtlichen Restriktionen skizziert werden, unter denen preußische Juden während des Vormärz zu leiden hatten. Danach läßt sich leichter nachvollziehen, warum den Juden in der preußischen Hauptstadt und andernorts nach den europäischen Februar- und Märzrevolutionen gleichsam eine Zentnerlast von der Seele fiel.

Soziale Struktur und gesellschaftliche Integration der Berliner Juden bis zur Märzrevolution

1846 lag die Zahl der Berliner, die sich zum jüdischen Glauben bekannten, bei 8243, drei Jahre später bei 9594; das entsprach 2,1% bzw. 2,3% der Gesamtbevölkerung.[6] Prozentual waren das weit weniger als etwa in Frankfurt am Main, Breslau und Hamburg.[7] Von der Statistik nicht erfaßt wurde die Zahl der Juden, die zum Christentum übergetreten waren. Sie werden, obgleich das nicht unproblematisch ist, in die folgende Darstellung einbezogen.[8] Die Zahl der getauften Juden war in der preußischen Metropole anscheinend deutlich größer als anderswo: 1820–1825 wurden in der preußischen Hauptstadt 286 Juden getauft, 1830–1836 sogar 326; 1845 und 1847 dagegen nurmehr acht bzw. sieben. In ganz Preußen traten zwischen 1812 und 1846 insgesamt 3770 Juden zum Protestantismus über, davon vermutlich etwa ein Drittel in Berlin.[9] Die Nähe zum Hof wie zu den preußischen Ministerien erzeugte offenbar einen starken Assimilierungsdruck. Wahrscheinlich wechselten viele Berliner Juden die Religionszugehörigkeit ohne innere Überzeugung.[10]

Tabelle 1 im Anhang soll einen Eindruck von der Sozialstruktur der Berliner Juden geben. Aus verschiedenen Gründen kann sie zwar nur grobe Anhaltspunkte liefern.[11] Immerhin lassen sich aus den Zahlen Trends ablesen, deren Gültigkeit durch weitere Indizien und Hinweise gestützt wird. Namentlich unter den Berliner Bankiers, Kaufleuten und Textilunternehmern spielten Juden eine herausragende Rolle. 1848/49 gehörte etwa die Hälfte aller (größeren) Unternehmer der jüdischen Minderheit an. Auch nahmen Juden z. B. als Begründer des öffentlichen Nahverkehrswesens in Berlin eine Pionierfunktion ein. Bemerkenswert ist überdies, daß sich unter den größeren und prominenten Verlegern, Druckereibesitzern und Buchhändlern nicht wenige Juden befanden.[12] Ein im Vergleich zur Berliner Gesamtbevölkerung hoher Prozentsatz der Berliner Juden zählte außerdem zur Gruppe der ›Rentiers und Pensionäre‹ sowie zu den ›freien‹, bürgerlichen Berufen. Die meisten Berliner Juden, die der Gruppe ›freie Berufe‹ und ›öffentlicher Dienst‹ (wo es gar keine Juden gab) zuzuordnen sind (und 1848 namentlich hervortraten), gehörten dem Ärztestand (akademisch ausgebildeten Ärzten und Ersten Wundärzten) an oder waren Schriftsteller, Journalisten etc. Jüdische Rechtsanwälte fehlten ganz; sie wurden 1851 vorübergehend und endgültig erst ab 1858 zugelassen. Erst seit 1870 wurden jüdische Juristen in preußische Richterämter berufen.[13] Auch das zahlenmäßige Gewicht jüdischer Lehrer dürfte nicht groß gewesen sein: Bis Ende Mai 1848 durften Juden, von bestimmten Ausnahmen abgesehen, nur an jüdischen, nicht jedoch an sonstigen Schulen unterrichten. Eine relativ große Zahl von Juden hatte sich dagegen bis zur Jahrhundertmitte als selbständige Handwerker niedergelassen. Der Anteil der ›unterstützten Armen‹ unter den Berliner Juden[14] schließlich lag nur knapp unter dem entsprechenden Prozentwert, den die amtliche Statistik für die Berliner Gesamtbevölkerung errechnete.

Eines geht aus den von mir zusammengestellten Angaben nicht hervor: Nur relativ wenige Juden gehörten den sozialen *Unter*schichten an. In den Zahlen über die Sozialstruktur der Berliner Juden, auf denen Tabelle 1 basiert, wird leider nicht nach Selbständigen und lohnabhängig Beschäftigten differenziert. Der Blick auf eine Teilgruppe hilft hier weiter: Legt man die Angaben der Berliner Judenbürgerbücher für den Zeitraum 1809 bis 1853 zugrunde, war nur etwa jeder zehnte Berliner Jude ›proletarisch‹. In dieser Hinsicht bestand der stärkste Kontrast zur nichtjüdischen Bevölkerung: Während vier von fünf Berlinern um 1848 zu den unteren Sozialschichten und lediglich 18 % der Gesamtbevölkerung der preußischen Hauptstadt zu den gehobenen Bevölkerungsschichten zählten, gehörten zur Revolutionszeit umgekehrt etwa neunzig Prozent der Berliner Juden dem *Bürgertum* oder dem *kleinbürgerlichen Mittelstand* an.

Bis 1848 war in Berlin, das hier freilich eine Sonderstellung einnahm, die soziale Integration der Juden weitgehend vollzogen. Ein signifikanter Ausdruck dieser Entwicklung war, daß in den dreißiger und vierziger Jahren mit Wilhelm Beer und Joseph Mendelssohn[15] zwei Juden zu den einflußreichsten Mitgliedern des Ältestenkollegiums der Korporation der Berliner Kaufmannschaft (KKB) gehörten. Die KKB, im März 1820 gegründet, vertrat die Interessen der (gehobenen) Berliner Kaufleute, Bankiers und industriellen Unternehmer gegenüber den staatlichen und kommunalen Behörden. Insbesondere die Spitze der KKB, das Ältestenkollegium, entwickelte sich während des Vormärz zu einem wirtschaftspolitisch höchst einflußreichen Organ.

Die bedeutende gesellschaftliche Stellung jüdischer Salonièren, während des Vormärz namentlich Rahel Varnhagen, Sara Levy und Amalie Beer, ist gleichfalls ein unübersehbares Indiz dafür, daß in der preußischen Hauptstadt Juden beiderlei Geschlechts in den gehobenen Bevölkerungsschichten sozial wie kulturell als gleichberechtigt akzeptiert wurden. Die Salons – die »›Hofhaltung‹ einer Dame«[16] – waren Schauplatz zwangloser Geselligkeit von zumeist Adligen, Wirtschaftsbürgern und Intellektuellen; man unterhielt sich vornehmlich über Kunst, Literatur und Philosophie, 1848 in starkem Maße auch über Politik. So wie die Gesellschaften der jüdischen Salonièren von zahllosen nichtjüdischen Gelehrten, Politikern, Unternehmern etc. besucht wurden, frequentierten umgekehrt zahlreiche jüdische Bürger und Bürgerinnen die von nichtjüdischen Damen der gehobenen Bevölkerungsschichten veranstalteten Gesellschaften; für Fanny Lewald beispielsweise, die selbst erst nach der Revolution einen Salon gründete, läßt sich der – häufige – Besuch von mindestens elf Salons nachweisen.
Von der Mehrheit ihrer nichtjüdischen Mitbürger wurden die Berliner Juden auch politisch als gleichberechtigt akzeptiert. Ablesen läßt sich dies an der vergleichsweise großen Zahl jüdischer Stadtverordneter: Daniel Alexander Benda gehörte seit 1842, Bernhard Samuel Berends seit 1844 und Moritz Veit seit 1846 dem städtischen Parlament Berlins an. Carl Heymann, Joel Wolff Meyer und Alexander Goldschmidt traten 1847 hinzu. Mit der Neuwahl Anfang Mai 1848 gelangte Julius Springer in die Stadtverordnetenversammlung.[17]
Nicht nur in weiten bürgerlichen und kleinbürgerlichen Kreisen, auch im nichtjüdischen *Proletariat* Berlins spielten Juden bereits während des Vormärz eine herausragende Rolle. Das zeigt sich etwa an dem Einfluß Stefan Borns, der 1848 zur überragenden Persönlichkeit innerhalb der frühen Berliner Arbeiterbewegung werden sollte, und anderer Juden auf den 1844/45 gegründeten, sog. Hedemannschen Handwerkerverein, der mehrere tausend Gesellen als Mitglieder zählte[18] und damit überhaupt die größte, nicht-religiöse Vereinigung in Berlin in den letzten Jahren vor der Märzrevolution war. Born, der freilich schon vor 1840 zum Christentum übergetreten war, gehörte seit Frühjahr 1846 als stellvertretendes Mitglied der Generalversammlung des Vereins, einer Art erweitertem Vorstand, an. Der jüdische Arzt Eduard Abarbanell gehörte seit 1845/46 dem Lehrerkollegium und dem engeren Vorstand des Handwerkervereins an; Daniel Alexander Benda trat dort als Referent auf und warb für religiöse Toleranz.[19] Das – auch öffentliche – Eintreten für uneingeschränkte Religionsfreiheit war überhaupt ein hervorstechendes Merkmal dieses ersten frühen Berliner ›Arbeiter‹-Vereins.[20] Im Unterschied zu drei weiteren Gesellenvereinen, die von protestantischen Geistlichen gegründet worden waren bzw. das Christentum zur Voraussetzung der Mitgliedschaft gemacht hatten, wollte der ›große Handwerkerverein‹ von Anbeginn »keine konfessionelle Farbe tragen, [...] sich auch Juden nicht verschließen [und] überhaupt nur rein menschliche Zwecke verfolgen, nicht durch religiöse Erregungen, sondern durch intellectuelle Mittel wirken«.[21] Vor allem dieses Selbstverständnis verschaffte dem Hedemannschen Handwerkerverein im Unterschied zu den anderen Vereinen in der Berliner Gesellen- und Arbeiterschaft große Resonanz.

Als die Berliner Stadtverordneten Anfang Januar 1847 in einer Petition an den Vereinigten Landtag die »völlige Emancipation der Juden« forderten, wußten sie die Mehrheit der Berliner Bevölkerung hinter sich.[22] Zudem standen sie mit diesem Verlangen nicht allein. Deputationen anderer preußischer Städte und schließlich die Abgeordneten des Vereinigten Landtags, der am 11. April 1847 in der Hauptstadt Preußens eröffnet wurde, übten gleichfalls heftige Kritik an dem Entwurf des ›Gesetzes über die Rechtsverhältnisse der Juden‹, den die Krone vorgelegt hatte.[23] Letztlich verhallten die Einwände weitgehend ungehört. Zwar sah sich das Ministerium zu einigen Modifikationen genötigt. Zentrale, restriktive Elemente des Entwurfs behielten in der Endfassung, die am 23. Juli 1847 in Kraft trat, jedoch Gültigkeit: Den preußischen Juden blieb die Ausübung aller Staats- und Kommunalämter mit richterlichen, polizeilichen und sonstigen exekutiven Befugnissen weiterhin verwehrt. Ebensowenig sollten sie (von wenigen Ausnahmen abgesehen) Lehrer an nichtjüdischen Schulen werden können. An den Universitäten durften sie nur Medizin, Naturwissenschaften, Mathematik, Geographie und Sprachen lehren, die Funktionen des Dekans, Rektors und Prorektors nicht ausüben. Nicht nur der königliche Entwurf, auch die Endfassung des Gesetzes blieb »mittelalterlicher Plunder« (Leopold Zunz). Der Abschluß der Emanzipation stand weiterhin aus. Vor allem deshalb begrüßten viele Juden die Berliner Märzrevolution mit großen Hoffnungen.

Zur Beteiligung von Berliner Juden an der Märzrevolution

Einer Darstellung der Beteiligung von Berliner Juden an der revolutionären und demokratischen Bewegung während des Jahres 1848 drängt sich fast zwangsläufig zuerst die Frage nach ihrer Beteiligung an den Barrikadenkämpfen vom 18. und 19. März auf. Diese Frage ist nicht einfach zu beantworten. Ein grundsätzliches methodisches Problem besteht zunächst darin, daß in den überlieferten Massenquellen über die Märzgefallenen, -verletzten und -gefangenen die Konfessionszugehörigkeit nicht verzeichnet ist. (Auch das kann als Indiz dafür gewertet werden, daß die soziale Integration der Berliner Juden bis 1848 weit fortgeschritten war.) Einige Hinweise erlauben indessen eine ungefähre Schätzung der Zahl der toten Märzkämpfer jüdischen Glaubens. Nach Angaben der Spenerschen Zeitung vom 22. und 27. März waren nachweisbar fünf Juden unter den Märzgefallenen. Meine Recherchen haben dies bestätigt.[24] Leopold Zunz behauptete Anfang April 1848, es seien »etwa acht [Juden] geblieben oder an ihren Wunden verstorben«, ohne allerdings Namen zu nennen.[25] Wahrscheinlich waren es noch mehr; denn zu den *nachweisbar* fünf jüdischen Märzgefallenen sind weitere »mehr oder weniger sicher als jüdisch identifizierbare Namen« (Toury) hinzuzuzählen.[26] Insgesamt dürften zehn bis sechzehn oder etwa vier bis fünf Prozent aller namentlich bekannten Märzgefallenen ›mosaischen Glaubens‹ gewesen sein. Nach anderen, nicht belegten Angaben sollen sogar 21 Juden während der Barrikadenkämpfe vom 18. März ums Leben gekommen, weitere verletzt worden sein.[27]

Berliner Juden beteiligten sich zwar in überdurchschnittlichem Maße an den Barrikadenkämpfen. Daß jedoch ›die Juden‹ die Barrikadenkämpfe des 18. März planvoll, als heimliche Drahtzieher ausgelöst hätten, war indessen offensichtlich unsinnig. Obgleich sie hierfür ebenso wie für die Behauptung, Polen und Franzosen hätten die (nichtjüdischen) Berliner planvoll aufgehetzt, natürlich weder ernsthafte Indizien noch handfeste Beweise beibringen konnten, hielten namentlich hohe preußische Offiziere und engste Berater des Königs verbissen an der Legende fest, die Berliner Märzrevolution sei von jüdischen Verschwörern ausgelöst worden.

Der Generalleutnant v. Prittwitz, der am 18./19. März den Oberbefehl über die in Berlin stationierten Truppen hatte, schrieb in seinen Erinnerungen, daß unmittelbar vor Ausbruch der Barrikadenkämpfe »unter den Personen, die in den Schloßhöfen fortdauernd verkehrten und welche immer und immer das Ansinnen stellten, die Truppen zurückzuziehen, weil das Volk gegen diese und den Prinzen von Preußen [den späteren König und Kaiser Wilhelm I.] erregt sei, – die Sprecher fast alle den jüdischen Typus nicht zu verleugnen vermochten«. An anderer Stelle seines ›Erinnerungswerks‹ tischte Prittwitz seinen Lesern die Geschichte eines modernen Judas auf: Ein jüdischer Tabakladenbesitzer habe ›Arbeiter‹ »durch Verteilung von Geld, 20 Silbergroschen der Mann, reichlichen Lebensmitteln und Getränken, zum tätigen Widerstand« gegen das Militär »verleitet«.[28]

Andere Offiziere kolportierten diese Erzählungen, mitunter in den gleichen Formulierungen, und reicherten sie um weitere, ähnlich abstruse Geschichten an.[29] Ein Oberst Schulz beispielsweise behauptete, »unter den Gefangenen [...] viele Juden, einige Ausländer, ein[en] Franzos[en]« gesehen zu haben.[30] Wie tief judenfeindliche Vorurteilsstrukturen saßen, macht der Bericht des nichtjüdischen Berliner Hausdieners Johann Gottlieb Langsbach über seine Gefangennahme und die anschließende Behandlung durch das Militär deutlich: Am späten Abend des 18. März 1848 wurde er gemeinsam mit dem Handlungsdiener Eßbach von Soldaten »ergriffen und geschlagen. Unter Hieben und Stößen wurde ich zuerst fortgeschleppt. Die ganze [B]reite Straße war voll Soldaten, und jeder, an dem ich vorüberkam, schlug mit dem Kolben oder Säbel, bis auf den Schloßplatz. In der Nähe des großen Armleuchters sah ich eine Menge Offiziere stehen. An einen derselben, welcher, wie ich mich genau erinnere, starke Epauletts mit Raupen oder Nudeln hatte, wandte ich mich mit der Bitte, mich zu befreien, da ich ganz unschuldig sei. Er aber antwortete: ›Schlagt doch diesen verfluchten Juden gleich todt!‹ (obgleich ich versichern kann, ein guter Christ zu sein) [Hervorhebung von mir, R. H.], worauf die Soldaten furchtbar auf mich einhieben, namentlich die Uhlanen mit ihren Säbeln und Scheiden. Einer derselben stieß mich mit dem Säbelgefäß so in den Unterleib, daß mir dieser an der linken Seite fast wie ein Kinderkopf stark auflief.«[31]

Zwar befanden sich unter den namentlich bekannten, mehr als fünfhundert Gefangenen, die am Morgen des 19. März von Truppen in die Festung Spandau abgeführt wurden, lediglich vier bis fünf Juden.[32] Das störte den Obersten Schulz und andere Militärschriftsteller jedoch nicht. Ihnen reichte es (wie der geschilderte Vorfall zeigt), wenn jemand ›jüdisch‹ *aussah;* solche

Menschen konnten dann die ganze Wut der Offiziere und Soldaten über die politisch-militärische ›Schmach‹, die ihnen am 18. März beigebracht wurde, auf sich ziehen.
Antijüdische Ressentiments waren indessen nicht nur im Militär, sondern ebenso in Teilen des (konservativen) Bürgertums[33], im hohen preußischen Adel[34] und schließlich unter den Hohenzollern selbst verwurzelt. Bereits Ende 1847, vor dem Hintergrund des Schweizer Sonderbund-Krieges als des ersten Wetterleuchtens der europäischen Revolution 1848, glaubte Friedrich Wilhelm IV. Preußen von einem Verschwörernetz überzogen, das aus süddeutschen »Robespierres en herbes« und preußischen Juden bestünde.[35] Überraschen können solche Äußerungen nicht, hatte er doch schon kurze Zeit nach Antritt der Regentschaft die Einrichtung besonderer jüdischer Korporationen gefordert und in diesem Zusammenhang geäußert, die preußische Regierung dürfe nichts tun, was die »Amalgamation« der Juden mit den nichtjüdischen Bewohnern Preußens begünstige.[36] Friedrich Wilhelm IV. war nicht der einzige Hohenzoller, der solche Ansichten äußerte. Bei der Schilderung der Vorgänge des 18. März griff der damals 16 Jahre alte Neffe des Königs und spätere ›liberale‹ 99-Tage-Kaiser Friedrich III. gleichfalls auf antijüdische Stereotype zurück: Am 19. März habe man ihn »auf einige Judengesichter aufmerksam [ge]macht, welche von der Menge auf die Schultern gehoben waren und eifrig redeten; auch schien einer etwas zu verteilen«.[37] Die Gründe, warum wider besseres Wissen die – Jahrhunderte alte – Legende von einer umfassenden jüdischen Verschwörung gerade auch von höchsten staatlichen Funktionsträgern kolportiert wurde, sind bekannt und brauchen hier nur angedeutet zu werden: Sie war ein ›bewährtes‹ Erklärungsmuster, mit dem sich existentielle Ängste in politischen Krisen- oder Umbruchsituationen auf denkbar einfache und griffige Weise ›rationalisieren‹ ließen. Mit Verweis auf den angeblichen, leicht identifizierbaren Feind brauchte man sich mit den komplexen gesellschaftlichen Realitäten, die die eigene, fragil gewordene Position in Frage stellten, nicht auseinanderzusetzen. 1848 erlaubte die Verschwörungsthese, die sozialen und politischen Ursachen der Märzrevolution auszublenden; man konnte die Verhältnisse mit ›gutem Gewissen‹ so belassen (oder so wiederherstellen), wie sie vordem waren.

Politisches Engagement und Selbstbild der Berliner Juden im Revolutionsjahr

Angesichts der restaurativen, antiemanzipatorischen Politik der Hohenzollernmonarchie zwischen 1815 und 1848 hatten die preußischen Juden gute Gründe, sich nicht nur über den Sturz des alten Systems im März 1848 zu freuen, sondern sich auch aktiv politisch zu betätigen. »Je schwerer gerade mich die Ketten drücken, desto inniger muß ich die Freiheit für alle wünschen«[38], so hat Johann Jacoby bereits Mitte der dreißiger Jahre sein Engagement auf Seiten der liberalen und (1848) demokratischen ›Partei‹ begründet. Seine Bemerkung erklärt auch, warum im Revolutionsjahr überhaupt sehr viele Juden innerhalb der revolutionären Bewegung aktiv wurden. Namentlich in den *demokratischen* Vereinen Berlins spielten zahlreiche Juden eine führende Rolle (Tabelle 2 im Anhang). Zu den Mitbegründern und führenden Mitgliedern dieses größten demokratischen Vereins Berlins gehörten der Handlungsdiener Robert Ottensos(s)er, der Arzt Moritz Lövinso(h)n, der Privatdozent Robert Remak, der Verleger Levin Kallmann Weyl, der Student Robert Oscar Feenburg sowie Gustav Julius.[39] Julius wurde im Revolutionsjahr freilich in erster Linie als Verleger und Chefredakteur der radikaldemokratischen ›Berliner Zeitungshalle‹ bekannt. Zwei seiner Mitarbeiter, Adolf Wolff und Louis Heilberg, waren gleichfalls Juden.[40] Auch die kleineren demokratischen Vereine wurden von jüdischen Berlinern geprägt: Die Gründung des ›Volksvereins‹ geht auf die drei Brüder Agathon, Ferdinand und Heinrich Benary zurück; die beiden ersten gehörten auch in der Folgezeit zu den führenden Berliner Demokraten. Im zunächst linksliberalen, später gemäßigt-demokratischen ›Verein für Volksrechte‹ spielte der freilich lange vor 1848 getaufte Mathematikprofessor Karl Gustav Jakob Jacobi eine zentrale Rolle. Die am weitesten links stehende Organisation unter den politischen Vereinigungen Berlins, der Ende Juni gegründete Republikanische Klub, wurde von dem bekannten jüdischen Publizisten Heinrich Bernhard Oppenheim ins Leben gerufen; Oppenheim war zugleich Herausgeber der radikaldemokratischen ›Reform‹.[41] Leopold Zunz wiederum gehörte seit Mitte Juli 1848 zum Vorstand des ›Demokratischen Urwählervereins‹; vor allem aber war Zunz eine der führenden Persönlichkeiten in der Anfang 1849 gegründeten demokratischen ›Volkspartei‹, die mehrere tausend Mitglieder zählte und im Frühjahr 1850 dann der polizeilichen Repression zum Opfer fiel.

Die mit den Demokraten verbündete junge Berliner Arbeiterbewegung wurde gleichfalls von Juden geprägt. Der überragende Einfluß von Stefan Born auf Berlins Arbeiter und Gesellen während des Revolutionsjahres spricht hier Bände.[42] Der einzige Arbeiter in der Preußischen Nationalversammlung, Julius Brill, der – über seine Abgeordnetentätigkeit hinaus – nicht unerheblichen Einfluß auf die politischen Entwicklungen in den Unterschichten der preußischen Hauptstadt nahm, war jüdischen Glaubens. Auch die anderen jüdischen Abgeordneten der preußischen Volksvertretung standen meist auf dem linken Flügel dieser Versammlung. Unter ihnen war Johann Jacoby, zwar kein gebürtiger Berliner, aber in der Hauptstadt für die Nationalversammlung Preußens gewählt, die herausragende Persönlichkeit. Der demokratischen Bewegung im weiteren Sinne sind außerdem eine Reihe von jüdischen Satirikern zuzurechnen, deren zahlreiche Flugschriften in zum Teil hohen Auflagen vertrieben wurden. Hinzuweisen ist hier vor allem auf den Gründer und langjährigen Verleger des ›Kladderadatsch‹, David Kalisch, außerdem auf Samuel Löwenherz und Levin Kallmann Weyl, die unter dem Pseudonym ›Isaac Moses Hersch‹ zahlreiche, auf jiddisch verfaßte, satirische Flugblätter zeichneten, sowie auf Adalbert Cohnfeld, der unter den Pseudonymen ›Aujust Buddelmeier‹ und ›Jakob Leibche Tulpenthal‹ gleichfalls zahlreiche satirische Schriften verfaßte.[43] Die Genannten gehörten zur demokratischen ›Prominenz‹ der preußischen Hauptstadt; zahlreiche weitere Berliner Juden standen im demokratischen Lager, ohne vom Rampenlicht der Öffentlichkeit erfaßt zu werden. Die Quellen gestatten nicht, den genauen Anteil der Juden an der Mitgliedschaft oder auch nur an den Vorständen der demokratischen Vereine zu bestimmen. Die fragmentarischen Informationen lassen jedoch den Schluß zu, daß ihre Zahl hier weit über dem Anteil der Berliner Juden an der gesamten Einwohnerschaft Berlins lag (selbst wenn man den hohen Anteil von zum Christentum übergetretenen Juden in Rechnung stellt).

Das »Gerücht«, daß die demokratischen Vereine Berlins und namentlich der besonders radikale Politische bzw. (seit Mai 1848) Demokratische Klub »ganz oder zum großen Theil aus Mitgliedern der jüdischen Gemeinde bestehe«, war dennoch maßlos übertrieben. Zwar würden »auch einige Juden in jenem Klub sich befinden«, aber »die bei weitem größte Anzahl« der Gemeindemitglieder sei ihrer »Natur nach conservativer Gesinnung«. Die überwiegende Mehrheit der Gemeinde habe »sich Denen ihrer christlichen Mitbürger angeschlossen, die zwar das errungene Recht festhalten, aber nur auf gesetzlichem Boden fortschreiten wollen«. Dieses Dementi in der Spenerschen Zeitung vom 3. April 1848 scheint den tatsächlichen Verhältnissen entsprochen zu haben. Die Juden, die in der demokratischen und Arbeiterbewegung aktiv wurden, waren, auch wenn sie formell nicht konvertiert waren, mehrheitlich keine aktiven Mitglieder der jüdischen Gemeinde mehr. Aber selbst wenn man diejenigen, die zum traditionellen Judentum auf Distanz gegangen waren oder sich gar hatten taufen lassen, mit einschließt: Unter den aktiven Demokraten blieben Juden eine – wenngleich zahlenmäßig starke – Minderheit. Behauptungen wie, die politischen Programmatiken demokratischer Vereine seien der »Teig, [bereit,] fertig geknetet zu werden von Juden und Judengenossen, von Franzosen und Franzosen-Jüngern«[44], wurden von Konservativen in demagogischer Absicht in die Welt gesetzt. Auch mit Anspielungen, führende Demokraten wie Gustav Julius und Johann Jacoby hätten ein »jüdisches Aussehen« und eine »jüdische Gesinnung«, suchte die Rechte antijüdische Ressentiments in bürgerlichen Bevölkerungsschichten für den politischen Tageskampf zu aktualisieren. Den gleichen Zweck verfolgten hochkonservative Publizisten, wenn sie freimütige Äußerungen einzelner Vertreter der Linken als »Strahlenglanz jüdischer Unverschämtheit« bezeichneten.[45]

Vergleichbaren Anfeindungen war der *Konstitutionelle Klub* nicht ausgesetzt. In diesem liberalen Verein war, neben Moritz Veit, der freilich schon bald als Abgeordneter der Deutschen Nationalversammlung nach Frankfurt ging, Sigismund Stern, einer der Mitbegründer der jüdischen Reformgemeinde Berlins, besonders aktiv, zeitweilig als dessen Vorsitzender.[46] Zu den herausragenden Mitgliedern des Konstitutionellen Klubs gehörten außerdem der Schriftsteller Adolf Löwenstein und – anfangs – der Arzt, Buchhändler und Besitzer einer Leihbibliothek Bernhard Behr.[47] Wenn im Unterschied zu den ausgeprägten liberalen Präferenzen der jüdischen Bevölkerung insgesamt (Tabelle 2) das aktive Engagement jüdischer Berliner für liberale Politik vergleichsweise schwach blieb, dann hatte dies strukturelle Gründe: Unmittelbar nach der Märzrevolution zunächst recht stark, wurde der Konstitutionelle Klub als die einzige liberale Vereinigung Berlins seit Ende April im Zuge einer allgemeinen Polarisierung und Radikalisierung der Berliner Bevölkerung zwischen den ›Extremen‹ – den in der preußischen Hauptstadt zahlenmäßig sehr starken Demokraten auf der Linken und den Konservativen auf der Rechten – zunehmend aufgerieben.[48] Im Herbst des Revolutionsjahres fristete der liberale Klub nurmehr ein Schattendasein.

Über diese Vereine, die Frühformen der politischen ›Parteien‹, hinaus waren Juden außerdem in den Organisationen, die auf *spezifischen Tätigkeitsfeldern* aktiv wurden, gleichfalls nicht selten in führender Stellung tätig. Hinzuweisen ist hier etwa auf Mosé Simion, Julius Springer und Adalbert Cohnfeld, die im ›Bürgerwehrklub‹ leitende Positionen innehatten[49] – einer Organisation, die bemüht war, der kommunalen Freiwilligenmiliz insgesamt in politischen Fragen Einfluß zu verschaffen, und die zugleich den Mannschaften als Sprachrohr gegenüber den Bürgerwehr-Offizieren diente. Bemerkenswert viele jüdische Berliner bestimmten das Profil des ›Bezirks-Central-Vereins‹; zu nennen sind hier u. a. Adolf und Rudolf Löwenstein, Levin Kallmann Weyl, Sigismund Stern, Leopold Zunz und Robert Remak.[50] Dieser ›Verein‹ fungierte als Dachorganisation von mehr als hundert sogenannten Bezirks-Vereinen. Mit zusammen etwa zehntausend Mitgliedern waren diese Vereine die größte Berliner Massenorganisation des Revolutionsjahres. Ihre Aufgabe sahen sie in erster Linie darin, die (männlichen) Bürger Berlins politisch zu bilden, die Aktivitäten nicht nur des städtischen Parlaments, sondern auch der Mitte Mai zusammengetretenen Preußischen Nationalversammlung kritisch zu begleiten sowie kleinen Gewerbetreibenden, die wirtschaftlich in Not geraten waren, mit Krediten aus eigens gegründeten Vorschußkassen helfend zur Seite zu stehen. Dem eigenen Selbstverständnis nach ›überparteilich‹, waren die Bezirks-Vereine faktisch dem demokratischen Spektrum im weiteren Sinne zuzurechnen.
Eine größere Zahl bekannter Berliner Juden engagierte sich schließlich in den Organisationen der *bürgerlichen Sozialreform.* Zu den führenden Mitgliedern des ›Central-‹ und ›Lokalvereins für das Wohl der arbeitenden Klassen‹ zählten neben Daniel Alexander Benda außerdem vor allem Wilhelm Beer, Eduard Goldschmidt, Meyer Magnus, Joseph Mendelssohn und Moritz Veit.[51] Zum Vorstand des 1847 gegründeten ›Berliner Vorschuß-Vereins‹, einem anderen Zweig der bürgerlichen Sozialreform, gehörten gleichfalls zwei prominente Berliner Juden, Julius Springer und Julius Löwenberg.[52] Sie setzten damit ältere, jüdische Traditionen fort[53] und durchbrachen sie zugleich, da sie soziale Unterstützungen nicht mehr an die Konfessionszugehörigkeit banden. Nicht nur Männer, auch jüdische Frauen suchten während des Revolutionsjahres verstärkt kleinen Gewerbetreibenden zu helfen: Namentlich im ›Frauenverein zur Abhülfe der Noth der kleinen Gewerbetreibenden‹ waren Ehefrauen bekannter jüdischer Wirtschaftsbürger aktiv.[54]
Folgt man den – methodisch freilich nicht ganz unproblematischen – Ergebnissen Jacob Tourys[55], blieb während der Revolution die Mehrheit *sämtlicher* Juden in den deutschen Staaten konservativ bzw. ›loyalistisch‹, obwohl sich von den politisch *aktiven* Juden nur eine sehr kleine Zahl auf dem rechten politischen Spektrum engagierte (Tabelle 2). Nach meinem Eindruck, der sich für die jüdische Gesamtbevölkerung der preußischen Hauptstadt freilich nicht mit harten Indizien belegen läßt, galt die von Toury für den gesamten deutschen Raum konstatierte Tendenz auch für Berlin. Erklären läßt sich der auffallende Unterschied zwischen der politischen Haltung der aktiven Juden und der Gesamtheit der Juden, wenn man mit Toury zwischen »echtem Konservatismus«, als politischer Überzeugung, und »Loyalismus«, als der eher

passiven Orientierung an der jeweils herrschenden politischen Elite, unterscheidet.[56] Eine starke Wurzel besaß diese ›loyalistische‹ Grundhaltung in einem durch jahrhundertelange Verfolgung geprägten Überlebenswillen und der Hoffnung, auf diese Weise der Gefahr zu entgehen, zum ›Sündenbock‹ für politische und soziale Krisenerscheinungen gemacht zu werden. Vom ›Loyalismus‹ des Vormärz unterschied sich der ›Loyalismus‹ des Revolutionsjahres dadurch, daß er mit einer national orientierten Einstellung, dem (wie besonders die eingangs zitierte Rede von Sachs zum Ausdruck brachte) gerade unter Berliner Juden stark ausgeprägten Wunsch, daß es mit der Revolution vom 18. März und den anschließenden Ereignissen zu einer Einigung des ›deutschen Vaterlandes‹ kommen würde, vereinbar zu sein schien: Hatte nicht der König während seines Umrittes durch die Straßen Berlins am 21. März wiederholt versprochen, sich an die Spitze Deutschlands zu stellen? Fand sich nicht in der königlichen Proklamation vom gleichen Tage die berühmte Formulierung, »Preußen« werde »fortan in Deutschland aufgehen«? Selbst als Friedrich Wilhelm IV. im April 1849 die Kaiserkrone ablehnte, die ihm die Abgeordneten der Frankfurter Paulskirche angeboten hatten, schwand diese Hoffnung nicht, denn der preußische Monarch begann zum gleichen Zeitpunkt, am 28. April 1849, eine Politik der nationalen Einigung ›von oben‹ – eine Politik, die Ende 1850 schließlich am nachhaltigen Widerstand vor allem Österreichs und Rußlands scheiterte. Wie sehr sich manche Berliner Juden aber auch unabhängig von aktuell-politischen Konstellationen den Hohenzollern verbunden fühlten, zeigt sich u. a. daran, daß einzelne von ihnen an der Organisation der Flucht des in der Berliner Bevölkerung besonders verhaßten Prinzen von Preußen maßgeblich beteiligt waren. Julius Wolff Meyer soll den Thronfolger vor der Wut der Menge gerettet und ihn in seinem Wagen aus der Stadt befördert haben; der Bankier Moritz Cohn stellte ihm die nötigen Mittel für seine Reise von Hamburg nach London zur Verfügung.[57]

Wenn die ›loyalistische‹ Anlehnung an die Krone im Revolutionsjahr innerhalb der jüdischen Bevölkerung Preußens offenbar vorherrschende Grundhaltung blieb, dann erklärt sich dies ferner daraus, daß die alte Obrigkeit im Verbund mit den zunächst rechtsliberal dominierten, später offen konservativen preußischen ›Revolutions‹-Ministerien[58] gegenüber revolutionären Strömungen spätestens seit Frühsommer 1848 wieder Oberwasser bekam. Auch die durch Ereignisse wie die Pariser Junischlacht und den Berliner Zeughaussturm aktualisierte Furcht vor einer zweiten, auf die Umwälzung der Eigentumsverhältnisse zielenden Revolution ließ bei vielen das Bedürfnis nach Kräftigung der traditionellen Obrigkeit stärker hervortreten. Darüber hinaus resultierten Loyalismus und Konservativismus vielfach aus einem wirtschaftlich begründeten Pragmatismus: Überdurchschnittlich viele Berliner Juden gehörten wirtschafts- bzw. großbürgerlichen Berufsgruppen an; viele von ihnen glaubten auf gute Beziehungen zu den Ministerien und zum Hof materiell angewiesen zu sein. Diese Haltung erklärt wesentlich den von Toury für diese Berufsgruppen festgestellten und auch für die preußische Hauptstadt gültigen signifikanten Zusammenhang zwischen beruflicher Tätigkeit und politischer Orientierung (Tabellen 3 und 4 im Anhang). Jüdische Demokraten und Liberale wiederum kamen überwiegend aus den ›freien Berufen‹. Viele von ihnen waren Ärzte; das war eine Berufsgruppe, die mit dem Elend der sozialen Unterschichten häufig unmittelbar konfrontiert wurde und deshalb in starkem Maße zu demokratisch-sozialem Engagement neigte. Andere, und zwar gleichfalls nicht wenige demokratische und liberale Juden waren Journalisten und (sonstige) Schriftsteller; sie verfügten meist nur über ein unregelmäßiges Einkommen, gehörten insofern einer Art frühem ›akademischen Proletariat‹ an und waren schon deshalb für ein politisches Engagement auf Seiten des ›Fortschritts‹ prädestiniert.

Bemerkenswert ist außerdem, daß die wenigen jüdischen Privatdozenten und außerordentlichen Professoren, die in Berlin lebten – Heinrich Bernhard Oppenheim, Robert Remak, Karl August Jakob Jacobi, Agathon und Ferdinand Benary sowie Martin Julius Hertz –, ausnahmslos im linken politischen Lager standen. Dies war nicht nur auf die schlechte materielle Absicherung, auf fehlende inneruniversitäre Mitsprachemöglichkeiten und einen daraus resultierenden besonderen Reformdruck des Hochschullehrernachwuchses zurückzuführen; deutlich wird hier außerdem, daß neben dem Beruf auch das *Alter* die politischen Sympathien präformierte. Dieser Zusammenhang ist für die politisch aktiven Juden signifikant: Das Durchschnittsalter jüdischer Demokraten lag bei 31,9 Jahren, das der jüdischen Konservativen/Loyalisten bei 47,6 Jahren. Zugespitzt formuliert: Die junge Generation orientierte sich links, die ältere rechts; die Liberalen standen in der Mitte.[59] Daß das Alter die politische Haltung beeinflußte, galt selbst für die Gruppe ›Handel, Banken und Versicherungen‹. Die etablierten, zumeist schon ergrauten Mitglieder dieser Berufsgruppen votierten in ihrer überwiegenden Mehrheit konservativ, loyal oder (rechts)liberal. Die in der Regel lohnabhängig beschäftigten, *jüngeren* Kaufleute, die bereits Anfang der vierziger Jahre einen überkonfessionellen Verein gegründet hatten, der sich (verdeckt) auch der politischen Bildung seiner Mitglieder verschrieben hatte, standen dagegen häufig auf Seiten der Demokraten. Nicht zufällig befanden sich unter den Märzgefallenen mehrere jüdische Handlungsdiener. Zwei bereits erwähnte führende Berliner Demokraten, Robert Ottensoser und Albert Neo, gehörten gleichfalls dieser Berufsgruppe an.

Wenn sich im Unterschied zur gesamten jüdischen Bevölkerung der Hauptstadt Preußens politisch *aktive* Juden überwiegend zu den Demokraten hingezogen fühlten, dann erklärt sich dies aus dem Selbstverständnis der demokratischen Bewegung, der Gleichheit und Freiheit aller (männlichen) Staatsbürger ohne Ansehen der Konfession etc. zum Durchbruch verhelfen zu wollen. Die Demokraten, entschiedene Verfechter der vollständigen Judenemanzipation, nahmen im Gegensatz zu vielen Liberalen auch keine taktischen Rücksichten auf antijüdische ›Vorbehalte‹ der Krone. Eine starke demokratische Bewegung schien in den Augen vieler Juden deshalb der beste Garant für den endgültigen Abschluß der Emanzipation zu sein. Allerdings sollte dieser Beweggrund als Motiv für das Engagement vieler Juden in demokratischen Vereinen nicht überbewertet werden. Denn was oben für die politisch aktiven Juden hinsichtlich ihrer sozialen Zusammensetzung wie hinsichtlich ihres Alters konstatiert wurde, galt tendenziell auch für die politisch aktiven Nichtjuden. Beide Gruppen unterschieden sich nicht signifikant voneinander: Auch die meisten nichtjüdischen Demokraten waren jung; eine große Zahl von ihnen gehörte – soweit sie gebildeten Schichten entstammten – dem schriftstel-

lernden ›akademischen Proletariat‹ an; viele waren Ärzte. Umgekehrt rekrutierten sich die Konservativen generell zu erheblichen Teilen aus der Kaufmann- und Unternehmerschaft (daneben vor allem aus der Beamtenschaft und dem höheren Offizierskorps). Bei den Liberalen und stärker noch bei den Konservativen hatten die Älteren, die Etablierten das Sagen.[60]
Obwohl auch in Berlin die Zahl der politisch passiven Juden die der aktiven bei weitem überwog, scheinen Juden sich politisch hier relativ stärker engagiert zu haben als Nichtjuden. Neben dem bisher Gesagten wäre außerdem an die etwa fünfzig jüdischen Wahlmänner zu denken, die in der preußischen Hauptstadt die Abgeordneten für die beiden verfassungsgebenden Versammlungen mitwählten.[61] Die meisten, wenn nicht alle politisch engagierten Juden wurden *nicht* aus einem spezifisch jüdischen Selbstverständnis heraus aktiv. Da die Emanzipation mit der Märzrevolution vollzogen zu sein schien, schien es auch keine *besonderen* Gründe mehr für Juden zu geben, sich zu engagieren. Politisch aktive Juden sahen sich vielmehr als gleichberechtigte Staatsbürger; sie nahmen nach eigenem Verständnis lediglich ihre frisch erworbenen Rechte wahr. Insbesondere für die Demokraten unter den Berliner Juden galt, daß sie sich uneingeschränkt den jeweiligen politischen Strömungen zuordneten. Für sie war 1848 ihr Jüdisch-Sein kein Gegenstand expliziter politischer Reflektion mehr; darin unterschieden sie sich nicht von den meisten radikaldemokratischen oder sozialistischen Juden andernorts.[62]
Vor diesem Hintergrund kann nicht überraschen, daß sich viele Berliner Juden für eine deutsche Einigung unter demokratischem Vorzeichen einsetzten.[63] Angesichts der in Preußen starken borussisch-partikularistischen Strömungen ist es freilich ebensowenig verwunderlich, daß in der Hauptstadt auch die Gegenposition unter Juden eifrige Fürsprecher fand. Besonders profilierte sich in dieser Hinsicht Daniel Alexander Benda, der in den Jahren vor der Revolution als Freigeist bekannt geworden war, nach dem 18. März in das Lager des politischen Konservativismus wechselte und als eine Art Stichwortgeber für viele gemäßigt-konservative Berliner Bürger fungierte. Unter Anspielung auf die Befreiungskriege 1813/15 heißt es beispielsweise in einer Denkschrift Bendas an die Stadtverordnetenversammlung vom 24. Juli 1848: »Deutschland ohne Preußen ist ein Nichts; Preußen aber ist nicht nur ruhmvoll, selbständig und groß ohne Deutschland, sondern, wenn es sein muß, auch im Kampf wider Deutschland!« Zugleich forderte er, daß sich die übrigen deutschen Staaten der preußischen Hegemonie unterwerfen sollten. Seine Begründung: »Preußen, im edelstolzen Selbstbewußtsein seiner um die Ehre und Selbständigkeit Deutschlands sich erworbenen großen Verdienste, seiner dafür gebrachten zahllosen und bedeutenden Opfer, durfte erwarten, daß die übrigen deutschen Stämme, sowohl in Anerkennung dieser Verdienste wie im Bewußtsein ihrer nur auf Preußen begründeten Macht, sich dieser Macht um so williger und freudiger anschließen und, wo es im allgemeinen, mithin ihrem eigenen Interesse unerläßlich, derselben sich unterordnen würden.«[64] Und in einer Erklärung, die die Spenersche Zeitung am 13. September veröffentlichte, polemisierte Benda folgendermaßen gegen die demokratische wie liberale Bewegung: »Preußen! So Ihr länger von Halbblinden und feigen Aufwühlern Euch verhöhnen und verspotten und endlich zwingen lasset, durch Bürgerblut, Leichen und Trümmer den bis heute ruhmvollen Namen Preußen zu be-

schimpfen, [...] erkläret die Nachwelt Eure lange, 200jährige Geschichte für eine einzige, lange Lüge [...]. Auf! Kein Augenblick ist mehr zu verlieren, das Geschick Preußens muß rasch entschieden werden: Fordert [statt des liberalen Ministeriums v. Pfuel] ein Ministerium von Männern [...], deren Wahlspruch [sei]: ›Freiheit, Gesetz, Ordnung und Preußen für immer!‹«
Neben Benda exponierte sich außerdem Wilhelm Beer, nicht nur einer der Ältesten der Korporation der Berliner Kaufmannschaft, sondern im Revolutionsjahr auch Mitglied des gemäßigt-konservativen ›Patriotischen Vereins‹, als Anhänger eines starken Preußens. Eine im Mai 1848 veröffentlichte Broschüre, in der Beer sich vehement gegen eine wie auch immer geartete staatliche Selbständigkeit Polens aussprach und vor einer angeblich drohenden »französischen Invasion« warnte, gipfelte in dem Satz: »Gehen wir in Deutschland auf, wir gingen am Ende darin unter und Deutschland mit uns.« Nur mit einer selbständigen Großmacht Preußen könne man sich der polnischen wie französischen ›Gefahr‹ erwehren.[65]

»... das grause Vorurtheil ist verschwunden«: Die Haltung der nichtjüdischen Bevölkerung Berlins gegenüber der ›Judenfrage‹

Die zitierten und andere, ähnliche Erklärungen sollten freilich nicht dahingehend mißverstanden werden, daß sich auch nur eine nennenswerte Minderheit der Berliner Juden die politischen Zustände vor der Märzrevolution zurückwünschte. Selbst öffentlich vorgebrachte konservative Äußerungen von Berliner Juden waren Ausdruck eines erstarkten Selbstbewußtseins und des Gefühls, daß niemandem deswegen Nachteile erwachsen könnten. An dem Gefühl, von den nichtjüdischen Mitbürgern vollständig akzeptiert zu sein und nunmehr uneingeschränkt ›deutsch‹ oder ›preußisch‹ fühlen zu können, änderte sich auch nichts, als seit Frühsommer 1848 antijüdische Ressentiments in den gehobenen Bevölkerungsschichten wieder unverblümter geäußert wurden. Selbst durch die antijüdischen Tumulte, die am 5. April von verarmten Kleinmeistern namentlich des Schneiderhandwerks ausgingen[66], wurde dieses Bild relativer Eintracht zwischen Juden und Nichtjuden nur vorübergehend getrübt. Dazu trug vor allem bei, daß die Vorfälle Anfang April auf die ziemlich einhellige Ablehnung der demokratischen, liberalen und selbst der gemäßigt konservativen Öffentlichkeit stießen.[67] Die »jüdischen Bewohner Berlins«, hieß es etwa in einem Leserbrief, der in der Vossischen Zeitung vom 6. April 1848 abgedruckt wurde, dürften sich auch weiterhin der »Achtung und Liebe ihrer Mitbürger« sicher sein; denn diese hätten »die ganze inhaltschwere Zeit mit ihnen durchlebt, mit ihnen gekämpft, gehofft und gefürchtet«. Die überwiegende Mehrheit der Einwohner Berlins würde »nun sich freuen, daß das neue aufgehende Licht der Freiheit, gleich der Sonne, welche ihre wohltuendsten Strahlen selbst dem verborgensten Winkelchen der Erde sendet, endlich auch die Dunkelheit des irrigen Wahns verscheuchen wird, welcher eine Schranke zwischen Mensch und Menschen war! [...] Das grause Vorurtheil ist verschwunden.« Die Vorfälle vom 5. April wurden mit dem Hinweis entschuldigt: »Ihr wißt ja, daß es Licht und Schatten, edle und schlechte Menschen gibt, unter allen

Nationen und Confessionen.« Man dürfe »nie« vergessen, äußerte ein anderer Berliner, »daß auch unsere jüdischen Brüder an den Barrikaden ihr Blut für die Freiheit vergossen und daß wir uns ein Brandmal der Schande aufdrücken, wenn wir nun die Kainskeule gegen sie schwingen wollten!«[68]

Vermutlich die meisten Berliner Juden taten die Tumulte als ›bedauernswerte‹ Vorfälle ab oder ignorierten sie einfach. Leopold Zunz etwa maß den »Häkeleien mit und gegen Juden« von Anfang April und den untergründigen judenfeindlichen Strömungen »keine Bedeutung bei«.[69] Für die Bemerkung Zunz' und ebenso eine Feststellung Geigers, daß zahlreiche weitere »unzweideutige Sympathie«-Bekundungen der Presse »für eine völlige Judenemancipation« die Ansichten des »freiheitlich angeregten« nichtjüdischen Mittelstandes artikulierten[70], gab es (weitere) gute Gründe: Zu Recht wertete die Spenersche Zeitung die Aufbahrung von vier jüdischen Märzgefallenen in der Werderschen Kirche unmittelbar nach dem Ende der Barrikadenkämpfe als den »besten Beweis, daß wir jetzt keinen Unterschied mehr machen wollen«.[71] Von unmißverständlich symbolischer Bedeutung war außerdem, daß – wie zuvor in Wien – am 22. März auch in Berlin neben einem protestantischen und einem katholischen Geistlichen Michael Sachs als Rabbiner der Jüdischen Gemeinde »im Namen jenes uralten Bekenntnisses, das als lebendiger Zeuge der Weltgeschichte und Weltgeschicke seit Jahrtausenden dasteht«, vor den Särgen der Märzgefallenen eine kurze Ansprache hielt (während ein Vertreter der in Berlin recht starken deutschkatholischen Dissidentenbewegung zwar am Trauerzug teilnahm, aber keine Worte sprechen durfte).

Von der Mehrheit der Berliner Bürger wurde die mit der Märzrevolution scheinbar vollzogene Emanzipation begrüßt. Noch weniger Resonanz fanden judenfeindliche Ansichten in den proletarischen Schichten der preußischen Hauptstadt, von einem Teil der verarmten Kleinmeister des Schneidergewerks abgesehen. Nicht nur die herausragende Stellung Stefan Borns innerhalb der Berliner Arbeiter- und Gesellenschaft bringt dies unübersehbar zum Ausdruck. Wie klarsichtig offenbar nicht wenige Angehörige des ›Arbeiterstandes‹ die politische Funktion antijüdischer Einstellungen durchschauten, bringt ein Artikel des Buchdruckers Karger in der ersten Ausgabe der vom Handwerkerverein herausgegebenen ›Deutschen Arbeiter-Zeitung‹ zum Ausdruck: »Die Juden scheinen der Sündenbock zu sein, den sich zum Theile die Feinde der neuesten Zeitrichtung zum Opfer erkoren. Auch hier in Berlin möchte seit der stattgehabten Staatsumwälzung die [konservative] Gegenpartei [...] den Kampf, dem sie so ziemlich unterlegen ist, auf die Juden ableiten. Diese Partei möchte ihr Bevormundungs- und Verdummungssystem, das sie bis dahin über die Völker ausgedehnt, bemänteln mit dem Vorwande: die Juden hätten an der Revolution und an dem ganzen Notstande der Arbeiter schuld. Wäre ersteres der Fall, so müßten wir den Juden Dank sagen, denn durch die Revolution sind wir freie, mündige deutsche Männer geworden. Ich vertraue auf den gesunden Verstand der Arbeiter, daß sie weder das Eine noch das Andere glauben; wir schreiben von den Juden ebensowenig unsern Nothstand her als unsere Revolution. Den Nothstand haben wir [...] in der schlechten politischen und socialen Ordnung, in der wir bisher lebten, und in falschen und verkehrten Verwaltungsmaßregeln zu suchen [...]. Ueberhaupt ist es recht lächerlich, jetzt wieder zwischen Christen und Juden Feindseligkeiten zu schaffen und Scheidewände aufzustellen; davon muß keine Spur mehr bleiben! Wie gesagt, sie, die gegen die Juden zu hetzen versuchen, sie, die vor der Revolution obenan waren, sie sind eine der Ursachen des Nothzustandes der Arbeiter; ihr Verdummungssystem durch Pfaffen und bevormundendes Beamtenwesen, ihre theure Staatsverwaltung« – und nicht ›die Juden‹ – seien dafür verantwortlich gewesen, daß »die Arbeiter aus[ge]beutet und bis zur jetzigen Stellung hinab[ge]drückt« worden seien.[72]

Nicht nur Vertreter der frühen Berliner Arbeiterbewegung suchten antijüdischen Ressentiments entgegenzuwirken. Auch die demokratischen Vereine waren in dieser Hinsicht rührig. Der Politische Klub, der sich Ende Mai 1848 in Demokratischer Klub umbenannte, verband seine Solidarität mit dem Freiheitskampf des polnischen Volkes mit der dringlichen Aufforderung, es zu keinen antijüdischen Pogromen kommen zu lassen. In einer vom Politischen Klub am 4. April beschlossenen Adresse wurden die »Polnischen Brüder« einerseits der unzweideutigen Sympathie und Unterstützung in ihrem »Streben nach Selbstbefreiung« versichert; andererseits verlangten die Mitglieder des radikaldemokratischen Vereins ebenso unmißverständlich »Schutz für jene Bewohner, welche das Volksurtheil und der Haß nicht zu den Polen und auch nicht zu den Deutschen zählt, und auf welche der Fanatismus stets seine grausamsten Waffen gerichtet; – wir meinen die Juden, die zu allen Zeiten, bei allen Anlässen stets das wohlfeilste Opfer aller Partheien gewesen. Polen! erkennt und achtet in den Juden bejammernswerthe Leidensbrüder, denen nach dem Druck und der Schmach von zwei Jahrtausenden jetzt erst der Morgenstrahl eines freien Tages leuchtet. Der Druck zweier Jahrtausende hat diese Unglücklichen [...] tief gebeugt [...]! – Auch ihre Personen und ihr Eigenthum sei Euch heilig, heilig als ein Blatt von jenem Baume, unter dessen Schutze Eure Freiheit emporwachsen soll!«[73]

Die hier geäußerten Besorgnisse waren nicht unbegründet. Im April und Mai 1848, als die polnische Freiheitsbewegung einen vergeblichen Versuch unternahm, die staatliche Unabhängigkeit mit militärischen Mitteln zu erzwingen, kam es in zahlreichen Dörfern und Städten des Großherzogtums Posen, das sich die preußische Krone seit 1793 als Provinz eingegliedert hatte, zu antijüdischen Pogromen, die zahlreiche Tote und Schwerverletzte forderten. Zwar galten die Posen'schen Juden als Parteigänger der Deutschen; das allein kann jedoch die zum Teil grausamen Verfolgungen nicht erklären. Zur unglücklichen Mittelstellung der polnischen Juden im Nationalitätenkonflikt zwischen Deutschen und Polen trat eine in weiten Teilen der polnischen Bevölkerung verwurzelte Judenfeindschaft hinzu. Eine dem vergleichbare Stimmung hat es dagegen selbst in den schmalen Teilschichten der Berliner Bevölkerung nicht gegeben, die für antijüdische Ressentiments noch stärker anfällig waren. Nicht zufällig sahen sich weder der Demokratische Klub oder andere politische Vereine noch etwa die demokratische und liberale Presse, die über die Ereignisse in Posen ausführlich berichtete und gleichfalls vor antijüdischen Ressentiments warnte, genötigt, der Erklärung des Demokratischen Klubs an die polnische Freiheitsbewegung vergleichbare Warnungen an die Bevölkerung der preußischen Hauptstadt abzugeben.

Preußen, und hier wiederum besonders die Hauptstadt, schien vor dem Ausbruch antijüdischer Tumulte gefeit.[74] Nicht zuletzt die Wahl vieler »Juden in unsere preußische Verfassungs-Versammlung« ließ sich, so die Spenersche Zeitung nach Bekanntwerden der Zusammensetzung beider Nationalversammlungen am 12. Mai 1848, als Ausdruck der Tatsache werten, »wie sehr alle die seit Jahren angeregten Forderungen des politischen Fortschritts längst in Saft und Blut des Volkes eingedrungen« seien. »Entscheidend in dieser Hinsicht ist es aber, daß Deutschlands erste Stadt, unser Berlin, den Dr. Veit in die deutsche Nationalversammlung sendet.« Daß die große Mehrheit der Berliner, gleichgültig ob sie gesellschaftlich ›unten‹ oder ›oben‹ stand, die rechtliche und politische Gleichstellung der Juden als Selbstverständlichkeit begrüßte, konnte auch in Liedern zum Ausdruck kommen – und der Begeisterung, mit der diese gesungen wurden: Am 22. August beispielsweise veranstaltete die Bürgerwehr ein Festmahl zu Ehren ihres Oberkommandierenden. Während der Feier wurde vom Sängerchor des Hedemannschen Handwerkervereins ein Lied vorgetragen, dessen Refrain lautete: »Hoch lebe, Bruder, ob Jud' oder Christ / Ein Hoch, weil Du ein Theil der Menschheit bist.« Vor allem dieser Refrain fand unter den anwesenden 1200 Bürgerwehrmännern und den Gästen Anklang; nach jeder Strophe »erschallte« er »laut in der ganzen Gesellschaft«.[75]

Bemerkenswert ist ferner, daß besonders die Spenersche Zeitung auf eine rasche und vollständige Durchführung der Judenemanzipation drang. Denn die ›Spenersche‹ war neben der ›Vossischen‹ das wichtigste Sprachrohr nicht nur rechts-liberaler, sondern auch (gemäßigt-) konservativer bürgerlicher Strömungen. Ihre Kommentare machen deutlich, daß selbst die stärker rückwärts gewandten Kreise im Bürgertum und Kleinbürgertum als die sozialen Gruppen, die für antijüdische Tendenzen am ehesten anfällig waren, keineswegs generell judenfeindlich eingestellt waren. Wohl noch im Überschwang der Gefühle, wie er vor allem in den ersten Wochen nach der Märzrevolution herrschte, als alle überkommenen Barrieren endgültig niedergerissen zu sein schienen, aber auch mit Blick auf eine Verordnung des preußischen Ministers für die geistlichen, kulturellen und Medizinal-Angelegenheiten vom 6. April 1848, die »die Ausübung staatsbürgerlicher Rechte fortan von dem religiösen Glaubensbekenntnis unabhängig« machte, erklärte die Spenersche Zeitung am 12. Mai, daß der »Wunsch edler deutscher Männer, daß die die Juden ächtenden Ausnahmegesetze veraltet sein mögen, in ungeahnter Beschleunigung erfüllt worden [sei]. Hinfort gehört die ›Judenfrage‹, welche vor kaum einem Jahre viele Gemüther aufgeregt hatte, nur noch in die politische Alterthumskammer.« Etwas ernüchtert mußte dieselbe Zeitung zwei Monate später, am 18. Juli, konstatieren, daß »die mit den jetzigen Zeitverhältnissen in offenbarem Widerspruch stehende Vorschrift des Allg. Landrechts [...], daß zwischen Juden und Christen eine Ehe unzulässig ist«, formal weiterhin gültig war; der zuständige Minister müsse (verlangte die Spenersche) diese Bestimmung sofort aufheben.

Mahnungen, die scheinbar mit der Märzrevolution verwirklichte Gleichberechtigung der Juden auch durch die formelle Aufhebung diskriminierender, gesetzlicher Bestimmungen abzusichern, blieben freilich selten. Die ›Judenfrage‹ war während des Jahres 1848 *kein* zentrales Thema der politischen Diskussion. Denn trotz der weiterhin gültigen, restriktiven gesetzlichen Bestimmungen schien mit der Märzrevolution (in dieser Einschätzung waren sich Juden und Nichtjuden einig) die Judenemanzipation abgeschlossen zu sein. Erst später – zu spät – wurde der demokratischen Bewegung bewußt, welch grundlegendes Versäumnis es gewesen war, nicht gleich ›Nägel mit Köpfen‹ gemacht zu haben. Die ›Revolutionäre‹ hatten das politische System am 18./19. März zwar fundamental erschüttert; sie ›vergaßen‹ jedoch, die neuen Freiheiten auch rechtlich festzuschreiben, und gaben damit der Obrigkeit die Möglichkeit, die alten Verhältnisse sukzessive wieder herzustellen.

Zunächst indessen nährte der preußische Staat die Erwartung, daß die ›Judenfrage‹ auch formal rasch zum Abschluß kommen würde. Die bürgerlichen Märzkabinette Camphausen-Hansemann und Auerswald-Hansemann unternahmen von sich aus zügig Schritte, Reste rechtlicher Diskriminierungen aus dem Weg zu räumen: In einer »erläuternden Verfügung« des Ministeriums der geistlichen etc. Angelegenheiten vom 26. Mai zu der Verordnung vom 6. April über die »amtliche Stellung der jüdischen Lehrer an öffentlichen und Privatschulen« wurde ausdrücklich festgestellt, daß jüdische Lehrer ohne Einschränkung an allen Schulen unterrichten dürften. In einer anderen Verfügung desselben Ministeriums vom 14. Juli wurden »jüdische Gelehrte als zulassungsberechtigt zu allen Lehrämtern an den Landesuniversitäten« anerkannt.[76] Der Justizminister Bornemann hatte bereits Mitte April allen »Rechts-Kandidaten jüdischen Glaubens« gestattet, ihre »Prüfungen behufs Eintritt in das Richteramt« abzulegen, nachdem noch im Vorjahr deren Zulassung zur Prüfung abgelehnt worden war.[77] Praktische Folgen hatte dieser Erlaß allerdings nicht; es sollten noch Jahrzehnte vergehen, bis ein Jude das Amt eines preußischen Richters auch tatsächlich ausüben durfte. Von weitreichender Bedeutung war dagegen, daß mit Wirkung vom 28. Juli 1848 getauften Juden der Wiedereintritt ins Judentum und Nichtjuden die Annahme der jüdischen Konfession gestattet war; bis zu diesem Zeitpunkt mußten zum Christentum übergetretene Juden für den Fall der Rückkehr zu ihrer alten Religion damit rechnen, aus Preußen ausgewiesen zu werden. Mit gutem Grund konnte der damals 19jährige Levin Goldschmidt in einem Brief an seine Eltern wenige Monate nach der Märzrevolution feststellen: »Vieles, um das wir noch im vorigen Jahr flehten, ist erreicht. Auch der Jude kann jetzt nach seiner Neigung, nach seinen Talenten den Weg einschlagen, der ihm beliebt. Auch er braucht sein Glück nicht mehr mit der Abschwörung seines Glaubens erkaufen.«[78]

Zu Optimismus der jüdischen wie nichtjüdischen Emanzipationsbefürworter bestand auch deshalb Anlaß, weil im Revolutionsjahr die Rolle der *evangelischen Kirche* und mit ihr die Resonanz des christlichen Antijudaismus entscheidend geschwächt wurden. Einige knappe Bemerkungen müssen hier genügen: Auch im Revolutionsjahr exponierten sich evangelische Theologen und Geistliche – weiterhin – als Stichwortgeber für judenfeindliche Ressentiments. Namentlich der Berliner Professor für protestantische Theologie Ernst Wilhelm Hengstenberg polemisierte in der von ihm herausgegebenen ›Evangelischen Kirchenzeitung‹ (EKZ), deren meinungsbildende Wirkung auf die protestantische Geistlichkeit erheblich war, gegen die »Judenherrschaft«. »Das Gelüste nach Herrschaft über die Völker geht durch die ganze Judenschaft hindurch«, behauptete Hengstenberg, und habe sich namentlich nach der Märzrevolution »im Staate wie in den Kommunen [...] je länger desto drückender und unerträglicher fühlbar gemacht.« Der »jüdische Übermuth [kenne] keine Grenzen und darf sich keck gegen die angestammte Obrigkeit setzen, die er nur zu gern vom christlichen Stamme abzweigen und dem eigenen aufpfropfen möchte«.[79]

Mit solchen und zahllosen weiteren Polemiken knüpfte Hengstenberg an alte christliche Vorurteile an, die er selbst schon im Vormärz immer wieder zu schüren gesucht hatte. Während andere Emanzipationsgegner längst die Köpfe eingezogen hatten, wandte sich Hengstenberg noch unmittelbar vor der Märzrevolution, am 19. Januar 1848, in der EKZ heftig gegen die rechtliche Gleichstellung aller Konfessionen und forderte in diesem Zusammenhang faktisch die Rücknahme der zu diesem Zeitpunkt geltenden gesetzlichen Regelungen, die (partiell) die Gleichberechtigung der Juden in Preußen sichern sollten, u. a. mit dem ›Argument‹: »Es giebt keinen feindlicheren Gegensatz gegen das Christenthum als das Judenthum.« »Ohne Noth und Nutzen«, empörte sich der Theologieprofessor, würde »die Gleichstellung des Christenthums und Judenthums« von den Emanzipationsbefürwortern zur »Prinzipienfrage« aufgeworfen.[80]

Zwar ließen sich viele Geistliche in ihren Einstellungen von den Äußerungen Hengstenbergs bestimmen; auch in christlich-konservativ gestimmten, kleineren Kreisen der gehobenen Bevölkerungsschichten fanden sie beträchtlichen Anklang. Ansonsten verhallten seine Worte jedoch weitgehend ungehört. Dies war Ausdruck des Tatbestandes, daß die protestantische Kirche zunehmend in die gesellschaftliche Isolation geriet. Schon während des Vormärz war dies ein unübersehbarer Trend, der sich dann im Revolutionsjahr noch erheblich verstärkte. Pfarrer wurden Adressaten von ›Katzenmusiken‹ und anderen lautstarken Demonstrationen des (überwiegend demokratisch orientierten) ›Pöbels‹, mit denen dieser seinem Unmut über konservative Äußerungen der protestantischen Geistlichkeit nachhaltigen Ausdruck verlieh. Wichtigster Indikator für den sinkenden gesellschaftlichen Einfluß der evangelischen Kirche war der geringe und weiter abnehmende Kirchenbesuch: Vor 1848 hatte er bei knapp zehn Prozent (aller eingeschriebenen Protestanten) gelegen; während und nach der Revolution sank er auf etwa fünf bis sechs Prozent. Sehr zum Leidwesen der Geistlichen war die überwiegende Mehrheit der Kirchenbesucher zudem weiblichen Geschlechts. Seltener noch als Bürger und Kleinbürger besuchten Angehörige der Unterschichten die Gotteshäuser. Sofern Proletarier überhaupt Kirchen betraten, taten sie dies meist nur, wenn die Konventionen es verlangten: zur Taufe, zur Hochzeit und zur Beerdigung. Nicht selten geschah es, daß Angehörige der Unterschichten, sehr zur Empörung der Pfarrer, selbst am Taufstein oder Traualtar die Zigarre nicht ausgehen ließen oder durch abfällige Äußerungen ihre Distanz zum offiziellen Protestantismus zum Ausdruck brachten. (Die Innere Mission Wicherns und andere, von der evangelischen Kirche ausgehende sozial-karitative Aktivitäten änderten an dieser Haltung grundsätzlich nichts.) Den betroffenen Geistlichen galt Berlin vermutlich nicht ganz zu Unrecht als die »kirchlich verwahrloseste Stadt Deutschlands«.[81]

...nicht von unten durchgesetzt, sondern von oben gnädig gewährt: Die Grenzen der Judenemanzipation

Wesentliche Bedingung für den Abbau (vermeintlich) letzter Barrieren gegen eine vollständige Judenemanzipation war zweierlei: erstens die »Auflösung des traditionellen Gemeindeverbandes als Träger der jüdischen Gruppenexistenz« (Toury)[82], der starke, schon während des Vormärz sichtbare Trend, das Judentum nur noch als eine Konfession unter anderen zu begreifen, und zweitens der sinkende gesellschaftliche Einfluß der protestantischen Kirche und ihrer Funktionsträger, ihre weitgehende Beschränkung auf eigentlich religiöse Aufgaben. Beide Prozesse setzten lange vor 1848 ein; sie wurden im Revolutionsjahr jedoch besonders sichtbar und konnten zudem mit allen Konsequenzen offen politisch thematisiert werden.

Vor dem Hintergrund der schwindenden Rolle des Protestantismus als gesellschaftsprägender Kraft und der sinkenden Bedeutung der Jüdischen Gemeinde als kulturprägender Institution kann präzisiert werden, was die nichtjüdischen Emanzipationsbefürworter und auch viele Juden im allgemeinen mit ›Gleichstellung der Juden‹ eigentlich meinten: ›Emanzipation‹ wurde überwiegend mit weitgehender oder vollständiger gesellschaftlicher Assimilierung gleichgesetzt, ›Jüdisch-Sein‹ nurmehr als bloße Konfessionszugehörigkeit aufgefaßt, nicht mehr als Form besonderer sozial-kultureller Identität. Es ist sicher kein Zufall, daß unter den ›prominenten‹ Juden der Revolutionszeit eine größere Zahl lange vor 1848 zum Protestantismus übergewechselt war: Daniel Alexander Benda ließ sich 40jährig (1833), Ferdinand Benary 24jährig (1829) taufen. Gustav Julius trat vor Aufnahme seines Theologiestudiums 1829 zum Christentum über, Fanny Lewald im Jahre 1824, Stephan Born vor seiner Ankunft in Berlin 1840, Robert Oskar Feenburg 1844, David Kalisch erst nach der Revolution (1852), Friedrich Julius Stahl dagegen schon 1819. Auch Karl Gustav Jakob Jacobi und Julius Springer waren getauft.

Angesichts der verbreiteten Grundeinstellung, daß Juden auf die Pflege ihrer sozial-kulturellen Traditionen als Preis für die Aufnahme in die bürgerliche Gesellschaft als gleichberechtigte Mitglieder verzichten sollten, kann auch nicht überraschen, daß ein Antrag Leopold Zunz', ein Ordinariat für die Wissenschaft des Judentums einzurichten, abschlägig beschieden wurde. (Offen bleiben muß, ob die im folgenden zitierten Begründungen in geschickter Ausnutzung des ›Zeitgeistes‹ nur vorgeschoben oder ernstgemeint waren.) Am 25. Juli 1848 hatte Zunz beim Ministerium für die geistlichen etc. Angelegenheiten den Antrag gestellt, die »Wissenschaft des Judentums« unter die Lehrfächer der philosophischen Fakultät aufzunehmen und dafür einen Lehrstuhl einzurichten. Die Märzrevolution hätte, so seine Begründung, »für sein Volk das Ghetto gesprengt«. Es müsse deshalb »auch die jüdische Wissenschaft, die noch im Ghetto verharre, befreit werden«. Das Kultusministerium gab diesen Antrag an die philosophische Fakultät mit der Bitte um ein entsprechendes Gutachten weiter. Die vier Gutachter (u. a. Leopold v. Ranke) gelangten zu einer »glatten Ablehnung«. Ihre Begründung: Ein Anlaß für die Einrichtung eines speziell jüdischen Lehrstuhls bestehe nicht mehr, »seitdem die Gleichstellung erfolgt und verbürgt sei und die Juden nun ein besonderes Gemeinwesen mit besonderen Gesetzen, ein Volk im Volke, weder bilden würden noch auch [...] bilden wollten«. Es sei »ein Widerspruch in sich, in dem Moment, wo die neue, die starren Unterschiede der alten Zeiten ausgleichende Freiheit eingeführt war, eine Professur mit dem Nebengedanken stiften zu wollen, das jüdische Wesen in seiner Besonderheit, mit seinen entfremdenden Gesetzen und Gebräuchen geistig zu stützen und zu bekräftigen«. Verfaßt worden war dieses Gutachten Ende Oktober; am 9. November nahm die philosophische Fakultät den Bericht einstimmig an. Das Ministerium für die geistlichen etc. Angelegenheiten schloß sich in seiner Antwort, die sie Zunz im Dezember des Jahres zuleitete, der skizzierten Argumentation an.[83]

Nach dem Sieg der Gegenrevolution im November 1848 schien diese Argumentation weiterhin schlüssig. Denn die oktroyierte Verfassung vom 5. Dezember garantierte ausdrücklich »die Freiheit des religiösen Bekenntnisses« und die Gleichheit aller »vor dem Gesetz«. Auch die modifizierte Verfassung vom 31. Januar 1850 schien dieses Grundrecht nicht anzutasten. Bei Lichte besehen enthielt die Verfassung von 1850 allerdings wesentliche Einschränkungen. So konnten »Religionsgesellschaften sowie die geistlichen Gesellschaften, welche keine Korporationsrechte haben«, die Freiheit der »Vereinigung zu Religionsgesellschaften und der gemeinsamen häuslichen und öffentlichen Religionsausübung [...] nur durch besondere Gesetze erlangen«. Außerdem wurde »die christliche Religion bei denjenigen Einrichtungen des Staats, welche mit der Religionsausübung im Zusammenhange stehen, [...] zu Grunde gelegt«.[84] Die Obrigkeit konnte sicher sein, daß diese erneuten Einschränkungen nicht auf großen Widerspruch stoßen würden. Denn das Grunddilemma der Judenemanzipation in Preußen und den anderen deutschen Staaten war, daß im Bewußtsein breiter Bevölkerungsschichten die liberalen Bestimmungen der Verfassungen von 1848 und 1850 nicht von unten, nicht durch revolutionären Druck durchgesetzt worden waren (obgleich ohne die revolutionären Umwälzungen vom März die Fortschritte des Jahres 1848 nicht denkbar gewesen wären). Die Emanzipation schien ›gnädig‹ von oben ›gewährt‹ zu sein; sie konnte deshalb (in dieser Perspektive) jederzeit durch den Monarchen oder andere staatliche Entscheidungsträger partiell oder gar vollständig wieder zurückgenommen werden. Die Verfassungsrevision von 1850 war hier ein erster Schritt. Ein weiteres kam hinzu: Die Gleichberechtigung der Juden stand vielfach nur auf dem Papier; in der Praxis blieben wesentliche Elemente traditioneller Diskriminierung erhalten. Der Wunsch, »hinfort« gehöre »die Judenfrage in die politische Altertumskammer«, blieb Illusion.

Tabelle 1

Sozialstruktur der Berliner Juden und der Berliner Gesamtbevölkerung 1849 und 1861
(nach der Statistik der Erwerbstätigen)

	1894		1861	
	Berlin: Juden	Berlin: Gesamtbevölkerung	Berlin: Juden	Berlin: Gesamtbevölkerung
Industrie und Handwerk	ca. 15,0%	53,8%	17,3%	49,8%
Handel und Verkehr (a)	über 50,0%	10,2%	53,6%	10,8%
persönliche Dienstleistungen (b)	ca. 7,0–8,0%	14,6%	8,3%	15,1%
›freie Berufe‹ (c)	5,4% (d)	4,5%	6,0%	4,7%
Rentiers und Pensionäre	9,7%	3,7%	12,0%	3,8%
(unterstützte) Arme	3,1%	4,4%	2,8%	3,2%
Übrige (e)	(ca. 8,0%) (f)	8,8%	–	12,6%
	(100,0%)	100,0%	100,0%	100,0%

(a) (Für die Berliner Gesamtbevölkerung): Einschließlich Gastgewerbe

(b) (Für die Berliner Gesamtbevölkerung): Einschließlich königliche Hausverwaltung

(c) Einschließlich ›öffentlicher Dienst‹ (Staats- und Kommunalbeamte) sowie Geistliche u. ä. Für die Berliner Gesamtbevölkerung: ohne Militär

(d) Berlin-Brandenburg

(e) (Für die Berliner Gesamtbevölkerung): Vor allem die unqualifizierten Tagelöhner sowie Individuen ohne Berufsangabe.

(f) Auf welche Berufsgruppen sich die statistischen Residuen verteilten, geht aus den Angaben von Toury nicht hervor.

Quellen: Jacob Toury, Der Eintritt der Juden ins deutsche Bürgertum, in: Hans Liebeschütz/Arnold Paucker (Hg.), Das Judentum in der deutschen Umwelt 1800–1850. Studien zur Frühgeschichte der Emanzipation, Tübingen 1977, S. 230; Brigitte Scheiger, Juden in Berlin, in: Stefi Jersch-Wenzel/Barbara John (Hg.), Von Zuwanderern zu Einheimischen: Hugenotten, Juden, Böhmen, Polen in Berlin, Berlin 1990, S. 367; Die Bevölkerungs-, Gewerbe und Wohnungsaufnahme von 1. Dez. 1875 in der Stadt Berlin, im Auftrage der städtischen Deputation für Statistik bearb. von Richard Boeckh, Berlin 1878, 4. Abt., S. 6–13.

Tabelle 2

Politische Orientierungen der Juden Berlins und sämtlicher deutscher Staaten

	Juden in allen deutschen Staaten		Berliner Juden (a)	
	Vormärz	Revolution	Vormärz	Revolution
Gesamtheit				
Konservative/Loyalisten (b)	55–60%	50–55%		
(gemäßigte) Liberale	30–35%	30–35%		
Demokraten/Sozialisten	9%	15%		
Aktive Politiker				
Konservative/Loyalisten (b)	21%	9–10%	12–22%	12–14%
(gemäßigte) Liberale	32–35%	31–33%	40–55%	15–30%
Demokraten/Sozialisten	43–47%	58–62%	30–40%	55–70%

(a) Erfaßt wurden als ›aktive Politiker‹ 1848 insgesamt 66 Personen, für den Vormärz: 37. Zu den aktiven Politikern wurden nicht nur diejenigen gerechnet, die in den politischen Klubs hervortraten, als Stadtverordnete oder als Berliner Abgeordnete der Preußischen bzw. Deutschen Nationalversammlung fungierten, sondern auch diejenigen, die bei herausragenden politischen Ereignissen der Revolutionszeit eine wichtige Rolle spielten. Nicht berücksichtigt wurden die jüdischen Wahlmänner; denn die Wahl der Abgeordneten für die beiden Nationalversammlungen war geheim: *Wie* der einzelne Wahlmann abstimmte, ist nicht bekannt.

(b) Einschließlich der von Toury als ›Nationalisten‹ bezeichneten Personen. (Die von Toury vorgenommene kategoriale Differenzierung in ›Konservative‹, ›Loyalisten‹ und ›Nationalisten‹ sowie in ›Demokraten‹ und ›Sozialisten‹ ließ sich jedenfalls für Berlin nicht aufrecht erhalten.)

Quellen: Toury, Orientierungen, S. 27, 67, 98: eigene biographische Recherchen.

Tabelle 3

Politische Sympathien der (männlichen) Angehörigen der Gruppe ›Handel, Banken und Versicherungen‹ sowie der ›freien Berufe‹ 1848

	Konservative/Loyalisten/Liberale	Demokraten/Sozialisten
Handel, Banken, Versicherungen		
Deutschland	72%	21%
Berlin (a) (b)	50%	50%
Freie Berufe		
Deutschland	37%	63%
Berlin (a)	30–40%	60–70%

(a) Nur ›politisch aktive‹ Juden

(b) Niedrige Fallzahlen

Quellen: Toury, Orientierungen, S. 68; eigene biographische Recherchen

Tabelle 4

Soziale Zusammensetzung der politisch aktiven Juden Berlin 1848

	Gesamt	Demokraten	Konservative	Liberale
Freie Berufe	39 (61%)	60–75%	10–22%	70–90%
darunter				
Ärzte	13 (20%)	30%	–	12%
Schriftsteller, Journalisten	12 (19%)	13–20%	–	30–50%
Handel, Banken (a)	6 (11%)	15–20%	55–70%	4–12%
Industrie und Handwerk (a)	13 (22%)	5–8%	20–45%	6–18%
Gesellen/Handlungsdiener	4 (6%)	8–12%	–	–
Zahl der erfaßten Personen	64	35–44	9–10	10–23
ohne Angabe	2	–	–	2

(a) Nur Selbständige

Quelle: eigene biographische Recherchen

1 Briefe an Philipp Ehrenberg bzw. S. M. Ehrenberg vom 13. 2. und 5. 3. 1848, in: Leopold Zunz, Jude – Deutscher – Europäer. Ein jüdisches Gelehrtenschicksal im 19. Jahrhundert in Briefen an Freunde, hg. v. Nahum N. Glatzer, Tübingen 1964, S. 258 bzw. 260. Zu Zunz (1794–1886) vgl. auch S. 61 und S. 63.

2 Die im folgenden zitierten Briefe Auguste Auerbachs (1823–1898) und Moritz Steinschneiders vom 11., 16., 20. und 23. 3. 1848 sind dokumentiert in: Julius H. Schoeps, Die Märzrevolution im Spiegel des Briefwechsels zwischen Moritz Steinschneider und Auguste Auerbach, in: Jahrbuch des Instituts für Deutsche Geschichte, Tel Aviv, 14 (1985), S. 333–347 (Zitate: S. 338 f., 340, 344). Der Brief Steinschneiders vom 20. 3. 1848 findet sich außerdem bereits in: Adolf Kober, Jews in the Revolution of 1848 in Germany, in: Jewish Social Studies 10 (1948), S. 164. Steinschneider (1816–1907) war 1833–1845 als Nachhilfelehrer und Übersetzer in Prag tätig gewesen und hatte dort 1843 das Rabbinerexamen gemacht. Seit 1845 lebte er in Berlin. Zur Person Moritz Steinschneiders, der zwischen März und November 1848 öffentlich nicht weiter hervortrat, vgl. Schoeps, S. 333 f.

3 *Michael Sachs* (1808–1864) hatte an der Berliner Universität Philosophie, orientalische Sprachen und Philologie studiert, war 1836–1844 Rabbiner in Prag, seit 1844/45 in Berlin; neben seiner geistlichen Tätigkeit übersetzte und verfaßte er zahlreiche literaturhistorische und theologische Schriften.

4 Eingerahmt wurde die Feier durch liturgische Gesänge, die eigens für den Anlaß komponiert worden waren und vom Synagogenchor vorgetragen wurden. Auf den offenbar nichtjüdischen Beobachter des ›Publicisten‹ machte »alles zusammengenommen einen so heiligenden Anblick, daß er den unvergeßlichen Stunden des großartigsten aller Begräbnisse [gemeint ist das Begräbnis der Märzgefallenen am 22. März 1848] würdig an die Seite gestellt werden kann«.

5 Die Rede wurde auch als Flugschrift vertrieben. Ein Exemplar befindet sich im Landesarchiv Berlin (LAB), Rep. 240, Acc. 685, Nr. 29.

6 Nach: Richard Boeckh (Bearb.), Die Bevölkerungs-, Gewerbe und Wohnungsaufnahme vom 1. Dezember 1875 in der Stadt Berlin, Heft 3, Berlin 1878–1880, S. 21; vgl. auch Jacob Jacobson, Die Judenbürgerbücher der Stadt Berlin 1809–1851. Mit Ergänzungen für die Jahre 1791–1809, Berlin 1962, S. 39.

7 Vgl. die Zahlen für 1852 bei Avraham Barkai, The German Jews at the Start of Industrialisation – Structural Change and Mobility 1835–1860, in: Werner Mosse u. a. (Hg.), Revolution and Evolution. 1848 in German-Jewish History, Tübingen 1981, S. 125, 128 sowie Jacob Toury, Soziale und politische Geschichte der Juden in Deutschland, Düsseldorf 1977, S. 34.

8 Trotz des Übertritts zum Christentum blieben auch getaufte Juden häufig vor allem über ihre Familien dem sozialkulturellen Netz des Berliner Judentums im weiteren verbunden. Maßgebliches Kriterium dafür, wer als ›Jude‹ zu gelten hat, darf zwar nicht die Einstellung judenfeindlicher Exponenten sein. Gleichwohl ist bemerkenswert, daß pro-

minente Demokraten u.a. auch dann noch etwa von der Mitte 1848 gegründeten ›Neuen Preußischen Zeitung‹ – nach dem Eisernen Kreuz im Titelkopf auch ›Kreuzzeitung‹ (KrZ) genannt – als ›jüdisch‹ denunziert wurden, wenn sie sich lange zuvor hatten taufen lassen, aber eine solche ›Diffamierung‹ im politischen Tageskampf funktional erschien; vgl. hier exemplarisch die unten geschilderten Attacken der KrZ gegen Gustav Julius. Die weitgehende Zusammenfassung beider Gruppen in der folgenden Darstellung läßt sich außerdem damit rechtfertigen, daß sich praktizierende und getaufte Juden, jedenfalls soweit sie politisch aktiv wurden, in ihrem Selbstbild und politischen Handeln nur wenig voneinander unterschieden.

9 Angaben nach: Monika Richarz, Der Eintritt der Juden in die akademischen Berufe. Jüdische Studenten und Akademiker in Deutschland 1678–1848, Tübingen 1974, S.160ff.; vgl. außerdem Toury, Geschichte, S.55; Brigitte Scheiger, Juden in Berlin, in: Stefi Jersch-Wenzel/Barbara John (Hg.), Von Zuwanderern zu Einheimischen. Hugenotten, Juden, Böhmen, Polen in Berlin, Berlin 1990, S.334, 341, 363.

10 So z.B. Fanny Lewald. Vgl. Margarita Pazi, Fanny Lewald – das Echo der Revolution von 1848 in ihren Schriften, in: Walter Grab/Julius H.Schoeps (Hg.), Juden im Vormärz und in der Revolution von 1848, Stuttgart 1983, S.237. Allerdings waren keineswegs alle Taufen eine Folge erzwungener Anpassung. Vor allem viele demokratisch orientierte Juden brachten mit dem Religionsübertritt ihre wachsende Indifferenz gegenüber Religion und Konfessionalität überhaupt zum Ausdruck.

11 Wichtig ist vor allem, daß die vorliegenden Zahlen nicht erlauben, nach Selbständigen und abhängig Beschäftigten zu unterscheiden. Aus den benutzten Quellen geht außerdem nicht genau hervor, welche einzelnen Berufsgruppen welchen sozialen Grobkategorien zugeschlagen wurden. Wahrscheinlich ist deshalb, daß unter die verwendeten Begriffe partiell Unterschiedliches subsumiert wurde. Bestimmte, aus Tabelle 1 ablesbare Trends, namentlich die Dominanz des Sektors ›Handel und Verkehr‹ innerhalb der jüdischen Bevölkerung, werden vermutlich tatsächlich noch stärker ausgeprägt gewesen sein.

12 *Gustav Julius* (1810–1851) gründete Ende 1846 die ›Berliner Zeitungshalle‹. Diese Zeitschrift, benannt nach einem gleichfalls von Julius ins Leben gerufenen Lesekabinett, war bis März 1848 ein an der Börse und in Berliner Wirtschaftskreisen gern gelesenes Blatt. *Levin Kallmann Weyl* (1815–1851), selbständiger Buchhändler und Verleger, verfaßte zusammen mit *Samuel Löwenherz* politisch-satirische Flugblätter, die unter dem Pseudonym Isaac Moses Hersch erschienen. Zu Weyl und zu Julius, der während des Revolutionsjahres als Publizist und engagierter Demokrat im politischen Leben Berlins eine herausragende Rolle spielte, vgl. auch S.61. *David Kalisch* (1820–1872) gründete 1848 die bekannte politisch-satirische Zeitschrift ›Kladderadatsch‹; auf *Bernhard Wolff* wiederum geht wesentlich die Gründung der liberalen Berliner ›National-Zeitung‹ im Frühjahr 1848 zurück. Zu nennen sind außerdem die Verleger und Buchhändler *Julius Sittenfeld, Gustav Moritz Bock, Wilhelm L. Hertz* und *Albert Cohn. Julius Springer, Carl Heymann* und *Moritz Veit,* gleichfalls bedeutende Verleger und Buchhändler, spielten im Vormärz 1848 auch im politischen Leben eine wichtige Rolle; vgl. Anm.17. Hierzu und zum folgenden vor allem Hartmut Kaelble, Berliner Unternehmer in der frühen Industrialisierung. Herkunft, sozialer Status und politischer Einfluß, Berlin 1972, S.79f.; Jacobson, S.36–44; Toury, Geschichte, bes. S.85ff., 92, 114; ders., Der Eintritt der Juden ins deutsche Bürgertum, in: Hans Liebeschütz/Arnold Paucker (Hg.), Das Judentum in der Deutschen Umwelt 1800–1850. Studien zur Frühgeschichte der Emanzipation, Tübingen 1977, S.229ff.; Stefi Jersch-Wenzel, Jüdische Bürger und kommunale Selbstverwaltung in preußischen Städten 1808–1848, Berlin 1967, S.52ff.; Scheiger, S.308–317; Werner E.Mosse, Jews in the German Economy. The German-Jewish Economic Élite 1820–1935, Oxford 1987, S.39ff., 49ff.; Barkai, S.131, 133.

13 Vgl. allgemein Reinhard Rürup, Die Emanzipation der Juden und die verzögerte Öffnung der juristischen Berufe, in: Helmut Heinrichs u.a. (Hg.), Deutsche Juristen jüdischer Herkunft, München 1993, S.13f., 24. Da nicht nur das Theologie-, sondern auch das Jura-Studium für jüdische Studenten faktisch versperrt wurde, blieb ihre Zahl an der Berliner Universität gering. Von der Ausübung anderer Berufe, die an eine staatliche Konzessionierung gebunden waren, wie etwa der des Apothekers, blieben Juden bis 1847 gleichfalls de facto ausgeschlossen.

14 Die Armenkommission der Jüdischen Gemeinde hatte 1838 ihre Tätigkeit aufgenommen. Außerdem bestand seit 1829 eine Altersversorgungsanstalt, in der Arme unentgeltlich betreut wurden, ferner seit 1833 die Baruch-Auerbachsche Waisenanstalt zunächst nur für Knaben, seit 1843 auch für Mädchen.

15 *Wilhelm Beer* (1795–1850), ein Bruder des Komponisten Giacomo Meyerbeer, war seit der Gründung 1820 Mitglied der KKB und gehörte von 1836 bis zu seinem Tode dem Ältestenrat der Korporation an. Beer war Mitglied der Direktion der Potsdam-Magdeburger und der Niederschlesisch-Märkischen Eisenbahngesellschaft und saß seit 1846 im Central-Ausschuß der Preußischen Bank. *Joseph Mendelssohn* (1770–1848) gründete 1795 das namhafte Berliner Bankhaus Mendelssohn. Mit der Gründung der KKB 1820 wurde er zunächst erster stellvertretender Vorsteher, 1833 dann Vorsteher des Ältestenkollegiums der Korporation, eine Funktion, die er bis 1845 ausübte. Frühe Mitglieder des Ältestengremiums waren außerdem, seit 1823, der Bankier und Vater Wilhelm Beers *Jacob Herz Beer* (1759–1825) sowie, von 1827 bis 1830, *Friedrich Wilhelm Bernstein. Hermann Jacobsohn* gehörte den Ältesten von 1849 bis 1856 an, der Kauf-

mann, Bankier und Kommerzienrat *Alexander Mendelssohn* (1798–1871) von 1852 bis 1860; *Bernhard Samuel Berends* (1801–1864), Bankier, Besitzer einer Zuckersiederei und Kommerzienrat, wurde 1855, *Meyer Magnus* (1805–1883), ein Berliner Seidenwarenfabrikant, 1858 in das Ältestenkollegium der KKB gewählt; Magnus stand dem Gremium Ende 1880 außerdem kurzzeitig als Präsident vor. Zur KKB vgl. ausführlich: Die Korporation der Kaufmannschaft von Berlin. Festschrift zum hundertjährigen Bestehen am 2. März 1920, Berlin 1920; Kaelble, bes. S. 196–216.

16 Zu den Berliner Salons vgl. das Standardwerk von Petra Wilhelmy, Der Berliner Salon im 19. Jahrhundert (1780–1914), Berlin 1989 (Zitat: S. 25f.). *Rahel Varnhagen, geb. Levin* (1771–1833), war mit dem bekannten liberalen Diplomaten und Schriftsteller Varnhagen v. Ense verheiratet und führte von 1794–1806 sowie von 1819 bis zu ihrem Tode einen Salon, *Sarah Levy, geb. Itzig* (1761–1854), von 1800 bis 1854 und *Amalie Beer, geb. Wulff* (1767–1854), von etwa 1820 bis 1845. Die Schriftstellerin und (1848) enthusiastische Demokratin *Fanny Lewald* (1811–1889) unterhielt seit den fünfziger Jahren einen eigenen Salon.

17 Nach: Verzeichnis der vom 15. bis 20. Mai 1848 wieder und neu gewählten Stadtverordneten, in: LAB, Rep. 200, Acc. 2675 (NL Krausnick), Nr. 28, sowie Jersch-Wenzel, S. 54–61. *Daniel Alexander Benda* (1786–1876), Kaufmann und Mitbesitzer der Firma Gebr. Benda und von 1839 bis 1842 stellvertr. Stadtverordneter, war während des Vormärz ein führender Vertreter der liberal-bürgerlichen Opposition Berlins; im Frühjahr 1848 wechselte er ins konservative Lager, um in der Folgezeit für diese politische Richtung publizistisch aktiv zu werden; vgl. S. 63. *Moritz Veit* (1808–1864), Buchhändler und Verleger, 1839–1848 Ältester der Jüdischen Gemeinde Berlins, vertrat vom Mai 1848 bis Mai 1849 die Berliner als Abgeordneter der Deutschen Nationalversammlung in der Frankfurter Paulskirche. Der Verleger und Buchhändler *Julius Springer* (1817–1877) war 1848 im liberal-demokratischen Spektrum politisch aktiv, außerdem Mitbegründer und (bis 1874) Vorsitzender der Korporation der Berliner Buchhändler; 1867–1873 gehörte er dem Vorstand des Börsenvereins des Deutschen Buchhandels an. *Carl Heymann* (1794–1862) war gleichfalls Buchhändler und Kommerzienrat. *Joel Wolff Meyer* (1794–1869), ebenfalls Kommerzienrat, leitete eine Seidenwarenfabrik und gehörte der KKB an. *Alexander Goldschmidt* (1810–?) war Mitbesitzer der Kattundruckerei R. Goldschmidt & Söhne. Der Bankier und Kaufmann *Moritz Meyer* (1811–1869), seit 1851 Stadtrat und Anfang der sechziger Jahre Stadtältester, wurde nicht, wie Jersch-Wenzel schreibt, im Mai 1848 in die städtische Versammlung gewählt, sondern erst später, vermutlich 1849. Zu *B. S. Berends* vgl. Anm. 15.

18 Am 1. April 1845 zählte der große Handwerkerverein 1254 Mitglieder, ein Jahr später 1944 (nach: Erster und Zweiter Jahresbericht des Handwerkervereins für 1844/45 bzw. 1845/46, in: LAB, Außenstelle Breite Straße [ehem. Stadtarchiv Ost-Berlin; kurz: LAB StA], Rep. 16–02, Nr. 7465, Bl. 187 bzw. 211). Zu berücksichtigen ist, daß die Fluktuation unter den – häufig wandernden – Gesellen sehr groß war; die Gesamtheit der Mitglieder jeweils innerhalb eines ›Berichtsjahres‹ (also einschließlich der zahlreichen An- und Abmeldungen der Gesellen) lag weit höher als an einzelnen Stichdaten, nämlich 1844/45 bei 3877, 1845/46 bei 9442, 1846/47 bei 15 799 und 1847/48 schließlich sogar bei 19 566 (nach: Spenersche Zeitung [SZ] vom 8. 7. 1848). Der (bildungs-)politische Einfluß des Handwerkervereins ist also kaum zu überschätzen. Die Mitgliederzahlen der drei anderen, stark protestantisch geprägten Gesellenvereine stagnierten dagegen jeweils zwischen knapp hundert und 250 Mitgliedern (Stichdaten). Nominell gehörten auch einige Meister dem Verein an; sie zogen sich jedoch bald aus dem aktiven Leben des Vereins zurück. Geprägt wurde der Hedemannsche Handwerkerverein von Gesellen, qualifizierten Arbeitern und Handlungsdienern sowie den wenigen Intellektuellen, die als – ehrenamtliche – Lehrer oder im Vorstand für den Verein tätig waren.

19 Benda (vgl. Anm. 17) war zu diesem Zeitpunkt allerdings gleichfalls bereits zum Protestantismus übergetreten; vgl. S. 66. *Eduard Abarbanell* (1818–1865) gehörte 1849/50 zu den führenden Mitgliedern der demokratisch-liberalen Volkspartei Berlins; er wurde 1863 zum Berliner Stadtverordneten gewählt. Möglicherweise war auch sein jüngerer Bruder *Adolf Abarbanell* (1825–nach 1880) im großen Handwerkerverein aktiv. Adolf Abarbanell, seit Anfang 1849 gleichfalls praktischer Arzt, war seit Mai 1849 als Vertrauensarzt im Gesundheitspflegeverein tätig, einer Art Krankenversicherung, die von der ›Arbeiterverbrüderung‹ für die Berliner Arbeiter und Gesellen gegründet worden war.

20 Besonders folgender Vorfall brachte den Handwerkerverein bei der Obrigkeit in Mißkredit: Mehrere Mitglieder waren (so behauptete jedenfalls der zuständige Minister) für eine Adresse verantwortlich, in der harsche Kritik an der intoleranten, repressiven Kirchenpolitik Friedrich Wilhelms IV. gegenüber den Dissidentenbewegungen der protestantischen ›Lichtfreunde‹ und der ›Deutsch-Katholiken‹ geäußert wurde. Die unverblümten Worte in dieser Adresse, die am 18. August 1845 von mehreren hundert Berlinern aller »Stände« verabschiedet wurde, machten in der preußischen Hauptstadt (und darüber hinaus) Furore und erregten den König in hohem Maße.

21 So die zugespitzte Formulierung im Ersten Jahresbericht eines der konkurrierenden Gesellenvereine, des ›Vereins zur Beförderung christlicher Sitte und Geselligkeit unter den jungen Männern des Gesellenstandes‹, S. 5, in: LAB StA, Rep. 16–02, Nr. 7465, Bl. 173. Im Kern war diese Feststellung zutreffend. Der Stadtsyndikus und Vorsitzende des Vereins Heinrich Hedemann formulierte – vor dem Hintergrund der vereinsrechtlichen Restriktionen des Vormärz – in einem an den Magistrat gerichteten Rechenschaftsbericht vom 27. 12. 1844 etwas moderater, ›sein‹ Verein »verfolgt

nicht christlich-confessionelle Bestrebungen, sondern christlich-humane Zwecke. [...] Ein Mitglied des Vereins braucht daher nicht nothwendig ein Christ zu sein, auch der Jude und [...] der Mohammedaner ist zuzulassen.« (Anlage, in: ebd., Bl. 155.)

22 Wörtlich forderten die Berliner Stadtverordneten vom Vereinigten Landtag, dieser solle dafür sorgen, daß »die Juden in allen Rechten den Christen gleich[ge]stellt [würden], unter der Bedingung, daß die Erfüllung aller Verpflichtungen, welche das Gesetz von den Christen verlangt, auch ihnen auferlegt werde.« Der Antrag wurde mit einer deutlichen Mehrheit von 61 gegen 14 Stimmen angenommen (Sitzungs-Protokoll der Stadtverordnetenversammlung vom 7. 1. 1847, in: LAB StA, Rep. 00, Nr. 119).

23 Zu den Debatten des Ersten Vereinigten Landtags über die Judenemanzipation vom 14.–19. 6. 1847 vgl. Verhandlungen des Ersten Vereinigten Landtags, hg. v. Eduard Bleich, Berlin 1847, S. 1706–2131. Das Gesetz vom 23. 7. 1847 findet sich im Wortlaut in: Ismar Freund, Die Emanzipation der Juden unter besonderer Berücksichtigung des Gesetzes vom 11. März 1812, Bd. 2, Leipzig 1912, S. 500–520.

24 Und zwar waren dies der jüdische Gemeindediener (oder Buchdrucker bzw. Schriftsetzer?) Magnus Bernstein, die Handlungsdiener Alexander und Moritz Goldmann sowie Berthold Simon, schließlich der Privatgelehrte Levin Weiß. Hinzu kommt nach Angaben von Ruth Hoppe und Jürgen Kuczynski (Eine Berufs- bzw. auch Schichten- und Klassenanalyse der Märzgefallenen in Berlin, in: Jahrbuch für Wirtschaftsgeschichte 4 [1964], S. 250) vermutlich die Arbeiterfrau Helene Rosenfeld, geb. Eichelmann.

25 Zunz an S. M. Ehrenberg vom 7. 4. 1848, in: Zunz, S. 273.

26 Vgl. Jacob Toury, Die politischen Orientierungen der Juden in Deutschland. Von Jena bis Weimar, Tübingen 1966, S. 55. Neben den bereits Genannten (M. Bernstein, M. Goldmann, B. Simon, L. Weiß, H. Rosenfeld): der Privatsekretär Carl Wilhelm Blumenthal, der Kattundrucker Leopold Brünn, der Handlungsdiener Moritz Cohn, die Brüder und Tischlergesellen Samuel und Gotthilf Freund. Mit Einschränkungen von Toury als »jüdisch klingende Namen« bezeichnet: der Schneider Benjamin (kurz: Benno) Hinz; der Viktualienhändler Friedrich Hirschmann; der Handlungsdiener Franz Isaac Seiffert; der Schneidergeselle August Reichstein (oder: Reichstern). (Zwei weitere, von Toury genannte Märzgefallene, der Dr. phil. und Gutsbesitzer Gotthold Wilhelm Heine und der Knabe Carl Ludwig Kuhn, oder: Kühn, waren offenbar nicht jüdischen Glaubens oder jüdischer Herkunft.) Zu den von Toury genannten, ›sicheren‹ fünf bis neun müssen außerdem, neben Alexander Goldmann, möglicherweise noch der Tischlergeselle Gottfried Benjamin Kalinsky sowie der bereits am 15. März erschossene Malergehilfe August Eduard Goldmann gerechnet werden. Die Behauptung Karl Haenchens (Neue Briefe und Berichte aus den Berliner Märztagen, in: Forschungen zur Brandenburgisch-Preußischen Geschichte 49 [1937] [FBPG], S. 260), auch Julius Löwenberg sei unter den Märzgefallenen gewesen, ist unzutreffend. Von den (vermutlich) sechzehn jüdischen Märzgefallenen waren sieben in Berlin, sechs in den preußischen Ostprovinzen, der Rest in den übrigen Regionen Preußens geboren. Auch hinsichtlich ihrer Berufsstruktur, ihres sozialen Status' und ihres Durchschnittsalters (31,4 Jahre) unterschieden sie sich nicht signifikant von den übrigen Märzgefallenen; vgl. hierzu ausführlich meine unveröffentlichte Arbeit: Berlin 1848. Eine Politik- und Gesellschaftsgeschichte der Revolution, Kapitel 2.3. (im folgenden zit. als: Hachtmann).

27 Orient 1848, S. 114; Allgemeine Jüdische Zeitung 1848, S. 222, nach: Toury, Orientierungen, S. 55 (der diese Angaben zu Recht in Zweifel zieht). Auch Kober (S. 140) spricht von »about 20 Jews«, die unter den toten Barrikadenkämpfern gewesen seien, nennt jedoch gleichfalls keine Quelle mit genauen Angaben. Vgl. außerdem den Brief Moritz Steinschneiders an seine Verlobte vom 20. 3. 1848 (Anm. 2), S. 164 bzw. S. 343. Dort heißt es, daß eine »merkwürdig [große] Anzahl Juden gefallen [sei] oder verwundet« wurde.

28 Karl Ludwig v. Prittwitz, Berlin 1848. Das Erinnerungswerk des Generalleutnants von Prittwitz und andere Quellen zur Berliner Märzrevolution, bearb. u. hg. v. Gerd Heinrich, Berlin 1985, S. 149, 241f. Verfaßt hat Prittwitz (1790–1871) diese Erinnerungen, die zu seinen Lebzeiten nicht veröffentlicht wurden, in den Jahren 1849 bis 1854.

29 Vgl. Generalleutnant v. Meyerinck, Die Thätigkeit der Truppen während der Berliner Märztage des Jahres 1848, 4. und 5. Beiheft zum Militär-Wochenblatt 1891, S. 136; Graf Eduard v. Waldersee, Aus den Berliner Märztagen. Aufzeichnungen, Berlin 1909, S. 20f.; sowie vor allem die Schrift: Die Berliner Märztage, vom militairischen Standpunkte aus geschildert, Berlin 1850, S. 25, 80, 103. Verfaßt hatte die in hoher Auflage vertriebene, namentlich nicht gezeichnete Schrift, die die offiziöse Sicht der preußischen Armeeführung auf die Märzrevolution darstellte, der Oberst Karl Gustav Schulz (im folgenden zit. als: Schulz), entstanden war sie auf Anregung des Generals v. Prittwitz.

30 Schulz, S. 72, vgl. auch S. 71; Meyerinck, S. 120, 129.

31 Zitiert nach: Gefangene Berliner auf dem Transport nach Spandau am Morgen des 19. März 1848. Protocollarische Aussagen und eigene Berichte von 91 Betheiligten, als Beitrag zur Geschichte des Berliner Märzkampfes gesammelt und herausgegeben von Albert Roerdansz, Berlin 1848, S. 47.

32 Nämlich Markus Benas, Hirsch Löwenthal, Siegmund Levin und Robert Ottensoser (vgl. Anm. 39), außerdem vielleicht: Hermann Rosenthal. Die Schrift von Roerdansz, der die Namen, Berufe etc. der Gefangenen entnommen sind, war einige

Monate vor der Schrift von Schulz erschienen. Schulz hielt es also offenbar nicht für nötig, seine Behauptungen zu überprüfen. Eine andere, gleichfalls aus der Luft gegriffene Bemerkung von Schulz, der ›Rest‹ der Gefangenen habe aus »ächten, für ihr Verhältniß reich mit Gelde versehenen Proletariern bestanden« (Schulz, S. 72), sollte wohl suggerieren, diese seien von Juden für den Barrikadenkampf mit Geld bestochen worden. Vgl. außerdem Meyerinck, S. 120.

33 Der Direktor der Berliner Taubstummenanstalt *Carl Wilhelm Saegert* (1809–1879), seit Sommer zugleich ein enger Vertrauter des Königs, beispielsweise beobachtete, daß nach der Märzrevolution bei zahlreichen Bürgern »die Juden sehr in Verdacht« gewesen seien, »viel zu dem Ganzen beigetragen zu haben, u[nd] es wurde schon öffentlich zur [sic!] Judenverfolgung gesprochen« (in: Geheimes Staatsarchiv [GStA] Berlin, Rep. 192, NL Saegert [Tagebuch A], Nr. 4, Bl. 9). Auch die Witwe des Gründers der Cauerschen Lehranstalt in Charlottenburg, Marianne Cauer, behauptete in einem Brief an ihren Sohn Eduard vom 20. 3. 1848, »die Hauptaufwiegler sind Juden, das ist allgemein bekannt« (nach: Haenchen, Neue Briefe, S. 281). Vgl. ferner etwa Äußerungen des konservativen Stadtrats Nobiling, nach: Karl Haenchen, Der Quellenwert der Nobilingschen Aufzeichnungen über die Berliner Märzrevolution, in: FBPG 52 (1940), S. 339, sowie vereinzelte ›Eingesandts‹ in der bürgerlichen Presse, z. B. in der Vossischen Zeitung (VZ) vom 4. 4. 1848.

34 Vgl. Michael Behnen, Probleme des Frühantisemitismus in Deutschland (1815–1848), in: Blätter für deutsche Landesgeschichte 112 (1976), S. 269ff.

35 Brief an Bunsen vom 8. Dezember 1847, in: Leopold v. Ranke (Hg.), Aus dem Briefwechsel Friedrich Wilhelms IV. mit Bunsen, Leipzig 1873, S. 169, 172.

36 Vgl. Behnen, S. 274; ferner Jacobson, S. 27f.; Horst Denkler, Flugblätter in ›jüdischdeutschem‹ Dialekt aus dem revolutionären Berlin 1848/49, in: Jahrbuch des Instituts für Deutsche Geschichte, Tel Aviv, 6 (1977), S. 216f.

37 Kaiser Friedrich III., Tagebücher von 1848–1866. Mit einer Einleitung und Ergänzungen hg. v. Heinrich Otto Meisner, Leipzig 1929, S. 15.

38 Jacoby an Gabriel Riesser vom 29. 9. 1832 bzw. an Alexander Küntzel vom 12. 5. 1837, in: Edmund Silberner (Hg.), Johann Jacoby. Briefwechsel 1816–1849, Hannover 1978, S. 43 bzw. 56; vgl. auch Walter Grab, Der deutsch-jüdische Freiheitskämpfer Johann Jacoby, in ders./Julius H. Schoeps (Hg.), Juden im Vormärz und in der Revolution von 1848, Stuttgart 1983, S. 354.

39 *Robert Remak* (1815–1865), seit 1847 Privatdozent für Medizin an der Berliner Friedrich-Wilhelm-Universität, engagierte sich außerdem auf seiten der jungen Hochschullehrer für demokratische Reformen des preußischen Universitätswesens, ferner im Bezirks-Central-Verein; vgl. Anm. 52. *Moritz Lövinson* (1820–1887), praktischer Arzt und Besitzer einer Mineralbrunnen-Anstalt, wurde 1849 wegen politischer Einwirkung auf Landwehrmänner zu Militärarrest verurteilt; 1863 in die Berliner Stadtverordnetenversammlung gewählt, gehörte er dort zu den profiliertesten Linksliberalen. *Robert Oskar Feenburg* (1817–?) studierte seit 1844 Medizin in Berlin; er war von April bis Juni Adjutant des Kommandanten des Ersten Berliner Freikorps in Schleswig-Holstein. Als vermeintlicher Anstifter des Berliner Zeughaussturms vom 14. 6. 1848 wurde er im August des Revolutionsjahres zu einjähriger Festungshaft verurteilt und danach aus Preußen ausgewiesen. *Robert Ottensoser* (um 1822–?) war gleichfalls Mitglied des Berliner Freikorps für Schleswig-Holstein. Von Juni bis August 1848 war Ottensoser inhaftiert; 1849 nahm er am badischen Aufstand teil. Zu *G. Julius* und *L. K. Weyl* vgl. Anm. 12.

40 Zu A. Wolff, dem Verfasser der Berliner Revolutionschronik, vgl. Haenchen, Neue Briefe, S. 260; zu L. Heilberg: Toury, Orientierungen, S. 63. Zur ›Berliner Zeitungshalle‹ vgl. Oliver Michalsky, Zur Geschichte der kleinbürgerlich-demokratischen Zeitung ›Berliner Zeitungshalle‹ in Vormärz und Revolution, in: Theorie und Praxis des sozialistischen Journalismus 16 (1988), S. 273–278, 339–345.

41 *Heinrich Bernhard Oppenheim* (1819–1880) war seit 1842 Privatdozent für Staatswissenschaft und Völkerrecht an der Universität Heidelberg (nachdem seine Habilitation 1840 in Berlin abgelehnt worden war). Seit 1849 im Exil in der Schweiz, in Frankreich und England, kehrte er 1860 nach Deutschland zurück; von 1874 bis 1877 gehörte er – inzwischen zum Nationalliberalen geworden – dem Reichstag als Abgeordneter an. *Agathon Benary* (1807–1861), seit 1833 Lehrer am Köllnischen Gymnasium, seit 1839 habilitiert, war ebenso wie sein Bruder *Ferdinand Benary* (1805–1880), der sich bereits 1829 habilitiert hatte, im gleichen Jahr zum Christentum übergetreten war und seit 1830 als außerordentlicher Professor für Theologie an der Berliner Universität lehrte, außerdem führend in der Reformbewegung der jungen Hochschullehrer an der Friedrich-Wilhelm-Universität tätig. *Heinrich Benary* (1814–?) als der dritte der Brüder war Instrumentenmacher und besaß ein Instrumenten-Leih-Magazin. *Karl Gustav Jakob Jacobi* (1804–1851), seit 1830 außerordentlicher Professor und seit 1837 ordentlicher Professor für Mathematik an der Universität Königsberg, lebte seit 1844 in Berlin. Bei der Gründung des ›Vereins für Volksrechte‹ am 25. 5. 1848 zunächst zum Sprecher gewählt, trat er am 19. 6. 1848 dann wegen politischer Differenzen aus dem Verein aus. Zu L. Zunz vgl. Anm. 1.

42 Auf Born geht die Gründung des Berliner ›Central-Comités der Arbeiter‹, der ersten echten, die einzelnen Berufsverbände zusammenfassenden Arbeiterorganisation im deutschen Raum, deren Gründung auf den 11. 4. 1848 datiert, und Ende August 1848 dann die Gründung der ›Arbeiterverbrüderung‹ zurück. Zu Born (1824–1898), der 1847 in

den ›Bund der Gerechten‹ bzw. ›der Kommunisten‹ eintrat, vgl. vor allem: Franziska Rogger, »Wir helfen uns selbst!« Die kollektive Selbsthilfe der Arbeiterverbrüderung 1848/49 und die individuelle Selbsthilfe Stefan Borns – Borns Leben, Entwicklung und seine Rezeption der zeitgenössischen Lehren, Erlangen 1986; ferner: Wilhelm Friedensburg, Stefan Born und die Organisationsbestrebungen der Berliner Arbeiterschaft bis zum Berliner Arbeiterkongress (1840–Sept. 1848), Leipzig 1923 (Neudruck Glashütten/Taunus 1973).

43 Vgl. ausführlich: Denkler, S. 229ff. Adalbert Cohnfeld (1809–1868) war eigentlich Arzt; während des Revolutionsjahres wurden gegen ihn mehrere ›Preßprozesse‹ geführt. 1848 war er politisch außerdem im Bürgerwehrklub aktiv; vgl. S. 62. Zu D. Kalisch und L. K. Weyl vgl. Anm. 12.

44 So charakterisierte die KrZ vom 8. 8. 1848 demokratische Pläne zur Demokratisierung der preußischen Armee.

45 KrZ vom 12. 10. 1848 (zu Julius) und vom 14. 10. 1848 (zu Jacoby); vgl. außerdem KrZ vom 2. 11. 1848.

46 *Sigismund Stern* (1812–1867), Leiter der Jost'schen ›Höheren Schul- und Pensionsanstalt für Knaben‹ und 1845 Mitbegründer der jüdischen Reformgemeinde in Berlin, seit 1855 dann Leiter des Philanthropins in Frankfurt am Main und innerhalb des Konstitutionellen Klubs dem linken Flügel zuzurechnen, war außerdem im Bezirks-Central-Verein aktiv; vgl. Anm. 50. Zu M. Veit vgl. Anm. 17.

47 *Bernhard Behr* (1810–?), ursprünglich Chirurg, gehörte im Revolutionsjahr außerdem dem provisorischen Komitee des Berliner ›Lokalvereins für das Wohl der arbeitenden Klassen‹ an. Zu *Adolph Löwenstein* (um 1815–?) vgl. auch Anm. 50. Bis Ende April muß ferner auch *K. G. J. Jakobi* (Anm. 41) den ›Liberalen‹ zugeordnet werden; er war bis zu diesem Zeitpunkt Exponent des linken Flügels des Konstitutionellen Klubs, der sich dann als ›Verein für Volksrechte‹ abspaltete und seitdem dem gemäßigt-demokratischen Lager zugerechnet werden muß. Der liberalen Strömung waren ferner eine Reihe von Journalisten hinzuzurechnen; vgl. Toury, Orientierungen, bes. S. 58.

48 Sichtbar wurde der Bedeutungsverlust des Konstitutionellen Klubs, als sich am 4. Mai mit dem ›Patriotischen Verein‹ die rechte Fraktion des Konstitutionellen Klubs und Ende Mai mit dem ›Verein für Volksrechte‹ der linke Flügel auch organisatorisch separierten. So wie sich der ›Verein für Volksrechte‹ schon bald dem demokratischen Lager zurechnete, entwickelte sich der Patriotische Verein zu einer dezidiert konservativen Organisation. Aus Tab. 2 und 4 ist der Bedeutungsverlust des Konstitutionellen Klubs, der im Spätsommer und Frühherbst 1848 mehrfach zu Gerüchten führte, der Verein stünde unmittelbar vor seiner Auflösung, (indirekt) abzulesen: Die große Streubreite liberaler Orientierungen ist Ausdruck eines besonders häufigen politischen Positionswechsels jüdischer Liberaler im Laufe des Revolutionsjahres. (Dieselben politischen Verhaltensmuster galten auch für nichtjüdische Liberale.)

49 *Mosé Simion* (1814–1854), ebenso wie *Julius Springer* selbständiger Buchhändler und Verleger, war außerdem u. a. ein führendes Mitglied der ›Gesellschaft zur Reform des Judentums‹; zu J. Springer vgl. Anm. 17; zu *A. Cohnfeld* Anm. 43. Vom ›Bürgerwehrklub‹, der dem linksliberalen bzw. gemäßigt-demokratischen Spektrum zuzuordnen ist, zu unterscheiden ist der zahlenmäßig gleichfalls starke ›Demokratische Bürgerwehr-Verein‹, der erst im Herbst 1848 ins Leben trat und die radikaldemokratische Strömung innerhalb der Bürgerwehr zu organisieren suchte. Zum engeren Kreis der Führung der Berliner Bürgerwehr wiederum gehörten – neben den Genannten – weitere Juden: *Daniel Alexander Benda* (Anm. 17) beispielsweise war Major in der am 19. März gegründeten Bürgerwehr, der mit ihm verwandte *Sigismund Alexander Benda* (1794–1864) gleichfalls (bis Oktober 1848); auch *Heinrich Benary* (Anm. 41) fungierte in der Bürgermiliz als Offizier.

50 Der Schriftsteller *Rudolf Löwenstein* (1819–1891; vor 1848 zum Christentum übergetreten) gehörte 1848 u. a. zu den Mitarbeitern des ›Kladderadatsch‹. Neben *Sigismund Stern* (Anm. 46) gehörte auch *Adolph Löwenstein* (Anm. 47) zu den führenden Mitgliedern des Konstitutionellen Klubs. *Robert Remak* war u. a. führendes Mitglied des radikalen Politischen/Demokratischen Klub Berlins; vgl. Anm. 39. Zu *L. K. Weyl* vgl. Anm. 12, zu *L. Zunz* Anm. 1.

51 Zu *D. A. Benda, W. Beer, M. Magnus, J. Mendelssohn* und *M. Veit* vgl. Anm. 15 und 17. *Eduard Goldschmidt,* sozial engagierter Besitzer einer größeren Kattunfabrik in Berlin, gehörte 1844 – gleichfalls – zu den Mitbegründern und 1848 zum Vorstand des ›Centralvereins für das Wohl der arbeitenden Klassen‹. Der jüdische Kaufmann *Salomon Levy* (1848/49 Mitglied im Vorstand des großen Handwerkervereins, 1849/59 ›Bevollmächtigter‹ und stellv. Vorsitzender des Berliner Bezirks der ›Arbeiterverbrüderung‹ und 1850–1854 Geschäftsführer des Gesundheitspflegevereins der Berliner ›Arbeiterverbrüderung‹) war neben dem mit Born befreundeten *Ludwig Bisky* der wichtigste Verbindungsmann zwischen der Berliner ›Arbeiterverbrüderung‹ und dem ›Lokalverein‹. Im Oktober 1854 wurde Levy als einer der Hauptangeklagten der sog. Ladendorf'schen Verschwörung zu vier Jahren Zuchthaus und zehn Jahren Polizeiaufsicht verurteilt. Zum ›Lokal-‹ und ›Centralverein für das Wohl der arbeitenden Klassen‹ vgl. Jürgen Reulecke, Sozialer Friede durch soziale Reform. Der Centralverein für das Wohl der arbeitenden Klassen in der Frühindustrialisierung, Wuppertal 1983.

52 *Julius Löwenberg* (um 1823–?) gehörte zum Kreis der ›Freien‹ und war am 18. März einer der Repräsentanten der radikalen Berliner Studenten; nach 1848 wurde er für die Vossische Zeitung tätig. Zu J. Springer vgl. Anm. 17.

53 Vor dem Hintergrund der Verelendung breiter Teile des Mittelstandes hatten jüdische Selbsthilfeaktivitäten bereits während des Vormärz einen sichtbaren Aufschwung erfahren: 1846 wurde eine Darlehens-Kasse gegründet, die an

kleinere jüdische Selbständige, anfangs überwiegend Handwerker, zinslose Kredite vergab; 1847/48 lag die von diesem Verein insgesamt 259 Selbständigen, darunter 149 Handwerksmeistern, ausgeschüttete Darlehenssumme bei 22 500 Mark; vgl. Toury, Geschichte, S. 116.

54 Namentlich *Berta Magnus, Henriette Mendelssohn* (1776–1862) und *Marianne Mendelssohn* (1799–1888) sowie die »Geh. Räthin« Beer (gemeint war offenbar die Frau des Geh. Kommerzienrats Wilhelm Beer, *Doris Beer* [1800–1859]). Zu den ›Vertrauensmännern‹ des ›Frauen-Vereins zur Abhülfe der Noth unter den kleinen Fabrikanten und Gewerbetreibenden‹, denen die Kontrolle der Einnahmen und Ausgaben oblag, gehörte u. a. *Alexander Mendelssohn* (Anm. 15).

55 Die wichtigsten Einwände: Nicht ganz klar an der Erhebung Tourys ist, welche Personen einbezogen wurden. Offensichtlich handelt es sich zumindest bei den ›aktiven Politikern‹ um eine eher zufällige Auswahl. Vor allem jedoch ist der Terminus ›aktive Politiker‹ unpräzise (zu meinen Kriterien vgl. Tab. 2, Anm. [a]). Ein weiteres Problem besteht darin, daß die politischen Grundströmungen häufig nur schwer zu trennen sind. Besonders gilt dies für den Vormärz. Erschwert wird die politische Zuordnung ferner dadurch, daß die Ansichten vieler ›aktiver Politiker‹ nur fragmentarisch überliefert sind. Nicht wenige änderten überdies während des Revolutionsjahres ihre politische Grundhaltung. Namentlich vormalige Liberale radikalisierten sich; manche stärkten das rechte Lager, die meisten jedoch wanderten zu den gemäßigten Demokraten ab. Aus diesen Gründen habe ich für die Tab. 2 bis 4 auf genaue Prozentwerte verzichtet und nur die ungefähre Bandbreite der drei politischen Hauptströmungen angegeben.

56 Vgl. zum folgenden: Toury, Orientierungen, bes. S. 89, 92, 103f. Zu ›Loyalismus‹ in diesem Sinne gehörte auch, daß man differierende oder gar obrigkeitskritische Positionen nicht öffentlich artikulierte und daß man sich, wie Zunz in einem Brief an S. M. Ehrenberg vom März 1849 klagte, »scheu[te], offen für einen Juden aufzutreten«, vor allem wenn dieser als Demokrat bekannt war (nach: Zunz, S. 298).

57 Vgl. Toury, Orientierungen, S. 57. *Julius Wolff Meyer* war ein jüngerer Bruder *Joel W. Meyers* (Anm. 17), Manufakturbesitzer und gleichfalls Kommerzienrat.

58 Parallel dazu erlebten die in neugegründeten ›Parteien‹ organisierten Konservativen einen Aufschwung. Wichtig ist in diesem Zusammenhang, daß zwischen gemäßigtem Konservativismus und rechtem Liberalismus, wie er etwa durch L. Camphausen und Hansemann repräsentiert wurde, seit Spätsommer 1848 nur noch schwer zu unterscheiden war. Die geringen politischen Differenzen führten dann auch nicht zufällig dazu, daß beide politische Strömungen mit Blick auf die preußischen Wahlen vom Januar 1849 ein Bündnis eingingen.

59 Die jüdischen Liberalen waren im Durchschnitt 33,1 Jahre alt (alles: ›aktive Politiker‹). Zugrunde liegen den Zahlen die Altersangaben von 51 jüdischen Demokraten, 17 Liberalen und 10 Konservativen/Loyalisten. Sofern politische Umorientierungen festzustellen waren (insbesondere Liberale ›wanderten‹ zu den Konservativen und – vor allem – zu den Demokraten ab), wurden die Altersangaben jeweils *beiden* politischen Strömungen subsumiert. (Für zehn ›politisch aktive‹ Juden fehlen genaue Altersangaben.) Für das Durchschnittsalter gilt ebenso wie für die Angaben in Tab. 2 bis 4, daß nicht danach unterschieden wird, ob die betreffenden Personen weiterhin der jüdischen Gemeinde angehörten oder getauft waren. Dies läßt sich neben dem in Anm. 8 Gesagten auch damit rechtfertigen, daß von den insgesamt 66 der von mir erfaßten Personen lediglich 8 (nachweislich) vor 1848 zum Protestantismus übergetreten waren.

60 Vgl. Hachtmann, Kapitel 3.4 und Kapitel 7.4. Die nichtjüdischen Demokraten waren in Berlin durchschnittlich sogar noch etwas jünger als die jüdischen Demokraten, da – im Unterschied zu Wien – an der Berliner Universität nur wenige Juden eingeschrieben waren und Studenten, sofern sie sich ›parteipolitisch‹ (und nicht nur in schlagenden Verbindungen oder konservativ-protestantischen Vereinigungen wie dem in Berlin sehr starken ›Wingolf‹) engagierten, überwiegend den Demokraten zuneigten.

61 Vgl. Toury, Orientierungen, S. 59. Ganz genau läßt sich die Zahl der jüdischen Wahlmänner nicht feststellen, da in den Namenslisten die Konfessionszugehörigkeit nicht gesondert vermerkt wurde. Nach meinem Eindruck ist die Schätzung von Toury jedoch zutreffend, jedenfalls wenn man die Doppelfunktionen berücksichtigt: Einzelne wie D. A. Benda und S. Stern fungierten als Wahlmänner sowohl für die Preußische als auch für die Deutsche Nationalversammlung. Mit etwa 4,5% sämtlicher Wahlmänner waren Juden im Vergleich zu ihrem Anteil an der Berliner Gesamtbevölkerung unter den Wahlmännern deutlich überrepräsentiert.

62 Vgl. exemplarisch Arno Herzig, Abraham Jacobi. Die Entwicklung zum sozialistischen und revolutionären Demokraten. Briefe, Dokumente, Presseartikel, Minden 1980, S. 24.

63 Vgl. neben dem bisher Gesagten auch das Engagement vieler Juden für die ›deutsche Sache‹ in Schleswig-Holstein. Einige zogen als Berliner Freischärler in den Krieg gegen Dänemark: Der 20jährige, in Rußland gebürtige Berliner Medizinstudent Robert Oskar Feenburg (Anm. 39) war Adjutant des Kommandeurs des insgesamt 151 Mitglieder zählenden Freikorps; zu den führenden Mitgliedern dieses Freikorps gehörte auch Robert Ottensoser (Anm. 39).

64 Denkschrift Bendas vom 25. 7. 1848, im Wortlaut in: Karl Obermann (Hg.), Einheit und Freiheit. 1815–1849 in zeitgenössischen Dokumenten, Berlin 1950, S. 496f. In der Stadtverordnetenversammlung vom 28. 7. 1848 gelangte die Denkschrift Bendas nicht zur Abstimmung; vgl. LAB StA, Rep. 00, Nr. 128. Benda veröffentlichte im Revolutionsjahr

zahlreiche weitere, ähnlich lautende Erklärungen. Seine konservative Grundposition behielt Benda im übrigen auch später bei: Bereits 1863, als die Mehrheit auch der national gesinnten Liberalen zum neuen Ministerpräsidenten noch auf Distanz hielt, unterstützte er die Außenpolitik Bismarcks und rechtfertigte dessen stillschweigende Unterstützung Rußlands bei der Unterdrückung der Polen, die er, in Anspielung auf den französischen ›Erbfeind‹, als »Gallier des Ostens« bezeichnete; vgl. Toury, Orientierungen, S. 120f.

65 Zit. nach: VZ , 21. 5. 1848.

66 Am 5. April kam es in Berlin zu Tumulten vor einigen Läden jüdischer Kleiderhändler; vgl. die Schilderung der Ereignisse bei Adolf Wolff, Berliner Revolutionschronik (RC). Darstellung der Berliner Bewegungen im Jahre 1848 nach politischen, sozialen und literarischen Beziehungen, Bd. 2, Berlin 1852 (Neudruck Leipzig 1979), S. 115f.; ferner Manfred Gailus, Straße und Brot. Sozialer Protest in den deutschen Staaten unter besonderer Berücksichtigung Preußens 1847–1849, Göttingen 1990, S. 132f.; Stefan Rohrbacher, Gewalt im Biedermeier. Antijüdische Ausschreitungen in Vormärz und Revolution (1815–1848/49), Frankfurt/Main 1993, S. 215f. Obgleich in einzelnen Presseberichten von »Gesellen« die Rede ist, gingen die »Aufläufe«, die sich in verbalen Attacken erschöpften, von verarmten Kleinmeistern (die aufgrund ihrer ökonomischen Abhängigkeit von sog. Verlegern freilich kaum von Heimarbeitern zu unterscheiden waren) aus. Zu schließen ist dies daraus, daß die Berliner Schneidergesellen die Meister für die Tumulte verantwortlich machten und sich diesbezüglich von ihnen distanzierten; vgl. eine von den Berliner Schneidergesellen am 7. April verfaßte und an die Stadtverordnetenversammlung adressierte Petition, in: LAB StA, Rep. 16, Nr. 67, Bd. 2, Bl. 93 u. Rs., sowie Deutsche Arbeiter-Zeitung (DArZ) vom 12. 4. 1848. Daß die Mehrheit der selbständigen Berliner Schneider aggressiv antijüdisch gestimmt war, läßt sich darüber hinaus dem detaillierten Bericht eines Schneidermeisters (E. Streu jun.) über eine Versammlung des Gewerks, gleichfalls in der DArZ vom 12. 4. 1848, entnehmen.

67 Die KrZ, die antijüdischen Untertönen stärker Raum geben sollte, wurde erst Anfang Juli gegründet.

68 ›Publicist‹, 8. 4. 1848.

69 Zunz an S. M. Ehrenberg v. 7. 4. 1848, in: Zunz, S. 273.

70 Ludwig Geiger, Geschichte der Juden in Berlin, Berlin 1871 (Neudruck Leipzig 1988), S. 186.

71 SZ vom 22. 3. 1848. Ein fünfter wurde in der Universität, und keiner in der Synagoge, aufgebahrt.

72 »Eingesandt« des Buchdruckers Karger: »Die kleine Judenverfolgung«, in: DArZ, 8. 4. 1848. In einem anderen Artikel der gleichen Nummer wird auf ein »eigenes Unglück« der Juden, einen für das Wirken des Antisemitismus fundamentalen Mechanismus, aufmerksam gemacht: »Das Unglück besteht nämlich darin, daß das Wort ›Jude‹ immer noch zu sehr als Sammelbegriff genommen wird. Ist nämlich ein Jude feige, so heißt es gleich: alle Juden sind feige« usw. Anlaß für beide Artikel waren die oben angesprochenen judenfeindlichen Tumulte verarmter Schneidermeister kurz zuvor. In späteren Ausgaben dieser oder anderer Arbeiter-Zeitungen finden sich ähnliche Erklärungen nicht mehr – sie schienen offenbar nicht nötig.

73 Nach: Club-Blatt Nr. 4 bzw. Wolff, Bd. 2, S. 58.

74 Zu den wenigen antijüdischen, ausnahmslos »minder schweren Vorfällen« in Preußen 1848 vgl. Rohrbacher, S. 215–220; zu den Pogromen in Posen den Überblick ebd., S. 220.

75 VZ, 23.8. 1848.

76 Der einschränkende Satz: »Insofern nicht die Natur eines solchen Lehramtes das christliche Glaubensbekenntnis nothwendig voraussetzt«, bezog sich offenbar auf die Theologie.

77 Vgl. SZ, 17. 4. 1848.

78 Zitiert nach: Rosemarie Köhler/Ulrich Kratz-Whan, Der jüdische Friedhof Schönhauser Allee, Berlin 1992, S. 75.

79 EKZ, 22. 11. 1848, Sp. 927f. Selbst die Mitte 1848 gegründete Kreuzzeitung, der Hengstenberg (1802–1868) im übrigen eng verbunden war, wagte solche massiven Polemiken nicht. Gepaart waren pauschale Angriffe wie der zitierte mit Ausfällen gegen einzelne, hervorragende jüdische Demokraten wie z. B. J. Jacoby. Ausführlich hierzu (inkl. zahlreicher, weiterer Zitate und Belege) sowie zum folgenden: Hachtmann, Kapitel 6.2.

80 EKZ, 19. 1. 1848, Sp. 49ff.

81 Vgl. Bernd Satlow, Die Revolution von 1848. Die Kirche und die soziale Frage, in: Günther Wirth (Hg.), Beiträge zur Berliner Kirchengeschichte, Berlin 1987, S. 186.

82 Toury, Eintritt, S. 374.

83 Antrag und Gutachten nach: Max Lenz, Geschichte der Königlichen Friedrich-Wilhelms-Universität zu Berlin, Bd. 2.2: Auf dem Wege zur deutschen Einheit im Neuen Reich, Halle 1910, S. 303f. Mit den gleichen Argumenten wurden von der philosophischen Fakultät im September 1850 sowie 1853 erneute Anträge auf die Einrichtung eines Lehrstuhl für jüdische Wissenschaft abgelehnt.

84 Artikel 12 und 14. Die für die Stellung der Juden wichtigsten Passagen der Verordnung vom 6. 4. 1848 sowie der Verfassungen vom 5. 12. 1848 und 31. 1. 1850 sind abgedruckt bei Freund, S. 520ff.

Von der ›Gründerkrise‹ zum ›Berliner Antisemitismusstreit‹: Die Entstehung des modernen Antisemitismus in Berlin 1875–1881

Norbert Kampe

Wissenschaftliche Untersuchungen des Antisemitismus führen oft – das ist eine ungewollte Folge des rationalen Diskurses – zu einer nachträglichen Aufwertung von äußerst dürftigen Argumentationsweisen und Ideologien. Dem soll hier begegnet werden, indem anstelle vieler Teilzitate einige für die Entstehung des Antisemitismus zentrale Texte in längeren Auszügen wiedergegeben und in ihren historischen Kontext eingeordnet werden.

Der »moderne Antisemitismus« entstand als Begleiterscheinung einer tiefgreifenden Krise der deutschen Gesellschaft.[1] Einige Facetten dieser Krise können hier nur angedeutet werden: Nach der gescheiterten bürgerlichen Revolution von 1848 gelang es dem progressiven Reaktionär Otto von Bismarck, den geschwächten politischen Liberalismus allmählich zu neutralisieren. Bismarck machte den Traum der bürgerlich-liberalen und nationalen Einheitsbewegung von einem deutschen Nationalstaat zu seinem Programm und erhielt dafür die liberalen Stimmen im Parlament. Die Liberalen mußten es dann allerdings hinnehmen, daß sich im Prozeß der ›Reichsgründung von oben‹ 1864–1871 die alte Kriegerkaste als unverzichtbar darstellen konnte und nicht bürgerliche Abgeordnete, sondern Fürsten und Feldherren in Versailles einen deutschen Kaiser proklamierten. Die Konservativen entdeckten den Nationalismus als Mittel zur populistischen Herstellung von Massenloyalität und ›entwendeten‹ ihn der politischen Linken. Die Liberalen wurden darauf reduziert, Wirtschaftsliberalismus und Freihandel gesetzgeberisch weiter auszugestalten. Dadurch hafteten sie aber gleichzeitig auch für die sozialen Risiken des entfesselten Kapitalismus in Deutschland.[2]

Der spektakuläre Börsenkrach in Berlin vom Herbst 1873 leitete das Ende der liberalen Ära ein. In der rasch expandierenden neuen Hauptstadt des Deutschen Reiches hatte die Grundstücks- und Bauspekulation zwischen 1871 und 1873 wahnwitzige Dimensionen angenommen.[3] In den Jahren 1871/72 wurden neben den bereits existierenden Hypothekenbanken und Kreditanstalten 40 weitere Baubanken als Aktiengesellschaften gegründet. Die Zahl der Baugesellschaften stieg von 1872 bis 1874 von 25 auf 45. (Im gesamten Deutschen Reich wurden 1870 bis 1873 1018 neue Aktiengesellschaften gegründet.) Diese Aktiengesellschaften – mehr auf die Erwartung kommender enormer Gewinne als auf eine solide ökonomische Basis gegründet – schütteten nicht selten atemberaubend hohe Dividenden aus. Nicht nur das Großbürgertum und der Adel spekulierten. Selbst der Portier, so hieß es, studierte in dieser Zeit täglich den Kurszettel. Nach den spektakulären Zusammenbrüchen unsolider Aktiengesellschaften errechnete der Berliner Statistiker Engel, daß – bei nicht einmal einer Million Einwohner – in dieser Zeit Neubauten für eine Stadtbevölkerung von neun Millionen projektiert wurden! Unter den Geschädigten begann eine irrationale Suche nach den Verantwortlichen für den ›Gründungsschwindel‹. Es ist nicht von der Hand zu weisen, daß die Enthüllungen des unsoliden Geschäftsgebarens der Gründer durch den führenden liberalen Politiker Eduard Lasker, einen Juden, mit dazu geführt hatten, daß der Überbringer der schlechten Botschaft mit den Verursachern gleichgesetzt wurde, mithin ›die Juden‹ als Schuldige angeklagt wurden.[4]

Die ›Gründerhausse‹, durch die französische Kriegskontribution von fünf Milliarden Francs zusätzlich angeheizt, schlug Ende 1873 in die bis 1879 andauernde ›Gründerkrise‹ um. Auch bei den folgenden Konjunkturzyklen bis 1896 waren die Abschwungphasen ausgeprägter als die Erholungsphasen. Der Zeitraum der zweiten Weltwirtschaftskrise ist mit Blick auf den dadurch ausgelösten Mentalitätswandel in Deutschland in der Geschichtsschreibung als »Große Depression« bezeichnet worden. Die depressive, auf kollektive Absicherung gegen die wirtschaftlichen und sozialen Risiken des modernen Kapitalismus gerichtete Stimmung überschattete die Phase der inneren Reichsgründung.[5] Mit der Krise des Wirtschaftsliberalismus geriet der Liberalismus insgesamt in eine tiefe Legitimationskrise – und damit auch das liberale Prinzip der Emanzipation der Juden.

Noch im Verlauf des Prozesses der rechtlichen Gleichstellung gelang einem beachtlichen Teil der deutschen Juden der Aufstieg aus einer marginalen ökonomischen Existenz in finanziell gesicherte bürgerliche Positionen. Dabei kamen den Juden die Erfahrungen aus den zwangsweise entwickelten ›jüdischen‹ Berufen in Handel und Geldverleih zugute. Hingegen erlebten die christlichen, ständisch-traditionellen Schichten die Industrialisierung und den Durchbruch der kapitalistischen Konkurrenzgesellschaft eher als Bedrohung. Verunsichert neigte dieser ›alte Mittelstand‹ dazu, den sozialen Aufstieg der vor noch nicht allzu langer Zeit verachteten und ausgeschlossenen Juden als Zeichen der modernen Zeit fehlzuinterpretieren.

In der vor allem in kleinbürgerlichen Kreisen gelesenen, ursprünglich liberalen Familienzeitschrift ›Die Gartenlaube‹ erschien im Sommer 1874 eine antisemitische Artikelserie des Journalisten Otto Glagau über den »Börsen- und Gründungsschwindel in Berlin«.[6] Der offensichtlich selbst durch seine Spekulationen geschädigte Glagau verfügte aus eigener Anschauung über intime Kenntnisse der Berliner Spekulantenszene. Er filterte daraus den Typus des ›jüdischen Spekulanten‹ und präsentierte diesen einer erklärungshungrigen Leserschaft als ›Sündenbock‹. In einer Flut antisemitischer Broschüren fand nun eine Gleichsetzung von Wirtschaftsliberalismus, Börsenspekulation und angeblich ›jüdischem Finanzgebaren‹ statt. Das traditionelle Stereotyp des ›Wucherjuden‹ wurde aktualisiert. Die Demagogen trugen eine nur partielle Kapitalismuskritik vor, die sich allein gegen das ›jüdische Finanzkapital‹ richtete und vor allem in kleinbürgerlichen Kreisen Anklang fand. Bis 1890 erschienen über 500 derartige antisemitische Schriften.

Aus kirchlichen Kreisen kamen die ersten parteipolitischen Versuche, den aufkommenden Antisemitismus als Waffe gegen den politischen Gegner zu instrumentalisieren. Der Reichskanzler Otto von Bismarck verachtete zwar liberale Grundüberzeugungen zutiefst, sah aber als ›Realpolitiker‹ auch nach 1873 vorerst keine neuen parlamentarischen Mehrheiten rechts von den Liberalen. Diese konnten deshalb sogar noch die Liberalisierung der Wirtschaftsgesetzgebung und die Trennung von Staat und Kirche weiter vorantreiben. Im sogenannten »Kulturkampf« (Rudolf Virchow) stilisierten die Liberalen im Verein mit dem preußischen Kultusminister Falk den Machtanspruch des militant antimodernen Papstes zur innenpolitischen Gefahr des ›Ultramontanismus‹ hoch und begegneten dieser vermeintlichen Gefahr mit dem Jesuitenverbot, dem ›Kanzelparagraphen‹ (Verbot des Mißbrauchs seelsorgerischer Ämter für Agitationszwecke), mit der Unterstellung von Klerus und Schulwesen unter staatliche Aufsicht und der Einführung der außerkirchlichen Zivilehe. Papst Pius IX. (1846–1879) hatte nämlich im »Syllabus Errorum« von 1864 den Liberalismus und die ganze moderne Wissenschaft als »Zeitirrtum« gegeißelt sowie die Unterordnung des Staates unter die kirchliche Autorität gefordert; auch das Dogma von der Unfehlbarkeit des Papstes (1870) stammte von Pius IX.

Für die deutschen Katholiken war aber der kleindeutsche Nationalstaat mit seinem protestantischen Kaisertum unter Ausschluß der österreichischen Katholiken an sich schon Schock genug, um in oppositioneller und ideologischer Erstarrung zu verharren. Sie sahen sich während des ersten Jahrzehnts im kleindeutschen Reich als eine diskriminierte Minderheit. Der Klerus begegnete der Unterstellung unter staatliche Aufsicht mit passivem Widerstand.

In der ›Germania‹, dem führenden Blatt der katholischen Zentrumspartei, erschien 1875 eine Artikelserie, in der pauschal dem Judentum die Verantwortung für Kulturkampf und Börsenschwindel aufgebürdet und der ›jüdische Liberalismus‹ als Todfeind der Kirche dargestellt wurde. Die katholische Provinzpresse popularisierte diese Anschuldigungen. Den im ländlich-katholischen Milieu durchaus noch lebendigen Vorstellungen von den Juden als ›Christusmördern‹ hatte zuvor schon ab 1871 der Theologieprofessor August Rohling Respektabilität verliehen. Sein Pamphlet »Der Talmudjude«[7] wurde in katholischen Vereinen zu mehreren zehntausend Exemplaren kostenlos verteilt. Die Strategie der Wiederbelebung des volkstümlichen Antijudaismus war jedoch in führenden katholischen Kreisen umstritten und wurde seit Ende 1875 nicht weiter verfolgt.

Orthodox-protestantische Kreise und das diesen nahestehende ostelbische Junkertum starteten im Sommer 1875 in den sogenannten »Ära-Artikeln« ihres Hauptsprachrohrs, der ›Neuen Preußischen Zeitung‹ (›Kreuzzeitung‹), einen Generalangriff auf die liberale »Ära Bleichröder-Camphausen-Delbrück« mit ihrem »Banquiers-Liberalismus unter semitischer Führung« als der angeblich »von und für Juden betriebenen Politik und Gesetzgebung«.[8] Die Sensation lag für die Zeitgenossen in der demonstrativen Desavouierung Bismarcks durch seine eigenen ›Klassengenossen‹, die in Preußen staatstragende Schicht. Eine anhaltende Kampagne wurde daraus jedoch nicht, weil die parlamentarischen Fronten allmählich in Bewegung kamen: Im Reichstag hatte bereits seit 1873 eine überfraktionelle ›Wirtschaftliche Vereinigung‹ für die Einführung von Schutzzöllen auf Industriegüter geworben, während die getreideexportierenden Junker noch freihändlerisch eingestellt waren. Erst mit der Herausbildung eines Weltmarktes für Getreide infolge billiger Massentransportmittel (Dampfschiffahrt, Eisenbahn) begann der Verfall der politisch äußerst ›sensiblen‹ Getreidepreise. Die neue schutzzöllnerische Interessenidentität von Schwerindustrie und Agrariern (von ›Hochofen und Rittergut‹) eröffnete Bismarck die Aussicht auf eine neue, konservative parlamentarische Mehrheit. Die Integration des katholischen Zentrums in das neue ›Kartell der staatserhaltenden und produktiven Stände‹ wurde durch den Wechsel auf dem Heiligen Stuhl 1878 erleichtert, was den Abbruch des ›Kulturkampfes‹ ermöglichte. Von den Liberalen spaltete sich eine rechtsliberale Mehrheitsfraktion ab, die hastig die Aufnahme in das ›Kartell‹ erstrebte. Das bedeutete das Ende der ›liberalen Herrschaft‹ in der innenpolitischen Wende von 1878/79. Damit entfiel auch auf katholischer und protestantisch-konservativer Seite das unmittelbare Motiv zur politischen Instrumentalisierung des Antisemitismus gegen den Kanzler.

Aus der Reihe der antisemitischen Pamphletisten der 1870er Jahre ragte der radikal-antijüdische Journalist Wilhelm Marr hervor. Ihm selbst oder seinem Umkreis wird allgemein die Wortschöpfung »Antisemitismus« zugeschrieben.[9] Der 1819 geborene Marr gehörte während der Revolution von 1848 zum linksradikalen Flügel der Demokraten in seiner Heimatstadt Hamburg. Anfang der 1860er Jahre war er Abgeordneter der Radikalen in der Hamburger Bürgerschaft. Aus persönlichen Frustrationen angesichts einer nicht gelungenen Karriere als Journalist und aus der politischen Gegnerschaft zu führenden Hamburger Juden wie dem Liberalen Gabriel Riesser erwuchs Marrs Überzeugung, daß die Radikalen von den Juden nur benutzt worden seien, um die Judenemanzipation voranzubringen. Seine Parteifreunde versuchten vergebens, ihn von der Fehlerhaftigkeit seiner judenfeindlichen Interpretationen zu überzeugen. Als Marr 1862 seinen »Judenspiegel« veröffentlichte, schlossen ihn die Hamburger Demokraten aus der Partei aus. In seinem Wahlkreis gelang ihm kein zweiter Wahlsieg.

In den folgenden Jahren verfestigte sich Marrs Rassismus – auch unabhängig von der ›Judenfrage‹ – zu einem allgemeinen Erklärungsansatz der aktuellen europäischen Geschichte. In seinen historischen und kulturgeschichtlichen Spekulationen ersetzten zunehmend die Begriffe »Judenthum«, »Semitenthum«, »semitisch«, »Semitismus« seine älteren Termini »Orientalenthum«, »Asiatenthum«, »orientalisch«, »asiatisch«. Marr konnte beim Begriffspaar »Semiten«, »Semitismus« mehr oder weniger bewußt auf Termini der Sprachforschung zurückgreifen, die man als den vorbereitenden gesamteuropäischen Hintergrund für die schnelle internationale Ausbreitung des Begriffs »Anti-Semitismus« ab 1879 sehen kann. Im Zuge der wissenschaftlichen Etablierung der vergleichenden Sprachwissenschaft und Anthropologie seit dem ausgehenden 18. Jahrhundert war die Existenz von Sprachfamilien entdeckt worden. »Indogermanische« und »semitische« Sprachen, »arisch« und »semitisch« als begriffliche Gegensatzpaare wurden mit ästhetischen Bewertungen oft zuungunsten der »Semiten« verbunden. »Semitisch« wurde bald nur noch mit »jüdisch« assoziiert, obwohl bekanntermaßen auch die arabischen Sprachen zur semitischen Sprachfamilie gehören.[10] Die noch relativ ›unschuldigen‹ sprachwissenschaftlichen Spekulationen hat der Franzose Gobineau mit großer Wirkung auf seine Zeitgenossen zu einer wertenden Rassentheorie als Grundlage der Völkergeschichte verarbeitet.[11] Schon um die Mitte des 19. Jahrhunderts waren die pseudotheoretischen Bausteine für eine neuartige rassistische Begründung der Judenfeindschaft bereitgestellt. In Deutschland machte z. B. Richard Wagner bereits 1850 davon Gebrauch.[12]

Durch die Reichsgründung 1871 und die folgende Ausdehnung der rechtlichen Gleichstellung der Juden auf ganz Deutschland, durch die ausbrechende Krise des Liberalismus und deren antijüdische Begleitmusik sah Marr seine vermeintlichen Hamburger Erfahrungen mit den Juden im größeren Rahmen bestätigt. Er ging nach Berlin, wo er jedoch als Politiker und Journalist zunächst ebenfalls erfolglos blieb, bis ihn seine im März 1879 erscheinende Schrift mit dem reißerischen Titel »Der Sieg des Judenthums über das Germanenthum« schlagartig bekannt machte.[13] Sie erreichte im Erscheinungsjahr zwölf Auflagen. Die Broschüre ist durchgängig in einem derart pessimistischen Tonfall gehalten, ergeht sich in so absurder Beschreibung ›jüdischer Überlegenheit‹ und dem ›schonungslosen‹ Eingeständnis der Schuld auf ›germanischer‹ Seite, daß man bei der Lektüre zunächst an ein effektvolles Stilmittel zum Zwecke der Aufrüttelung der Leser glaubt. Sein Biograph bescheinigt ihm jedoch eine »paranoide Aufrichtigkeit« – im Sinne der Psychopathologie. Er habe tatsächlich an die große Macht der Juden geglaubt und sich vor ihnen gefürchtet. So sei Marr wirklich der Überzeugung gewesen, Juden hätten seine journalistische Karriere auch in Berlin verhindert.[14] Es wirft ein bezeichnendes Licht auf den Erklärungshunger gebeutelter Zeitgenossen, daß ein derartiger Text zu einer der erfolgreichsten antisemitischen Schriften werden konnte:

»[...] es ist keine ostentiöse [prahlerische] Prophezeiung, sondern tiefinnerste Überzeugung, welche ich ausspreche, dass nicht vier Generationen mehr vergehen, und es wird absolut kein Staatsamt, selbst das höchste nicht ausgeschlossen, mehr existieren, das nicht von Juden usurpiert wäre. Ja, durch das Judenthum wird Deutschland zur Weltmacht werden, zu einem abendländischen Neu-Palästina. [...]

Die historische Thatsache, dass Israel die leitende socialpolitische Grossmacht im 19. Jahrhundert geworden ist, liegt vor uns. Uns zu entjuden, dazu fehlt uns notorisch bereits die physische und intellectuelle Kraft. Der rohe, brutale, aber vollständig unbewusste Protest gegen die realistische Verjudung der Gesellschaft war die Socialdemokratie, welche – es mit den Juden hielt, denn das Judenthum hatte sich auch in diese Reihen eingedrängt. Wie denn ja auch der Stifter der deutschen Socialdemokratie, Lassalle, ein Semit war.

Was wundern wir uns also? Wir haben einen elastischen, zähen, intelligenten, fremden Volksstamm unter uns, der in allen Formen den abstracten Realismus zur Geltung zu bringen weiss. Nicht die einzelnen Juden, der jüdische Geist, das jüdische Bewusstsein hat sich der Welt bemächtigt. Nicht von einer ›Judenhatze‹ kann mehr die Rede sein, wo die Germanenhatze heult, so bald nur ein nichtjüdisches Element sich hervorwagt.

Es war von Anfang an kein religiöser, es war ein Kampf um's Dasein, der mit der Fremdherrschaft des Judenthums geführt wurde, dessen Charakter aber erst jetzt zum klaren Bewußtsein gekommen ist.

Zu spät. Wir sind so tief in die Verjudung hineingerathen, dass wir die Existenz der ganzen modernen Gesellschaft in Frage stellen müssten, wollten wir uns kräftig wieder herausarbeiten.

[...] Es mußte also endlich einmal die Thatsache sans phrase eingestanden werden, dass wir die Besiegten, die Unterjochten sind.
Ich habe dieses Eingeständnis gemacht, um die Judenfrage endlich einmal aus dem Nebel der Abstractionen und Parteieinseitigkeiten herauszubringen, ja, ich bin überzeugt, ich habe ausgesprochen, was Millionen Juden im Stillen denken: Dem Semitismus gehört die Weltherrschaft! Sprecht es also ebenfalls offen aus, Ihr Juden. Seid offen und wahr in Euren Gedanken. Ihr habt ja die Macht dazu, es sein zu können! Und wir beklagen uns nicht mehr. Nur keine Heuchelei mehr zwischen uns. Finden wir uns in das Unvermeidliche, wenn wir es nicht ändern können. Es heisst: Finis Germaniae.«

Eine Merkwürdigkeit liegt darin, daß der Begriff »Antisemitismus« in Marrs Schrift nicht auftaucht – auch nicht in der durch sie ausgelösten Debatte von März bis September 1879. Marr arbeitete in den Jahren 1878/79 besonders aktiv an der Verwirklichung seiner Idee von der Gründung eines »antijüdischen Vereins« und einer »antijüdischen Zeitschrift«. Dazu pflegte er Kontakte zu antisemitischen Zirkeln in Berlin und Hamburg, deren finanzielle Trägerschaft er benötigte. Er wurde im September 1879 zur Vorbereitung einer Vereinsgründung inklusive Zeitungsprojekt nach Hamburg eingeladen, deren Inspiratoren und Finanziers allerdings religiös orientiert waren. Diese wollten nicht prinzipiell gegen jeden Juden kämpfen, sondern gegen den ›semitischen‹ Zeitgeist , den sie nicht an eine bestimmte ›Rasse‹ gebunden sahen. Marr war jedoch entschiedener Rassist und Atheist, der ja erklärtermaßen »vom nichtconfessionellen Standpunkt aus« argumentierte. Möglicherweise als Kompromißformel erhielt der Berliner Verein den Namen »Antisemiten-Liga«. Marr konnte sich jedoch bei den christlichen Antisemiten nicht durchsetzen, ging auf Distanz zur ›Antisemiten-Liga‹ und verwendete den Begriff »Antisemitismus« selbst zunächst bis 1881 nicht. Er hat sich auch später nicht als dessen Urheber bezeichnet.[15] Der Führung der kurzlebigen ›Antisemiten-Liga‹ wiederum gelang es nicht, ihre christlich-religöse Begriffsdeutung im öffentlichen Sprachgebrauch zu etablieren.
Berliner Gesinnungsgenossen Marrs – Dr. Bernhard Förster, Max Liebermann von Sonnenberg, Ernst Henrici, Prof. Friedrich Zöllner u. a. – starteten im Herbst 1879 den ersten zielgerichteten politischen Versuch, die Gleichstellung der Juden zu revidieren. Im ganzen Reich wurde mit Unterschriftenlisten für eine Petition geworben, die dem Reichskanzler von Bismarck vorgelegt werden sollte. Während des Jahres 1880 berichtete die Presse über den Fortgang der »Antisemiten-Petition« und verbreitete Namen und Ziele der neuen Bewegung. Der Begriff »Antisemiten« wurde schließlich als eingeführte Selbst- und Fremdbezeichnung der Parteigänger der neuen Form von Judenfeindschaft akzeptiert, die sich gegen das emanzipierte Judentum richtete und nicht mehr primär religiös argumentierte.
Am 13. April 1881 erhielt der Reichskanzler rund 265 000 Unterschriften erwachsener männlicher Reichsangehöriger, davon über die Hälfte von preußischen Bürgern. Die Petition, die unter Einbeziehung von 50 »antisemitischen Honoratioren« vorbereitet worden war (darunter finden sich mehrere Rittergutsbesitzer, Landräte, Gymnasiallehrer, Pfarrer und Prediger, Richter, hohe Mili-

tärränge a. D., Handwerksmeister und Kaufleute), hatte nach eigener Einschätzung der Urheber nur gemäßigte Forderungen erhoben, um die Erfolgsaussichten nicht zu gefährden. Es handelte sich zugleich um den kleinsten gemeinsamen Nenner, auf den diese Gruppe überhaupt zu bringen war. In der Runde der 50 Erstunterzeichner war nämlich mancher Name, der bald für radikal-antisemitische und zugleich antikonservative Richtungen stehen sollte. Die Argumentation der Petition ist hauptsächlich auf die konservative Vorstellung vom ›christlichen Staat‹ hin ausgerichtet und klingt sehr obrigkeitstreu. Assimilationswille und -fähigkeit werden den Juden pauschal abgesprochen, die tatsächlich stattgefundene Übernahme ›deutscher‹ Bildung wird als Usurpation von Machtpositionen umgedeutet. Die Vorstellung, daß die Juden grundsätzlich christliche Werte zu untergraben trachten würden, um diese durch ›undeutsche‹, ›jüdische‹ Ideale zu ersetzen, sowie die Thesen, daß das Kapital größtenteils bereits in jüdischer Hand sei und eine Art ›jüdischer Machtübernahme‹ bevorstünde, erinnerten an Marrs Text. Auch wenn Begriffe wie »semitisch« und »arisch« aus der politischen Umgangssprache verwendet werden, war die Argumentation noch nicht dezidiert rassistisch. Die Petition, die unmittelbar an Bismarck adressiert war, hatte im wesentlichen folgenden Wortlaut:

»In allen Gauen Deutschlands hat sich die Überzeugung durchgerungen, daß das Überwuchern des jüdischen Elementes die ernstesten Gefahren für unser Volkstum in sich birgt. Allerwärts, wo Christ und Jude in soziale Beziehungen treten, sehen wir den Juden als Herrn, die eingestammte christliche Bevölkerung aber in dienstbarer Stellung. An der schweren Arbeit der Masse unseres Volkes nimmt der Jude nur einen verschwindend kleinen Anteil; auf dem Acker und in der Werkstatt, in Bergwerken und auf Baugerüsten, in Sümpfen und Kanälen – allerwärts regt sich nur die schwielige Hand des Christen. Die Früchte seiner Arbeit aber erntet vor allem der Jude. Weitaus der größte Teil des Kapitals, welches die nationale Arbeit erzeugt, konzentriert sich in jüdischer Hand; gleichzeitig mit dem beweglichen Kapital aber mehrt sich der jüdische Immobiliarbesitz. Nicht nur die stolzesten Paläste unserer Großstädte gehören jüdischen Herren, deren Väter oder Großväter schachernd und hausierend die Grenzen unseres Vaterlandes überschritten haben, sondern auch der ländliche Grundbesitz, diese hochbedeutsame konservative Basis unseres staatlichen Gefüges, gelangt mehr und mehr in die Hände der Juden.
Angesichts dieser Verhältnisse und des massenhaften Eindringens semitischer Elemente in alle Stellungen, welche Macht und Einfluß gewähren, erscheint vom ethischen wie vom nationalen Standpunkte die Frage wahrlich nicht unberechtigt: Welche Zukunft steht unserem Vaterlande bevor, wenn es dem semitischen Element noch auf ein Menschenalter hinaus möglich bleibt, auf unserem heimischen Boden gleiche Eroberungen zu machen, wie in den beiden letzten Jahrzehnten? [...]
Die Gefahr für unser Volkstum muß sich naturgemäß in demselben Maße steigern, in welchem es den Juden gelingt, nicht nur das nationale und religiöse Bewußtsein unseres Volkes durch die Presse zu verkümmern, sondern auch in Staatsämter zu gelangen, deren Trägern es obliegt, über die idealen Güter unseres Volkes zu wachen. Wir denken dabei vor allem an die Berufs-

stellungen der Lehrer und der Richter; beide waren den Juden bis in die jüngste Zeit hinein unzugänglich und müssen ihnen wiederum verschlossen werden, wenn nicht die Autoritätsbegriffe des Volkes verwirrt und sein Rechts- und Vaterlandsgefühl erschüttert werden sollen. [...]«[16]

Die Betreiber der Unterschriftensammlung behaupteten unwidersprochen, daß sie Beweise für Bismarcks Wohlwollen aus dessen Umgebung erhalten hätten. Die aus der gerade erfolgten Spaltung der Liberalen hervorgegangene (linksliberale) Fortschrittspartei versuchte deshalb mit einer parlamentarischen Anfrage im Preußischen Abgeordnetenhaus, die Regierung zu einer deutlichen Distanzierung von den Zielen der Petition zu bringen. Der Verlauf der Debatte vom 20. und 22. November 1880 muß aber eher als ein Mißerfolg für den ›Fortschritt‹ gewertet werden. Der Reichskanzler und preußische Ministerpräsident von Bismarck dachte gar nicht daran, auf populistische Strömungen zu seinen Gunsten und zu Ungunsten der Liberalen zu verzichten. Über den ihm ergebenen Journalisten Moritz Busch hatte er sich verschiedentlich geschickt als Juden-Kritiker zitieren lassen, ohne daß ihn das in irgendeiner Weise festgelegt hätte. Der Sprecher des Staatsministeriums erklärte lapidar, es sei nicht beabsichtigt, hinsichtlich der staatsbürgerlichen Gleichberechtigung der religiösen Bekenntnisse »eine Änderung dieses Rechtszustandes eintreten zu lassen«.[17] In den Reden der Abgeordneten beider konservativer Parteien und des katholischen Zentrums wurde der antisemitischen Bewegung letztlich bescheinigt, daß sie auf tatsächlich vorhandene Mißstände reagiert habe. Selbst wenn einige Konservative und vor allem die Katholiken Sondergesetze gegen Juden verwarfen, werteten dieselben Abgeordneten die antisemitisch gefärbte Zeitkritik als inhaltlich berechtigt auf. Besonders beim Zentrum war die Genugtuung über die Gelegenheit zur Abrechnung mit den Liberalen unüberhörbar. Der ›Fortschritt‹ wolle einseitig die Gleichstellung der Juden festschreiben, wo doch von liberaler Seite die Katholiken einst und noch immer unterdrückt würden. Der Abgeordnete Bachem z. B. wies zurück, daß mit den Juden eine schwache Minorität geschützt werden müsse. Tatsächlich herrsche an den Orten besonderer antisemitischer Erregung (gemeint war Berlin) ein »fortschrittlich-jüdischer Terrorismus«.[18] – Kein zeitgenössischer Beobachter, so unsinnig er die antisemitischen Thesen auch finden mochte, konnte nach diesem parlamentarischen Spektakel mehr bezweifeln, daß es (wieder) eine ›Judenfrage‹ gab! Die emanzipatorische ›Judenfrage‹ des frühen 19. Jahrhunderts (Wie macht man die gesellschaftliche Randgruppe der Juden zu produktiven, modernen, gleichberechtigten Staatsbürgern?) war am Ende des Jahrhunderts als antisemitische ›Judenfrage‹ neu aufgeworfen worden (Wie schließt man die Juden von der Teilnahme an Staat und Gesellschaft wieder aus?).

Der bisher beschriebenen Etappe in der Geschichte des modernen Antisemitismus haftete das Odium an, oppositionell und radikal, eine ›spleenige‹ Obsession dubioser Führungsfiguren zu sein, auf die sich ›bessere Kreise‹ nicht einlassen konnten, selbst wenn manchem irritierten Bildungsbürger insgeheim auch schon einmal ›die Juden‹ als etwas zu ›vorlaut‹ vorgekommen sein mochten. Die liberale und die jüdische Presse berichteten intensiv über die Antisemiten, der Tonfall in den Kommentaren schwankte zwischen Empörung und beißendem Spott. Die jüdische Gemeinde war enttäuscht und verärgert, aber nicht wirklich beängstigt. Der Charakter der Debatten um den Antisemitismus und dessen Einschätzung durch die deutschen Juden änderten sich schlagartig, als Ende 1879 mit dem Hofprediger Adolf Stoecker und dem Historiker Heinrich von Treitschke ganz anders geartete öffentliche Prestigefiguren zugunsten des Antisemitismus Stellung bezogen.

Ende 1874 ließ der greise Wilhelm I. den Metzer Divisionspfarrer Adolf Stoecker zum Hofprediger an den Berliner Dom berufen. Wilhelm I. hatte Stoeckers Weihereden auf den elsaß-lothringischen Schlachtfeldern gelesen und Gefallen daran gefunden. Der orthodoxe Stoecker war ein wortgewaltiger Prediger und hatte zugleich etwas vom Naturell eines Volkstribuns. Er kannte die Nöte der kleinen Leute, stammte selbst aus ärmlichen Verhältnissen. In Metz war er über die Soldatenseelsorge hinaus in der Stadt pädagogisch und sozial engagiert – ein deutscher Protestant und Patriot auf vorgeschobenem Posten in französisch-katholischem Umfeld. Mit seinen gerade vierzig Lebensjahren und einer äußerst vitalen Konstitution hatte er in Berlin als Hofprediger nur alle vierzehn Tage eine Morgen- und Abendpredigt zu halten, daneben fielen etwas Konfirmandenunterricht und einige andere Amtshandlungen an. Völlig unausgelastet suchte er sich ein Betätigungsfeld in den Berliner Großgemeinden. 1877 übernahm er die Leitung der bis dahin wenig erfolgreichen ›Berliner Stadtmission‹ der Inneren Mission. In dem sozialen Milieu, in dem Stoecker nun tätig war, konkurrierte er mit der Sozialdemokratie. Selbst der Kirche nicht völlig entfremdete Arbeiter gestanden ihm, die Sozialisten zu wählen, weil nur diese tatsächlich eine Verbesserung ihrer materiellen Situation anstrebten.

Stoecker fühlte die Berufung, im Geiste christlicher Sozialethik die großstädtischen Massen dem Glauben und der Kirche zurückzugewinnen. Nach einem kurzen Intermezzo in dem im Dezember 1877 gegründeten ›Zentralverein für Sozialreform‹, in dem sich ›Kathedersozialisten‹ (u.a. Prof. Adolf Wagner), pastorale und schutzzöllnerisch-agrarische Richtungen gegenseitig blockierten, rief Stoecker zum 3. Januar 1878 in den Arbeitervierteln des Berliner Nordens zur Gründung einer Christlich-Sozialen Arbeiterpartei auf. Die Gründungsversammlung im Lokal Eiskeller wurde von den etwa eintausend erschienenen sozialdemokratischen Arbeitern völlig umfunktioniert und endete mit einer fast einstimmig angenommenen Resolution gegen eine Parteigründung. In der nachgeholten Gründung in geschlossener Versammlung gab sich die Partei ein Programm. »Auf dem Boden des christlichen Glaubens und der Liebe zu König und Vaterland« sollten die sozialen Gegensätze gemildert werden durch Sozialversicherungen und Arbeiterschutzverordnungen, progressive Einkommens- und Erbschaftssteuern. Ganz im Sinne des Kathedersozialismus setzte man auf staatliche Sozialreformen und das Ende des liberalen »laisser faire«, auf die Versöhnung der Arbeiterschaft mit dem Staat anstelle des sozialistischen Umsturzes.

Bis hier befand sich Stoecker in durchaus ehrbarer Gesellschaft sozialreformerischer Ansätze, in denen immerhin die soziale Frage als die brennendste Zeitfrage der entwickelten Industriegesellschaft erkannt worden war. Im Evangelischen Oberkirchenrat gewannen Kritiker der parteipolitischen Tätigkeit des Hofpredigers an Boden. Nach den zwei Attentaten auf Kaiser Wilhelm I. im Mai und Juni 1878 übernahm der liberale Kronprinz Friedrich vorübergehend die Regentschaft für seinen verletzten Vater. Damit verlor Stoecker zeitweilig seinen allerhöchsten Rückhalt. Bismarck, der die Attentate als Folge sozialistischer Umtriebe darstellte, nutzte – als die Nationalliberalen ihre Zustimmung zum ›Sozialistengesetz‹ verweigerten – die Gunst der Stunde, löste den Reichstag auf und setzte Neuwahlen an. Er hoffte auf eine weitere Schwächung der Liberalen in den emotionalisierten Wahlkämpfen für die sogenannten ›Attentatswahlen‹ vom 30. Juli 1878. Bismarck wollte mittels des Sozialistengesetzes vermutlich gleich auch die Christlich-Soziale Arbeiterpartei mit verbieten. Der in die Defensive geratene Stoecker argumentierte gegenüber den verschiedenen Obrigkeiten in Kirche, Hof und Regierung, daß man ihm wenigstens noch die Ablenkung sozialdemokratischer Stimmen in Berlin erlauben solle. Er werde im übrigen die sozialreformerische Komponente zugunsten der religiösen zurücknehmen. Das Wahlergebnis bedeutete dann ein wahres Desaster: 1421 Stimmen für die Christlich-Sozialen, 56 000 für die Sozialdemokraten. Die Parteiversammlungen Stoeckers zogen kaum noch mehr als hundert Zuhörer an.[19]

Gut ein Jahr später gelang Stoecker doch noch ein spektakulärer Durchbruch – jetzt als antisemitischer Parteiführer. Zunächst war er gewissermaßen nur als Hofprediger in bäuerlich-protestantischen Provinzwahlkreisen 1879 in den Preußischen Landtag (ab 1881 auch in den Reichstag) gewählt worden, was ihm ein erweitertes Agitationsforum bot. Dort schloß er sich den Konservativen an. Die (Links-)Liberalen waren inzwischen in die Opposition abgedrängt, aber noch immer einflußreich – vor allem in der Stadt Berlin. Stoecker machte nun den Liberalismus zum Hauptgegner seiner ›Christlich-Sozialen‹ und bediente sich dabei der seit 1873 verbreiteten antisemitischen Argumentationsweisen. Schon sein erster antisemitischer Vortrag »Unsere Forderungen an das moderne Judentum« am 19. September 1879 machte deutlich, wem seine Attacke gelten sollte: nicht dem Judentum als Religion, sondern dem sozial aufgestiegenen, ›irreligiösen‹, ›modernen Judentum‹ in Berlin. Jedoch wollte der orthodoxe Kirchenmann auf einen antijudaistischen Grundtenor bei seiner Anklage nicht verzichten. So hieß es in seiner Rede:

»Die Judenfrage ist schon lange eine brennende Frage; seit einigen Monaten steht sie bei uns in hellen Flammen. Sie zehrt nicht vom religiösen Fanatismus, auch nicht von politischer Leidenschaft. Orthodoxe und Freigeister, Konservative und Liberale reden und schreiben über dieselbe mit gleicher Heftigkeit; sie alle behandeln das Judentum nicht als einen Zankapfel konfessioneller Unduldsamkeit, sondern als einen Gegenstand sozialer Besorgnis. [...] Christen wie Juden muß es eine ernstliche Sorge sein, daß aus der Gegnerschaft kein Haß werde. Denn schon zuckt es hier und da wie das Wetterleuchten eines fernen Gewitters. [...]
Hier stellen wir unsere erste Forderung und bitten: *Ein klein wenig bescheidener!* Wir leugnen nicht, daß Israel die Erkenntnis des persönlichen einigen Gottes durch das Altertum wie eine heilige Flamme getragen hat, bis Christus kam und den vollkommeneren Glauben, den reiche-

ren Gottesbegriff und die höhere Wahrheit brachte. Aber es ist doch eine höhere Tatsache, daß das Volk Israel immer und immer in den gröbsten Götzendienst zurückfiel, daß Gott nur durch die Sendung gewaltiger Persönlichkeiten den Abfall auf kurze Zeit dämpfen konnte. [...] Ergreifend sind die alten Gebete, in denen das Judenthum nach Gott und Zion zurückverlangt – aber davon wissen die nichts, die im modernen Judenthum eine Rolle spielen; sie wohnen lieber in der Jerusalemer Straße [nahe der Börse in Berlin] als in den Straßen von Jerusalem. [...]
In vollem Ernste lautet unsere zweite Bitte an die jüdische Presse: *Ein klein wenig toleranter!* – In der Judenpresse atmet ein Haß gegen das Christliche, der den tiefsten Abscheu verdient. [...] Unsere Heiligthümer [...] wurden beständig in den Staub gezogen, die Synagoge ist durch das stille Einverständnis aller liberalen Zeitungsschreiber geschützt. Man zeige uns in der liberalen Presse auch nur einen einzigen Artikel, der das Versöhnungsfest oder den Talmudverein in der unwürdigen Weise behandelt, wie das ›Tageblatt‹ den diesjährigen Bußtag, einen unserer heiligsten Tage, verspottet, wie die Berliner Judenpresse die [lutherische] Augustkonferenz heruntergerissen hat. Nur das Christentum muß sich die Nichtswürdigkeiten gefallen lassen. [...]
Die Juden sind und bleiben ein Volk im Volke, ein Staat im Staat, ein Stamm für sich unter einer fremden Rasse. Alle Einwohner gehen zuletzt in dem Volke auf, unter welchem sie wohnen; die Juden nicht. Dem germanischen Wesen setzten sie ihr ungebrochenes Semitenthum, dem Christenthum ihren starken Gesetzeskultus oder ihre Christenfeindschaft entgegen. [...] Allein in Berlin wohnen 45 000 Juden, so viel wie in ganz Frankreich, wie in ganz England. Das ist zuviel. – Wir nähern uns dem polnischen Mischungsverhältnis, nur daß die Berliner Juden viel reicher, klüger, einflußreicher sind als die polnischen Israeliten. In ihrem Besitz sind die Geldadern, Bank und Handel; in ihren Händen ist die Presse, und unverhältnismäßig drängen sie zu den höheren Bildungsanstalten. Das letzte ist gewiß ein schöner Zug; mir ist es oft rührend gewesen, wie arme Juden Hab und Gut hingaben, um ihren Kindern eine gute Bildung zu geben. Aber diese Entwicklung ist doch durchaus unheilvoll. Wir sind auf dem Wege, daß die öffentliche Meinung von den Juden völlig beherrscht, die Arbeit von ihnen völlig ausgebeutet wird. Der Auflösungsprozeß ist im Gange; nichts hält uns davon zurück, wenn wir nicht umkehren und Israel zur Umkehr veranlassen. Und hier stellen wir unsere dritte Forderung. Das moderne Judenthum muß an der produktiven Arbeit teilnehmen. *Bitte, etwas mehr Gleichheit!* [...]«[20]

Die tagespolitische Sensation lag darin, daß der bekanntermaßen in kaiserlicher Gunst stehende Hofprediger den Antisemitismus mit der Würde seines Amtes und seiner Stellung bei Hofe adelte. Seine Warnungen vor »Haß« und »Katastrophe« waren eher rhetorisch verpackte, massive Drohungen, denn alle Anwürfe und Forderungen laufen – konsequent zu Ende gedacht – auf Sondergesetze und Vertreibung der Juden hinaus. Nicht zufällig gehörte Stoecker zu den 50 Erstunterzeichnern der ›Antisemiten-Petition‹. Stoecker war mit dem für ihn neuen Thema in kleinbürgerlichen Kreisen Berlins derart erfolgreich, daß er die antisemitische Droge in immer höherer Dosierung austeilte. Die rassistischen Untertöne wurden bald so unüberhörbar – obwohl sich Stoecker nie als Rassist verstand und die kirchliche Judenmission nie in Frage stellte –, daß

die Auslöschung ›semitischer Eigenschaften‹ durch die Taufe kaum noch als gangbarer Weg erscheinen konnte. Schon in seiner zweiten antisemitischen Rede am 26. September 1879 erklärte er, daß er zwar aus volkswirtschaftlichen Gründen Gegner des Judentums und des durch die Juden hauptsächlich vertretenen zügellosen Kapitalismus sei, was ihn aber zum öffentlichen Auftreten gezwungen habe, seien die täglichen Demütigungen des Christentums und der Kirche durch die Juden. Die Hörerschaft zählte nach Tausenden, wenn er Reden zur ›Judenfrage‹ ankündigte. Stöcker war ein so talentierter Redner, daß nicht selten ein Hauch von Pogromstimmung unter den Zuhörermassen aufkam. Wegen des tumultuarischen Charakters seiner Veranstaltungen wurde Stoecker vom Präsidenten des Oberkirchenrates mehrfach ermahnt. Der ultrareaktionäre Kultusminister von Puttkamer und Wilhelm I. versuchten Stoecker zu schützen, während der Reichskanzler und preußische Ministerpräsident von Bismarck gelegentlich für eine schärfere Gangart gegen Stoecker plädierte (z. B. im Zusammenhang mit Stoeckers Angriff auf Bismarcks Bankier Gerson Bleichröder).[21]
Die sogenannte ›Berliner Bewegung‹ Stoeckers war die erste moderne antisemitische Partei Deutschlands. Das Parteiprogramm trug der neuen Klientel durch die Aufnahme mittelständischer Forderungen Rechnung (Innungszwang gegen freie Konkurrenz, Börsensteuer, Wuchergesetze, Verbot des Hausierhandels), 1881 wurde das Wort »Arbeiter« im Parteinamen gestrichen. Die nun »Christlich-Soziale Partei« wurde zum wertvollen Bündnispartner der Deutsch-Konservativen Partei. Von deren radikal-orthodoxem Flügel um die ›Kreuzzeitung‹ und den Freiherrn Wilhelm von Hammerstein wurde in Wahlkampfzeiten der Sturm auf die Hochburg des ›Fortschritts‹, nämlich Berlin, koordiniert. Ein »Conservatives Central-Wahl-Comité« leitete die Wahlkampfstrategie: Konservative und christlich-soziale Kandidaten durften sich nicht im selben Wahlkreis Konkurrenz machen, antisemitische kleinbürgerliche und studentische Vereine wurden als freiwillige Hilfstruppen eingesetzt. Auf diese Weise wurde die konservativ-antisemitische Allianz in den Reichstagswahlen 1881 zur zweitstärksten Gruppierung in Berlin. Mit 46 000 Stimmen überflügelte sie die Sozialdemokraten (30 000 Stimmen); stärkste Partei blieb der linksliberale ›Fortschritt‹ mit 89 000 Stimmen. Das erfolgreiche Zusammengehen der staatstragenden Konservativen mit den ›Christlich-Sozialen‹ wertete den Antisemitismus als politische Partei wie als Weltanschauung enorm auf. Die Erfahrung der großen Integrationskraft des Antisemitismus bei eigentlich divergierenden sozialen Interessenlagen blieb seitdem Bestandteil deutscher Innen- und Verbandspolitik – auch über Stoeckers jähen Sturz 1889 hinaus. Die herrschenden Kreise hatten ihm seine ›sozialistischen‹ Untertöne nie verziehen. Er galt als nicht domestizierbar und wurde 1890 von Wilhelm II. als Hofprediger pensioniert.
Am 15. November 1879 – die ›Antisemiten-Petition‹ war in Umlauf gesetzt und zusammen mit Stoeckers antisemitischer Wendung Tagesthema – erschien Heinrich von Treitschkes Aufsehen erregender Kommentar zur antisemitischen Bewegung in Deutschland. Treitschke hatte mit seinen eher journalistisch-literarischen denn fachhistorischen Veröffentlichungen einen maßgeblichen Einfluß auf die Entwicklung der nationalpolitischen Ansichten des deutschen Bildungsbürgertums genommen. Seine auf Hegel, Fichte und Rochau (»Realpolitik«) zurückgehenden

Anschauungen, kulminierend in seiner »Deutschen Geschichte im 19. Jahrhundert« (5 Bände, 1879–1894), haben das offizielle deutsche Geschichtsbild in der Epoche vor dem Ersten Weltkrieg entscheidend geprägt.[22] Dem 1834 in Dresden geborenen Treitschke hatte sein schriftstellerisches und rhetorisches Talent eine Universitätslaufbahn als Historiker geöffnet. Seine Vorlesungen zur jüngsten deutschen Geschichte oder zur Politik waren stets gesellschaftliche Ereignisse. Regierungsmitglieder und Honoratioren kämpften mit Studenten um die zumeist raren Plätze in den jeweils größten Sälen der Universitäten (Treitschke hatte Professuren inne in Freiburg, Kiel, Heidelberg, seit 1874 in Berlin). Über seinen Vortragsstil liegen Schilderungen von Anhängern wie Gegnern vor. Sie stimmen überein hinsichtlich der Faszination, die der fast taube Redner auf seine Hörer ausübte. Nur mit einem Stichwortzettel ausgerüstet, redete er wortgewaltig und druckreif. Je nach seinem Gegenstand war er witzig oder sarkastisch, steigerte sich selbst in tränenerstickte Anteilnahme oder donnernde Verurteilung. Immer bewertete Treitschke sein historisches Material, sagte, was richtig und falsch sei und wie es in Zukunft weitergehen müsse.

Der erfolgreiche Verlauf der Reichsgründungskriege machte den zunächst liberalen Treitschke dann jedoch zum – bald kritiklosen – Anhänger Bismarcks. Nach Einholung der Zustimmung Bismarcks ließ er sich von Hunsrücker Bauern 1871 in den Reichstag wählen, wo er sich den Nationalliberalen als der Bismarckpartei anschloß. Monoman auf die äußere Stärkung des Reiches fixiert, entwickelte er nach innen neo-aristokratische Gesellschaftstheorien und setzte in maßlos überzogenen Angriffen den »Kathedersozialismus« seines Kollegen in Berlin, Gustav Schmoller, mit der »meuchelmörderischen« Sozialdemokratie gleich. Nach Bismarcks parlamentarischer Neuorientierung trat Treitschke 1878 aus der nationalliberalen Reichstagsfraktion aus. Treitschke hatte inzwischen auch die Herausgeberschaft bei den ›Preußischen Jahrbüchern‹ übernommen, in denen regelmäßig seine politische Umschau erschien. In dem »Unsere Aussichten« überschriebenen Artikel vom November 1879 beschäftigte er sich zunächst mit der Außenpolitik. Treitschke rechnete seit 1871 ständig mit einem Krieg gegen England wegen der angeblich ausstehenden Klärung des weltpolitischen Gleichgewichts. Dann behandelte er die jüngsten Reichstagswahlen, durch deren Ausgang ›Fortschritt‹ und Nationalliberale gespürt hätten, daß die Nation des Parteigezänks im Parlament überdrüssig sei. Es gelte nun, die Reichsgewalt zu stärken, das Freihändlertum zu überwinden und den inneren Feind zu bekämpfen. Dann setzte er zu einer groß angelegten Abrechnung mit dem Liberalismus an. Er bemerke »in den Tiefen unseres Volkslebens eine wunderbare, mächtige Erregung. Es ist, als ob die Nation sich auf sich selber besänne, unbarmherzig mit sich in's Gericht ginge.« Die liberalen Blätter würden fälschlicherweise vorspiegeln, daß immer noch »der naive Glaube an die unfehlbare sittliche Macht der ›Bildung‹« im Volk vorherrsche. Infolge wirtschaftlicher Not, enttäuschter Hoffnungen und der Sünden der Gründerzeit, der »zunehmenden Verwilderung der Massen«, nicht zuletzt infolge von deren Befähigung zum Lesen und Schreiben, sowie durch die Attentate auf den Kaiser im Frühjahr 1878 seien »Tausende zum Nachdenken über den Wert unserer Humanität und Aufklärung gezwungen« worden. Die verbreitete Irreligiosität und die weichliche Philanthropie in der Rechtsprechung mit ihrer »Verzärtelung der Verbrecher« würden vom »erwachten Gewissen des Volkes« nicht mehr akzeptiert. Nachdem Treitschke so mit dem Jahrhundert der Aufklärung in Europa abgerechnet hatte, weil der neue Nationalstaat andere Ideale brauchte, führte er schließlich vor, wo das ›gesunde Volksempfinden‹ jetzt zutage trat – im Antisemitismus:

»Unter den Symptomen der tiefen Umstimmung, welche durch unser Volk geht, erscheint keines so befremdend wie die leidenschaftliche Bewegung gegen das Judenthum. [...] Es ist des Schmutzes und der Rohheit nur allzuviel in diesem Treiben, und man kann sich des Ekels nicht erwehren, wenn man bemerkt, daß manche jener Brandschriften offenbar aus jüdischen Federn stammen [...]. Aber verbirgt sich hinter diesem Treiben nur Pöbelrohheit und Geschäftsneid? [...] Nein, der Instinkt der Massen hat in der That eine schwere Gefahr, einen hochbedenklichen Schaden des neuen deutschen Lebens richtig erkannt; es ist keine leere Redensart, wenn man heute von einer deutschen Judenfrage spricht. [...]
Keine deutsche Handelsstadt, die nicht viele ehrenhafte, achtungswerthe jüdische Firmen zählte; aber unbestreitbar hat das Semitenthum an dem Lug und Trug, an der frechen Gier des Gründer-Unwesens einen großen Antheil, eine schwere Mitschuld an jenem schnöden Materialismus unserer Tage, der jede Arbeit nur noch als Geschäft betrachtet und die alte gemüthliche Arbeitsfreudigkeit unseres Volkes zu ersticken droht; in tausenden deutscher Dörfer sitzt der Jude, der seine Nachbarn wuchernd auskauft. Unter den führenden Männern der Kunst und Wissenschaft ist die Zahl der Juden nicht sehr groß; um so stärker die betriebsame Schar der semitischen Talente dritten Ranges. [...]
Am Gefährlichsten aber wirkt das unbillige Übergewicht des Judenthums in der Tagespresse – eine verhängnisvolle Folge unserer engherzigen alten Gesetze, die den Israeliten den Zutritt zu den meisten gelehrten Berufen versagten. Zehn Jahre lang wurde die öffentliche Meinung in vielen deutschen Städten zumeist durch jüdische Federn ›gemacht‹; es war ein Unglück für die liberale Partei und einer der Gründe ihres Verfalls, daß gerade ihre Presse dem Judenthum einen viel zu großen Spielraum gewährte. [...]
Überblickt man alle diese Verhältnisse – und wie Vieles ließe sich noch sagen! – so erscheint die laute Agitation des Augenblicks doch nur als eine brutale und gehässige, aber natürliche Reaction des germanischen Volksgefühls gegen ein fremdes Element, das in unserem Leben einen allzu breiten Raum eingenommen hat. Sie hat zum Mindesten das unfreiwillige Verdienst, den Bann einer stillen Unwahrheit von uns genommen zu haben; es ist schon ein Gewinn, daß ein Übel, das Jeder fühlte und Niemand berühren wollte, jetzt offen besprochen wird. Täuschen wir uns nicht: die Bewegung ist sehr tief und stark, einige Scherze über die Weisheitssprüche christlich-sozialer Stump-Redner [englisch ›stump‹ für ›Rednerpult‹, gemeint ist Stoecker] genügen nicht, sie zu bezwingen. Bis in die Kreise der höchsten Bildung hinauf, unter Männern, die jeden Gedanken kirchlicher Unduldsamkeit oder nationalen Hochmuts mit Abscheu von sich weisen würden, ertönt es heute wie aus einem Munde: Die Juden sind unser Unglück! [...]«[23]

Der von Treitschke ausgelöste ›Berliner Antisemitismusstreit‹ zog sich bis 1881 hin. Er erreichte im November 1880 einen politischen Höhepunkt durch die öffentliche Erklärung von 75 Berliner ›Notablen‹ aus der (linksliberalen) Stadtprominenz gegen Treitschkes »Evangelium der Intoleranz«.[24] Hauptsächlich Juden oder Menschen jüdischer Abstammung von einigem Rang und Namen bezogen gegen Treitschke öffentlich Stellung, darunter sechs Rabbiner (Caro, Freund, Glück, Joel, Meyer, Radin), fünf Hochschullehrer (Harry Breßlau, Herman Cohen, Moritz Lazarus, Heymann Steinthal, Heinrich Graetz), der getaufte und als protestantischer Pfarrer in der Judenmission tätige Paulus Cassel und der führende liberale Politiker Ludwig Bamberger. Manuel Joel schrieb in einer glänzenden Gegenpolemik: »Denn das glauben Sie doch wohl selbst nicht, daß Ihre Verwahrung gegen die Rohheit der Judenhetzer uns beruhigen kann, daß es uns etwa blos darum zu thun ist, statt im Rothwälsch der Pöbelsprache, in elegantem Professorendeutsch abgethan zu werden.«[25] Die öffentliche Wirkung der antisemitischen Artikel Treitschkes beschrieb Theodor Mommsen mit den drastischen Worten: »Was er sagte, war damit anständig gemacht. Daher die Bombenwirkung jener Artikel, die wir alle mit Augen gesehen haben. Der Kappzaum der Scham war dieser ›tiefen und starken Bewegung‹ abgenommen; und jetzt schlagen die Wogen und spritzt der Schaum.« Die ungerechten Generalisierungen könnten gar nicht die angeblich intendierte heilende Wirkung haben. »Darin vor allem liegt das arge Unrecht und der unermeßliche Schaden, den Herr v. Treitschke mit seinen Judenartikeln angerichtet hat.«[26] (Welchen Nutzen der Name Treitschke für die behauptete Seriosität der antisemitischen Agitation hatte, sieht man noch auf Fotos von den nationalsozialistischen Veranstaltungen im Berliner Sportpalast, wo das Spruchband »Die Juden sind unser Unglück« obligatorisch war.)
Der Plural »Judenartikel« bezieht die weiteren Artikel mit ein, die Treitschke in Erwiderung auf die gegen ihn gerichteten Angriffe noch verfaßte. Obwohl der materielle Inhalt seiner Angriffe bis hinein in die handwerkliche Korrektkeit vollständig widerlegt wurde, konnte sich Treitschke keinerlei Eingeständnis eines Irrtums abringen. Zur Rettung etwa seiner These von der »Masseneinwanderung« polnischer Juden steigerte er sich in geradezu absurde statistische Interpretationen. Treitschkes Polemik gegen die Juden war im Kern gegen deren Willen gerichtet, unter Wahrung ihrer wie auch immer gearteten Identität integriert zu werden. Dem äußeren Akt der Konversion maß er keine Bedeutung bei. Die Juden sollten ›einfach deutsch‹ werden. Er machte den Vorgang zu einem Willensakt, für dessen Vollzug er natürlich keine nachprüfbaren Maßstäbe setzen konnte. Die beispielhaft genannten ›guten‹ Juden sind solche, an denen sich nichts Jüdisches mehr findet. Faktisch bewirkte der moderne Antisemitismus und vor allem der ›Berliner Antisemitismusstreit‹ eine Re-Judaisierung der deutschen Juden, indem nun die Debatte um die moderne jüdische Identität einsetzte.

1 Vgl. bes. Reinhard Rürup, Emanzipation und Antisemitismus. Studien zur »Judenfrage« der bürgerlichen Gesellschaft, Göttingen 1975, Frankfurt/Main 1987; als Zusammenfassung der Forschung die kompakte Darstellung von Helmut Berding, Moderner Antisemitismus in Deutschland, Frankfurt/Main 1988.

2 Vgl.: Hans-Ulrich Wehler, Das Deutsche Kaiserreich 1871-1918, 6. Aufl., Göttingen 1988.

3 Annemarie Lange, Berlin zur Zeit Bebels und Bismarcks, 4. Aufl., Berlin 1984, S. 190–237.

4 Lange, S. 286; Paul W. Massing, Vorgeschichte des politischen Antisemitismus, Frankfurt/Main 1959, S. 8–13.

5 Die ›klassische‹ Arbeit dazu: Hans Rosenberg, Große Depression und Bismarckzeit. Wirtschaftsablauf, Gesellschaft und Politik in Mitteleuropa, Berlin 1967.

6 In der späteren Buchform: Otto Glagau, Der Börsen- und Gründungs-Schwindel in Berlin. Gesammelte und stark vermehrte Artikel der »Gartenlaube«, 4. Aufl., Leipzig 1876.

7 August Rohling, Der Talmudjude. Zur Beherzigung von Juden und Christen aller Stände dargestellt, 6. Aufl., Münster 1877 (1. Aufl. 1871).

8 Die Aera Bleichröder-Delbrück-Camphausen und die neue deutsche Wirtschaftspolitik, in: Neue Preußische Kreuzzeitung, Nr. 148–152, 6. 6.–3. 7. 1875.

9 Vgl. etwa: Alex Bein, Die Judenfrage. Biographie eines Weltproblems, Bd. 2, Stuttgart 1980, S. 163f.

10 Der gesamteuropäische kulturgeschichtliche Hintergrund ist gut dargestellt in: Leon Poliakov, Geschichte des Antisemitismus, 8 Bde., Worms 1978–1988; hier bes. Bd. 6.

11 Comte de Gobineau, Essai sur l'inégalité des races humaines, Paris 1853/55.

12 Richard Wagner, Das Judentum in der Musik, Leipzig 1869 (Erstveröffentlichung 1850).

13 Wilhelm Marr, Der Sieg des Judenthums über das Germanenthum vom nicht confessionellen Standpunkt aus betrachtet, Bern 1879.

14 Mosche Zimmermann, Wilhelm Marr. Patriarch of Anti-Semitism, New York 1986.

15 In den diversen Auflagen des »Handbuchs der Judenfrage« von Theodor Fritsch, das das gesamte Wissen der antisemitischen Bewegung zu tradieren trachtete, wird Wilhelm Marr allerdings stets als Urheber des Begriffs »Antisemitismus« bezeichnet.

16 Dieses erste Manifest des politischen Antisemitismus ist in vielen »Antisemiten-Handbüchern« und »-Lexika« nachgedruckt worden, hier zitiert nach dem letzten und umfangreichsten Werk dieser Art: Sigilla Veri (Ph. Stauff's Semi-Kürschner), Lexikon der Juden, -Genossen und -Gegner aller Zeiten und Zonen, insbesondere Deutschlands, der Lehren, Gebräuche, Kunstgriffe und Statistiken der Juden sowie ihrer Gaunersprache, Trugnamen, Geheimbünde, usw., Bd. 1, 2. Aufl., Erfurt 1929, S. 229f.

17 Die Judenfrage im preußischen Abgeordnetenhause. Wörtlicher Abdruck der stenographischen Berichte vom 20. und 22. November 1880, Breslau 1880.

18 Die Judenfrage, S. 82.

19 Walter Frank, Hofprediger Adolf Stoecker und die christlichsoziale Bewegung, 2. Aufl., Hamburg 1935, S. 58f. Wegen ihrer guten Quellengrundlage kann auf die Stoeckerbiographie des Antisemiten Frank kaum verzichtet werden. Gut dokumentiert ist der zynisch-manipulatorische Umgang Bismarcks mit dem Antisemitismus. Von der neueren Literatur bes.: Günter Brakelmann u. a. (Hg.), Protestantismus und Politik. Werk und Wirkung Adolf Stoeckers, Hamburg 1982.

20 Adolf Stoecker, Christlich-Social. Reden und Aufsätze, 2. Aufl., Berlin 1890, S. 365–369.

21 Zur Petition Bleichröders an Wilhelm I. vgl. Fritz Stern, Gold und Eisen. Bismarck und sein Bankier Bleichröder, Frankfurt/Main 1978, S. 620–625.

22 Trotz umfangreicher Literatur zu Treitschke liegt die einzige umfassende und zugleich kritische Biographie nur in Englisch vor: Andreas Dorpalen, Heinrich von Treitschke, New Haven 1957.

23 Zit. nach: Walter Boehlich (Hg.), Der Berliner Antisemitismusstreit, Frankfurt/Main 1965, S. 7–14. Dort sind die wichtigsten Antworten an Treitschke und seine Repliken zusammengestellt.

24 Zur unmittelbaren Auswirkung des Streits zwischen Mommsen und Treitschke auf die Berliner Studentenschaft vgl.: Norbert Kampe, Studenten und »Judenfrage« im Deutschen Kaiserreich. Die Entstehung einer akademischen Trägerschicht des Antisemitismus, Göttingen 1988.

25 Manuel Joel, Offener Brief an Herrn Professor Heinrich von Treitschke, 4. Aufl., Breslau 1879; Boehlich, S. 15–27.

26 Theodor Mommsen, Auch ein Wort über unser Judenthum, 4. Aufl., Berlin 1880; Boehlich, S. 212–227.

Die jüdische Wirtschaftselite im wilhelminischen Berlin: Ein jüdisches Patriziat?

Dolores L. Augustine

Berlin war für das deutsche Judentum der wilhelminischen Zeit (1888–1918) eins der wichtigen Zentren wirtschaftlicher Tätigkeit und großbürgerlicher Kultur.[1] Nur Frankfurt besaß eine jüdische Elite, die vergleichbar bedeutend war. Während Juden 1910 kaum mehr als 4% der Berliner Bevölkerung ausmachten, waren fast zwei Drittel der 111 Berliner Unternehmer, die im Jahre 1911 nach Auskunft des »Jahrbuchs der Millionäre«[2] 6 Millionen oder mehr besaßen, Juden, wenn man Familien mitzählt, die jüdischer Abstammung waren[3], aber nicht mehr der jüdischen Religionsgemeinschaft angehörten. Nach einer Untersuchung von Hartmut Kaelble waren rund die Hälfte einer Gruppe bedeutender Berliner Unternehmer der frühen Industrialisierung Juden.[4] Juden spielten eine bedeutende Rolle in der Berliner Finanzwelt: 1895 waren 37% aller Inhaber und Direktoren preußischer Banken Juden.[5] (Viele dieser Banken hatten ihren Sitz in Berlin.) Die wirtschaftliche und gesellschaftliche Stellung der jüdischen Großunternehmerfamilien Berlins wurde dadurch gestärkt, daß sie häufiger als Nichtjuden Verwandte in anderen Teilen Deutschlands oder gar im Ausland hatten. Die Gründe dafür liegen darin, daß diese Familien selten seit mehreren Generationen in Berlin ansässig waren und daß sie immer wieder Heiratsverbindungen mit jüdischen Familien im Ausland knüpften. Es gab eine jüdische Elite in Berlin, die aus Familien bestand, die zwar selten langen Bestand in Berlin hatten, die aber meistens keine Neureichen waren. Ihr Reichtum war oft über mehrere Generationen hinweg entstanden. Diese Gruppe verstand sich selbst als eine Art jüdisches Patriziat. Willy Liebermann von Wahlendorf, der aus einer sächsischen Textilindustriellenfamilie stammte, behauptete: »Nirgends war je eine Spur von Protzerei, Übermut oder Parvenutum zu bemerken, denn es war keine da; bei diesen Leuten war Kultur, war Vornehmheit gepaart mit guter Erziehung, größerer oder geringerer Bildung und hoher jüdischer Ethik.«[6]

Manche Wissenschaftler der Nachkriegszeit haben aber diese jüdische Elite in ein vollkommen anderes Licht gestellt.[7] Sie haben dem jüdischen Großbürgertum vorgeworfen, sich den herrschenden, vorindustriell geprägten Machtstrukturen in Preußen unterworfen zu haben. Durch Minderwertigkeitsgefühle (oder gar »jüdischen Selbsthaß«) geplagt, hätte die privilegierteste Schicht der Juden die Anerkennung des Adels gesucht und letztendlich die eigene Identität als Juden und Bürger geleugnet. Ihre sozialen Ambitionen seien nicht nur unerfüllt geblieben, sondern sie hätten sogar den Antisemitismus der vorindustriellen Elite verstärkt. Diese Interpretation steht eindeutig im Schatten des Holocaust. Sie ist problematisch, erstens, weil die Geschichte immer verzerrt wird, wenn sie ›vom Ende her‹ gedeutet wird. Man darf es den deutschen Juden nicht zum Vorwurf machen, daß sie die NS-Zeit nicht vorausgeahnt haben. Es darf insbesondere nicht darüber hinweggesehen werden, daß die wilhelminische Zeit durchaus emanzipatorische Züge aufwies. Dazu meint Peter Gay: »Es ist leicht, sie [die deutschen Juden] jetzt ins Lächerliche zu ziehen, weil sie meinten, man würde sie wie Deutsche behandeln, wenn sie sich wie Deutsche benahmen. Leicht, aber vollkommen unhistorisch. Wie selbsttrügerisch ihr Verhalten jetzt auch zu sein scheint, so war in den 1890er Jahren ihre Interpretation ihrer Situation ganz vernünftig.«[8] Zweitens darf die Frage der Assimilation nicht als ›Entweder-Oder‹-Frage gesehen werden. Manche Historiker haben fälschlicherweise zwei einfache Alternativen konstruiert: Deutsche Juden hätten vor der Wahl gestanden, entweder ganz an althergebrachten jüdischen Traditionen und religiösen Überzeugungen und Bräuchen festzuhalten oder aber sich einer Assimilation hinzugeben, die zwangsläufig in die vollkommene Aufgabe ihrer jüdischen Identität münden mußte. In den letzten Jahren hat jedoch das wachsende Bewußtsein für ethnische Identität und für die Möglichkeiten und Grenzen einer multikulturellen Gesellschaft auch Eingang in die Wissenschaft gefunden.[9] In einer relativ liberalen Gesellschaft (wie Deutschland seit der Emanzipation der Juden) findet bei ethnischen Minderheiten fast zwangsläufig ein Anpassungsprozeß statt, bei dem manche Aspekte der vorherrschenden Kultur angenommen werden, während andere abgelehnt werden. So entsteht eine neue ethnische Subkultur, die eine relative Stabilität aufweisen kann. Im wilhelminischen Deutschland verstanden sich die meisten Juden als »deutsche Bürger jüdischen Glaubens«, das heißt als Angehörige der deutschen Nation, die aber trotzdem Juden blieben. Woraus bestand aber diese jüdische Identität? Auf diese Frage soll in diesem Aufsatz eingegangen werden.

Bei vielen deutschen Juden der oberen Bevölkerungsschichten trat Religion zunehmend in den Hintergrund. Das konnte, mußte aber nicht, mit dem Übertritt zum Christentum einhergehen. 1911 waren von den 67 reichsten Juden Berlins 12 zum Christentum konvertiert, während 8 als Kinder getauft und christlich erzogen worden waren.[10] Über die Ausübung der Religion können keine genaueren Aussagen gemacht werden, aber es ist bekannt, daß in vielen Familien die Religion noch eine wichtige, wenn auch meist wenig sichtbare, Rolle spielte. Marion Kaplan stellt in einer Untersuchung über das deutsch-jüdische Bürgertum fest, daß die öffentlichen Rituale der Synagoge, für die Männer zuständig waren, immer mehr an Bedeutung verloren, während jüdische Frauen des Bürgertums weiterhin religiöse Bräuche (wie Gebete, die Einhaltung von Eßvorschriften und Sabbat-Ritualen) im Familienkreis pflegten.[11] Diese privaten Riten, die im Judentum von jeher eine größere Bedeutung als im Christentum besaßen, nahmen einen wachsenden Raum in der Ausübung der jüdischen Religion (insbesondere der Anhänger der liberalen Richtung) ein.

Bis zum Ersten Weltkrieg war eine säkularisierte deutsch-jüdische Identität entstanden, die ›ethnische‹ Merkmale (um einen heutigen Begriff zu verwenden) aufwies, die nicht mit der Ausübung der Religion einhergehen mußten. Ethnische Solidarität drückte sich sowohl in der Bevorzugung jüdischer Ehegatten, Freunde und Geschäftspartner als auch in der Wohltätigkeit in jüdischen Kreisen aus. Manche Elemente jüdischer Mentalität verbanden Juden aber mit der Gesamtgesellschaft. Bildung und Kultur spielten hier eine zentrale Rolle.[12] Das deutsche Bildungsideal der Aufklärung war auf den fruchtbaren Boden einer Tradition gefallen, die Gelehrsamkeit in hoher Achtung hielt. Hinzu kam, daß Juden als benachteiligte Minderheit die Bedeutung von Bildung für das berufliche Fortkommen ihrer Kinder sehr zu schätzen wußten. Traditionelle jüdische Einstellungen begünstigten ebenfalls die Tätigkeit als Kapitalist, insbesondere im Finanzsektor. Wie bei jüdischen Einstellungen zur Bildung bestand hier kein Widerspruch zwischen jüdischer Identität und Assimilation, weil jüdische Werte mit denen des protestantischen Bürgertums weitgehend übereinstimmten. So waren in den Mentalitätsstrukturen des jüdischen Bürgertums jüdische und bürgerliche Elemente oft kaum voneinander zu trennen.

Wenn man die jüdische Elite verdächtigt, sich der vom Adel dominierten vorindustriellen preußischen Elite unterworfen zu haben, geht es also nicht nur darum, ob sie sich als Juden, sondern auch darum, *ob sie sich als Mitglieder des Bürgertums* verleugnet haben. Es wird manchmal argumentiert, daß das Scheitern demokratischer und liberaler Modelle in Deutschland vor 1945 zum Teil das Ergebnis einer Schwäche bürgerlicher Traditionen in Deutschland sei. Das Scheitern der 1848er Revolution und die Einigung Deutschlands 1870/71 durch eine ›Revolution von oben‹ hätten auf verhängnisvolle Weise eine politische und gesellschaftliche Anpassung des Bürgertums an den Adel mit sich gebracht. In den letzten Jahren haben Historiker allerdings in einer Reihe von Untersuchungen gezeigt, daß bürgerliche Institutionen, Lebensformen und Mentalitätsstrukturen sehr viel ausgeprägter waren und eine viel größere Rolle in der deutschen Geschichte gespielt haben, als bisher angenommen worden war.[13] Im vorliegenden Aufsatz soll anhand empirischen Materials gezeigt werden, daß die jüdischen Großunternehmerfamilien Berlins sich zwar von den jüdischen Traditionen immer mehr entfernten, sich aber dabei neuen jüdisch-bürgerlichen Lebensformen und Mentalitätsstrukturen zuwandten, die ihrer neuen, größeren Rolle in Wirtschaft und Gesellschaft entsprachen.

Im Berlin der wilhelminischen Zeit trafen verschiedene Welten aufeinander: Hof und Geschäftswelt, Bürgertum und vorindustrielle Elite. Die deutsch-jüdische Elite der Reichshauptstadt mußte sich mit den vorherrschenden Machtstrukturen am Hof, im Militär und im Staatsdienst auseinandersetzen. Die Bankiers und Großkaufleute, die unter jüdischen Großunternehmern stark vertreten waren[14], waren besonders auf die Gunst der vom Adel dominierten Staatsführung und des Beamtentums angewiesen. Diese sozialen Bindungen wurden aber für die Wirtschafts- und Klasseninteressen dieser Schicht instrumentalisiert und führten nicht zur Selbstverleugnung. Das kann am Beispiel Carl Fürstenbergs verdeutlicht werden, der als Leiter der Berliner Handels-Gesellschaft (einer Berliner Großbank) eine sehr bedeutende Rolle in der internationalen Hochfinanz spielte.[15] Er arbeitete eng mit verschiedenen ausländischen Regierungen zusammen, insbesondere der russischen und der serbischen, war an der Finanzierung der Industrie in Deutschland und im Ausland stark beteiligt und war Mitgründer verschiedener Firmen im Ausland, wie der Banca Commerciale Italiana. Aus diesen Tätigkeiten erwuchsen soziale Kontakte zu einer großen Anzahl von Bankiers und anderen Unternehmern, hohen Beamten und Würdenträgern, einflußreichen Persönlichkeiten und Diplomaten – deutschen Botschaftern im Aus-

land und Vertretern der Länder, mit denen die Berliner Handelsgesellschaft geschäftliche Beziehungen unterhielt. Im Haus der Fürstenbergs, das dank der Bemühungen von Fürstenbergs Gattin im Mittelpunkt der Berliner Gesellschaft stand, trafen sich alte und neue Eliten, Adlige und Geschäftsleute, Juden und Christen. Hier waren nicht so sehr soziale Ambitionen im Spiel, sondern die Notwendigkeit, Beziehungen zu pflegen, die geschäftliche Interessen förderten.
Bankiers mußten über Geschehnisse im In- und Ausland bestens informiert sein. Bankier Paul Schwabach verkehrte in einflußreichen Kreisen, in denen die Politik das Hauptgesprächsthema war. Zu seinen Bekannten gehörten Friedrich von Holstein und Alfred von Kiderlen-Wächter, der seit 1910 Staatssekretär im Auswärtigen Amt war. Er genoß das Vertrauen des Außenministeriums, an das er Informationen über englische und französische Außenpolitik weiterleitete. Ihm wurden kleinere diplomatische Missionen anvertraut.[16] Der jüdische Schwerindustrielle Fritz von Friedländer-Fuld verkehrte auch in diesen Kreisen. Er pflegte Beziehungen zu Diplomaten, Ministern und Unternehmern.[17] Wenn wir zeitgenössischen Memoiren Glauben schenken, so spielten soziale Ambitionen hier freilich auch eine gewisse Rolle. Die Bälle der Familie und die Hochzeit ihrer Tochter sollen die glänzendsten der Reichshauptstadt gewesen sein. Diese Bemühungen seien aber auf Ablehnung bei manchen Adligen gestoßen. Lady Susan Townley schreibt, daß Frau von Friedländer-Fulds Bemühungen viel eher Frucht getragen hätten, wäre die Familie nicht jüdisch gewesen.[18] Sehr reiche jüdische Unternehmer stießen in Adelskreisen auf einen Antisemitismus subtiler Art. Juden hatten kaum Zugang zur Hofgesellschaft, was freilich auch für das nichtjüdische Bürgertum galt. So finden wir beispielsweise beim nichtjüdischen, nobilitierten Bankier Carl von der Heydt die Klage: »Vom Hofe waren wir als Bürgerliche ausgeschlossen.«[19] Nur wenige Ausnahmen wurden gemacht, so z.B. für Walther Rathenau, dessen gesellschaftliche und intellektuelle Fähigkeiten neben seinem Vermögen ihm den Zugang zu den kultivierten, »mehr europäisch als bürokratisch eingestellt[en]« Salons verschafften, in denen der Kreis um die Kaiserin Augusta sich traf.[20] Außerhalb des Hofs verkehrten Adlige mit Juden, wenn sie auch auf sie herabsahen: »Hier meint man, sich entschuldigen zu müssen, wenn man in jüdischen Häusern verkehrt. Es ist himmeltraurig – heißt es, wenn man unter sich ist –, ein schlimmes Zeichen der Zeit. [...] Und wie soll man sich Leuten, die sich so um einen bemühen, auf die Dauer entziehen? Man seufzt und – geht wieder hin!«[21]
Allerdings dürfen die Äußerungen von Aristokraten über jüdische Unternehmer nicht unkritisch übernommen werden. In der Vorstellungswelt von Junkern und englischen Adligen war die soziale Anerkennung durch den Adel das höchste Ziel aller reichen Juden. Diese Aristokraten besaßen wenig Gespür für die autonomen bürgerlichen Orientierungen, die im jüdischen Großunternehmertum vorhanden waren. Außerdem bekamen sie kaum diejenigen Juden zu sehen, die nicht in aristokratischen Kreisen verkehrten. Soziale Beziehungen zu Angehörigen der vorindustriellen Eliten konnten auch sehr oberflächlicher Art sein. Oft wurden sie eingeladen, weil es zum ›guten Stil‹ gehörte. So schreibt beispielsweise von Zobeltitz über das bürgerliche Sozialleben in Berlin: »[...] für manche ist es noch immer ein besonders erhebendes Gefühl, sich mit bunten Röcken und mit Adeligen zu umgeben. Es schmeichelt der lieben Eitelkeit, den Prin-

zen X und den Grafen Y in seinem Hause zu haben. [...] Wieder andere benützen die Offiziere lediglich als Füllsel, als hübsche Garnierung. Sie laden sie ein, weil sie gewandte Menschen sind und gut tanzen können.«[22] Hier unterschieden sich Juden und Nichtjuden der Wirtschaftselite kaum voneinander. Nichtjüdische Unternehmer wie der Bankier Carl von der Heydt und die Leiter des Siemens-Konzerns Wilhelm und Arnold von Siemens bemühten sich auch um Beziehungen zum Adel.[23]

Die jüdischen Großunternehmerfamilien Berlins waren durch Freundschaften und Heiratsbeziehungen eng miteinander verbunden. Willy Ritter Liebermann von Wahlendorf malt in seinen Memoiren ein Bild dieser jüdischen Elite.[24] Jüdische und nichtjüdische Unternehmer trafen sich mittags im Club von Berlin, der als ›Millionärsclub‹ bekannt war, und in bestimmten Restaurants.[25] Großunternehmer machten einen Großteil der gesellschaftlichen Kontakte Eduard Arnholds, des Kaufhausbesitzers Berthold Israel und (seit 1910/12) des Bankiers Paul Wallich aus.[26] Als »Freunde« bezeichnete Carl Fürstenberg fast ausschließlich Unternehmer, teils Juden, teils nicht. Nach Auskunft seines Sohnes waren aber drei jüdische Unternehmer seine engsten persönlichen Freunde: Albert Ballin, Thérèse Simon-Sonnemann und Fritz von Friedländer-Fuld. Über Ballin schreibt Carl Fürstenberg: »Dieses absonderliche Männchen hatte den Charme einer Frau und, was noch merkwürdiger erscheinen mag, die Sensibilität einer Frau [...]. Persönlich hat mir selten ein Freund so nahe gestanden wie dieser.« Fritz von Friedländer-Fuld hatte eine geschäftliche Beziehung zu Fürstenberg, bat diesen allerdings auch um Rat, als er keine passende Ehefrau finden konnte. Ein Streit über geschäftliche Fragen führte zum Bruch zwischen den beiden. Dazu meinte Fürstenberg: »Was mich auf tiefste schmerzte, war der menschliche Verlust eines Freundes, dem ich so lange Zeit in aller Treue zugetan gewesen war.«[27] Hier zeigen sich die Grenzen einer »sentimentalen Freundschaft« unter Unternehmern, aber auch die Verquickung von Gefühls- und Geschäftsbindungen bei Unternehmerfreundschaften.
Es gab auch jüdische Unternehmer, die den Kontakt zu Aristokraten verschmähten, so beispielsweise der Geschäftsinhaber der Berliner Disconto-Gesellschaft, Adolf Salomonsohn. Bei einem Empfang des Ersten Geschäftsinhabers der Disconto-Gesellschaft, Adolph von Hansemann, bei dem Offiziere und Würdenträger anwesend waren, soll Salomonsohn gesagt haben: »[...] eigentlich bin ich doch der Vornehmste von allen hier Versammelten, denn ich gelte, obgleich meinen Frack kein einziger Orden ziert.«[28]
Jüdische Großunternehmerfamilien hatten kaum Kontakt zu Juden, die nicht so reich und mächtig waren wie sie. Der Grund liegt keinesfalls in einer Verleugnung der jüdischen Identität[29], sondern in einer sozialen Exklusivität, die auch bei nichtjüdischen Unternehmern zu finden war. Ein gutes Beispiel dafür ist die Familie Tietz.[30] Der Kaufhausbesitzer Oskar Tietz, der 1911 etwa 25 Millionen Mark besaß, hatte seine unternehmerische Karriere als Besitzer eines kleinen Ladens begonnen. Hier vollzog sich eine Veränderung im gesellschaftlichen Verkehr in den 1890er Jahren, als die wohlhabende Familie in eine vornehme Gegend Münchens und dann nach Berlin zog. Während die Familie früher durchreisende Fabrikanten, minderbemittelte jüdische

Studenten und Soldaten als Gäste empfangen hatte, verkehrte sie jetzt mit Politikern, Anwälten, Großindustriellen, Bankiers und Journalisten, darunter viele Juden. Wenn man für Berlin von einem jüdischen Patriziat sprechen kann, so war diese Schicht vorwiegend in bestimmten vornehmen Wohngegenden (vor allem Tiergarten und Grunewald) zu finden.[31] Die führenden Familien schlossen die ›Neuen Reichen‹ aus: »Und so exklusiv waren diese [reichen jüdischen] Kreise, daß, als ein Mann nach Berlin zog, der viel mehr Geld als irgendeiner von ihnen besaß, von dessen 70er Kriegsgewinnen und deren allzu erfolgreicher Verzinsung man aber – übrigens, wie ich später hörte, ganz mit Unrecht – geringschätzig sprach, keines dieser Häuser sich ihm zum Verkehr öffnete, obwohl der Kaiser ihm hohe Titel verlieh.«[32]

Das Leben der jüdischen Großunternehmerfamilien Berlins war stark auf Repräsentation ausgerichtet. Charakteristisch für diese Schicht waren die Häufigkeit und die Opulenz der Empfänge, Bälle und ›Diners‹, die sie veranstalteten. Ihre Villen gehörten zu den größten und eindrucksvollsten Häusern Berlins. Sehr viel Geld wurde für die Repräsentation ausgegeben. Die Ehefrau eines Bankiers verfügte beispielweise über ein jährliches Budget von 70 000 Mark – eine unerhörte Summe – für ihre Toilette.[33] Geht es hier darum, daß Berliner Juden dazu bereit waren, sozusagen ihre Seele zu verkaufen, um die Anerkennung des Adels zu gewinnen?[34] Diese Frage ist eindeutig mit Nein zu beantworten. Das rege Sozialleben der Reichshauptstadt und der Luxus, der damit verbunden war, sind teilweise dadurch zu erklären, daß Großkapitalisten immer stärker ihre wirtschaftliche Konkurrenz im gesellschaftlichen Rahmen austrugen. Sie waren darum bemüht, wirtschaftliche Macht in soziales Ansehen umzusetzen. Thorstein Veblen beschrieb 1899 in seinem Werk »Theory of the Leisure Class« das Prinzip folgendermaßen: »Um die Anerkennung der Menschen zu gewinnen und zu behalten, reicht es nicht aus, Reichtum oder Macht zu besitzen. Reichtum und Macht müssen unter Beweis gestellt werden, denn Anerkennung wird nur geschenkt, wenn Beweise erbracht werden.«[35] Nach Veblen richten sich soziale Aufsteiger in ihrem Konsumverhalten nach dem Standard der Schicht, deren gesellschaftliche Vorrangstellung sie streitig machen wollen. Im wilhelminischen Berlin nahmen reiche Großunternehmer (darunter Juden und Nichtjuden) den gesellschaftlichen Konkurrenzkampf gegen den reichsten, mächtigsten Teil des Adels auf und versuchten, ihre neue soziale Stellung durch die akzeptierten Formen der Repräsentation – die mit der Aristokratie assoziiert wurden – darzustellen und zu legitimieren. Der wachsende Materialismus des Bürgertums ist aber auch als Auswuchs des wirtschaftlichen Aufschwungs im Kaiserreich zu verstehen. Die Erfolge des Kapitalismus führten dazu, daß ein neureicher Lebensstil in gewissen Kreisen zunehmend sozial akzeptiert wurde. Hier spielte die Haltung des Kaisers eine Rolle: »Dank der großzügigen Ansichten des Kaisers wurde Berlin wie Paris – um an der Unterhaltung und den Vergnügungen teilzunehmen, brauchte man nur eine unbegrenzte Geldsumme und die vollkommene Beherrschung der Kunst, sie für sich selbst und für andere auszugeben.«[36] Die neuen Spielregeln gaben den Millionären Berlins natürlich große Vorteile, da viele Beamte und Offiziere notgedrungen noch in ›altpreußischer Einfachheit‹ lebten.[37]

Die Luxussucht der wilhelminischen Zeit war typisch nicht nur für Juden und nicht nur für Berlin. Einem französischen Journalisten wurde um die Jahrhundertwende berichtet, daß die deutsche Oberschicht dreimal so viel für Reisen, Vergnügen, Komfort und Toiletten wie zehn oder fünfzehn Jahre zuvor ausgab.[38] Unter nichtjüdischen Unternehmern sind viele Beispiele zu finden, auch für Westdeutschland. Obwohl der Schwerindustrielle August Thyssen von legendärer Sparsamkeit war, »wußte er doch auf der anderen Seite fürstlich zu repräsentieren. [...] Tafel, Dienerschaft, Gedecke, alles hatte den Zuschnitt eines echten Grandseigneurs.«[39] Zum Hamburger Wirtschaftsbürgertum schreibt Schramm: »In summa: ein aufwendiger Lebensstil, eine üppige Art der Lebensführung, viel Geld ausgegeben für gesellschaftliche Vergnügen«.[40] Die Villen der jüdischen Geldelite Berlins waren keineswegs untypisch für die Häuser sehr reicher Unternehmer dieser Epoche.[41] Beim nichtjüdischen Unternehmertum der Großstädte trat ebenfalls das intime Familienleben zugunsten der Geselligkeit zurück.
Das Selbstbewußtsein der jüdischen Elite zeigte sich auch bei den Ehefrauen, die ja in erster Linie für die Repräsentation zuständig waren. Alfred Kerr beschrieb Aniela Fürstenberg als »aristokratisch, überlegen«.[42] Das Polizeipräsidium wußte folgendes über Milly von Friedländer-Fuld zu berichten: »Frau Friedländer ist eine elegante Weltdame, liebenswürdig – da wo es ihr paßt –; ihrem Wesen ist Hochmuth nicht grade fern, doch weiß sie ihre Gäste zu fesseln.«[43] Amy, geb. Salomon, Ehefrau des Kaufhausbesitzers Berthold Israel, hat auf recht eigenwillige Weise ein kultiviertes Haus geführt und repräsentiert.[44] Die Fürstin Radziwill beschrieb Léonie von Schwabach als »die charmanteste Frau«. Sie meinte weiter: »Dank seiner Frau hat er [Paul von Schwabach] einen Teil der Gesellschaft erobert. [...] und man muß schon sagen, daß der Takt, der Geist und die Umgangsformen von Frau Schwabach überall hinpassen.«[45] Diese Frauen haben eine für das Wirtschaftsbürgertum wichtige Funktion erfüllt, indem sie soziale Kontakte pflegten und dabei Selbständigkeit und Phantasie an den Tag legten. Beispielsweise war die Pazifistin und Frauenrechtlerin Bertha von Suttner, eine kontroverse Figur in der damaligen Gesellschaft, regelmäßig bei Aniela Fürstenberg zu Gast.[46] Dieser Stil ist auch bei nichtjüdischen Unternehmerfrauen wie Ellen von Siemens, der Ehefrau Arnold von Siemens', anzutreffen.[47]

Ein relativ kleiner Teil der jüdischen Elite hatte Familienverbindungen zum Adel.[48] Die überwiegende Mehrheit der Söhne der reichsten jüdischen Unternehmer Berlins wurde selbst Unternehmer; weniger als ein Zehntel wurden Großgrundbesitzer, Offiziere, Diplomaten oder dergleichen. Im wilhelminischen Deutschland waren Heiratsverbindungen zwischen Adligen und reichen Juden längst nicht so verbreitet, wie oft angenommen wird. Etwa drei Viertel der reichsten jüdischen Unternehmer 1910/12 waren mit Unternehmertöchtern verheiratet, während nur etwa 6% mit Angehörigen der vorindustriellen Elite verheiratet waren. Demgegenüber heirateten etwa ein Viertel der Söhne und ein Viertel der Töchter dieser jüdischen Unternehmer in aristokratische Kreise. (43% der Töchter waren mit Unternehmern vermählt; 55% der Söhne heirateten Unternehmertöchter.) Eheverbindungen mit der vorindustriellen Elite waren sogar etwas häufiger in den reichsten christlichen Unternehmerfamilien.[49] Für Berlin zeichnen sich dieselben Trends ab. (Meine Daten für jüdische und nichtjüdische Unternehmerfamilien in Berlin sind nicht statistisch relevant.)

Kann es sein, daß jüdische Unternehmerfamilien zwar soziale und Heiratsverbindungen mit dem Adel suchten, daß ihre Söhne aristokratische Berufe gern ergriffen hätten, daß aber diese sozialen Ambitionen bloß am Antisemitismus der vorindustriellen Elite scheiterten? Der Antisemitismus der vorindustriellen Elite war zwar stark ausgeprägt, aber es gibt auch viele Anzeichen dafür, daß Juden ihrerseits den Adel ablehnten. In einigen Autobiographien und Biographien jüdischer Unternehmer sind Hinweise auf Benachteiligung und Meidung, besonders im Jugendalter, zu finden. Walther Rathenau schrieb dazu: »In den Jugendjahren eines jeden deutschen Juden gibt es einen schmerzlichen Augenblick, an den er sich zeitlebens erinnert: Wenn ihm zum ersten Male voll bewußt wird, daß er als Bürger zweiter Klasse in die Welt getreten ist und daß keine Tüchtigkeit und kein Verdienst ihn aus dieser Lage befreien kann.«[50] In den von Monika Richarz ausgewerteten jüdischen Autobiographien aus dem Kaiserreich trat Antisemitismus vor allem in Verbindung mit Schule, Universität und Armee auf.[51] Werner Weisbach, der Sohn eines Berliner Privatbankiers, Georg Tietz, aus der Kaufhausbesitzerfamilie, die Geschwister Edith und Walther Rathenau und Paul Liebermann von Wahlendorf, der Bruder Willys, erfuhren eine Behandlung in Schülerkreisen, die von Ausgeschlossensein bis hin zu Belästigungen reichte. Der getaufte Sohn Carl Fürstenbergs, Hans, erzählt dagegen nur von einer glücklichen Kindheit.[52]

Vor allem in Verbindung mit den Corps und Burschenschaften wurden die Söhne jüdischer Großunternehmer an den Universitäten mit sozialen Barrieren konfrontiert. Paul Wallich beschrieb diese Trennlinien ausführlich in seiner Autobiographie. Während seines Studiums an der Universität Freiburg mied er Kommilitonen aus jüdischen Familien und versuchte, Einlaß in die exklusivsten Kreise zu finden, die sich ihrerseits in eine Gesellschaft reicher Aristokraten und eine Gesellschaft reicher, meist geadelter, christlicher Bürgersöhne aufteilten. Er wäre in die jüdische Gesellschaft bzw. in eine Burschenschaft aufgenommen worden, wollte dies aber nicht. Als Wallich einmal einen seiner wenigen jüdischen Freunde, Walter Levy, einer Gruppe von nichtjüdischen Studenten vorstellen sollte, murmelte Wallich den Namen, um nicht verstanden zu werden. Ein junger Graf, mit dem Wallich reiten und trinken ging, hielt Wallich nicht von seinem Bekanntenkreis fern, förderte aber auch nicht seine Aufnahme. Fazit seiner Erfahrungen: »Daß ich das Schwergewicht meines Verkehrs in eine rein arische Richtung zu legen suchte, hat mir den ganzen Freiburger Aufenthalt verdorben. Ich habe dadurch eher gar keinen Verkehr gehabt.«[53] Willy Ritter Liebermann von Wahlendorf wurde Mitte der 1880er Jahre Corpsmitglied in Würzburg, um dann an der Universität Gießen bei den ›Starkenburgern‹, einem aristokratischen Corps, aufgenommen zu werden. Hier spielten Beziehungen eine große Rolle. Auf den jüdischen Bällen in Würzburg war er »sicher der einzige Corpsstudent«. In seiner Gießener Zeit kam ein Mitglied eines befreundeten Corps nach Gießen, um »die beiden Juden [Liebermann und einen Freund] zu entfernen«, wozu es jedoch nicht kam.[54] Seit den 1880er Jahren waren die Corps den Juden verschlossen. 1896 beschloß der Deutsche Burschentag, keine Juden mehr

aufzunehmen. Danach strömten jüdische Studenten in die im Burschen-Convent zusammengeschlossenen freien Verbindungen.[55]
In der Militärdienstzeit hatten viele Söhne des jüdischen Besitzbürgertums unter dem offenen Antisemitismus und sozialer Absonderung mancher Offiziere und Soldaten zu leiden. Dies war vor allem der Fall in Preußen, etwas weniger in Bayern, wo ungetaufte Juden Offiziere werden konnten. Wallich sammelte sehr unterschiedliche Erfahrungen beim Militär, freundete sich mit zwei Offizieren an und schnitt jüdische und kleinbürgerliche Kameraden, um seine Chancen zu verbessern, Reserveoffizier zu werden. Liebermann von Wahlendorfs Erlebnisse in der Armee waren vorwiegend negativer Art, und Werner Weisbach hatte nicht mehr als oberflächliche Kontakte zu anderen Soldaten. Rathenau entwickelte enge Beziehungen zu seinen Kameraden im aristokratischen Gardekürassierregiment. Es gehörte aber zu den größten Enttäuschungen seines Lebens, nicht als aktiver Offizier beim Militär bleiben zu dürfen.[56]
Die Benachteiligung von Juden in der Schule, an der Universität und in der Armee war für viele ein prägendes Erlebnis, das ihre jugendliche Adelsbewunderung dämpfte bzw. abtötete. Als Student sprach sich Georg Tietz in der Öffentlichkeit gegen die Zulassung von Burschenschaften an seiner Hochschule aus.[57] Als Wehrdienstleistende wurde vielen Unternehmersöhnen klar, daß die Offizierslaufbahn für sie wenig Reiz hatte; die starre Disziplin und Unterordnung, die Trunkenheit und die groben Sitten sprachen sie wenig an. Eine andere mögliche Reaktion war allerdings der »jüdische Selbsthaß«. Bei Walther Rathenau ist eine tiefe innere Zerrissenheit, eine unauflösbare Widersprüchlichkeit festzustellen. Diese Mentalität war jedoch keineswegs für das ganze jüdische Unternehmertum typisch.[58] Die Vereitelung von Paul Wallichs hochgesteckten, auf den Adel gerichteten sozialen Ambitionen hat ihn auf seine eigene Schicht zurückgeworfen. Diese Rückorientierung hatte aber auch eine positive Dimension, die eine wachsende innerliche Identifikation mit dem jüdischen besitzbürgerlichen Milieu beinhaltete. Im Nachhinein erschienen ihm beispielsweise die jüdischen Kreise an den Universitäten als die »geistvollsten und gemütlichsten«. Die stark selbstkritische Darstellungsweise seiner Memoiren zeigt, daß er sich von seiner früheren Adelshuldigung abgewandt und seinen jüdischen Selbsthaß überwunden hatte. Als er nach Berlin zurückkehrte, baute er einen Freundeskreis auf, der vorwiegend aus Juden bestand.[59]

Aristokratische Berufe interessierten viele jüdische Unternehmersöhne nicht, die aus traditioneller Familiensolidarität in die väterliche Firma einstiegen. Der Bauunternehmer Salomon Haberland zwang seinen 1861 geborenen Sohn Georg dazu, seinen Traum aufzugeben, Arzt zu werden. Der Sohn, dessen Firma das Bayerische Viertel und das Tempelhofer Feld aufbaute, äußerte in seinen Memoiren nur Dankbarkeit seinem Vater gegenüber.[60] Zunehmend rebellierten junge Männer aber gegen autoritäre Väter, so beispielsweise Werner Weisbach, der aus Abneigung gegen seinen Vater (den Bankier Valentin Weisbach) Kunsthistoriker wurde.[61] Im Kaiserreich wurden aber die innerfamiliären Beziehungen in reichen jüdischen Familien deutlich liberaler. Interessanterweise entschieden sich viele Söhne freiwillig (bzw. nur mit minimalem Druck seitens der

Eltern) für den Unternehmerberuf. Paul Wallich, Sohn des Mitbegründers der Deutschen Bank, Hermann Wallich, wollte eine Zeitlang Philosoph werden. Er entschloß sich aber, Bankier zu werden, weil dieser Beruf ihm die größten Erfolge versprach: »In einer Zeit, in der von dem kurz vor seinem Ende stehenden Georg von Siemens als von einem künftigen Finanzminister gesprochen wurde, schien solche Ökonomie die nötige künftige soziale Stellung zu garantieren.«[62] Hans Fürstenberg, der Sohn Carl Fürstenbergs, gab seinen Jugendtraum, Architekt zu werden, ohne große Schwierigkeiten auf: »Insofern gab es bei mir keinen ernsthaften Widerstand, als mein Vater die Stirn zu runzeln begann und immer häufiger die Bemerkung fallen ließ, er habe für mich an eine Bankier-Laufbahn gedacht und letzten Endes, wenn alles gut gehe, davon geträumt, daß ich sein Werk in der Berliner Handels-Gesellschaft weiterführen werde. Meine ehrgeizige Mutter ergriff ziemlich schnell Partei im gleichen Sinn, aber keiner der beiden wollte den geliebten Sohn zu irgendetwas zwingen. So blieb es also bei einem freundlichen Zureden, das mich immer mehr von den Reizen einer Banklaufbahn überzeugte.«[63] Die Familiensolidarität zeigte sich auch in den Beziehungen zwischen Brüdern. Eine Reihe Berliner Firmen wurde von Brüdern geleitet, darunter drei Warenhäuser: N. Israel, A. Wertheim und H. Tietz. Philipp Freudenbergs vier Söhne waren Mitinhaber der Großhandelsfirma Hermann Gerson. In solchen Firmen mußte sich der eine oder der andere Bruder zwangsläufig unterordnen. Hier handelt es sich also um traditionelle Familienstrukturen, die vom Einzelnen einen gewissen Grad an Selbstverzicht verlangten. Es konnte aber auch vorkommen, daß ein Bruder, der eigene Wege gehen wollte, eine eigene Firma eröffnete, so beispielsweise Wolf Wertheim.[64]

Auch in bezug auf die Wahl eines Ehepartners war die jüdische Identität in dieser Schicht sowohl durch traditionelle als auch moderne Werte und Verhaltensweisen geprägt. Heiratsstrategien waren von zentraler Bedeutung für die Weitertradierung der jüdischen Religion in einer Familie. Im Kaiserreich kamen immer noch viele Ehen in dieser Schicht durch die Eltern oder Verwandten zustande, weil so am besten gesichert werden konnte, daß die Braut bzw. der Bräutigam sowohl jüdisch war als auch derselben sozialen Schicht angehörte. Die Höhe der Mitgift der Frau sollte der Stellung bzw. dem Reichtum des Mannes entsprechen.[65] Wahrscheinlich waren solche ›arrangierten Ehen‹ etwas häufiger unter Juden als unter Nichtjuden. Dafür spricht der Befund meiner Untersuchung über die reichsten Unternehmer im »Jahrbuch der Millionäre«, daß der Altersunterschied zwischen Mann und Frau größer bei den jüdischen als bei den nichtjüdischen Unternehmerfamilien war. Da der Kreis der möglichen Ehepartner in dieser Schicht sehr klein war, kamen nicht selten Verwandtenehen zustande, so beispielsweise in der Mendelssohn-Familie.[66] Die ›Liebesehe‹ spielte aber eine wachsende Rolle in dieser Schicht. Hier lernten sich Mann und Frau im von ihnen selbst bestimmten Kreis kennen und entschlossen sich spontan (ohne Zureden der Eltern) zu heiraten. Der Mann und die Frau richteten sich jedoch bewußt oder unbewußt nach den Normen ihrer Schicht und den Vorstellungen ihrer Eltern, so daß sie meistens jemanden aus den eigenen sozialen Kreisen heirateten.[67] Carl Fürstenberg heiratete in zweiter Ehe Aniela, geb. Natanson, die aus einer polnisch-jüdischen Bankiersfamilie stammte, nachdem er eine außereheliche Beziehung zu ihr gehabt hatte, die ihn anscheinend dazu veranlaßte, sich von seiner ersten Frau scheiden zu lassen. Aniela Fürstenberg war nicht nur eine gebildete Frau, die sich leicht in der Gesellschaft bewegen konnte, sondern auch eine Frau, mit der ihr Mann Geschäftsangelegenheiten besprechen konnte.[68] Klasse und ethnische Identität verbanden diese zwei Menschen in einer leidenschaftlichen Liebesbeziehung.

Sogar Juden dieser Schicht, die zum Christentum übergetreten waren, heirateten oft Juden. Nach Werner Mosse ist dieses Verhalten darauf zurückzuführen, daß »Mischehen vielerlei psychische und soziale Probleme hervorriefen, die aus Unterschieden in kulturellen Einstellungen und Interessen sowie sozialer Herkunft und Lebensstil resultierten«.[69] Fritz von Friedländer-Fuld, der zum Christentum konvertiert war, wollte unbedingt eine Jüdin heiraten.[70] Ein anderer getaufter Jude, Paul Wallich, wollte allerdings eine Christin heiraten. Seine Wahl fiel auf eine Frau, mit der er viele seiner intellektuellen Interessen teilte. Die Ehe der Wallichs war insofern besonders ›modern‹, typisch höchstens für die kulturell sehr interessierten jüngeren Juden Berlins, die mit der Tradition gebrochen hatten, ohne aber ihre jüdische Identität gänzlich zu verlieren. Im Falle Wallichs bestand diese jüdische Identität nicht nur aus bestimmten Einstellungen zur Bildung, sondern auch aus sozialen Beziehungen zu Juden.[71]

Viele Juden – ob getauft oder nicht – hielten wenig von Heiratsverbindungen mit dem Adel, weil sie befürchteten, daß ein Adliger bzw. eine Adlige wenig Respekt und Liebe für ihre Kinder entwickeln würde. Diese Befürchtungen waren keineswegs unbegründet. Die 1887 geschlossene Ehe zwischen Gerson Bleichröders Tochter Else und dem Freiherrn Bernhard von Uechtritz ging beispielsweise kurz nach der Hochzeit in die Brüche. Uechtritz behielt die Mitgift in Höhe von 2,5 Millionen Mark.[72] Friedländer-Fuld ließ seine Tochter keinen deutschen Aristokraten heiraten, sondern schickte sie auf Reisen nach England. Dort verliebte sie sich erwartungsgemäß in einen englischen Adligen, den sie später heiratete.[73]

Typisch für die jüdische Wirtschaftselite Berlins waren die engen Bindungen zur Welt der Kunst, des Theaters, der Literatur und der Musik. Carl Fürstenberg schrieb über seine Frau Aniela, sie sei »der Gründung eines Salons so nahe gekommen, wie es in jener Zeit in Berlin möglich war«.[74] Sowohl in seiner wie auch in ihrer Familie waren neben Unternehmern Musiker, Wissenschaftler und Schriftsteller zu finden. Die Musikwelt versammelte sich bei den Bankiers Franz und Robert von Mendelssohn, die Nachkommen Felix Mendelssohn-Bartholdys waren. Manche Kunstmäzene verkehrten auch privat mit Künstlern, so beispielsweise Eduard Arnhold und Rudolf Mosse. Zu dem Kreis, der beim Malerehepaar Reinhold und Sabine Lepsius verkehrte, gehörten Vertreter der jüdischen Berliner Hochfinanz.[75] Die gebürtige Engländerin Amy, geb. Salomon, Ehefrau des Kaufhausbesitzers Berthold Israel, pflegte gesellschaftliche Kontakte zu Schauspielern, Musikern und Intellektuellen. Ihr Sohn Wilfrid war oft zu Gast bei Albert Einstein, der seit 1914 in Berlin wohnte. Paul Wallich verkehrte mit dem Dichter-Offizier Fritz von Unruh, der Tochter Max Liebermanns, mehreren Schauspielern, der Frauenrechtlerin Hedwig Dohm und der Gattin Thomas Manns.[76]

Die Kultivierung von Beziehungen zu den führenden intellektuellen und literarischen Kreisen war berufliche Notwendigkeit für den Verleger Samuel Fischer. Seine Frau war für die Organisation einer sehr regen Geselligkeit zuständig. Ihre Tochter schrieb über sie: »Durch viele Jahre hindurch stand sie als Herz des großen Verlages im Zentrum des geistigen und künstlerischen Lebens in Berlin. Ihr Wirken und ihre persönliche Ausstrahlung mag der der berühmten Frauen der Romantik, die für sie vorbildhaft lebendig waren, ähnlich gewesen sein. Unser Haus in der Erdenerstraße wurde so die Heimstatt der Autorenfamilie.«[77] Durch Walther Rathenaus Vermittlung entstand ein Kreis um den zeitkritischen Journalisten Max Harden, dem mehrere jüdische Unternehmer angehörten. Die Beziehungen zwischen der Geschäftswelt und dem Künstler- und Intelligenzmilieu waren in Berlin stärker ausgeprägt als anderswo. Sie resultierten aus den kulturellen Interessen Berliner Juden und knüpften an die Erinnerung an die Berliner Salons der deutschen Romantik an. Sie hatten als Voraussetzungen erstens die bedeutende Kunstszene in Berlin, zweitens verwandtschaftliche Beziehungen zwischen dem Besitzbürgertum und der Welt der Kunst, drittens ein sehr hohes Bildungsniveau – die Mehrheit der reichsten jüdischen Unternehmer Berlins hatte studiert (wenn auch nur ein paar Semester). Die hohe Achtung, die das jüdische Bürgertum für die Bildung empfand, zeigt sich auch darin, daß ein hoher Anteil der ersten Frauen, die das Gymnasium besuchten bzw. studierten, Jüdinnen waren (oft aus wohlhabenden Familien).[78]

Das Bild des jüdischen Besitzbürgertums Berlins wäre nicht vollständig ohne einen Hinweis auf seine politischen Tätigkeiten und Einstellungen. Eine Reihe jüdischer Unternehmer versuchte, durch soziale Kontakte zum Kaiser direkten Einfluß auf die Politik zu gewinnen. Ob sie dabei erfolgreich waren, bleibt im Unklaren. Zu diesem auserlesenen Kreis gehörten der Spekulant Max Esser, Emil und Walther Rathenau, Fritz von Friedländer-Fuld, die Bankiers Franz von Mendelssohn, Paul Schwabach und Carl Fürstenberg sowie die Großunternehmer James Simon und Eduard Arnhold. Im Kaiserreich ging das frühere politische Engagement des deutschen Unternehmertums ziemlich stark zurück, vor allem auf nationaler Ebene.[79] So überrascht es nicht, daß nur 11 der 502 reichsten Unternehmer Deutschlands (nach dem »Jahrbuch der Millionäre«) Reichstagsabgeordnete waren. Darunter waren zwei Berliner Juden zu finden: Paul von Schwabach und der Bankier Ludwig Max Goldberger. Beide gehörten der nationalliberalen Fraktion an. Berliner Juden spielten aber eine prominente Rolle in der Kommunalpolitik. Eine Reihe jüdischer Unternehmer saß in der Berliner Stadtverordnetenversammlung. Dem jüdischen Großbürgertum kam zugute, daß Juden (die nur 4–5% der Bevölkerung ausmachten) fast ein Drittel der Berliner Steuer bezahlten. (Auf kommunaler Ebene gab es im Kaiserreich das Dreiklassenwahlrecht.) Diese jüdischen Wähler stimmten wahrscheinlich mehrheitlich für linksliberale Kandidaten. Auch sehr reiche Juden waren eher im linksliberalen Lager zu finden als sehr reiche Nichtjuden. Von den 23 reichsten christlichen Unternehmern Berlins, über die wir Informationen besitzen, wurden sieben als konservativ, drei als freikonservativ, fünf als nationalliberal, sieben als »königstreu« (ohne weitere Angabe) und einer als linksliberal eingeordnet. Von den 34 reichsten jüdischen Unternehmern, über die Daten vorhanden sind, waren fünf konservativ, sechs nationalliberal, sechs »königstreu« und zwölf linksliberal gesinnt; weitere fünf haben die Partei gewechselt.[80] Nach Peter Pulzer ging es jüdischen Wählern nicht darum, daß der Freisinn spezifisch jüdische Interessen vertreten hätte, was auch nicht der Fall war und im übrigen nicht dem verbreiteten jüdischen Verständnis von politischem Engagement entsprach, das von einem liberalen Begriff des Staatsbürgers ausging. Vielmehr hätte der Freisinn Anklang bei ihnen gefunden, weil er prinzipiell die Rechtsstaatlichkeit, den ökonomischen Liberalismus und die Leistungsgesellschaft unterstützte. Die Besitzer von zwei der größten Zeitungskonzerne Berlins waren Juden: Rudolf Mosse (der das Berliner Tageblatt, die Berliner Volkszeitung und die Berliner Morgenzeitung gründete) und die Ullstein-Familie (die die Berliner Zeitung, die Vossische Zeitung und die Berliner Morgenpost verlegte). Diese Zeitungen vertraten den Standpunkt des städtischen Bürgertums und befürworteten den Parlamentarismus und die Interessen von Handel und Industrie. Juden waren stark in der Berliner Kaufmannschaft vertreten, lehnten aber im allgemeinen die großen rechtsgerichteten Verbände wie den Centralverband deutscher Industrieller ab.[81]

Im vorliegenden Aufsatz wurde erstens argumentiert, daß die jüdischen Großunternehmerfamilien Berlins mit wenigen Ausnahmen ihre Beziehungen zur vorindustriellen Elite durchaus realistisch einschätzten. Sie pflegten soziale Beziehungen zum Adel vor allem wegen der Machtposition, die dieser innerhalb des preußisch-deutschen Staatsapparates innehatte. Den jüdischen Unternehmern ging es um Staatsverträge, wichtige Informationen über Geschehnisse im In- und Ausland, Beziehungen zu ausländischen Staaten und ähnliches. In Berlin war eine Konkurrenzsituation entstanden, in der sich die Großkapitalisten immer stärker bemühten, zu den Zentren der Macht vorzudringen bzw. ihre Beziehungen innerhalb der Geschäftswelt auszubauen. Damit hing ein repräsentativer Lebensstil zusammen, der aber auch als Ausdruck eines ›goldenen Zeitalters‹ des Kapitalismus in Deutschland zu verstehen ist, in dem es gesellschaftlich akzeptabel wurde, die eigenen wirtschaftlichen Erfolge kraß zur Schau zu stellen. Mit Aristokratisierung hatte diese Entwicklung wenig zu tun. – Bei einigen reichen jüdischen Unternehmern – wie Walther Rathenau und dem jugendlichen Paul Wallich – sind freilich ein gebrochenes Selbstbewußtsein und Adelsbewunderung anzutreffen. Beide überwanden allerdings ihren Selbsthaß und wandten sich anderen sozialen Vorbildern zu. Die Juden dieser Schicht haben im allgemeinen eine gesunde Zurückhaltung dem Adel gegenüber entwickelt. Dabei ist es erstaunlich, wie wenig ihre soziale Orientierung vom Antisemitismus geprägt war.
Dieses Selbstbewußtsein war in einer jüdischen Identität verwurzelt, bei der sich traditionelle und moderne Elemente mischten. Religion spielte keine zentrale Rolle mehr für viele dieser Juden, die ja zum Teil zum Christentum übergetreten waren, die aber eine bewußte, positive Beziehung zum Judentum (im Sinne von Gesamtheit aller Juden) beibehielten. Die Mechanismen, die dieses jüdische Patriziat zusammenhielten, waren teilweise traditioneller Art: die arrangierte Ehe und die Familiensolidarität. Modernisierungsprozesse konnten den Zusammenhalt dieser Elite aber nicht zerstören. Trotz Individualisierungsprozessen, die der Unterordnung des

Einzelnen zuwiderliefen, wurden noch viele der Söhne Unternehmer, weil sie sich stark mit der kapitalistischen Welt identifizierten. Und die Liebe brachte oft Menschen derselben sozialen und ethnischen Herkunft zusammen, weil sie dieselben Werte teilten. Was diese Elite letztendlich zusammenhielt, war eine ethnische Identität, die auf Bildung, Besitz, bürgerlichen Werten und Liberalismus (zumindest im weiteren Sinn, obwohl teilweise auch im politischen Sinn) basierte. Die Zerschlagung dieser Elite nach 1933 war deshalb keineswegs vorprogrammiert.

1 Die Forschungen für diesen Aufsatz wurden zum Teil durch ein Stipendium des International Research & Exchanges Board (IREX) finanziell unterstützt. Die Finanzierung wurde vom »National Endowment for the Humanities« und von der »United States Information Agency« gesichert. Keine dieser Institutionen trägt jedoch Verantwortung für die hier geäußerten Meinungen.

2 Rudolf Martin, Jahrbuch der Millionäre Deutschlands, Bd. 7, Berlin 1912. Daten für Berlin basierten auf der amtlichen Einkommenssteuerstatistik für das Jahr 1911. Ich habe die darin enthaltenen Kurzbiographien durch Material aus veröffentlichten Nachschlagewerken, Autobiographien und Biographien, der genealogischen Sammlung des von F.W. Euler geleiteten »Instituts zur Erforschung historischer Führungsschichten« in Bensheim, den Titel- und Ordensakten der staatlichen Archive in Potsdam, Merseburg und Dresden und Korrespondenz mit Nachkommen der untersuchten Personen, Genealogen und Archiven ergänzt. Die Ergebnisse meiner Untersuchung sind in meiner Doktorarbeit enthalten: Dolores L. Augustine, Die wilhelminische Wirtschaftselite: Sozialverhalten, soziales Selbstbewußtsein und Familie, Freie Universität Berlin 1991. Überarbeitete englischsprachige Fassung: Patricians and Parvenus. Wealth and High Society in Wilhelmine Germany, Oxford 1994.

3 Als Juden wurden auch Familien wie die Mendelssohns gezählt, die seit ein paar Generationen Christen waren, deren Vorfahren aber überwiegend Juden waren. Für diesen auf Ethnizität orientierten Judenbegriff siehe Werner E. Mosse, Jews in the German Economy. The German-Jewish Economic Elite 1820–1935, Oxford 1987, S. 1f.

4 Vgl. Hartmut Kaelble, Berliner Unternehmer während der frühen Industrialisierung. Herkunft, sozialer Status und politischer Einfluß, Berlin 1972, S. 79.

5 Vgl. Monika Richarz (Hg.), Jüdisches Leben in Deutschland, Bd. 2: Selbstzeugnisse zur Sozialgeschichte im Kaiserreich, Stuttgart 1979, S. 30.

6 Willi Ritter Liebermann von Wahlendorf, Erinnerungen eines deutschen Juden 1863–1936, hg. v. Ernst Reinhard Piper, München 1988, S. 49.

7 Vgl. Lamar Cecil, Jew and Junker in Imperial Berlin, in : Leo Baeck Institute. Year Book XX (1975), S. 7–58; Fritz Stern, Gold und Eisen. Bismarck und sein Bankier Bleichröder, Frankfurt/Main 1978; Gershom Scholem, On the Social Psychology of the Jews in Germany 1900-1933, in: David Bronsen (Hg.), Jews and Germans from 1860 to 1933: The Problematic Symbiosis, Heidelberg 1979, S. 9–32.

8 Peter Gay, Freud, Jews and Other Germans, New York 1978, S. 165f.; vgl. auch S. 93ff., 162ff.

9 Vgl. Marion Berghahn, Continental Britons: German-Jewish Refugees from Nazi Germany, 2. Aufl., Oxford 1988.

10 32 waren Angehörige der jüdischen Religion. Allerdings besitzen wir keine Informationen über 15 dieser Personen.

11 Vgl. Marion Kaplan, The Making of the Jewish Middle Class. Women, Family, and Identity in Imperial Germany, New York 1991, S. 64–84.

12 Vgl. Kaplan, S. 8ff.

13 Vgl. Ralf Dahrendorf, Gesellschaft und Demokratie in Deutschland, München 1965, S. 62ff.; Jürgen Kocka (Hg.), Bürgertum im 19. Jahrhundert, 3 Bde., München 1988; David Blackbourn/Geoff Eley, The Peculiarities of German History, Oxford 1984.

14 Sie machten 1911 jeweils zwei Drittel und ein Sechstel der 67 reichsten jüdischen Unternehmer Berlins aus.

15 Vgl. Carl Fürstenberg, Die Lebensgeschichte eines deutschen Bankiers, hg. v. Hans Fürstenberg, Berlin 1931.

16 Vgl. Rudolf Vierhaus (Hg.), Das Tagebuch der Baronin Spitzenberg, geb. Freiin von Varnbüler. Aufzeichnungen aus der Hofgesellschaft des Hohenzollernreiches, 3. Aufl., Göttingen 1963, bes. S. 475; Hans Jaeger, Unternehmer in der deutschen Politik 1890–1918, Bonn 1967, S. 181.

17 Vgl. Bogdan Graf von Hutten-Czapski, Sechzig Jahre Politik und Gesellschaft, Bd. 2, Berlin 1936, S. 63; Werner Frhr. von Rheinbaben, Viermal Deutschland. Aus dem Erleben eines Seemanns, Diplomaten, Politikers 1895–1954, Berlin 1954, S. 76; Jules Huret, En Allemagne. Berlin 1909, S. 313; C. Fürstenberg, S. 254f., 262; Liebermann von Wahlendorf, S. 84.

18 Lady Susan Townley, »Indiscretions« of Lady Susan, New York 1922, S. 45f.; vgl. von Rheinbaben, S. 76.
19 Carl von der Heydt, Unser Haus, Privatdruck o. O. u. J. (1919), S. 30f.
20 Vgl. Harry Graf Kessler, Walther Rathenau. Sein Leben und sein Werk, Berlin 1928, S. 54f.; Alfred Kerr, Walther Rathenau. Erinnerungen eines Freundes, Amsterdam 1935, S. 92.
21 Vgl. Huret, En Allemagne, S. 347f.; Zitat nach deutscher Ausgabe: Berlin um Neunzehnhundert (aus dem Französischen von Nina Knoblich), München 1909 (Nachdruck Berlin 1979), S. 312.
22 Fedor von Zobeltitz, Chronik der Gesellschaft unter dem letzten Kaiserreich, Bd. 2, Hamburg 1922, S. 210.
23 Vgl. Heydt, S. 30ff. Die Aussagen über Wilhelm von Siemens basieren teilweise auf der Auswertung einer Visitenkartensammlung (Siemens-Archiv, SAA 4/LC 999). Vgl. auch Carl Dietrich Harries, Nachruf für Wilhelm von Siemens, Sonderabdruck aus: Wissenschaftliche Veröffentlichungen aus dem Siemens-Konzern, Bd. 1, Heft 1, Berlin 1920, S. 9 (aus dem Bestand des Siemens-Archivs). Zu Arnold von Siemens, vgl. Marie von Bunsen, Zeitgenossen, die ich erlebte. 1900–1930, Leipzig 1932, S. 42ff.
24 Vgl. Liebermann von Wahlendorf, bes. S. 67, 83f.
25 Vgl. C. Fürstenberg, S. 397; Arthur von Gwinner, Lebenserinnerungen, hg. v. Manfred Pohl, Frankfurt/Main 1975, S. 54ff.; Max I. Wolff, Club von Berlin, Berlin 1926, S. 20–29, 89, 99; Paul Wallich, Lehr- und Wanderjahre eines Bankiers, in: Zwei Generationen im deutschen Bankwesen 1833–1914, Frankfurt/Main 1978, S. 352f.
26 Zu Arnhold vgl. Johanna Arnhold (Hg.), Eduard Arnhold. Ein Gedenkbuch, Privatdruck Berlin 1928, S. 43, 197, 218. Zu Israel vgl. Naomi Shepherd, Wilfrid Israel, London 1984, S. 20f. Zu Wallich vgl. Wallich, S. 343ff.
27 C. Fürstenberg, S. 436, 497.
28 Georg Solmssen, Gedenkblatt für Adolf und Sara Salomonsohn zum 19. März 1931, Privatdruck o. O. (Berlin) 1931, S. 19; vgl. S. 10ff.
29 Ein solcher Vorwurf wird von Lamar Cecil gemacht. Vgl. Cecil, S. 49f.
30 Vgl. Georg Tietz, Hermann Tietz. Geschichte einer Familie und ihrer Warenhäuser, Stuttgart 1965, S. 49.
31 Vgl. Erich Achterberg, Berliner Hochfinanz. Kaiser, Fürsten, Millionäre um 1900, Frankfurt/Main 1965, S. 44ff.
32 Liebermann von Wahlendorf, S. 49. Ich vermute, daß es sich hier um Siegmund Aschrott handelt.
33 Vgl. Huret, En Allemagne, S. 104. Weitere Beispiele in Augustine, Patricians und Parvenus, S. 219ff.
34 Lamar Cecil scheint diese Meinung zu vertreten.
35 The Theory of the Leisure Class. An Economic Study of Institutions (1. Aufl. 1899), zitiert nach der Ausgabe London 1970, S. 42. Meine Übersetzung.
36 Count Axel von Schwering, The Berlin Court under William II, London 1915, S. 254f. Meine Übersetzung.
37 Vgl. Arthur von Brauer, Im Dienste Bismarcks. Persönliche Erinnerungen, bearb. u. hg. v. Helmut Rogge, Berlin 1936, S. 212.
38 Vgl. Huret, En Allemagne, S. 104.
39 Hjalmar Schacht, 76 Jahre meines Lebens, Bad Wörishofen 1953, S. 184f.; vgl. auch Jules Huret, In Deutschland, Tl. 1: Rheinland und Westfalen (aus dem Französischen von E. von Kraatz), Leipzig 1907, S. 253f.
40 Percy Ernst Schramm, Neun Generationen. Dreihundert Jahre deutscher »Kulturgeschichte« im Lichte der Schicksale einer Hamburger Bürgerfamilie (1648–1948), Bd. 2, Göttingen 1964, S. 426.
41 Vgl. beispielsweise Tilmann Buddensieg (Hg.), Villa Hügel. Das Wohnhaus Krupp in Essen, Essen 1984, S. 257; Heydt, S. 21ff.; zur Villa des Textilindustriellen W. Scheidt: Rheinisch-Westfälisches Archiv zu Köln, 60–12–8; zum Wohnstil in Hamburg: Schramm, S. 413, 423, 425. Es sei außerdem daran erinnert, daß Friedländer-Fulds Villa auch in Berlin eine besondere Erscheinung darstellte.
42 Kerr, S. 36.
43 Polizeipräsident Berlin an Handelsministerium, 1901, Brandenburgisches Landeshauptarchiv Potsdam, Pr. Br. Rep. 30 Berlin C Tit. 94 Nr. 9940.
44 Shepherd, S. 20f.
45 Comte Paul Vasili (pseud. f. Catherine Fürstin Radziwill), La Société de Berlin, 12. Aufl., Paris 1884, S. 160; es handelt sich eindeutig um die Schwabachs, nicht um die Schwabacher.
46 Vgl. C. Fürstenberg, S. 398.
47 Vgl. Schwering, S. 221.
48 Vgl. Augustine, Patricians and Parvenus.
49 Ein Zehntel der Unternehmer, ein Viertel ihrer Söhne und ein Drittel ihrer Töchter waren mit Angehörigen der vorindustriellen Eliten verheiratet.
50 Walther Rathenau, Staat und Judentum. Eine Polemik, in: Gesammelte Schriften, Bd. 1, Berlin 1918, S. 188f.
51 Vgl. Richarz, S. 38.

52 Vgl. Werner Weisbach, »Und alles ist zerstoben.« Erinnerungen aus der Jahrhundertwende, Wien 1937, S. 53; Tietz, S. 64; Ursula von Mangoldt, Auf der Schwelle zwischen Gestern und Morgen. Begegnungen und Erlebnisse, Weilheim 1963, S. 23f.; Hans Dieter Hellige, Rathenau und Harden in der Gesellschaft des Deutschen Kaiserreichs, in: Walther Rathenau, Maximilian Harden, Briefwechsel 1897–1920, München 1983, S. 32; Liebermann von Wahlendorf, S. 31; Hans Fürstenberg, Erinnerungen. Mein Weg als Bankier und Carl Fürstenbergs Altersjahre, Düsseldorf 1968, S. 1.

53 Wallich, S. 162; vgl. S. 160ff.

54 Vgl. Liebermann von Wahlendorf, S. 40ff.

55 Vgl. Richarz, S. 39f.; Konrad Jarausch, Students Society and Politics in Imperial Germany. The Rise of Academic Illiberalism, Princeton (N. J.) 1982, S. 353ff.

56 Vgl. Wallich, S. 169–178; Liebermann von Wahlendorf, S. 55ff.; Weisbach, S. 172; Kessler, S. 32; Hellige, Rathenau, S. 35.

57 Vgl. Tietz, S. 85.

58 Neurotische Söhne waren auch in nichtjüdischen Unternehmerfamilien zu finden – beispielsweise Fritz Krupp und Wilhelm von Siemens. Vgl. Augustine, Patricans and Parvenus, S. 139f.

59 Vgl. Wallich, bes. S. 163, 219ff. Da wir allerdings nicht wissen, wann Wallich seine Memoiren verfaßte, bleibt ungeklärt, in welchem Lebensabschnitt dieser Umdenkungsprozeß einsetzte.

60 Vgl. Georg Haberland, Aus meinem Leben, Privatdruck o. O. 1931.

61 Vgl. Augustine, Patricians and Parvenus, S. 137. Vgl. auch Hans Dieter Hellige, Generationskonflikt, Selbsthaß und die Entstehung antikapitalistischer Positionen im Judentum. Der Einfluß des Antisemitismus auf das Sozialverhalten jüdischer Kaufmanns- und Unternehmersöhne im Deutschen Kaiserreich und in der K. u. K.-Monarchie, in: Geschichte und Gesellschaft 5 (1979), S. 476–518.

62 Wallich, S. 186f.

63 H. Fürstenberg, S. 18; vgl. S. 16f.

64 Vgl. Augustine, Patricians and Parvenus, S. 154.

65 Vgl. Kaplan, S. 85–116.

66 Vgl. Felix Gilbert (Hg.), Bankiers, Künstler und Gelehrte. Unveröffentlichte Briefe der Familie Mendelssohn aus dem 19. Jahrhundert, Tübingen 1975, S. XXXIV. Weiteres Beispiel in H. G. Reissner, The Histories of »Kaufhaus N. Israel« and of Wilfrid Israel, in: Leo Baeck Institute. Year Book III (1958), S. 239.

67 Vgl. Kaplan, S. 108ff.

68 Vgl. C. Fürstenberg, S. 229, 231.

69 Werner E. Mosse, The German-Jewish Economic Elite 1820–1935. A Socio-Cultural Profile, Oxford 1989, S. 93.

70 H. Fürstenberg, S. 128.

71 Vgl. Wallich.

72 Vgl. Stern, S. 597.

73 Vgl. Meriel Buchanan, Ambassador's Daughter, London 1958, S. 46; Schwering, S. 218. Allerdings ließ sie sich später von ihm scheiden, weil – wie sie ihrer Schwiegermutter schrieb – sie sich zu sehr als Deutsche fühlte, um ihr Leben in England verbringen zu können.

74 C. Fürstenberg, S. 398f., vgl. auch S. 95, 99f., 216f., 317, 398.

75 Zu den Mendelssohns vgl. Wilhelm Treue, Das Bankhaus Mendelssohn als Beispiel einer Privatbank im 19. und 20. Jahrhundert, in: Mendelssohn-Studien 1 (1972), S. 54ff.; Cécile Lowenthal-Hensel, Franz von Mendelssohn, in: Mendelssohn-Studien 6 (1986), S. 259; F. Gilbert (Hg.), Bankiers, Künstler und Gelehrte, Tübingen 1975, S. 229. Zu Reinhold und Sabine Lepsius vgl. Sabine Lepsius, Ein Berliner Künstlerleben um die Jahrhundertwende, München 1972, S. 175, 177f.

76 Vgl. Shepherd, S. 20ff.; Wallich, S. 343ff.

77 Brigitte B. Fischer, Sie schrieben mir oder was aus meinem Poesiealbum wurde, Stuttgart 1978, S. 40.

78 Vgl. Claudia Huerkamp, Frauen, Universitäten und Bildungsbürgertum, in: Hannes Siegrist (Hg.), Bürgerliche Berufe, Göttingen 1988, S. 207f.

79 Vgl. Jaeger; Augustine, Patricians and Parvenus, S. 48ff., 202; Isabel Hull, The Entourage of Kaiser Wilhelm II, Cambridge 1982.

80 Aus den Akten des Polizeipräsidenten Berlins, Brandenburgisches Landeshauptarchiv Potsdam, Pr. Br. Rep. 30 Berlin C Tit. 94.

81 Vgl. Peter Pulzer, Jews and the German State. The Political History of a Minority 1848–1933, Oxford 1992, S. 35ff., 145, 170, 174f., 178.

Die jüdische Bevölkerung Berlins in den ersten Jahrzehnten des 20. Jahrhunderts: Demographische und wirtschaftliche Entwicklungen

Gabriel E. Alexander

Nach dem Zweiten Weltkrieg veröffentlichte historiographische Arbeiten über die jüdische Bevölkerung in Deutschland konzentrierten sich zunächst stark auf den Beitrag der jüdischen Bevölkerungsgruppen zur deutschen Gesellschaft. Ein derartiger Ansatz berücksichtigte in der Regel jedoch nicht die Entwicklung der jüdischen Bevölkerung in der deutschen Reichshauptstadt und vernachlässigte die vorliegenden demographischen und wirtschaftlichen Befunde über die ›einfachen Juden‹. Verbreitet ist das stereotype Image des ›Berliner Juden‹, der dem Mittelstand oder gar dem gehobenen Mittelstand angehörte, entsprechend wohlhabend war und seinen nicht zu knapp bemessenen Lebensunterhalt durch die Einnahmen aus seinem Privatunternehmen oder aus freiberuflicher Tätigkeit verdiente, der in einem der angesehenen Viertel im Westen der Stadt wohnte und dessen Leben in Sicherheit und Stille bis zum 30. Januar 1933 dahinlief. Wenn es nun im Berlin jener Jahre auch Juden gab, denen das Schicksal nicht wohlgesonnen war, die mittellos und auf Wohlfahrtsunterstützung angewiesen waren, dann handelte es sich nach einer verbreiteten Vorstellung um ungerufene Gäste – um ›Ostjuden‹ –, die sich in jeder Hinsicht von den ehrenhaften, kreativen und kulturell hochstehenden Juden der deutschen Hauptstadt unterschieden.

Im vorliegenden Beitrag soll die Tatsache, daß es in Berlin während des Kaiserreiches und der Weimarer Zeit Juden gab, die erfolgreich stabile wirtschaftliche Verhältnisse aufbauen und aufrechterhalten konnten oder die in den Bereichen der Kultur, der Wirtschaft und der verschiedenen Wissenschaften tätig waren, keineswegs bestritten werden. Doch der Historiker, der die Geschichte der Berliner Juden in der Weimarer Republik umfassend dokumentieren möchte, stößt in hohem Maße auf Material, das dem Stereotyp des Berliner Juden widerspricht und auf umfangreiche jüdische Bevölkerungsgruppen weist, die in Berlin seit dem letzten Drittel des 19. Jahrhunderts einen schweren Existenzkampf führten und beständig um ihre Aufenthaltsrechte in der Stadt sowie um die Möglichkeiten kämpften, hier ihr Leben einzurichten.[1]

Die im vorliegenden Beitrag verarbeiteten Informationen beruhen im wesentlichen auf Angaben, die aus verschiedenen statistischen Publikationen erhoben werden konnten. Der erste Teil (die ersten fünf Abschnitte) ist der Darstellung und Analyse der demographischen Entwicklung der jüdischen Bevölkerung in Berlin von der Reichsgründung 1871 bis zur Errichtung des ›Dritten Reiches‹ gewidmet.[2] Der Akzent wird dabei auf den Elementen liegen, die die jüdische Bevölkerung in Berlin gegenüber der Allgemeinbevölkerung der Stadt und der allgemeinen jüdischen Bevölkerung Deutschlands auszeichneten. Ein besonderer Abschnitt ist der Darstellung der ›Ostjuden‹ in Berlin gewidmet.

Der zweite Teil des vorliegenden Beitrags (die letzten fünf Abschnitte) stellt die wirtschaftliche Entwicklung der Berliner Juden seit dem Untergang des wilhelminischen Deutschlands bis zum Ende der Weimarer Republik dar. Neben der Untersuchung der statistischen Angaben über die Verteilung der jüdischen Erwerbstätigen auf verschiedene Wirtschaftszweige und ihre beruflichen Positionen soll hier der Versuch unternommen werden, ausführlich die Frage der Proletarisierung der Berliner Juden während der Weimarer Republik und die Bedeutung der Wirtschaftskrise, in die diese Bevölkerungsgruppe seit dem Ausbruch des Ersten Weltkrieges geraten war, zu betrachten.

Die jüdische Bevölkerung in Berlin zwischen 1871 und 1933

Die Entwicklung der jüdischen Bevölkerung Berlins steht in engem Zusammenhang mit der Entwicklung der Allgemeinbevölkerung der Stadt. Unter den insgesamt weniger als eine Million Einwohnern der preußischen Hauptstadt am Vorabend der Vereinigung Deutschlands 1871 lebten weniger als 40 000 Juden (Tabelle 1 im Anhang). Sie stellten etwas mehr als 7% der jüdischen Gesamtbevölkerung im Deutschen Reich. Seit den achtziger Jahren des 19. Jahrhunderts blieb der Anteil der jüdischen Bevölkerung an der Gesamtbevölkerung der deutschen Reichshauptstadt relativ konstant, so daß bis zur nationalsozialistischen Machtübernahme die Juden in Berlin eine Minderheit von rund 4% darstellten.
Die Wachstumsrate der jüdischen Bevölkerung Berlins entsprach bis zum Ende des 19. Jahrhunderts dem Wachstum der Allgemeinbevölkerung. Im Verlauf des Ersten Weltkrieges und in den ersten Nachkriegsjahren konnte eine Tendenzänderung bemerkt werden. Aus den vorhandenen statistischen Angaben lassen sich die Entwicklungen zwischen 1910 (Jahr der letzten Volkszählung vor dem Ersten Weltkrieg) und 1925 (einzige Volkszählung in der Weimarer Republik) nur schwer rekonstruieren. ›Ostjuden‹ kamen während des Krieges zunächst als Arbeitskräfte in der deutschen Kriegsmaschinerie, dann, nach dem Krieg, als Emigranten aus der Ukraine, aus der Sowjetunion und Polen nach Berlin. Daneben trafen jüdische Emigranten aus den an Polen abgetretenen Gebieten, also Posen, Westpreußen und Teilen Schlesiens, in Berlin ein.
Die jüdische Bevölkerung Groß-Berlins wuchs zwischen 1910 und 1925 um nahezu 20% und erreichte in jenem Jahr mit 172 672 Einwohnern ihren größten Umfang überhaupt. Im gleichen Zeitraum wuchs die Gesamtbevölkerung der Stadt nur um weniger als 8%. Praktisch waren die Jahre zwischen 1910 und 1925 der einzige Zeitraum, in dem die Wachstumsrate der jüdischen Bevölkerung Berlins höher lag als die Wachstumsrate der Allgemeinbevölkerung.
Die Konzentration jüdischer Bevölkerung in Berlin war ein Teil des Urbanisationsprozesses des deutschen Judentums. Bis Mitte der zwanziger Jahre konzentrierten sich in Groß-Berlin rund 30% der jüdischen Bevölkerung Deutschlands oder gut 47% der Juden in Preußen (Tabelle 1). Während die jüdische Bevölkerung im Reich oder in Preußen seit Beginn des 20. Jahrhunderts, oder sogar schon zuvor, konstant blieb, war in Berlin ein stetiges Wachstum zu verzeichnen. Erst

infolge des Ersten Weltkrieges wuchs die jüdische Bevölkerung in Berlin unübersehbar auf Kosten der deutschen Peripherie. Dieser Umstand ist für das Verständnis der Besonderheiten der jüdischen Bevölkerung Berlins wichtig und bekräftigt die These, die Berliner Juden hätten sich von den deutschen Juden insgesamt stark unterschieden.
Die Ergebnisse der Volkszählung von 1925 riefen in der Öffentlichkeit starke Auseinandersetzungen hervor. Nach der bis zu diesem Zeitpunkt verbreiteten Meinung hätten in Berlin weit mehr als 173 000 Juden gelebt; das offizielle Statistische Jahrbuch der Stadt pflegte die Zahl sogar mit 250 000 festzulegen. Deshalb war die Überzeugung verbreitet, daß die statistischen Angaben nicht zuverlässig seien. Die Differenz zwischen den offiziellen Angaben der Volkszählung und den in der Öffentlichkeit kursierenden Schätzungen wurde vor allem damit erklärt, daß viele jüdische Einwohner ihre religiöse Zugehörigkeit nicht angegeben hätten und andere illegal in der Stadt leben würden.
Hubert Pollack, der Leiter des statistischen Büros der Jüdischen Gemeinde in Berlin, widmete dieser Frage einige Aufsätze und gelangte zu der Einsicht, daß die Angaben der offiziellen Volkszählung wohl mehr oder weniger korrekt seien. Indem er einerseits die Zahl der Juden, die sich möglicherweise geweigert hatten, ihr Judentum zu bekennen, und andererseits die Zahl derjenigen, die von der Zählung infolge einer fehlenden amtlichen Adresse in der Stadt nicht erfaßt worden waren, berücksichtigte, kam er zu dem Ergebnis, daß im Sommer 1925 nicht mehr als 177 500 Juden in Berlin lebten; die höchste Zahl, die er zu akzeptieren bereit war, lag bei 179 000 jüdischen Einwohnern.[3]
Die Entwicklung der Berliner Bevölkerung gegen Ende der Weimarer Republik ist nicht eindeutig bestimmbar. Es sieht so aus, als ob es bis 1930 nicht zu wesentlichen Veränderungen im Umfang der jüdischen Bevölkerung der Stadt kam; die Zuwanderung nach Berlin verhinderte einen nominellen Bevölkerungsrückgang bei gleichzeitigem Anstieg des Durchschnittsalters. Angesichts der Tatsache, daß die Bevölkerung einen Alterungsprozeß durchlief und die Emigration von Juden aus Deutschland bereits vor der nationalsozialistischen Machtübernahme eingesetzt hatte, darf man annehmen, daß der nominelle Rückgang von 7 %, der innerhalb der jüdischen Bevölkerung in Berlin zwischen 1925 und 1933 zu verzeichnen war, sich nicht allein zwischen den Monaten Januar und Juni 1933 (Zeitpunkt der ersten Volkszählung im ›Dritten Reich‹) vollzog, sondern bereits zuvor eingesetzt hatte.
Die Zahl der Juden in Groß-Berlin im Jahre 1925 ließ sie im Vergleich zu anderen großen jüdischen Bevölkerungsgruppen auf der Welt den achten Platz einnehmen. In jenen Jahren stand New York (ohne Satellitenstädte) mit einer jüdischen Bevölkerung von 1 750 000 Juden an erster Stelle; Chicago folgte mit 325 000 an zweiter Stelle; Warschau nahm mit 322 185 Juden den dritten Platz ein. Auch im Hinblick auf den relativen Anteil jüdischer Bevölkerung an der Gesamteinwohnerzahl standen u. a. New York (30 %), Bukarest (14,3 %), Bagdad (ca. 14 %), Wien (10,8 %) und selbst Frankfurt (6,4 %) vor Groß-Berlin.
Es sollte hier angemerkt werden, daß die Zahl 172 672 keinesfalls die Zahl der Mitglieder der jüdischen Gemeindeorganisation in Berlin wiedergibt; die genaue Mitgliederzahl kann nicht ermit-

telt werden. Die Jüdische Gemeinde in Berlin, die wie alle jüdischen Religionsgemeinschaften in Preußen in der Mitte des 19. Jahrhunderts den privilegierten Rechtsstatus einer Körperschaft des öffentlichen Rechts erhalten hatte, war – abgesehen von Adass Israel, der kleinen, aber deutlich sichtbaren orthodoxen ›Austrittsgemeinde‹ – eine umfassende Organisation oder, nach den Worten der Zeitgenossen, eine Einheitsgemeinde. Demnach gehörten ihr Berliner Juden aus allen religiösen Richtungen als Mitglieder an. Die Mitgliederzahl der Gemeinde kann aufgrund der Zahl derjenigen geschätzt werden, die bei den Wahlen zu den Gemeindeinstitutionen das Wahlrecht besaßen. Bei den Wahlen zur Repräsentantenversammlung im Jahre 1926 waren 125 000 Personen als wahlberechtigt registriert (Männer und Frauen über 21 Jahre); bei den Wahlen im Jahre 1930 waren 130 000 Wähler in die Wahllisten aufgenommen worden. Aufgrund fehlenden Quellenmaterials über die Art und Weise der Zusammenstellung der Wahllisten besteht keine Möglichkeit, diese Angaben den durch die Volkszählungen erhobenen Daten gegenüberzustellen.
Im Jahre 1925 waren Juden die viertgrößte religiöse Gruppe in Berlin, wenn man die »Konfessionslosen« einbezieht (siehe Schaubild 1 im Anhang). Von insgesamt 4 024 165 Einwohnern Groß-Berlins waren 3 083 196 (76,62 %) Protestanten; 403 780 (10,03 %) Katholiken; 172 672 (4,29 %), wie erwähnt, Juden; 75 569 (1,88 %) Angehörige anderer christlicher Sekten; die übrigen 288 948 (7,18 %) waren ohne religiöses Bekenntnis. Die letzte Gruppe wuchs in den ersten drei Jahrzehnten des 20. Jahrhunderts stark an und erreichte im Sommer 1933 einen Anteil von ca. 14 % an der Gesamteinwohnerzahl der Stadt. Wahrscheinlich werden unter dieser Gruppe etliche Menschen gewesen sein, die aus der Jüdischen Gemeinde ausgetreten waren oder während der Volkszählung ihre Religionszugehörigkeit nicht angegeben hatten. Aus den statistischen Daten ergibt sich jedoch, daß die Mehrheit der Personen ohne religiöses Bekenntnis oder, nach der Bezeichnung der Zählung von 1933, der »Gemeinschaftslosen«, in den eher proletarischen Stadtbezirken wohnte. Es handelte sich also wahrscheinlich überwiegend um Personen mit sozialistischen oder kommunistischen, später dann wohl auch mit nationalsozialistischen Überzeugungen.

Die stadträumliche Verteilung der jüdischen Bevölkerung in Groß-Berlin

Zum Zeitpunkt der Deklaration Berlins zur Reichshauptstadt lebten außerhalb des Einzugsgebietes der Berliner Stadtverwaltung (also außerhalb des nach 1920 als Alt-Berlin bezeichneten Gebietes) nur 0,86 % der jüdischen Gesamtbevölkerung des Groß-Berliner Raums. 1905 erreichte dieser Anteil bereits nahezu 25 %, und 1910 betrug er mehr als 37 %.
Der Prozeß der räumlichen Ausbreitung der jüdischen Bevölkerung war mit wirtschaftlicher, sozialer und gesellschaftlicher Konsolidierung verbunden. Mit anderen Worten: In der Übersiedlung aus den älteren und weniger renommierten Stadtvierteln im Zentrum und im Osten Berlins in die lukrativen Vororte und Städte im Westen kam ein Ansteigen von Einkommen und Lebensstandard zum Ausdruck.

Betrachtet man die Konzentration der jüdischen Bevölkerung in einzelnen Verwaltungsbezirken nach 1920, so stellt man fest, daß bis 1925 in Charlottenburg mehr als 17% der jüdischen Gesamtbevölkerung Groß-Berlins wohnten (das waren etwa 9% der Gesamtbevölkerung des Bezirks), in Wilmersdorf etwas mehr als 13% der jüdischen Bevölkerung Groß-Berlins, die zugleich 13% der Gesamtbevölkerung des Bezirks ausmachten. Damit war Wilmersdorf der ›jüdischste‹ Bezirk in Groß-Berlin.

Im Bereich von Alt-Berlin lebten im Jahre 1925 insgesamt 87 262 Juden, die 4,43% der insgesamt 1 972 118 Einwohner dieses Teils der Stadt ausmachten. In allen anderen Bezirken außerhalb Alt-Berlins wohnten jeweils nicht mehr als 2% der jüdischen Gesamtbevölkerung Groß-Berlins einerseits oder der Gesamtbevölkerung des Stadtbezirks andererseits. In dem geographischen Gebiet mit einem Radius von 4,5 Kilometern um das Stadtzentrum lebten nahezu 96% aller Juden, jedoch wenig mehr als 78% der gesamten Stadtbevölkerung. Innerhalb der Stadt gab es zahlreiche Bezirke, in denen weniger als 0,5% der Gesamtbevölkerung Juden waren; besonders der Bezirk Spandau zeichnete sich durch eine geringe Anzahl jüdischer Einwohner aus. 1925 wurden in Spandau 111 629 Einwohner gezählt, von denen nur 514 Juden waren.[4]

Auch wenn Juden innerhalb von Berlin wohnen konnten, wo sie wollten, zeigt doch eine genauere Betrachtung der Verteilung jüdischer Bevölkerung über die Stadtfläche, daß man bevorzugt in enger Nachbarschaft miteinander wohnte. So zogen selbst Juden in schwachen wirtschaftlichen Verhältnissen nahezu nicht in die ausdrücklich proletarischen Stadtviertel wie Wedding oder Neukölln; auch wenn Juden in industriellen Bereichen erwerbstätig waren, wohnten sie kaum in Spandau. Daraus ergibt sich, daß Juden im Gegensatz zur allgemeinen Bevölkerung bevorzugt in gemeinsamer Nachbarschaft wohnten und ihrer Erwerbstätigkeit oft in entsprechender Entfernung vom Wohnort nachgingen.

In der Neuzeit hat es in Berlin kein jüdisches Ghetto gegeben. Bis zur Mitte des 19. Jahrhunderts konnte man auf dem Stadtplan noch den »Judenhof« ausmachen, und bis in die Gegenwart hinein findet man die Jüdengasse neben dem Roten Rathaus.[5] Diese historischen Orte fielen der Freude der Berliner Honoratioren an urbaner Gestaltung zum Opfer. Im Verlauf des 19. Jahrhunderts entwickelte sich im ›Scheunenviertel‹ hinter dem Alexanderplatz eine Art ›jüdischer Kanton‹, ein Außenbezirk einer osteuropäischen Stadt im Herzen der deutschen Reichshauptstadt.[6] Die Grenadierstraße, die Schendelstraße, die Dragonerstraße sowie die Verbindungsstraßen zwischen ihnen, insbesondere die Linienstraße und die Münzstraße, zeigten ausdrückliche Zeichen einer jüdischen Kleinstadt in Osteuropa mit allen entsprechenden Sorgen, Nöten und Freuden. Doch statistischen Untersuchungen zufolge waren auch diese Regionen keine ›rein jüdischen‹ Stadtgebiete. Praktisch war rund die Hälfte der Anwohner nichtjüdisch. So war es möglich, daß neben einer orthodoxen Talmudschule oder der Wohnung eines orthodox-jüdischen Chassiden für die Berliner Unterwelt typische Einrichtungen gefunden werden konnten.[7]

Im Verlauf der zwanziger Jahre zeigten jüdische Publizisten eine besondere Empfindlichkeit für Äußerungen über die Konzentration jüdischer Bevölkerung in den lukrativen Stadtvierteln im

Westen und insbesondere entlang des Kurfürstendamms. In wilhelminischer Zeit waren der Kurfürstendamm und seine Fortsetzung, die Tauentzienstraße, ein Symbol des neuen Berlins, ein Wohngebiet der bürgerlichen Eliten der Stadt allgemein und insbesondere der jüdisch-kapitalistischen Schicht. In der Weimarer Epoche wohnten Juden dann auch in den proletarischen Mietskasernen im Osten der Stadt. Doch der Kurfürstendamm, der nicht wenig von seinem bürgerlichen Charakter zugunsten von Büro- und Geschäftshäusern verloren hatte, zog auch weiterhin Juden an, die ihn in seinem Charakter wesentlich mitprägten. Dies wurde besonders während der Hohen Feiertage deutlich, wenn Juden auf dem Kurfürstendamm zu den Synagogen in der Umgebung gingen, z. B. zu der prächtigen, großen Synagoge in der Fasanenstraße. Andererseits führte eine Schwächung der wirtschaftlichen Position des jüdischen Mittelstandes zu dem Phänomen, daß Familien ihre geräumig-repräsentativen Wohnungen nur durch die mehrheitliche Vermietung der Zimmer an Untermieter halten konnten, während sie selbst immer weniger Wohnfläche nutzen konnten.[8]

Jüdische Bevölkerung trug zweifellos zur Prägung der Atmosphäre in der deutschen Hauptstadt bei. Dabei ging es nicht nur um bekannte und wichtige Persönlichkeiten, sondern um die gesamte Judenheit in Berlin. Der religiös-zionistische Publizist Fabius Schach schrieb 1921 in einem kleinen Feuilleton, Berlin könne ohne seine Juden schwerlich existieren. Um dies zu demonstrieren, beschrieb er, wie am 1. Oktober 1939 die Juden in einer geschlossenen Reihe das Stadtgebiet durch das Brandenburger Tor verlassen würden. Dann würde sich herausstellen, daß sie selbst den »All- und Knalldeutschen« fehlen würden. Von jenem Zeitpunkt an, so Schach, fehlten die jüdischen Kellner, Musikanten und Kapellmeister, die Konditorei- und Handelshausbesitzer, die Journalisten und Schauspieler. Deshalb kann im zweiten Teil des Feuilletons auch die endgültige Rückkehr der Berliner Juden am Pessachfest im April 1940 geschildert werden: »So zogen die Juden durch die geschmückten Straßen in ihre alten Wohnstätten und Ämter wieder ein, und Berlin erhielt seinen alten Charakter wieder.«[9]

Die Altersstruktur der jüdischen Bevölkerung Berlins im Jahre 1925

Die für die Altersstruktur der jüdischen Gesellschaft im Berlin der Weimarer Zeit charakteristischen Grundlinien bildeten sich zu Beginn des 20. Jahrhunderts heraus. Gemäß der Volkszählung des Jahres 1910 waren 13,4 % der jüdischen Einwohner Berlins in die Altersgruppe der Ein- bis Zehnjährigen einzuordnen, gegenüber einem Anteil von 16,19 % dieser Altersgruppe unter der Allgemeinbevölkerung. Die Altersgruppe der Fünfzigjährigen und Älteren stellte innerhalb der jüdischen Bevölkerung in Berlin nahezu 19 %, innerhalb der Allgemeinbevölkerung nur 15,3 %. Die Unterschiede zwischen den beiden Bevölkerungsgruppen erklären sich durch die im Vergleich zur Allgemeinbevölkerung niedrigere Geburtenrate der jüdischen Gesellschaft. Darüber hinaus kamen Juden zum Teil auch erst in höherem Alter in die Hauptstadt des Reiches und gründeten hier ihre Familien.

Zwischen 1910 und 1925 stieg das durchschnittliche Alter der jüdischen Bevölkerung in Berlin weiterhin an. Die Gründe lagen in einem weiteren Absinken der Geburtenrate unter jüdischen Familien (was dazu führte, daß die Sterbequote die Geburtenrate letztlich überstieg), einem Ansteigen des Heiratsalters und einem Anwachsen der Zahl unverheiratet Lebender sowie in einer Zunahme der ›Mischehen‹. Die Altersgruppe der Bis-zu-Zehnjährigen erreichte im Jahre 1925 einen Anteil von nur noch 9,71%. Entsprechend besorgniserregend war die Alterszunahme: Während im Jahre 1910, wie erwähnt, noch 19% aller Juden in der kaiserlichen Hauptstadt fünfzig Jahre alt und älter waren, lag der Anteil dieser Altersgruppe 1925 bereits bei 25%. Entsprechend betrug das Durchschnittsalter der jüdischen Bevölkerung im Jahre 1910 in Berlin 30,6 Jahre (gegenüber einem Durchschnittsalter von 27,8 Jahren unter der Gesamtbevölkerung), es stieg bis zum Jahre 1925 auf 35,5 Jahre (33,1 unter der Gesamtbevölkerung) und erreichte 1933 insgesamt 39,3 Jahre (Gesamtbevölkerung 36,2 Jahre).
Bei der Verteilung der jüdischen Bevölkerung in Berlin im Jahre 1925 auf verschiedene Altersgruppen ergaben sich wesentliche Unterschiede zwischen der Gruppe der Juden mit deutscher Staatsangehörigkeit und der Gruppe der ›fremden Juden‹, die zu jener Zeit in Berlin lebten. So gehörten von insgesamt 128 834 ›deutschen Juden‹ 11 013 zu der Gruppe der Bis-zu-Zehnjährigen (8,5%) gegenüber 5746 Kindern unter den 48 838 ›fremden Juden‹ (13,1%). Umgekehrt gehörten 28,8% der ›deutschen Juden‹ zu der Altersgruppe der Fünfzigjährigen und Älteren, gegenüber nur 13,8% unter den ›fremden Juden‹. Ein weiterer wesentlicher Unterschied zwischen diesen beiden gesellschaftlichen Gruppen konnte im Hinblick auf die Heiratsfrequenz festgestellt werden: Von den 102 262 erwachsenen ›deutschen Juden‹ (20 Jahre und älter) waren 70,4% zu irgendeinem Zeitpunkt ihres Lebens verheiratet, gegenüber einem Satz von 68% unter den ›fremden Juden‹.

Zur Häufigkeit von ›Mischehen‹ und der Frage des Austritts aus der Jüdischen Gemeinde

Die Erörterung der Frage der ›Mischehen‹ im deutsch-jüdischen Kontext wurde nach dem Zweiten Weltkrieg zu einer problematischen Angelegenheit. Die Scheu der heutigen Wissenschaftler vor dieser Frage steht in krassem Gegensatz zu der nahezu obsessiven Beschäftigung der Juden im Weimarer Deutschland mit diesem Thema.[10] Die Gegenwartshistoriker scheuen unter Umständen vor dem Begriff der ›Mischehe‹ zurück, da sie sich durch den Gebrauch dieses Begriffes vielleicht dem Verdacht ausgesetzt sehen, sie würden einer Weltanschauung und einer rassistischen Begriffswelt zustimmen, die von kultivierten Menschen weder mündlich noch schriftlich gebraucht werden sollte.
›Mischehen‹ galten für die deutschen Juden seit Beginn des 20. Jahrhunderts als zukunftsgefährdender Faktor der demographischen Entwicklung. Die deterministisch-pessimistischen Thesen eines Felix Theilhaber über den unvermeidlichen Untergang des deutschen Judentums, die in den ›Mischehen‹ ein zentrales Element der sexuellen Dekadenz der deutschen Juden sahen,

fanden willige Zuhörer.[11] Das Phänomen war paradox: Einerseits nahm seit dem Beginn des 20. Jahrhunderts ein extremistischer, rassistisch auftretender Antisemitismus zu, der jeglichen Kontakt zwischen Juden und Deutschen ablehnte; andererseits wuchs die Zahl der ›Mischehen‹ als eines integralen Bestandteils der Integration der Juden in die deutsche Gesellschaft und ihres Strebens nach völliger kultureller Assimilation unter bewußter Aufgabe jedes Zeichens ethnischer Exklusivität kontinuierlich.

Die Statistiken der ›Mischehen‹ bieten ein komplexes Problem. In den deutschen Statistiken wurden Eheschließungen nur als ›Mischehen‹ registriert, wenn beide Ehepartner wirklich verschiedenen Konfessionsgemeinschaften angehörten. Mit anderen Worten: Sobald es zu einem Religionswechsel eines der beiden Partner vor der Eheschließung kam, galt diese Verheiratung in statistischer Hinsicht nicht als ›Mischehe‹. Sowohl in den während der Weimarer Zeit publizierten Forschungsarbeiten als auch in hohem Maße in Arbeiten, die während der Zeit des nationalsozialistischen Regimes veröffentlicht wurden, zeigte sich, daß Kinder aus ›Mischehen‹ (im Nazi-Jargon als ›Mischlinge‹ bezeichnet) im allgemeinen zu Eheschließungen untereinander neigten.

Wilhelm Hanauer, ein jüdischer Arzt aus Frankfurt, veröffentlichte im Jahre 1928 seine Ergebnisse aus einer umfassenden Studie zu dem Phänomen.[12] Dieser Beitrag enthielt auch Angaben über die Häufigkeit von ›Mischehen‹ in der Stadt. Hanauer ging davon aus, daß sich Angaben über ›Mischehen‹ in Deutschland seit 1901 sammeln lassen; für Berlin existierten ordentliche statistische Angaben seit 1875, auch wenn man beachten sollte, daß sie sich bis 1920 nur auf das Gebiet von Alt-Berlin bezogen. Aus den vorhandenen Angaben ergibt sich, daß die Tendenz zu ›Mischehen‹ seit dem Ende des 19. Jahrhunderts anstieg. Von 8414 Juden und Jüdinnen, die 1901 im gesamten Deutschen Reich eine Ehe schlossen, gingen 7,8 % eine ›Mischehe‹ ein; dieser Anteil stieg bis 1910 auf 11,4 %. Im Verlauf des Ersten Weltkrieges erreichte der Anteil der eine ›Mischehe‹ schließenden jüdischen Ehepartner im Deutschen Reich mehr als 33,3 %. Bei zunehmender relativer Stabilisierung der Weimarer Republik ging zunächst der Anteil der eine ›Mischehe‹ eingehenden Personen im Jahre 1921 drastisch auf 14,4 % von insgesamt 13 124 Juden und Jüdinnen, die in diesem Jahre eine Ehe eingingen, zurück. Letztlich stieg der Anteil der Personen, die eine ›Mischehe‹ eingingen, im Verlauf der Weimarer Republik wieder und erreichte im Jahre 1925 nahezu 20 %.

Die Häufigkeit von ›Mischehen‹ erreichte in Berlin die höchste Quote im gesamten Reich. Zu Beginn des 20. Jahrhunderts lag der Anteil der ›Mischehen‹ an den von Juden geschlossenen Ehen bei etwas über 27 %; 1921 erreichte dieser Anteil bereits 34 %, im Jahre 1929 lag er bei über 45 %. Auf jede ›homogene‹ jüdische Eheschließung (beide Partner waren Juden) im Verlauf des Jahres 1929 kam eine Eheschließung mit einem nichtjüdischen Partner.

Zwangsläufig hätte sich wohl auch ergeben müssen, daß die ›Mischehen‹ den Umfang der Austritte aus der Jüdischen Gemeinde zu Berlin beeinflußten. Doch praktisch lagen die Verhältnisse anders. Meinungs- und Glaubensfreiheit, denen die Weimarer Verfassung verpflichtet war, fanden in den Gesetzen ihren Ausdruck, die den Austritt aus einer Religionsgemeinschaft regelten.

Revisionen, die bereits am 13. Dezember 1918 zum Gesetz bezüglich des Austritts aus einer Religionsgemeinschaft verabschiedet wurden, sowie die am 30. November 1920 angenommene Neuformulierung dieses Gesetzes erleichterten in umfassendem Maße allen deutschen Staatsbürgern, die ihre formellen Beziehungen zu einer Religionsgemeinschaft beenden wollten, diesen Schritt. Diese Sachlage beeinflußte auch die Entscheidung der Jüdischen Gemeinde Berlins, den Mitgliedern, die ›Mischehen‹ eingegangen waren, die Fortsetzung ihrer Gemeindemitgliedschaft zu ermöglichen. Entsprechend wurde 1923 die Ergänzungsverordnung zum Gemeindestatut eingeführt, die die Besteuerung von ›Mischehepartnern‹ regelte.

Kein Zweifel, daß Anfang der zwanziger Jahre die gesetzlichen Bestimmungen von Juden genutzt wurden. Hier muß betont werden, daß Personen, die die Gemeinde verließen, nicht unbedingt ihre jüdische Herkunft verleugnen wollten oder ihre religiöse Erkenntnis geändert hatten. Die Mehrheit wollte aus Bequemlichkeit – dem Wunsch, sich der Gemeindesteuer oder den Ereignissen innerhalb der Gemeindeinstitutionen zu entziehen – ihre formalen Beziehungen zur Gemeinde abbrechen und auf diesem Wege ihr Desinteresse an den Gemeindeangelegenheiten deklarieren. Andererseits galten der Gemeindeaustritt und sicherlich der Religionswechsel ebenso wie die ›Mischehen‹ als eine Form des Verrates oder, wie Gershom Scholem es in seinen Memoiren formulierte: »Taufe sei charakterlos und kriecherisch. [...] Die Taufe spielte in diesen Kreisen [der assimilierten Juden] keine Rolle.«[13]

Dennoch berichtete Scholem ebenso wie andere Zeitgenossen, daß die von den Gemeindemitgliedern am häufigsten gelesene Rubrik im Gemeindeblatt, das seit 1911 erschien und an alle Mitglieder verschickt wurde, die namentliche Liste der Gemeindeaustritte war. Die Liste war in drei Kategorien aufgeteilt: »Austritte aus dem Judentum«, »Austritte aus der Gemeinde« und »Übertritte«. Eine Untersuchung der auf dieser Liste erscheinenden Namen sowie der daneben verzeichneten Berufe zeigt, daß die Austretenden aus allen Schichten der jüdischen Gesellschaft kamen und sich darunter auch nicht wenige ›Ostjuden‹ befanden.

Praktisch war, so konnte Peter Honigmann in seinen Arbeiten auf der Grundlage der Austrittskartei der Jüdischen Gemeinde zu Berlin zeigen, die Quote der Gemeindeaustritte aus Gründen des Religionswechsels oder anderer Ursachen nicht bedeutend. Selbst während der Blütejahre der Weimarer Republik traten nicht mehr als hundert Personen im Jahr aus; Ende der zwanziger Jahre gingen die Zahlen zurück, während gleichzeitig bereits Ausgetretene ihre formalen Beziehungen zur Gemeinde erneuerten.[14]

Die geographische Herkunft der Berliner Juden und das Problem der ›Ostjuden‹

Die Untersuchung der geographischen Ausgangspunkte der Migration jüdischer Bevölkerungsgruppen nach Berlin informiert auch über den Anteil der ›Ostjuden‹ in der Reichshauptstadt und kann über die Richtigkeit der These Auskunft geben, nach der die Berliner Juden »nicht typisch deutsche Juden« gewesen seien.[15]

Nach den Angaben der Volkszählung von 1910 wurden von den insgesamt in dem Gebiet von Berlin und den fünf Hauptvororten (Neukölln, Charlottenburg, Schöneberg, Wilmersdorf und Lichtenberg) lebenden 137 000 Juden 33 % in Berlin, 47,7 % in Preußen, 5 % in anderen Teilen des Reiches und 15,8 % in Gebieten außerhalb der Reichsgrenzen geboren. Von den in Preußen geborenen Juden stammten 13,4 % aus Posen und 8,3 % aus Schlesien (siehe Tabelle 2). Diese Angaben dürfen nur mit Vorsicht mit den Ergebnissen einer Umfrage aus dem Jahre 1907 verglichen werden, bei der die Herkunft der Berliner Gesamtbevölkerung untersucht wurde. Aufgrund der Ergebnisse dieser Umfrage wurden 40,5 % der Gesamtbevölkerung im Gebiet der Stadt geboren; von der restlichen Bevölkerung wurden 27,5 % in den Ostgebieten des Deutschen Reiches, 18 % in Brandenburg, 6,6 % in Mitteldeutschland, 2,3 % in Nordwestdeutschland, 2,7 % in den anderen Gebieten des Reiches und nur 2,7 % (gegenüber fast 16 % der jüdischen Einwohner im Jahre 1910) in Gebieten außerhalb der Reichsgrenzen geboren.
In der Historiographie ist die Behauptung verbreitet, der Begriff ›Ostjuden‹ sei im Verlauf des Ersten Weltkrieges entstanden, als man begann, sich intensiver mit der sogenannten ›Ostjudenfrage‹ oder der ›Ostjudengefahr‹ zu beschäftigen. Bis zu jenem Zeitpunkt hätte man von ›jüdischen Ausländern‹, polnischen, russischen und galizischen Juden gesprochen. Verbreitet seien auch pejorative Bezeichnungen wie ›Polacken‹, ›Schnorrer‹, ›Schieber‹ oder ›Aufkäufer‹ gewesen. Ausschlaggebend war dabei stets das Fehlen der deutschen Staatsangehörigkeit.[16]
Im umfassenderen Sinne bezeichnete der Begriff alle jene Juden, deren Herkunft ganz allgemein in den heute als Osteuropa bezeichneten Gebieten lag. Auch in diesem Sinne lag in dem Begriff ›Ostjude‹ eine gesellschaftlich-kulturelle Wertung, die auf ein bestimmtes Milieu zielte und auf die traditionell-jüdische Begriffswelt, auf eine weniger weitreichende Entfremdung von der jüdischen Tradition, aber auch auf eine Akkulturation hinwies, die sich am Maßstab der Werte deutscher Kultur selbstkritisch vollzog, »war man doch darauf bedacht, wie aus einem Wahnsinn heraus, die äußere Form völlig aufzugeben, um als Deutsche unter Deutschen anerkannt zu werden«.[17]
›Ostjuden‹ waren eine gesellschaftliche und kulturelle Minderheit innerhalb der jüdischen Minderheit in Berlin. Bereits erwähnt wurde, daß in Berlin kein jüdisches Ghetto existierte, es aber zu einer Konzentration von ›Ostjuden‹ im ›Scheunenviertel‹ hinter dem Alexanderplatz gekommen war. Carl Zuckmayer hat die deutsch-jüdischen Beziehungen, die dort herrschten, festgehalten, als er in seinem Stück »Der Hauptmann von Köpenick« den Helden seine Uniform bei Krakauer, einem ›Ostjuden‹, der in der Grenadierstraße mit gebrauchten Kleidern handelte, erwerben ließ.
Joseph Roth kommt auf die ›Ostjuden‹ im Berlin der Weimarer Zeit in seinem Buch »Juden auf Wanderschaft« zu sprechen. Während die meisten zeitgenössischen Publikationen und späteren Arbeiten die Anziehungskraft der Stadt auf Juden aus Osteuropa betonten, begann Roth seine Darstellung mit den Worten: »Kein Ostjude geht freiwillig nach Berlin. Wer in aller Welt kommt freiwillig nach Berlin? Berlin ist eine Durchgangsstation, in der man aus zwingenden Gründen länger verweilt.«[18]

Roth widmete das Hauptstück seines Unterkapitels dem Existenzkampf der ›Ostjuden‹ im Gebrauchtkleiderhandel und ihren unermüdlichen Versuchen, die Papiere zusammenzubekommen, die ihnen einen weiteren Aufenthalt in der Hauptstadt der Weimarer Republik ermöglichen sollten. Der polnische Konsul in Berlin berichtete Ende der zwanziger Jahre über diese Angelegenheit seinem Vorgesetzten in Warschau: »Die Juden kommen in großen Zahlen nach Deutschland und suchen Gewinn im Handel (ohne sich zuvor eine Arbeit gesichert zu haben). Das Schicksal dieser Emigranten hängt am wirtschaftlichen Aufschwung und der persönlichen Tüchtigkeit und dem Glück jedes Einzelnen. Sobald der händlerische Einfallsreichtum jedoch nicht mehr weiterführt und der Emigrant keine Unterstützung von Verwandten oder der Gemeinde erhält, drängt ihn der Existenzkampf auf einen illegalen Weg, also früher oder später vors Gericht, ins Gefängnis und zur Zwangsausweisung nach Polen.«[19]

In der Tat wurden zahlreiche ›Ostjuden‹ aus dem deutschen Staatsgebiet ausgewiesen. Derartige Maßnahmen wurden sofort nach dem Ende des Ersten Weltkrieges ergriffen, als man die Notwendigkeit empfand, die Juden, die während des Krieges als Zwangsarbeiter oder infolge anderer Umstände nach Berlin gekommen waren, nach Osteuropa zurückschicken zu müssen. Die jüdischen Wohlfahrtsorganisationen versuchten, diese Rückkehr in den Osten zu organisieren und abzusichern. Doch trotz der Bemühungen gab es immer noch Personen, die in Deutschland verblieben, und solche, die anstelle der Ausgewiesenen erst zu dieser Zeit nach Deutschland kamen. Anfang der zwanziger Jahre trat das Arbeiterfürsorgeamt der jüdischen Organisationen Deutschlands auf, das seine Arbeit auch der Aufgabe widmete, dafür zu sorgen, daß Juden bei ihrer Emigration aus Polen in die Vereinigten Staaten auch wirklich ihren Weg dorthin fortsetzten. Diese Emigration war bis zur Änderung der Immigrationsgesetze in den Jahren 1921–1924 möglich.

Vorsichtig formuliert müßte man sagen, daß die Behörden der Weimarer Republik der Einwanderung von ›Ostjuden‹ nach Deutschland allgemein und insbesondere nach Berlin nicht wohlwollend entgegensahen. Ende 1922 begann die öffentliche Diskussion zum Thema, die ihren Höhepunkt sogleich im Preußischen Landtag erreichte. Der deutschnationale Abgeordnete Kähler legte am 29. November 1922 dem preußischen Innenminister, zu diesem Zeitpunkt der Sozialdemokrat Severing, die parlamentarische Anfrage vor, was die Regierung zur Verhinderung der Einwanderung von ›Ostjuden‹ und zur Ausweisung von Juden, die illegal nach Deutschland gekommen waren, nach Polen unternehme.[20] Oskar Cohn, damals Abgeordneter der sozialdemokratischen Fraktion und später Vertreter der ›Poale-Zion‹ in der Repräsentantenversammlung der Jüdischen Gemeinde zu Berlin, hielt eine flammende Verteidigungsrede zugunsten der ›Ostjuden‹ und protestierte gegen die Machenschaften der deutschnationalen politischen Kräfte sowie der von ihnen beeinflußten staatlichen Behörden. Er wies den Vorwurf zurück, die ›Ostjuden‹ trügen zur Intensivierung der Wohnungsnot bei, nähmen den deutschen Arbeitern die Arbeitsplätze fort, widmeten sich der Inflationsspekulation und dem illegalen Handel. Innenminister Severing entzog sich einer eindeutigen Antwort auf Kählers Anfrage, doch in den Akten des Innenministeriums sind die Berichte erhalten, die er zur Vorbereitung der Debatte

im Abgeordnetenhaus angefordert hatte. Severing äußerte, auch die Regierung sei der Ansicht, es handele sich um ein äußerst ernsthaftes Problem, gab jedoch zu, der genaue Umfang der Immigration von ›Ostjuden‹ nach Berlin sei ihm ebensowenig wie der Polizei bekannt.[21]
Die ›Ostjuden‹ waren Pogromen ausgesetzt, und zwar unabhängig davon, ob sie legal oder in ständiger Furcht vor spontanen polizeilichen Suchaktionen in Berlin lebten. Zu derartigen Ausschreitungen kam es am 5. und 6. November 1923 im ›Scheunenviertel‹ während des Höhepunktes der Hyperinflation.[22] Dieser Vorfall sowie das Schicksal der ›Ostjuden‹, die völlig mittellos nach Berlin kamen, lieferten das Material für Walter Mehrings Stück »Der Kaufmann von Berlin«, das im Piscator-Theater im September 1929 zur Aufführung kam. Das Schicksal Simon Chajim Kaftans, der aus dem osteuropäischen Ghetto mit einer Hundert-Dollar-Note in das inflationsgeplagte Berlin kommt und durch eine Reihe kühner Spekulationen im Bunde mit einem notorischen, nichtjüdischen Betrüger ein Vermögen anhäuft, jedoch letzlich selbst betrogen wird und in absoluter Bedürftigkeit zurückbleibt, fand unter den assimilierten Juden Berlins keine Zustimmung.[23] Ernst Feder, Publizist des ›Berliner Tageblattes‹, notierte nach dem Besuch der Theatervorstellung in sein Tagebuch: »Piscator-Theater, wo [...] vier Stunden lang in öder Langweile Mehrings ›Kaufmann von Berlin‹ abrollte, als antisemitische Propaganda wirkend. Merkwürdiges Publikum. Im Parkett viel leere Plätze, wenig Beifall, nur im 2. Rang wird geklatscht.«[24]
Trotz der ausführlichen Diskussionen gibt es auf die Frage nach dem genauen Umfang der ›ostjüdischen‹ Bevölkerung in Berlin während der Weimarer Zeit keine Antwort. Tabelle 2 zeigt, wie gesagt, daß die Herkunft von weniger als 16% aller Juden in Groß-Berlin im Jahre 1910 außerhalb der Grenzen des Deutschen Reiches zu suchen war. Rund 60% dieser Personen waren in Rußland, im österreichischen Galizien oder Rumänien geboren. Demnach ergibt sich, daß nur 9,5% aller Juden in Groß-Berlin im Jahre 1910 ›Ostjuden‹ im engeren Sinn des Wortes waren (12955 von 137000). Übernimmt man andererseits die umfassendere Definition des Begriffes, so müssen auch diejenigen, die aus den östlichen preußischen Provinzen, vornehmlich aus Posen und Schlesien, nach Berlin gekommen waren, einbezogen werden. Schließlich müssen auch alle diejenigen in Betracht gezogen werden, die in Berlin in jüdischen Familien aus dem Osten geboren waren.
Wie verlief die Entwicklung in diesem Zusammenhang zwischen 1910 und 1933? Aus den veröffentlichten Angaben der Volkszählung des Jahres 1925 können keine Daten über die Geburtsorte der jüdischen Bevölkerung in Berlin gewonnen werden. Entsprechende Angaben wurden jedoch auf der Basis der Befunde aus der Volkszählung vom Sommer 1933 publiziert. Demnach sahen die Verhältnisse folgendermaßen aus:
a) Zwischen 1910 und 1933 veränderte sich der Prozentsatz der innerhalb des Stadtgebiets geborenen Juden Berlins nur geringfügig: 1910 33,5%; 1933 nahezu 38%.
b) Der Anteil derjenigen, die in den am Vorabend des Ersten Weltkrieges zu Deutschland gehörenden geographischen Gebieten (Groß-Berlin ausgenommen) geboren waren, ging zurück: 1910 waren es 50,7% aller Juden Berlins, 1933 nur noch 41,7%.

c) Der Anteil der außerhalb der Reichsgrenzen geborenen Juden stieg von 15,8 % im Jahre 1910 auf 20,4 % im Jahre 1933 an, wobei der Anteil der in Osteuropa Geborenen von 9,5 % im Jahre 1910 auf 16,8 %, ausschließlich Österreichs, bzw. 17,8 %, einschließlich Österreichs, anwuchs.
Die Staatsbürgerschaften der Juden von Groß-Berlin spiegeln die vielfältige Zusammensetzung der jüdischen Gesellschaft wider. Infolge der Zuwanderung in die Reichshauptstadt während des Ersten Weltkrieges begann die Zahl der Juden mit fremder Staatsangehörigkeit zu wachsen. Während im Jahre 1910 nahezu 19 % der jüdischen Einwohner Berlins (ohne Vororte) eine fremde Staatsangehörigkeit besaßen, stieg dieser Anteil bis zum Jahre 1925 auf mehr als 25 %. Mehr noch: Während von der Gesamtbevölkerung der Stadt etwas mehr als 4 % Juden waren, waren von den insgesamt 106 585 ausländischen Staatsbürgern, die im Jahre 1925 in Berlin lebten, mehr als 41 % (43 838) Juden. Ist die Schätzung richtig, daß in Deutschland zur Zeit der Weimarer Republik insgesamt 107 750 Juden mit fremder Staatsangehörigkeit lebten (einschließlich der Personen ohne Staatsangehörigkeit), so wohnten davon ungefähr 40 % an Havel und Spree. Infolge der Neigung russischer und besonders polnischer Emigranten, sich illegal im Weimarer Deutschland aufzuhalten, sind Schätzungen über den wirklichen Umfang dieser Bevölkerungsgruppe nur schwierig durchzuführen.
Die größte Gruppe der Ausländer im Berlin der Weimarer Zeit waren die Personen mit polnischer Staatsangehörigkeit. Im Jahre 1925 lebten in der Stadt 22 580 polnische Staatsbürger, die 0,56 % der Berliner Gesamtbevölkerung ausmachten. Von ihnen waren 77,16 % Juden (17 423 Personen). Das bedeutet, daß von allen in Berlin lebenden Juden mit fremder Staatsangehörigkeit fast 40 % polnische Staatsbürger waren, die fast 10 % aller in der Hauptstadt der Weimarer Republik lebenden Juden ausmachten (Tabelle 3; Schaubild 2).
Unter den ›ausländischen Juden‹ wurde die zweitgrößte Gruppe von den österreichischen Staatsbürgern (3,08 %) gebildet. Den dritten Platz nahmen die tschechoslowakischen Staatsbürger ein (3 %). Die viertgrößte Gruppe waren die Personen ohne Staatsangehörigkeit! Von der Gesamtbevölkerung Groß-Berlins waren 8740 Personen ohne Staatsangehörigkeit, darunter 5037 oder 57,63 % Juden, die damit 2,9 % der jüdischen Gesamtbevölkerung der Stadt ausmachten und ungefähr 11,5 % aller jüdischen Einwohner der Stadt, die keine deutsche Staatsbürgerschaft besaßen (Tabelle 3).
Es scheint, daß die Zusammensetzung der Staatsbürgerschaften von Juden im Weimarer Berlin eine zusätzliche Erklärung für die These darstellt, daß ›ausländische Juden‹ und ›Ostjuden‹ identisch seien. Denn von den insgesamt 43 838 Juden mit fremder Staatsangehörigkeit, die im Jahre 1925 in Berlin lebten, waren 93,61 % Angehörige osteuropäischer Staaten oder ohne jegliche Staatsangehörigkeit; sie stellten somit 23,76 % der jüdischen Gesamtbevölkerung der deutschen Hauptstadt. Der Umfang der ›Ostjuden‹ und der Angehörigen fremder Staaten unter den Berliner Juden führte unter der sonstigen jüdischen Bevölkerung Deutschlands zu einer Distanzierung von den Berliner Juden.

Die Struktur der jüdischen Erwerbsbevölkerung in Berlin

In den Jahren 1907, 1925, 1933 und 1939 wurden in Deutschland Berufs- und Betriebszählungen durchgeführt. Diese Erhebungen teilten die Berufe der Erwerbstätigen auf fünf Wirtschaftssektoren auf: 1. Landwirtschaft; 2. Industrie und Handwerk; 3. Handel und Verkehr; 4. Häusliche Dienste; 5. Öffentlicher Dienst und Freie Berufe. Neben diesen Wirtschaftszweigen gab es die Kategorie der berufslosen Selbständigen, in der alle Berufslosen und jene Personen zusammengefaßt wurden, die nicht als Familienangehörige oder als sonstwie Beschäftigte erfaßt werden konnten: Personen, die von Eigenkapital, Besitz, Pensionen oder von verschiedenen Sozialrenten oder -unterstützungen lebten.[25]

Wie aus Tabelle 4 ersichtlich wird, fielen von den 85 574 Berliner Juden, die von der Erhebung 1907 erfaßt worden waren, 40 155 in die Kategorie der hauptberuflichen Erwerbspersonen (ohne die Gruppe der berufslosen Selbständigen). Das entsprach einem Anteil von 46,92 % an der jüdischen Gesamtbevölkerung der Stadt. Bis 1925 stieg die Zahl der jüdischen Erwerbspersonen in der Hauptstadt der Weimarer Republik, die nun die Gesamtfläche von Groß-Berlin umfaßte, auf 84 540 oder 48,96 % der insgesamt 172 672 jüdischen Einwohner zu diesem Zeitpunkt. Die Zahl der Erwerbstätigen, ohne die berufslosen Selbständigen, ging bis zu der Erhebung im Sommer 1933 um 4,83 % auf 80 452 zurück. Der Anteil der Erwerbstätigen an der jüdischen Gesamtbevölkerung der Stadt stieg jedoch in der Zeit zwischen 1925 und 1933 leicht an. Der nominelle Rückgang ergibt sich aus einem Bevölkerungsschwund infolge der Emigration und der Altersstruktur sowie infolge der Auswirkungen der Wirtschaftskrisen in den zwanziger Jahren. Praktisch ging die Zahl der jüdischen Erwerbstätigen in Berlin zum ersten Mal seit der Vereinigung Deutschlands zurück, während auf der allgemeinen Ebene die Zahl der Erwerbstätigen anstieg (Tabelle 4). Es sieht so aus, als ob die Sonderentwicklung innerhalb des jüdischen Sektors im Vergleich zur Allgemeinentwicklung ein Ausdruck für die neue Entstehung eines Sonderstatus der Juden in der deutschen Gesellschaft war.

Die Betrachtung der Befunde unter Einschluß der Kategorie der berufslosen Selbständigen führt in gewissem Maße zu unterschiedlichen Schlußfolgerungen. Trotz eines Rückgangs des Umfanges der jüdischen Bevölkerung in Berlin von etwas mehr als 7 % (Tabelle 1) stieg im Zeitraum zwischen 1925 und 1933 insgesamt die Zahl der Erwerbstätigen, einschließlich der berufslosen Selbständigen, um 1,7 % (Tabelle 5). Doch auch in diesem Fall handelt es sich um eine separate Entwicklung innerhalb der jüdischen Bevölkerung: Denn während die Bevölkerung Berlins zwischen 1925 und 1933 um ca. 5,5 % wuchs, stieg die Zahl der Erwerbstätigen, einschließlich der berufslosen Selbständigen und ohne Familienangehörige, auf der allgemeinen Ebene während jener Zeit um nahezu 11 % (Tabelle 5).

Der Anteil der berufslosen Selbständigen unter der jüdischen Bevölkerung in Berlin lag stets höher als der entsprechende Prozentsatz innerhalb der Allgemeinbevölkerung der Stadt. Diese höhere Quote erklärt sich durch das Alter der jüdischen Erwerbstätigen, durch die Zahl der Pensionäre unter ihnen, durch die Zahl der jüdischen Kapitalbesitzer sowie durch die Zahl aller jener

Personen, die auf verschiedene, ungewöhnliche Erwerbstätigkeiten angewiesen waren und deren Berufsdefinitionen ebenso wie eine statistische Erhebung entsprechend problematisch waren. Die nominelle Wachstumsrate der in diese Kategorie fallenden Personen war unter Juden kleiner als unter der allgemeinen Erwerbstätigenbevölkerung. Zwischen 1925 und 1933 stieg die Zahl der Erwerbstätigen dieser Kategorie im Reich um 55,5 %, unter den Einwohnern Berlins allgemein um 66,5 % und unter der Berliner jüdischen Bevölkerung um 37 %, während unter der jüdischen Gesamtbevölkerung Deutschlands ein Wachstum von nur etwas weniger als 19 % zu verzeichnen war.

Die Entwicklung des Anteils der jüdischen Erwerbspersonen in Berlin an der Gesamterwerbspersonenzahl in der Stadt entsprach nicht völlig der Entwicklung ihres Anteils an der Allgemeinbevölkerung der Stadt. 1907 stellten 40 155 jüdische Erwerbstätige, ohne berufslose Selbständige, 4,23 % der insgesamt 949 481 Erwerbstätigen in Berlin. Dieser Prozentsatz entsprach fast genau dem Anteil der jüdischen Bevölkerung an der Gesamtbevölkerung der kaiserlichen Hauptstadt (4,26 %). 1925 waren 4,29 % der Berliner Bevölkerung Juden; ihr Anteil an der Erwerbstätigenbevölkerung Groß-Berlins lag jedoch nur noch bei 3,87 %. Dieser prozentuale Anteil ging bis 1933 auf 3,55 % zurück, wobei die Juden nur noch 3,78 % der Berliner Gesamtbevölkerung stellten. Selbst wenn man zu der Zahl der Erwerbstätigen die Zahl der berufslosen Selbständigen hinzurechnet, bleibt der Anteil an der Erwerbstätigenbevölkerung während der Weimarer Zeit niedriger als der Anteil an der Gesamtbevölkerung (Tabellen 4 und 5).

Die Verteilung der jüdischen Erwerbstätigen auf die Wirtschaftsabteilungen nach den Angaben der Berufs- und Betriebszählungen

Ein Blick auf die Verteilung der jüdischen Erwerbspersonen in Berlin auf die fünf genannten Wirtschaftsabteilungen im Zeitraum von 1907 bis 1933 (Tabelle 5) zeigt, daß im Verlauf dieser Zeit

a) der relative Anteil der in Handwerk und Industrie Erwerbstätigen leicht zurückging;

b) der relative Anteil der in die Kategorie Handel und Verkehr eingeordneten Erwerbspersonen ebenfalls abnahm;

c) der relative Anteil der im öffentlichen Dienst und der Landwirtschaft Tätigen leicht zunahm.

Der wesentliche Unterschied zwischen der Verteilung der jüdischen Erwerbstätigen und der Verteilung der Erwerbspersonen unter der Allgemeinbevölkerung der Stadt kam darin zum Ausdruck, daß sich die Hälfte der allgemeinen Erwerbstätigenbevölkerung auf die Wirtschaftszweige Industrie und Handwerk konzentrierte, während unter der jüdischen Bevölkerung sich gut die Hälfte aller Erwerbstätigen auf die Zweige Handel und Verkehr konzentrierte (Tabellen 4 und 5; Schaubild 3). In bezug auf den letztgenannten Wirtschaftssektor ist es wohl korrekt anzunehmen, daß sich die jüdischen Erwerbstätigen insbesondere im Handelssektor fanden, während ihr Anteil im Verkehrssektor gering blieb.

Wie erwähnt, ging die Zahl der jüdischen Erwerbstätigen Berlins, ohne berufslose Selbständige, im Zeitraum zwischen 1925 und 1933 zurück. Doch die Entwicklungslinien in der Industrie, im Bereich öffentlicher Dienstleistungen und im öffentlichen Dienst sowie unter den berufslosen Selbständigen im jüdischen Sektor entsprachen den Entwicklungen unter der Erwerbstätigenbevölkerung der Stadt insgesamt. Zum Beispiel: Die Gesamtzahl der in der Industrie Beschäftigten und die Zahl der jüdischen Erwerbstätigen in diesem Bereich gingen in der Zeit zwischen 1925 und 1933 gleichermaßen zurück. Oder: Sowohl unter den Erwerbstätigen der Stadt insgesamt als auch unter den jüdischen Erwerbstätigen stieg die Zahl derjenigen, die ihren Lebensunterhalt im öffentlichen Dienst oder in den Freien Berufen verdienten, in jenen Jahren an. Anders verlief die Entwicklung in den Wirtschaftszweigen Handel und Verkehr. Hier stieg im relevanten Zeitraum die Gesamtzahl der Erwerbstätigen um 11,2%, während die Zahl der jüdischen Erwerbstätigen sich um 6,25% verringerte (jeweils ohne Angehörige). Dieser Rückgang überrascht. Sehr wahrscheinlich werden diese Befunde neben demographischen Veränderungen (Ausscheiden jüdischer Händler aus dem Berufsleben aus Altersgründen) und Veränderungen in der Berufsstruktur die Auswirkungen des wirtschaftlichen Antisemitismus wiedergeben, der die Zeitgenossen stark bedrängte.
Im Verlauf der Jahre zwischen 1925 und 1933 ging die Zahl der jüdischen Erwerbstätigen in Berlin einschließlich der Familienangehörigen um 12,4% zurück (unter der Allgemeinbevölkerung erfolgte ein Rückgang um nur 0,77%), während sich die jüdische Bevölkerung der Stadt in diesem Zeitraum nur um 7,01% verringerte (die Allgemeinbevölkerung der Stadt wuchs dagegen um 5,4%). In den Wirtschaftsabteilungen Industrie und Handwerk ging die Zahl der jüdischen Erwerbstätigen einschießlich der Familienangehörigen um 19,2% zurück (Rückgang unter der Allgemeinbevölkerung 9,14%). In den Bereichen Handel und Verkehr war unter den jüdischen Erwerbstätigen ein Rückgang von 14,4% zu verzeichnen (Allgemeinbevölkerung 4%). Die Zeichen der wirtschaftlichen und politischen Krise sind am nominellen Rückgang der Zahl der erwerbstätigen Juden, die in häuslichen Diensten beschäftigt waren, um nahezu 63% zu erkennen (unter der Allgemeinbevölkerung 27%).
Demgegenüber stieg unter den jüdischen Erwerbstätigen die Zahl derjenigen, die sich und ihre Familien durch eine Tätigkeit im öffentlichen Dienst oder in den Freien Berufen ernährten, seit 1925 um 19,3% an, gegenüber einer Zunahme dieses Anteils unter der Allgemeinbevölkerung um 31%. Die Angaben für diesen Wirtschaftsbereich zeigen ein besonders interessantes Bild. In der historiographischen Literatur ist die Meinung stark verbreitet, Juden hätten die Gleichberechtigungsartikel der Weimarer Verfassung genutzt, um im öffentlichen Dienst tätig zu werden, der ihnen zuvor weitgehend verschlossen geblieben war. Doch eine genaue Betrachtung der nominellen Angaben zeigt, daß trotz der Wirtschaftskrise, in der Deutschland sich seit Ende der zwanziger Jahre befand, die Zahl der im öffentlichen Dienst und in den Freien Berufen Beschäftigten zwischen 1925 und 1933 insgesamt in Berlin um 45,2% anstieg, während unter der jüdischen Bevölkerung dieser Anteil nur um 27,1% zunahm. Könnte man die Angaben auch hinsichtlich der Arbeitsplätze untersuchen, ergäbe sich unter Umständen, daß viele dieser Er-

werbstätigen in dem Apparat, der von verschiedenen öffentlichen jüdischen Einrichtungen wie dem ›Central-Verein deutscher Staatsbürger jüdischen Glaubens‹ oder der ›Zionistischen Vereinigung für Deutschland‹ sowie der Jüdischen Gemeinde zu Berlin und ihren verschiedenen administrativen Institutionen entwickelt worden war, Beschäftigung fanden. Demnach wäre eine Öffnung des öffentlichen Dienstes für Juden, die ohnehin in den Freien Berufen stärker vertreten waren, in geringerem Umfang als bisher angenommen erfolgt.

Berufsgruppen der jüdischen Bevölkerung in Berlin

Die statistischen Daten, die von Heinrich Silbergleit, dem Leiter des Statistischen Amtes in Berlin, auf der Basis der Erhebung von 1925 veröffentlicht wurden, ermöglichen es, die Verteilung der jüdischen Erwerbstätigen in Berlin auf verschiedene Wirtschaftsgruppen und Wirtschaftszweige zu verfolgen.[26] Zunächst erhält man durch die berufliche Aufgliederung den Eindruck, Berliner Juden seien in einem breiten Berufsspektrum erwerbstätig gewesen. Doch praktisch waren Mitte der zwanziger Jahre immer noch nahezu 49 % der jüdischen Bevölkerung in Handelsberufen tätig. Diese Gruppe stellte demnach die weitaus größte Berufsgruppe unter den Berliner Juden. Die zweitgrößte Gruppe, 17 % der Erwerbstätigen, stellten die Beschäftigten im Bekleidungsgewerbe. Mit anderen Worten, auf diese beiden Berufsgruppen konzentrierten sich also 66 % der jüdischen Erwerbstätigen im Berlin der Weimarer Zeit. Im Vergleich ist anzumerken, daß unter den Erwerbstätigen der Allgemeinbevölkerung nur ca. 30 % in diesen Sektoren tätig waren.

An dritter Stelle unter den jüdischen Erwerbspersonen stand die Gruppe der Freiberufler (nahezu 8 %; dies entsprach der allgemeinen Berliner Quote). Über 5 % aller jüdischen Erwerbstätigen in Berlin waren in Berufen der Gesundheitsfürsorge und der Wohlfahrt beschäftigt. Sie standen somit an vierter Stelle der Gruppen jüdischer Erwerbstätiger. Die fünfte Stelle nahm mit nahezu 3 % die Gruppe derjenigen ein, die in häuslichen Diensten tätig oder ohne feste Stellung oder Angabe der Betriebszugehörigkeit waren. Die Wirtschaftsgruppen, in denen die jüdischen Erwerbstätigen stärker repräsentiert waren, als es ihrem Anteil an der Gesamtbevölkerung der Stadt (4,29 %) oder ihrem Anteil an der Gruppe der Erwerbspersonen Berlins (4,07 %) entsprochen hätte, waren die Berufszweige Handel und Banken (9,75 %), Gesundheitswesen (7,12 %), Bekleidungsgewerbe (5,93 %) und Textilindustrie (5,10 %).

Die vorliegenden Angaben zeigen, daß ›Ostjuden‹ in auffälliger Weise im Bekleidungsgewerbe tätig waren (22 % gegenüber 17 % der allgemeinen jüdischen Bevölkerung Berlins, unter der Voraussetzung, daß ›Ostjuden‹ in die Kategorie der ›fremden Juden‹ fielen). Diese Daten erschüttern die Theorien, nach denen die ›Ostjuden‹ stärker zu Handelsberufen neigten als die ›deutschen‹ Juden; in beiden Gruppen stellten die Händler im Jahre 1925 ca. 50 % aller Erwerbstätigen. Allerdings sind diese Schlußfolgerungen nicht absolut; denn sie geben nicht die Daten für sich illegal in Berlin aufhaltende ›Ostjuden‹ wieder, die ohne Anmeldung im Straßenhandel arbeiteten.

Eine berufliche Konzentration ist in wirtschaftlicher Hinsicht in keinem Falle positiv. Die detaillierte Übersicht über die Wirtschaftsgruppen und Wirtschaftszweige zeigt, daß es Sektoren gab, in denen Juden überhaupt nicht vertreten waren. Die Vervollständigung des Emanzipationsprozesses infolge der Bestimmungen der Weimarer Verfassung, die theoretisch jegliche Diskriminierung aus Gründen der Religionszugehörigkeit aufhoben, reichte also nicht aus, um die praktische Integration von Juden in allen erwünschten oder erstrebten Ämtern oder Berufen durchzusetzen. Man darf auch auf keinen Fall die Äußerungen der Zeitgenossen über den wirtschaftlichen Antisemitismus übersehen. Ihrer Meinung nach waren nicht alle Berufe und sicherlich nicht alle Ämter für Juden offen.[27] Daher empfahlen jüdische Publizisten jüdischen Jugendlichen, eine berufliche Bildung und Ausbildung nach den zu erwartenden Lebensunterhaltsmöglichkeiten zu wählen und dabei zu bedenken, ob sie als Juden in den von ihnen gewählten Berufen auch wirklich später arbeiten könnten. Darüber hinaus genossen allerdings auch jüdische Händler nicht volle Handlungsfreiheit. Sie stießen beim Auffinden von Lieferquellen und Kunden im Verlauf der zwanziger und zu Beginn der dreißiger Jahre zunehmend auf Schwierigkeiten.
Die mangelnde berufliche Differenzierung beunruhigte selbst die Zeitgenossen und veranlaßte sie zu scharfer Kritik. Um jüdische Jugendliche gewünschten, unter der jüdischen Bevölkerung als nicht vertreten geltenden Berufen zuzuführen, wurden besondere Berufsberatungs- und Ausbildungszentren aufgebaut. Man war bemüht, die urbane jüdische Bevölkerung in Berlin für die Landwirtschaft zu interessieren, ein Bemühen, dessen Basis in erster Linie ideologischer Natur war (der Glaube an eine ›Produktivierung‹) und dessen Ergebnisse sich möglicherweise in begrenztem Maße in dem Anstieg der Zahl der Berliner Juden erkennen lassen, die in den statistischen Berichten als Erwerbstätige in der Landwirtschaft geführt wurden.
Die wirtschaftliche Stärke und Stabilität der erfaßten Personen kommt in den Befunden nicht zum Ausdruck und läßt sich auf der Grundlage der vorhandenen Quellen auch nicht rekonstruieren. Dies ließe sich vielleicht ändern, sobald Unterlagen des für die Einziehung der Steuern verantwortlichen Gemeindebüros gefunden werden. Denn im Gegensatz zu anderen Religionsgemeinschaften weigerten sich die staatlichen Behörden, die Steuern der Jüdischen Gemeinde einzuziehen, so daß die Gemeinde sich gezwungen sah, einen eigenen administrativen Apparat zur Steuereinziehung zu entwickeln. Während der Weimarer Republik wurde die Steuer gemäß dem prozentualen Steueranteil der abgeführten staatlichen Einkommenssteuer festgelegt. Im Verlauf der zwanziger Jahre wurden Aufsätze publiziert, in denen Untersuchungen der Verteilung der Gemeindesteuerzahler die wirtschaftliche Rückständigkeit der Berliner Juden belegen sollten. Die in diesen Artikeln veröffentlichten Daten waren unvollständig und berücksichtigten nicht die extremen Veränderungen, denen die deutsche Währung in jenen Jahren ausgesetzt war. Dennoch kann man aufgrund der dort beigefügten graphischen Darstellungen zu der Schlußfolgerung gelangen, daß der Anteil der Steuerzahler unter den Gemeindemitgliedern, die in die maximale Steuerkategorie fielen, zwischen 1914 und der Mitte der zwanziger Jahre abgenommen hatte, während die Zahl derjenigen, die den niedrigsten Steuersatz zahlten, im gleichen Zeitraum entsprechend zugenommen hatte.[28]

Die berufliche Stellung der jüdischen Erwerbstätigen – der Umfang des jüdischen Proletariats in Berlin

Die deutsche Statistik pflegte die Erwerbstätigen in die Kategorien »Angestellte und Beamte«, »Arbeiter«, »selbständige Erwerbstätige« und »mithelfende Familienangehörige« einzuteilen. Nach den Ergebnissen der Berufszählung von 1925 fielen nahezu 47% der jüdischen Erwerbstätigen in Berlin in die Kategorie der selbständigen Erwerbstätigen. (Unter den Erwerbstätigen der Stadt insgesamt waren es nur 15%.) Andererseits wurden fast 46% aller Erwerbstätigen in der deutschen Hauptstadt als Arbeiter gezählt, während unter der jüdischen Bevölkerung nur etwas mehr als 9% der Erwerbstätigen in diese Gruppe fielen.
Der Unterschied zwischen dem Gesamtcharakter der Berliner Gesellschaft und der jüdischen Gesellschaft tritt besonders deutlich hervor, sobald man den prozentualen Anteil der Angestellten und Arbeiter zusammen betrachtet, d.h. den Anteil aller Erwerbstätigen, die in einem Arbeitgeber-Arbeitnehmer-Verhältnis standen. Nach den Befunden aus der Erhebung von 1925 erhält man dann folgendes Bild:

	jüdische Erwerbstätige	Erwerbstätige allgemein
Selbständige	46,87%	15,40%
Angestellte/Arbeiter	49,02%	76,38%
mithelfende Familienangehörige	4,11%	8,22%
insgesamt	100,00%	100,00%

Obwohl in den vorangehenden Berufszählungen keine vergleichbaren Daten erhoben wurden, ergibt sich aus zeitgenössischen Publikationen auf allgemeiner und auf jüdischer Ebene, daß seit dem Ersten Weltkrieg etliche Personen, die in der Vergangenheit einen ausreichend hohen Lebensstandard als Händler, Handwerker oder Freiberufler in selbständiger Arbeit oder durch angesammeltes Familienkapital aufrechterhalten konnten, in ein Angestelltenverhältnis übertreten mußten.
Die wirtschaftlichen und politischen Entwicklungen in Deutschland und Berlin in der Zeit zwischen der einzigen Volkszählung während der Weimarer Republik und der ersten Volkszählung unter dem nationalsozialistischen Regime beeinflußten die Stellung der jüdischen Erwerbstätigen in den verschiedenen Wirtschaftszweigen. Bis zum Sommer 1933 ging der relative Anteil der in die Kategorie der Selbständigen fallenden Personen unter der jüdischen Erwerbstätigenbevölkerung insgesamt um nahezu 14,6% zurück (der Rückgang unter allen selbständigen Erwerbstätigen Berlins lag bei einer Quote von 22,7%). Ein Unterschied zwischen der Gruppe der jüdischen Selbständigen und den Selbständigen unter der Allgemeinbevölkerung wird auch im Hinblick auf die Verteilung der selbständigen Erwerbstätigen auf verschiedene Wirtschaftszweige deutlich. Während unter den Selbständigen insgesamt im Jahre 1925 nahezu die Hälfte auf die Abteilung Industrie (einschließlich Handwerk) entfiel und die andere Hälfte in Bereichen

des Handels und Verkehrs tätig war, sah die Aufteilung der jüdischen Selbständigen derart aus, daß etwas mehr als die Hälfte in die Rubrik ›Handel und Verkehr‹ fiel und der Rest sich auf die Abteilungen ›Industrie‹ und ›Freie Berufe‹ verteilte. Zwischen 1925 und 1933 ging die Zahl der selbständigen Erwerbstätigen im Industriezweig allgemein um 42% zurück; der Rückgang innerhalb der jüdischen Gruppe in diesem Wirtschaftsbereich lag bei 34%.
Ca. 46% aller Erwerbstätigen in der Hauptstadt der deutschen Republik waren Arbeiter, während unter den jüdischen Erwerbstätigen der Arbeiteranteil bei weniger als 10% lag. Doch in beiden Gruppen fanden 75% der Arbeiter ihre Beschäftigung in der Industrie. Die statistischen Befunde weisen auch darauf hin, daß nahezu 60% der jüdischen Arbeiter in Berlin in der Bekleidungsindustrie tätig waren. Andere Industriezweige, in denen relativ viele jüdische Arbeiter gefunden werden konnten, waren die Elektroindustrie, die Papierindustrie, die Lebensmittelindustrie sowie die Schwerindustrie.
Zwischen 1925 und 1933 stieg die Zahl der jüdischen Arbeiter in Berlin um 27%, während die Gesamtzahl der Arbeiter in der deutschen Hauptstadt nur um 13% anstieg. Auch diese Angaben spiegeln die wirtschaftlichen Schwierigkeiten der Berliner Juden wider und erklären die Furcht vor einer Proletarisierung.
Von geistigen und politischen Führungskräften des deutschen Judentums wurde die Zunahme des jüdischen Proletariats als potentielle Gefährdung des traditionellen deutsch-jüdischen Wertesystems, oder konkreter, der Werte des deutsch-jüdischen Bürgertums begriffen. Man sprach zu jener Zeit von der ›roten Assimilation‹, der Annäherung der Juden und besonders der jüdischen Jugendlichen an die politischen sozialistischen oder gar kommunistischen Bewegungen.[29] Der statistische Befund macht jedoch deutlich, daß auch während der Weimarer Republik der jüdische Industriearbeiter in Berlin relativ selten war. Darüber hinaus darf aber nicht übersehen werden, daß nach den Angaben des Jahres 1925, also einer Zeit, in der die Weimarer Republik sich scheinbar wirtschaftlich und politisch stabilisiert hatte, immerhin 6108 Fabrikarbeiter, die sich zu ihrem Judentum bekannten, zusammen mit 9155 jüdischen Angestellten in den Industriezweigen etwas mehr als 18% aller jüdischen Erwerbstätigen in der Stadt stellten. Damit war diese Gruppe insgesamt größer als die Gruppe aller jüdischen Erwerbstätigen im öffentlichen Dienst und in den Freien Berufen jener Zeit.

Arbeitslosigkeit unter den Berliner Juden

Die wirtschaftlichen Schwierigkeiten insgesamt, aber auch die Arbeitslosigkeit unter der jüdischen Bevölkerung in Berlin waren für die Zeitgenossen ernste Probleme. Die Berliner Juden stießen bereits während der Weimarer Republik bei der Suche nach einem Arbeitsplatz nicht selten auf Schwierigkeiten. In der jüdischen Presse war immer häufiger zu lesen, daß die Situation der jüdischen Arbeitssuchenden schwieriger sei als die Situation anderer Arbeitsloser, denn »der Boykott jüdischer Arbeitnehmer wird eine immer häufigere Tatsache«.[30]

1923 wurden Stellung, Arbeitsfeld und Verantwortungsbereich der ›Arbeitsgemeinschaft der jüdischen Arbeitsnachweise Berlin‹ reguliert, in die später das Arbeitsamt der Jüdischen Gemeinde zu Berlin integriert wurde. Der Verband wurde aufgrund der Verordnungen des Arbeitsnachweisgesetzes von 1922, auf der Basis der Neuorganisation von Rahmeninstitutionen, die bereits in der wilhelminischen Zeit existiert hatten, und infolge der sich aus den wirtschaftlichen Krisensituationen nach dem Ersten Weltkrieg entwickelnden Bedürfnisse gegründet. Ursprünglich sollten die jüdischen Arbeitsämter den gesetzestreuen Juden bei der Suche nach Arbeitsplätzen helfen, die ihnen ein Einhalten der religiösen Gebote und insbesondere eine Abwesenheit von der Arbeit an Freitagabenden und am Sabbat ermöglichten.
Im Verlauf der Jahre der Weimarer Republik wuchs die Zahl der Arbeitssuchenden, die sich an die jüdischen Arbeitsämter wandten. Sie kamen aus dem Gefühl heraus, daß sie aus ungerechtfertigten Gründen bei der Arbeitsplatzsuche erfolglos blieben oder weil sie ihren Arbeitsplatz aus antisemitischen Motiven verloren hatten. In zeitgenössischen Aufsätzen konnte man auch lesen, daß selbst manche jüdischen Arbeitgeber nur zögernd Juden einstellten, um der Meinung vorzubeugen, sie würden Angehörige der eigenen Religion bevorzugen. Darüber hinaus wandten sich jedoch auch nichtjüdische Arbeitgeber an die jüdischen Arbeitsämter, um jüdische Arbeitnehmer zu finden, deren Talente sie auch unter der Annahme suchten, Juden seien in ihrer Arbeit wesentlich zuverlässiger als Nichtjuden.[31]
Die Arbeitssuchenden und Arbeitslosen kamen aus allen Sektoren der jüdischen Bevölkerung in Berlin, ohne Unterschied der Staatsangehörigkeit. So waren zum Beispiel von den nahezu 1000 Personen, die sich zwischen den Monaten Dezember 1926 und August 1927 an das jüdische Arbeitsamt wandten und einen Arbeitsplatz vermittelt bekamen, 66% deutsche Staatsbürger und die restlichen 34% Angehörige anderer Staaten. Diese Quote entspricht im wesentlichen dem Anteil der ›Ostjuden‹ an der jüdischen Gesamtbevölkerung Berlins und ihrem Anteil an den jüdischen Erwerbstätigen.
Die Tätigkeit des Arbeitsamtes der Gemeinde konzentrierte sich auf vier Abteilungen: kaufmännische Berufe, Freie Berufe, Arbeitskräfte für Geschäftsunternehmen, ungelernte Arbeitskräfte. Dazu kam das Berufsberatungsamt. Unterschiedliche Angaben liegen im Hinblick auf die Zahl der Arbeitssuchenden vor, die sich an das jüdische Arbeitsamt wandten. In dem von der Gemeindeleitung im November 1930 publizierten Bericht finden sich die folgenden Daten:

Jahr	Gesuche beim Arbeitsamt	vermittelte Arbeitsplätze
1926	9138	4334
1927	9409	5560
1928	10151	5560
1929	11543	5896
1930 (bis 30.09.)	10102	3587

Diese Zahlen sind im Hinblick auf die für einzelne Monate vorliegenden Daten eher niedrig. So existieren zum Beispiel Angaben, nach denen sich allein im Juli 1929 3605 Arbeitssuchende an das Arbeitsamt wandten, darunter 1618 Frauen; dabei konnten nur an 467 Personen Arbeitsplätze vermittelt werden. Im Februar 1930 wandten sich 4649 Arbeitsuchende an das Arbeitsamt (darunter 2379 Frauen); das Amt konnte allerdings nur 305 Personen Arbeitsplätze zuweisen.
Auf der Sitzung der Repräsentantenversammlung der Jüdischen Gemeinde zu Berlin im Dezember 1930 berichtete der Vorsitzende des Gemeindekomitees, Georg Kareski, daß am 1. November 6041 Arbeitssuchende beim Arbeitsamt der Gemeinde registriert gewesen seien; ihre Zahl sei bis zum 1. Dezember auf 6198 Arbeitssuchende gestiegen. Der Umfang der wirtschaftlichen Katastrophe unter den Berliner Juden wurde in dem Monatsbericht des Arbeitsamtes vom März 1931 besonders deutlich. Demnach wandten sich 6912 Personen (darunter 3173 Frauen) an das Arbeitsamt; nur 404 Arbeitsstellen konnten erfolgreich vermittelt werden. Doch daß die Angestellten des Amtes bei der Arbeitsvermittlung so wenig erfolgreich waren, lag sicherlich nicht nur an ihrem Unvermögen. Tatsächlich lag die Quote der jüdischen Arbeitssuchenden, die auf die Dienstleistungen eines Arbeitsamtes angewiesen waren, wesentlich höher, denn nicht alle Arbeitslosen wandten sich an das jüdische Arbeitsamt.
Aus den offiziellen Statistiken läßt sich die Zahl aller jüdischen Arbeitslosen in Berlin nicht ermitteln, denn die Arbeitsämter sammelten keine Angaben über die Religionszugehörigkeit der Arbeitssuchenden. Selbst wenn es zuverlässige statistische Angaben gäbe, könnten sie nicht das gesamte Bild widerspiegeln. Denn etwa die Hälfte der Berliner Juden war, wie erwähnt, als Selbständige tätig, so daß sie sich nicht in einem Arbeitnehmerverhältnis befand. Entsprechend konnten sie sich nicht arbeitslos melden (›stempeln gehen‹) und Arbeitslosenunterstützung fordern. Mit anderen Worten, nach der zu damaliger Zeit bestehenden Sozialgesetzgebung konnten diese Personen nicht wirklich zu ›Arbeitslosen‹ werden. Entsprechend dürfte sich entgegen der allgemein verbreiteten Ansicht, Juden seien weniger als andere Bevölkerungsgruppen von der Arbeitslosigkeit betroffen gewesen, ergeben, daß tatsächlich die Lage der jüdischen Bevölkerung nicht weniger schwierig gewesen ist als die Situation der allgemeinen Bevölkerung. Diese Position läßt sich durch zeitgenössische Veröffentlichungen bekräftigen, in denen es unter anderem heißt, praktisch »bezieht ein großer Teil der jüdischen Erwerbslosen keine Erwerbslosenunterstützung. Er ist infolgedessen entweder auf die Bezüge der städtischen Wohlfahrtsämter, oder die ergänzende oder vollkommene Fürsorge der jüdischen Gemeinde angewiesen.«[32]
Die jüdischen Arbeitslosen waren mit der Betreuung ihrer Angelegenheiten durch die Gemeindebehörden nicht zufrieden. In der jüdischen Öffentlichkeit war die Meinung verbreitet, im Arbeitsamt der Gemeinde würden Unregelmäßigkeiten vorkommen. Die Leiter des Amtes waren dagegen überzeugt, daß die mangelnde Effektivität wesentlich auf den schlechten Arbeitsbedingungen ihrer Angestellten beruhe, die infolge der Etatschwierigkeiten des Amtes in ständiger Furcht lebten, selbst über Nacht zu Arbeitslosen zu werden. Häufig kam es zu Demon-

strationen von Arbeitslosen vor den Wohlfahrtsstellen und Arbeitsämtern der Jüdischen Gemeinde, und es sieht so aus, als ob die Vorwürfe gegen die Ämter durchaus berechtigt waren. Am 17. Februar 1926 kam es zu einer lautstarken Demonstration während der Sitzung der Repräsentantenversammlung der Jüdischen Gemeinde. Jüdische Arbeitslose drängten auf die Zuschauertribüne des Sitzungssaals im Vorderhaus der Neuen Synagoge in der Oranienburger Straße 29. Durch Zwischenrufe führten sie eine Unterbrechung der Debatten herbei. Dieses Ereignis erregte die Honoratioren der Gemeinde. Um die Arbeitslosen zu beruhigen, beschloß man eine Reihe umfassender Lösungsmaßnahmen. So sollten die Zahl der von der Gemeinde selbst Beschäftigten angehoben und verstärkt jüdische Handwerker zu den verschiedenen Bau- und Renovierungsprojekten der unterschiedlichen Gemeindeinstitutionen herangezogen werden. Darüber hinaus sprach man sich für eine Intensivierung beruflicher Ausbildungsmaßnahmen aus.[33] Nur schwer ist allerdings die Effektivität dieser Schritte zu bestimmen. Trotz aller Versuche zur Beruhigung der erregten Gemüter kehrten während der gesamten Zeit der Weimarer Republik stets dieselben Vorwürfe wieder. Bei jeder Debatte über die Vorlage des Gemeindeetats sprach man über die Notwendigkeit, die Effektivität des jüdischen Arbeitsamtes zu steigern, sowie über die Gemeindeinitiativen zur Verringerung der Arbeitslosenquote unter der jüdischen Bevölkerung in Berlin.

Zusammenfassung

Ziel des vorliegenden Beitrags war es, an die Stelle der in der deutsch-jüdischen Historiographie üblichen Betrachtung der jüdischen Gesellschaftselite und ihres Einflusses auf die Entwicklungen in der allgemeinen Gesellschaft eine Untersuchung von Entwicklung und Schicksal der gesamten jüdischen Gesellschaft in Berlin zu setzen und zugleich den Einfluß der gesamtgesellschaftlichen Entwicklungen auf die jüdische Bevölkerung in den Blick zu bekommen.
Die Entwicklung der jüdischen Bevölkerung in Berlin war eng mit der Entwicklung der Stadt und ihrem Wachstumsprozeß zur größten deutschen Stadt verbunden. Beides ist nicht voneinander zu trennen. Juden wurden von der großen etablierten Gemeinde, von den vielfältigen Arbeitsmöglichkeiten und dem Leben in einer Millionenstadt, in der Besonderheiten weniger stark hervortraten, angezogen. Entsprechend wuchs die jüdische Bevölkerung der kaiserlichen Hauptstadt nicht infolge eines natürlichen Bevölkerungswachstums, sondern infolge von Migrationsbewegungen. Die jüdische Bevölkerung stellte 4 % der Berliner Gesamtbevölkerung und ein Drittel aller jüdischen Einwohner des Reiches (Tabelle 1; Schaubild 1).
Am Vorabend des Ersten Weltkrieges existierte in Berlin eine vielfältige jüdische Gesellschaft, die sich aber nur über einen Teil der Wohnviertel der Stadt verteilte. Eine Untersuchung der geographischen Herkunft dieser Bevölkerung weist auf folgende besondere Elemente hin:
a) Während die Bevölkerung Berlins in ihrer Mehrheit durch eine innerdeutsche Binnenwanderung entstand, bildete sich die jüdische Bevölkerung in erheblichem Maße auch infolge einer

Migration aus Gebieten außerhalb der Reichsgrenzen. 1925 besaßen mindestens 25% der in der Stadt offiziell lebenden Juden eine fremde Staatsangehörigkeit oder waren überhaupt ohne Staatsangehörigkeit (Tabellen 2 und 3; Schaubild 2).

b) Die jüdische Bevölkerung Berlins entwickelte besondere Merkmale bezüglich ihres Wohnverhaltens. Obwohl es in der Stadt kein Ghetto gab und der jüdischen Bevölkerung während der gesamten Neuzeit keinerlei Beschränkungen im Hinblick auf Wohngebiete auferlegt waren, neigten die Berliner Juden dazu, in bestimmten Nachbarschaften zu wohnen, auch nachdem sie einen umfassenden Assimilations- und Akkulturationsprozeß durchlaufen hatten. So entstanden oft von selbst Wohnhäuser, deren Bewohner größtenteils Juden waren. Ein anderes Gewicht kam der Verteilung jüdischer Bevölkerung im Raum Groß-Berlin infolge der urbanen oder wirtschaftlichen Entwicklung der Stadt zu. Juden wohnten bevorzugt um den historischen Stadtkern, während die Bevölkerung insgesamt nicht davor zurückscheute, das Stadtzentrum zu verlassen und die Wohnsitze entsprechend der Entwicklung ihrer Einkommensquellen zu verändern.

Aufgrund der Erhebungen aus den Berufs- und Betriebszählungen ergibt sich, daß 1925 mehr als 50% der jüdischen Erwerbstätigen in Berlin (ohne berufslose Selbständige) in den Wirtschaftszweigen des Handels tätig waren, während unter der allgemeinen Bevölkerung nahezu 52% in Industrie und Handwerk tätig waren (Tabelle 4; Tabelle 5 schließt die berufslosen Selbständigen ein, ebenso Schaubild 3). Zum Verständnis der besonderen Merkmale der jüdischen Gesellschaft in Berlin wurde hier das Schicksal der Juden, die in den Industriebereichen erwerbstätig waren – ca. 32% im Jahre 1925 (ohne berufslose Selbständige) – detailliert dargestellt. Die Befunde führten zu der Frage nach der Proletarisierung der jüdischen Bevölkerung Berlins und der in diesem Sektor vorherrschenden Arbeitslosenquote.

Aus den verschiedenen statistischen Angaben ergibt sich die Notwendigkeit einer neuen Untersuchung der Frage nach dem Erfolg der Berliner Juden von der wilhelminischen Epoche bis in die Zeit der Weimarer Republik. Es sieht so aus, als ob sowohl die demographischen als auch die wirtschaftlichen statistischen Angaben zu der Schlußfolgerung führen, daß vor der Gründung des ›Dritten Reiches‹ die jüdische Bevölkerung Berlins noch immer bewußt oder unbewußt ihre Identität als ethnische Minderheitengruppe zum Ausdruck brachte. Die Mitglieder dieser Gruppe erlebten eine entsprechende Zugehörigkeit, sie fühlten eine Verantwortlichkeit für das Schicksal ihrer Mitglieder, und sie erfuhren auch die Separation von der nichtjüdischen Gesellschaft. Diese Elemente prägten sich mit zunehmender Bedrohung der jüdischen Bevölkerung als einer Gruppe gleichberechtigter Staatsbürger in Deutschland sowie mit der wachsenden Erschütterung der politischen und wirtschaftlichen Stabilität der Weimarer Republik immer intensiver aus.

Tabelle 1

Allgemeine und jüdische Bevölkerung in Groß-Berlin, Preußen und im Deutschen Reich in den Jahren 1871-1939

Jahr	Groß-Berlin		
	allgemeine Bevölkerung	jüdische Bevölkerung	proz. Anteil der Juden
1871	931 984	36 326	3,90%
1885	1 565 698	65 611	4,19%
1895	2 269 960	94 391	4,16%
1905	3 226 049	130 487	4,04%
1910	3 734 258	144 043	3,86%
1919	3 804 046	keine Daten	
1925	4 024 165	172 672	4,29%
1933	4 242 501	160 564	3,78%
1939	4 338 756	77 850	1,79%

Jahr	Preußen				
	allgemeine Bevölkerung	proz. Anteil d. Berlin lebenden	jüdische Bevölkerung	proz. Anteil der Juden	proz. Anteil d. Berlin lebenden
1871	24 639 706	3,78 %	325 587	1,32%	11,16%
1885	28 318 470	5,53%	366 575	1,29%	17,90%
1895	31 855 123	7,13%	379 716	1,19%	24,86%
1905	34 472 509	9,36%	409 301	1,19%	31,88%
1910	37 293 324	10,01 %	415 867	1,12%	34,64%
1919	36 696 151	10,37%		keine Daten	
1925	38 175 989	10,54%	366 876	0,96%	47,07%
1933	39 934 011	10,62%	360 182	0,90%	44,58%
1939	41 279 724	10,51 %	164 332	0,40%	47,37%

Jahr	Deutsches Reich				
	allgemeine Bevölkerung	proz. Anteil d. Berlin lebenden	jüdische Bevölkerung	proz. Anteil der Juden	proz. Anteil d. Berlin lebenden
1871	41 060 793	2,27%	512 153	1,25%	7,09%
1885	46 857 704	3,34%	563 172	1,20%	11,65%
1895	56 327 178	4,03%	586 833	1,04%	16,08%
1905	60 641 278	5,32%	607 862	1,00%	21,47%
1910	64 925 993	5,75%	615 021	0,95%	23,42%
1919	59 858 284			keine Daten	
1925	62 410 619	6,45%	564 379	0,90%	30,60%
1933	65 218 461	6,51 %	503 230	0,77%	31,91%
1939	68 241 847	6,36%	219 597	0,32%	35,45%

Anmerkungen:

a) Bis einschließlich 1910, im Reich und in Preußen, in den Grenzen des Kaiserreichs; seit 1925 in den Grenzen Deutschlands zur Zeit der Weimarer Republik (ohne Saarland).

b) Die Zahl der Juden im Reich in den Jahren 1933-1939 aufgrund zeitgenössischer statistischer Publikationen in den Grenzen der Weimarer Republik.

Tabelle 2

Verteilung der jüdischen Bevölkerung in Berlin 1910 nach Geburtsorten

geboren in:	Zahl	Prozent	Zahl	Prozent
Groß-Berlin	45 880	33,49 %	45 880	33,49 %
Brandenburg	6 000	4,38 %		
Ostpreußen	3 930	2,87 %		
Westpreußen	9 750	7,12 %		
Pommern	5 745	4,19 %		
Posen	18 400	13,43 %		
Schlesien	11 325	8,27 %		
übrige Gebiete Preußens	7 420	5,42 %		
insgesamt in Preußen			62 570	45,67 %
übrige Gebiete des Reichs	6 850	5,00 %	6 850	5,00 %
außerhalb des Reichsgebiets	21 700	15,84 %	21 700	15,84 %
insgesamt	137 000	100,00 %	137 000	100,00 %

Anmerkung:
Zum Gebiet Groß-Berlins gehören hier nur die Stadt Berlin sowie die fünf Vorstädte Charlottenburg, Wilmersdorf, Schöneberg, Neukölln und Lichtenberg.

Tabelle 3

Verteilung der jüdischen Bevölkerung Groß-Berlins nach der Staatsangehörigkeit 1925–1939

	1925		1933		1939	
Staatsangehörigkeit	Zahl	Prozent	Zahl	Prozent	Zahl	Prozent
deutsch	128 834	74,61 %	119 442	74,39 %	62 269	82,65 %
polnisch	17 423	10,09 %	20 725	12,91 %	5 631	7,47 %
tschechoslowakisch	5 185	3,00 %	813	0,51 %	86	0,11 %
sowjetisch	2 137	1,24 %	1 823	1,14 %	454	0,60 %
rumänisch	1 634	0,95 %	1 124	0,70 %	228	0,30 %
ungarisch	1 904	1,10 %	1 507	0,94 %	486	0,65 %
österreichisch	5 326	3,08 %	2 412	1,50 %		0,00 %
andere	4 592	2,66 %	3 608	2,25 %	702	0,93 %
fremde Staatsangehörigkeit insgesamt	38 201	22,12 %	32 012	19,94 %	7 587	10,07 %
ohne Staatsangehörigkeit	5 037	2,92 %	9 054	5,64 %	5 353	7,10 %
ohne Angaben	600	0,35 %	56	0,03 %	135	0,18 %
ohne deutsche Staatsangehörigkeit insgesamt	43 838	25,39 %	41 122	25,61 %	13 075	17,35 %
Juden in Groß-Berlin insgesamt	172 672	100,00%	160 564	100,00 %	75 344	100,00 %

Tabelle 4

Verteilung jüdischer Erwerbspersonen und Erwerbspersonen in Groß-Berlin auf die verschiedenen Wirtschaftsabteilungen 1907–1939 (ohne »berufslose Selbständige«)

Wirtschafts-abteilung		1907 Juden	1907 Allgemein	1925 Juden	1925 Allgemein	1933 Juden	1933 Allgemein	1939 Juden	1939 Allgemein
Landwirtschaft	N	29	4416	121	19880	254	29225	327	18485
	P	0,07%	0,47%	0,14%	0,91%	0,32%	1,29%	2,07%	0,80%
	A	0,66%		0,61%		0,87%		1,77%	
Industrie und Handwerk	N	16593	546758	26780	1118611	23729	1056683	5739	1114612
	P	41,32%	57,58%	31,68%	51,22%	29,49%	46,62%	36,39%	48,41%
	A	3,03%		2,39%		2,25%		0,51%	
Handel und Verkehr	N	19636	261491	44089	650637	41330	723526	3531	678671
	P	48,90%	27,54%	52,15%	29,79%	51,37%	31,92	22,39%	29,47%
	A	7,51%		6,78%		5,71%		0,52%	
Häusliche Dienste	N	378	60826	2409	160146	979	116613	1866	101037
	P	0,94%	6,41%	2,85%	7,33%	1,22%	5,14%	11,83%	4,39%
	A	0,62%		1,50%		0,84%		1,85%	
Öffentl. Dienste und freie Berufe	N	3519	75990	11141	234673	14160	340774	4306	389835
	P	8,76%	8,00%	13,18%	10,75%	17,60%	15,03%	27,31%	16,93%
	A	4,63%		4,75%		4,16%		1,10%	
Insgesamt: Erwerbspersonen	N	40155	949481	84540	2183947	80452	2266821	15769	2302640
Bevölkerung	N	85574	2005146	172672	4024165	160564	4242501	75344	4321521
	P	46,92%	47,35%	48,96%	54,27%	50,11%	53,43%	20,93%	53,28%
	A	4,23%		3,87%		3,55%		0,68%	
	A1	4,27%		4,29%		3,78%		1,74%	

Legende:
N - nominelle Angabe
P - Anteil in Prozenten an der Gesamterwerbstätigenzahl
A - prozentualer Anteil der Juden an der Gesamterwerbstätigenzahl
AJ - prozentualer Anteil der Juden an der Gesamtbevölkerung der Stadt

Anmerkungen:
Die Angaben für das Jahr 1907 beziehen sich auf Berlin in den Grenzen der kaiserlichen Hauptstadt.
Die Angaben für das Jahr 1939 beziehen sich nicht auf »Mischlinge«.

Tabelle 5

Verteilung jüdischer Erwerbspersonen und Erwerbspersonen insgesamt in Groß-Berlin auf die verschiedenen Wirtschaftsabteilungen 1907–1939 (einschließlich »berufslose Selbständige«)

Wirtschafts-abteilung		1907 Juden	1907 Allgemein	1925 Juden	1925 Allgemein	1933 Juden	1933 Allgemein	1939 Juden	1939 Allgemein
Landwirtschaft	N	29	4416	121	19880	254	29225	327	18485
	P	0,06%	0,42%	0,12%	0,81%	0,25%	1,07%	0,63%	0,66%
	A	0,66%		0,61%		0,87%		1,77%	
Industrie und Handwerk	N	16.593	546758	26780	1118611	23729	1056683	5739	1114612
	P	35,16%	51,53%	26,73%	45,42%	23,29%	38,70%	11,07%	39,54%
	A	3,03%		2,39%		2,25%		0,51%	
Handel und Verkehr	N	19.636	261491	44089	650637	41330	723526	3531	678671
	P	41,61%	24,64%	44,00%	26,42%	40,56%	26,50%	6,81%	24,08%
	A	7,51%		6,78%		5,71%		0,52%	
Häusliche Dienste	N	378	60826	2409	160146	979	116613	1866	101037
	P	0,80%	5,73%	2,40%	6,50%	0,96%	4,27%	3,60%	3,58%
	A	0,62%		1,50%		0,84%		1,85%	
Öffentl. Dienste und freie Berufe	N	3.519	75990	11141	234673	14160	340774	4306	389835
	P	7,46%	7,16%	11,12%	9,53%	13,90%	12,48%	8,31%	13,83%
	A	4,63%		4,75%		4,16%		1,10%	
Beruflose Selbständige	N	7.036	111607	15653	278745	21452	463948	36075	516297
	P	14,91%	10,52%	15,62%	11,32%	21,05%	16,99%	69,58%	18,32%
	A	6,30%		5,62%		4,62%		6,99%	
Insgesamt:	N	47.191	1061088	100193	2462692	101904	2730769	51844	2818937
Erwerbspersonen	N	85.574	2005146	172672	4024165	160564	4242501	75334	4321521
Bevölkerung	P	55,15%	52,92%	58,03%	61,20%	63,47%	64,37%	68,82%	65,23%
	A	4,45%		4,07%		3,73%		1,84%	
	AJ	4,27%		4,29%		3,78%		1,74%	

Legende:
N - nominelle Angabe
P - Anteil in Prozenten an der Gesamterwerbstätigenzahl
A - prozentualer Anteil der Juden an der Gesamterwerbstätigenzahl
AJ - prozentualer Anteil der Juden an der Gesamtbevölkerung der Stadt

Anmerkungen:
Die Angaben für das Jahr 1907 beziehen sich auf Berlin in den Grenzen der kaiserlichen Hauptstadt.
Die Angaben für das Jahr 1939 beziehen sich nicht auf »Mischlinge«.

Schaubild 1

Religionszugehörigkeit der Bevölkerung Groß-Berlins 1925

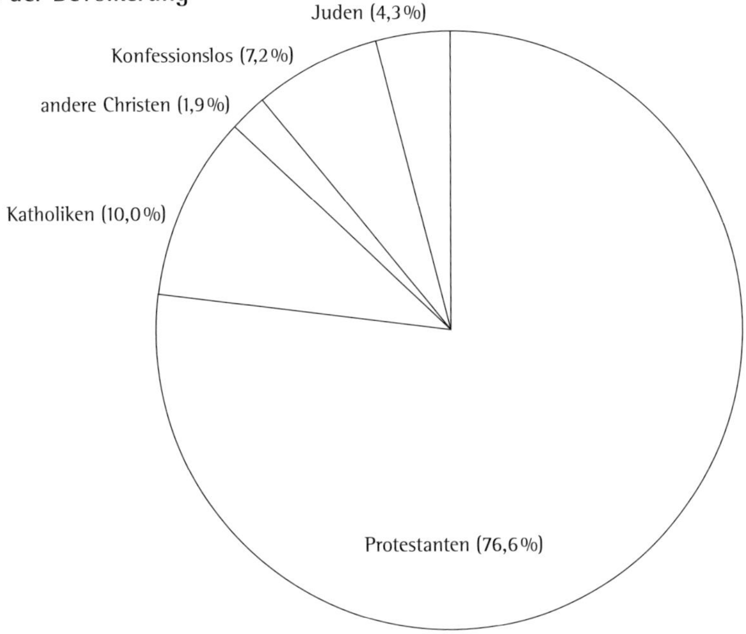

Schaubild 2

Verteilung der jüdischen Bevölkerung Berlins nach Staatsangehörigkeit 1925

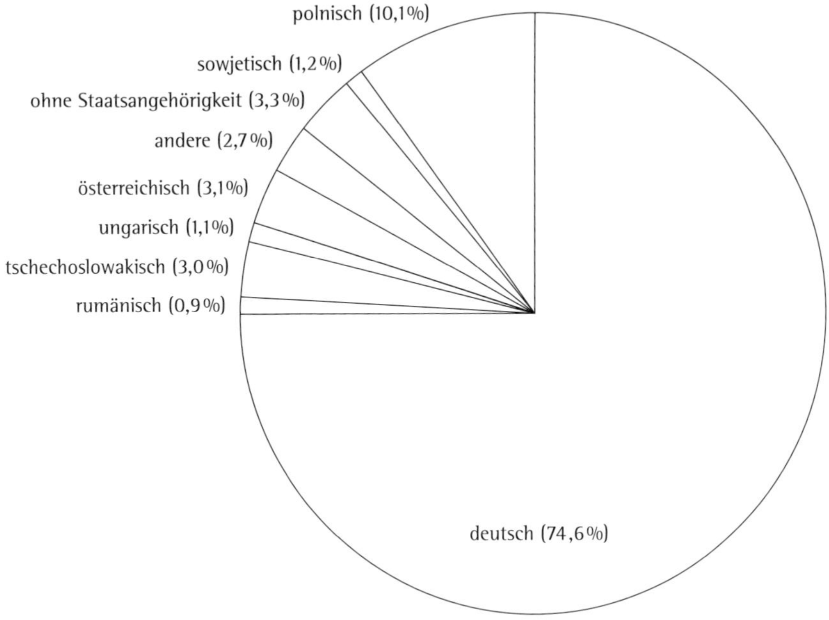

Schaubild 3

Verteilung der jüdischen Erwerbstätigen in Berlin 1907–1939

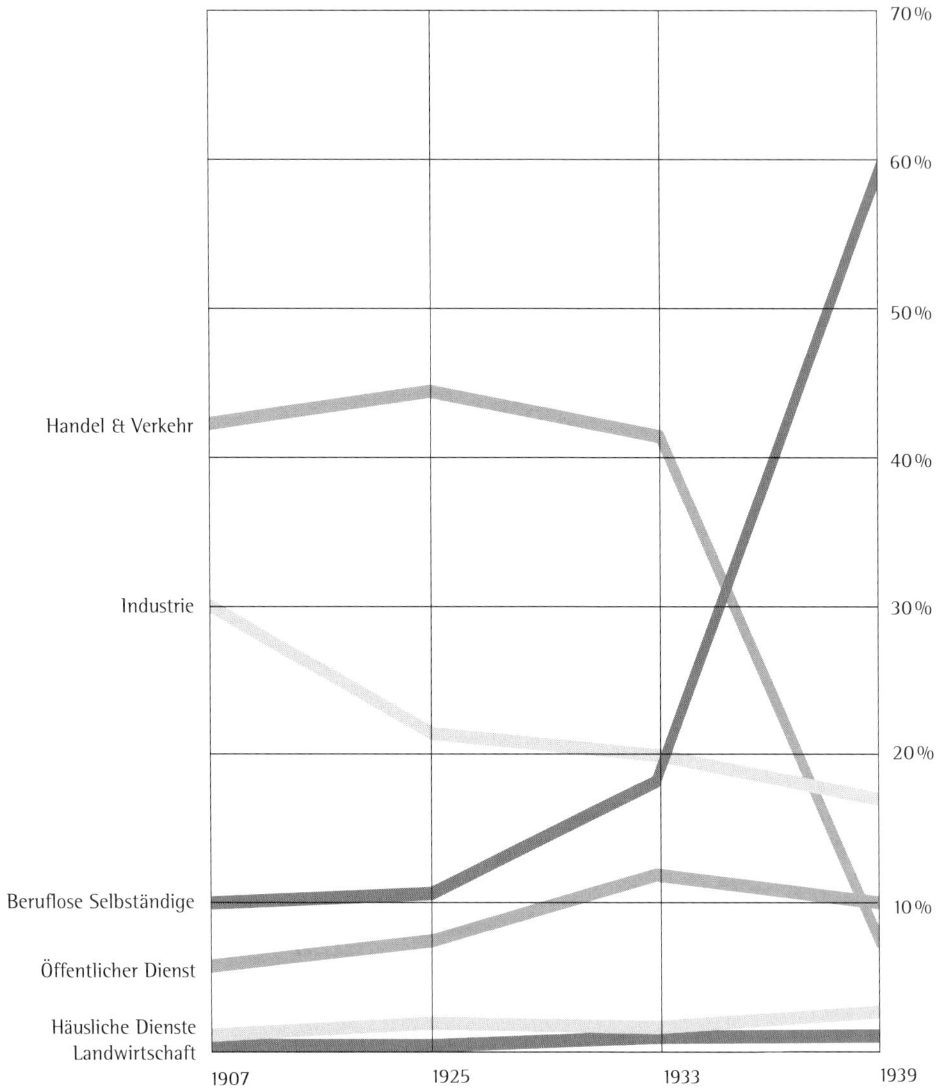

1 Die vorliegenden Ausführungen beruhen auf den Befunden meiner unter der Betreuung von Professor Moshe Zimmermann am Richard-Koebner-Zentrum für Deutsche Geschichte an der Hebräischen Universität Jerusalem entstehenden Dissertation zum Thema: Die Berliner Juden und ihre Gemeinde in der Weimarer Republik (1918–1933).

2 Eine detaillierte Darstellung des im folgenden vorgestellten Materials erschien in meinem Aufsatz: Die Entwicklung der jüdischen Bevölkerung in Berlin zwischen 1871 und 1945, in: Tel Aviver Jahrbuch für Deutsche Geschichte 10 (1991), S. 287–314.

3 Siehe z. B. Hubert Pollack, Zum Bevölkerungsproblem der Berliner Juden, in: Jüdische Wohlfahrtspflege und Sozialpolitik II (1931), S. 183-185.

4 Trotz ihres geringen quantitativen Umfangs bewahrte die Jüdische Gemeinde in Spandau ihre Unabhängigkeit von der Jüdischen Gemeinde Berlins. Siehe dazu Alois Kaulen/Joachim Pohl, Juden in Spandau. Vom Mittelalter bis 1945, Berlin 1988.

5 Zur Geschichte der Berliner Juden bis zur Mitte des 19. Jahrhunderts siehe Ludwig Geiger, Geschichte der Juden in Berlin, Berlin 1871; Steven M. Lowenstein, The Berlin Jewish Community. Enlightenment, Family and Crisis 1770–1830, Oxford 1994.

6 Zu der Besonderheit der Straßenzüge im ›Scheunenviertel‹ siehe: Eike Geisel, Im Scheunenviertel, Berlin 1981.

7 Zum ostjüdischen Milieu im ›Scheunenviertel‹ siehe zum Beispiel: Ludger Heid, Die Pestbeule Deutschlands: Ostjuden zwischen Erstem Weltkrieg und Weimarer Republik, in: Wolfgang Dreßen (Hg.), Jüdisches Leben (Berliner Topographien 4), Berlin 1985, S. 24–43.

8 In diesem Zusammenhang ist die Beschreibung in dem Artikel: Jüdische Wohnviertel: Der Kurfürstendamm, in: Israelitisches Familienblatt (künftig: IFB), 12. 3. 1925, S. 13, besonders interessant.

9 Fabius Schach, Berlin ohne Juden, in: IFB, 24. 3. 1921, S. 10.

10 Ein auffallendes Beispiel für eine Untersuchung des Phänomens ist das Kapitel »Mischehen« in Arthur Ruppin, Soziologie der Juden, Bd. 1, I, Berlin 1930, S. 205–231, dessen Methodologie und Terminologie heute zu Recht abgelehnt werden.

11 Felix A. Theilhaber, Der Untergang der deutschen Juden. Eine volkswirtschaftliche Studie, 2. Auflage, Berlin 1921.

12 Wilhelm Hanauer, Die Mischehe, in: Jüdisches Jahrbuch für Groß-Berlin 3 (1929), S. 37-66.

13 Gershom Scholem, Von Berlin nach Jerusalem. Jugenderinnerungen, Frankfurt/Main 1977, S. 43.

14 Peter Honigmann, Die Austritte aus der Jüdischen Gemeinde Berlin, 1873–1941. Statistische Auswertung und historische Interpretation, Frankfurt/Main 1988.

15 Siehe in diesem Zusammenhang zum Beispiel Hans Martin Elster, Berlin? Berlin!, in: C.V. Zeitung (künftig: CVZ), 26. 2. 1932, S. 74 f.

16 Trude Maurer, Ostjuden in Deutschland, Hamburg 1987, S. 12 f.

17 Chajim Weizmann, Worte und Taten. Lebenserinnerungen eines israelischen Staatspräsidenten, (hebr.), Tel Aviv 1962, S. 36.

18 Joseph Roth, Juden auf Wanderschaft, Berlin 1927, S. 65.

19 Zitiert nach Josef Idelson, Die Herkunft der Juden mit polnischer Staatsbürgerschaft in Deutschland in den Jahren 1919–1939, (hebr.), in: Gilad 11 (1989), S. 41.

20 Ostjudendebatte im preußischen Landtag, in: IFB, 7. 12. 1922, S. 1–2.

21 Deutschlands Ostjuden-Politik, in: Jüdische Rundschau (künftig: JR), 9. 1. 1923, S. 9–11.

22 Die judenfeindlichen Ausschreitungen in Berlin, in: JR, 9. 11. 1923, S. 557–559.

23 »Der Kaufmann von Berlin«, Geist der Wahrheit, Geist der Tendenz, in: CVZ, 13. 9. 1929, S. 499.

24 Ernst Feder, Heute sprach ich mit... 1926–1932. Tagebuch eines Berliner Publizisten, hg. v. Cécile Lowenthal-Hensel u. Arnold Paucker, Stuttgart 1972, S. 223.

25 Das wirtschaftliche Schicksal der deutschen Juden und insbesondere der Berliner Juden ist noch nicht durch eine aktuelle Arbeit in Kontinuität mit Jakob Lestschinsky, Das wirtschaftliche Schicksal des Deutschen Judentums, Berlin 1932, untersucht worden.

26 Heinrich Silbergleit, Die Bevölkerungs- und Berufsverhältnisse der Juden im Deutschen Reich, Bd. 1 (Freistaat Preußen), Berlin 1930, S. 99*–91*, 100*–101*.

27 Siehe z. B. die Beiträge in CVZ: Achtung jüdische Kaufleute, 25. 10. 1929, S. 577; L. Holländer, Gesperrte Berufe, 30. 7. 1926, S. 405 f.

28 Benas Levy, Einst und jetzt – Die Finanzverhältnisse unserer Gemeinde, 1914–1926, in: Gemeindeblatt der Jüdischen Gemeinde zu Berlin 16 (1926), S. 253.

29 Alfred Marcus, Die wirtschaftliche Krise der deutschen Juden, Berlin 1930, S. 1151.

30 Arbeitslosigkeit und Jüdische Arbeitsnachweise, in: Jüdische-Liberale Zeitung (künftig: JLZ), 12 (November 1926); die Zeitung erschien ohne Angabe von Seitenzahlen.

31 Siehe unter anderem: Die jüdische Not, in: JLZ, 12.2.1926; Shalom Adler-Rudel, Der jüdische Arbeitsnachweis, in: Jüdische Arbeits- und Wanderfürsorge 1 (1928), S. 126–128.

32 Die jüdische Not, in: JLZ, 12.2.1926.

33 Erwerbslosendemonstration in der Berliner Repräsentantenversammlung, in: JLZ, 19.2.1926.

Politischer Zionismus und Jüdische Renaissance in Berlin vor 1914

Inka Bertz

»Der Zionismus ist eine Funktion der Jüdischen Renaissance: ihr bewußter Wille sozusagen. [...] Nein, weder der mit größerer oder geringerer Berechtigung so genannte politische Zionismus noch der weit ältere moderne Zionismus schlechthin hat die jüdische Renaissance geschaffen. Wohl aber hat umgekehrt die jüdische Renaissance den modernen Zionismus hervorgebracht.«[1] So beschrieb Martin Buber 1911 das Verhältnis von Jüdischer Renaissance und Zionismus. Die Jüdische Renaissance wiederum verstand er als Teil einer allgemeinen »Menschheitsrenaissance«, einer großen »modernen nationalinternationalen Kulturbewegung« der »Selbstbesinnung der Völkerseelen«.[2] Die Ursprünge dieser kulturellen Erneuerung sah Buber bereits im Chassidismus und der Haskala. Dennoch unterscheidet sich der Begriff der Jüdischen Renaissance in diesem weitgefaßten Sinne von der um 1895 einsetzenden Bewegung, zu deren Protagonisten er selbst zählte. Letztere forderte, der Grundannahme folgend, daß die Juden »ein Volk« seien – »*ein* Volk«, wie es in Herzls »Judenstaat« heißt –, nicht nur kulturelle Selbstbesinnung, sondern auch nationale Selbstbestimmung. Sie hatte die staatsbürgerliche Gleichberechtigung und den Eintritt der Juden in die bürgerliche Kultur zur Voraussetzung und wäre mit dem Begriff Kurt Blumenfelds als ein »post-assimilatorisches« Phänomen zu verstehen, als Ausdruck einer auf die Assimilation folgenden »Dissimilation«. Dieser komplexe Prozeß der Dissimilation wurde im wesentlichen von zwei Faktoren bestimmt: zum einen durch die innere Dynamik der Assimilation, zum anderen durch die Feindseligkeit und die Exklusivität der umgebenden Gesellschaft.[3] Die Assimilation der Juden an die einzige ihnen offenstehende soziale Schicht, das Bürgertum, hatte zur Ausprägung einer spezifischen, den einzelnen oftmals nicht bewußten, jüdischen »Eigenart« (Volkov) im Hinblick auf die Wahl des Berufes, des Wohnortes oder der intimen Kultur des Familienlebens, etwa den Einstellungen zur Zahl der Kinder und deren Erziehung geführt.[4] Durch die ablehnende Haltung der umgebenden Gesellschaft erhielt diese Entwicklung einen zusätzlichen Schub, indem der private Bereich dieses »neuen jüdischen Familienlebens« (Volkov) eine zusätzliche Bedeutung als Schutzraum gewann. Der Antisemitismus und die zunehmende Exklusivität der wilhelminischen Gesellschaft stellten genau die Werte in Frage, auf die Emanzipation und Assimilation gegründet waren: die Prinzipien der Offenheit der Gesellschaft und der Gleichheit der Bürger, den Glauben an Recht und Vernunft als die das Zusammenleben regelnden Kräfte und die Gewißheit des Fortschritts auf dem Weg zur Verwirklichung dieser Ideale. Dieser bürgerliche Liberalismus, dem Juden durch die historische Erfahrung, daß ihre schrittweise Emanzipation vom Liberalismus getragen wurde und mit seinem Aufstieg einherging, besonders verbunden waren[5], geriet um 1890 in eine Krise, von der der Antisemitismus ein Ausdruck war. Der moderne, mit dem Terminus der Rasse argumentierende Antisemitismus

bestritt die Idee der Gleichheit der Menschen. Er schloß in seinem biologistischen Determinismus jede kulturelle Veränderung aus. Damit verneinte er auch jede Möglichkeit der Assimilation, die der Liberalismus ja als Vorbedingung einer politischen Emanzipation verlangt hatte.
Die Reaktion eines Teils der jüdischen Intellektuellen und Akademiker auf diese Krise des Liberalismus bestand in der Abkehr von dessen Wertekanon und Lebensentwürfen überhaupt. Die Kritik der jüdischen Intellektuellen an der angeblichen ›Assimilation‹ ihrer Elterngeneration läßt sich als spezifisch jüdische Variante einer umfassenderen Krise der bürgerlichen Werte sehen. Mit ihrer neuen ästhetischen Kultur, dem Irrationalismus und dem Geschmack am Orientalismus, befand sich die Jüdische Renaissance im Einklang mit den Reformbewegungen der Jahrhundertwende, die sich gegen die »Äußerlichkeit« und den »Materialismus« der wilhelminischen Gesellschaft wandten. Daß hier mit anti-bürgerlichem Gestus eine Reform des Bürgertums und eine Rückkehr zu seinen ursprünglichen Werten eingeklagt wurde, trifft auch für die gegen das »Assimilantentum« ihrer Elterngeneration polemisierende jüdische Jugend zu. Insofern geht die Geschichte der Jüdischen Renaissance über die des Zionismus als politischer Bewegung hinaus und ist Teil einer Geschichte der Krise des Bürgertums in Deutschland.[6]

Nationaljüdische Zirkel in Berlin, Heinrich Loewe

Das Jahr 1896, in dem Theodor Herzl in Wien seine Broschüre »Der Judenstaat« veröffentlichte, gilt zu Recht als ein Schlüsseldatum in der Geschichte des Zionismus. Lassen wir auch die Geschichte des Berliner Zionismus mit einem Bild aus jenem Jahr beginnen: Im Treptower Park fand die Gewerbeausstellung statt. Der Publikumsmagnet war, im Zeichen der allgemeinen Orient- und Kolonialbegeisterung, die Abteilung »Kairo«. Dort befand sich, gegenüber dem Nilpanorama und dem Beduinenlager, zwischen der großen Pyramide und dem Edfutempel »ein Haus, das eine getreue Nachahmung eines Teils vom Turme Davids in Jerusalem darstellt«. Tische und Stühle aus Bambusrohr, Palmenzweige und orientalische Blumen schmückten das Innere des Pavillons. Dort saß Heinrich Loewe, einen Fez auf dem Kopf, verkaufte Wein, Parfum und andere Produkte der jüdischen Kolonien in Palästina und präsentierte dem staunenden Publikum Zeitungen in modernem Hebräisch.[7]
Unterstützt wurden diese Kolonien durch den seit 1884 bestehenden »Verein zur Unterstützung ackerbautreibender Juden in Palästina und Syrien, Esra«, ein Pendant der russischen Chowewe-Zion (Zionsfreunde). Wie in Rußland fand diese religiös begründete Zionsliebe auch in Deutschland vor allem in orthodoxen Kreisen Unterstützung, in Berlin beispielsweise von Esriel Hildesheimer, dem Rabbiner der Adass Jisroel, der 1888 den Palästinensischen Hilfsverein ›Lemaan Zion‹ gegründet hatte. Weniger wegen ihrer Sammlungen wurden diese Vereine jedoch bedeutsam, sondern durch ihre propagandistische Tätigkeit, etwa in der von ›Esra‹ getragenen Zeitschrift »Serubabel. Organ für die Interessen des jüdischen Volkes« (1886–1888). So wurde der Boden für die nationaljüdische Bewegung des nächsten Jahrzehnts bereitet.[8]

Zu den wichtigsten Aktivisten der frühen nationaljüdischen Bewegung in Berlin zählte Heinrich Loewe, jener Herr mit dem Fez. Kaum eine der nationaljüdischen Vereins- oder Zeitschriftengründungen, an der er nicht beteiligt war. 1869 in Wanzleben bei Magdeburg geboren, kam er über die Redaktionsarbeit in Rahmers ›Israelitischer Wochenschrift‹ mit dem Zionismus in Berührung. Als Schüler der ›Lehranstalt für die Wissenschaft des Judentums‹ begegnete er dort Josef Lurje, Nachman Syrkin und Schmarja Levin und wurde von ihnen in den 1888 gegründeten ›Russisch-jüdisch wissenschaftlichen Verein‹ eingeführt. Er war dessen einziges deutsch-jüdisches Mitglied. Unter den Vereinsmitgliedern, zu denen in den neunziger Jahren unter anderem Fabius Schach, Victor Jacobson, Leo Esterman, Selig Soskin, Chaim Weizmann und Leo Motzkin gehörten, waren viele von den Ideen Achad Ha'ams, des Odessaer Essayisten und Theoretikers des Kulturzionismus, beeinflußt. Die beiden Letztgenannten zählten beim V. Zionistenkongreß 1901 zu den Köpfen der kulturzionistischen Oppositionsgruppe der ›Demokratisch-zionistischen Fraktion‹. Daneben gab es jedoch auch erklärte Gegner Achad Ha'ams im Verein, wie etwa den sozialistischen Zionisten Nachman Syrkin.
Ideologisch ähnlich orientiert waren die Mitglieder des ›Jüdisch-nationalen Vereins Jung Israel‹, zu dem sich 1892, unter dem Vorsitz Heinrich Loewes und des ehemaligen Herausgebers von ›Serubabel‹, Willy Bambus, deutsch-jüdische Studenten zusammenschlossen. Zu den Mitgliedern zählten Osias Thon, Marcus Ehrenpreis, David Neumark, Samuel Rappaport, David Feitelberg, Eugen Kaminski, Max Jungmann, Albert Goldberg, Theodor Zlocisti, Markus Braude und Sammy Gronemann. Der Verein pflegte Verbindungen zum Verein ›Esra‹, zu Nathan Birnbaum nach Wien und zu den Bne Mosche um Achad Ha'am nach Rußland. Die Anregung zu der palästinensischen Abteilung auf der Gewerbeausstellung kam aus diesem Kreis. Aus ihm ging nach dem ersten Zionistenkongreß im August 1897 die ›Berliner Zionistische Vereinigung‹ hervor, deren erster Vorsitzender Heinrich Loewe wurde. Die meisten der Mitglieder von ›Jung Israel‹ waren zwar in Deutschland geboren, aber Söhne von Einwanderern aus Rußland oder den preußischen Ostprovinzen.[9]
Bewußt auf die Söhne der deutsch-jüdischen Bürger ausgerichtet war die 1893 von Max Oppenheimer gegründete ›Jüdische Humanitätsgesellschaft‹, die zwar dem Namen nach Neutralität wahrte, ideologisch jedoch ›Jung Israel‹ nahestand. Mit Adolf Friedemann, Alfred Klee, Arthur und Robert Hantke, Moriz Dorn, Walter Munk, Edmund Landau und Ernst Kalmus ging eine ganze Generation zionistischer Funktionäre aus dieser Gruppe, wie auch aus ›Jung Israel‹, hervor. 1895 schlossen sich beide zur ›Vereinigung jüdischer Studierender‹ (ab 1900: ›Verein jüdischer Studenten an der Universität Berlin‹) zusammen, die unter anderem Martin Buber zu ihren Mitgliedern zählte.
1901 gründete der ›Verein jüdischer Studenten‹ mit seinen Schwesterverbänden den ›Bund jüdischer Corporationen‹. Dessen Organ war ab 1902 die Zeitschrift ›Der Jüdische Student‹. Während das politische Programm hier eher vage als »Entwicklung eines lebendigen Judentums« formuliert war, bekannte sich die 1902 gegründete ›Freie Verbindung Hasmonaea‹ ausdrücklich zum Basler Programm der Zionistischen Bewegung. 1906 schloß sie sich mit ihren Schwesterkorpo-

rationen zum ›Kartell Zionistischer Verbindungen‹ zusammen; B. J. C. und K. Z. V. wiederum vereinigten sich 1914 zum ›Kartell Jüdischer Verbindungen‹.

Bis dahin, und vor allem in ihrer Frühzeit, zeichneten sich die nationaljüdisch-zionistischen Zirkel Berlins durch eine Vielfalt von Projekten aus, die zwar nicht immer sehr erfolgreich oder langlebig waren, aber im nachhinein noch einen Eindruck von der Lebendigkeit dieser Zirkel vermitteln können: Die 1894 von Heinrich Loewe mitbegründete ›Jüdische Lesehalle‹ wurde eine dauerhafte Institution, nicht so jedoch der 1891 von ihm gegründete ›Verein zur Pflege der hebräischen Sprache, Chowewe Sefat Ewer‹. Die beabsichtigte Gründung einer ›Kadimah‹ nach dem Vorbild der national-jüdischen Studentenverbindung in Wien war völlig erfolglos geblieben. Dieser Plan ist ein Hinweis auf die engen Verbindungen zu Nathan Birnbaum, dem Gründer der Wiener ›Kadimah‹ und ›Erfinder‹ des Begriffes »Zionismus«, dessen Einfluß auf die nationaljüdischen Zirkel Berlins wohl kaum überschätzt werden kann.[10] Davon zeugt auch die von Max Jungmann herausgegebene Zeitschrift ›Die Jüdische Moderne‹ (1897–1898), deren Titel auf Nathan Birnbaums Programmschrift von 1896 zurückgeht. Birnbaums Wiener Zeitschrift ›Selbst-Emancipation‹ wurde 1894–1895 von Leo Estermann, Marcus Ehrenpreis und Heinrich Loewe unter dem Titel »Jüdische Volkszeitung. Früher Selbst-Emancipation« in Berlin fortgeführt. Eine, wenn auch nicht unmittelbare, Fortsetzung fand diese dann in dem wiederum von Loewe herausgegebenen Blatt »Zion. Monatsschrift für die nationalen Interessen des jüdischen Volkes« (1895–1899), in deren letztem Jahrgang der nunmehrige Herausgeber Willy Bambus erfolglos Herzl bekämpfte.

Wie aus diesen regen publizistischen Aktivitäten bereits deutlich wird, spielte das intellektuelle Leben eine große Rolle in diesen Studentenvereinen. Ein ehemaliges Mitglied erinnert sich an die Zeit um 1907: »Das studentische Leben der Hasmonäa bestand nicht nur in Kneipen und Fechten, sondern die zionistische Ausbildung wurde sehr ernst genommen. Wir hatten einen ausgezeichneten zionistischen Fuxenunterricht bei Elias Auerbach, der damals schon ein 25 Jahre alter Arzt war. In jüdischer Geschichte hatten wir den vorzüglichen Unterricht von Eugen Täubler, späterem Ordinarius für alte Geschichte in Heidelberg. Durch Auerbach und Lichtheim lernte ich die aktuellen Probleme des Zionismus kennen.«[11] Exakte Mitgliederzahlen dieser Vereine sind zwar nicht bekannt, nur so viel, daß ›Jung Israel‹ oder der ›Russisch-jüdisch wissenschaftliche Verein‹ bei ihren öffentlichen Diskussionsveranstaltungen mit etwa 150 Besuchern rechnen konnten.[12]

Das soziale Leben der russischen Juden spielte sich, im Unterschied zu ihren deutsch-jüdischen Kommilitonen, in recht geschlossenen Zirkeln ab. Dies hing zum einen wohl mit gesellschaftlichen Animositäten, zum anderen auch schlicht mit sprachlichen Verständigungsproblemen zusammen. Für Heinrich Loewe wurden die Beiträge auf den Diskussionsabenden, auf denen nur russisch gesprochen wurde, immer übersetzt. Ein weiteres Hindernis für eine nähere Vertrautheit mit der Berliner Jüdischen Gemeinde war auch der Lebensrhythmus der russischen Studenten: »Gegen Ende meines Berliner Aufenthaltes war es uns gelungen, eine gewisse Verbindung mit einem Teil der Jüdischen Gemeinde der Stadt herzustellen. [...] Das Wohltätigkeitsfest,

das wir jedes Jahr veranstalteten, wurde immer häufiger von deutschen Juden besucht. Doch ich kann nicht behaupten, daß sich je ein wirklich herzliches Verhältnis zwischen der russisch-jüdischen Studentenkolonie und der Berliner Jüdischen Gemeinde entspann. Die Kluft zwischen den beiden Welten war kaum zu überbrücken. Daß es so war, war zum Teil unsere Schuld, zum Teil ihre; eigentlich Schuld daran waren ungünstige Umstände, für die keiner von beiden etwas konnte. Wir waren nur während des Semesters in Berlin; in den Ferien schwärmten wir auseinander und jeder fuhr nach Hause.«[13] Daß Weizmann von einem solchen Sommeraufenthalt in Rußland an seinen Freund Leo Motzkin schreibt, er warte nur auf den Tag, der ihn »aus den Händen der Gojim« – gemeint waren die Pinsker Juden – befreien werde, er »vegetiere« und würde »vor Langeweile sterben«, zeigt, wie sehr auch die russisch-jüdischen Studenten der Welt ihrer Herkunft entfremdet waren.[14]
Von seiten der deutsch-jüdischen Studenten waren die Vereinsgründungen jedoch nicht allein Ausdruck einer ›positiven‹ Jüdischen Renaissance, sondern auch eine Reaktion auf den Antisemitismus der deutschen Studentenschaft, der sich in den antisemitischen Kampagnen gegen die russisch-jüdischen Studenten und im Ausschluß der Juden aus den Corps ausdrückte. Der ›Verein jüdischer Studenten‹ ist somit auch eine Gegengründung zum antisemitischen ›Verein deutscher Studenten‹. Die Bedeutung der Vereine ging somit über die Rekrutierung der zukünftigen Generation zionistischer Funktionäre weit hinaus. In ihnen wurde national-jüdisches Gedankengut in weitere Kreise der deutsch-jüdischen akademischen Jugend, später auch die jüdische Jugendbewegung, hineingetragen. »Ein neuer Typus des jüdischen Akademikers in Deutschland war im Entstehen, der seine Parolen: jüdisches Selbstgefühl, Stolz auf die eigene Vergangenheit, Hilfe für die verfolgten Juden Osteuropas – nunmehr systematisch an den Hochschulen zu verbreiten begann.«[15]

Köln und Berlin: zwei Hauptstädte des deutschen Zionismus

Angesichts dieser Vielfalt und der vergleichsweise breiten Basis der national-jüdischen Aktivitäten in Berlin stellt sich die Frage, warum Berlin nicht von Beginn an die ›Hauptstadt des deutschen Zionismus‹ wurde, sondern zunächst Köln.
Gerade dieser scheinbare Vorzug erwies sich jedoch für die straffe Organisation einer politischen Bewegung, wie sie Herzl vorschwebte, als Nachteil. In Köln dagegen war die Situation übersichtlich: Es gab nur die 1896 gegründete ›National-jüdische Vereinigung‹, aus der ein Jahr später die ›Zionistische Vereinigung für Deutschland‹ (ZVfD) hervorging, und den 1894 gegründeten ›Kölner Verein zur Förderung von Ackerbau und Handwerk in Palästina‹. Den Vorsitz hatten in beiden Vereinen Max Bodenheimer und David Wolffsohn, beide saturierte Bürger, der eine Rechtsanwalt, der andere Inhaber einer großen Holzhandlung. »Anders war es in Berlin«, erinnert sich Bodenheimer, »in Jung-Israel, der einzigen zielbewußten Organisation dortselbst, bekämpften sich drei Gruppen. Die eine stand unter dem Einfluß von Adolf Friedemann, eine

zweite unter dem von Heinrich Loewe und die dritte unter dem von Bambus. Jede strebte nach der Leitung. Dabei betrafen die Meinungsdifferenzen nur die Taktik, keineswegs den Grundsatz des Judenstaats. Friedemann war ein unbedingter Anhänger der Herzlschen Politik, Loewe neigte den Chowewe-Zion zu, während Bambus nach außen hin die Kolonisation in den Vordergrund stellte, aber konspirativ für das Endziel arbeiten wollte. Über diese Zustände beklagte ich mich bitter bei Herzl.«[16]

Nach manchem Hin und Her, Rivalitäten zwischen Herzl und Bambus sowie einer brüsken Ablehnung durch Hirsch Hildesheimer gab es Herzl schließlich auf mit den Berlinern und dekretierte an Bodenheimer: »Sie aber, verehrter Freund, bitte ich, nunmehr die Organisation des deutschen Zionismus von Köln aus energisch in die Hand zu nehmen.«[17]

Als Herzl die Bühne betrat, erkannten Bodenheimer und Wolffsohn ihn schnell als den kommenden Mann und waren bereit, seinen Führungsanspruch anzuerkennen. In Berlin hingegen blieb man skeptisch: In einer Sitzung des ›Russisch-jüdisch wissenschaftlichen Vereins‹ las Heinrich Loewe aus den Korrekturbögen des »Judenstaats« vor: »[...] aber in diesem Kreise, dem die Idee der jüdischen Nation schon vertraut war, sah man eher die Mängel als die Vorzüge der Schrift«.[18] Denn in der Tat war Herzl nicht der erste, der Vorschläge zur »modernen Lösung der Judenfrage« anzubieten hatte. Allerdings waren es weniger die Neuigkeit seiner Ideen als sein Charisma, sein diplomatisches Geschick und seine gesellschaftlichen Verbindungen, die Herzl zu demjenigen machten, der die verstreuten Vereine zu einer Bewegung bündeln konnte und es ihr ermöglichte, ihre Ziele auf dem internationalen diplomatischen Parkett zu verfolgen. Letztlich schlossen sich doch die meisten Mitglieder von ›Jung Israel‹ und dem ›Russisch-jüdisch wissenschaftlichen Verein‹ Herzl an und entsandten Delegierte zum I. Zionistenkongreß 1897 nach Basel.

Nicht nur politische, auch gesellschaftliche Gegensätze trennten die Berliner von Herzl, Wolffsohn oder Bodenheimer. Kaum einer der Berliner Studenten wäre zu den Aufwendungen für Reisen und Audienzen finanziell in der Lage gewesen – die meisten stammten aus eher kleinbürgerlichen Familien. Vor allem aber war, bis auf Bambus oder Hildesheimer, die Mehrzahl auch noch zu jung, um für Kaiser oder Sultan als ernstzunehmende politische Verhandlungspartner gelten zu können.

Generationskonflikt

Welche Bedeutung das studentische Milieu, das es in Köln nicht gab, für den Berliner Zionismus hatte, geht aus einer Liste der Berliner ›Schekelzahler‹ hervor, die 1899 zum III. Zionistenkongreß aufgestellt wurde: Von den 229 Mitgliedern der ›Berliner Zionistischen Vereinigung‹ waren 60 als Studenten ausgewiesen, insgesamt waren 85 Namen als Akademiker erkennbar.[19] Dieser Mitgliederliste zufolge bildeten die Studenten und ehemaligen Studenten ein wichtiges Rückgrat der Berliner zionistischen Bewegung. Selbst wenn viele von ihnen vermutlich Söhne von Neuzuwanderern aus Osteuropa oder den östlichen preußischen Provinzen waren[20], würde sie das allerdings, eine Generation nach dem Anwachsen Berlins zur Metropole, kaum von der übrigen jüdischen, wie auch nichtjüdischen, Bevölkerung der Stadt unterscheiden. Die Migrationserfahrung, der ›Kulturschock‹ durch den Wechsel von der ländlichen Kleinstadt in die Großstadt, wurde für die Atmosphäre des ›Wien um 1900‹ und die Entstehung der Wiener Moderne schon vielfach beschrieben.[21] Die Identitätskrisen der jüdischen Jugend im Berlin um 1900 wurden sicher ebenfalls davon geprägt. Und ähnlich wie für Wien, läßt sich auch für Berlin diese Identitätskrise als eine Erscheinung innerhalb des Bürgertums beschreiben. Die Jüdische Renaissance sollte eine ihrer Bewältigungsstrategien werden.[22]

Der hohe Anteil an Studenten macht noch einmal deutlich, daß der Generationskonflikt ein ganz wesentliches Moment in der Dynamik der kulturellen Veränderung war, die sich im deutsch-jüdischen Bürgertum um 1900 zu vollziehen begann.[23] Juden erlebten diesen Generationskonflikt in besonderer Schärfe. Die prägende Erfahrung der Väter derjenigen, die auf der Liste von 1899 als Studenten bezeichnet sind, war die Erlangung der rechtlichen Gleichstellung 1869/71. Sie hatten Geschichte als Fortschrittsgeschichte erlebt. Was knappe dreißig Jahre später die Erfahrung ihrer Kinder bestimmte, war die antisemitische Atmosphäre an den Universitäten. Der »Jüdischen Moderne« (Nathan Birnbaum) lag die Erfahrung der Anti-Moderne zugrunde.

Dieser Generationskonflikt ragte auch in die zionistische Bewegung hinein. Der Gegensatz zwischen Köln und Berlin, der als untergründige Rivalität die Jahre bis zur endgültigen Verlegung der ZVfD nach Berlin im Jahre 1910 durchzog, war nicht nur eine politische Meinungsverschiedenheit zwischen den Befürwortern der ›Charter‹-Lösung und denen der ›Infiltrations‹-Methode allmählicher Besiedlung, sondern auch der Gegensatz zweier Generationen innerhalb der zionistischen Bewegung, der von dem in der umgebenden Gesellschaft noch zusätzlich überlagert wurde. Der Altersunterschied zwischen den meist um 1860 geborenen politischen Zionisten in Köln und den Kulturzionisten in Berlin, überwiegend Jahrgang 1875–80, schlug sich in unterschiedlichen Vorstellungen von Politik und Kultur nieder. In ihrem Bestreben nach »öffentlich-rechtlicher« Absicherung der zukünftigen »Heimstätte in Palästina« oder in dem Verständnis des Zionistenkongresses als einer »Nationalversammlung« aus gewählten Repräsentanten vertraten Herzl, Bodenheimer und ihre Anhänger klassische Positionen liberaler Politik: Schaffung von Rechtssicherheit und repräsentative Demokratie.[24] Die Berliner hingegen wollten nationale Kultur schaffen. Diese neue Kulturpolitik basierte auf einer fast mythischen Vorstellung vom »Volk« und einer elitären Idee vom »Zentrum«. Damit standen sie den Ideen der kulturkritischen Intellektuellen um 1900 oder auch den russischen revolutionären Zirkeln nahe.[25]

Kulturelle Gemengelage in Berlin um 1900

Es waren gerade die Gründe, die die Berliner Zionisten in Herzls Augen ungeeignet erscheinen ließen, eine Führungsrolle im deutschen Zionismus einzunehmen, die sie andererseits für den Kulturzionismus geradezu prädestinierten: ihre Generationserfahrung sowie das studentische

Milieu mit seinem Gegen-, Mit- und Durcheinander der debattierenden Gruppen und Grüppchen. Ein ganz wesentlicher Faktor war jedoch die Stadt Berlin selbst: Die Herausbildung der Jüdischen Renaissance wäre kaum denkbar ohne die intellektuellen Anregungen, die persönlichen Kontakte und Erfahrungen oder Möglichkeiten des Experiments mit neuen Lebens- und Kulturformen, wie sie nur in der modernen Großstadt zu finden waren.
Wenn auch nur an wenigen Punkten konkret faßbar, ist dennoch die kulturelle Atmosphäre der Stadt in ihrem Einfluß kaum zu unterschätzen. Die Vorlesungen Georg Simmels beispielsweise, die ein gesellschaftliches Ereignis des intellektuellen Berlin waren, beeinflußten sicher nicht nur den jungen Martin Buber. Was hier über die »sociale Differenzierung« der modernen Gesellschaft zu hören war, wurde ebenso in das Ideen- und Ideologien-Gemenge Jüdische Renaissance integriert wie Diltheys Lehre vom »Erlebnis« oder Steinthals Völkerpsychologie, Schopenhauer, Nietzsche, Stirner, Langbehn oder Tönnies. Die populären Vorträge Harnacks über das Wesen des Christentums setzten eine Debatte über das Wesen des Judentums in Gang, und der ›Bibel-Babel-Streit‹ brachte neue Aspekte in die Diskussionen um das Thema »Juden als Orientalen«.
Vor allem aber wurde Berlin zu einem Zentrum der Jüdischen Renaissance durch die Verbindung zwischen jüdischer Erneuerungsbewegung und kultureller Avantgarde, die hier möglich war. Von den informellen losen Zusammenkünften in Künstlercafés abgesehen, trafen sich beispielsweise Ephraim Mose Lilien, und wohl auch Berthold Feiwel, von denen beiden noch die Rede sein wird, im Kreis der ›Kommenden‹ um Rudolf Steiner mit Stefan Zweig und Börries von Münchhausen, dessen Balladen Lilien illustrierte, mit dem in der Lebensreformbewegung populären Jugendstilkünstler Fidus (Hugo Höppener), mit dem Sexualforscher Magnus Hirschfeld, mit dem Herausgeber der Homosexuellen-Zeitschrift ›Der Eigene‹, Adolf Brand, und dem der ›Schönheit‹, Karl Vanselow, oder mit Franz Oppenheimer, der Siedlungsgenossenschaften wie die Kolonie ›Eden‹ projektierte. Martin Bubers Beziehungen zum Kreis der ›Neuen Gemeinschaft‹ um die Brüder Hart wären ein anderes prominentes Beispiel. Er traf dort unter anderem Erich Mühsam, Else Lasker-Schüler, Peter Hille und Gustav Landauer. In den Kapitelüberschriften einer Programmschrift dieser Gruppe fallen Schlagworte, die so oder ähnlich in den Schriften der Jüdischen Renaissance wiederkehren: Von der »Neuen Gemeinschaft«, einem »Orden vom wahren Leben« ist da die Rede. »Der neue Mensch«, »Die Überwindung der Gegensätze«, »Durch Absonderung zur Gemeinschaft«, »Von festlicher Lebensführung« lauten die Mottos.[26]
Auch wenn der Überschwang der Jahre um 1900 nicht lange anhielt, blieb dennoch die Verbindung von den Kulturzionisten mit den künstlerischen und literarischen Kreisen der Stadt ein durchgehendes Phänomen. So war Buber gemeinsam mit Gustav Landauer, Theodor Däubler, Erich Gutkind und Florens Christian Rang und niederländischen Intellektuellen 1914 an der Gründung des Forte-Kreises beteiligt. Während der Jahre 1908–1915 traf er sich regelmäßig mit Micha Josef Berdyczewski, Moritz Heimann, Oskar Loerke, Arthur Holitscher, Emil Orlik oder Emil Rudolf Weiß am Donnerstagstisch im Café Steiner. Fast könnte man in Anspielung auf die für München um 1895 typische Mischung von ›Salonkultur und Sozialismus‹ für Berlin um 1900

von einer Mischung zwischen ›Salonkultur und Zionismus‹ sprechen. Dabei waren die Grenzen zwischen Zionisten und Künstlern durchaus fließend: Einerseits hatten viele Künstler und Schriftsteller einen mehr oder weniger losen Kontakt zum Kulturzionismus. Lesser Ury, Fritz Mautner, Samuel Lublinski, Georg Hermann und Karl Wolfskehl wären hier zu nennen, oder Else Lasker-Schüler, die in Zeitschriften wie ›Ost und West‹ bereits 1901 als »späte und nicht unwürdige Enkelin jener uralten Sänger, die einst die Psalmen oder das Buch Hiob gedichtet haben,« gepriesen wurde.[27]

Viele Berliner Kulturzionisten verkehrten nicht nur in Künstlerkreisen, sondern verstanden sich auch selbst als Künstler: Martin Buber schrieb Gedichte, ebenso Nathan Birnbaum oder Emil Simonsohn, der ab 1904 das Büro der ZVfD mit leitete. Lilien hatte sich gerade als Graphiker etabliert. Alfred Nossig arbeitete als Dichter und Bildhauer. Zlocisti und Feiwel dichteten und übersetzten aus dem Jiddischen. In diesem Sinne forderte Martin Buber, man solle nicht Zionist sein, »wie man konservativ oder liberal ist, sondern wie man Mensch oder Künstler ist«.[28] Damit läßt sich Feiwels Beschreibung der Rolle des »Schaffenden« in der Jüdischen-Renaissance-Bewegung auch auf das Selbstverständnis dieses Kreises beziehen: »Aus dem Reichtum aber, den die Vereinigung der Männer des Geistes schaffen und geben wird, wird dem Volke ein neues Vertrauen in seinen Wert und in seine künftige Bestimmung erwachsen.«[29] Danach hatte »der Schaffende« keine geringere Aufgabe, als das Volk »zu sich selbst zu führen« – der Künstler »als Erzieher«.

Die Jüdische Renaissance war ebensowenig eine festgefügte Bewegung, wie sie eine stringente Ideologie aufzuweisen hatte: »Diese ganze große Renaissancebewegung jedoch – Sprachzeugung, Kulturwerdung, Prozeß des sich Suchens und Findens – wird von niemandem gemacht und von niemandem geleitet. Alle Parteien und Personen, die wir in dieser Bewegung auftreten sehen, schreiben ihr keinen Weg vor. [...] Vielmehr wirbelt die Bewegung selbst, von der allgemeinen wirtschaftlichen und wissenschaftlichen Entwickelung in der jüdischen Seele erregt und angefacht, die Personen aus der Menge heraus, ballt die Parteien zusammen und führt sie kreuz und quer, ihren eigenen, vorläufig noch nicht allzu deutlichen Zielen entgegen. Da sind im Grunde alle Parteien noch Frühgeburten mit großen Embryo-Köpfen und dünnen Körperlein. Da ist das Volk erst aufzufüttern, da sind noch erst tausend Wege aufzuspüren, um an tausend Enden seinem Geiste und seinem Leibe immer neue Nahrung zu bringen, – daß seine Sprachkraft wachse, daß sein Eigengeist blühe, daß sein Trieb, sich zu sammeln, immer stärker werde, daß es alle diese Gaben anpasse der neuen Zeit, in der wir leben und in der zu leben eine Lust ist.«[30]

Der Begriff der Jüdischen Renaissance selbst kann diesen Synkretismus verdeutlichen:[31] Nicht von »Jüdischer Moderne« (Birnbaum), von einer »modernen Lösung der Judenfrage« (Herzl), der »Auto-Emanzipation« (Pinsker) oder der »nationalen Wiedergeburt« (Birnbaum) sprach Buber, sondern eben von »Renaissance«. Im semantischen Horizont dieses Begriffes ist die Rhetorik von »Erweckung« und »Wiedergeburt«, die in nationalen Bewegungen eine so große Rolle spielte, verknüpft mit dem Ästhetizismus der Jahrhundertwende und seiner Vorstellung von der Renaissance als der Epoche des »Schönheitssinnes« schlechthin: »Wenn das Wort Renaissance ertönt, sieht der Träumer vergangener Schönheit Purpur und Gold. Eine festliche Welt, sich badend in milder Klarheit, erfüllt von brausendem Klingen. Menschen bewegen sich in Anmut und Würde, unbekümmert um die Nöte der Zeit und das Winken der Ewigkeit. Alles ist reifer und voller Überfluß.«[32] Mit Baudelaires »Invitation au voyage« ließe sich sagen: »Là, n'est qu'ordre et beauté, luxe, calme et volupté«. Baudelaire und Buber hatten das gleiche imaginäre Reiseziel: den Orient. Der Orientalismus, der auf der Gewerbeausstellung 1896 noch nach Budenzauber roch, findet sich wieder in der Figur des Reschid-Bey aus Herzls Roman »Altneuland«, in Else Lasker-Schülers Gedichten oder E. M. Liliens Zeichnungen. Mit Attributen wie Stolz, Sinnlichkeit und Schönheit ist »der Jude als Orientale« das Gegenbild zum verachteten westlichen »Kaffeehausjuden«.[33]

Während also im Begriff der »Renaissance« ein ganzes Panorama westeuropäischer Kultur enthalten ist, geht ein anderer Schlüsselbegriff, der des »Zentrums«, ursprünglich auf Achad Ha'am zurück, auf den sich die Kulturzionisten gerne beriefen. Er hatte 1892 bereits ein »geistiges nationales Zentrum« eingefordert: »ein Ort, der keine Zufluchtsstätte für die Judenheit, sondern für das Judentum, für unseren Nationalgeist sein soll«.[34] Doch der Umgang der westlichen Kulturzionisten mit Achad Ha'am war nicht weniger eklektisch als ihr Umgang mit anderen Ideengebern: Seine Terminologie diente ihnen auch dazu, einer Kulturpolitik, die im wesentlichen auf nichtjüdische Einflüsse zurückging, einen jüdischen Kontext zu verleihen.[35]

Die Jüdische Renaissance war keine politische Partei, die ein festes Programm hatte, zu dem sie ein Bekenntnis verlangte, oder auch nur eine nationale Bewegung im engeren Sinne, sondern eine, oftmals nur lose und vorübergehende, Assoziation von Menschen unter dem Motto der Erneuerung des Judentums. Ebenso aber würde es in die Irre führen, sie allein als geistesgeschichtliches Phänomen zu betrachten. Auch wenn einzelne ihrer Vertreter durchaus als Denker ernstgenommen werden müssen, ist aus ihrer Philosophie allein die kulturhistorische Dimension der Bewegung nicht zu erschließen. Deren Ziel war das »Leben« nicht nur als Topos der Kulturkritik der Jahrhundertwende, sondern auch im praktischen Sinne von Gesellschaftsveränderung und auf das »Erleben« des Individuums bezogen. Von einer »neuen Erlebnisweise« ließe sich sprechen. Die von der Bohème, in der sich viele der Kulturzionisten bewegten, ausgegebene Devise der Verschmelzung von Kunst und Leben brachte auch die Grenzen von Kunst und Politik und die von Politik und Leben zum Verschwimmen.

Im Gegensatz zu den Kulturzionisten glaubten die politischen Zionisten Kultur und Politik im Sinne von Mittel und Zweck trennen zu können: »Die Voraussetzung des Zionismus ist jüdisches Fühlen, Stolz auf die Geschichte des jüdischen Volkes, der Wunsch geschichtlicher Weiterentwicklung des altehrwürdigen Stammes. [...] Worauf es ankommt, das ist, jüdisches Gefühl zu schaffen. Denn auch Gefühle werden geschaffen. [...] Hier haben jüdische Kunst und schönwissenschaftliches Schrifttum eine große Rolle zu spielen. Hochstehende jüdische Romane, Dramen und Gedichte, Gemälde und Skulpturen tun mehr für die Entfachung jüdischen Gefühls in jungen Seelen, mehr als jede uns noch so überzeugend scheinende systematisch verstandesmäßige Belehrung.«[36] Die Praxis jedoch machte Kultur als Mittel zum Zweck und Kultur, die selbst das Ziel der Bemühungen war, ununterscheidbar. Selbst die Kulturzionisten agierten ›politisch‹ und versuchten mit dem Hinweis auf die Propagandawirkung ihrer Aktivitäten um Unterstützung bei den politischen Zionisten zu werben. Über den Erfolg des ›Ersten jungjüdischen Abends‹ berichtete Martin Buber voller Stolz an Herzl: »Das Programm war nahezu ausschließlich prononciert zionistisch, und da die Kreise, die sonst bei unseren Veranstaltungen zu fehlen pflegten, sehr zahlreich vertreten waren, darf man wohl von einem großen Propaganda-Erfolg sprechen. Leute, die sonst nicht viel von uns wissen wollen, waren tief ergriffen, und man sah ihnen an: die werden den Zionismus in sich nicht mehr loswerden können. In dieser überwältigenden künstlerischen Form packt unsere Idee die Leute stärker und hält sie ganz anders fest als in der Form der Versammlungsreden, die ich jedoch in ihrer aufklärenden und beweisenden Bedeutung durchaus nicht unterschätze.«[37] Vor allem bürgerliche, dem Judentum entfremdete Kreise wollten die Kulturzionisten ansprechen. Sie sollten »auf schönen Strassen zu ihrem Volke und zu seiner Zukunft den Weg finden«.[38]

›Ost und West‹, ›Jüdische Rundschau‹

Einer der ersten, genauesten und beständigsten Wegweiser für den kulturellen Aufbruch war die Zeitschrift ›Ost und West‹. Von Januar 1901 bis März 1923 existierte die ›Illustrierte Monatsschrift für modernes Judentum‹. Der Herausgeber war Leo Winz, bis 1903 gemeinsam mit Davis Trietsch. Sie erschien zunächst in dem Judaica-Verlag S. Calvary & Co. und ab 1902 in Leo Winz' eigenem Kunstverlag Phönix. »Die Förderung des Kunstsinns der jüdischen Masse«[39] hatten sich Verlag und Zeitschrift zur Aufgabe gemacht. Das Verlagssignet ebenso wie den Umschlag und das Deckblatt der Zeitschrift hatte E. M. Lilien entworfen. Er zählte auch zu dem illustren Kreis von Mitherausgebern, die Winz im Impressum des ersten Jahrgangs aufführte, etwa Achad Ha'am, Simon Bernfeld, Martin Buber, Hermann Cohen, Moses Gastner, Ludwig Geiger, David Ginzburg, Leon Kellner, Moritz Lazarus, Max Nordau, Nahida Remy, Otto Warburg, Jakob Wassermann, Lesser Ury und Theodor Zlocisti. Es waren darunter also keineswegs nur Zionisten. Letztlich aber war es doch die Gruppe der jungen Kulturzionisten, die weitgehend den Inhalt der Zeitschrift bestimmte und sie für ihre Ziele einzusetzen suchte.
Das Projekt der Zeitschrift, wie der Jüdischen Renaissance überhaupt, war Ost und West, das heißt »nicht nur die geographisch, sondern auch die kulturell auf verschiedenem Boden stehenden Elemente des Judentums einander wieder näher zu bringen, durch Hervorhebung alles dessen, was uns eint oder einen kann, durch einen Hinweis auf die gemeinsame Vergangenheit und besonders durch den Hinweis auf die heutigen Bestrebungen und Leistungen der Juden, in denen sich, bei aller Verschiedenheit, doch die gleichen ererbten Eigenschaften äußern«.[40] So reicht der geographische Horizont der Zeitschrift, was Herausgeberschaft, Verbreitung und Be-

richterstattung angeht, von New York bis Buchara, ihr thematischer von programmatischen Aufsätzen, Polemiken, wie der Altneuland-Debatte, über Kunstkritik und Reproduktionen der Werke jüdischer Künstler, Gedichten wie denen von Else Lasker-Schüler, bis hin zu Abhandlungen über jüdische Geschichte und Soziologie oder Reportagen von den Zionistenkongressen. Vor allem aber versuchte die Zeitschrift, die sprachlichen Barrieren zwischen Ost und West zu überwinden, und stellte dem deutschsprachigen Publikum zum ersten Mal die moderne hebräische und jiddische Literatur in Übersetzungen vor.[41]

Nach Angaben des Herausgebers fand ›Ost und West‹ ihr Publikum vor allem in nicht-zionistischen Kreisen.[42] Die Zahl der Abonnenten betrug ein halbes Jahr nach Gründung der Zeitschrift »exakt 920« – »wenn sie bis nächsten Winter auf das Doppelte dieser Ziffern kämen, wäre das Unternehmen self-supporting«.[43] Zwischen 1906 und 1914 bewegte sich die Abonnentenzahl zwischen 16 000 und 23 000.[44] Damit überschritt ›Ost und West‹ die Zahl der Mitglieder der ZVfD um mehr als das Doppelte.[45] Eine Differenz, die wohl kaum allein durch ausländische Abonnenten zustandekommen konnte, sondern durch die bestätigt wird, wie sehr die Jüdische Renaissance ein Publikum ansprach, das über organisierte Zionisten hinausreichte. Das auch in seiner Aufmachung an bürgerliche Rundschau- und Kulturzeitschriften, wie etwa an die ›Jugend‹, den ›Kunstwart‹, ›Westermanns-‹ oder ›Velhagen & Klasings Monatshefte‹ anknüpfende Blatt verstand es, die Ideen der Jüdischen Renaissance in die bürgerlichen jüdischen Wohnstuben zu tragen.

Das erste, und lange Zeit einzige, offizielle Organ der zionistischen Bewegung war die 1897 von Herzl gegründete Wochenzeitung ›Die Welt‹, deren Redaktion sich bis 1904 in Wien befand, danach in Köln und von 1911 bis zur Einstellung der Zeitung im Jahre 1914 in Berlin. Die Frage einer eigenständigen Zeitung der ZVfD war zum Streitpunkt zwischen Köln und Berlin geworden. 1899 planten Berliner Zionisten, natürlich wieder unter Mitwirkung von Heinrich Loewe, eine eigene Zeitschrift, »Der Orient. Monatsschrift für Kultur und Leben der jüdischen Nation«, in der »die kulturellen Seiten der neuen national-jüdischen Richtung« zu ihrem Recht kommen sollten.[46] Im selben Jahr begann auch die aus dem ›Berliner Vereinsboten‹ hervorgegangene ›Israelitische Rundschau‹ zunehmend, zionistische Artikel zu veröffentlichen. Ab Mai 1901 erschien sie mit dem Zusatz »Offizielles Organ der Zionistischen Vereinigung für Deutschland«. Nachdem der Verleger in finanzielle Schwierigkeiten gekommen war, gründete im Juli 1902 eine Gruppe von zehn Berliner Zionisten eine GmbH und übernahm die Zeitung, für die ihr bis 1908 amtierender Redakteur Heinrich Loewe im Oktober 1902 die Namensänderung in ›Jüdische Rundschau‹ durchsetzte. Bis zu ihrem erzwungenen Ende 1938 war sie die bedeutendste Zeitung des deutschen Zionismus.[47] Wenn auch die ›Jüdische Rundschau‹ keinesfalls ein Organ der Kulturzionisten im Sinne von ›Ost und West‹ oder dem fast gleichzeitig gegründeten Jüdischen Verlag war, so hatte die Kultur in ihr doch einen festen Platz, nicht nur ›unter dem Strich‹, sondern auch in einem separaten, von Loewe redigierten ›Literaturblatt‹.

Der Jüdische Verlag

Um die oppositionellen jungen Kulturzionisten zu integrieren, versuchte Theodor Herzl, ihnen zunächst in der Redaktion der ›Welt‹ ein Forum zu geben. Jedoch mußten zuerst Berthold Feiwel und dann auch sein Nachfolger Martin Buber bereits nach wenigen Monaten ihre hochfliegenden Pläne aufgeben, die Zeitung zur »Centrale der jungjüdischen Geistes- und Kunstbewegung« umzugestalten.[48] Es scheint, als ob dieses Scheitern ihnen den Mangel an unabhängigen Publikationsmöglichkeiten nur um so deutlicher vor Augen führte. Jüdische Verlage entstanden gleichzeitig in Brünn, Warschau und Berlin.[49] Daß der Berliner Jüdische Verlag sich letztlich erfolgreich zu einer »Zentralstelle zur Förderung jüdischer Literatur, Kunst und Wissenschaft« entwickeln konnte, dafür mag die Nähe zum intellektuellen Reservoir der Studentenzirkel ebenso eine Rolle gespielt haben wie die sichere Entfernung von Wien und Köln, den Einflußsphären der politischen Zionisten, und die Anknüpfungspunkte an bereits bestehende Projekte, vor allem an ›Ost und West‹.

Drei der späteren Gründer des Jüdischen Verlages finden wir bereits unter den Mitherausgebern von ›Ost und West‹: Martin Buber, Ephraim Mose Lilien und Davis Trietsch. Gemeinsam mit Berthold Feiwel als viertem Mann unterzeichneten sie am 25. Oktober 1902 den Gesellschaftsvertrag für die »Jüdischer Verlag GmbH«. Jeder der Teilhaber brachte 7500 Mark ein, und Davis Trietsch wurde zum Geschäftsführer bestellt.[50] Dieses Gründungsdatum scheint jedoch eher von praktischen Erwägungen, nämlich dem Erscheinen des ersten Verlagswerkes, des ›Jüdischen Almanach‹, bestimmt, zu dessen Drucklegung und Verkauf man eine geschäftsfähige Firma brauchte. Die Planungen zum Verlag reichten dagegen über ein Jahr hinter das Gründungsdatum zurück. Im Sommer 1901, also noch vor der Gründung des Kunstverlags Phönix, die im Dezemberheft von ›Ost und West‹ bekanntgegeben wurde, konkretisierten sich die Verlagspläne. Zum einen erwog man die Möglichkeit, ›Ost und West‹ zu einer GmbH mit Buch- und Kunstverlag zu erweitern[51], zum anderen hatte Lilien vorgeschlagen, »die G.m.b.H. soll sich nicht auf ›Ost und West‹ beschränken, sondern ein ›jüdischer Verlag‹ werden«.[52]

Auch die Zusammensetzung der Gründungsgruppe war wohl mit ein Resultat von Zufällen und Sachzwängen, denn sie hatte sich erst nach etlichen Umbesetzungen im »leitenden Comité« herauskristallisiert.[53] Die Verbindungsfäden des Netzwerkes um den Jüdischen Verlag reichten außer in die Redaktion von ›Ost und West‹ in den ›Russisch-jüdischen wissenschaftlichen Verein‹, den Verein ›Jung Israel‹ und die ›Demokratisch-zionistische Fraktion‹ hinein. Ähnlich wie ›Ost und West‹ bemühte sich auch der Jüdische Verlag durch die Einsetzung eines ähnlich besetzten »künstlerisch-wissenschaftlichen Beirates« um eine möglichst breite, alle Parteien umfassende Basis. Die Gegensätze zwischen den Kulturzionisten einerseits und den politischen und religiös-orthodoxen Zionisten andererseits konnten durch solche Harmonisierungsversuche freilich nicht beseitigt werden. Die schärfsten Gegner des Kulturzionismus waren allerdings nicht die politischen Zionisten, sondern die religiös-orthodoxen. Die Idee einer säkularen jüdischen Kultur widersprach deren Auffassung von der Untrennbarkeit von Kultur und Religion. Um die innere Einheit der Bewegung nicht durch einen Konflikt zwischen religiösen und säkularen Zionisten zu gefährden, sprachen sich die politischen Zionisten auf dem V. Zionistenkongreß 1901 gegen eine Finanzierung des Verlages aus der gemeinsamen Kasse aus. Dem Projekt selbst standen sie väterlich-wohlwollend, wenn auch etwas verständnislos gegenüber. Die meisten dachten wohl ähnlich wie Max Bodenheimer. Im Juli 1901 antwortete er Theodor Zlocisti, dem Mitglied des »leitenden Comités« des geplanten Verlages und ehemaligen Herausgeber des zionistischen ›Jüdischen Volkskalenders‹, auf dessen Bitte um Unterstützung des Verlagsprojektes: »Ich bin der Meinung, welche auf bisherigen Erfahrungen beruht, daß wir keinen eigenen Verlag schaffen sollen. Wir sind keine Geschäftsleute und werden deshalb niemals mit solchen Experimenten reussieren. Bleiben wir bei unseren Leisten und überlassen wir das Geschäftliche denen, die es besser verstehen. So lange der Kalender in unserem Verlag erschien, hat er uns schweres Geld gekostet, ebenso der Bilderverlag und der Brochurenverlag, soweit von einem solchen gesprochen werden kann, ergibt erst recht nur lächerlich geringe Einnahmen. Nichtsdestoweniger bin ich bereit, um meinen guten Willen zu zeigen, mit der geringsten Beteiligung mitzutun, wenn der ganze Betrag von 3000 M. gezeichnet wird.«[54] Daß der geplante Jüdische Verlag nicht ein florierendes Geschäftsunternehmen, sondern ein »geistiges Centrum« sein sollte, konnte der Rechtsanwalt nicht nachvollziehen. So war das Unverständnis zwischen der alten und der jungen Generation von Zionisten auch ein Konflikt zwischen zwei Auffassungen von Zionismus, zwischen »Hedschasbahn oder ›Seelenelite‹«, wie Yehuda Eloni es auf zwei Begriffe verkürzte.[55]

Im Vorwort ihrer ersten Veröffentlichung, dem »Jüdischen Almanach 5663« (=1902), verkündeten die Gründer des Jüdischen Verlages ihr Programm: »Ein Stück jüdischer Kulturarbeit wollen wir leisten und mehr noch vermitteln helfen, da wir eine Zentralstelle zur Förderung jüdischer Literatur, Kunst und Wissenschaft ins Leben gerufen haben. Neben dem jüdisch-sittlichen Ideal, das dem jüdischen Menschen wieder Einheit und Festigkeit, nationales und persönliches Selbstbewußtsein gibt, soll das jüdisch-ästhetische aufgerichtet werden.«[56] Einheit, Festigkeit und Selbstbewußtsein sind in diesem Gedankengang an die ›sittliche‹ Seite des Judentums gebunden, während die ästhetische an die Gefühle gerichtet ist: »In eine neue jüdische Lebensanschauung soll etwas Tiefinnerliches, Seelenvolles einströmen, eine neue Macht, eine neue Schönheit.«[57] Es fehle dem Volk, »das so lange im Dunkel der Unbildung gefangen war oder durch eine fremddienerische und geschmacklose Literatur verwirrt und vergiftet wurde, eine sowohl ethisch und ästhetisch einwandfreie als auch wahrhaft jüdische Sammlung erhebender, belehrender und nach jeder Richtung erzieherisch wirkender Bücher«.[58] Welche Bücher man für herausgebenswert hielt, schrieb Davis Trietsch an Martin Buber: In dem geplanten Verlag »könnte z.B. der deutsche Rosenfeld erscheinen, Lilien's ›Hohes Lied‹, eine tüchtige jüdische National-Geschichte (Dr. Loewe?), eine neue jüd[ische] Literaturgeschichte, jüdische Novellen + Skizzen in billigen Ausgaben (10 Pf[ennig-] Bibl[iothek]), Jugendschriften, Leo Winzen's Geschichte d[er] Jargon-Literatur, Neudrucke von Ludwig Wihl's Gedichten, von Daniel Deronda, David Alroy, eine jüd[ische] Anthologie, ein jüd[isches] Jahrbuch nach Art d[es] engl[ischen] etc. etc.«[59].

Gegenüber diesen recht biederen Überlegungen ist das Ende 1901 vorgestellte Programm deutlicher zionistisch ausgerichtet. Die meisten der angekündigten Bände sind allerdings nie erschienen: weder die von Lilien illustrierte Hagada noch die Anthologie zum jüdischen Kulturproblem, noch das »Palästinabuch« oder der zweite Band des Sammelwerkes »Jüdische Künstler« oder die ebenfalls von Lilien illustrierten »Lieder des Ghetto« von Morris Rosenfeld, die schließlich S. Calvary & Co. übernahm. Vor allem war dies auf die finanziellen Probleme des jungen Unternehmens zurückzuführen, aber auch auf die mangelnde Erfahrung der jungen Unternehmer. Als 1905 Berthold Feiwel neben Davis Trietsch zum Geschäftsführer bestellt wurde, war das Unternehmen bei seiner Druckerei Paß & Garleb völlig verschuldet. David Wolffsohn übernahm diese Schulden und nötigte Feiwel, der nun auch in die Redaktion der ›Welt‹ eingetreten war, den Verlag im Oktober 1906 nach Köln zu überführen.[60] Trotz des Drängens des Zionistischen Zentralbüros in Berlin wurde der Verlag erst im Oktober 1911, nach dem Rücktritt David Wolffsohns vom Vorsitz der Zionistischen Weltorganisation, wieder nach Berlin zurückverlegt.[61] Ein förmlicher Vertrag zwischen Verlag und Aktionskomitee der Zionistischen Weltorganisation wurde erst ein Jahr später geschlossen. Erst von da ab war der Verlag zum wirklichen ›Parteiverlag‹ geworden, bis dahin hatten lediglich einzelne Zionisten Geschäftsanteile besessen.
Die Wechselfälle der Verlagsgeschichte sind auch im Programm ablesbar: Stehen am Anfang noch ehrgeizige Projekte, wie der ›Jüdische Almanach‹, der erwähnte Band »Jüdische Künstler«, die Ausgabe der zionistischen Werke Herzls und der Essays von Achad Ha'am, Belletristik von Heinrich York-Steiner, David Pinski oder J. L. Perez, Zeitschriften wie ›Palästina‹ oder ›Jüdische Statistik‹, erscheint 1906 und 1907 lediglich das Protokoll des Zionistenkongresses. Danach folgen Bücher von Wolffsohns Freund Jacobus Kann und, in Fortsetzung der Reihe ›zionistischer Klassiker‹, Essays von Max Nordau. Nach der Rückkehr nach Berlin werden zwei populäre Broschürenreihen, ›Vom alten Stamm‹ mit jiddischer Literatur und ›Die jüdische Gemeinschaft‹ mit Sachtiteln, eingerichtet. Arthur Ruppins soziologische Studie über »Die Juden der Gegenwart«, eine relativ aufwendig gestaltete deutsche Ausgabe der Gedichte von Chaim Nachman Bialik, die Edition der »Denkwürdigkeiten der Glückel von Hameln« und Adolf Friedemanns Herzl-Biographie zählen bis 1914 zu den wichtigen Neuerscheinungen aus dem Jüdischen Verlag. Bis zu seinem Ende 1938 wurde das 1901 aufgestellte Programm der Veröffentlichung sorgfältig gestalteter Bände und der Verbindung von schöner Literatur, zionistischen Klassikern und Sachbüchern durchgehalten.[62]

Kunst und populäre Bildkultur

Wie an den ersten Veröffentlichungen des Jüdischen Verlages zu erkennen, fand die »neue Erlebnisweise« der Jüdischen Renaissance ihren Ausdruck in einem neuen Geschmack: Der visuelle Ausdruck des Verlangens nach Erneuerung und des Protests, das visuelle Äquivalent zur antibürgerlichen Rhetorik war um 1900 der Jugendstil. Durch ihn grenzte man sich von der biedermeierlich-realistischen Verklärung der Vergangenheit ab, die für die Elterngeneration den Ton bestimmt hatte. Die ästhetische Anspruchslosigkeit jener Zeit war freilich ein nicht allein für das jüdische Bürgertum typisches Phänomen, wo Berthold Auerbach oder Moritz Daniel Oppenheim besonders beliebt waren.[63] Einer ästhetischen Kultur, die ganz der Vergangenheit zugewandt war, setzte die Jüdische Renaissance die Moderne entgegen. Wenn es darin noch Vergangenheit gab, so eine archaische: die der jüdischen Antike und der biblischen Mythen. Für die Jugendstil-Rezeption der Jüdischen Renaissance ist jedoch der Zeitpunkt nicht ohne Bedeutung: Man übernahm den neuen Geschmack, als er sich größtenteils bereits durchgesetzt hatte und zur Formensprache der Lebensreformbewegung sowie teilweise auch der Arbeiterbewegung geworden war. Zeitschriften wie die ›Jugend‹ oder der ›Simplicissimus‹ wurden vor allem von Angehörigen des Bildungsbürgertums gelesen, die sich als eine ›Geistesaristokratie‹ betrachteten und für die wilhelminische Kultur und ihr ›Philistertum‹ nur Abscheu hegten.[64] Eben dieses Publikum sollte auch von ›Ost und West‹, den Werken des Jüdischen Verlages oder den ›jungjüdischen Abenden‹ angesprochen werden. Was die Buchgestaltung anging, so waren die meisten Veröffentlichungen der kulturzionistischen Verlage als ›gute Mittellage‹ zu bezeichnen, was auch durchaus den Absichten der Herausgeber entsprach: So war etwa der ›Jüdische Almanach‹ nicht zu vergleichen mit den bibliophilen Kostbarkeiten des frühen Insel-Verlages, hatte aber doch durch Umschlag, Vorsatzpapier, Format und Wahl der Type ein durchaus ›künstlerisches‹ Gepräge. »Alle Verlagswerke, auch die einfachsten und billigsten, werden in einer Weise, wie sie noch von keinem jüdischen Verlage angestrebt wurde, gedruckt und ausgestattet und sollen so schon durch ihr Äußeres erzieherisch wirken.«[65] Mit diesen Worten hatte der Jüdische Verlag die ersten Schritte zur Verwirklichung des »jüdisch-ästhetischen Ideals« angekündigt.

Wo die visuelle Ästhetik eine so große Rolle spielte, stellte sich auch die Frage nach einer nationalen »jüdischen Kunst«. Das 19. Jahrhundert hindurch waren die Diskurse um »Kunst« und um »Nation« eng miteinander verknüpft. Alois Riegls Begriffsprägung des »Kunstwollens« hatte schließlich den bislang von einer normativen Ästhetik geringgeschätzten Völkern und Epochen zu Anerkennung verholfen.[66] Die Frage nach einer jüdischen Kunst wäre insofern eine ›postassimilatorische‹. Sie erhält jedoch zusätzliches Gewicht, indem sie innerhalb der Rhetorik der Jüdischen Renaissance nach zwei Seiten hin als Abgrenzungsdiskurs fungierte: einerseits gegen das antisemitische Vorurteil von der Unfähigkeit der Juden zu ›wahren‹ künstlerischen Schöpfungen und andererseits gegen die Vorstellung vom Bilderverbot, die auch die Selbsteinschätzung vieler Juden stark geprägt hatte. So war die Rede über jüdische Kunst eine gegen den Antisemitismus wie auch gegen ein Judentum, das angeblich durch das Leben im Galut (Exil) seinen »Schönheitssinn« verloren hatte. Das »Wesen« der jüdischen Kunst konnte dennoch nur in schillernden Kategorien gefaßt werden, auch von denen, die sie propagierten. Doch wie wir gesehen haben, gehörten undeutliche Grenzen durchaus zu den Charakteristika der Jüdischen Renaissance. Statt strenger Definitionen benutzte man den Begriff des »Werdens«, womit die jüdische Kunst in den Schwung der allgemeinen Bewegungs- und Aufbruchsstimmung einbezogen wurde.

Zunächst jedoch galt es, die bereits vorhandenen Schöpfungen dem Publikum vorzustellen. ›Ost und West‹ oder der ›Jüdische Almanach‹ zeigten ein breites Panorama. Das stilistische Spektrum reichte von der Historienmalerei bis zum Impressionismus und Jugendstil, von Mark Antokolski oder Jehudo Epstein bis hin zu Max Liebermann, Leonid Pasternak oder Josef Israels, dargestellt finden wir ostjüdische Genreszenen, biblische und historische Themen wie auch Landschaften ohne offensichtlichen jüdischen Bezug. Ähnlich wie in der Literatur wurde die Stilvielfalt als Zeichen der Schöpferkraft jüdischer Künstler verstanden und nicht etwa ein ›jüdischer Stil‹ festgelegt. Vielmehr lassen sich innerhalb dieser Bilderwelt Themengruppen ausmachen, in denen auf jeweils unterschiedliche Weise Kunst als jüdische Kunst qualifiziert werden kann: Bei den Darstellungen von Juden als Leidenden sind es die Fähigkeit des Künstlers zur Empathie, seine Teilnahme am jüdischen Schicksal, die solidarische Parteilichkeit, was sie zu Werken jüdischer Kunst macht.[67] Das Gegenbild zu dieser Gruppe bilden die Darstellungen von Juden als Helden. Körperliche Schönheit und Kampfesmut gehen hier häufig einher mit einer zionistischen Tendenz, zumal sich ja die Zionisten auf die Helden der Vergangenheit, etwa die Makkabäer, beriefen. In den Genrebildern ist es der sympathisierende Blick auf kulturelle Besonderheiten oder das Vermögen des Künstlers, den emotionalen Gehalt der Feste und Riten zum Ausdruck zu bringen. Sind die Bezüge in diesen Fällen noch aus dem Bildgegenstand ablesbar, so wird dem Betrachter bei den Kunstwerken ohne erkennbares jüdisches Thema, bei Landschaften etwa, wesentlich mehr Interpretationsleistung abverlangt. Durch den Dialog von Text und Bild werden jedoch auch ›neutrale‹ Bilder jüdisch konnotiert. So etwa, wenn die Landschaften Liebermanns und Levitans einem Aufsatz über junghebräische Dichtung beigestellt sind und so zu visuellen Entsprechungen der Entdeckung von Natur und Sinnlichkeit werden, die in den Gedichten von Bialik und Tschernichowski stattfand. Gerade an solchen Stellen wird deutlich, wie sehr die Bildkultur der Jüdischen Renaissance auch eine Art ›Schule des Sehens‹ war: Anhand der von den Texten nicht explizierten, aber nahegelegten Kriterien wurde der Leser dazu angehalten, auch im vermeintlich neutralen Landschaftsbild jüdische Qualitäten zu erkennen. Diese Schule des Sehens war nicht nur eine, in der dem Gesichtssinn überhaupt zu seinem Recht verholfen werden sollte, sondern auch eine Schule der Differenzierung ›ohne Worte‹, des Sich-Erkennens und des Wieder-Erkennens des ›Wir‹.
Neben dieser ausgesprochen künstlerischen war jedoch die populäre Bildkultur der Jüdischen Renaissance nicht weniger von Bedeutung. Die Institution innerhalb der zionistischen Bewegung, durch die diese Repräsentations- und Propagandakultur am weitesten verbreitet wurde, war der Jüdische Nationalfonds. Sein Leiter, Max Bodenheimer, wäre kaum als ›Kulturzionist‹ im Buberschen Sinne zu bezeichnen; jedoch war er kulturell ambitioniert genug, das Werbematerial des Nationalfonds von, meist Berliner, jüdischen Künstlern gestalten zu lassen. So verwendete er Entwürfe von Hermann Struck für Prospekte und Spendenmarken, von Lesser Ury für Spendendiplome, E. M. Liliens Zeichnungen zierten die Flugblätter, und von ihm sollte auch das erste ›Goldene Buch‹ für die Spender des Nationalfonds entworfen werden. Andere Graphiker adaptierten seinen Stil für ›Spenden-Telegramme‹. Auf diese Weise

verbreitete der Nationalfonds eine populäre, aber künstlerisch anspruchsvolle ästhetische Kultur.[68]

Die politische Ikonographie des Zionismus um 1900 wurde vor allem von dem Graphik-Künstler Ephraim Mose Lilien geprägt. Daß er seine Lehrjahre von 1896-1899 in München verbracht und dort hauptsächlich für den von Eduard Fuchs herausgegebenen SPD-nahen ›Süddeutschen Postillon‹ gearbeitet hatte, hinterließ Spuren auch in seinen Werken für den Zionismus. In Ideologie, Stil und Ikonographie haben Eduard Fuchs' Bemühungen, die Moderne in die Arbeiterbewegung einzuführen, und die Liliens, sie im Zionismus heimisch zu machen, viel gemeinsam. Beide hatten ihre Vorstellung der Bewegung auch als einer Kulturbewegung gegen die Opposition von Vertretern einer politischen Richtung durchzusetzen; beide fanden die Formensprache für Bewegung und Aufbruch im Jugendstil und in Bildern von aufgehenden Sonnen, zu denen geflügelte Genien gebückten Gestalten den Weg weisen. Darüber hinaus suchten und fanden beide Bewegungen neue ikonographische Elemente in ihrer jeweiligen Geschichte. Auch für die Männer an ihrer Spitze entwickelten sie vergleichbare Formen der Verehrung. Der Herzl-Kult der zionistischen Bewegung wurde wesentlich von Lilien mitgeprägt: Seine Darstellung von Herzl als Moses, zuerst auf einem Glasfenster im Hamburger Logenhaus, verlieh dem sprachlichen Topos auch bildliche Gestalt. Das Foto, das Herzl 1901 auf dem Balkon des Hotels Trois Rois in Basel zeigt, wurde geradezu zur Ikone, zierte damals Nationalfonds-Spendenmarken wie heute die Briefmarken des Staates Israel.

Zionistische Festkultur

Das von den Kulturzionisten zum Teil entdeckte und wiederentdeckte, zum Teil selbst geschaffene Material an Liedern und Gedichten wurde in den Jahren nach der Jahrhundertwende zum festen Bestandteil einer neuen zionistischen Festkultur. Wie die Kriegervereine den Sedanstag und die Arbeiterbewegung den Lassalletag oder den Jahrestag der 1848er Revolution zu politischen Festtagen ausgestalteten, verwandelten die Zionisten die jüdischen Festtage zu säkularen Nationalfeiertagen. So wurde Chanukka als »Makkabäerfest« zum »höchsten zionistischen Feiertag«.

Die meisten dieser Veranstaltungen verliefen ähnlich wie die »Makkabäerfeier zu Gunsten der russischen Juden«, die am 30. Dezember 1905 in den Berliner Sophiensälen stattfand: An jenem Abend sprach zu Beginn Tilla Durieux einen Prolog, geschrieben von dem späteren zionistischen Wirtschaftspolitiker Julius Simon; danach sang Fanny Opfer Lieder von Arno Nadel nach Gedichten des begleitenden Pianisten Felix Löwenkopf und Theodor Zlocistis sowie eine Arie aus Carl Eckerts Oper »Wilhelm von Oranien«. Nach einer Festrede folgte wieder Tilla Durieux mit Rezitationen von Gedichten von Nathan Birnbaum und J. C. Boruchowitsch in der Übersetzung von Berthold Feiwel. Auf Wunsch hatte Fanny Opfer noch zwei Lieder, eines von Kantor Friedland, das andere nach einem Gedicht von Morris Rosenfeld, im Repertoire. Zum Schluß erklang eine Phantasie aus zionistischen Liedern von Max Schmerl. Als Begleitung zu Tombola und Kaffeetafel, die die jüdisch-nationale Frauenvereinigung ausgerichtet hatte, spielte seine Kapelle noch ein Promenadenkonzert.[69]

Nicht nur jiddische oder ›syrisch-palästinensische‹ Volkslieder, ›jungjüdische‹ Gedichte, etwa von Israel Auerbach, Theodor Zlocisti, Berthold Feiwel, Morris Rosenfeld oder Adolf Donath, entwickelten sich zu festen Bestandteilen des Programms, auch Stücke des klassischen Repertoires wurden in die zionistische Populärkultur integriert: Max Bruchs »Kol Nidre« etwa, Arien aus Halévys »Jüdin«, Meyerbeers »Prophet« oder Mendelssohns »Elias«. Populäre Operettenmelodien, etwa von Goldfaden, traten im Laufe der Jahre immer stärker zugunsten eines ›gehobeneren Geschmacks‹ zurück.

Ein gesellschaftliches Ereignis ersten Ranges muß wohl die Purimveranstaltung des Jahres 1902 gewesen sein, die die ›Berliner Zionistische Vereinigung‹, u.a. auch unter Mitwirkung von E.M. Lilien, in den Cohn'schen Festsälen ausgerichtet hatte: »Auf! Auf! Zum Markt in Rischon l'Zion!« Ein »heiteres Völkchen« sollte sich dort versammeln: »Edelleute, Bürger, Bauern, Colonisten, Türken, Patrizier, Bettler, Studenten, Matrosen, Reisende, Sommerausflügler, kurz alle nur denkbaren Juden« waren willkommen.[70] »Marktbuden, in denen Früchte und Blumen von echten Orientalinnen zum Verkaufe geboten wurden, gaben dem Festsaale ein hübsches Relief und vervollständigten die Illusion.«[71] Als »Fingerzeig für die Kostümierung« empfahl ›Die Welt‹ in derartigen Fällen die »Reproduktionen aus ›Ost und West‹« – so wurde das dort verbreitete Bildmaterial auch praktisch umgesetzt.[72]

Der ›praktische Zionismus‹

Der Tod Theodor Herzls 1904 traf die zionistische Bewegung völlig unerwartet – er war nur 44 Jahre alt – und verschärfte die Krise, die sich bereits schon im Konflikt um das ›Uganda-Projekt‹ abgezeichnet hatte. Die diplomatischen Aktivitäten, auch wenn sie bislang kaum Erfolge gezeigt hatten, waren zu sehr mit seiner Person verbunden gewesen, als daß sein Nachfolger David Wolffsohn bruchlos daran hätte anknüpfen können.

Spätestens nach Herzls Tod verschob sich in der Politik der Bewegung der Gegensatz zwischen politischen und Kulturzionisten zu einem zwischen jenen und den sogenannten praktischen Zionisten. Die praktischen Zionisten, die auch ohne völkerrechtliche Garantien Land in Palästina kaufen und Siedlungen errichten wollten, gewannen zunehmend an Einfluß, bis schließlich 1911 Otto Warburg an die Spitze der Zionistischen Weltorganisation trat. Der Berliner, auf Tropenpflanzen spezialisierte Botaniker war der wichtigste deutsche Vertreter dieses Flügels. Bereits 1903 hatte er den Vorsitz der vom VI. Zionistenkongreß eingesetzten Palästina-Kommission übernommen und gemeinsam mit Selig Soskin und Franz Oppenheimer die Zeitschrift »Altneuland. Monatsschrift für die wirtschaftliche Erschließung Palästinas« (1904–1906, Fortsetzung: »Palästina. Monatsschrift für den Aufbau Palästinas«, 1907–1938) herausgegeben. Eine große

Zahl von Kolonisationsaktivitäten ging auf seine Initiative zurück, so etwa die 1904 eingerichtete Ölbaumspende des Nationalfonds, 1905 die Kunstgewerbeschule ›Bezalel‹, 1906 der Pflanzungsverein ›Palästina‹, 1907 das ›Palästina-Industriesyndikat‹, 1910 die ›Gesellschaft für Palästinaforschung‹ und 1911 die Landwirtschaftliche Versuchsstation in Atlit. Vor allem aber wurde auf seine Initiative hin 1908 das Palästina-Amt in Jaffa gegründet, das fortan als Verbindungsbüro nach Deutschland fungierte und die zionistischen Aktivitäten in Palästina organisatorisch betreute. In dieser Atmosphäre fanden nun manche Projekte, die zum Teil bereits seit den Anfangstagen des Kulturzionismus propagiert worden waren, in Warburg einen Organisator, der sie realisieren oder einer Realisierung näher bringen konnte. Mit Warburgs Präsidentschaft wurde Berlin, das bereits nach dem Rücktritt Max Bodenheimers vom Vorsitz der ZVfD 1910 unter dessen Nachfolger Arthur Hantke zur Zentrale des deutschen Zionismus geworden war, bis 1920 zum Sitz auch der Zionistischen Weltorganisation, die nun eine Vielzahl von führenden Zionisten und ihren Aktivitäten auf Berlin konzentrierte. 1911 bezogen Zionistische Weltorganisation und ZVfD gemeinsam das oberste Stockwerk in der Sächsischen Straße 8, wo von da an auch der Jüdische Verlag untergebracht war. Zuvor hatte die ZVfD ab 1904 ein Büro in der Mauerstraße und von 1906 bis 1911 drei Räume in der Bleibtreustraße unterhalten, 1924 wurde dann das Haus Meineckestraße 10 erworben.

Die Kunstgewerbeschule ›Bezalel‹ in Jerusalem

Eines der Projekte jener Jahre war beispielsweise die Kunstschule ›Bezalel‹ in Jerusalem. Bereits kurz nach dem V. Zionistenkongreß 1901, auf dem Buber seine Rede über jüdische Kunst gehalten hatte, war der in Bulgarien arbeitende litauische Bildhauer Boris Schatz mit dem Vorschlag, Kunstgewerbe in Palästina anzusiedeln, an Herzl herangetreten.[73] Es sollte jedoch noch bis zum Januar 1905 dauern, bis schließlich in Berlin das Gründungskomitee zusammentrat und im Oktober der »Bezalel. Verein zur Verbreitung von Kunstgewerbe und Hausindustrie in Palästina und den Nachbarländern« gegründet wurde.[74] Daß an diesem Projekt, das zur Synthese von kulturellem, politischem und praktischem Zionismus erklärt wurde, führende Zionisten ebenso beteiligt waren wie der liberale ›Hilfsverein der deutschen Juden‹ und der orthodox geprägte Kolonisationsverein ›Esra‹, zeigt das Bemühen der zionistischen Bewegung, ihre Krise durch eine engere Zusammenarbeit mit nichtzionistischen Organisationen zu überwinden. Darüber hinaus scheinen die vorausgegangenen fünf Jahre Überzeugungsarbeit der Kulturzionisten Früchte getragen zu haben; denn der Verein ›Bezalel‹ erfuhr Unterstützung gerade auch aus einem inzwischen jüdisch-kulturell interessierten Bürgertum.

Das Projekt begann mit großem Elan. Im Dezember 1905 fuhr Boris Schatz gemeinsam mit Lilien und dem Weimarer Maler Julius Rotschild nach Jerusalem. Im März 1906 konnte dort die Teppichwerkstatt eröffnet werden. Ateliers für Malerei, Bildhauerei, Elfenbeinschnitzerei, Damaszener-, Holz-, Filigran- und Treibarbeiten kamen in den nächsten Jahren hinzu. Zu Lag ba'omer

1908 konnte der ›Bezalel‹ von seinem ersten Quartier in die Häuser an der heute nach ihm benannten Straße ziehen, in denen sich die jetzige Kunstakademie zum Teil noch befindet. Die kunsthandwerklichen Produkte wurden in Jerusalem selbst an Touristen verkauft oder nach Europa transportiert und hier auf ›Bezalel‹-Ausstellungen vertrieben. Diese regelmäßig, meist zu Chanukka, stattfindenden Ausstellungen bildeten fortan ein wichtiges Element im kulturellen Leben der jüdischen Gemeinden und sind ein weiteres Beispiel für die Bestrebungen, zionistisches Gedankengut über den Umweg der Kultur zu vermitteln.
Das Klima zwischen Berlin und Jerusalem war jedoch bald von Konflikten bestimmt, deren Hauptexponenten Schatz und Warburg waren. Die Auseinandersetzungen entzündeten sich nicht allein an der immer wieder bemängelten Qualität der Produkte, sondern reichten tiefer und können als exemplarisch verstanden werden für die unterschiedlichen Auffassungen von Zionismus und Kultur zwischen den von Achad Ha'am geprägten Kulturzionisten ›alter Schule‹ und den Vertretern des neuen praktischen Zionismus.
Schatz wollte den ›Bezalel‹ zu einem »Centrum« im Sinne der Theorie Achad Ha'ams machen. Die jüdische Kunst, von der Buber gesagt hatte, sie bräuchte den heimatlichen Boden, sollte hier entstehen. Warburg und seine Mitstreiter hatten hingegen ein ganz praktisches Anliegen: Unter dem Motto »Nicht Almosen, sondern Arbeit« sollten für die jüdische Bevölkerung Jerusalems Arbeitsplätze geschaffen und die Landwirtschaft durch Heimarbeit ökonomisch abgesichert werden. Franz Oppenheimer entwarf in der ›Welt‹ kühne Visionen dieser zukünftigen Wirtschaftsordnung.[75]
Jedoch konnte dies nur gelingen, wenn die kunsthandwerklichen Gegenstände, die der ›Bezalel‹ produzierte, auch absetzbar waren. Diesen Zwängen des Marktes unterwarf sich Boris Schatz nur widerwillig. Seine Versuche, aus stilisierten hebräischen Buchstaben und jüdischen Symbolen einen jüdischen Stil zu schaffen, waren vom geschäftlichen Standpunkt aus oft geradezu kontraproduktiv. Wiederholt und vergeblich wurde er aufgefordert, sich an den Mustern der Perserteppiche zu orientierten, und darauf aufmerksam gemacht, »daß orthodoxe Juden keinen Fußteppich kaufen, auf denen hebräische Inschriften und jüdische Embleme angebracht sind. Aus diesem Grunde war es wiederholt nicht möglich, Teppiche zu verkaufen.«[76] Für Warburg hingegen war ›jüdische Kunst‹ keine Frage der Ikonographie. Zu einer Zeit, in der der Deutsche Werkbund sich anschickte, eine ›deutsche Form‹ zu schaffen, die schlicht und funktional war und ohne Symbolik auskam, wäre die Herstellung qualitativ hochwertiger, gut gestalteter und gut verarbeiteter Produkte für sich schon eine ›nationale Leistung‹ gewesen. Dieser modernen Auffassung entsprechend, versuchte Warburg, den Kunstgewerbler Albert Reimann, der dem Werkbund nahestand und der in Berlin eine Kunstgewerbeschule hatte, für das Projekt zu gewinnen.
Andere Gegensätze grundsätzlicherer Art waren schon kurz nach Eröffnung der Schule zutage getreten. Warburg mahnte: »Es muß nämlich streng darauf geachtet werden, daß die Schule zur Förderung des Kunstgewerbes dienen soll, aber nicht zur Heranbildung von Künstlern. Es wäre ganz verfehlt, wenn die Schule jetzt den Charakter einer Kunstakademie annehmen sollte.«[77]

Genau darauf aber arbeitete Boris Schatz hin. In Habitus und Selbstdarstellung gab er sich als Künstler. Was ihm besonders am Herzen lag, war die Malklasse, wovon man in Berlin nicht gerade begeistert war: »Niemand glaubt hier, daß Sie überhaupt etwas Praktisches schaffen. Namentlich hat die Photographie, wo die Schüler sich wie Künstler in Pose gesetzt haben, den Glauben hervorgerufen, daß die Schüler sich nicht zu Lehrern für Teppichknüpferei eignen werden, besonders dann nicht, wenn sie noch von Herrn Gottlieb in die Mysterien der jüngstpolnischen decadenten Malerei eingeweiht werden.« Diese Richtung des von Schatz in Aussicht genommenen Lehrers hielt Warburg »für die jungen Kunstgewerbler für schädlich«.[78]
Die Geschichte des Konflikts zwischen Otto Warburg und Boris Schatz um den ›Bezalel‹ ist eine Fortsetzung des alten Streits um »Hedschasbahn oder ›Seelenelite‹«. In diesem Fall war er allerdings weniger durch einen Generationsunterschied bestimmt, sondern durch die unterschiedliche kulturelle Sozialisation der Protagonisten: durch westlich-liberale Kulturvorstellungen auf der einen, durch russische Theoretiker nationaler, ›volkstümlicher‹ Kultur wie Achad Ha'am, aber auch Tschernyschewski, Stassow oder die Künstlergruppe der Predwishniki (›Wanderer‹) auf der anderen Seite.[79]

Museen und Ausstellungen

Älter noch als der Plan für die Kunstgewerbeschule ›Bezalel‹ war der für ein jüdisches Museum in Jerusalem. Er sollte schließlich in anderer Form im ›Bezalel‹ selbst realisiert werden, wo man sofort nach der Gründung mit einer Vorbildersammlung begann. Das Museum, das Heinrich Loewe bereits 1895 für Jerusalem gefordert hatte, war vor allem als Sammlung archäologischer Fundstücke gedacht.[80] Ein jüdischer ›Verein für die Erforschung Palästinas‹, ähnlich dem von christlicher Seite bereits bestehenden, sollte gegründet werden, die jüdische Antike erforscht, vor allem aber ihrer spezifischen Schönheit wieder zu Anerkennung verholfen werden: »Auch das Judentum hat ein Altertum gehabt, dessen Schönheit eine andere war als die des Griechentums. Das klassische Hebräertum auf dem Boden Palästinas, das zuerst von allen Kulturen der Gerechtigkeit geweiht war, hat doch nicht minder dem Geiste der Schönheit gehuldigt, wie alles Vollkräftige und Gesunde naturgemäß auch schön ist. [...] Die Auferstehung zu neuem idealen Leben ist das Museum für die alten Überreste vergangener Zeiten.«[81]
Die Geschichte der jüdischen Museen in Deutschland und der Erforschung von jüdischen Zeremonialobjekten verlief jedoch lange Zeit an Berlin vorbei. Nur eine Privatsammlung entstand hier seit dem Ende des 19. Jahrhunderts, die von Salli Kirschstein. Er hatte unter anderem die Sammlung Heinrich Fraubergers, des Initiators der Frankfurter ›Gesellschaft zur Erforschung jüdischer Kunstdenkmäler‹, erworben. Auch forderte er die Gründung eines jüdischen Museums und eines Fördervereins. Seine bedeutende Sammlung verkaufte er 1926 an das Hebrew Union College nach Cincinnati.[82] Demgegenüber hatten Wien, Frankfurt und Hamburg lange vor Berlin nicht nur entsprechende Vereine, sondern auch öffentlich zugängliche Sammlungen. Auch

die für die Erforschung der alten und Entwicklung einer modernen Zeremonialkunst wichtigen Ausstellungen fanden nicht in Berlin statt: etwa die 1908 in Düsseldorf gezeigte Ausstellung jüdischer Bauten und Kultusgegenstände. Die jüdische Abteilung der Internationalen Hygiene-Ausstellung in Dresden 1911 wurde hauptsächlich aus Beständen des Wiener Jüdischen Museums bestückt. Die Synagoge auf der Werkbundausstellung 1914 in Köln hatte ein Hamburger Künstler, Friedrich Adler, entworfen.
Erst im Februar 1917 machte die Jüdische Gemeinde zu Berlin die Sammlung, die der Dresdner Juwelier und Sammler Albert Wolf ihr bereits ein Jahrzehnt zuvor vermacht hatte, dem Publikum zugänglich. Hier war von ›palästinensischen Altertümern‹ über eine große Münzen- und Medaillensammlung bis hin zu Kultgeräten, Handschriften, Drucken und Porträts die ganze Bandbreite der jüdischen materiellen Überlieferung vertreten.
Größere Aktivitäten waren in Berlin – im Gegensatz zu vielen der vorher genannten Städte – hingegen auf dem Gebiet der modernen jüdischen Kunst zu verzeichnen. 1901 organisierten Martin Buber und E.M. Lilien von hier aus die erste Ausstellung moderner jüdischer Kunst überhaupt. Auf dem V. Zionistenkongreß in Basel bildete sie den Rahmen und das Anschauungsmaterial für Bubers Referat über jüdische Kunst. Im November 1907 schließlich fand in der ›Galerie für alte und neue Kunst‹ die von einem ›Verein zur Förderung jüdischer Kunst‹, im wesentlichen aber von dem Bildhauer und Multitalent Alfred Nossig und dem Schauspieler Rudolf Schildkraut organisierte »Ausstellung jüdischer Künstler« statt. Hier konnte das Publikum viele der in den Jahrgängen von ›Ost und West‹ und an anderer Stelle reproduzierten Werke jüdischer Künstler zum ersten Mal im Original sehen. Eine kunsthandwerkliche Abteilung mit alten und modernen Kultgeräten und auch Produkten des ›Bezalel‹ ergänzte die Schau. Auch in der erst eine Woche vor Hitlers Machtantritt offiziell als Museum eröffneten Kunstsammlung der Berliner Jüdischen Gemeinde hatte die moderne jüdische Kunst, gefördert vor allem durch ihren Kustos Karl Schwarz, ein besonderes Gewicht. Die Eingangshalle, in der der Besucher von Werken von Lesser Ury, Jakob Steinhardt, Arnold Zadikow und Max Levi empfangen wurde, machte dies programmatisch deutlich.

Jüdische Nationalbibliothek, hebräische Autoren vor 1914

Ein Projekt, das zwar nicht in Berlin entstand, aber unter der Ägide der ›praktischen Zionisten‹ von hier aus weiter betrieben wurde, war das der Jüdischen Nationalbibliothek. Eigentlich war sie Mitte der 1890er Jahre von Joseph Chasanowitsch in Bialystok begründet worden. Seine Sammlung war nach ihrer Übernahme durch die Jerusalemer Bne-Brith-Loge aber unzureichend untergebracht. Nachdem der XI. Zionistenkongreß in Wien 1913 die Gründung einer hebräischen Universität in Jerusalem beschlossen hatte, wurde die Ergänzung von Chasanowitschs auf Judaica beschränkte Sammlung um eine allgemeine wissenschaftliche Bibliothek notwendig. Heinrich Loewe, inzwischen Bibliothekar an der Berliner Universitätsbibliothek, übernahm die

Organisation über die 1914 gegründete ›Gesellschaft der Freunde der Jerusalem-Bibliothek‹. 1920 wurden beide Bibliotheken schließlich unter der Ägide der Zionistischen Organisation in Jerusalem vereinigt.[83]

Eine institutionelle Form fand in diesen Jahren auch die Renaissance der hebräischen Sprache. 1909 wurde auf der hebräischen Kulturkonferenz in Berlin die ›Histadrut Iwrit‹ (›Organisation für hebräische Sprache und Kultur‹) gegründet, zu deren Komitee aus Berlin Martin Buber, S. I. Hurwitz, Josef Lin, Heinrich Loewe, Eugen Mittwoch und Leo Motzkin zählten. Ihr Sekretär in Berlin wurde der Schriftsteller Jakob Kahan. Mit der Verlegung des Büros der Zionistischen Weltorganisation nach Berlin kamen als deren Mitarbeiter weitere hebräische Autoren in die Stadt, so etwa Nachum Sokolow oder Schmarjah Lewin, der bereits hier studiert hatte. Zwar wurde Berlin erst Anfang der zwanziger Jahre für kurze Zeit zu einem bedeutenden Sammelpunkt hebräischer Schriftsteller, jedoch gab es bereits seit den 1890er Jahren eine kleine Gemeinde von meist aus Rußland stammenden Autoren, die hier einige hebräische Zeitschriften herausgaben. Ein Anziehungspunkt für die, die wie Achad Ha'am einen Sinn für Ästhetik hatten, war die Qualität der hiesigen hebräischen Druckerei.[84] Ab 1896 ließ Achad Ha'am seine Zeitschrift ›Ha-Schiloach‹ bei Heinrich Itzkowski drucken und hatte während des ersten Jahrgangs auch eine Redaktionsadresse in Charlottenburg. Auch Ruben Brainins ›Mi-Misrach u-mi-Ma'araw‹ erschien ab 1899 in Berlin. Darin veröffentlichte unter anderem Micha Josef Berdyczewski (bin Gorion), der als Student und später wieder ab 1911 bis zu seinem Tod 1921 in Berlin lebte. Die langlebigste hebräische Zeitschrift aus Berlin war Saul Israel Hurwitz' ›He-Athid‹, die von 1907 bis 1914 erschien. Das nationaljüdisch orientierte Blatt wurde ein wichtiges Forum für die Auseinandersetzung zwischen Judentum und moderner Kultur.[85]

Ideologische Radikalisierung der ZVfD

Die letzten Jahre vor dem Ersten Weltkrieg standen nicht nur unter dem Zeichen verstärkter praktischer Aktivitäten der zionistischen Organisationen, sondern auch der zunehmenden ideologischen Radikalisierung. In diesem Zusammenhang wurden viele der noch gemeinsam mit dem ›Hilfsverein‹ initiierten Projekte zunehmend politisiert und zu Kristallisationspunkten einer mit großer Schärfe ausgetragenen Auseinandersetzung. Dieser Vorgang ist ansatzweise bereits beim ›Bezalel‹, vor allem aber beim ›Technion‹ in Haifa zu beobachten, der vom ›Hilfsverein‹ und der russischen Wissotzkyschen Familienstiftung gegründeten Technischen Hochschule.[86] Im Herbst 1913 entbrannte in deren Berliner Gründungskuratorium ein Streit zwischen Zionisten und Vertretern des ›Hilfsvereins‹ um die Einführung von Hebräisch oder Deutsch als Unterrichtssprache, der zum endgültigen Bruch zwischen ZVfD und ›Hilfsverein‹ führte.

Während zu Beginn des Jahrhunderts noch gute Beziehungen zwischen Zionisten und Centralverein bestanden und zahlreiche Zionisten, wie etwa Alfred Klee, Mitglieder in beiden Organisationen waren[87], verschlechterte sich das Verhältnis im Laufe des Jahres 1912 zusehends. Ein wichtiger Schritt in dieser Entwicklung war die Resolution, die die ZVfD auf ihrem Delegiertentag im Mai 1912 in Posen beschloß. Es sei die Pflicht aller Zionisten, hieß es darin, »die Übersiedlung nach Palästina in ihr Lebensprogramm aufzunehmen. In jedem Falle sollte jeder Zionist für sich Interessen in Palästina schaffen.«[88] Eingebracht wurde die Resolution von zwei aus den frühen Berliner Studentenvereinen hervorgegangenen Delegierten: Theodor Zlocisti und Leo Estermann. Es kamen in ihr Ideen zum Ausdruck, wie sie der Propagandasekretär im Berliner Büro der ZVfD Kurt Blumenfeld vertrat, dessen Name für diesen ideologischen Radikalisierungsprozeß steht. Gleichzeitig ging der Centralverein von der ›Totschweigen‹-Politik gegenüber dem Zionismus zu einer offen antizionistischen Haltung über. Auch hier wurde eine Resolution verabschiedet. Im März 1913 beschloß die Generalversammlung, die sich in erster Linie gegen die Radikalen unter den Zionisten richtete: »Von dem Zionisten aber, der ein deutsches Nationalgefühl leugnet, sich als Gast im fremden Wirtsvolk und national nur als Jude fühlt, von dem müssen wir uns trennen.«[89]

Nicht mehr das vom Geist der Jahrhundertwende geprägte ›Sowohl-als-auch‹, sondern ein dezisionistisches ›Entweder-Oder‹ war nun das Motto. Die Träger dieser Neuorientierung, durchaus eine Minderheit innerhalb der ZVfD, verstanden sich dabei als Elite. In der zionistischen Vereinskultur der Nationalfonds-Sammlungen und Makkabäerfeiern konnten sie keine geistige Befriedigung mehr finden.[90] Im Jahre 1900 hatte die Kölner Zionistische Vereinigung noch den Kaiser-Geburtstag mit einer Festversammlung begangen – »Heil dir im Siegerkranz« wurde gesungen, dazu ein Turnerlied und ein zionistisches Lied. 1914 schrieb Isaak Strauss, bezogen auf einen Gegner des neuen radikalen Kurses, Franz Oppenheimer, dessen Position über das Verhältnis der Zionisten zu »Deutschtum und Judentum« sei der jungen Generation völlig fremd, solch altmodische Ideen könne sie nicht teilen.[91]

Es war jedoch nicht allein das Auftreten einer neuen Gruppe von Jüngeren, das diesen Wandel bewirkte, sondern auch ein allgemeiner Stimmungsumschwung. Zu den Auslösern zählten die Revolution der Jungtürken 1908, die die Hoffnungen auf die Erlangung einer Charter zunichte machte, ebenso wie die Welle von Antisemitismus während der Daily-Telegraph-Affäre im selben Jahr. In die allgemeine Krisen-, Kriegs- und Endzeitstimmung[92], von der die folgenden Jahre geprägt waren – Felix Teilhaber sah 1911 nichts weniger als den »Untergang der deutschen Juden« bevorstehen –, traf Anfang 1912 die antisemitische Agitation während und nach den Reichstagswahlen.[93] In diesen Jahren hatte die ZVfD einen beachtlichen Mitgliederzuwachs zu verzeichnen: von 1903 bis 1909/10 schwankten die Mitgliederzahlen zwischen 4500 und etwas über 6000, sie stiegen 1911 auf 7800 und hatten 1912/13 sogar 8900 erreicht.[94]

Ein Symptom der tiefen Verunsicherung, die viele jüdische Intellektuelle zu dieser Zeit erfaßt hatte, war die ›Kunstwart-Debatte‹. In einem »Deutsch-jüdischer Parnaß« überschriebenen Artikel hatte der Berliner Zionist Moritz Goldstein die Frage aufgeworfen, ob Juden durch die bedeutende Rolle, die sie im Kulturbetrieb in Deutschland spielten, nicht den geistigen Besitz eines Volkes verwalteten, das ihnen die Berechtigung und die Fähigkeit dazu abspricht. Er kam zu dem Schluß: »Wir wollen einem Lande, das uns soviel gegeben hat und dem wir dankbar

seine Gaben doppelt und dreifach zu vergelten strebten, nichts mehr aufdrängen, da es unsern Dank nicht mag. Unser Verhältnis zu Deutschland ist das einer unglücklichen Liebe: wir wollen endlich männlich genug sein, uns die Geliebte, statt ihr endlos kläglich nachzuschmachten, mit kräftigem Entschlusse aus dem Herzen zu reißen – und bliebe auch ein Stück Herz hängen.«[95]
In ähnlicher Weise propagierte Kurt Blumenfeld eine Haltung der »Distanz« zur deutschen Gesellschaft. Wenn er dabei von der Voraussetzung einer pluralistischen Gesellschaft ausging, täuschte er sich über die Möglichkeiten einer ›multikulturellen Gesellschaft‹ im Kaiserreich. Auch konnte dieser Antiliberalismus nur unter dem Schutz des Liberalismus vertreten werden: »Wenn man heute, nach den Erfahrungen der letzten Dezennien, auf jene Debatten zurückblickt, so muß man zugeben, daß der Blumenfeld'sche nationale Idealismus nur in einer Zeit möglich war, in der die liberale Staatsauffassung noch einen solchen gedanklichen Radikalismus duldete, ohne daraus Konsequenzen zu ziehen, die das Dasein der Juden als Staatsbürger gefährden mußten.«[96]
Letztlich hatte diese Haltung aber auch, wie Jehuda Reinharz bemerkte, einen psychologischen Effekt, der dann paradoxerweise nicht die Auswanderung nach Palästina, sondern das Weiterleben in Deutschland erleichterte. Man richtete sich sozusagen auf gepackten Koffern häuslich ein. Die Distanz, in der die Zionisten sich zur deutschen Gesellschaft zu halten beschlossen hatten – in Beantwortung der Distanz, die diese zu ihnen bereits eingenommen hatte –, verhalf ihnen zu einem Gefühl der Sicherheit, Freiheit und zu einem neuen Selbstbewußtsein.[97]
Die anti-bürgerliche Rhetorik wirkte vor allem auf die Jugend, die sich 1913 im ›Jüdischen Wanderbund Blau-Weiß‹ zusammenschloß. Für viele jüdische Jugendliche vor und mehr noch nach dem Ersten Weltkrieg wurde die Jugendbewegung zum prägenden Erlebnis, die Vision einer jüdischen Gemeinschaft zu einer Alternative zur bürgerlichen Gesellschaft. Nur die wenigsten allerdings machten mit der Auswanderung ernst. Langfristig gesehen wirkte diese Erfahrung eher reformierend auf das jüdische Leben in Deutschland zurück.[98]

Jüdische Renaissance und Avantgarde vor und nach dem Ersten Weltkrieg

Die Jahre um 1910, die kulturhistorisch gemeinhin als Wendemarke gelten, waren dies für Zionismus und Jüdische Renaissance zwar in politischer und ideologischer Hinsicht; in ästhetischer Hinsicht jedoch ist das Bild weniger eindeutig.
Ein gewisser Geschmackswandel macht sich um 1910 wohl bemerkbar. Der Jugendstil gerät immer mehr in Mißkredit. »Verirrungen und Fehler« sah man nun in den Werken Liliens: »Der ›Buchschmuck‹, der alles andere als Schmuck war, feierte wahre Orgien, und jedes von einem gewissen jüdischen Graphiker im ›Jugendstil‹ übelster Art geschmückte Buch galt als schön.«[99]
Den »rechten Stil für das moderne jüdische Buch« findet man nun in den von Emil Rudolf Weiß gestalteten, bei Rütten & Loening in Frankfurt erschienenen, Bänden Martin Bubers: »herb, beinahe asketisch und in der weisen Abwägung von Schwarz und Weiß an die Arbeiten eines

Thoraschreibers gemahnend«.[100] Jedoch, trotz allen Herbeizitierens von Belegen für die jüdische Authentizität des neuen Stils, stand diese Abkehr vom Ornament im Einklang mit dem nun sich allgemein durchsetzenden ›konstruktiven‹, funktionalen Jugendstil, wie er etwa die Ästhetik des Werkbundes bestimmte. So ließ Martin Buber 1906 die Umschläge der von ihm herausgegebenen Reihe ›Die Gesellschaft‹ von Peter Behrens gestalten, den Umschlag seiner Zeitschrift ›Der Jude‹ 1916 wiederum von Emil Rudolf Weiß. Allmählich, deutlicher noch nach 1918, wurde in der ästhetischen Kultur der Jüdischen Renaissance ein eigenständiges Qualitätsbewußtsein entwickelt, das nicht mehr abhängig war von jüdischer Ikonographie oder von der jüdischen Herkunft des Künstlers.

Die Kunst und Literatur der Avantgarde-Gruppen des Expressionismus, die man mit dieser ›Halbzeit der Moderne‹ in Verbindung bringt, wurden allerdings, wenn überhaupt, erst während oder nach dem Weltkrieg in den jüdischen Zeitschriften rezipiert. Dabei bewegten sich vor 1914 nicht wenige jüdische Schriftsteller und Maler in Berlin im Umkreis des ›Sturm‹, der ›Aktion‹ oder des ›neuen Pathos‹: etwa Paul Zech, Alfred Wolfenstein, Kurt Hiller, Jakob van Hoddis oder Alfred Döblin. Nicht zuletzt war der Herausgeber des ›Sturm‹, Herwarth Walden, Jude. Daß seine frühere Ehefrau Else Lasker-Schüler 1914 in der »Freistatt. Alljüdische Revue. Monatsschrift für jüdische Kultur« (1913-1915) veröffentlichte, bildete in ihren Kreisen und auch in denen der ›Freistatt‹ eher eine Ausnahme. ›Ost und West‹ beispielsweise stellte zwar immer wieder junge und unbekannte Künstler vor, aber kaum einer von ihnen wäre avantgardistisch zu nennen. Daß aus der Berliner Künstlergruppe ›Die Pathetiker‹ Ludwig Meidner hier nie und Jakob Steinhardt erst 1921 zum ersten Mal dem Publikum präsentiert wurden, ist für den Geschmack der Zeitschrift bezeichnend.

Nach dem Weltkrieg jedoch hatte Jakob Steinhardt, ebenso wie beispielsweise Josef Budko, mit seinen Holzschnittmappen und illustrierten Büchern mit Szenen aus dem ostjüdischen Schtetl großen Erfolg. Sie erschienen in einem Tochterunternehmen der renommierten Berliner Galerie Fritz Gurlitt, dem Verlag für jüdische Kunst und Kultur. Nicht nur hatten sich die Künstler selbst nun verstärkt diesen Themen zugewandt, auch das Publikum war von der Welle des Interesses für das Ostjudentum erfaßt. In der ausdrucksstarken Formensprache des Expressionismus fand das für viele Juden prägende ›jüdische Erlebnis‹, die Begegnung mit den Ostjuden während des Krieges, seine visuelle Entsprechung. Zu diesem Zeitpunkt, 1920–23, war der Expressionismus kaum noch Avantgarde in dem Sinne wie um 1910. Tatsächlich wird der expressionistische Stil im breiteren jüdischen Publikum zu einem Zeitpunkt populär, zu dem diejenigen, die ihn um 1912 propagiert hatten, ihn nun für passé erklärten. Und zwar nicht allein, weil seine politischen Utopien mit dem ›Arbeitsrat für Kunst‹ gescheitert waren, sondern vor allem eben wegen seiner großen Populariät: Jede Zigarettenreklame sei inzwischen ›expressionistisch‹; er sei zur beliebigen stilistischen Manier verkommen, seine Werke zu ›Sofastücken‹ im bürgerlichen Wohnzimmer. Steinhardt und sein Publikum waren also spätestens nach der Revolution, nach 1919, nicht mehr ›Avantgarde‹, sondern sie repräsentierten ein Bürgertum, das – was in der Weimarer Republik freilich nicht selbstverständlich, aber dennoch, vor allem unter Juden, nicht selten war – der künstlerischen Moderne gegenüber positiv eingestellt war, jedoch kaum selbst den Zirkeln der Avantgarde angehörte. Die Avantgarde von 1920 war Dada. Steinhardt und die meisten seiner jüdischen Künstlerkollegen, die sich ähnlichen Themen widmeten, arbeiteten im Stil einer in weiten Kreisen bereits etablierten Moderne. Daß sie den Geruch des Bürgerschrecks verloren hatten, aber immer noch als fortschrittlich und modern galten, war genau die Bedingung ihres Erfolges bei einem breiten, nach neuen Orientierungen suchenden Publikum und damit die Voraussetzung ihrer kulturellen Wirksamkeit im Prozeß des »Bewußtseinswandels der deutschen Juden« (Eva Reichmann).[101]

Die Ursache dafür, daß um 1910 Avantgarde und Jüdische Renaissance so viel weiter voneinander entfernt waren, als dies um 1900 der Fall gewesen war, mag auch in den Avantgarden selbst, ihrer gesellschaftlichen Haltung und ihrem künstlerischen Anliegen, zu suchen sein. Gruppen wie ›Die neue Gemeinschaft‹ hatten um 1900 noch ein, wenn auch in einer Anti-Haltung formuliertes, sich kritisch oder reformerisch auf Gesellschaft beziehendes Anliegen. Um 1910 dagegen war eines der Hauptthemen, etwa des »neuen Pathos«, die Entfremdung des Künstlers vom Publikum, seine gesellschaftliche Isolierung. Mit Mystik, Theosophie oder Kunstreligion, im ›Geistigen‹ also, suchten die Künstler sie zu überwinden und waren damit doch nur zur ›Avantgarde‹ einer immer weiter fortschreitenden Selbstauflösung der bürgerlichen Kultur am Ende des Kaiserreiches geworden.[102]

»Jüdische Renaissance«: Vom Kampf- zum Epochenbegriff

Nach dem Ersten Weltkrieg war »Jüdische Renaissance« endgültig zu dem Epochenbegriff geworden, als den Buber ihn verstanden wissen wollte. Im Jüdischen Lexikon wird er 1927 als solcher kanonisiert: als »Bezeichnung der sich am Ende des 19. Jahrhunderts auf allen Gebieten des jüdischen Lebens, insbesondere aber auf kulturellem auswirkenden Erscheinung, daß das erstarrte und scheinbar der Auflösung verfallene Judentum einer neuen Blüte entgegenzugehen begann«.[103] In keiner anderen jüdischen Enzyklopädie wird der Begriff »Renaissance« in diesem Sinne aufgeführt. Sie war nie auf Deutschland beschränkt, fand aber im deutsch-jüdischen Kulturkreis ihre spezifische Ausprägung als Krisenerscheinung und zugleich Erneuerungsbewegung der jüdischen bürgerlichen Kultur.

1 Martin Buber, »Renaissance«. Eine Feststellung, (Manuskript), Jewish National and University Library, Jerusalem (im folgenden JNUL), Martin Buber Archiv, MS Var. 6/21. Erschienen in Ungarisch in: Magyar Zsidó Almanach, Budapest 1911.

2 Martin Buber, Jüdische Renaissance, in: Ost und West 1,1 (1901), Sp. 7–10.

3 Shulamit Volkov, Die Dynamik der Dissmilation: Deutsche Juden und die ostjüdischen Einwanderer, in: dies., Jüdisches Leben und Antisemitismus im 19. und 20. Jahrhundert, München 1990, S. 166–181, hier S. 168.

4 Shulamit Volkov, Jüdische Assimilation und Eigenart im Kaiserreich, in: dies., Jüdisches Leben, S. 131–145; Jacob Katz, Zur Emanzipation und Assimilation der Juden, Darmstadt 1982.

5 George L. Mosse, Jüdische Intellektuelle in Deutschland. Zwischen Religion und Nationalismus, Frankfurt/Main 1992.

6 Wolfgang J. Mommsen, Bürgerliche Kultur und künstlerische Avantgarde. Kultur und Politik im deutschen Kaiserreich 1870–1918, Berlin 1994; Thomas Nipperdey, Deutsche Geschichte 1866–1918, Bd. 1: Arbeitswelt und Bürgergeist, München 1990, bes. S. 690.

7 Berliner Vereinsbote 2 (1896), Nr. 28 (10. 7. 1896); Sammy Gronemann, Heinrich der Löwe, in: Meilensteine. Vom Wege des Kartells Jüdischer Verbindungen (K. J. V.) in der Zionistischen Bewegung. Eine Sammelschrift. Im Auftrage des Präsidenten des K. J .V. hg. v. Eli Rothschild, Tel Aviv 1972, S. 30–32.

8 Hierzu, zu den im weiteren genannten Vereinen und zum Zionismus in Deutschland: Mordechai Eliav, Zur Vorgeschichte der jüdischen Nationalbewegung in Deutschland, in: Bulletin des Leo Baeck Instituts 48 (1969), S. 282–314, hier S. 292; Stephen M. Poppel, Zionism in Germany 1897–1933. The Shaping of a Jewish Identity, Philadelphia 1977; Jehuda Reinharz, Fatherland or Promised Land. The Dilemma of the German Jew, 1893–1914, Ann Arbor 1975; ders., Achad Haam und der deutsche Zionismus, in: Bulletin des Leo Baeck Instituts 61 (1982), S. 3–27; ders. (Hg.), Dokumente zur Geschichte des deutschen Zionismus 1882–1933, Tübingen 1981; Yehuda Eloni, Zionismus in Deutschland. Von den Anfängen bis 1914, Gerlingen 1987; Richard Lichtheim, Die Geschichte des deutschen Zionismus, Jerusalem 1956; Max I. Bodenheimer, So wurde Israel. Aus der Geschichte der zionistischen Bewegung, hg.v. Henriette Hannah Bodenheimer, Frankfurt/Main 1958; Kurt Blumenfeld, Erlebte Judenfrage. Ein Vierteljahrhundert deutscher Zionismus, Stuttgart 1962.

9 Reinharz, Dokumente, S. 34; ders., Fatherland, S. 95.

10 Michael Kühntopf-Gentz, Nathan Birnbaum. Biographie, Phil. Diss., Tübingen 1990.

11 Walter Fischer, Erinnerungen eines Hasmonäers, in: Meilensteine, S. 24–29, hier: S. 26.

12 Eloni, S. 62

13 Chaim Weizmann, Memoiren. Das Werden des Staates Israel, Zürich 1953, S. 66.

14 Chaim Weizmann an Leo Motzkin, 10. September 1895, in: The Letters and Papers of Chaim Weizmann, Series A: Letters, Vol. 1: 1895–1902, London 1968, S. 51f.

15 Lichtheim, S. 119.

16 Bodenheimer, S. 75.

17 Theodor Herzl an Max Bodenheimer, 11. Mai 1897, in: Theodor Herzl, Briefe und Tagebücher, Bd. 4: Briefe. Anfang Mai 1895 – Anfang Dezember 1898, Berlin 1990, S. 258; Alex Bein, Theodor Herzl. Biographie, Frankfurt/Main 1983, S. 160f.

18 Lichtheim, S. 127.

19 Ohne Berufsangabe: 69; »stud., cand.«: 60; »Rechtsanwalt«, »Referendar«: 6; »Arzt«, »Dr.med.«: 7; »Dr.«, »Professor«, »Rabbiner«: 12; »Kaufmann«: 25 (davon 2 Bankiers); Frauen (überwiegend ohne Berufsangabe): 38; sonstige, meist Handwerker: 6; »aus...« (Ausländer): 4; Schekelzahlerliste Ortsgruppe 329 Berlin zum III. Zionistenkongreß 1899, mit Nachtragsliste, Central Zionist Archives, Jerusalem (im folgenden: CZA), DD-Germany-7. Zählt man noch von den ohne Berufsangabe Aufgeführten die aus anderen Zusammenhängen als Akademiker bekannten und die nicht in der ZVfD organisierten russisch-jüdischen Studenten hinzu, so erhöht sich der Akademiker-Anteil noch weiter. Die Listen enthalten mit großer Wahrscheinlichkeit alle Schekelzahler in Berlin, nicht nur die der einen der beiden Ortsgruppen. Der Streit zwischen der Berliner und der Charlottenburger Ortsgruppe war inzwischen beigelegt. Auf der Liste sind auch Mitglieder der »Ortsgruppe II« aufgeführt. Dazu: Eloni, S. 104–114. Mitgliedszahlen der ZVfD oder der BZV sind kaum bekannt. Poppel, Tabelle 3 nennt nur für die ZVfD für 1897: 100 und 1901: 2200.

20 Reinharz, Fatherland, S. 134ff., nimmt dies an und stützt sich dabei auf schriftliche und mündliche Aussagen, die Beteiligte nach dem Zweiten Weltkrieg machten.

21 Carl E. Schorske, Wien. Geist und Gesellschaft im Fin de siècle, Frankfurt 1982; Jaques Le Rider, Das Ende der Illusion. Die Wiener Moderne und die Krise der Identität, Wien 1990; ders., Der Fall Otto Weininger. Wurzeln des Antifeminismus und Antisemitismus, Wien 1985; Michael Pollak, Vienne 1900. Une identité blessée, Paris 1984.

22 Jaques Le Rider über Richard Beer-Hofmann, in: Le Rider, Ende der Illusion, S. 375–404.

23 Carl E. Schorske, Generational Tension and Cultural Change. Reflections on the Case of Vienna, in: Daedalus 1978 S. 111–122; Wolf Wucherpfennig, The 'Young Viennese' and their Fathers. Decadence and the Generation Conflict around 1900, in: Journal of Contemporary History 17,1 (1982), S. 21–49, für den Zionismus: Poppel, S. 105 ff., Reinharz, Fatherland, S. 144 f.

24 Schorske, Wien, S. 138–164.

25 Jehuda Reinharz attestiert Chaim Weizmann und seinem Zirkel »thoroughly elitist ways to confront both the 'problem of the Jews' and the 'problem of Judaism'. Incidentally, it should be noted that Weizmann and his friends furnished tangible evidence that East European origins did not guarantee a populist orientation: quite the reverse.« Jehuda Reinharz, Chaim Weizmann and German Jewry, in: Leo Baeck Institute. Year Book XXXV (1990), S. 189–218, hier: S. 193. Auf die Tatsache, daß Achad Ha'ams »geschichts- und religionsphilosophische Arbeiten vielfach an Solovjev, Dostojevskij und die Slavophilen anklingen«, verweist Thomas G. Masaryk, Zur russischen Geschichts- und Religionsphilosophie. Soziologische Skizzen, Jena 1913, Bd. 2, S. 237, Anm. 2.

26 Heinrich und Julius Hart (Hg.), Das Reich der Erfüllung. Flugschriften zur Begründung einer neuen Weltanschauung, Heft 2: Die Neue Gemeinschaft. Ein Orden vom wahren Leben. Vorträge und Ansprachen, gehalten bei den Weihefesten, den Versammlungen und Liebensmahlen der Neuen Gemeinschaft, Leipzig 1901. Über den Einfluß dieser Ideen auf Buber: Paul R. Mendes-Flohr, Von der Mystik zum Dialog: Martin Bubers geistige Entwicklung bis hin zum »Ich und Du«, Königstein/Ts. 1979, S. 60 ff.

27 Samuel Lublinski, Gedichte von Else Lasker-Schüler, in: Ost und West 1,12 (1901), Sp. 931 f.

28 Martin Buber, Referat, in: Stenographisches Protokoll der Verhandlungen des III. Zionistenkongresses in Basel 1899, Wien 1911, S. 191.

29 Berthold Feiwel, Geleitwort zur ersten Ausgabe, in: Jüdischer Almanach. Teilweise veränderte Neuausgabe, Berlin 1904, S. 13–20, hier: S. 17.

30 Mathias Acher (d. i. Nathan Birnbaum), Die jüdische Renaissance-Bewegung, in: Ost und West 2,9 (1902), Sp. 577–584, hier: Sp. 580 f.

31 Weder die Ideologie des Zionismus noch die des Kulturzionismus waren zu jener Zeit fest umrissen. Shmuel Almog, Zionism and History, The Rise of a New Jewish Consciousness, New York 1987, S. 129, 173 f., sowie Reinharz, Fatherland, S. 111, 116.

32 Johan Huizinga, Das Problem der Renaissance. Renaissance und Realismus, Tübingen 1953, S. 5 (Erstveröff: holl., in: De Gids, 1920); August Buck (Hg.), Renaissance und Renaissancismus von Jacob Burckhardt bis Thomas Mann, Tübingen 1990.

33 Paul Mendes-Flohr, Fin-de-Siècle Orientalism, the Ostjuden and the Aesthetics of Jewish Self-Affirmation, in: Studies in Contemporary Jewry 1 (1984), S. 96–139.

34 Achad Ha'am, Dr. Pinsker und seine Broschüre, in: ders., Am Scheidewege. Gesammelte Aufsätze, Bd. 1, Berlin 1923, S. 163–182, hier S. 173.

35 Steven J. Zipperstein: Elusive Prophet. Ahad Ha'am and the Origins of Zionism, London 1993, S. 148: »Ahad Ha'am served as a symbol for the movement's culturalists, their faction's most coherent totem. He was, however, not [...] its chief ideological influence. Their attitude toward him was polite and respectful, but he was not, as he had been for the previous generation, their primary link to a larger intellectual world. They saw him through very different eyes, and, if later some of them would claim him to be their mentor, it was a by-product of his fame as well as their way of 'judaizing' cultural politics that were, in fact, shaped primarily by influences outside the Jewish camp.« Ebd., S. 144: »Ahad Ha'am influenced them inasmuch as he provided a Judaic framework and a terminology. Yet they felt no compunction about drawing on Nietzsche, whose thinking Ahad Ha'am saw as antithetical to Judaism.«

36 Max Nordau, Der Zionismus der westlichen Juden, in: ders., Zionistische Schriften, hg. v. Zionistischen Aktionskomitee, Köln 1909, S. 315–317.

37 Martin Buber an Theodor Herzl, 3. 5. 1902, in: Martin Buber, Briefwechsel aus sieben Jahrzehnten, Bd. 1: 1897–1918, Heidelberg 1972, S. 173.

38 Feiwel, S. 17.

39 Ein jüdischer Kunstverlag, in: Ost und West 1,12 (1901), Sp. 955.

40 Anonym (Leo Winz oder Davis Trietsch), Ost und West, in: Ost und West 1,1 (1901), Sp. 1 f.

41 Von 1906 an wurde ›Ost und West‹ das Organ der Deutschen Konferenzgemeinschaft der Alliance Israélite Universelle und zunehmend betulicher, so daß sie, vor allem nach der Gründung von Martin Bubers ›Der Jude‹ 1916, immer mehr von ihrer Bedeutung als Debattenforum verlor. Nur sechs Nummern lang währte der von Josef Lin 1903 unternommene Versuch, mit ›Ha-Keschet‹ eine vergleichbare, ebenfalls illustrierte, hebräische Zeitschrift zu etablieren.

42 Leo Winz an Adolf Friedemann, 15. 8. 1903, CZA A 8/27.

43 Davis Trietsch an Martin Buber, 27. 6. 1901, JNUL, M. Buber Archive, MsVar 350/823:1.

44 David Brenner, »Ost und West« and the Possiblities and Limitations of Multiple Identity in the German and German-Jewish Context, Ph.D. Thesis, University of Texas (Austin) 1993, S. 3, Anm. 6.
45 Poppel, Tabelle 3.
46 Entwurf der Redaktion, zit. nach Eloni, S. 155.
47 Ebd., S. 153–161.
48 Martin Buber an Theodor Herzl, 11. 8. 1901, in: Buber, Briefe, S. 161.
49 In Brünn ein ›Jüdischer Buch- und Kunstverlag‹ des Herausgebers der ›Jüdischen Volksstimme‹ (Max Hickl, Flugblatt zum V. Zionistenkongreß 1901, Central Zionist Archives, Jerusalem [CZA], DD-1 2/1/1/5, Box 2) und in Warschau ein jüdischer Kunst- und Musikalienverlag (Die Welt, 1. 11. 1901, S. 8f.)
50 CZA, Z 1/1066. Eintragung ins Handelsregister am 10. 11. 1902 (unter 122 HRB 1964/20).
51 Davis Trietsch an Martin Buber 27. 6. und 25. 7. 1901, JNUL, M. Buber Archive, MsVar 350/823:1 und 350/823:2.
52 Liliens Übernahme des Verlagssignets aus der Umschlagzeichnung von ›Ost und West‹, wo es im Hintergrund erscheint, ist ein weiteres Indiz für diese Nähe der beiden Unternehmen. Mehrfachverwertungen von Motiven sind in Liliens Werk allerdings keine Seltenheit.
53 Zum Zeitpunkt des V. Zionistenkongresses, im Dezember 1901, gehörten dem »leitenden Comité« an: Martin Buber (1878–1965), Alfred Nossig (1864–1943, Schriftsteller, Bildhauer, 1902 Gründer des ›Vereins für Statistik der Juden‹ und 1908 der ›Allgemeinen jüdischen Kolonisationsorganisation‹), Berthold Feiwel (1875–1937, Schriftsteller und Journalist, 1899 Mitbegründer der ›Jüdischen Volksstimme‹ in Brünn, 1900/1901 Redakteur der ›Welt‹ in Wien, später Kaufmann und zionistischer Politiker), Ephraim Mose Lilien (1874–1925, Graphik-Künstler des Jugendstil), Theodor Zlocisti (1874–1943, Arzt und Schriftsteller) und Emil Simonson (1861–1938, Arzt, Mitglied des Kolonisationskomitees), Flugblatt: Jüdischer Verlag. An die Mitglieder des V. Zionistencongresses zu Basel, CZA DD-1 2/1/1/5, Box 2. Davis Trietsch (1870–1935, Schriftsteller und zionistischer Wirtschaftspolitiker, Mitbegründer und Herausgeber von ›Ost und West‹, propagierte später Ansiedlung auf Zypern) tritt erst ab Sommer 1902 öffentlich im Jüdischen Verlag auf.
54 Max Bodenheimer an Theodor Zlocisti, 24. 7. 1901, CZA A 48/63.
55 Eloni, S. 184.
56 Feiwel, S. 16.
57 Ebd.
58 Ebd.
59 Davis Trietsch an Martin Buber, 27.6.1901, JNUL, M. Buber Archive, MsVar 350/823:1.
Liliens »Hohes Lied«: Die geplante illustrierte Ausgabe des Hohen Liedes sollte später im Insel-Verlag erscheinen, auch dieses Vorhaben kam jedoch nicht zustande.
Ludwig Wihl: (1807–1882) Schriftsteller des Jungen Deutschland, gemeint ist hier wohl sein Hauptwerk »Westöstliche Schwalben« von 1847.
Daniel Deronda: 1876 erschienener Roman von George Eliot (= Mary-Ann Evans), dessen christlich erzogener Titelheld zum Judentum zurückkehrt und sich für die Schaffung eines jüdischen nationalen Zentrums einsetzt.
David Alroy: Roman von Benjamin Disraeli (1833, dt. Übers. 1862). David Alroy aus Aserbeidschan rief sich um 1160 zum Messias aus und bekämpfte an der Spitze der Bergjuden die mohammedanischen Machthaber.
Jahrbuch nach Art des englischen: The Jewish Year Book. An annual record of matters Jewish, hg. v. Joseph Jacobs und Isidore Harris, London 1896ff.
60 Berthold Feiwel an David Wolffsohn, 28. 11. und 9. 12. 1905, CZA W 58 I.
61 Protokoll, das zur Verhandlung an das Engere Aktions-Comité ging, mit den Empfehlungen des Zionistischen Zentralbureaus Berlin, beim Engeren Aktions-Comité, nach dem 23. Februar 1908, CZA, Z 2/343.
62 Almanach 1902–1964, Berlin 1964, darin wieder abgedruckt: Jüdischer Verlag Berlin. Eigene Verlagswerke 1902–1920, nach S. 66.
63 Heinz Mosche Graupe, Die Entstehung des modernen Judentums. Geistesgeschichte der deutschen Juden, 1650–1942, 2. Aufl., Hamburg 1977, S. 284; Werner Busch, Die fehlende Gegenwart, in: R. Koselleck (Hg.), Bildungsbürgertum im 19. Jahrhundert, Teil 2: Bildungsgüter und Bildungswissen, Stuttgart 1990, S. 286–316; Wilhelm Schlink, »Kunst ist dazu da, um geselligen Kreisen das gähnende Ungeheuer, die Zeit, zu töten…«. Bildende Kunst im Lebenshaushalt der Gründerzeit, in: M. Rainer Lepsius (Hg.), Bildungsbürgertum im 19. Jahrhundert, Teil 3, Lebensführung und ständische Vergesellschaftung, Stuttgart 1992, S. 65–81.
64 So z. B. Franz Schoenberner (Herausgeber des ›Simplicissimus‹), in: Mendes-Flohr, S. 112.
65 Flugblatt »Jüdischer Verlag«.
66 Wolfgang Kemp/Alois Riegl, in: Heinrich Dilly (Hg.), Altmeister moderner Kunstgeschichte, Berlin 1990, S. 36–60; Michael Berkowitz, Zionist Culture and West European Jewry before the First World War, Cambridge 1993.

67 Gavriel D. Rosenfeld, Defining Jewish Art in ›Ost und West‹. A Study in the Nationalization of Jewish Culture, in: Leo Baeck Institute. Year Book XXXIX (1994), S. 83–110.
68 CZA, Printed Material Collection. Gabriel Alexander, Jerusalem, danke ich für wertvolle Hinweise auf dieses Material.
69 Gedrucktes Programm, CZA, DD-Germany, 13.
70 Programme der Feste im CZA. Printed Material Collection, DD-Germany-13,15,2.
71 Die Welt 6,17 (1902), S. 12f.
72 Die Welt 12,4 (1908), S. 59.
73 Theodor Herzl an Boris Schatz, 29. Januar 1902, Herzl, Briefe, Bd. 6, S. 417f.
74 »Bezalel«. Gesellschaft zur Begründung jüdischer Hausindustrien und Kunstgewerbe in Palästina. Projekt, in: Altneuland 2,1 (1905), S. 11–18; J. Thon, »Bezalel«, in: Ost und West 5,10/11 (1905), Sp. 623–642. Dem Vereinsvorstand gehörten bei der Gründung Otto Warburg für die Zionisten, Paul Nathan für den Hilfsverein der deutschen Juden, Berthold Israel für den Kolonisationsverein ›Esra‹ an, und als weitere Vertreter dieser drei Organisationen Selig Soskin, James Simon und Eugen Mittwoch, ferner Esriel Hildesheimer, Salo Hepner, Franz Oppenheimer, Martin Philippson, Paul Schottländer. Als künstlerisch-technischer Beirat fungierten die Künstler Max Liebermann, Julius Bodenstein, Hermann Struck, E. M. Lilien und der Direktor der Bronzegießerei Gladenbeck, Lewy. Die finanziellen Beiträge teilten sich im ersten Jahr wie folgt auf: 3000 M Hilfsverein, 2000 Frc Zionist. Aktionskomitee, 2000 M Esra, 500 M Großloge des Bne Brith, 300 M Baronin v. Cohn-Oppenheim-Stiftung, Dessau, 1800 Frc Odessaer Komitee für Hebräischlehrer. Erster Bericht des Bezalel, in: Altneuland 3 (1906), S. 307–325.
75 Franz Oppenheimer, Das zionistische Ansiedlungswerk und der »Bezalel«, in: Die Welt 9,15 (1905), S. 7.
76 Bertrand Hamburg, Verein Bezalel, Berlin, an Boris Schatz, Jerusalem, vom 12. Oktober 1909, CZA, L42/18.
77 Otto Warburg an Boris Schatz, 15. Oktober 1906, CZA, L 42/56.
78 Otto Warburg an Boris Schatz, 27. Februar 1907, CZA, L42/102.
79 Zu Schatz' Beeinflussung durch Tschernischewski, vgl. Boris Schatz, His Life and Work. Monography, Part 1, Jerusalem 1925, S. 28. Zu Schatz' Lehrer Antokolskis Nähe zu Stassov und den »Wanderern«, vgl. Hyman Lewbin, Rebirth of Jewish Art. The Unfolding of Jewish Art in the Nineteenth Century, New York 1974, S. 11–63.
80 Heinrich Loewe, Ein jüdisches Museum, in: Zion 1,5 (1895), S. 122–126.
81 Heinrich Loewe, Ein jüdisches Museum, in: Die Welt 5,15 (1901), S. 16f.
82 Hermann Simon, Das Berliner Jüdische Museum in der Oranienburger Straße, Berlin 1983, S. 14f.
83 Heinrich Loewe, Der Aufbau der Jerusalem-Bibliothek, in: Soncino-Blätter. Beiträge zur Kunde des jüdischen Buches 2 (1927), S. 81–84.
84 Zipperstein, S. 108f.
85 Elias Hurwicz, Shay Ish Hurwitz and the Berlin »He-Athid«, in: Leo Baeck Institute. Year Book XII (1967), S. 85–102.
86 Zeev W. Sadmon, Die Gründung des Technions Haifa im Lichte deutscher Politik 1907–1920, München 1994.
87 Reinharz, Fatherland, S. 140.
88 Zit. nach Eloni, S. 273.
89 Zit. nach ebd., S. 287.
90 Ebd., S. 176.
91 Reinharz, Fatherland, S. 167, nach: Jüdische Rundschau vom 19. 6. 1914, S. 269.
92 Klaus Vondung, Die Apokalypse in Deutschland, München 1988.
93 Werner Jochmann, Struktur und Funktion des deutschen Antisemitismus, in: Werner Mosse/Arnold Paucker (Hg.), Juden im Wilhelminischen Deutschland, Tübingen 1976, S. 389–548, hier: S. 467f.
94 Nach dem Ersten Weltkrieg sollten sie dann noch einmal sprunghaft auf 20 000 steigen, 1922/23 gar auf über 33 000, dem Höhepunkt vor 1933. Poppel, Tabelle 3.
95 Moritz Goldstein, Deutsch-jüdischer Parnaß, in: Der Kunstwart 25,11 (1912), S. 281–294, hier: S. 292.
96 Lichtheim, S. 167f., der das Gegenbeispiel der Tschechoslowakei unter Benesch anführt.
97 Reinharz, Fatherland, S. 150f.; Poppel, S. 99.
98 Eloni, S. 405–459.
99 A. E. (= Alexander Eliasberg?), Jüdische Bibliophilenbücher, in: Neue jüdische Monatshefte 1 (1916), S. 83ff.
100 Ebd.
101 Eva G. Reichmann, Der Bewußtseinswandel der deutschen Juden, in: Werner E. Mosse (Hg.), Deutsches Judentum in Krieg und Revolution 1916–1923, Tübingen 1971, S. 511–612.
102 Mommsen, Bürgerliche Kultur, S. 97–110.
103 Hans Kohn, Eintrag »Jüdische Renaissance«, in: Jüdisches Lexikon, Bd. IV/1, Berlin 1927, Sp. 1418f.

Revolution und Demokratie: Jüdische Politiker in Berlin 1918/19

Werner T. Angress

Während die große Mehrzahl der Juden in Deutschland seit der Emanzipationszeit des frühen 19. Jahrhunderts eher politisch passiv war und der staatlichen Obrigkeit loyal und unkritisch gegenüberstand, so daß Gabriel Riesser sie 1835 gegen den Vorwurf der »schmählichen Unterwürfigkeit« verteidigen mußte[1], gab es schon zu jener Zeit immer eine aktivistische Minorität, zumeist Männer der jüdischen Elite, die sich auf verschiedenen Ebenen an der deutschen Politik beteiligte. Daran sollte sich fast ein Jahrhundert lang wenig ändern. Schon im Vormärz saßen Juden, ungetaufte und getaufte[2], in den Stadtverwaltungen vor allem größerer deutscher Städte, waren aber auch journalistisch und im Verlagswesen tätig, wodurch sie sich politisch äußern und damit auch beteiligen konnten. Karl Marx in der Redaktion der ›Rheinischen Zeitung‹ wie auch die politischen Schriften Heinrich Heines und Ludwig Börnes sind Beispiele dafür. Und damals wie später waren derartige Aktivisten nicht nur den antisemitischen Angriffen vieler Nichtjuden ausgesetzt, sondern auch den Vorwürfen einer großen Anzahl ihrer Glaubensgenossen. Man warf ihnen vor, durch ihr politisches Hervortreten zu provozieren und denen, die den Juden feindlich gegenüberstanden, reiches Material zur Judenfeindschaft zu liefern. Dennoch fanden sich seit dem Vormärz unter der gebildeten jüdischen Elite, deren sozialer Aufstieg allerdings zumeist auch nur eine, höchstens zwei Generationen zurücklag, immer wieder Aktivisten, die sich politisch betätigten oder, wie eben Marx, Heine und Börne, den Staat und seine Politik ihrer Kritik unterzogen. So saßen 1848/49 während der Revolution fünf Juden und sechs Getaufte im Frankfurter Vorparlament. Sieben Juden und sieben Getaufte wurden als regelrechte Abgeordnete oder Ersatzmänner in die Frankfurter Nationalversammlung gewählt, darunter Gabriel Riesser, Ludwig Bamberger, Moritz Veit und Johann Jacoby. Riesser wurde zweiter Vizepräsident, der getaufte Eduard Simson zunächst Vizepräsident, dann Präsident der Nationalversammlung.

Daß es Juden zu diesem Zeitpunkt überhaupt gelang, politisch Fuß zu fassen, hing mit dem Aufstieg des deutschen Liberalismus im Vormärz und dann, über die Revolution 1848/49 hinaus, bis in die achtziger Jahre des Jahrhunderts zusammen. Während die Juden vor allem ihre gesellschaftliche und politische Gleichberechtigung anstrebten, kämpfte das liberale deutsche Bildungsbürgertum für eine konstitutionell-demokratische Staatsform innerhalb des Deutschen Bundes, und im Laufe der Revolution auch für einen Nationalstaat. Die deutschen Juden erkannten schon recht früh, daß der deutsche Liberalismus ihr wichtigster Verbündeter im Ringen um ihre volle Emanzipation war, und so stand die Mehrzahl der jüdischen Parlamentarier, zumindest bis zum Ende des 19. Jahrhunderts, im Lager der Liberalen. Dieses Lager war jedoch seit den sechziger Jahren gespalten und blieb es bis zum Ende des Kaiserreiches. Nachdem sich der linke Flügel der Nationalliberalen Partei 1880 unter dem Druck Bismarcks von der Mutterpartei gelöst hatte, tendierten die Juden weitgehend, wenn auch nicht ausschließlich, zu den linksliberalen Gruppierungen, die sich über die Jahrzehnte hinweg ebenfalls mehrmals spalteten und wieder zusammenschlossen, von der Deutschen Fortschrittspartei – der ältesten liberalen Partei überhaupt – über die ›Sezession‹ zur Deutsch-Freisinnigen Partei usw., bis zur Gründung der Fortschrittlichen Volkspartei im Jahre 1910.

Ohne auf die jüdische Beteiligung in den Parlamenten hier näher einzugehen, soll die Angabe einiger Zahlen wenigstens einen kurzen Überblick darüber verschaffen. Zwischen 1867 und 1916 gab es im Norddeutschen Reichstag und seit 1871 dem Deutschen Reichstag unter insgesamt rund 3000 Abgeordneten 52, die jüdisch oder jüdischer Herkunft waren. 25 von ihnen – 17 in den bürgerlichen Parteien, 8 bei der Sozialdemokratischen Deutschen Arbeiterpartei (SPD) – waren Juden, während 27 entweder getauft waren oder sich als Dissidenten bezeichneten. Außerdem saßen Juden oder Abgeordnete jüdischer Herkunft in den Landtagen der deutschen Einzelstaaten. Als sich dann der Antisemitismus im letzten Quartal des 19. Jahrhunderts zuspitzte und, um bei den Wahlen keine Verluste zu erleiden, die jeweils existierenden linksliberalen Parteien sich immer seltener dazu entschlossen, Kandidaten jüdischer Herkunft zu nominieren, ging die Zahl der jüdischen Parlamentarier in den bürgerlichen Parteien im ersten Jahrzehnt des 20. Jahrhunderts merklich zurück, stieg aber in der seit 1890 immer stärker anwachsenden SPD an.

Dieser hier nur skizzierte historische Hintergrund zur Rolle der Juden in der deutschen Politik vor dem November 1918 bedarf noch zweier zusätzlicher Bemerkungen. Zunächst ist es wohl unumstritten, daß fast alle jüdischen Abgeordneten in dem hier skizzierten Zeitraum – einschließlich derjenigen, die zur Sozialdemokratie gehörten – Idealisten und auch durchweg patriotische Staatsbürger waren. Eine nicht unbeträchtliche Anzahl von ihnen befand sich in ihrer Fraktion in führender Stellung. So waren Eduard Lasker und Ludwig Bamberger während der Bismarckzeit prominente Redner im Reichstag, erst als Abgeordnete der Nationalliberalen und, ab 1884, der Deutschen Freisinnigen Partei. In der Sozialdemokratie spielten die Abgeordneten Arthur Stadthagen, Paul Singer, Hugo Haase, Eduard Bernstein und Ludwig Frank (letzterer fiel 1914 als erster deutscher Reichstagsabgeordneter im Krieg) alle eine wichtige Rolle in der Partei, wobei Hamburger die letzteren vier – zu Recht – als »historische Figuren« bezeichnet hat.[3]

Zweitens muß hervorgehoben werden, daß alle diese Männer, die sich als Juden oder Getaufte aktiv an der deutschen Politik beteiligten (wobei wir hier lediglich auf diejenigen verwiesen haben, die sich im parteiinternen und/oder parlamentarischen Raum bewegten), einen verschwindend kleinen Prozentsatz der deutschen Juden ausmachten, daß sie untypisch für die jüdische Allgemeinheit in Deutschland waren und daß ihr oft exponiertes Hervortreten in der Öffentlichkeit bei vielen deutschen Juden zumindest ambivalente Gefühle, wenn nicht sogar Unbehagen oder Ablehnung hervorrief. So war man in jüdischen Kreisen peinlich berührt, als die rechtskonservative Presse nach den Januarwahlen 1912 von den »Judenwahlen« sprach, nur weil insgesamt 18 Juden, einschließlich Getaufter und Dissidenten, in den Reichstag einzogen, die Mehrzahl von ihnen als Mitglieder der SPD-Fraktion. Dabei konnten die deutschen Juden dem Wahlresultat, zumindest fürs erste, doch einige recht positive Seiten abgewinnen. Den in den letzten beiden Jahrzehnten des 19. Jahrhunderts entstandenen berüchtigten ›Antisemitenparteien‹ war es nicht mehr gelungen, einen Sitz im Reichstag zu gewinnen. Auch die Deutschkonservativen hatten Einbußen erlitten. Aber nur wenige Wochen nach den Wahlen zeigte sich, daß der Antisemitismus, der im ersten Jahrzehnt des 20. Jahrhunderts scheinbar zurückgegangen war, wieder neuen Auftrieb erfuhr. Das machte sich jedoch weniger innerhalb der politischen Parteien bemerkbar – von den Deutschkonservativen einmal abgesehen – als bei Interessengruppen wie dem Alldeutschen Verband, dem Bund der Landwirte, dem Flottenverein, Reichshammerbund, Deutschen Wehrverein – und wie sie alle hießen. Dieser – scheinbar abgekapselte – Antisemitismus blieb unterschwellig präsent und aktiv.[4] Im Laufe des Weltkriegs bekam er dann Gelegenheit, wieder populär zu werden und Boden zu gewinnen, spätestens im Herbst 1916 mit der Registrierung aller im Heere dienender Juden, der berüchtigten ›Judenzählung‹ des preußischen Kriegsministeriums. Mit immer größeren Verlusten an den Fronten und zunehmender Erschöpfung und Hunger unter der Zivilbevölkerung gelang es den antisemitischen Agitatoren während der letzten Kriegsjahre, den Haß gegen die Juden weiter zu schüren, zu verstärken und zu verbreiten. Im Hinblick auf diese Entwicklung war es dann auch nicht überraschend, daß im Zuge des Zusammenbruchs des Kaiserreiches mit der Revolution im November 1918 und eines noch nie dagewesenen, plötzlich zahlreichen Auftretens von Juden in leitenden Staatsämtern, zumal in der Reichshauptstadt, der Antisemitismus in Deutschland neuen Auftrieb erhielt und in den 14 Jahren der Weimarer Republik kaum wieder abflaute.[5]

Die Revolution brach nicht in Berlin aus, sondern Anfang November 1918 an der Waterkant; ihr Zentrum war Kiel. Am 7. November sprang sie blitzartig nach München über, wo der in Berlin geborene unabhängige jüdische Sozialdemokrat Kurt Eisner eine unblutige Revolution durchführte, die Wittelsbach-Monarchie für abgesetzt erklärte und am nächsten Tag eine provisorische Regierung bildete. Dafür wurde er drei Monate später auf offener Straße ermordet. Am 8. November dankte auch der Herzog von Braunschweig zugunsten der schon überall sich bildenden Arbeiter- und Soldatenräte ab. Erst am 9. November, als der letzte amtierende Reichskanzler des Kaiserreiches, Prinz Max von Baden, die Abdankung Kaiser Wilhelms II. als Kaiser (aber nicht als König von Preußen) bekanntgab und die Regierungsgeschäfte an den Vorsitzenden der SPD, Friedrich Ebert, übertrug, schlug die Revolution auch nach Berlin über, wo sich schon einige Tage vor dem 9. November spontan Arbeiter- und Soldatenräte gebildet hatten.[6] Ebert nahm sofort Verhandlungen mit den führenden Köpfen der Unabhängigen Sozialdemokratischen Partei Deutschlands (USPD) auf. Sie war 1917 gegründet worden, nachdem sich der linke Flügel der SPD aus ideologischen Gründen von der Mutterpartei abgespalten hatte. Nach intensiven Verhandlungen – während deren Philipp Scheidemann am Nachmittag des 9. November von einem Fenster im Reichstag aus die Deutsche Republik proklamierte – kam es am folgenden Tage zu einer Vereinbarung zwischen Eberts Mehrheitssozialisten – also der SPD – und der USPD. Man beschloß, mit je drei Vertretern der beiden sozialistischen Parteien eine provisorische Regierung, den Rat der Volksbeauftragten (RdV), zu bilden. Mit diesem Schritt hoffte Ebert, durch Zusammenarbeit mit der USPD die Einheit der Arbeiterbewegung wiederherzustellen, den radikalen Flügel dieser Bewegung, die Spartakus-Gruppe unter Führung Rosa Luxemburgs und Karl Liebknechts wie auch andere extreme linke Gruppen, zu isolieren, und alles zu tun, um dem Volk den Frieden zu bringen (der Waffenstillstand wurde am 11. November unterzeichnet), die Ernährungslage zu sichern und unter Aufrechterhaltung der öffentlichen Ordnung so bald wie möglich die Wahl einer Nationalversammlung anzuberaumen, die dann über die zukünftige Staatsform entscheiden würde. Außerdem mußte der RdV auch mit den Arbeiter- und Soldatenräten zusammenarbeiten, die ihn zwar am 10. November offiziell bestätigt und ihm die Ausübung der Exekutive gewährt hatten, aber auf einem Kontrollrecht über ihn bestanden. Praktisch jedoch gelang es dem RdV, trotz dieses Kontrollrechts seine Unabhängigkeit während der nachfolgenden Wochen bis zur Wahl zur Nationalversammlung weitgehend zu bewahren.

Wenden wir uns nun der Beteiligung von Juden an der Revolution in Berlin zu.[7] Wie bereits erwähnt, hatten sie sich in Deutschland schon im 19. Jahrhundert politisch betätigt – als Journalisten, Schriftsteller, Parlamentarier und als Stadträte auf kommunaler Ebene. Aber nie zuvor, auch 1848 nicht, hatte es in Deutschland Männer jüdischer Herkunft in leitenden politischen Stellen gegeben. Nun jedoch, im November 1918, gab es derer in den verschiedenen Ämtern, sozusagen über Nacht, eine nicht unbeträchtliche Anzahl, und sie standen alle im vollen Blick der Öffentlichkeit. Nun gab es in Berlin viele Ämter: Hier war der Sitz der provisorischen Reichsregierung, der preußischen Staatsregierung, hier war auch die Leitung der im ganzen Lande gebildeten Arbeiter- und Soldatenräte, die sich zunächst im Berliner Vollzugsrat, im Dezember 1918 dann im Deutschen Zentralrat bildete. Und in all diesen Gremien saßen Juden, ungetaufte und getaufte, wobei man in der öffentlichen Polemik generell zwischen ihnen nicht unterschied. Zwei jüdische Rechtsanwälte, Hugo Haase und Otto Landsberg, gehörten zu den sechs Mitgliedern des RdV, der bis zum Zusammentreten einer verfassungsgebenden Nationalversammlung die Regierungsgeschäfte führte. Der Staatsrechtler Dr. Hugo Preuß, Mitbegründer der Deutschen Demokratischen Partei, wurde zum Staatssekretär des Reichsamts des Innern ernannt, und damit dessen Leiter (im Februar 1919 wurde er, wie alle anderen Staatssekretäre auch, Reichsminister). Alle Staatssekretäre bürgerlicher Herkunft, also auch Preuß, konnten auf Grund der Verhandlungen der beiden sozialistischen Parteien vom 10. November nur als ›Fachminister‹ eingesetzt werden, denen von jeder der beiden sozialistischen Parteien zur Kontrolle dann noch je ein ›Beigeordneter‹ zur Seite gestellt wurde. Der USPD-Beigeordnete im Reichsamt des Innern wurde Dr. Joseph Herzfeld. Der bisherige Unterstaatssekretär im Reichsschatzamt, der getaufte Eugen Schiffer, stieg nun zum Staatssekretär auf und übernahm die Leitung dieses Amtes. Als Beigeordneter für – ausnahmsweise – beide sozialistischen Parteien wurde ihm Eduard Bernstein zur

Seite gestellt. Die Leitung des Reichsernährungsamtes wurde von Emanuel Wurm (USPD) übernommen. Dieselbe Partei entsandte auch Dr. Oskar Cohn als Beigeordneten ins Reichsjustizamt. In das Auswärtige Amt wurde Professor Dr. Moritz Sobernheim berufen und mit der Bearbeitung der jüdischen Angelegenheiten betraut.
Die Situation im preußischen Staatsministerium war ähnlich. Hier hatte sich nach einem kurzlebigen Rat der Volksbeauftragten (bis Ende Dezember) sehr bald eine regelrechte Regierung gebildet, deren Ministerpräsident bis März 1919 der Mehrheitssozialdemokrat Paul Hirsch war. Am 26. November hatte der Arbeiter- und Soldatenrat Dr. Kurt Rosenfeld von der USPD zum Leiter des preußischen Justizministeriums ernannt. Der Bankier Hugo Simon, ebenfalls Mitglied der USPD, war Leiter des preußischen Finanzministeriums geworden. Außerdem waren der getaufte Dr. Curt Joel Ministerialdirektor im Reichsjustizamt und der ebenfalls getaufte Dr. Friedrich Theodor Freund Unterstaaatssekretär im preußischen Ministerium des Innern. Allerdings saßen beide schon lange vor der Revolution in ihren Ämtern.
Waren infolge ihrer Berufsschichtung in den Arbeiterräten nur wenige Juden – und keiner, der im Rampenlicht der Ereignisse stand –, so gab es derer recht viele in den Soldatenräten. Zu ihnen gehörte Max Cohen-Reuß, ein Mitglied der SPD. Er saß zunächst im Berliner Vollzugsrat (28 Mitglieder), und als Mitte Dezember der Zentralrat der Arbeiter- und Soldatenräte (27 Mitglieder) neugebildet wurde, stieg er in diesem zunächst zum zweiten, später zum ersten Vorsitzenden auf. In beiden Gremien war er der einzige Jude. Seit dem Frühjahr 1919 arbeitete Cohen-Reuß dann in der Rätebewegung eng mit dem Angestelltenvertreter Julius Kaliski zusammen. Beide fungierten als die Hauptsprecher der sozialdemokratischen Räte.
An der Spitze der Stadt Berlin selber stand während der Revolutionswochen ebenfalls ein Jude, Hugo Heimann (SPD); er war Stadtverordnetenvorsteher und einer der vier Volksbeauftragten, die auch die Stadt Berlin damals hatte. Drei von diesen, neben Heimann noch Dr. Kurt Rosenfeld und Dr. Hermann Weyl, waren Juden. Auch die einflußreichen Presseorgane beider sozialistischen Parteien in Berlin wurden von Juden redigiert, der ›Vorwärts‹ von Friedrich Stampfer (SPD) und die ›Freiheit‹ von Dr. Rudolf Hilferding (USPD). Und in der vom RdV im November 1918 eingesetzten ersten Sozialisierungskommission waren von deren elf Mitgliedern drei Juden: Hilferding, der Privatdozent Dr. Emil Lederer und der Industrielle Dr. Max Theodor Vogelstein. Schließlich versammelten sich gleich nach dem Umsturz fast alle führenden Gestalten der Spartakus-Gruppe in Berlin und gründeten dort am Jahresende die Kommunistische Partei Deutschlands (KPD). Der Prozentsatz der Juden in der Spartakus-Gruppe wie auch in der ihr nachfolgenden KPD war hoch, und da viele von ihnen während des Krieges verhaftet, abgeurteilt und in die Schlagzeilen geraten waren, kannte man auch ihre Namen – also Rosa Luxemburg, Paul Jogiches, Paul Levi, Rosi Wolfstein und August Thalheimer – um nur einige der bekanntesten zu nennen.

Da der Raum für eine umfassende Betrachtung zu knapp ist, wird sich dieser Beitrag auf Person und Tätigkeit einiger der damals an exponierter Stelle stehenden Menschen jüdischer Herkunft beschränken. Da waren zunächst einmal die jüdischen Volksbeauftragten *Otto Landsberg* und *Hugo Haase*. Beide waren Rechtsanwälte, hatten jedoch sonst wenig gemeinsam.[8] Landsberg, 1869 als Sohn eines Arztes in Oberschlesien geboren, studierte Jura und kam 1912 als sozialdemokratischer Vertreter von Magdeburg in den Reichstag, wo er sich in der Fraktion als juristischer Sachverständiger und Rechtsberater der SPD bald Achtung und Vertrauen bei der Parteileitung und besonders den in ihr zahlreich vertretenen Gewerkschaftsführern verschaffte. Somit gehörte er beim Ausbruch der Revolution der engeren Führung seiner Partei an und wurde sofort, zusammen mit Philipp Scheidemann, vom Parteivorsitzenden Friedrich Ebert in den RdV berufen. Hugo Haase kam im Gegensatz zu Landsberg aus beschränkten sozialen Verhältnissen. 1863 in Allenstein als Sohn eines Schuhmachers geboren, studierte auch er Jura und ließ sich dann als Rechtsanwalt in Königsberg nieder, von wo aus er 1897 in den Reichstag gewählt wurde. Dort gehörte er zu der kleinen, aber gewichtigen Gruppe der Rechtsanwälte, zu der seine jüdischen Kollegen Ludwig Frank und Joseph Herzfeld, später dann Landsberg und Oskar Cohn ebenfalls gehörten. In der Reichstagswahl von 1907 verlor er sein Mandat, kehrte aber 1912 wieder in den Reichstag zurück. Inzwischen war er 1911, vom Parteivorstand vorgeschlagen und besonders von August Bebel gefördert, neben letzterem zum Parteivorsitzenden gewählt worden, trotz des Widerstands speziell der Gewerkschafter in der Fraktion, die Ebert vorzogen. Dieser wurde dann 1913 nach Bebels Tod ebenfalls zum Parteivorsitzenden gewählt. 1912 wurde Haase außerdem noch einer von drei Vorsitzenden der SPD-Reichstagsfraktion und rückte dort nach Bebels Tod an die erste Stelle. Somit war er bei Kriegsausbruch zugleich Partei- und Fraktionsvorsitzender. Im Laufe des Krieges geriet Haase dann mit seiner Partei über die Frage der Bewilligung von Kriegskrediten in immer stärkeren Konflikt, so daß sich 1916 eine von ihm geführte Gruppe, die sich ›Sozialdemokratische Arbeitsgemeinschaft‹ nannte, von der SPD abspaltete. Daraus entstand 1917 die Unabhängige Sozialdemokratische Partei Deutschlands, die Haase zu ihrem Vorsitzenden wählte. Wie schon erwähnt, führte der Ausbruch der Revolution dann zu einer – allerdings kurz befristeten – Zusammenarbeit beider Parteien, wobei Haase als Vorsitzender der USPD, zusammen mit Wilhelm Dittmann und Emil Barth, in den RdV berufen wurde, um gemeinsam mit den drei Kollegen von der Mehrheitssozialdemokratie den Regierungsgeschäften nachzugehen.

Landsberg und Haase, obwohl grundverschiedene Menschen, mußten nun zunächst einmal zusammenarbeiten. Landsberg war bis zum 20. November für die Ressorts Presse- und Nachrichtenwesen, danach Finanzen, verantwortlich. Haase, zusätzlich zu seiner Stellung als mit Ebert gleichberechtigter Vorsitzender des RdV, erhielt die Ressorts Äußeres und Kolonien. Die wichtigen Ressorts Heerwesen und vor allem Innenpolitik wurden von Ebert wahrgenommen. Wie sich bald zeigen sollte, hatte Haase einen schweren Stand im RdV. Abgesehen davon, daß seine Partei zahlenmäßig kleiner war als die SPD, waren die drei sozialdemokratischen Volksbeauftragten auch aggressivere Politiker als Haase, der von Natur aus immer auf Ausgleich und Kompromiß bedacht war. Nicht nur, daß Ebert meist den Vorsitz führte, die Tagesordnung bestimmte und über die wichtigsten Angelegenheiten referierte, er hatte auch, wie Landsberg und Scheidemann, über Verlauf und Ziele der Revolution ganz andere Auffassungen als Haase. Dieser erhoffte sich von ihr den Aufbau einer sozialistisch-demokratischen Gesellschaftsordnung und vor allem bessere Lebensbedingungen für die Arbeiterschaft; seine drei SPD-Kollegen bevorzugten jedoch zunächst die schnelle Wiederherstellung der Sicherheit und geordneter Verhältnisse und die Schaffung, durch baldige Wahlen, einer parlamentarisch-demokratischen Regierungsform. Von den drei Sozialdemokraten war Landsberg wahrscheinlich der aggressivste und konservativste. »Mephisto der Revolution« schimpfte ihn Haases USPD-Kollege Emil Barth[9], und man zitierte gern das bon mot von Georg Ledebour, daß das einzige, was an Landsberg rot wäre, sein Bart sei.[10] Landsberg stand zweifellos auf dem rechten Flügel der SPD, scheute gegenüber allen von ihm als links-radikal angesehenen Kräften keine Gewaltmaßnahmen und mischte sich auch gern im nationalistischen Sinne in die Außenpolitik ein, obgleich diese Haases Ressort war.

Diese Unterschiede traten bei der Bewältigung der verschiedenen Probleme hervor, denen der RdV nach dem Umsturz begegnete. Da war auf innenpolitischer Ebene zunächst einmal das Verhältnis zum Berliner Vollzugsrat der Arbeiter- und Soldatenräte (VR), der auf seinem Kontrollrecht über den RdV bestand. Das führte nicht nur zu mehreren Auseinandersetzungen zwischen VR und RdV, sondern innerhalb des RdV auch zwischen den Volksbeauftragten der SPD und USPD. In beiden Fällen ergriff Landsberg die Initiative, und wenn er sich nicht gleich durchsetzen konnte, drohte er verschiedentlich mit seinem Rücktritt und dem seiner beiden SPD-Kollegen. Mit einer Rücktrittsdrohung setzte Landsberg sich auch am 29. November gegen Haase, Dittmann und Barth durch, als es darum ging, den Wahltermin zur Nationalversammlung – den die drei Unabhängigen zwar nicht ablehnten, aber hinausschieben wollten – am folgenden Tag öffentlich bekanntzugeben. Wohl die größte Krise, und die, durch die die Zusammenarbeit zwischen Mehrheitssozialisten und Unabhängigen im RdV ihr Ende erreichte, kam mit der Meuterei der im Marstall stationierten Volksmarinedivision am 23./24. Dezember. Nachdem Verhandlungen zwischen den Volksbeauftragten und Sprechern der Matrosen zu nichts führten, beauftragten Ebert, Landsberg und Scheidemann, ohne Haase und seine beiden Kollegen darüber zu informieren, bewaffnete Truppen, gegen die Volksmarinedivision mit Waffengewalt vorzugehen. Die nachfolgenden Auseinandersetzungen innerhalb des RdV über diesen blutigen Zwischenfall, der ganz besonders Haase furchtbar aufregte und erbitterte, führten am 29. Dezember zum Austritt der drei Unabhängigen aus der provisorischen Regierung. Sie wurden durch zwei weitere Mehrheitssozialdemokraten (Noske und Wissell) ersetzt.

Dieser Entwicklung waren auch Auseinandersetzungen über außenpolitische Fragen vorangegangen. Landsberg, in Oberschlesien geboren, widmete seine besondere Aufmerksamkeit den östlichen Gebieten, wo die noch ungeklärte Grenzführung zu Spannungen zwischen Deutschen und Polen geführt hatte. Mit dem ihm eigenen Draufgängertum forderte Landsberg verschiedentlich, Truppen gegen die Polen einzusetzen, falls eine friedliche Verständigung über die Gebiete nicht erreicht werden konnte. Ganz abgesehen davon, daß die Außenpolitik Haases Ressort war und bis zu seinem Austritt aus dem RdV auch blieb, teilte letzterer die gewalttätigen und nationalistischen Ansichten seines Kollegen Landsberg keineswegs, sondern versuchte, aufkommenden Krisen statt mit Gewalt durch die ihm eigene Bereitschaft zu Ausgleich und Verhandeln zu begegnen. Bis zu seinem Austritt aus der Regierung ist ihm das auch im großen und ganzen gelungen. Zusammenfassend läßt sich feststellen, daß es dem RdV bis zu seiner Spaltung und der darauf folgenden Neubesetzung Ende des Jahres 1918 gelang, trotz der ihm innewohnenden Spannungen die Regierungsgeschäfte unter schwierigen Umständen gemeinsam zu bewältigen. Dazu haben die beiden jüdischen Volksbeauftragten trotz ihrer unterschiedlichen Ansichten zu fast allen aufkommenden Fragen zweifellos beigetragen.

Daß die 1919 in Weimar gegründete Republik von deutschen Antisemiten während der Dauer ihres Bestehens als ›Judenrepublik‹ verunglimpft wurde, lag weitgehend, wenn auch nicht ausschließlich – die politische Betätigung von Juden während der Revolutionszeit war ein zusätzlicher Faktor – daran, daß der Staatsrechtler, Rektor der Berliner Handelshochschule und, seit dem 15. November 1918, Staatssekretär im Reichsamt des Innern, Professor Dr. *Hugo Preuß* als Vater der Verfassung der Weimarer Republik galt.[11] Preuß war ein Mann des liberalen Bürgertums, war Jude, ohne seine Religion praktisch auszuüben, und sah in der Revolution und seiner damit verbundenen Berufung ins Reichsamt des Innern eine unerwartete Gelegenheit, das deutsche Staatssystem endlich durch eine Neugliederung und durch verfassungsrechtliche Änderungen umzugestalten. Was ihm vorschwebte, war die Errichtung eines dezentralisierten Einheitsstaates, der durch Umstrukturierung des Reiches auf eine parlamentarisch-demokratische Grundlage gestellt werden sollte. Der von Bismarck geschaffene Dualismus zwischen Reich und Preußen sollte beseitigt werden, die Gliedstaaten sollten in Reichsprovinzen von ungefähr gleicher Größe umgewandelt und diesen dann weitgehende Selbstverwaltungsrechte zugestanden werden. Kein Obrigkeitsstaat also, sondern ein Volksstaat sollte die Republik sein; kein Föderalismus mehr, in dem die Einzelstaaten, vornehmlich Preußen, dem Reich Paroli bieten konnten, sondern ein unitarischer Staat. Außerdem wollte Preuß verhindern, daß die Reichsregierung die einzelstaatlichen Glieder durch Bevormundung in der Entfaltung lokaler Selbstverwaltung beschränken könne. Er sah auch einen plebiszitär gewählten Reichspräsidenten vor, wollte diesem aber keine Befugnisse ohne Gegenzeichnung des verantwortlichen Ministers einräumen. Schließlich empfahl er für die neue Republik eine schwarz-rot-goldene Bundesfahne in der Tradition der großdeutschen Demokratie.
Obwohl Ebert Preuß weitgehende Unabhängigkeit in der Ausarbeitung seines Verfassungsentwurfes gewährt hatte und trotz der Unterstützung durch Landsberg, Cohen-Reuss und den USPD-Beigeordneten seines Amtes, Dr. Joseph Herzfeld, geriet der Verfassungsentwurf sehr bald in Schwierigkeiten. Der größte Stein des Anstoßes war Artikel 29 des Preußschen Entwurfs, der die Aufteilung Preußens wie auch territoriale Veränderungen in anderen Gliedstaaten vorsah. Die beiden – jüdischen – Ministerpräsidenten von Bayern und Preußen, Kurt Eisner und Paul Hirsch, griffen das Projekt scharf an. Und sie waren nicht die einzigen. In Preußen wurde der Entwurf von einer Phalanx bekämpft, die von den Junkern bis zur SPD reichte, und sogar bei

der von ihm mitbegründeten Deutschen Demokratischen Partei stieß Preuß auf Widerstand. In Anbetracht dieses Druckes war es unumgänglich, den Verfassungsentwurf noch vor Zusammentreten der Nationalversammlung von einem Gremium überarbeiten zu lassen, dem Vertreter der einzelnen Gliedstaaten angehörten. Ein solches Gremium traf sich am 25. Januar 1919 im Reichsamt des Innern, wo dann beschlossen wurde, einen Staatenausschuß zur weiteren Ausarbeitung des Verfassungsentwurfs zu bilden. Ein solcher konstituierte sich am 26. Januar unter dem Vorsitz von Preuß, und wieder war Eisner der schärfste Kritiker des bestehenden Entwurfs. Aus den Beratungen ging dann am 21. Februar ein weiterer Entwurf hervor, den Preuß am 24. der Nationalversammlung präsentierte. Dieser, im Interesse der Gliedstaaten schon stark abgeänderte Entwurf wurde an einen Verfassungsausschuß überwiesen, der weitere Veränderungen vornahm. Am 11. August unterzeichnete der nunmehrige Reichspräsident Ebert die von der Nationalversammlung verabschiedete Verfassung. Preuß stand zu diesem Zeitpunkt allerdings schon nicht mehr dem Reichsamt des Innern vor. Während der heißen Debatte zur Frage, ob man den Versailler Friedensvertrag annehmen oder ablehnen solle, hatte sich Preuß auf die Seite derer gestellt, die eine Unterzeichnung des Vertrages ablehnten, und war infolgedessen am 21. Juni aus dem Kabinett ausgeschieden.
Inwiefern war Preuß nun wirklich der ›Vater‹ der neuen Verfassung? Diese enthielt 181 Artikel mit etwa 50 Unterabteilungen. Von diesen Artikeln stammten nur knapp 20 direkt und unverkennbar aus den beiden ersten Preußschen Entwürfen. Die übrigen Artikel waren das Resultat einer auf Kompromissen beruhenden Gemeinschaftsarbeit. Aber obwohl er viele seiner ursprünglichen Gedanken, besonders das Konzept des Einheitsstaates, nicht hatte durchsetzen können, war die Republik von Weimar, nicht zuletzt dank seinem Einfluß, viel unitarischer, als es das Kaiserreich gewesen war. Auch die von ihm angeregten Institutionen von Reichsregierung, Reichspräsident und Reichstag wurden, mit einem zusätzlichen Reichsrat, in die neue Verfassung übernommen. Warum Preuß nicht mehr erreicht hat, bleibt eine offene Frage. Zum Teil lag es an äußeren Umständen – so wurde ein geplanter Anschluß von Deutsch-Österreich durch die Entente verhindert –, zum Teil aber auch an seiner Persönlichkeit. Er konnte seine Ansichten sehr scharf verfechten, oft mit skeptischem Spott, was ihn ›schnoddrig‹ erscheinen ließ. Gleichzeitig aber fehlte ihm die Gabe der kraftvollen Führung und Entschlossenheit. Stieß er auf Widerstand, pflegte er Schritt für Schritt nachzugeben und Konzessionen zu machen. Dennoch ist er mit seiner Tätigkeit 1918/19 in die Geschichte eingegangen.

Der neue Staatssekretär im Reichsschatzamt war *Eugen Schiffer*.[12] 1860 als Sohn eines jüdischen Kaufmanns in Breslau geboren, studierte Schiffer Jura und begann seine Laufbahn 1888 als Amtsrichter in Zabrze (dem späteren Hindenburg in Oberschlesien und heute wieder Zabrze in Polen). Nach mehreren vergeblichen Gesuchen um Versetzung ließ er sich 1896 evangelisch taufen und machte fortan Karriere. 1917 trat er als Unterstaatssekretär ins Reichsschatzamt ein. Außerdem saß er von 1903 bis 1918 für die Nationalliberale Partei im preußischen Abgeordnetenhaus und von 1912 bis 1917 auch im Reichstag. Den Ausbruch der Revolution empfand Schiffer wegen seiner monarchischen Überzeugung als einen schweren persönlichen Schlag, rang sich aber unter Einwirkung Eberts dann doch dazu durch, nicht nur im Reichsfinanzamt zu bleiben, sondern auch dessen Leitung zu übernehmen. Er trat mit der ihm eigenen großen Energie an seine Aufgaben heran. Es ging ihm vor allem darum, zunächst die durch die Kriegswirtschaft zerrütteten Finanzen zu sanieren und die prekäre wirtschaftliche Lage vor revolutionären Experimenten zu schützen. So hat Schiffer die schon im November eingesetzte erste Sozialisierungskommission zwar vorsichtig, aber recht effektvoll sabotiert und hat damit dazu beigetragen, eine Sozialisierung der Wirtschaft zu verhindern. Auch ließ er durchblicken, daß er das Treiben der Arbeiter- und Soldatenräte für schädlich, da teuer und verschwenderisch, hielt. Schließlich setzte er sich für die baldige Einberufung einer Nationalversammlung ein. All diese Standpunkte fanden das Verständnis der Volksbeauftragten Ebert, Landsberg und Scheidemann, die ihn voll unterstützten. In seinem Bestreben, die Finanzen des Reiches schnellstens auf eine gesicherte Basis zu stellen, bekämpfte er mit einem Gesetz vom 21. November die Kapitalflucht ins Ausland zwecks Steuerhinterziehung und bereitete auch ein vorläufiges Steuerprogramm vor, das dann im Sommer 1919 von Matthias Erzberger ergänzt und erweitert wurde. Im ganzen gesehen trug Schiffer, unterstützt von seinen Kollegen in den übrigen Reichsämtern, beträchtlich dazu bei, daß die Revolution ein politischer Umsturz blieb, der zwar die deutsche Staatsform änderte, darüber hinaus jedoch grundlegenden Revisionen der bestehenden Institutionen einen Riegel vorschob.

Schiffers Bemühungen, einen finanziellen und wirtschaftlichen Kurs zu steuern, der weitgehend die Kontinuität mit der Politik vor dem 9. November 1918 wahrte und oft von seiner eben erwähnten revolutionsfeindlichen Einstellung begleitet wurde, fanden Unterstützung nicht nur bei den Mehrheitssozialisten, speziell den drei Mitgliedern des RdV, sondern auch beim Staatssekretär des Reichsernährungsamts, *Emanuel Wurm* (USPD), und dem ebenfalls den Unabhängigen zugehörigen Beigeordneten im Reichsschatzamt, Eduard Bernstein. Wurm wurde 1857 als Sohn einer jüdischen Bürgerfamilie in Breslau geboren und war jahrzehntelang sozialdemokratischer Parlamentarier.[13] Da sein besonderes Interesse schon immer Fragen der Ernährungspolitik gegolten hatte, schlug ihn seine Partei 1918 zum Staatssekretär für das Reichsernährungsamt vor, ein Amt, das er am 14. November antrat. Am 25. November wurde er dann noch zum preußischen Staatssekretär für Volksernährung bestimmt. Wurm übernahm damit während der Revolutionswochen eine der schwersten und undankbarsten Aufgaben. Der wirtschaftliche Zusammenbruch Deutschlands war ohnegleichen. Die Nahrungsmittelversorgung, die schon während der letzten beiden Kriegsjahre sehr schlecht war, wurde durch die nach dem Waffenstillstand weiter anhaltende englische Seeblockade und den Ausfall wichtiger deutscher Grenzgebiete immer kritischer. Um ein Weiterarbeiten der Wirtschaft überhaupt zu ermöglichen, drang Wurm auf eine schnelle Konsolidierung der politischen Verhältnisse, was auf eine baldige Wahl zur Nationalversammlung hinauslief und ambitiöse Sozialisierungspläne ausschloß. In diesen Gedankengängen traf er sich sowohl mit Ebert, Landsberg und Scheidemann wie mit Schiffer und Preuß, wurde dagegen von seiner eigenen Partei mit gehässiger Kritik überschüttet. Unbeirrt arbeitete Wurm jedoch weiter, versuchte, eine möglichst planvolle und gerechte Verteilung der Nahrungsmittel im Lande durchzuführen, und wandte sich mehrmals gegen Störungen auf diesem Gebiet, die zum Teil durch eigenmächtiges Vorgehen von Arbeiter- und Soldatenräten hervorgerufen wurden. Im Februar 1919 erklärte er dann seinen Rücktritt aus beiden Ämtern, saß aber noch ein Jahr lang für die USPD in der Nationalversammlung. Seine Verdienste waren groß. Während der schwierigen Monate nach dem Waffenstillstand hat er die Ernährungslage des Reiches gesichert. Er starb am 3. Mai 1920 in Berlin.

Wie erwähnt, kam Unterstützung für Schiffer auch von seinem fast neunundsechzigjährigen Beigeordneten *Eduard Bernstein*, dem Parteitheoretiker und Vater des Revisionismus.[14] Eigentlich war er Beigeordneter der USPD, aber Bernstein war es auf Eberts Veranlassung gelungen, gleichzeitig als Beigeordneter für die SPD im Reichsschatzamt zu sitzen. Denn obwohl er sich 1917 zu den Unabhängigen geschlagen hatte, gab er nie die Hoffnung auf, die beiden sozialistischen Parteien wieder vereinigt zu sehen. So bemühte er sich während der Revolutionswochen darum, die Kluft zwischen den beiden Parteien zu überbrücken. Dank seiner konzilianten, immer auf Ausgleich bedachten Einstellung arbeitete er auch harmonisch mit Schiffer zusammen, der ihm später bescheinigte, er sei »ein treuer Ekkehard seines Amtes« gewesen, der ihn in Versammlungen der USPD verteidigt und wie ein Löwe für ihn gekämpft habe. »Er war ein rührender Mensch«[15].

Ihren Sitz in Berlin hatte neben der Reichsregierung auch die preußische Staaatsregierung, welcher *Paul Hirsch* als Ministerpräsident vorstand.[16] 1868 als Sohn einer jüdischen Kaufmannsfamilie in Prenzlau in der Uckermark geboren, kam Hirsch schon als Knabe nach Berlin, wo er dann den größten Teil seines Lebens zubrachte und politisch wirkte. Von 1900 bis 1921 war er Stadtverordneter in Charlottenburg und von 1908 bis 1918 gleichzeitig Vorsitzender der zehnköpfigen sozialdemokratischen Fraktion im preußischen Abgeordnetenhaus. Der hagere, lang aufgeschossene Mann war gütig und von tiefem sozialem Empfinden, dabei ein mittelmäßiger Redner ohne persönlichen Ehrgeiz. Kein starker, »aber ein besonnener und klarblickender Mann ohne Illusionen, mit einem Anflug von Skeptizismus«, zu dem sich dann oft noch ein Schuß mangelnder Entschlußfähigkeit gesellte: »Er war im guten Sinne des Wortes ein preußischer Jude, gewissenhaft, zuverlässig, der Sache hingegeben.«[17] Das Amt des Ministerpräsidenten fiel ihm als Fraktionsführer zu; gedrängt hat er sich nicht danach. Am 12. November trat die neue preußische Regierung ihr Amt an; sie war, wie auf Reichsebene, aus Mehrheitssozialisten und Unabhängigen gebildet. Zusätzlich übernahm Hirsch dann noch bis Mitte März 1919 das preußische Innenministerium. In der preußischen Regierung war von Anfang an die gemäßigte Haltung der SPD tonangebend. Das geht schon aus dem am 13. November veröffentlichten, politisch abgewogenen Regierungsprogramm hervor. Man bekannte sich zur demokratischen Volksrepublik, kündigte die Demokratisierung aller Verwaltungskörperschaften an,

versprach die Einberufung einer verfassungsgebenden Versammlung für Preußen und hob als primäre Aufgabe hervor, für Ordnung, Sicherheit und Volksernährung zu sorgen. Alle Beamten, die sich der neuen Regierung zur Verfügung stellten, wurden ausdrücklich in ihren Rechten bestätigt. Der Aufruf enthielt also eine Mischung von versprochenen demokratischen Reformen und Kontinuität; von einer Revolution war mit keinem Wort die Rede.
Die Aufgabe, den preußischen Staat von Grund auf zu reformieren, hat Hirsch trotz seiner beiden Schlüsselpositionen nicht bewältigt. Als Sozialdemokrat des rechten Parteiflügels lag ihm, wie Ebert, Landsberg und Scheidemann auch, vor allem an der Aufrechterhaltung von Ordnung und Sicherheit, um die junge Republik vor dem Chaos zu bewahren. Dabei stützte er sich auf den bestehenden Verwaltungsapparat, womit er auf die Mitarbeit der erprobten alten Beamten angewiesen war. Aber von denen standen viele der Republik ablehnend gegenüber. In der Praxis führten fast alle Versuche, vor allem Landratsposten neu zu besetzen, zu Kontroversen und Schwierigkeiten. Das war besonders dann der Fall, wenn es zu Kompetenzstreitigkeiten mit örtlichen Arbeiter- und Soldatenräten kam, weil diese verschiedentlich versuchten, ihre eigenen Kandidaten durchzubringen. In fast allen Fällen setzten sich dabei die alten konservativen Beamten in Hirschs Innenministerium mit ihrer zumeist republikfeindlichen Haltung durch. Und als der vom Arbeiter- und Soldatenrat zum preußischen Justizminister ernannte Kurt Rosenfeld sich am 30. November 1918 in einer Kabinettssitzung für die Enteignung des zuvor lediglich beschlagnahmten Eigentums des Hauses Hohenzollern einsetzte, wurde sein Antrag mit drei gegen drei Stimmen abgelehnt. Eine der drei ablehnenden Stimmen war die des Ministerpräsidenten Paul Hirsch.
Wie viele seiner Parteigenossen scheute Hirsch davor zurück, durchgreifende Maßnahmen zur Demokratisierung Preußens zu ergreifen. Dazu hätte es vor allem einer radikalen Umbesetzung aller Verwaltungsstellen bedurft, mit Einstellung neuer, republikbejahender Kräfte. Dazu hat sich Hirsch nicht durchringen können. Als jedoch die preußische Regierung den der USPD zugehörigen Berliner Polizeipräsidenten Emil Eichhorn Anfang Januar 1919 absetzte und dieser sich weigerte, sein Amt zur Verfügung zu stellen, griff Hirsch durch. Wie bekannt, führte das zum (fälschlich so genannten) ›Spartakusaufstand‹, dem unter anderen Rosa Luxemburg und Karl Liebknecht zum Opfer fielen und der erst durch Einsatz von Truppen in blutigen Kämpfen niedergeschlagen wurde. Mit ebenso großer Entschlossenheit führte Hirsch auch seinen Kampf gegen die in Hugo Preuß' Verfassungsentwurf vorgesehene Aufteilung Preußens, und hier war er erfolgreich. Aber diese von ihm erzielten Erfolge wiegen im Rückblick leichter als seine Unterlassungssünden. Es ist bezeichnend für die historische Wirkungskraft Paul Hirschs, daß er in der zeitgenössischen Literatur nur selten erwähnt wird. Er war, obwohl Jude, keine umstrittene Figur. Im Gegensatz zu Rosa Luxemburg, Haase, Preuß, Oskar Cohn, Eisner und anderen jüdischen Politikern seiner Zeit hat er weniger antisemitische Haßgefühle hervorgerufen. Er war sicherlich »ein preußischer Jude im guten Sinne des Wortes« und dazu ein ehrlicher, pflichtgetreuer Sozialdemokrat, der in schwieriger Zeit Anerkennenswertes geleistet hat. Die Entschlossenheit und Überzeugung des Revolutionärs und die staatsmännische Kunst des Voraussehens waren ihm jedoch verwehrt.

Wenden wir uns zum Schluß noch einer Person jüdischer Herkunft zu, die nicht wie die vorangegangenen als ›staatserhaltend‹ eingestuft werden kann – *Rosa Luxemburg*.[18] Da sie allgemein bekannter ist als die bisher beschriebenen Politiker, kann ein kurzer Abriß hier genügen. Luxemburgs ganzes Leben war der politischen Arbeit gewidmet, aber nicht im Parlament, nicht in einem Amt – auch nicht während der Novemberrevolution 1918 –, sondern auf Parteiebene als Volksrednerin, Schriftstellerin, Redakteurin, vornehmlich in der SPD, aber auch in der polnisch-litauischen revolutionären Bewegung. Als sie am 9. November 1918 – nicht zum ersten Mal – aus der Haft entlassen worden war, lagen schon bald drei Jahrzehnte politischer Arbeit hinter ihr. Als leitendes Mitglied der von ihr im Laufe des Krieges gegründeten Spartakus-Gruppe (offiziell bis zum 11. November 1918 »Gruppe Internationale«, dann »Spartakusbund«), des extrem linken Flügels der USPD, stürzte sich Luxemburg sofort mit all ihrer sprichwörtlichen Energie in die Politik. Trotzdem erlitt sie während der letzten Wochen ihres Lebens fast nur Enttäuschungen. Der Versuch, am 9. und 10. November mit Hilfe der Arbeiterschaft statt des RdV eine Räteregierung nach russischem Muster zu schaffen, schlug fehl. Nicht gewillt, die Lösung des 9. November zu akzeptieren, beschloß sie, zusammen mit anderen führenden Spartakisten, vornehmlich Karl Liebknecht, Leo Jogiches, Paul Levi und Ernst Meyer (Liebknecht und Meyer waren keine Juden), die Massen auf der Straße durch Versammlungen und Demonstrationen für die Ziele der Spartakisten zu gewinnen. Vom Redaktionstisch des Zentralorgans der Spartakisten, ›Die Rote Fahne‹, aus polemisierte Rosa Luxemburg gegen die »unvollendete Revolution«. Anfang Dezember konzentrierte sie ihre Agitation auf den Kampf gegen die Wahlen zur Nationalversammlung und forderte stattdessen eine Rätediktatur. Als aber der Rätekongreß Mitte des Monats beschloß, die Wahlen für den 19. Januar 1919 festzulegen, plädierte sie Ende Dezember auf dem Gründungsparteitag der Kommunistischen Partei Deutschlands (KPD) – einer Gründung, der sie anfangs sehr skeptisch gegenüberstand – mit Unterstützung ihres Parteifreundes und Rechtsanwalts, Paul Levi, für die Teilnahme der Partei. Sie wurde überstimmt, und die KPD blieb der Wahl fern.[19] Liest man ihre in radikalem Ton gehaltenen Leitartikel jener Tage, die wie Aufforderungen zum bewaffneten Aufstand klingen, so stellt sich die Frage, ob diese so humanitäre Frau wirklich ein Blutbad anstrebte. War es bloße Rhetorik oder tatsächlich der Versuch, die Massen auf die Barrikaden zu treiben? Eine definitive Antwort auf diese Frage gibt es nicht. Jedenfalls war ihre Haltung ambivalent. Einerseits besaß sie die Einsicht, daß jeder Fortführung der Revolution ein langsamer Reifeprozeß vorangehen müsse, andererseits aber wollte sie diesen möglichst schnell vorantreiben. Wunschgedanke und Wirklichkeitssinn, oft beeinflußt von der rasch und ständig wechselnden Situation, gerieten so miteinander in Konflikt. Das geschah zum letzten Mal, und mit tragischem Ausgang, im Zusammenhang mit dem Januaraufstand 1919, der durch die Absetzung des USPD-Polizeipräsidenten Emil Eichhorn ausgelöst wurde. Die treibende Kraft hinter dem Aufstand war nicht die KPD, sondern eine linksradikale Räteorganisation, die Revolutionären Obleute, denen sich die Kommunisten auf Drängen Karl Liebknechts anschlossen. Luxemburg versuchte vergebens, diesen Aufstand abzuwenden. Sobald aber die Entscheidung gegen sie gefallen war, fühlte sie sich

moralisch dazu verpflichtet, die kämpfenden Arbeiter durch ihre Artikel in der ›Roten Fahne‹ zu unterstützen.
Der Aufstand wurde unter Herbeiführung von Truppen brutal niedergeschlagen. Am 15. Januar wurden Luxemburg und Liebknecht verhaftet und von Soldaten ermordet.

Wenden wir uns abschließend kurz der Frage zu, wie man von jüdischer Warte aus damals die Beteiligung von Juden an der Revolution beurteilte. Im allgemeinen verhielt man sich apologetisch gegenüber den von vielen Nichtjuden – nicht nur von Menschen aus dem rechtskonservativen politischen Lager – geäußerten Anschuldigungen, 1918/19 hätten sich die Juden alle Zugänge zur politischen Macht erschlossen, ein Jude (Haase) säße als Volksbeauftragter am Schreibtische Bismarcks, und ähnliches. Nun konnte man auf jüdischer Seite nicht umhin, zuzugeben, daß eine beträchtliche Anzahl von Juden plötzlich an leitenden Stellen in das Blickfeld der Öffentlichkeit geraten waren. Man versuchte aber, diesen Tatbestand zu bagatellisieren und zugleich die Kritik daran – antisemitisch und nicht antisemitisch – als irrelevant und übertrieben abzutun. Bezeichnend für diese Haltung war ein Leitartikel im Organ des ›Centralvereins deutscher Staatsbürger jüdischen Glaubens‹ (C.V.), »Im deutschen Reich«, vom Januar 1919: »Die Revolution soll von Juden gemacht sein. – Es gab allerdings unter denen, die die Revolution vorbereitet und geleitet haben, auch Juden. Wenn ihre Zahl mehr als ein Prozent ausmacht [...], so liegt die Erklärung nahe genug. Den Juden war fortgesetzt die verfassungsmäßige Gleichberechtigung verweigert worden [...]. Es kommt hinzu, daß die meisten, man darf vielleicht sagen, fast alle jüdischen Revolutionäre mit dem Judentum nichts oder kaum noch etwas zu schaffen haben.«[20]
Ähnlich reagierte das ›Israelitische Familienblatt‹: Juden, die in irgendwelchen Ministerien mitwirkten, täten das »nicht als Vertreter des Judentums, gehörten demselben häufig nur dem Namen nach an und haben sich häufig längst von diesem losgesagt«. Es ginge nicht an, die Gesamtheit der deutschen Juden für etwaige Maßnahmen verantwortlich zu machen, die von einzelnen Personen jüdischer Herkunft ausgingen.[21] Und die ›Deutsche Israelitische Zeitung‹ vom 19. Dezember 1918 enthielt folgende Bemerkung: »In Nr. 50 schrieben wir in einem Leitartikel »Zu viele Juden an der Spitze«: Darum kann ruhig zugestanden werden, daß dieser plötzliche *embarras de richesses* an jüdischen Politikern in hohen, verantwortlichen Stellen der neuen Regierung ganz gewiß nicht ein Segen für die Gesamtheit des Judentums ist [...]. Es wird darum in christlichen und *jüdischen* [Hervorh. im Original] Kreisen unangenehm empfunden, daß Männer, die als Juden geboren sind, an der Spitze stehen.«[22]
Weitere Zitate könnten angeführt werden, aber diese müssen genügen. Zusammenfassend läßt sich sagen, daß sich die Juden während der Revolutionszeit und danach, in der Weimarer Republik, wiederholt mit Anzahl und Betätigung jüdischer Politiker während der Revolution beschäftigt haben, wobei man gewöhnlich behauptete, daß ihr Anteil verschwindend klein gewesen sei. Gleichzeitig versuchte man, sich von ihnen so weit wie möglich zu distanzieren, indem man feststellte, daß sie eigentlich gar keine richtigen Juden waren. Erwartungsgemäß machten der-

artige Argumente keinen Eindruck im rechtskonservativen, vorwiegend antisemitischen Lager der Republik. Denn den Antisemiten war es im Grunde genommen gleichgültig, wie stark und einflußreich die jüdische Beteiligung an der Revolution wirklich gewesen war. Wäre ihr Anteil nur eine Handvoll gewesen, so hätte das die darauf bezogenen antisemitischen Anfeindungen nicht geschwächt. Auch ein einziger ›Vertreter‹ des Judentums, dessen ›korrumpierenden undeutschen Einfluß‹ man ebenso stigmatisiert hätte, wie man es wenige Jahre später mit Walther Rathenau tat, hätte genügt, Angriffsstoff gegen die deutschen Juden zu liefern. Denn diese in ihrer Gesamtheit waren ja das eigentliche Ziel, das getroffen werden sollte. So ist es denn nicht weiter verwunderlich, daß es schon 1920, und spätestens nach der Ermordung von Rathenau im Juni 1922, kaum mehr Juden in leitenden politischen Stellen gab (Hilferding ist die bekannteste Ausnahme) und daß die, die als Beamte fungierten, nicht an der Spitze ihrer Behörde und somit nicht im Blick der Öffentlichkeit standen. Wie bekannt, hat das dem Antisemitismus in Deutschland keinen Abbruch getan.

1 Gabriel Riesser, Bemerkungen zu den Verhandlungen der Badischen Ständeversammlung über die Emancipation der Juden im Jahre 1833 (1835), in: ders., Gesammelte Schriften, Bd. 2, Frankfurt/Main 1867/68, S. 665; zit. nach Peter Pulzer, Jews and the German State. The Political History of a Minority, 1848–1933, Oxford 1992, S. 82, Anm. 50. Neben Pulzer verweise ich auf nachfolgende, ausgewählte Literatur über Lage und politische Betätigung der deutschen Juden vom Vormärz bis zum Ersten Weltkrieg, auf die sich auch der einleitende Teil dieser Abhandlung stützt: Jacob Toury, Die politischen Orientierungen der Juden in Deutschland. Von Jena bis Weimar, Tübingen 1966; Ernest Hamburger, Juden im öffentlichen Leben Deutschlands. Regierungsmitglieder, Beamte und Parlamentarier in der monarchischen Zeit, Tübingen 1968; Hans Liebeschütz/Arnold Paucker (Hg.), Das Judentum in der Deutschen Umwelt, 1800–1850. Studien zur Frühgeschichte der Emanzipation, Tübingen 1977; Werner E. Mosse u. a. (Hg.), Revolution und Evolution. 1848 in German-Jewish History, Tübingen 1981; Reinhard Rürup, Emanzipation und Antisemitismus. Studien zur »Judenfrage« der bürgerlichen Gesellschaft, Göttingen 1975.

2 Damals wie später wurden getaufte Juden, wie z.B. Heinrich Heine und Ludwig Börne, zumal wenn sie sich öffentlich betätigten, von der nichtjüdischen Umwelt generell weiterhin als Juden angesehen – Heine bis zum heutigen Tage! Aus diesem Grunde beziehe ich hier und im folgenden getaufte Juden mit ein.

3 Hamburger, S. 419.

4 Siehe dazu Richard S. Levy, The Downfall of the Anti-Semitic Political Parties in Imperial Germany, New Haven 1975, S. 225–265; Werner T. Angress, The Impact of the »Judenwahlen« of 1912 on the Jewish Question. A Synthesis, in: Leo Baeck Institute. Year Book XXVIII (1983), S. 367-410.

5 Dazu vor allem die verschiedenen Beiträge in Werner E. Mosse/Arnold Paucker (Hg.), Deutsches Judentum in Krieg und Revolution 1916–1923, Tübingen 1971. Speziell zur »Judenzählung« s. S. 37f. (Saul Friedländer), 425ff. (Werner Jochmann), 516ff. (Eva G. Reichmann); s. auch Werner T. Angress, Das Deutsche Militär und die Juden im Ersten Weltkrieg. Dokumentation, in: Militärgeschichtliche Mitteilungen 19/20 (1976) S. 77–146.

6 Die Literatur zur Revolution 1918/19 ist sehr umfangreich, so daß hier nur einige ausgewählte Titel angeführt werden können. Hans-Joachim Bieber, Bürgertum in der Revolution. Bürgerräte und Bürgerstreiks in Deutschland 1918–1920, Hamburg 1992; ders., Gewerkschaften in Krieg und Revolution. Arbeiterbewegung, Industrie, Staat und Militär in Deutschland 1914–1920, 2 Bde., Hamburg 1981; Frauke Bey-Heard, Hauptstadt und Staatsumwälzung: Berlin 1919. Problematik und Scheitern der Rätebewegung in der Berliner Kommunalverwaltung, Stuttgart 1969; Francis L. Carsten, Revolution in Mitteleuropa 1918–1919, Köln 1973; Wolfgang Elben, Das Problem der Kontinuität in der deutschen Revolution. Die Politik der Staatssekretäre und der militärischen Führung vom November 1918 bis Februar 1919, Düsseldorf 1965; Gerald D. Feldman, Armee, Industrie und Arbeiterschaft 1914-1918, Berlin 1985; Ulrich Kluge, Die deutsche Revolution 1918/19. Staat, Politik und Gesellschaft zwischen Weltkrieg und Kapp-Putsch, Frankfurt/Main 1985; ders., Soldatenräte und Revolution. Studien zur Militärpolitik in Deutschland 1918/19, Göttingen 1975; Eberhard Kolb, Die Arbeiterräte in der deutschen Innenpolitik 1918–1919, Düsseldorf 1978; ders. (Hg.), Vom Kaiserreich zur Weimarer Republik, Köln 1972; Susanne Miller, Die Bürde der Macht. Die deutsche Sozialdemokratie 1918–1920,

Düsseldorf 1978; Peter von Oertzen, Betriebsräte in der Novemberrevolution. Eine politikwissenschaftliche Untersuchung über Ideengehalt und Struktur der betrieblichen und wirtschaftlichen Arbeiterräte in der deutschen Revolution 1918/19, 2. Aufl., Berlin 1976; Gerhard A. Ritter/Susanne Miller (Hg.), Die deutsche Revolution 1918/19. Dokumente, 2. Aufl., Hamburg 1975 (Neudruck: Frankfurt/Main 1983); Reinhard Rürup, Probleme der Revolution in Deutschland 1918/19, Wiesbaden 1968; ders., Die Revolution von 1918/19 in der deutschen Geschichte, Bonn 1993; Heinrich August Winkler, Von der Revolution zur Stabilisierung. Arbeiter und Arbeiterbewegung in der Weimarer Republik 1918 bis 1924, 2. Aufl., Berlin 1985.

7 Der vorliegende Beitrag stützt sich weitgehend, wenn auch nicht ausschließlich, auf eine frühere Arbeit des Verfassers: Werner T. Angress, Juden im Politischen Leben der Revolutionszeit, in: Mosse/Paucker (Hg.), Deutsches Judentum, S. 137–315.

8 Zum RdV selbst Erich Matthias, Zwischen Räten und Geheimräten. Die deutsche Revolutionsregierung 1918–1919, Düsseldorf 1970; Die Regierung der Volksbeauftragten 1918/19, 2 Bde., eingeleitet v. Erich Matthias, bearbeitet v. Susanne Miller u. Heinrich Potthoff, Düsseldorf 1969. Zu Haase s. Hamburger, S. 426–444 und Kenneth R. Calkins, Hugo Haase. Demokrat und Revolutionär, Berlin 1976. Zu Landsberg s. Hamburger, S. 509–515, u. passim. S. auch Otto Landsberg, Der Rat der Volksbeauftragten, in: Friedrich Ebert und seine Zeit. Ein Gedenkwerk über den ersten Präsidenten der Deutschen Republik, Berlin o.J., S. 196.

9 Emil Barth, Aus der Werkstatt der deutschen Revolution, Berlin o.J. (1919), S. 147.

10 Hermann Heidegger, Die deutsche Sozialdemokratie und der nationale Staat 1870 bis 1920, unter besonderer Berücksichtigung der Kriegs- und Revolutionsjahre, Göttingen 1956, S. 202; Eugen Schiffer, Ein Leben für den Liberalismus, Berlin 1951, S. 225.

11 Zu Preuß s. Siegfried Grassmann, Hugo Preuß und die deutsche Selbstverwaltung, Lübeck 1965; Walter Simons, Hugo Preuß, Berlin 1930; Hugo Preuß, Das deutsche Volk und die Politik, Jena 1916.

12 Joachim Ramm, Eugen Schiffer und die Reform der deutschen Justiz, Neuwied 1987; Hamburger, S. 355–360; s. auch Anm. 10.

13 Eine Biographie Wurms oder etwaige Memoiren sind mir nicht bekannt.

14 Zu Bernstein s. Peter Gay, The Dilemma of Democratic Socialism. Eduard Bernstein's Challenge to Marx, New York 1962; Francis L. Carsten, Eduard Bernstein 1850–1932. Eine politische Biographie, München 1993; Eduard Bernstein, Die deutsche Revolution. Ihr Ursprung, ihr Verlauf und ihr Werk, Bd. 1: Geschichte der Entstehung und ersten Arbeitsperiode der deutschen Republik, Berlin 1921; ders., Entwicklungsgang eines Sozialisten, Leipzig 1930.

15 Schiffer, S. 221.

16 Zu Paul Hirsch s. Hamburger, S. 525–530; Paul Hirsch, Der Weg der Sozialdemokratie zur Macht in Preußen, Berlin 1925.

17 Hamburger, S. 526.

18 Die Literatur über Rosa Luxemburg ist beträchtlich und wird von Jahr zu Jahr umfangreicher. Die immer noch annehmbarste Biographie ist J. P. Nettl, Rosa Luxemburg, 2 Bde., London 1966. Für bibliographische Hinweise s. die Bibliographie (aber nur diese) in: Helmut Hirsch, Rosa Luxemburg in Selbstzeugnissen und Bilddokumenten, Hamburg 1969; dazu jetzt auch Eric D. Weitz, »Rosa Luxemburg belongs to us!« German Communism and the Luxemburg Legacy, in: Central European History 27 (1994), S. 27–64, speziell Anm. 3.

19 Hermann Weber (Hg.), Der Gründungsparteitag der KPD. Protokoll und Materialien, Frankfurt 1969, S. 88–135.

20 Im deutschen Reich XXV, Januar 1919, S. 9.

21 Israelitisches Familienblatt XXI, Nr. 1, 3. 1. 1919.

22 Deutsche Israelitische Zeitung XXXV, Nr. 51, 19. 12. 1918, S. 5.

Zwischen Ost und West: Berlin als Zentrum jüdischer Kultur in der Weimarer Republik

Michael Brenner

Wenige Monate nach der Machtergreifung der Nationalsozialisten gab Leopold Ullstein, ein Mitglied der Berliner Verlegerfamilie, den Anstoß zu einem wenig zeitgemäßen Projekt. Im Schatten der Ausgrenzung und Verfolgung sollten Forscher unterschiedlicher Gebiete die kulturellen, wissenschaftlichen und politischen Leistungen deutscher Juden dokumentieren. Unter der Redaktion des Direktors des Jüdischen Verlags in Berlin, Siegmund Kaznelson, lagen tatsächlich innerhalb eines Jahres etwa fünfzig Beiträge auf über 1000 Seiten druckreif vor. Akribisch dokumentierten die Autoren die Beiträge deutscher Juden in allen erdenklichen Sparten, von Theater und Film bis zu Geophysik und Botanik. Selbst dem Schachsport war ein eigener Essay gewidmet. Es mag wenig überraschen, daß die Nationalsozialisten eine Drucklegung dieses Werkes verhinderten, stellte doch das Staatspolizeiamt für den Landespolizeibezirk Berlin am 4. Februar 1934 entrüstet fest: »Der unbefangene Leser muß bei der Lektüre des Werkes den Eindruck gewinnen, daß die gesamte Deutsche Kultur bis zur nationalsozialistischen Revolution nur von den Juden getragen worden sei.«[1]

Als der Band schließlich 1959 erscheinen konnte, waren die Autoren der beiden Vorworte – Siegmund Kaznelson sowie der Chemiker Richard Willstätter – verstorben. Das voluminöse Werk, konzipiert als moralische Rechtfertigung einer von Verfolgung bedrohten Gemeinschaft, wurde nun zur posthumen Würdigung des deutschen Judentums. Zahlreiche Bücher und Aufsätze beschworen seither die kulturellen »Beiträge« deutscher Juden und beklagten die intellektuelle Leere eines »Deutschland ohne Juden«. In der Tat besteht kein Zweifel daran, daß jüdische Schriftsteller und Künstler, Musiker und Architekten, Regisseure und Schauspieler ihren beträchtlichen Teil dazu beitrugen, die zwanziger Jahre zu vergolden. Ja, mit Recht mag man sich fragen, ob es ohne Alfred Döblin und Kurt Tucholsky, Kurt Weill und Erich Mendelsohn, Max Reinhardt und Fritz Lang, Elisabeth Bergner und Ernst Deutsch, ohne jüdische Kritiker und jüdisches Publikum, ohne – um ein Wort von Peter Gay zu gebrauchen – den »Berlin-Jewish Spirit« überhaupt die ›Goldenen Zwanziger‹ gegeben hätte.

Allzu leicht vergißt man bei der Aufzählung dieser ›Beiträge‹, daß auch eine eigenständige jüdische – und sehr lebendige – Kultur existierte: eine Kultur von Juden für Juden. Seit ihrer Emanzipation im 19. Jahrhundert waren deutsche Juden als Schriftsteller, Politiker, Künstler und Musiker nicht nur ein integraler Bestandteil der deutschen Gesellschaft, sondern sie wirkten auch als Pioniere in der Modernisierung des Judentums: sei es in der Herausbildung seiner großen religiösen Strömungen oder in der Etablierung einer säkularen jüdischen Kultur. Diese innerjüdische Entwicklung war zu Beginn des 20. Jahrhunderts keineswegs abgeschlossen. Zeitgenossen sprachen damals gar von einer kulturellen Renaissance des Judentums. Damit meinten sie die in erster Linie – doch nicht ausschließlich – von zionistischen Kreisen ausgehenden Initiativen, wie die Gründungen jüdischer Verlage und Zeitschriften, die Suche nach einer jüdischen Kunst und Musik sowie die zunehmende Zahl jüdischer Vereine und Schulen in deutschen Großstädten.[2]

Zwar hatte diese jüdische Renaissance ihren Ausgangspunkt um die Jahrhundertwende, doch bildete erst der Erste Weltkrieg die Grundlage für einen, wie Eva Reichmann es formulierte, weitgehenden Bewußtseinswandel innerhalb des deutschen Judentums. Die Ursachen hierfür seien nur stichworthaft zusammengefaßt: Der Kontakt mit der Welt des Ostjudentums, die bisher zumeist nur aus den idealisierenden chassidischen Legenden Martin Bubers bekannt war, erfolgte sowohl an der Front durch deutsch-jüdische Soldaten wie auch im eigenen Lande durch die Zuwanderung osteuropäischer Juden. Hinzu kam die zunehmende Bedeutung der zionistischen Idee auch unter nichtzionistischen Juden, nach dem politischen Erfolg durch die Balfour-Deklaration 1917. Entscheidend für eine Hinwendung zum Judentum war jedoch die Intensivierung des Antisemitismus. Hatte man erwartet, im Zeichen des ›Burgfriedens‹ nun endlich auch gesellschaftlich vollkommen akzeptiert zu werden, so sah die Realität im Schützengraben anders aus, was mit der bewußten Sonderstellung jüdischer Soldaten durch die sogenannte ›Judenzählung‹ von 1916 noch weiter betont wurde. In der ›Dolchstoßlegende‹ der Nachkriegsjahre und in den ersten Erfolgen der Nationalsozialisten manifestierte sich nur, was sich bereits während des Krieges abzeichnete: daß deutsche Juden, so sehr sie sich auch assimilieren wollten, von außen immer wieder an ihr Judentum erinnert wurden. Georg Hermann, der Erfolgsautor des Romans »Jettchen Gebert« und einer jener Berliner Juden, die sich selbst als assimiliert betrachtet hatten, formulierte 1919 diese bittere Erkenntnis in prägnanter Weise: »Ich glaubte, daß ich zuerst Deutscher wäre und nur aus alter Anhänglichkeit, [...] aus Pietät gleichsam noch so ein Rest von Judentum und ein paar letzte halbverschliffene Rasseeigenheiten mit mir durchs Leben trüge. In den vergangenen fünf Jahren hat sich das geändert. [...] Ob wir wollen oder nicht, wir mußten uns auf unser Judentum besinnen, denn der Krieg und die Grundanschauungen, die mit ihm Hand in Hand gingen, zeigten uns von Jahr zu Jahr mehr und stärker die Wesensfremdheiten, die uns von jenen trennten. Wir haben eine große Enttäuschung am Deutschen erlebt, und wir erleben sie noch heute jede Stunde.«[3]

Nach dem Ersten Weltkrieg ereignete sich, und dies ist im allgemeinen kaum bekannt, auch in den jüdischen Gemeinden eine kleine Revolution. Sie demokratisierten – wenn auch zögerlich – ihr Wahlrecht, neue Parteien mit neuen Zielrichtungen verdrängten die in den Großgemeinden lange unangefochten herrschenden Liberalen aus ihrer dominanten Stellung. 1926 mußten sie in Berlin erstmals in die Opposition gehen. Eine von Zionisten dominierte jüdische Volkspartei beherrschte während der nächsten Jahre die jüdischen Angelegenheiten in der Metropole des deutschen Judentums. Ihr Ziel war der Ausbau einer jüdischen ›Volksgemeinde‹, in der neben einem weitverzweigten Netz sozialer jüdischer Einrichtungen auch der jüdischen Kultur stärkeres Gewicht eingeräumt werden sollte.

Berlin war zwar Heimat von dreißig Prozent der deutschen Juden, doch nicht unbedingt das Zentrum aller Entwicklungen der jüdischen Renaissancebewegung. In Frankfurt lebte Franz Rosenzweig, der die jüdische Erwachsenenbildung revolutionierte, und im Odenwaldstädtchen Heppenheim war der wohl bedeutendste Denker des Weimarer Judentums, Martin Buber, zu Hause. Ihre gemeinsame Bibelübersetzung entstand fern von Berlin, wie so manche andere kulturelle Leistung dieser Zeit. Dennoch wäre es falsch, die Rolle Berlins in der jüdischen Kulturlandschaft schmälern zu wollen. An der Spree bildete sich in den zwanziger Jahren ein reges jüdisches Leben mit Grundschulen und Rabbinerseminaren, Verlagen und Zeitschriften, Konzerten und Ausstellungen heraus, dessen Vielfalt im folgenden nur gestreift werden kann.

Bildung und Erziehung

Zu Beginn des 20. Jahrhunderts nahm die Zahl der jüdischen Schulen in Deutschland rapide ab. Die 492 jüdischen Grundschulen im Deutschen Reich im Jahre 1898 waren fünfzehn Jahre später auf 247 geschrumpft, und 1932 waren gerade noch 141 übriggeblieben. Was auf den ersten Blick wie eine kontinuierliche Entwicklung aussieht, verlangt jedoch nach genauerer Analyse. So stellt sich etwa heraus, daß nach dem Ersten Weltkrieg die meisten dieser Schulschließungen in kleinen Gemeinden zu suchen waren, während es gleichzeitig eine neue gegenläufige Tendenz zu beobachten gilt: In fast allen Großstädten sprossen nun neue jüdische Schulen aus dem Boden. In Städten wie Nürnberg und München, in denen es jahrzehntelang keine jüdischen Schulen gab, finden sich am Ende der Weimarer Jahre plötzlich 30–40% aller jüdischen Elementarschüler in jüdischen Schulen. In anderen Orten, in denen jüdische Schulen ungebrochen fortbestanden hatten, fanden diese unerwartet hohen Zulauf. So besuchte 1932 etwa jeder zweite jüdische Schüler in Frankfurt, Hamburg und Köln eine jüdische Schule.
In Berlin wurden ähnliche Zahlen nicht erreicht. Dennoch ist auch hier die Entwicklung bemerkenswert. In der Weimarer Zeit waren in Berlin, wo noch kurz vorher ein systematischer Abbau des jüdischen Schulsystems stattfand, fünf neue jüdische Schulgründungen zu verzeichnen, teils als Privatschulen, teils in der Trägerschaft der Jüdischen Gemeinde. Die Zahl der Schüler an den jüdischen Schulen Berlins stieg von 1170 im Jahre 1913 auf knapp 3000 – etwa 20% der jüdischen Gesamtschülerzahl – am Vorabend der nationalsozialistischen Machtergreifung. Die Mehrzahl dieser Schüler stammte aus orthodoxen oder ostjüdischen Familien, doch befand sich darunter auch eine wachsende Minderheit aus liberalem jüdischem Elternhaus. Zwar begrüßten die Anhänger des liberalen Judentums theoretisch die interkonfessionelle Simultanschule, doch in der Praxis mußten sie feststellen, daß auch die Simultanschulen oftmals christlich orientiert waren, christliche Feiertage begingen und selbstverständlich die Anwesenheit am Sabbat forderten. Zudem waren viele Simultanschulen in Arbeiterbezirken gelegen und von Arbeiterkindern frequentiert, was sie nicht gerade attraktiver für eine weitgehend bürgerliche Elternschaft machte. Schließlich kam für manche Eltern als entscheidendes Element der wachsende

Antisemitismus im Schulmilieu hinzu. »Die jüdische Volksschule ist nicht mehr das Sorgenkind verantwortungsbewußter jüdischer Kreise«, stellte 1930 ein Beobachter fest. »Sie hat sich mit einer Eindringlichkeit durchgesetzt, die einen Sieg ihres inneren Kräftespiels bedeutet. Alle Schichten der jüdischen Bevölkerung in ihren sozialen, religiösen und jüdisch-politischen Abtönungen schicken heute ihre Kinder in die jüdische Volksschule.«[4]

Als Reaktion auf die Neugründung jüdischer Gymnasien in anderen deutschen Großstädten gab auch die Jüdische Gemeinde zu Berlin 1930 ihre Pläne zur Gründung eines Gymnasiums bekannt. Diese, wie die ebenfalls in Erwägung gezogene Einrichtung einer Jeschiwa (Talmudschule), konnten zwar in der Weimarer Zeit nicht mehr verwirklicht werden, doch führte im selben Jahr das von der orthodoxen ›Austrittsgemeinde‹ Adass Jisroel 1919 gegründete jüdische Gymnasium erstmals eine staatlich anerkannte Abiturprüfung durch.[5]

Die steigende Bedeutung eines jüdischen Erziehungssystems war keineswegs auf die junge Generation beschränkt. Viele jüdische Eltern, die selbst keine Gelegenheit hatten, jüdische Schulen zu besuchen, drückten ihr Interesse an jüdischem Wissen nun durch ihre Teilnahme an dem neuerrichteten jüdischen Erwachsenenbildungssystem aus. Zwar gingen die wichtigsten Impulse für die moderne jüdische Erwachsenenbildung von dem ›Freien Jüdischen Lehrhaus‹ Franz Rosenzweigs in Frankfurt am Main aus, doch bestand die erste und größte jüdische Volkshochschule Deutschlands in Berlin. Im Zuge des allgemeinen Aufschwungs des Erwachsenenbildungswesens nach dem Ersten Weltkrieg öffnete sie im Februar 1919 ihre Tore. In seiner Eröffnungsrede formulierte Rabbiner Julius Bergmann große Hoffnungen und verglich die Volkshochschule mit keiner geringeren Institution als mit der Berliner Universität: Hatte die letztere während des 19. Jahrhunderts ihren entscheidenden Anteil an der Erneuerung deutscher Kultur, so werde die jüdische Volkshochschule zu einer Säule der Erneuerung jüdischen Wissens heranwachsen.[6]

Es gelang der Berliner Jüdischen Volkshochschule, die Hörerzahl von 1560 im Jahre 1921 auf 2000 drei Jahre später zu erhöhen. Die Veranstalter bemühten sich zunehmend, einen weiten Personenkreis innerhalb der Jüdischen Gemeinde anzusprechen. Hörerkarten lagen nicht nur in den Büros der Jüdischen Gemeinde aus, sondern wurden auch in den Warenhäusern Tietz und KadeWe verkauft. Dabei muß selbstverständlich das enorme kulturelle Konkurrenzangebot in Berlin in Betracht gezogen werden, zu dem in den letzten Jahren der Weimarer Republik auch die sich am Frankfurter Lehrhaus orientierende »Schule für Jüdische Jugend« zählte.

Vor allem in der zweiten Hälfte der zwanziger Jahre bemühten sich die Verantwortlichen der Volkshochschule um eine klare Akzentsetzung im Veranstaltungsprogramm. Gab es auch Klassen in Hebräisch, Bibelkunde und Talmud, jüdischer Geschichte und Philosophie, so lag die eigentliche Bedeutung der Jüdischen Volkshochschule in ihrer Schwerpunktsetzung auf aktueller politischer und sozialer Thematik. In sogenannten »Kontradiktorischen Abenden« stellten Vertreter unterschiedlicher jüdischer Parteien ihre Konzepte vor. Hier wurden Pro und Contra einer separaten jüdischen Erziehung abgewogen, hier argumentierten Zionisten und Liberale, und hier stellte der kommunistische Autor Otto Heller sein Buch »Der Untergang des Judentums« zur Diskussion. Andere Seminare und Vortragsreihen beschäftigten sich mit der Stellung der Frau im modernen Judentum, mit der Problematik ostjüdischer Immigranten und mit der wirtschaftlichen Krise des deutschen Judentums. In der Jüdischen Volkshochschule zu Berlin wurde eine der Grundlagen zu einem systematischen Studium des zeitgenössischen Judentums gelegt, das erst Jahrzehnte später an der Hebräischen Universität Jerusalem und andernorts wissenschaftlich institutionalisiert wurde.

Eine weitere Verbindung zwischen der Jüdischen Volkshochschule und der 1925 eröffneten Hebräischen Universität war personeller Natur. In Berlin sammelten einige der späteren Jerusalemer Professoren ihre erste Lehrerfahrung. So diskutierte der Historiker Fritz (Jitzchak) Baer sein Spezialgebiet der jüdischen Geschichte im christlichen Spanien, während seine späteren Jerusalemer Kollegen Martin Buber und Harry Torczyner (Tur-Sinai) Kurse zu ihren Themen Philosophie und Bibelwissenschaft anboten. Der 25jährige Gerhard Scholem unterrichtete im Winter 1922/23 ein Seminar zur Geschichte der jüdischen Mystik, das, wie er sich erinnerte, »erstaunlich gut besucht war. Das war mein erster Versuch, mich als Lehrer auf diesem Gebiet vorzustellen. Nur mit Schaudern denke ich heute an diese reichlich unreifen Vorträge zurück. Unter meinen Hörern waren manche ungewöhnliche Suchende, wie etwa einer der bekanntesten Geigenbauer von Berlin und der spätere Abt eines buddhistischen Klosters und Propagandazentrums in Ceylon...«[7]

Kaum weniger exotisch mochte manche Professoren der Hochschule für die Wissenschaft des Judentums ein stiller und kränklicher Gasthörer aus Prag anmuten, der Ende 1923 regelmäßiger Besucher dieser Ausbildungsstätte des liberalen deutschen Judentums war. Wie er seinem Freund Robert Klopstock mitteilte, betrachtete Franz Kafka die Hochschule als einen »Friedensort in dem wilden Berlin und in den wilden Gegenden des Innern [...]. Ein ganzes Haus voller schöner Hörsäle, große Bibliothek, Frieden, gut geheizt, wenig Schüler und alles umsonst.«[8] Die Hochschule für die Wissenschaft des Judentums war kein Kind der Weimarer Republik. 1872 als erstes der drei Rabbinerseminare in Deutschland eröffnet, diente sie bis zu ihrer Schließung 1942 unter der Führung des Rabbiners Leo Baeck als Zentrum der Ausbildung liberaler Rabbiner wie auch Wissenschaftler. Erst nach dem Ersten Weltkrieg durfte sie sich (bis 1934) von »Lehranstalt« wieder in »Hochschule« umbenennen (der Titel war ihr 1883 aberkannt worden). Jedoch kam es auch in der Weimarer Zeit nicht zu der bereits seit Mitte des 19. Jahrhunderts immer wieder von jüdischen Kreisen initiierten Etablierung eines Lehrstuhls zur Thematik der Wissenschaft des Judentums. Wer sich wissenschaftlich jüdischen Studien widmen wollte, war in Berlin auf die theologisch ausgerichteten jüdischen Institutionen (außer dem konservativen Jüdisch-Theologischen Seminar in Breslau die einzigen in Deutschland) angewiesen. Nur einen Steinwurf entfernt von der Hochschule für die Wissenschaft des Judentums befand sich, ebenfalls in der Artilleriestraße, das orthodoxe, von Esriel Hildesheimer 1873 begründete, Rabbinerseminar. Mit seinem Versuch, Toratreue und moderne Wissenschaft zu verbinden, beschritt es einen Mittelweg zwischen dem benachbarten Zentrum des Reformjudentums und dem zumeist die Wissenschaft des Judentums ablehnenden traditionellen osteuropäischen Judentum.

Bildeten nach dem Ersten Weltkrieg jüdische Studenten aus Osteuropa das Gros der Hörerschaft am orthodoxen Rabbinerseminar, so machte sich – wie sich ein Student erinnert – unter den Hörern an der Hochschule in der Weimarer Zeit ein neuer Typ deutsch-jüdischer Studenten bemerkbar: »Der ›neue Student‹ kam weder aus der traditionellen Atmosphäre der kleinen jüdischen Gemeinde noch besaß er einen beträchtlichen Fundus an jüdischem Wissen. Aller Wahrscheinlichkeit nach hatte eine der jüdischen Jugendbewegungen, die in jenen Jahren entstanden sind, sein Bewußtsein für die jüdische Problematik erweckt [...]. Er war zutiefst emotional, sich seiner ungenügenden jüdischen Bildung wohl bewußt und zutiefst darauf bedacht, sich diese zusammen mit einer festbegründeten jüdischen Weltanschauung anzueignen.«[9]

Die Erweiterung des Bildungs- und Kultursektors der Jüdischen Gemeinde Berlin beschränkte sich nicht auf das Erziehungswesen. Die Schaffung eines attraktiven Gemeindeblattes sowie die Ausdehnung der Gemeindebibliothek stellten weitere Stationen im Ausbau des jüdischen Kulturlebens der Stadt dar. In der traditionellen jüdischen Gemeinde bestand kein Bedarf an einer Gemeindezeitung, die Nachrichten an alle ihre Mitglieder verbreitete. Die meisten jüdischen Gemeinden waren überschaubar, und jeder, der Interesse verspürte, konnte in der Synagoge oder dem Lehrhaus die neuesten Informationen erfahren. Dies änderte sich mit Urbanisierung, Akkulturation und der Entstehung von Großgemeinden, die – wie Berlin in den Weimarer Jahren – 170 000 Mitglieder zählten. Das Gemeindeblatt sollte dem immer schwieriger werdenden Informationsfluß zwischen Gemeindeführung und Gemeindemitgliedern Abhilfe schaffen. Mit der Gründung eines monatlichen Nachrichtenbulletins im Jahr 1909 war Berlin eine der ersten jüdischen Gemeinden in Deutschland, die ein eigenes Presseorgan aufwiesen. Zwei Jahrzehnte später verfügten bereits über vierzig jüdische Gemeinden und Landesverbände über ihre eigenen Nachrichtenblätter mit einer Gesamtauflage von 310 000 Exemplaren. Fast jeder jüdische Haushalt in Deutschland bekam somit – gewollt oder ungewollt – seine jüdische Zeitung, zumeist monatlich, kostenlos ins Haus geliefert.

Nicht nur die Zahl der Gemeindezeitungen, auch ihre Qualität veränderte sich während der Weimarer Zeit deutlich. Nirgendwo ist diese Entwicklung besser zu verfolgen als in Berlin. Das ›Gemeindeblatt der Jüdischen Gemeinde zu Berlin‹ stellte mit einer Auflagenzahl mit bis zu 87 000 um 1930 die mit Abstand größte jüdische Zeitung in Deutschland dar. Ihre Berichterstattung beschränkte sich keineswegs auf Veranstaltungshinweise und -kritiken innerhalb der Gemeinde. Ein weites Spektrum jüdischer Themen sollte diejenigen Leser, die keine andere jüdische Zeitung abonnierten, mit einem Mindestmaß an jüdischem Wissen und Nachrichten aus der jüdischen Welt vertraut machen. Nachdem Leo Winz, der frühere Herausgeber der illustrierten Monatszeitschrift ›Ost und West‹, 1928 die Redaktion des Berliner Gemeindeblattes übernahm, erhielt es auch ein attraktiveres Äußeres – die gotischen Lettern verschwanden, die Titelseite zeigte künstlerische Abbildungen auf Hochglanzpapier, und die Seitenzahl wurde auf bis zu 68 Seiten ausgedehnt.

Waren Volkshochschulen und Gemeindeblätter relativ moderne Medien zur Verbreitung jüdischen Wissens, so gehörte die Bibliothek zu den traditionellen Orten der Weiterbildung innerhalb der jüdischen Gemeinde. Hier studierten und diskutierten ihre Mitglieder seit jeher die klassischen Texte des Judentums und ihre Interpretationen. Als während des 19. Jahrhunderts die meisten dieser Schriften ihre Bedeutung für eine zunehmend assimilierte jüdische Bevölkerung verloren, verschwand auch die Bibliothek aus dem Gesichtskreis der meisten Gemeindemitglieder. Zu Beginn des 20. Jahrhunderts setzte eine Wiederbelebung der Gemeindebibliotheken ein, deren Regale sich nun allerdings mit einer anderen Sparte Literatur füllten. Deutsche Juden waren nicht länger in der Lage, hebräischen Bibeltexten oder talmudischen Diskussionen zu folgen, und waren stattdessen daran interessiert, deutschsprachige Literatur über jüdische Geschichte, Philosophie oder religiöse Themen zu lesen. So stellte der Direktor des in Berlin beheimateten Archivs der Zionistischen Weltorganisation Georg Herlitz 1928 fest: »Diese kleinen Bibliotheken, die auch in Deutschland noch bis Ende des vorigen Jahrhunderts in jeder Synagoge kleiner Gemeinden anzutreffen waren und in Osteuropa wohl noch heute in jeder ›frommen Schul‹ zu finden sind, sind die Vorläufer der jüdischen Gemeindebibliotheken, die heute in einigen großen Gemeinden, besonders Westeuropas, eingerichtet worden sind. Es ist jedoch ein weiter Weg von jenen Synagogenbibliotheken bis zu den Gemeindebibliotheken unserer Zeit, weit nicht im zeitlichen Sinne [...], sondern wegen des bedeutsamen Unterschiedes, der im Umfang und Inhalt zwischen den beiden Arten der Bibliotheken besteht. Jene Synagogenbibliotheken enthielten die Bücher des Judentums, in denen sich dieses seinem Wesen und Inhalt nach dem Kenner selbst darstellte, während die Gemeindebibliotheken von heute zwar jene auch, aber daneben und vor allem Bücher von und über das Judentum zur Belehrung von Laien als Bestand aufweisen.«[10]

Berlin bildete das Zentrum der modernen Bibliotheksgründungen in Deutschland. Bereits 1895 entstand hier der ›Verein Jüdische Lesehalle und Bibliothek‹, dessen mehrfach vergrößerte Lesehallen bald eine jährliche Besucherzahl von 24 000 aufwiesen.[11] 1920 wurde die bis dahin privat getragene Lesehalle als gesonderte Abteilung in die 1902 gegründete Gemeindebibliothek aufgenommen. Bis 1932 wies die Bibliothek der Jüdischen Gemeinde zu Berlin bereits neun Außenstellen in verschiedenen Stadtbezirken mit einer Gesamtzahl von 70 000 Bänden auf.[12] Der Lesesaal der Hauptbibliothek wurde zu einem beliebten Treffpunkt. Hier traf Gershom Scholem erstmals den damals in Berlin lebenden hebräischen Schriftsteller Schmuel Josef Agnon, der, wie Scholem sich später erinnerte, unermüdlich den hebräischen Kartenkatalog durchblätterte, auf der Suche nach »Bücher[n], die ich noch nicht gelesen habe«.[13]

Wie Gershom Scholem diente die Berliner Gemeindebibliothek auch anderen, aus assimiliertem Elternhaus stammenden Juden als wichtige Wegstation auf ihrer Suche nach einem verlorenen Judentum. Der Philosoph Franz Rosenzweig, der fast schon die Taufe genommen hatte, bevor er zu einem der wichtigsten Erneuerer des deutschen Judentums wurde, sah in der Berliner Gemeindebibliothek ein nachahmenswertes Beispiel für andere jüdische Gemeinden, denn dort bestehe selbst für den Laien die Möglichkeit zu »schmökern«: »Neben der üblichen Leihbibliothek ist hier ein Lesezimmer eingerichtet, das an seinen Wänden in offenen Regalen nicht bloß die Folianten enthält, die dem Kenner als unentbehrliches Rüstzeug dienen, sondern auch die

Werke in moderneren Formaten, durch die sich der Nichtkenner den ersten Zutritt in diese Welt eröffnen kann: Geschichtswerke, philosophische Darstellungen des Judentums, moderne Bibelkommentare, endlich – besonders wichtig – die klassischen Sachen in moderner Übersetzung. Also eine Bücherwand für Neugierige. Und diese Neugierde ist heute die natürliche Situation von drei Viertel der Angehörigen einer Großstadtgemeinde.«[14]
Unter den Neuerwerbungen der Berliner Gemeindebibliothek befanden sich zwei bedeutende enzyklopädische Werke, die im Berlin der zwanziger Jahre initiiert und redigiert wurden: das fünfbändige »Jüdische Lexikon« sowie die 1934 beim Band 10 und Buchstaben L abgebrochene »Encyclopaedia Judaica«. Hierfür lieferte Walter Benjamin einen Artikel über Juden in der deutschen Kultur, während Gershom Scholem darin erstmals seine Theorien zur Kabbala systematisch zusammenfaßte. Wichtiger vielleicht noch als die Bedeutung derartiger Einzelbeiträge ist der Gesamtcharakter beider Werke. Sie versuchten, den deutschen Juden eine moderne allumfassende Definition vom Judentum zu geben und sie mit jüdischem Allgemeinwissen auszustatten. Sie sollten sich ihrer jüdischen Bildung nicht mehr schämen, sondern wieder stolz darauf sein, wie Franz Rosenzweig es ausdrückte, der wünschte, daß die jüdischen Lexika neben Konversationslexikon und Klavier jedes jüdische Wohnzimmer schmücken werden.

Künstlerisches und literarisches Schaffen

Eine Woche vor Hitlers Ernennung zum Reichskanzler waren die Notabeln der Jüdischen Gemeinde zu Berlin ein letztes Mal zur Feier eines kulturellen jüdischen Großereignisses mit staatlichen Offiziellen zusammengetroffen. Anlaß war die Eröffnung des Jüdischen Museums am 24. Januar 1933. Als sechs Wochen später eine Delegation des preußischen Kultusministeriums unter Ministerialdirektor Trendelenburg das Museum besuchte und sich »begeistert über die Einrichtung des Museums und den Reichtum an großen jüdischen Kunstwerken und antiken Wertgegenständen, die es beherbergt«, äußerte, nahm sich dies bereits als der Epilog eines vergangenen Kapitels jüdischer Kulturblüte aus.[15] Nur wenige Straßenzüge entfernt war die ausgebrannte Reichstagsruine zu sehen, und der Ehrenvorsitzende des ›Jüdischen Museumsvereins‹, Max Liebermann, war soeben als Ehrenpräsident der Preußischen Akademie der Künste zurückgetreten.
Während die offizielle Eröffnung des Museums mit dem Ende der Weimarer Republik zusammenfiel, reichen seine Ursprünge bis in die Zeit ihrer Geburtswehen zurück. Im Jahre 1917 wurde die Kunstsammlung der Jüdischen Gemeinde erstmals für die Öffentlichkeit zugänglich gemacht. In zwei kleinen Räumen der Jüdischen Gemeinde und verwaltet von ihrem Bibliothekar, Moritz Stern, führte sie allerdings ein stiefmütterliches Dasein, bis im Jahre 1927 der Kunsthistoriker Karl Schwarz zu ihrem Direktor ernannt wurde. Unter Schwarz' dynamischer Leitung wuchs die Zahl der Gemälde zwischen 1928 und 1932 von 20 auf 80 und die der Zeremonialgegenstände im selben Zeitraum von 227 auf 348 an.

Wichtiger noch als die zahlenmäßige Entwicklung war die inhaltliche Schwerpunktsetzung des entstehenden Museums. Seine Aufgabe bestand nicht nur darin, vergangene Zeiten lebendig werden zu lassen, sondern den schöpferischen Geist der eigenen Zeit aufzuzeigen und zu fördern. So stellte die Eingangshalle des Museums selbst eine programmatische Aussage dar. Hier waren neben den Büsten Moses Mendelssohns und Abraham Geigers Objekte zeitgenössischer deutsch-jüdischer Künstler versammelt: Arnold Zadikows Skulptur »David«, Lesser Urys biblische Porträts »Jeremias« und »Moses« sowie Jakob Steinhardts »Prophet« aus dem Jahre 1912, der seinen Ruhm als expressionistischer Maler begründete. Im Gegensatz zu der vor allem auf antike Münzen und mittelalterliche Zeremonialgegenstände aufgebauten Kunstsammlung, die Schwarz 1928 übernommen hatte, stand nun moderne Kunst im Vordergrund. Schwarz ging noch einen Schritt weiter, indem er unermüdlich betonte, daß sein Museum lebendige Kunst schaffen helfen sollte. Zur Erfüllung dieses Zieles entwickelten Künstler wie Ludwig Jehuda Wolpert moderne jüdische Zeremonialgegenstände, die in der Kunstsammlung bzw. dem entstehenden Museum ausgestellt wurden.

Die Idee eines Jüdischen Museums war relativ neu. Erst kurz vor der Jahrhundertwende hatten sich andernorts die ersten jüdischen Museumsvereine gegründet. Dies mag damit zu tun haben, daß jüdische Kunst vor dem 19. Jahrhundert weitgehend auf zeremonielle Kunst beschränkt war. Besonders im Bereich der bildenden Künste gab es kein jüdisches Äquivalent zu der sich in der christlichen Gesellschaft seit der Renaissance herausbildenden Malerei. Die einzige bedeutende Ausnahme stellte die Buchkunst dar. Mittelalterliche hebräische Texte wurden vielfach von farbenreichen Illustrationen geschmückt, die sowohl christliche wie auch jüdische Künstler anfertigten. So war es sicherlich kein Zufall, daß der Bereich der Buchkunst auch während der Weimarer Republik eine bedeutende Rolle in der Entwicklung der jüdischen Kunst spielte.

In Berlin lebende Graphiker wie Hermann Strack, Joseph Budko und Jakob Steinhardt gestalteten traditionelle und moderne jüdische Texte, von Bibelneuausgaben bis zu Arnold Zweigs »Ostjüdischem Antlitz« mit Illustrationen zu jüdischen Themen. In Berlin hatte auch die 1925 gegründete bibliophile ›Soncino-Gesellschaft für die Freunde des jüdischen Buches‹ – benannt nach der bekanntesten italienisch-jüdischen Druckerfamilie – ihren Sitz. Ursprünglich auf 500 Mitglieder beschränkt, mußte sie wegen der großen Nachfrage bald auf 800 ausgedehnt werden und gehörte damit zu den größten bibliophilen Gesellschaften der Weimarer Republik. Etwa die Hälfte ihrer Mitglieder lebte in Berlin. Unter ihnen war auch der Schriftsteller Arnold Zweig, der zu den treibenden Kräften der ›Soncino-Gesellschaft‹ gehörte, die auch eines seiner Dramen in bibliophiler Ausgabe herausbrachte. Die insgesamt 82 Veröffentlichungen der Gesellschaft reichten von Liedern Süßkind von Trimbergs bis zu Schmuel Joseph Agnon, von David Friedländers »Lesebuch für Jüdische Kinder« aus dem 18. Jahrhundert bis zur Übersetzung eines modernen jiddischen Romans. Die zweifellos wichtigste Veröffentlichung war eine vollständige Pentateuch-Ausgabe, mit der zum ersten Mal seit dem 18. Jahrhundert eine völlig neue hebräische Schrifttype entwickelt wurde.[16]

Ähnlich wie bildende Künstler versuchten auch Musiker in zunehmendem Maße, eine spezielle jüdische Ausdrucksform ihrer Kunstgattung zu kreieren. Sie griffen besonders gern auf ›authentische‹ jüdische Musik zurück, was in der Praxis zumeist osteuropäische jüdische Volksweisen oder jemenitische Melodien bedeutete. Hierbei ist die Säkularisierung der im Deutschland des 19. Jahrhunderts vor allem als synagogale Liturgie bekannten jüdischen Musik ins Auge stechend. Während die Synagogen am Sabbat oft leerstanden, füllten sich nun die Konzertsäle am Sonntag zu einer Matinee jüdischer Musik. In der jüdischen Presse entstanden eigenständige Sparten zur jüdischen Musik, deren Veranstaltungskalender für Berlin zumeist prall gefüllt waren. So konnte etwa Alice Jacob-Loewenson, die führende Kritikerin auf diesem Gebiet, auf einen ereignisreichen jüdischen Musikwinter 1928/29 zurückblicken, in dem jiddische Theatermusik aus Rußland, ›Neue Jüdische Musik‹ und Synagogenchöre aus Deutschland sowie jüdische Komponisten aus Amerika zu hören waren. Zudem boten die Jüdische Volkshochschule und die Schule der jüdischen Jugend Abendkurse zum Thema »Jüdische Musik« an. Auch in den Synagogen wurde in diesen Jahren musikalisch experimentiert. Komponisten liturgischer Musik – allen voran der Berliner Dichter, Zeichner und Tonsetzer Arno Nadel – traten mit modernen Melodien hervor, Radiosendungen übertrugen erstmals Feiertagsgottesdienste, und in der Berliner Reformgemeinde gab es ein Debüt besonderer Art: »Schallplattengottesdienste« mit klassischen jüdischen Weisen, aber auch christlichen Komponisten von Bach bis Bruckner, ersetzten hier mitunter Kantor und Organisten.[17]

Beschreiten wir den Bereich der Literatur, so finden wir zwar zahlreiche in Berlin lebende jüdische Schriftsteller, doch weniger Berliner jüdische Charaktere in ihren Werken. Arnold Zweig, der 1923 von Bayern nach Berlin zog, beschrieb die Juden Osteuropas und Palästinas; Lion Feuchtwanger, der Zweig zwei Jahre später nachfolgte, zeichnete Porträts von württembergischen Hofjuden und altjudäischen Rebellen; Else Lasker-Schüler porträtierte sich als Jussuf von Theben, und selbst ein ›Urpreuße‹ wie der Lektor des S. Fischer Verlags, Moritz Heimann, bevorzugte den talmudischen Helden Rabbi Akiba als Stoff für ein Drama zu jüdischer Thematik. Dennoch gab es auch Versuche, Berlins Juden literarisch zu porträtieren. Sammy Gronemanns Satire »Tohuwabohu« (1920) schildert wirklichkeitsnah unterschiedliche jüdische Kreise vom ostjüdischen Zionisten bis zum getauften Landgerichtsdirektor, doch blieb die Rezeption seines Werkes auf einen kleinen, zumeist zionistisch orientierten Kreis beschränkt. Einen ebenso begrenzten Leserkreis hatte Adolf Sommerfelds im ›Scheunenviertel‹ spielender Kriminalroman »Das Ghetto von Berlin«. Georg Hermann, der zu Beginn des Jahrhunderts mit der Geschichte Jettchen Geberts das jüdisch-bürgerliche Milieu des 19. Jahrhunderts so meisterhaft festgehalten hatte, widmete sich nun der Beschreibung zeitgenössischer jüdischer Kreise, doch hatte er den Zenit seines Wirkens in den Zwanzigern bereits überschritten. Nun waren schrillere Töne gefragt: Die exotisch anmutenden Ostjuden in Döblins »Alexanderplatz« und Tucholskys gänzlich assimilierter »Herr Wendriner« stellten die beiden Gegenpole des Berliner Judentums dieser Zeit dar. Die einen ein deutsch gefärbtes Jiddisch sprechend und in ihrer Tracht und ihrem Gehabe geheimnisvoll fremd wirkend. Der andere mit allen antisemitischen Stereotypen des

›typischen Juden‹ ausgestattet (materialistisch, unmoralisch, egozentrisch) und dennoch ein ›nichtjüdischer Jude‹. Derselbe Wendriner, der seine Frau betrügt, seinen Kindern eine autoritäre Erziehung angedeihen läßt und um seine Aktien besorgt ist, taucht in einer der bissigsten Kurzgeschichten Tucholskys 1930 als Schutzjude auf, der mit einer gelben Karte ein nationalistisches und antisemitisches Regime gutheißt: »Na, jedenfalls herrscht Ordnung. Also, Ordnung herrscht mal.«[18]

Tucholsky war nicht der erste, der die Machtergreifung von Antisemiten literarisch vorwegnahm. Schon 1922 hatte der Österreicher Bruno Bettauer seinen Erfolgsroman »Die Stadt ohne Juden« geschrieben, der wenige Jahre später auch zum Erfolgsfilm wurde. War Bettauers Geschichte von der Vertreibung (und letztlichen Rückholung) der Wiener Juden noch als »utopischer Roman« untertitelt, so wählte der Berliner Autor von Abenteuergeschichten, Arthur Landsberger, für sein Remake »Berlin ohne Juden« 1925 bereits den Untertitel »tragische Satire«. Die in ihren Büchern beschriebene Tragik machte nicht vor dem Leben der beiden Autoren halt. Bettauer wurde 1925 von einem österreichischen Antisemiten erschossen, Landsberger nahm sich – wie die prominenten Berliner Juden in seinem Roman – das Leben, als 1933 sein literarisches Szenario zur Realität wurde.

Antisemitismus spielte auch eine Rolle in dem skandalträchtigsten Werk eines Berliner Juden, das sich mit dem jüdischen Leben der Stadt beschäftigte. Walter Mehrings »Der Kaufmann von Berlin« erlebte im September 1929 seine Uraufführung auf der zweiten, eben begründeten Piscator-Bühne am Nollendorfplatz. Wie Shakespeares Shylock, so war auch der »Kaufmann von Berlin«, der Ostjude Simon Chajim Kaftan, Täter und Opfer zugleich. »Ein Bejaher des Kapitalismus, der am Kapitalismus zugrunde geht«, hieß es im Programmheft.[19] Mehrings Stück vom plötzlichen Aufstieg und ebenso raschen Fall des zwischen ›Scheunenviertel‹ und Potsdam agierenden Kaftan war ein Angriff gegen Kapitalismus und Antisemitismus zugleich. Und es stellte ein Unikum in sprachlicher Hinsicht dar: Im Gegensatz zu den sonst gewöhnlich in pseudojiddisch gefärbtem Deutsch sprechenden Darstellern ostjüdischer Rollen war Kaftans Part tatsächlich in Jiddisch geschrieben und gespielt. Hierfür hatte Mehring die jiddische Sprache studiert und Piscator eigens einen jiddischsprachigen Schauspieler aus New York, Paul Baratoff, nach Berlin bringen lassen. Die Theaterkritiker mokierten sich letztlich nicht nur über die angebliche Unverständlichkeit der Sprache, sondern auch über die sich stets in Bewegung befindende »Drei-Klassen-Bühne« mit ihren Aufzügen, die der Bauhauskünstler Moholy-Nagy entworfen hatte.

Mehr als diese an Äußerlichkeiten fixierte Kritik trug jedoch die Empörung der konservativen Presse über die angebliche Verhöhnung deutscher Soldaten zum Mißerfolg der Aufführung bei. Nicht nur die deutschnationale Presse entrüstete sich über die Szene, in der drei Straßenkehrer die Leiche eines Soldaten aus dem Weg räumen, auch der ›Centralverein deutscher Staatsbürger jüdischen Glaubens‹ protestierte. Wen mag's wundern, hatte sich Mehring doch auch kritisch mit der Abneigung vieler deutscher Juden gegenüber den ostjüdischen Zuwanderern auseinandergesetzt. Die Juden des ›Scheunenviertels‹ leben in Mehrings Drama in dauernder Angst vor den deutschen Juden, die sie der Komplizenschaft mit antisemitisch gesinnten deutschen Behörden verdächtigen und die sie nicht länger als Glaubensbrüder betrachten: »Dos sennen doch garnit ka Jidn! – Assimilierte! Assimilazje!«[20] Diese Polarisierung zwischen Ostjuden und deutschen Juden zu generalisieren, wäre jedoch verfehlt. Gerade in jenen Kreisen der Assimilierten, aus denen Mehring und Döblin, Arthur Landsberger und Arnold Zweig stammten, regte sich während der Weimarer Jahre ein neuartiges Interesse an ›authentischer‹ jüdischer Kultur in den jüdischen Sprachen Hebräisch und Jiddisch. Gefördert wurde es durch die Anwesenheit hebräisch- und jiddischsprachiger Intellektueller im Berlin der zwanziger Jahre.

Hebräische und jiddische Kultur

»Kein Ostjude geht freiwillig nach Berlin«, schrieb Joseph Roth Mitte der zwanziger Jahre in seinem Essay »Juden auf Wanderschaft«. »Berlin ist eine Durchgangsstation, in der man aus zwingenden Gründen länger verweilt.«[21] Das Berliner ›Scheunenviertel‹, in dem sich nach dem Ersten Weltkrieg die ostjüdischen Einwohner konzentrierten, wurde zwar zum wichtigsten Zentrum ostjüdischer Ansiedlung in Deutschland, in dem man zwischen koscheren Restaurants und jüdischen Buchgeschäften die jiddische Sprache hören und schwarze Kaftane und Schläfenlocken beobachten konnte. Jedoch bildete sich hier keine moderne populäre jüdische Kultur heraus, die sich mit der New Yorker East Side, mit dem Londoner East End oder dem Pariser Pletzl vergleichen konnte, wo eine Vielzahl jiddischer Tageszeitungen, Theatergruppen und politischer Organisationen bestand.

Berlins Bedeutung in der ostjüdischen Emigration zu Beginn der zwanziger Jahre lag anderswo: Hier sollte unter einer kleinen Bevölkerungsgruppe für wenige Jahre das Zentrum einer neuhebräischen Kultur entstehen. Alles, was in der hebräischen Literatur Rang und Namen hatte, weilte zumindest für kurze Zeit in Berlin. Hebräischschreibende Dichter und Erzähler, Historiker und Philosophen gründeten hier ihre Verlage und Zeitschriften, hielten ihre Lesungen und öffentlichen Reden. Auch diese Emigranten kamen ›aus zwingenden Gründen‹ aus Osteuropa nach Berlin. In der Sowjetunion war die hebräische Sprache als ›elitär‹ verpönt, in Polen und anderen Ländern Osteuropas waren antisemitische Vorfälle an der Tagesordnung. Palästina, das natürliche Ziel dieser hebräischen Schriftsteller, bot ihnen noch keine wirtschaftlichen Überlebenschancen. Das Berlin der Inflationsjahre war jedoch der ideale Standort für – vom Ausland finanzierte – literarische Unternehmen wie Verlage und Zeitschriften. Dort fanden sich die Hebraisten nicht nur in unmittelbarer Umgebung der deutschen Kultur der ›Goldenen Zwanziger‹, sondern auch inmitten der russischen Exilkultur.

Die Tradition hebräischer Kultur in Berlin reicht lange vor die Zeit der Weimarer Republik zurück. Es war in Berlin, wo die Haskala, die jüdische Aufklärungsbewegung um Moses Mendelssohn, die ersten Impulse zur literarischen Neubelebung der hebräischen Sprache gab. Mendelssohn selbst veröffentlichte 1755 eine hebräische Zeitschrift, ›Kohelet Mussar‹ (Der Moralprediger).

Erfolgreicher als dieses kurzfristige Experiment war die Initiative seiner Schüler, die 1784 mit dem ›Hameassef‹ (Der Sammler) in Berlin und Königsberg die erste kontinuierlich bestehende moderne hebräische Zeitschrift begründeten und den Grundstein für säkulare hebräische Dichtung legten. Während des 19. Jahrhunderts lebte ihre Tradition einer modernen säkularen jüdischen Kultur in hebräischer Sprache vor allem in Osteuropa fort, doch zu Beginn des 20. Jahrhunderts sehen wir Berlin wieder im Zentrum der hebräischen Sprachbewegung.

Durch antisemitische Gesetze und Ausschreitungen aus Rußland vertrieben, bildeten sich um die Jahrhundertwende in den deutschen Universitätsstädten kleine Kolonien russisch-jüdischer Intellektueller, von denen sich manche die von der zionistischen Bewegung propagierte Modernisierung der hebräischen Sprache zum Ziel gesetzt hatten. Kaffeehäuser wie das ›Monopol‹ und das Café des Westens wurden am Vorabend des Ersten Weltkrieges zum Treffpunkt dieser Hebraisten. So erinnert sich Ittamar Ben-Avi, Sohn des Erneuerers der hebräischen Sprache Elieser Ben-Jehuda und das erste in Neuhebräisch erzogene Kind, an eine hebräischsprachige Ecke im Café Monopol – frequentiert von zahlreichen der bekanntesten hebräischen Schriftsteller dieser Tage.[22] Einen Höhepunkt erlebte die hebräische Sprachbewegung in Berlin vor dem Ersten Weltkrieg mit der Organisation der ersten ›Konferenz für hebräische Sprache und Kultur‹ im Oktober 1909. Einer ihrer Organisatoren war der junge Martin Buber, der aktiv in der zionistischen Bewegung tätig war und sich durch die Herausgabe seiner chassidischen Geschichten bereits einen Namen in der deutschen und deutsch-jüdischen Öffentlichkeit gemacht hatte. Der später an der Hebräischen Universität in Jerusalem lehrende Philosoph mußte seine Begrüßungsrede allerdings in deutscher Sprache abhalten, denn er sei – so betonte er – leider nicht in der Lage, in Hebräisch zu denken.[23]

Stellte Berlin vor dem Ersten Weltkrieg *ein* Zentrum hebräischer Kultur dar, so wurde es während der ersten Nachkriegsjahre *das* Zentrum. Kein Ereignis unterstreicht die Schlüsselstellung Berlins in der modernen hebräischen Literaturbewegung so deutlich wie die Feier anläßlich des 50. Geburtstags des führenden hebräischen Schriftstellers, Chaim Nachman Bialik in der Berliner Philharmonie im Januar 1923. Versammelt waren, neben führenden Vertretern der zionistischen Bewegung und der Jüdischen Gemeinde Berlins, die erlesensten Namen der hebräischen Literatur aus allen Teilen der Welt. Auch die nichtjüdische Öffentlichkeit nahm Kenntnis von den Feierlichkeiten, und ein Bericht über das Ereignis im ›Berliner Tageblatt‹ stellte Bialik in eine Reihe mit den »großen Nationaldichtern« seiner Zeit, dem Russen Maxim Gorki und dem Inder Rabindranath Tagore.[24] Als Bialik ein Jahr vorher aus Rußland – über Polen und die Türkei – nach Berlin gekommen war, wurde er von der dortigen Kolonie hebräischer Schriftsteller enthusiastisch begrüßt. Bialik zeigte sich von der hebräischen Kultur in der Spreemetropole so sehr beeindruckt, daß er kurz nach seiner Ankunft betonte, in allen Ländern, durch die er bisher gekommen sei, fühlte er eine Trennwand zwischen ihm und seiner Umgebung, da es dort keine lebendige hebräische Kultur gab, »in Berlin jedoch existiert diese Trennwand nicht«.[25]

In Berlin lebten zu Beginn der zwanziger Jahre Dichter wie Uri Zwi Greenberg und Saul Tschernichowski, Erzähler wie der spätere Nobelpreisträger Schmuel Joseph Agnon, und Wissen-

schaftler wie der Autor einer jüdischen Weltgeschichte, Simon Dubnow, und der Philosoph Jakob Klatzkin. Gleichzeitig wurde die Stadt zum Zentrum des hebräischen Verlagswesens: Bialik gründete hier seinen Dwir-Verlag, der in Israel später zu einem der renommiertesten literarischen Verlage in hebräischer Sprache avancierte, Klatzkin gab in seinem Eschkol-Verlag neben der deutschsprachigen »Encyclopaedia Judaica« auch zwei Bände der ursprünglich geplanten hebräischen Version heraus, und der Philosoph Simon Rawidowicz veröffentlichte in seinem Klal-Verlag Neuausgaben hebräischer Klassiker. Von 1921 bis 1923 erschien das offizielle hebräische Organ der zionistischen Weltorganisation, ›Ha-Olam‹ (Die Welt), in Berlin, wo auch die schönste jemals publizierte jüdische Kunstzeitschrift gleichzeitig in Hebräisch (›Rimon‹, zu deutsch Granatapfel) und Jiddisch (›Milgrojim‹), mit Beteiligung von Künstlern wie Marc Chagall und El Lissitzky, gedruckt wurde. Unweit des Zentrums ostjüdischen Lebens im Berliner ›Scheunenviertel‹ entstand mit dem ›Beth Ha-Waad Ha'iwri‹, dem hebräischen Klub von Berlin, ein intellektueller Treffpunkt, in dem die bekanntesten hebräischen Schriftsteller und Wissenschaftler dieser Zeit zu Lesungen und Vorträgen, Konzerten oder einfach zum Zeitunglesen und Kaffeetrinken zusammenkamen. Kein Wunder also, daß, kurz vor seiner Übersiedlung nach Berlin im Jahre 1922, der Historiker Simon Dubnow, der soeben eine hebräischsprachige Geschichte des Chassidismus für den Druck vorbereitete, in sein Tagebuch notierte: »Berlin ist der einzige Platz in der Welt, wo ich mein literarisches Schaffen in wenigen Jahren vollenden kann.«[26]
Hatte ein Teilnehmer des hebräischen Sprachkongresses 1909 noch feststellen können: »Wir sind inmitten des Rummels und Trubels dieser Stadt völlig verloren; niemand nimmt uns zur Kenntnis«, so bot sich im Nachkriegs-Berlin ein anderes Bild. Zionistische Organisationen hatten damit begonnen, auch unter deutschen Juden die Grundlagen zum systematischen Studium der neuhebräischen Sprache zu legen. Bis 1927 bestanden in über dreißig Städten hebräische Abendschulen, die weitaus größte war in Berlin nach Kriegsende gegründet worden. Die Begegnung zwischen Ost- und Westjudentum nahm in diesen Institutionen eine herausragende Stelle ein. In den hebräischen Sprachschulen unterrichteten ostjüdische Lehrer deutsch-jüdische Schüler. Die in Osteuropa oder Palästina produzierte neuhebräische Literatur erschien zunehmend in deutschen Übersetzungen und deutsch-jüdischen Zeitschriften.
Es kam auch zu einer produktiven Zusammenarbeit zwischen der Kolonie hebräischer Schriftsteller und den Trägern deutsch-jüdischer Kultur. Chaim Nachman Bialik initiierte in seinem Dwir-Verlag die gleichnamige wissenschaftliche hebräischsprachige Zeitschrift, die von Professoren der Berliner Hochschule für die Wissenschaft des Judentums herausgegeben wurde. Der Hebraist Simon Rawidowicz begründete nicht nur einen hebräischen Verlag, sondern arbeitete auch als Bibliothekar der Jüdischen Gemeinde und war an der deutschsprachigen Moses-Mendelssohn-Jubiläumsausgabe beteiligt. Den expressionistischen hebräischen und jiddischen Dichter Uri Zwi Greenberg verband eine innige Freundschaft mit Franz Werfel und Else Lasker-Schüler, deren Gedichte er für hebräische Zeitungen übersetzte. Der im Grunewald lebende Historiker Simon Dubnow veröffentlichte seine monumentale »Weltgeschichte des jüdischen Volkes« zuerst in deutscher Übersetzung, herausgegeben vom Berliner Jüdischen Verlag.

Der spätere Nobelpreisträger Agnon war nach einem kurzen Aufenthalt in Palästina 1912 nach Berlin gelangt und wohnte zwölf Jahre lang in verschiedenen deutschen Städten. Deutschland wurde bald auch die neue Heimat seiner gesamten Familie. Nach und nach kamen alle seine vier Geschwister nach Deutschland, und 1920 heiratete er in Berlin die Tochter eines Königsberger jüdischen Bankiers. Agnons Arbeit in Deutschland wurde durch die regelmäßige finanzielle Unterstützung (über zehn Jahre hinweg) des Kaufhausbesitzers und Zionisten Salman Schocken ermöglicht. Die Beziehung zwischen dem hebräischen Dichter aus Buczacz und dem Kaufmann aus Zwickau (der sich als Autodidakt hebräische Sprachkenntnisse beibrachte und 1931 ein Forschungsinstitut für hebräische Dichtung in Berlin begründete) war eines der faszinierendsten Kapitel der Begegnung von Ost- und Westjudentum. Während Schocken Agnon mit Geld, Nahrungsmitteln und Kleidung versorgte, half Agnon Schocken bei seinen Hebräischversuchen und beim Aufbau einer der bedeutendsten privaten Judaica-Sammlungen des 20. Jahrhunderts, die übrigens noch heute weitgehend in der von Erich Mendelsohn erbauten Schocken-Villa in Jerusalem erhalten ist.
Bereits in den Jahren 1921 und 1922 hatte die hebräische Kolonie in Berlin eine Reihe schwerer Verluste hinzunehmen. Innerhalb kurzer Zeit wurden auf dem Friedhof in Weißensee drei der bekanntesten hebräischen Schriftsteller ihrer Zeit zu Grabe getragen: Micha Joseph Berdyczewski (der unter dem Pseudonym Bin-Gorion auch zahlreiche jüdische Sagen und Legenden in deutscher Übersetzung veröffentlichte), David Frischmann und Schai Isch Hurwitz. Agnons zwölfjähriger Aufenthalt in Deutschland kam 1924 zu einem abrupten Ende, als sein Haus in Bad Homburg der Brandstiftung seines Nachbarn zum Opfer fiel. Nur wenige, wie der Philosoph Simon Rawidowicz – der 1931 in Berlin einen ›Hebräischen Weltverband‹ ins Leben rief – und der Historiker Simon Dubnow, blieben noch bis 1933 in Deutschland.
Die zunehmende Virulenz des Antisemitismus, der Pogrom im Berliner ›Scheunenviertel‹ 1923 und die Ausweisungen von Ostjuden im selben Jahr hatten das Ende der hebräischen Kultur in Berlin eingeleitet. Mindestens ebenso negativ wirkte sich das durch Hjalmar Schachts Einführung der Rentenmark bewirkte Ende der Inflation aus, die Berlin in den vorangegangenen Jahren zum Zentrum des hebräischen Verlagswesens gemacht hatte. »Es war Dr. Schacht, der Bialik aus Berlin vertrieb«, umschrieb Bialiks junger Freund Rawidowicz die Auswirkungen dieser wirtschaftlichen Entwicklung.[27]
Während der zweiten Hälfte der zwanziger Jahre war Berlin vor allem auf Gastspiele hebräischer Kultur angewiesen – wie jene der ersten hebräischen Theatertruppe, der in Moskau beheimateten (und heute als Israels Nationaltheater fungierenden) ›Habimah‹, die im Herbst 1929 gastierte. Die enthusiastischen Reaktionen auf ihre Vorstellungen selbst unter weitgehend assimilierten deutschen Juden übertrafen jegliche Erwartungen der Organisatoren. Alfred Kerr, selber kein Anhänger des Zionismus, war fasziniert von Schauspielern, die wieder den »den alten Laut, Bibel-Laut, der mir leider fremd ist, [sprechen] – obschon man, aller Abstammungswahrscheinlichkeit nach, als Cousins Erzengel in der Familie hat, und Heerscharen und so«. Für Kerr blieben die ›Habimah‹-Gastspiele »etwas lebenslang Unvergeßbares«. Max Reinhardt fand sie »hin-

reißend«, und Albert Einstein schrieb an die ›Habimah‹-Truppe: »Ihre Leistung war von wahrhaft monumentaler Größe und vermittelte mir wohl den größten Eindruck, den ich bisher in einem Schauspiel erlebt habe.« Der Wiener Schriftsteller Richard Beer-Hofmann, dessen Drama »Jaákobs Traum« in hebräischer Version aufgeführt wurde, gestand ein, daß hier eine »zärtliche, fast liebende Hand mein Werk nach ihrem ureigensten Empfinden umzuformen versuchte [...]. Hier waren Menschen, die mit meinem Wort sich in Schmerz und Hoffnung sangen, mit meinem Wort vor Gott traten, um zu beten [...]. Ich bin dankbar, daß so Seltenes mir einmal gegeben wurde.« Keiner der Erwähnten verstand auch nur einen hebräischen Satz, und dennoch ging für sie von der hebräischen Sprache eine ungeheuere Faszination aus. Für alle diese höchst akkulturierten deutschen Juden verkörperte Hebräisch die Wiederentdeckung einer, bei sich selbst verloren geglaubten, jüdischen Authentizität.[28]

›Habimah‹ war nicht die einzige jüdische Theatertruppe, die in den zwanziger Jahren Deutschland bereiste. Neben hebräischem Theater erlebte das Berliner Theaterpublikum auch Gastspiele der beiden hochwertigsten jiddischen Theatergruppen Osteuropas: des Moskauer Jüdischen Staatstheaters und der Wilnaer Truppe, die zu einem Teil in den frühen zwanziger Jahren sogar in Berlin beheimatet war. Wie bereits im Fall der ›Habimah‹ begeisterten sich jüdische Stimmen von Alfred Kerr bis Alfred Döblin und von Max Reinhardt bis Joseph Roth für das jiddische Theater. Wofür Franz Kafka ein Jahrzehnt früher noch belächelt wurde, fand nun Widerhall in den Kreisen des Berliner jüdischen Bürgertums: die Bewunderung für eine scheinbar ungeschliffene Sprache und unverfälschte Mimik – kurz das, was Joseph Roth ausdrückte, wenn er meinte, »jüdischere Juden« auf der Bühne zu sehen. Wie Döblin in der Mitte des Jahrzehnts bei seiner »Reise in Polen« festgestellt hatte, bedeutete die Konfrontation mit der Welt des Ostjudentums gleichzeitig das Kennenlernen eines attraktiveren Judentums: »Ich habe es nicht gekannt, glaubte das, was ich in Deutschland sah, die betriebsamen Leute wären die Juden, die Händler, die in Familiensinn schmoren und langsam verfetten, die flinken Intellektuellen, die zahllosen unsicheren unglücklichen feinen Menschen. Ich sehe jetzt: das sind abgerissene Exemplare, weit weg vom Kern des Volkes, das hier lebt und sich erhält.«[29]

In den letzten Jahren der Weimarer Republik erlebte Berlin mit dem ›Kaftan‹-Kabarett Maxim Sakaschanskys kurzzeitig eine eigene jüdische Bühne. Ihr Programm wurde bereits vom drohenden politischen Unheil mitbestimmt. Es war Alfred Döblins Bruder Hugo, der in einer Vorstellung im Herbst 1930 einen großen Sack mit der Inschrift »107« über die Bühne schleppte: ein allegorischer Hinweis auf die Last, die die junge Demokratie an der nach den Septemberwahlen 1930 auf 107 Reichstagsabgeordnete angewachsenen NSDAP zu tragen hatte.[30]

Die jiddische Kultur Berlins beschränkte sich keineswegs auf die Bühne, und es wäre vermessen, hier auch nur einen ungefähren Überblick zu versuchen. Neben jiddischen Zeitschriften und Verlagen, Erwachsenenbildungsseminaren und politischen Organisationen muß jedoch die Gründung einer Institution besonders hervorgehoben werden. Die Geburtsstunde der systematischen wissenschaftlichen Erforschung des osteuropäischen Judentums schlug – entgegen einer bis heute vorherrschenden Meinung – nicht im ›litauischen Jerusalem‹ Wilna, sondern in der deutschen Metropole, wo im August 1925 eine Gruppe ostjüdischer Intellektueller um den Historiker Elias Tcherikower und den Demographen Jacob Lestschinsky, die bereits vorher am gleichen Ort ein ›Ostjüdisches Historisches Archiv‹ ins Leben gerufen hatten, das ›Jiddische Wissenschaftliche Institut‹ (YIVO) gründeten. Aufgrund des drohenden Wegzugs vieler ostjüdischer Intellektueller wurde zwar Wilna nach langen Diskussionen zum ersten Sitz des Instituts, doch seine beiden wichtigsten Abteilungen – die historische und die ökonomische – blieben in Berlin beheimatet. Das YIVO versuchte, sich mit deutschsprachigen Broschüren und einer Vortragsreihe der deutsch-jüdischen Öffentlichkeit ins Bewußtsein zu bringen. Diese Bemühungen waren jedoch nicht von Erfolg gekrönt. Selbst nach mehreren Einladungen erschienen keine der erwarteten Vertreter der Wissenschaft des Judentums, und die Veranstalter klagten verbittert: »Entweder wissen die Gelehrten der Wissenschaft des Judentums [Chochmej Jissruel], was wir wollen, und wollen dies nicht, oder sie wollen es gar nicht erst wissen. In jedem Fall haben wir keinerlei Hoffnung mehr [auf ihre Teilnahme].«[31]

Es wäre den Organisatoren des YIVO – ebenso wie denjenigen deutsch-jüdischer Kultur – kaum eingefallen, sich über Desinteresse der nichtjüdischen Öffentlichkeit zu beschweren. Daß diese – von einzelnen Ausnahmen abgesehen – keinen Anteil an der jüdischen Kultur der Weimarer Zeit nahm, schien nur allzu normal. Sicherlich, ein wenig Unterstützung hätte man gerade im wissenschaftlichen Sektor gutgeheißen, versagten doch deutsche Universitäten der Wissenschaft des Judentums konsequent die Errichtung eines Lehrstuhls. Doch im allgemeinen war es wenig umstritten, daß Konzerte und Ausstellungen zu jüdischen Themen interne jüdische Angelegenheiten waren und daß jüdische Buchgeschäfte und Verlage weitgehend auf orthodox-jüdische und zionistische Kundenkreise angewiesen waren.

Die Herausbildung einer eigenständigen jüdischen Kultur bedeutete keineswegs eine Ghettoisierung. Vielmehr handelte es sich um den Versuch einer sich nicht nur als religiös verstehenden Minderheit, ihre kulturelle Eigenart zu bewahren bzw. neu zu definieren. Gleichzeitig war es selbstverständlich für die Initiatoren jüdischer Bildungssysteme und literarischer Einrichtungen, an den Belangen der Gesamtgesellschaft aktiv teilzuhaben. Zu einer Ghettoisierung kam es erst 1933, als Juden aus dem deutschen Kulturleben ausgeschlossen wurden. Die Gründung des ›Kulturbunds‹ oder die Belebung des Erwachsenenbildungssystems und jüdischer Verlage waren zwar auf dem festen Fundament der jüdischen Kultur aus den Weimarer Tagen gebaut, können jedoch nicht als deren Fortsetzung verstanden werden. Es handelte sich nun nicht mehr um eine freiwillige Gemeinschaft, sondern um eine Zwangsgemeinschaft, die unter ständigem Druck von außen agieren mußte.

1 Zitiert nach: Siegmund Kaznelson (Hg.), Juden im deutschen Kulturbereich, Berlin 1959, Vorwort.
2 Vgl. Michael Brenner, The Renaissance of Jewish Culture in Weimar Germany, Yale 1995 (im Druck).
3 Neue Jüdische Monatshefte 1919, S. 400.
4 Mitteilungsblatt der Israelitischen Gemeinde Bremen, 1. 4. 1930.
5 Gemeindeblatt der Jüdischen Gemeinde zu Berlin, Oktober 1930, S. 462. Zu den Schülerzahlen vgl. Handbuch der jüdischen Gemeindeverwaltung und Wohlfahrtspflege 1913, sowie Führer durch die jüdische Gemeindeverwaltung 1932–1933, S. 512–515. Siehe auch Selma Schiratzki, The Rykestraße School in Berlin, in: Leo Baeck Institute. Year Book V (1960), S. 299–307. Über das Gymnasium von Adass Jisroel s. Max Sinasohn, Adass Jisroel Berlin. Entstehung, Entfaltung, Entwurzelung, 1869–1939, Jerusalem 1966, S. 58. Zu Bayern vgl. Claudia Prestel, Jüdisches Schul- und Erziehungswesen in Bayern 1804–1933, Göttingen 1989, S. 135–139.
6 Jüdisches Echo, 28. 2. 1919, S. 112.
7 Gershom Scholem, Von Berlin nach Jerusalem. Jugenderinnerungen, Frankfurt/Main 1977, S. 192.
8 Franz Kafka, Briefe 1902–1924, hg. v. Max Brod, New York 1958, S. 470.
9 Fritz Bamberger, Julius Guttmann – Philosopher of Judaism, in: Leo Baeck Institute. Year Book V (1960), S. 11.
10 Der Orden Bnei Briss. Festschrift zum Ordenstage, o. O. (Oktober 1928), S. 171.
11 Ost und West, Februar 1905, S. 137–142 und November 1908, S. 683–688.
12 Verwaltungsbericht des Vorstands der Jüdischen Gemeinde zu Berlin 1926–1930, S. 26–27.
13 Scholem, S. 118.
14 Franz Rosenzweig, Zweistromland. Kleinere Schriften zu Glauben und Denken, hg. v. Reinhold und Annemarie Mayer, Dordrecht 1984, S. 511–512.
15 Karl Schwarz, »Berliner Jüdisches Museum«, unveröffentl. Ms., Leo Baeck Institute, New York, Robert Weltsch Sammlung AR 7185, S. 21. Die Entstehungsgeschichte des Museums findet sich detailliert in Hermann Simon, Das Berliner Jüdische Museum in der Oranienburger Straße, Berlin 1988, S. 7–23.
16 Zur Soncino-Gesellschaft vgl. Abraham Horodisch, Ein Abenteuer im Geiste: Die Soncino-Gesellschaft der Freunde des jüdischen Buches, in: Bibliotheca Docet. Festschrift für Carl Wehmer, Amsterdam 1963, S. 181–209.
17 Siehe hierzu: Jüdisches Jahrbuch für Groß-Berlin 1931, S. 66–71. Loewensons Auswahl musikalischer Ereignisse findet sich in: Berliner Jüdische Zeitung, 13. 10. 1929, S. 2–3. Zu Übertragungen jüdischer Musik im Berliner Radio, s. Israelitisches Familienblatt, 17. 10. 1929, sowie Central Archives for the History of the Jewish People, P 1/16.
18 Kurt Tucholsky, Gesammelte Werke, hg. v. Mary Gerold-Tucholsky und Fritz J. Raddatz, Reinbek 1975, S. 237–240.
19 Theater heute, Nr. 10, Oktober 1979, S. 22.
20 Walter Mehring, Der Kaufmann von Berlin, Düsseldorf 1979, S. 162.
21 Joseph Roth, Juden auf Wanderschaft, Köln 1985, S. 47.
22 Ittamar Ben-Avi, Im Shachar Atzma'utenu (hebr.), Tel Aviv 1961, S. 147.
23 Über hebräische Kultur im Vorkriegs-Berlin s. Stanley Nash, In Search of Hebraism. Shai Hurwitz and His Polemics in the Hebrew Press, Leiden 1980.
24 Berliner Tageblatt, 17. 1. 1923, S. 2.
25 Beth wa-ad. Kli-mabato schel beth-wa'ad ha-iwri be-Berlin (hebr.) 1. 1. 1922, S. 5.
26 Zitiert nach: Elias Hurwicz, Shai Ish Hurwicz and the Berlin He-Atid, in: Leo Baeck Institute. Year Book XII (1967), S. 99.
27 Shimon Rawidowicz, Sichotai im Bialik (hebr.), Jerusalem 1983, S. 73.
28 Kerr: Jüdische Rundschau, 29. 10. 1929, S. 608; Beer-Hofmann: Jüdische Rundschau, 29. 9. 1929, S. 545; Einstein und Reinhardt: Habima, hg. v. Kreis der Freunde des Habima, Berlin o. J.
29 Alfred Döblin, Reise in Polen, München 1987, S. 137.
30 Ruth Klinger, Die Frau im Kaftan. Lebensbericht einer Schauspielerin, hg. v. Ludger Heid, Gerlingen 1992, S. 98.
31 Elias Tcherikower und Nachum Shtif an das Wilnaer YIVO-Büro (jidd.), 5. 3. 1926, in: YIVO-Bleter 46 (1980), S. 33–34.

Das Berliner liberale jüdische Bürgertum im ›Centralverein deutscher Staatsbürger jüdischen Glaubens‹

Arnold Paucker

Sie waren Berliner oder Wahlberliner. Sie waren bürgerliche Juden und Liberale. Sie betätigten sich im ›Centralverein deutscher Staatsbürger jüdischen Glaubens‹ und vertraten in einem energischen Abwehrkampf die Interessen ihrer angegriffenen und schließlich immer stärker gefährdeten Glaubensgemeinschaft.

Die Wahlberliner oder ›Zuwanderer‹ in die Metropole kamen aus Schlesien oder Posen, gelegentlich auch aus dem Rheinland. Potsdam zählen wir ganz einfach zu Berlin – schließlich wurde auch Charlottenburg erst nach dem Ersten Weltkrieg eingemeindet! Gewiß waren die ›Zugezogenen‹ auch nicht untypisch für die allgemeine jüdische Binnenwanderung und die Anziehungskraft der Großstadt. Jedenfalls wurde das Wirkungsfeld aller in diesen Betrachtungen erscheinenden liberalen bürgerlichen Juden früher oder später die Hauptgeschäftsstelle des Centralvereins in Berlin.

Und in Berlin sind sie auch alle gestorben, sofern ihnen die »Gnade der frühen Geburt« vergönnt war. Sonst starben sie nach 1933 im Exil, wenn sie sich rechtzeitig gerettet hatten, oder gingen in den Todeslagern des Ostens zugrunde.

I

Liberale bürgerliche Juden haben am 26. März 1893 den ›Centralverein deutscher Staatsbürger jüdischen Glaubens‹ (C.V.) gegründet. Seine vierzigjährige Geschichte (wir ziehen den Schlußstrich im Jahre 1933, obwohl der C.V. noch einige Jahre – bis zum endgültigen Verbot aller jüdischen Organisationen 1938 – mit zumeist anderen Aufgaben weiterexistierte) kann hier nur in großen Zügen angedeutet werden.[1] Der Leser sei auf die weitgespannte Literatur über diese, die größte und wichtigste, deutsch-jüdische Organisation verwiesen. Diese Literatur ist in den letzten dreißig Jahren so angewachsen, daß hier nur die wichtigsten Studien verzeichnet werden können.[2] Das Phänomen dieser Konjunktur in der C.V.-Historiographie zeugt eben von der Bedeutung dieser jüdischen Abwehrorganisation in der Geschichte Deutschlands und des deutschen Judentums.

Es waren die Antisemitismuswellen des späten 19. Jahrhunderts, die den Centralverein ins Leben riefen. Dem waren andere jüdische und nichtjüdische Versuche, der Judenfeindschaft zu begegnen, vorangegangen, und die Gründung des christlichen liberalen ›Vereins zur Abwehr des Antisemitismus‹ im Jahre 1890 forderte dazu heraus, daß die Juden nunmehr ihre eigene Sache in die Hand zu nehmen hatten.[3] Die vollen staatsbürgerlichen Rechte hatten sie im kaiserlichen

Deutschland ohnehin nie erreicht. Doch nun drohte sogar die Gefahr, daß vorhandene Rechte beschnitten oder vollends zunichte gemacht werden sollten.
Der schnell wachsenden jüdischen Abwehrorganisation erwuchsen mannigfaltige Aufgaben. Sie mußte dem Antisemitismus entgegensteuern und tat dies durch Aufklärung und Appelle an die Vernunft. Diese ›Bekehrungsversuche‹ hatten nur mäßigen Erfolg und sind oft genug als Zeitverschwendung kritisiert worden. Der Centralverein mußte fortschrittlich gesinnte, ›philosemitische‹ Politiker unterstützen, die in jüdischen Belangen ›zuverlässig‹ waren, und diese Intervention in die deutsche Politik zeigte zuweilen auch Ergebnisse. Der C.V. schritt gegen Rechtsverstöße ein und bemühte sich zudem, jüdische Rechte auszuweiten und bei den Behörden zu interpellieren. Schließlich mußte er die Gerichte anrufen – und es läßt sich schon sagen, daß in Monarchie wie Republik in diesem Bereich am meisten erreicht wurde, jedenfalls so lange, bis eine antisemitische Massenpartei vor der Regierungstür stand. In allen diesen Bemühungen genoß der Centralverein die Unterstützung eines liberalen jüdischen Bürgertums.
Im Jahre 1912 erhob sich der gewaltige innerjüdische Zionismusstreit[4], der trotz mancher später Kompromisse nie wirklich beigelegt wurde. Der C.V. klagte die zionistische Minderheit stets an, mit ihrem Postulat eines jüdischen Volkstums die auf dem Deutschtum beruhende Abwehrstrategie des C.V. zu untergraben, und dabei blieb es eben.
Mit dem Kriegsausbruch 1914 wurde der ›Burgfrieden‹ mit den Antisemiten verkündet und die Parole »Mit Gut und Blut fürs Vaterland« ausgegeben. Die patriotischen deutschen Juden rasten in die Mobilisierungsämter, und die Zionisten standen ihnen nicht nach. Dieser Burgfrieden wurde schnell von antijüdischer Seite durchbrochen, und ein Resultat war die berüchtigte ›Judenzählung‹ von 1916[5], die natürlich nur ergeben konnte, daß die Juden an der Front ihre vaterländische Pflicht erfüllten.
Der verlorene Krieg brachte eine neue Welle des Antisemitismus, mit ›Dolchstoßlegende‹, ›jüdischen Verrätern‹ und allem unsinnigen Zubehör. Der Centralverein hatte alle Hände voll zu tun. Es kamen ›Judenrepublik‹ und ›Judenverfassung‹ – wobei sich C.V. und so manche liberale Juden anfangs mit der Republik ein wenig schwer taten, denn obwohl zumeist in der linksliberalen Opposition, waren sie doch monarchistisch vorbelastet.[6] Das währte nicht lange, aus Vernunftrepublikanern wurden in der Mehrheit begeisterte Republikaner – die jüdische Rechtsgleichheit war endlich erreicht.
Es waren dann jüdische Funktionäre, die – wie ihre Kollegen im ›Reichsbanner Schwarz-Rot-Gold‹ – als erste das Anwachsen der NSDAP registrierten[7] und es ernstnahmen. Ihre vergeblichen Bemühungen, die demokratische Öffentlichkeit gegen den Faschismus zu mobilisieren, sind hinlänglich bekannt. Die Propagandaoffensive gegen die NSDAP – eine Kampagne, die den Centralverein vor die gänzlich neue Aufgabe stellte, mit modernen Methoden eine so mächtige antisemitische Massenbewegung anzugreifen – ist ebenfalls oft beschrieben worden. Dann kam die Katastrophe, die die kleine jüdische Abwehr gewiß nicht verhüten konnte. Doch hatte sie ihre Schuldigkeit getan, was sich von vielen deutschen Demokraten nicht gerade sagen läßt.

II

Alle Historiker des Centralvereins haben hervorgehoben, wie hier hochassimilierte, von der deutschen Kultur genährte, liberale jüdische Bürger in die jüdische Selbstverteidigung getrieben wurden. Sie glaubten an den Fortschritt und die Vernunft und daran, daß Aufklärung die Auswüchse des Rassenhasses beseitigen würde. Sie verloren nie den Glauben an das ›andere‹ Deutschland. Diese deutschen Juden waren von einem tiefen Patriotismus erfüllt, und das Postulat von der ›unbeirrten Pflege deutscher Gesinnung‹ wurde von ihnen und ihren Nachfolgern konsequent vertreten – bis zu dem Tage, an dem diese ›jüdische Gesinnung‹ von den braunen Despoten staatlich untersagt wurde. Gerade diese Menschen waren es, die von den Anfeindungen am tiefsten getroffen wurden und die dann den Weg zurück zu einem kämpferischen Judentum fanden. Es fand damit ein entscheidender jüdischer Bewußtseinswandel statt. In der historischen Literatur ist zu Recht stets von dieser Transformation von ›Randjuden‹ zu ›Trotzjuden‹ die Rede. Gleichzeitig entstand im C.V. jedoch auch ein neues ›Berufsjudentum‹. Begabte Akademiker und gewiefte Juristen, denen in der deutschen Politik nur ungenügend Raum geboten wurde, konnten hier nützlich beschäftigt werden. Viele von ihnen hätten gewiß dem Liberalismus – wohl als Politiker zweiter Garnitur – recht viel zu geben gehabt, und einige erreichten auch eine Doppelbeschäftigung in den liberalen Parteien, aber die Möglichkeiten blieben beschränkt und existierten eher auf lokaler Ebene. Jüdische Intellektuelle, die – des Liberalismus überdrüssig – zur Sozialdemokratie stießen, fanden in der aufsteigenden Arbeiterbewegung erheblichen politischen Spielraum. Sie waren in der SPD und später in der KPD bestens untergebracht. Die im Liberalismus Verwurzelten hingegen fanden vielfach im ›Hauptstabsquartier‹ des Centralvereins in Berlin ein angemessenes Wirkungsfeld, eine Art ›Ersatzkarriere‹. In der Reichshauptstadt spielten sich die wichtigsten politischen Kämpfe ab. Dort wurden Kampagnen geplant, wurde auf Regierungsebene verhandelt oder antichambriert. Es war eine andere Art der politischen Betätigung, aber sie erfüllte die neuen C.V.-›Beamten‹ mit Wichtigkeit und Würde.

III

Die Profile einiger der tonangebenden C.V.ler seien nun hier in ganz gedrängter Form nachgezeichnet. Eine derartige Skizze der Menschen, die den Verein ein halbes Jahrhundert hindurch verkörperten, versinnbildlicht gleichzeitig die Transformation der Organisation; eine Wandlung, wenn auch nicht völlig in der Repräsentanz, jedenfalls jedoch in der Tagespolitik; eine gewisse Verdrängung der zunächst die Marschroute bestimmenden Berliner bürgerlichen Geheim- und Kommerzienräte durch in Berlin operierende, antifaschistisch politisierte, bürgerliche Funktionäre.

Es war der Berliner Publizist und Theaterdirektor Raphael Löwenfeld (1854–1910), der 1893 die zündende Parole von der jüdischen ›Selbsthilfe im Lichte der Öffentlichkeit‹ ausgab. Daß dieser deutsche Kulturträger, ein Jude, der sein Leben der Idee widmete, in seinen Schiller-Theatern dem einfachen Mann die klassischen Werke der deutschen Literatur zu vermitteln[8], mit seiner Schrift »Schutzjuden oder Staatsbürger?«[9] den Hauptantrieb zur Gründung des Centralvereins gab, bleibt geradezu symbolisch für die jüdische Abwehr. An der tagtäglichen Berliner Arbeit des Vereins hatte er später nur geringen Anteil. Das ›Manifest‹ des Centralvereins geschaffen zu haben, ist Löwenfelds bleibendes Verdienst.

Der langjährige Erste Vorsitzende des Centralvereins wurde der Berliner Anwalt Maximilian Horwitz (1856–1917).[10] Man ist versucht, ihn und den im gleichen Jahr geborenen Eugen Fuchs (s. u.) als die ›Centralvereins-Zwillinge‹ zu bezeichnen. Alle Nachschlagewerke (die Biographien sind dürftig) sprechen von ihnen als engen Freunden. Fuchs erscheint stets als die geistige C.V.-Vaterfigur, Horwitz als das taktische Ausführungsorgan. Letzterer war das energische und wirkungsvolle Haupt der jüdischen Abwehr im wilhelminischen Deutschland. Von ihm stammt übrigens der Überlieferung nach (von etwa 1894)[11] das stets vom C.V. verwandte Gleichnis, daß die Juden als Stiefkinder des deutschen Staates doppelt artig und bescheiden zu sein hätten. Dieser fatale Vergleich wäre eine eigene Abhandlung wert.

Der in Oberschlesien gebürtige und schon früh nach Berlin gezogene Jurist Eugen Fuchs (1856–1923)[12] war nur kurze Zeit, in den Wirren von Krieg und Revolution 1917-1919, Vorsitzender des Centralvereins. Aber ihm gebührt unzweifelhaft der Rang des C.V.-Chefideologen. Seine grundlegenden Schriften wie »Glaube und Heimat« und »Um Deutschtum und Judentum« besagen viel mehr als ihre Titel. Von einem Nationaljudentum wollte Fuchs nichts wissen. Seine Theorie vom jüdischen Stamm im deutschen Volksbereich ist nunmehr gewiß veraltet. Aber die weltanschaulichen Thesen dieses verdienstvollen Mannes waren der damaligen Phase des jüdischen Abwehrkampfes gemäß.

Ein weiterer Berliner Justizrat, Julius Brodnitz (1866–1936)[13], wurde 1904 Vorsitzender der Rechtskommission des Centralvereins. Die ausgedehnten Aktivitäten des C.V., um die antisemitischen Missetäter vor die deutschen Gerichte zu zitieren, können hier nicht geschildert werden. Brodnitz wurde, nach dieser langjährigen Tätigkeit, nach dem Ausscheiden von Eugen Fuchs 1920 der Erste Vorsitzende des Centralvereins; ein Amt, das er bis zu seinem Tode ausübte. Mit der Ernennung von Ludwig Holländer zum Direktor (s. u.) besaß der C.V. nunmehr ein Verwaltungs-Team, das zuweilen als ›konstitutionelle Monarchie‹ bezeichnet worden ist – mit Holländer als Ministerpräsidenten. Dies soll die Verdienste von Brodnitz nicht schmälern, der unter anderem Mitbegründer der ›C.V.-Zeitung‹ und des Philo-Verlages war – wirkungsvolle Werkzeuge in der Bekämpfung der Judenfeindschaft.

Ein anderer Berliner Rechtsanwalt, der Charlottenburger Ludwig Holländer (1877–1936), wurde 1908 Syndikus und 1921 (bis 1933) Direktor des Centralvereins. Damit bekleidete er eine neu geschaffene Position, die der gewachsenen Bedeutung des C.V. entsprach. Deutsche Lexika stufen Holländer (wie den C.V. insgesamt) als deutsch-national ein[14], ein Begriff, mit dem in der Bewertung jüdischer politischer Einstellungen noch immer gröbster Unfug getrieben wird. Gewiß war er eher ein Anti-Zionist – und nur so ist diese Einschätzung zu verstehen. Hitler wurde bereits 1923 von Holländer prophetisch als Volksverräter abgekanzelt. Im übrigen war der C.V.-Direktor, ganz passend, Mitglied des Vorstands der liberalen Berliner DDP. Es bleibt das Verdienst Alfred Hirschbergs (s. u.), uns eine zuverlässige Würdigung der umfassenden Abwehrtätigkeiten Holländers geliefert zu haben.[15]

Der Potsdamer Alfred Wiener (1885–1964)[16], Syndikus des Centralvereins zwischen 1923 und 1933, war eine erstaunliche Kombination von Konservativismus und Antifaschismus. Gerade weil er sich als Patriot in seinem Deutschtum zutiefst getroffen fühlte, widmete er sich der Bekämpfung des Gesamtprogramms des nationalsozialistischen Feindes und entwickelte neuartige Propagandamethoden, die von denen der alten C.V.-Elite beträchtlich abwichen. Als Berliner Organisator dieses Feldzugs gegen die NSDAP mußte Wiener Deutschland 1933 sofort verlassen. Er gründete in Holland eine Propagandastelle gegen das NS-Regime, die später nach London überführt und zur Wiener Library wurde. Die von ihm aufgebauten Sammlungen wurden schließlich zu einem Hauptarsenal der alliierten Kriegspropaganda.

Der Berliner Journalist und langjährige Dezernent des Centralvereins Art(h)ur Schweriner[17] tendierte schon früh zur Sozialdemokratie, und es war nachweisbar er, der schon um 1924 die SPD mit der aus C.V.-Material hergestellten Streitschrift »Was muß das schaffende Volk vom politischen, wirtschaftlichen, religiösen Juden- und Rassenhaß des reaktionären Faschismus wissen?«[18] versorgte. Diese Broschüre bleibt ein erstaunliches Zeugnis eines konsequenten frühen Antifaschismus. Ab 1929 redigierte Schweriner das getarnte, derb-antifaschistische Kampfblatt ›Alarm‹, mit dem der Centralverein, ohne direkt als Urheber in Erscheinung zu treten, die NSDAP mit Geschick und beißender Ironie bekämpfte.[19]

Ein anderer Exponent der neuen Kampfmethoden gegen den deutschen Faschismus war Hans Reichmann (1900–1964)[20], der jüngeren C.V.-Generation zugehörig. Zuerst als Rechtsschutz-Dezernent tätig, spielte er dann eine entscheidende Rolle in den C.V.-Aktivitäten gegen die NSDAP. War Wiener ein Initiator der neuen Propaganda, so war Reichmann der eigentliche Schöpfer des sogenannten ›Büro Wilhelmstraße‹, des getarnten und vom C.V. separat gehaltenen Propagandabüros, das drei Jahre lang die demokratischen Parteien mit Materialien, Informationen und Flugblättern gegen die NSDAP versorgte und das nie aufgedeckt wurde.[21] Im Exil wurde Reichmann nach dem Krieg ein energischer Vertreter der Interessen des vertriebenen deutschen Judentums.

Der rührige Journalist Alfred Hirschberg (1901–1971)[22], zunächst Leiter der Jugendabteilung im Berliner Centralverein, wurde schon früh – ebenso wie Alfred Wiener und Hans Reichmann – in die intensive Arbeit gegen die aufsteigende NSDAP und in antifaschistische Propagandaaktionen eingespannt. Er wurde später C.V.-Direktor und Syndikus, und dann, bis zu deren Verbot im Jahr 1938, der letzte Chefredakteur der ›C.V.-Zeitung‹. Aus dem Exil in Brasilien hat er später Wesentliches zur Aufarbeitung der Geschichte des Centralvereins beigetragen.

Der Kölner Ernst Gottfried Lowenthal (1904–1994)[23] siedelte schon als junger Mann nach Berlin und in die Hauptgeschäftsstelle des Centralvereins über. Er war dort ab 1928 Fachreferent und – ein begabter Journalist – später stellvertretender Chefredakteur der ›C.V.-Zeitung‹. Weniger bekannt ist, daß er noch 1932, ein Jahr vor der Machtübernahme Hitlers, die letzte und beste Ausgabe des »Anti-Anti« redigierte, eine Materialsammlung für Redner und Referenten zur Bekämpfung des Judenhasses.[24] Aus dem Exil zurückgekehrt, wurde er in seinem letzten Lebensabschnitt – mit seinem vorbildlichen C.V.-Archiv – zum zentralen Ratgeber für die Historiographie über den Centralverein.

Die einzige Überlebende der letzten Generation der C.V.-Funktionäre ist die Wahlberlinerin Eva G. Reichmann (geb. 1897)[25], die heute im 99. Lebensjahr in London wohnt, aber ihrer Wahlheimatstadt stets die Anhänglichkeit bewahrt hat. Sie war ab 1924 die jüngste Dezernentin in der Berliner Hauptgeschäftsstelle und später die Schriftleiterin der Zeitschrift ›Der Morgen‹. Eva Reichmann ist eine der bedeutendsten Frauengestalten, die das deutsche Judentum in diesem Jahrhundert hervorgebracht hat. Ihr Standardwerk »Flucht in den Haß«[26] ist nicht nur eine unübertroffene Soziologie der deutschen Judenfeindschaft, sondern auch – beseelt vom liberalen Gedankengut des Centralvereins – ein Buch, das jeder lesen muß, der verstehen will, warum der C.V. und die deutschen Juden den Kampf um ihre Rechte letztendlich verloren haben.

Mit der Würdigung dieser wenigen müssen wir es hier bewenden lassen.[27] Andere Berliner Liberale, wie F. Simon[28], der Autor der zweiten Gründungsschrift, und Martin Mendelssohn[29], zu Anfang kurzfristig Vorsitzender des Centralvereins, gehören zu den Gründervätern, die im wilhelminischen Deutschland Beachtliches für die jüdische Selbstverteidigung geleistet haben. Viele Berliner Funktionäre in der Weimarer Republik, die hier namenlos bleiben müssen, haben – wo sie nicht entkommen konnten – den Verlust der Schlacht gegen den deutschen Antisemitismus mit dem eigenen Leben bezahlt.

IV

Als ein oberstes, aber oft umgangenes Gesetz galt für vierzig Jahre die Centralvereins-Parole von der parteipolitischen Neutralität der deutschen Juden. In der Praxis wurde diese regelmäßig von der Berliner Hauptgeschäftsstelle des C.V. ausgegebene Losung nie befolgt, weder von der Mitgliedschaft noch vom deutschen Judentum allgemein. Streng verboten war nur die Wahlunterstützung von Antisemiten, eine Anweisung, der man ebenfalls zuweilen nicht nachkam, wenn der andere Kandidat (jedenfalls noch im wilhelminischen Deutschland) ein sozialistischer ›vaterlandsloser Geselle‹ war. Dieses Verhalten wurde aber gewiß vom Berliner C.V.-Hauptquartier stark gerügt. Jedenfalls – es gebe keine Partei der deutschen Juden, so hieß es eben!

Tatsächlich aber gab es sie doch. Gewiß, es läßt sich belegen, daß die jüdischen Wähler in Kaiserreich und Republik buchstäblich alles wählten, von Konservativen und später zuweilen sogar Deutschnationalen über die Nationalliberalen, die Deutsche Volkspartei, Fortschritt / Freisinn / DDP, bis hin zur Sozialdemokratie und den Kommunisten. Und mit Einschränkungen (für ganz links und ganz rechts) galt dies auch für die Centralvereins-Funktionäre und das Fußvolk. Doch natürlich gab es die Partei des deutschen Judentums in Gestalt von Fortschritt/Freisinn und später der Deutschen Demokratischen Partei – auch wenn man, was jüdische Belange anbetrifft, mit den Linksliberalen nicht immer zufrieden war. Dies konnte man im übrigen bei vielen deutschen Parteien mit Recht beanstanden. Daß die Führerschaft des Centralvereins mit den Parteien des Linksliberalismus innigst verbunden war und zuweilen auch in ihnen wirkte, wenn auch nicht gerade im ersten Glied, ist belegt und erwiesen. An der Gründung der DDP nach der Novemberrevolution waren bekanntlich auch viele prominente Juden beteiligt. Und an der Erkenntnis, daß die jüdischen Wähler im Reichsmaßstab (so verschieden auch das Bild regional ausfallen mag) zu fast zwei Dritteln ein halbes Jahrhundert lang ihre Stimmen für den Linksliberalismus abgaben, wird keine weitere, selbst die tiefgründigste, Analyse rütteln können.[30] Besonders die Berliner liberalen Juden hielten ihrem Liberalismus – dem Linksliberalismus – die Treue, solange es ihn eben gab. Dies war ihre Partei, und selbst als die DDP 1930 zerbrach, mochten sich viele nicht von ihrer fragwürdigen Nachfolgerin, der Staatspartei, lossagen, die aus dem Zusammenschluß von Teilen der DDP mit dem nationalistisch und antisemitisch verbrämten Jungdeutschen Orden entstanden war.[31] Für die Mehrheit gerade der Berliner liberalen jüdischen Bürger war der Zeitpunkt des Bruches jedoch gekommen. Gerade in der Reichshauptstadt liefen die Juden nunmehr scharenweise zur SPD über – wobei wir hier nicht von Mitgliedschaft oder parteipolitischer Aktivität reden, obgleich es auch dies gab, sondern vom oft wohlüberlegten Gang zur Wahlurne – dies läßt sich bei aller Vorsicht ungefähr abschätzen und durch Memoiren von Zeitgenossen belegen.[32] Die bürgerlichen Berliner Juden und ihr Anwalt, der Centralverein, hatten mit dem Zusammenbruch der DDP ihre Partei verloren.

Sprechen wir generell von den politischen Optionen und/oder dem Wahlverhalten der überwiegend mittelständischen jüdischen Gemeinschaft, so ist eine vor über dreißig Jahren in Großbritannien veranstaltete Erhebung unter ehemaligen deutschen Juden sehr aufschlußreich für ihre Orientierungen in der letzten Phase der Weimarer Republik. Diese um 1963 vom Londoner Leo-Baeck-Institut unternommene Enquete wurde in Verbindung mit den Arbeiten für einen ersten großen Sammelband zur politischen Geschichte der Juden in Deutschland durchgeführt, der die letzten Jahre der Republik behandelte.[33] Der Verfasser hatte die Darstellung der Abwehrtätigkeit des Centralvereins übernommen, und im Verlauf dieser Arbeit stieß er immer wieder auf das Problem der Zusammenarbeit des C.V. mit den deutschen politischen Parteien, der vom C.V. ausgegebenen Wahlparolen, sowie die Frage, inwieweit diese von den jüdischen Wählern überhaupt befolgt wurden. Die Umfrage wurde später ganz zu Recht von der Forschung kritisiert. Mit einer derartig begrenzten Zielgruppe lassen sich gewiß keine gültigen oder endgültigen Resultate für das Wahlverhalten der jüdischen Gesamtbevölkerung erzielen. Schon 1985 wurde das Bild zurechtgerückt und vor allem belegt, daß der Linksruck der deutschen Juden 1932 weniger stark war als angenommen.[34] 1993 hat ein junger deutscher Historiker erneut bewiesen, um wieviel komplizierter und differenzierter das Wahlverhalten der Juden in der Weimarer Republik war.[35]

Aber gerade die Beschränkung dieser Umfrage sagt viel aus über den Centralverein und das liberale Berliner Judentum. Genau 100 Personen wurden befragt, die zu fast 70 % – zuletzt jedenfalls – in Berlin ansässig gewesen waren. Über 65 % waren Mitglieder des C.V. gewesen, viele von ihnen als Aktivisten und Funktionäre, und standen nun dem Londoner Leo-Baeck-Institut nahe. Es waren fast ausschließlich bürgerliche Juden in der Altersgruppe von 50 bis 70 Jahren – von Jungwählern des Jahres 1932 bis zu denen, die schon im wilhelminischen Deutschland ihre Stimmen – zumeist für Fortschritt/Freisinn – abgegeben hatten. Hier sind nun die so oft kritisch unter die Lupe genommenen Resultate:[36]

Bis 1930: DDP 64 %; SPD 28 %; DVP 4 %; KPD 4 %.

Nach 1930 (d. h. 1932): Staatspartei 19 %; SPD 62 %; DVP 3 %; KPD 8 %; Zentrum 5 %; Stimmenthaltungen 3 %.

Auf die bereits damals vorhandenen Vorbehalte des Verfassers und die zum Teil ganz berechtigten Einwände gegen die verwendete Methodik kann hier nicht weiter eingegangen werden. Zwischen den Juli- und Novemberwahlen 1932 hätte sorgfältiger unterschieden werden müssen (unter Juden wie Nichtjuden gab es bedeutsame Verschiebungen in der Stimmenabgabe); Bayern, wo auch ein Sonderverhältnis zwischen dem C.V. und der Bayerischen Volkspartei bestand, war ausgeklammert – und schließlich war eine derartig drastische Abwanderung der liberalen deutschen Juden zu SPD und KPD, selbst nach dem völligen Zusammenbruch der liberalen Mitte, in ganz Deutschland sogar für 1932 einfach unvorstellbar.

Aber eines bleibt beachtlich: So stimmten zweifelsohne, wie man mit einigen Einschränkungen sagen kann, die Berliner Juden des Centralvereins. Aus welchen Gründen sie es auch immer taten – es lag weder an ihren wirtschaftlichen Interessen, noch entsprach es der ›altehrwürdigen‹ Assoziation des C.V. In diesem Sinne verdient das Resultat doch, festgehalten zu werden. Es ist aber ebenso aufschlußreich, daß eine Reihe der Befragten unumwunden zugab, nunmehr dreißig Jahre später, als wahlberechtigte Bürger Großbritanniens, ihren Klasseninteressen gemäß konservativ zu wählen. In der Krise der deutschen Demokratie hatten die Betreffenden für die Sozialdemokratie optiert, einige von ihnen sogar für die KPD – nun war ihnen eine Labour Party nicht mehr genehm. Die Conservative Party, nicht antisemitisch und damit kaum mit der deutschen Rechten vergleichbar, wurde für sie eine Art politischer Exil-Heimat. Zwar handelte es sich hierbei keineswegs um die Mehrheit der Befragten, aber das Verhalten dieser Minderheit gehört eben auch in das Bild der liberalen, im Centralverein verankerten Juden, das wir hier zu skizzieren versuchen.

V

Der Centralverein behauptete stets ganz energisch, sehr schnell zur berufenen Mehrheitsvertretung der deutschen Juden geworden zu sein und diese Position jedenfalls bis zur nationalsozialistischen Machtübernahme eindeutig behauptet zu haben. Seine Historiker stimmen darin überein, daß die politische Arbeit des C.V. die Unterstützung von über 60 % der jüdischen Bevölkerung genoß. Dies beweist zum einen deutlich, daß das deutsche Judentum eben nicht ahnungslos von seinen Feinden überrumpelt wurde, und zum anderen, daß die C.V.-Losungen von der unbeirrten Pflege deutscher Gesinnung und dem unerschütterlichen Bekenntnis der deutschen Juden zum deutschen Vaterland zum Lebensinhalt der meisten deutschen Juden gehörten. Aber es belegt ebenfalls, und dies gilt in besonders starkem Maße gerade für das Berliner jüdische Bürgertum, daß viele Juden zunehmend bereit waren, eine aggressive Bekämpfung der NSDAP zu unterstützen. Nun waren die deutschen Juden eine bürgerliche Gemeinschaft, und dem deutschen Bürgertum blieb und bleibt zu Recht, wenn es um antifaschistische Verhaltensweisen geht, an Vorwürfen wenig erspart. Aber zu meiner stets verfochtenen These – daß das liberale deutsche Judentum trotz aller inneren Widerstände und trotz so mancher schwerwiegender Fehler in seiner prekären Lage in der Endphase der Weimarer Republik eine ganz beachtliche antifaschistische Leistung vollbracht hat – stehe ich nach wie vor unbeirrt.

Wenn wir aber eine antifaschistische Einstellung der mittelständischen liberalen Juden, gerade im Fall der Funktionäre des Centralvereins, postulieren, dann dürfen wir andererseits die Entgleisungen und Sünden der Vergangenheit nicht ignorieren, die sich vornehmlich am Beispiel Italien illustrieren lassen. Denn gerade der (vor 1938) nicht antisemitische Faschismus Mussolinis hat so manche biederen deutsch-jüdischen Liberalen verführt. Offenbar ging es also auch ›ohne‹, und das wollte man den Repräsentanten der deutschen Faschismus-Variante tüchtig unter die Nase reiben. Selbst der Centralverein ist sich für derartige Spitzfindigkeiten aus taktischen Gründen gelegentlich nicht zu schade gewesen. Das deutsche Judentum schwebte in größter Gefahr, und man griff zu jeder Beweisführung. Solche Tüfteleien lassen sich natürlich nicht rechtfertigen. Auch liberale Persönlichkeiten, die dem C.V. nahestanden, wie der Chefredakteur des ›Berliner Tageblatts‹, Theodor Wolff, oder der Vielbiograph Emil Ludwig, haben sich vorübergehend ein wenig an der Sonne Mussolinis erwärmt. Man sollte alles dies nicht unterschlagen. Wirklich charakteristisch für das liberale deutsche Judentum war es jedoch nicht.

Da gerade dem jüdischen Bürgertum später oft vorgeworfen wurde, es wäre im Falle eines nichtantisemitischen Nationalsozialismus begeistert auf den Triumphwagen der ›Nationalen Erhebung‹ geklettert, läßt sich durchaus eine Hypothese entwickeln, was gewesen wäre, wenn ... Wäre die deutsche Rechte oder der Konservativismus von jeher, oder jedenfalls seit den Befreiungskriegen, ausgesprochen philosemitisch gewesen; hätte die Linke – Radikale, Demokraten, Sozialisten, Kommunisten – stets einheitlich oder überwiegend die jüdische Emanzipation und Gleichberechtigung verworfen und später die jüdische Gemeinschaft in Bausch und Bogen als Träger eines volksschädlichen Kapitalismus verdammt – der Vorstellungskraft würde sich ein weites Feld bieten. Denn in einer solchen Situation wäre es natürlich denkbar gewesen, daß sich das deutsche Judentum später in der Weimarer Republik fast geschlossen auf die Seite der politischen Rechten geschlagen hätte, sich sogar vorwiegend rechts von der Deutschen Volkspartei angesiedelt hätte, und dann – wer weiß, was 1933 geschehen wäre? In einem derartigen Gesellschaftsgefüge hätte es wohl kaum ein liberales Judentum gegeben, und man wäre ohne den liberalen Centralverein ausgekommen; stattdessen wäre wohl eine Front- oder Abwehrstellung nach links nötig geworden. Zu solchen müßigen Spekulationen wird man durch aberwitzige revisionistische ›Geschichtsschreiber‹ herausgefordert; ein vernünftiger Historiker kann nicht mit ihnen arbeiten. Die politische Entwicklung Deutschlands wies den deutschen Juden einen gänzlich anderen Weg.

VI

Die umfangreiche Archivtätigkeit im Berliner ›Hauptstabsquartier‹ des Centralvereins verdient fast eine eigene Abhandlung. Was hier vierzig Jahre lang, emsig und mit einer wahren Besessenheit, zusammengetragen wurde, erreichte Dimensionen, über die wir erst heute genauer unterrichtet sind. Buchstäblich jeder Fetzen Papier wurde aufgehoben, bearbeitet, katalogisiert und registriert. Die wichtigsten Dinge wurden ausführlich zu Protokoll genommen. Preußische Gründlichkeit – man ist fast versucht, von Zucht und Ordnung zu sprechen – war das oberste Gesetz.

Wäre alles erhalten geblieben, so besäßen wir heute eine detaillierte Dokumentation über alle Aspekte der umfangreichen Tätigkeit des Centralvereins, von der Rechtsschutzarbeit bis zur Aufspürung jeder politischen Regung des deutschen Antisemitismus, und zudem eine Bestandsaufnahme des Aufkommens und der Verbreitung der NSDAP, die ihresgleichen suchen würde. Zudem hätten wir ein genaues Bild der inneren Kämpfe und Auseinandersetzungen im C.V. selbst – von politisierten Berliner Bürgern mit großer Hingabe zornig ausgetragen.

Als die Beschäftigung der Historiker mit dem jüdischen Abwehrkampf um 1960 einsetzte, war die vorhandene Dokumentation beschränkt. Die Forschung stützte sich auf lückenhafte Archivbestände und unvollständiges Schriftgut – nur die Publikationen und Zeitschriften, die Berliner ›C.V.-Zeitung‹, die von der Berliner Leitung regelmäßig versandten Instruktionen, die ›Führerbriefe‹, und andere Anweisungen an die Funktionäre waren mehr oder weniger komplett. Die Hauptarchive, im November 1938 im Centralverein und im Berliner Gesamtarchiv der Deutschen Juden, galten als endgültig verloren. Die Gestapo hatte diese beschlagnahmt, und da sie nach dem Krieg nicht wieder auftauchten, galten sie als durch Kriegshandlungen zerstört. Hinzu kam, daß gewisse Archivbestände in der ehemaligen DDR den meisten Forschern verschlossen blieben. Polizeiarchive, die Auskunft geben konnten über die Zusammenarbeit etwa zwischen der preußischen Polizei und den jüdischen Organisationen im Kampf gegen den Rechtsextremismus, wurden (wie z.B. das in Potsdam) nicht geöffnet, weil die Abteilung 1A der Berliner Polizei, die hauptsächlich zuständig war, sich auch mit der KPD befaßte. All dies ist nun zugänglich, aber es geht hierbei nur um relativ kleine Bestände.

Wie aber die meisten Historiker und Studenten der jüdischen Geschichte wissen, stellte sich nach dem Zusammenbruch der Sowjetunion heraus, daß die großen jüdischen Archive eben nicht vernichtet, sondern mit vielen anderen deutschen Archiven von der Roten Armee sozusagen

›befreit‹, d. h. erobert und in die Sowjetunion überführt worden waren. Das Auftauchen dieser Archivbestände des Centralvereins ist von einschneidender Bedeutung. Diejenigen, die in Moskau waren und dort kopieren und filmen konnten, sind überwältigt von dieser Masse von geradezu unerschöpflichem Papiergut. Sie gehen oft von der Annahme aus, daß alles erhalten geblieben sei. Ohne Zweifel müssen wir jetzt unsere Befunde einer erneuten Prüfung unterziehen.

Gewisse Einschränkungen sind aber notwendig. Zunächst kann nicht davon die Rede sein, daß ›alles‹ als erhalten gelten kann – obwohl die deutschen Juden ebenso methodisch verfuhren wie ihre ›germanischen‹ Kollegen. Zweifellos ist auch dieses vorhandene Riesenarchiv lückenhaft. Für das wilhelminische Deutschland und die Frühzeit der Weimarer Republik können wir voraussetzen, daß uns alles zur Verfügung steht. Zuverlässige Zeugenaussagen belegen aber, daß der Centralverein in Berlin nach der Machtübernahme Material über den Kampf der jüdischen Abwehr gegen die NSDAP, das die Organisation in den Augen der neuen Machthaber belastet hätte, sofort vernichtet hat.[37] Es fehlt uns also gerade mit das interessanteste Material! Das ist unsere erste Einschränkung. Es gibt aber eine viel wichtigere. Der Centralverein unterhielt ab 1929/30 drei Jahre lang die bereits erwähnte camouflierte Propagandastelle gegen die NSDAP, die unter dem Namen ›Büro Wilhelmstraße‹ in die Geschichte eingegangen ist. Über Erfolg oder Mißerfolg dieses Propagandafeldzugs ist viel geschrieben worden.[38] Jedenfalls ist es eine Kalamität für die Historiker, daß das umfassende Archiv dieser getarnten Organisation, welches völlig separat gehalten werden mußte, nicht mehr besteht. Die Leiter des Büros schafften dieses zweite Archiv im Frühjahr 1933 auf ziemlich abenteuerliche Weise nach Bayern, wo es in der Nähe von München in einer Fabrik eingestampft wurde.[39] Auf diese Aussagen ist völliger Verlaß. In Anbetracht der Spürarbeit des ›Büro Wilhelmstraße‹ und seiner jahrelangen Bemühungen, alle Details über die NSDAP, besonders die Kriminalität ihrer Führung, zusammenzutragen, erlitt nicht nur die jüdische, sondern auch die deutsche Historiographie einen großen Verlust. Also fehlt uns neben kleineren Archivbeständen ein großes Archiv über die rein politische Arbeit des C.V. Andererseits kann man annehmen, daß etwa für die Periode 1893–1928 alles, auch die unwichtigsten Dinge – wie lange Debatten über die Weihnachts- (der C.V. beschäftigte auch viele Nichtjuden) oder Chanukka-Gratifikation für die Angestellten und dergleichen Mumpitz mehr –, der Forschung zur Verfügung steht.[40] Aber dies soll die Sache nicht verniedlichen. Es gab viel Leerlauf, die übliche Büroarbeit, aber eben auch sehr viel von Belang.

Gerade unser Wissen über das Wirken liberaler Juden in Berlin wird nunmehr ergänzt und belebt werden. Zur Geschichte des Centralvereins wird man viele Lücken schließen können – so etwa über den heftigen Meinungsstreit unter den Berliner Liberalen über die ab 1930 notwendig gewordene stärkere Zusammenarbeit mit der SPD und ihre finanzielle Unterstützung. Für die Geschichte des Liberalismus, für die Geschichte Berlins, ist die Auswertung des Archivs des Centralvereins von unschätzbarer Bedeutung.

VII

Mit der Machtübernahme durch den Nationalsozialismus fand die lange Abwehrtätigkeit des Centralvereins ein schnelles Ende. Unter der Diktatur erwuchsen allen jüdischen Organisationen andere Aufgaben. Allerdings lassen sich beim Centralverein gewisse ›Nachwehen‹ der alten Tätigkeit verzeichnen, die von Verbissenheit und Hartnäckigkeit zeugen – man warf eben nicht sofort die Flinte ins Korn. Ein Überbleibsel etwa der alten Methode, gegen ungerechtfertigte Vorwürfe weiter an den gesunden Menschenverstand zu appellieren, war die andauernde Polemik (verhüllt gegen den ›Stürmer‹ gerichtet) gegen die Eselei der Ritualmordbeschuldigungen, ein Versuch der wissenschaftlichen Widerlegung, der noch 1934 mit Elan betrieben wurde.[41] Aber bald mußte man auch dies unterlassen.

Diejenigen Juden, die nunmehr Widerstand gegen das Naziregime leisteten, kamen, von wenigen Ausnahmen abgesehen, gewiß nicht aus den Reihen des Centralvereins. Militanter Widerstand, ein Untergrunddasein war von den bürgerlichen Funktionären des C.V. ohnehin nicht zu erwarten. Soviel sie auch im Kampf gegen den faschistischen deutschen Antisemitismus gelernt hatten, für den illegalen Kampf waren sie ungeeignet und überfordert. Diesen führten nun diejenigen, die für die bürgerliche jüdische Abwehr immer herzlich wenig übrig gehabt hatten, die oft am Rande der jüdischen Glaubensgemeinschaft standen, wenn sie ihr nicht überhaupt den Rücken gekehrt hatten.[42]

Zudem kann sich keiner, der die Geschichte des Centralvereins verfolgt, des Eindrucks einer gewissen Überalterung der Organisation erwehren. Damit sei nicht gesagt, daß ihr völlig der Nachwuchs fehlte. Aber eine Priorität für junge Juden, hier in die Fußstapfen der Vätergeneration zu treten, bestand nun gerade nicht. Schon im wilhelminischen Deutschland hatte es eine Rebellion gegen das spießige Elternhaus gegeben, die viele zum Nationaljudentum und zum Sozialismus führte. Für das Jahr 1932 kann man von einer zweiten Rebellion der jüdischen Jugend sprechen, verursacht durch die Enttäuschung über das Versagen der Demokratie in Deutschland. Wer etwa die jüdische Jugendbewegung, Zionismus und Sozialismus in der Reichshauptstadt studiert, findet eine Absage an alles, was den Vätern so teuer und heilig war – und sehr viel Verachtung für die in den Augen der Jugend nutzlose Beschäftigung mit Unbekehrbaren und Unbelehrbaren. Man muß überhaupt eine vorübergehende Abkehr vom Liberalismus in Teilen des deutschen Judentums konstatieren. Gleichfalls kann man aber sagen, daß diese Abkehr nicht von langer Dauer war und daß es eine völlige Absage an das jüdisch-bürgerliche ›Centralvereins-Elternhaus‹, aus dem fast alle jungen Sozialisten und Zionisten stammten, eigentlich nie gegeben hat. Der Glaube an Toleranz, Vernunft, Humanismus und Liberalismus war von Bestand. Wir wissen von jungen jüdischen Sozialisten und Kommunisten, die ihr Leben im deutschen Widerstand ließen, daß sie der Idee eines freiheitlichen, demokratischen Sozialismus anhingen. Auch viele Zionisten der zweiten Generation aus Deutschland plädierten in Israel stets für Mäßigung und Völkerverständigung. Das alte deutsche Judentum existierte nicht mehr; aber die Werte des liberalen Berliner jüdischen Bürgertums waren eben nicht so leicht abzuschütteln. Sie dauern fort!

1 Für die allgemeine Geschichte des Centralvereins stützt sich diese Schilderung vor allem auf die folgenden Studien des Verfassers: Arnold Paucker, Zur Problematik einer jüdischen Abwehrstrategie in der deutschen Gesellschaft, in: Werner E. Mosse/Arnold Paucker (Hg.), Juden im Wilhelminischen Deutschland 1890–1914, Tübingen 1976, S. 479–548; ders., Die Abwehr des Antisemitismus in den Jahren 1893–1933, in: Herbert A. Strauss/Norbert Kampe (Hg.), Antisemitismus. Von der Judenfeindschaft zum Holocaust, Bonn 1985, S. 143–171; ders., Der jüdische Abwehrkampf gegen Antisemitismus und Nationalsozialismus in den letzten Jahren der Weimarer Republik, 2. verb. Aufl., Hamburg 1969. Genaue Stellenverweise sind hier nur in wenigen Fällen möglich. Die folgenden Werke sind besonders wichtig für das Studium des Centralvereins im wilhelminischen Deutschland: Marjorie Lamberti, Jewish Activism in Imperial Germany. The Struggle for Civic Equality, New Haven 1978; Jehuda Reinharz, Fatherland or Promised Land. The Dilemma of the German Jew, 1893–1914, Ann Arbor 1975; Ismar Schorsch, Jewish Reactions to German Anti-Semitism, 1870–1914, New York 1972.

2 Für die Jahre 1955 bis 1985 siehe die kommentierte Bibliographie in Paucker, Die Abwehr des Antisemitismus, S. 164–171; für 1985 bis 1993 sind alle einschlägigen Studien in den Bibliographien des Leo Baeck Institute. Year Book XXXI–XXXIX (1986–1994), aufgeführt.

3 Barbara Suchy, The Verein zur Abwehr des Antisemitismus (I) – From its Beginnings to the First World War, in: Leo Baeck Institute. Year Book XXVIII (1983), S. 205–239; (II) – From the First World War to its Dissolution in 1933, in: Leo Baeck Institute. Year Book XXX (1985), S. 67–103.

4 Paucker, Zur Problematik einer jüdischen Abwehrstrategie, S. 519–525; und vor allem Reinharz.

5 Werner T. Angress, Das deutsche Militär und die Juden im Ersten Weltkrieg. Dokumentation, in: Militärgeschichtliche Mitteilungen 19/1 (1976), S.77–146; ders., The German Army's »Judenzählung« of 1916. Genesis – Consequences – Significance, in: Leo Baeck Institute. Year Book XXIII (1978), S. 117–137.

6 Dazu Arnold Paucker, Jewish Self-Defence, in: ders. (Hg.), Die Juden im Nationalsozialistischen Deutschland 1933–1943. The Jews in Nazi-Germany 1933–1943, Tübingen 1986, S. 58.

7 Paucker, Der jüdische Abwehrkampf, S. 18.

8 Art. Löwenfeld, Raphael, in: Jüdisches Lexikon, Bd. 3, Berlin 1929, Sp. 1233; Franz Menges, Art. Löwenfeld, Raphael, in: Neue Deutsche Biographie, Bd. 15, Berlin 1987, S. 90f.

9 (Raphael Löwenfeld), Schutzjuden oder Staatsbürger? Von einem jüdischen Staatsbürger, Berlin 1893.

10 Art. Horwitz, Maximilian, in: Jüdisches Lexikon, Bd. 2, Berlin 1928, Sp. 1673f.

11 Paucker, Zur Problematik einer jüdischen Abwehrstrategie, S. 529.

12 Art. Fuchs, Eugen, in: Jüdisches Lexikon, Bd. 2, Berlin 1928, Sp. 841–843.

13 Art. Brodnitz, Julius, in: Jüdisches Lexikon, Bd. 1, Berlin 1927, Sp. 1176; Art. Brodnitz, Julius, in: Joseph Walk (Hg.), Kurzbiographien zur Geschichte der Juden 1918–1945, München 1988, S. 47.

14 Hans Lamm, Art. Ludwig Holländer, in: Neue Deutsche Biographie, Bd. 9, Berlin 1972, S. 537f.

15 Alfred Hirschberg, Ludwig Holländer, Director of the C.V., in: Leo Baeck Institute. Year Book VII (1962), S. 39–74.

16 Eva G. Reichmann, Alfred Wiener – The German Jew, in: The Wiener Library Bulletin XIX,1 (1965), S. 10f.

17 Die genauen Daten Schweriners waren bisher nicht zu ermitteln. Wir wissen aber, daß es Schweriner, nach dem gefahndet wurde, gelungen ist, Deutschland sofort nach der Errichtung der NS-Diktatur zu verlassen.

18 Was muß das schaffende Volk vom politischen, wirtschaftlichen, religiösen Juden- und Rassenhaß des reaktionären Faschismus wissen? Für Redner und Funktionäre herausgegeben von der Sozialdemokratischen Partei Deutschlands/Ortsverein Hannover, Hannover o. J. Zur Analyse der uns vorliegenden Broschüre siehe Arnold Paucker, Self-Defense Against Fascism in a Middle-Class Community: The Jews in Weimar Germany and Beyond, in: Francis R. Nicosia/Lawrence Stokes (Hg.), Germans Against Nazism. Nonconformity, Opposition and Resistance in the Third Reich. Essays in Honour of Peter Hoffmann, New York 1990, S. 59–60.

19 Alarm. Kampfblatt gegen Volksbetrug und Volksverhetzung. Für Freiheit und Recht. Für Wahrheit und Klarheit, Oktober 1929. Das Titelblatt der ersten Nummer dieses seltenen Blattes ist abgebildet in Paucker, Der jüdische Abwehrkampf, S. 160.

20 Council of Jews from Germany (Hg.), Zum Gedenken an Hans Reichmann. 9. März 1900–24. Mai 1964, London 1965; Art. Reichmann, Hans, in: Werner Röder/Herbert A. Strauss (Hg.), Biographisches Handbuch der deutschsprachigen Emigration nach 1933, Bd. 1, München 1980, S. 592.

21 Ausführlich über das Büro Wilhelmstraße siehe Paucker, Der jüdische Abwehrkampf, S. 110–128; Leonidas E. Hill, Walter Gyssling, the Centralverein and the Büro Wilhelmstraße, 1929–1933, in: Leo Baeck Institute. Year Book XXXVIII (1993), S. 193–208.

22 Art. Hirschberg, Alfred, in: Biographisches Handbuch der deutschsprachigen Emigration nach 1933, Bd. 1, S. 301.

23 Art. Lowenthal, Ernst Gottfried, in: Werner Röder/Herbert A. Strauss (Hg.), Biographisches Handbuch der deutschsprachigen Emigration nach 1933, Bd. 2, München 1983, S. 753; Nachrufe in: Allgemeine Jüdische Wochenzeitung, 25. 8. 1994; Der Tagesspiegel, 9. 8. 1994.

24 Anti-Anti: Tatsachen zur Judenfrage, hg. v. Centralverein deutscher Staatsbürger jüdischen Glaubens, 7. erw. und neubearb. Aufl., Berlin 1932.

25 Art. Reichmann, Eva G., in: Biographisches Handbuch der deutschsprachigen Emigration nach 1933, Bd. 1, S. 592; AJR Information, Januar 1987, S. 3–4.

26 Eva G. Reichmann, Die Flucht in den Haß. Die Ursachen der deutschen Judenkatastrophe, Frankfurt/Main o. J. (1956).

27 Ernst Lowenthal, Eva Reichmann, Hans Reichmann und Alfred Wiener gehörten auch zur Gründergeneration des Leo Baeck Institute in London (zur Erforschung der Geschichte der deutschen Juden). Über sie siehe auch Arnold Paucker, History in Exile. Writing the Story of German Jewry, in: Zwischenwelt 4. Literatur und Kultur des Exils in Großbritannien, hg. v. Siglinde Bolbescher, Konstatin Kaiser, Donald McLaughlin u. J. M. Ritchie, Wien 1995.

28 F. Simon, Wehrt Euch! Ein Mahnwort an die Juden. Mit einem offenen Briefe der Frau Baronin Bertha von Suttner an den Verfasser, Berlin 1893.

29 M(artin) Mendelssohn, Die Pflicht der Selbstverteidigung. Eine Rede, Jahresbericht des Vorsitzenden in der ersten ordentlichen Generalversammlung des Centralvereins deutscher Staatsbürger jüdischen Glaubens, Berlin 1894.

30 Das gültige Standardwerk über die politischen Ausrichtungen der deutschen Juden vor der Weimarer Republik bleibt weiterhin Jacob Toury, Die politischen Orientierungen der Juden in Deutschland. Von Jena bis Weimar, Tübingen 1966.

31 P. B. Wiener, Die Parteien der Mitte (zur Judenfrage), in: Werner E. Mosse/Arnold Paucker (Hg.), Entscheidungsjahr 1932. Zur Judenfrage in der Endphase der Weimarer Republik, Tübingen 1965, S. 292–297.

32 Ernst Feder, Heute sprach ich mit ... Tagebücher eines Berliner Publizisten 1926–1932, hg. v. Cécile Lowenthal-Hensel u. Arnold Paucker, Stuttgart 1971.

33 Mosse/Paucker, Entscheidungsjahr 1932.

34 Ernest Hamburger/Peter Pulzer, Jews as Voters in the Weimar Republic, in: Leo Baeck Institute. Year Book XXX (1985), S. 3–66.

35 Martin Liepach, Das Wahlverhalten der jüdischen Bevölkerung: Zur politischen Orientierung der Juden in der Weimarer Republik, unveröff. Diss., Berlin 1993.

36 Diese Enquete war ursprünglich nicht zur Publikation vorgesehen und wurde erst zehn Jahre später veröffentlicht. Arnold Paucker, Jewish Defense against Nazism in the Weimar Republic, in: The Wiener Library Bulletin XXVI, 1/2 (1972), S. 26–27.

37 Paucker, Der jüdische Abwehrkampf, S. 46, 126.

38 Ebd., S. 110–128; Hill.

39 Paucker, Der jüdische Abwehrkampf, S. 126.

40 Avraham Barkai, Der CV im Jahre 1933: Neu aufgefundene Dokumente im Moskauer »Sonderarchiv«, in: Tel Aviver Jahrbuch für deutsche Geschichte XXIII (1994), S. 234, konstatiert: »Nach den Findbüchern und einer flüchtigen Durchsicht läßt sich vermuten, daß hier das Archiv des Hauptbüros für die Jahre 1919–1938 ziemlich vollständig erhalten ist.« Mit den obigen Einschränkungen für die letzten Jahre der Weimarer Republik ist dem zuzustimmen. Bestandteile für das wilhelminische Deutschland könnten auch im Gesamtarchiv der Deutschen Juden sein, wohin C.V.-Bestände früher überführt wurden.

41 Aus dem Titel: Blutlügen: Märchen und Tatsachen, hg. v. Centralverein deutscher Staatsbürger jüdischen Glaubens, Berlin 1929, wurde nach der nationalsozialistischen Machtübernahme: Zur Ritualmordbeschuldigung. Dieser Titel war ›harmloser‹, und einige Angriffe gegen die NSDAP wurden entfernt. Es blieb die gleiche Abwehrbroschüre.

42 Konrad Kwiet/Helmut Eschwege, Selbstbehauptung und Widerstand. Deutsche Juden im Kampf um Existenz und Menschenwürde, 1933–1945, Hamburg 1984; Arnold Paucker, Jüdischer Widerstand in Deutschland. Tatsachen und Problematik, Berlin 1989, und die erweiterte englische Fassung: Jewish Resistance in Germany. The Facts and the Problems, Berlin 1991; ders., Resistance of German and Austrian Jews to the Nazi Regime 1933–1945, in: Leo Baeck Institute. Year Book XL (1995); Wilfried Löhken/Werner Vathke (Hg.), Juden im Widerstand. Drei Gruppen zwischen Überlebenskampf und politischer Aktion. Berlin 1939–1945, Berlin 1993.

Ich bin Ulla B. Weinberg vom Londoner Leo-Baeck-Institut zu großem Dank für ihre Hilfe bei der Vorbereitung des Manuskripts verpflichtet.

Die Reichshauptstadt und die Verfolgung der Berliner Juden 1933–1945

Wolf Gruner

Bis heute, fünfzig Jahre nach Kriegsende, gibt es keine Monographie, die der Verfolgung der größten jüdischen Gemeinde Deutschlands in der NS-Zeit gewidmet ist. Bis auf einzelne Abschnitte in allgemeinen Darstellungen zur Geschichte der Berliner Juden, Erinnerungsberichte oder Untersuchungen von Teilaspekten ist über das Leben der Juden in der Reichshauptstadt und seine Beschränkungen noch immer wenig bekannt.[1] Allerdings erschienen im letzten Jahrzehnt nicht wenige Publikationen, die die Verfolgung aus der Sicht der Juden in einzelnen Berliner Bezirken schildern.[2] Der Vorteil dieser Mikro-Perspektive und ihrer oft sehr anschaulichen Geschichten ist jedoch zugleich ihr Nachteil: Unterschiede zwischen spezifisch Berliner Verfolgungsaspekten und allgemeiner Reichspolitik verschwimmen.

Die einzelnen Phasen der Verfolgung in Berlin zwischen 1933 und 1945 decken sich – oberflächlich betrachtet – mit denen der allgemeinen NS-Verfolgungspolitik.[3] Grundsätzlich gelten auch in Berlin Verdrängung und Vertreibung für den Zeitraum von 1933 bis 1938 sowie Zwangsgemeinschaft und Deportation für den von 1939 bis 1945 als Hauptmerkmale der Verfolgungspolitik. Phasen, wie die der Jahre 1936 und 1937, die bisher im Reichsmaßstab als Abschnitte relativer Ruhe interpretiert wurden, waren jedoch in Berlin angefüllt mit lokalen Verfolgungsaktionen.

In diesem Artikel wird deshalb der Versuch unternommen, die spezifischen Berliner Verfolgungsmaßnahmen, einschließlich der dafür Verantwortlichen und ihrer Motive, in ihrer Abhängigkeit von der Reichspolitik, aber auch in ihrer Wechselwirkung mit dieser Politik darzustellen. Dagegen treten die Schilderungen des individuellen Verfolgungsalltags der Berliner Juden, der Innenseite der jüdischen Gemeindeorganisation, aber auch der zentralen Verfolgungsmaßnahmen, die jeweils eine eigene gründliche Untersuchung verdienen, zurück. Auf der Grundlage neuer Quellenforschungen werden die Entwicklung und konkrete Gestalt der antijüdischen Politik in der Reichshauptstadt Berlin skizziert, wobei das Hauptaugenmerk den besonders in sozialer Hinsicht relevanten, aber bisher wenig bekannten Verfolgungsmaßnahmen gilt.

Die ersten Verfolgungen: Frühjahr 1933 – Frühjahr 1935

Berlin hatte zu Beginn der Errichtung der NS-Diktatur 1933 weit über 160 000 jüdische Einwohner (vgl. Tabelle 1 im Anhang). Diese befanden sich sofort im Brennpunkt antijüdischer Aktionen der NSDAP und der SA, der Politik der Reichsregierung und der Maßnahmen der Berliner Stadtverwaltung. Von ersten Gewaltaktionen und Verhaftungen gegen Gegner des NS-

Regimes waren in Berlin einerseits viele politisch engagierte oder im Behördenapparat tätige Juden betroffen, andererseits die im Berliner ›Scheunenviertel‹ wohnenden überwiegend gläubigen Juden. Die SA veranstaltete dort mehrere Razzien, beispielsweise am 9. März 1933. Juden wurden dabei geschlagen, beraubt und in SA-Lokale oder ›wilde‹ Konzentrationslager verschleppt.[4] SA-Aktionen fanden auch vor öffentlichen Institutionen statt. Mehrere Formationen marschierten am gleichen Tag vor der Berliner Börse auf und verlangten demonstrativ den Rücktritt des »jüdischen Börsenvorstandes«.[5]

Als wenige Tage später, am 13. März 1933, der Redakteur der NS-Zeitschrift ›Der Angriff‹ Julius Lippert – in Goebbels' Worten – »zum Kommissar über Berlin« ernannt worden war[6], leitete er unverzüglich erste administrative Schritte der Stadtverwaltung gegen Juden ein: Anstellungsverträge jüdischer Ärzte in städtischen Krankenhäusern wurden gekündigt, und jüdische Anwälte durften nicht mehr in Rechtsangelegenheiten der Stadt Berlin tätig sein.[7] Am 19. März 1933 stachelte parallel dazu der ›Völkische Beobachter‹ zu antijüdischen Säuberungsaktionen in Berliner Gerichten mit der polemischen Frage auf: »Wie lange noch soll Moabit [...] als Neu-Jerusalem der Justiz gelten?«[8] Nur zwei Tage später druckte man an gleicher Stelle als erste ›Erfolgsmeldung‹, daß »Berliner Strafgerichte judenrein« wären. Alle jüdischen Richter des Amtsgerichts Mitte seien abberufen worden, an anderen Berliner Gerichten bereite man dies für die neue Sitzungsperiode zum 1. April vor. Jüdische Staatsanwälte würden grundsätzlich als Sitzungsvertreter nicht mehr zugelassen.[9]

Diese ersten Verfolgungsmaßnahmen, die nicht auf Berlin beschränkt blieben, riefen die Kritik des Auslandes hervor. Zynische Reaktion der NSDAP-Führung war, daß sie am 28. März 1933 im ›Völkischen Beobachter‹ zur »Abwehr der Hetze« der »jüdischen Intellektuellen« die Einführung einer Quote in Arzt-, Rechtsanwalts- und Hochschulberufen forderte.[10] Einen Tag später rief sie öffentlich wegen der »Greuelpropaganda« des Auslandes zu einem Boykott ›jüdischer‹ Geschäfte, Warenhäuser, Kanzleien und Arztpraxen auf.[11] In Berlin informierte das Hauptgesundheitsamt den Oberbürgermeister Heinrich Sahm, »daß vor jedem jüdischen Wohlfahrtsarzt ein SA-Mann stehen und die Durchführung« des »Boykotts des deutschen Judentums« am 1. April 1933 sichern würde.[12] Die Reichshauptstadt kündigte sogleich die Verträge ›nichtarischer‹ Wohlfahrtsärzte, die in städtischen Diensten standen, und beurlaubte alle an städtischen Schulen tätigen jüdischen Lehrer. Den Kassenpatienten der Städtischen Krankenversicherungsanstalt wurde eröffnet, daß künftig medizinische Behandlungen bei jüdischen Ärzten nicht mehr erstattet würden.[13] Anzeigen städtischer Dienststellen durften nun nicht mehr in angeblich ›jüdischen‹ Zeitungen, wie dem ›Berliner Tageblatt‹, der ›Vossischen Zeitung‹ oder dem ›8 Uhr Abendblatt‹, geschaltet werden.[14] Am Vortag des Boykotts stürmte eine die »Absetzung der jüdischen Richter« fordernde »Menschenmenge«, nach anderen Quellen die »SA«, das Amtsgericht Berlin-Mitte und das Berliner Landgericht und versuchte, die jüdischen Rechtsanwälte zu vertreiben. Die noch dort tätigen jüdischen Richter wurden durch ›arische‹ Richter, teilweise durch ›arische‹ Assessoren ersetzt.[15] Am 1. April fand die antijüdische »Boykott-Aktion« im ganzen Reichsgebiet statt. In Berlin fuhren laut einem Bericht des ›Völkischen Beobachters‹ am Vormittag SA- und SS-Mannschaften in Lastwagen durch die Hauptverkehrsstraßen, klebten Propagandaplakate an Häuserwände oder Litfaßsäulen und stellten Posten nicht nur vor Geschäften jüdischer Inhaber auf, sondern überall dort, wo »jüdische Rechtsanwälte oder Notare, Makler oder Ärzte oder Agenten oder Vertreter hausen«. Nachdem die NS-Betriebszellen der boykottierten Warenhäuser und größeren Geschäfte am Nachmittag demonstriert hatten, informierte auf einer Abschlußkundgebung im Lustgarten der Berliner Gauleiter Joseph Goebbels »die aufhorchende Stadt über die nächsten Maßnahmen, die zu treffen sind«.[16]

Der »vielfach planlos«, mit unterschiedlichsten Mitteln, von unterschiedlichsten Stellen und Behörden geführte antijüdische »Kleinkrieg«, der nicht nur in Berlin das Gesicht der ersten Wochen der NS-Diktatur prägte, war schlecht zentral zu steuern.[17] Um den negativen Auslandsreaktionen die Spitze zu nehmen, konzipierten in Berlin Anfang April 1933 hohe Beamte verschiedener Institutionen, unter ihnen der Berliner Staatskommissar Lippert, gemeinsam ein Reichsgesetz, das ›auf legale Weise‹ für Juden Berufsverbote in Funktionen des Staatsapparates, des Finanzsektors, der Kultur und des Bildungswesens durchsetzen und ihren Anteil an akademischen und Freien Berufen begrenzen sollte. Heirat und außerehelicher Geschlechtsverkehr zwischen Juden und Nichtjuden sollten verboten, Einbürgerungen von Juden annulliert und ausländische Juden ausgewiesen werden.[18] Während man noch an dem Gesetzentwurf feilte, gingen jedoch in Berlin – nach Abbruch der im ganzen Reich veranstalteten Boykott-Aktion – die Gewaltaktionen weiter. Polizei, SS und SA durchsuchten im Berliner ›Scheunenviertel‹ – diesmal unter Begleitung von Journalisten des ›Völkischen Beobachters‹ – Häuser und verhafteten willkürlich Juden.[19]

In der Folgezeit vermehrten sich in Berlin die antijüdischen Diskriminierungen städtischer Behörden auf wirtschaftlichem und sozialem Sektor: Bei mehreren Ausschreibungen städtischer Aufträge galt neuerdings für den Bewerber und seine Zulieferer der ›Arierparagraph‹. Einige Bezirkswohlfahrtsämter stempelten ihre Bestellscheine mit dem Aufdruck: »Dieser Schein gilt nicht in jüdischen Geschäften«[20], andere entzogen jüdischen Lieferanten die Zulassung zur Einzelversorgung von Hilfsbedürftigen.[21] In sechs Stadtbezirken verweigerte man jüdischen Wohlfahrtsküchen die Berechtigung zur Annahme städtischer Essenmarken. Die Berliner Stadtverwaltung strich sämtliche Subventionen jüdischer Kinderkrippen und Kindergärten[22], sperrte die Belegung der jüdischen Mütter- und Säuglingsheime in Niederschönhausen (Moltkestraße 8/9) und in Mitte (Brunnenstraße 41) auf städtische Kosten[23] und untersagte die Vermietung oder Verpachtung städtischer Gebäude, Räume und Grundstücke an jüdische Organisationen.[24]

Als Reaktion auf das gesetzlich ungedeckte Vorgehen wurde am 3. Mai 1933 Heinrich Stahl, kurz darauf Vorstandsvorsitzender[25], vom Vorstand der Jüdischen Gemeinde zu Berlin beauftragt, »mit den verantwortlichen Persönlichkeiten der Stadt Berlin [...] in Verhandlungen zu treten«.[26] Am 29. Mai sandte Stahl – unter Hinweis auf den historischen Anteil jüdischer Bürger am »Gedeihen der Stadt Berlin« – an Staatskommissar Lippert eine detaillierte Aufstellung von Verfügungen der Stadtverwaltung, die eine »Zurücksetzung der jüdischen Bürger Berlins gegenüber der Gesamtheit der Bevölkerung zum Inhalte haben«. Der Protest richtete sich ausdrücklich nicht gegen den ›Arierparagraphen‹ im Berufsbeamtengesetz vom 7. April 1933, sondern gegen die vorauseilenden Aktionen städtischer Stellen.[27] Da der Staatskommissar der Eingabe keinerlei Gehör schenkte, vielmehr die Jüdische Gemeinde an die »Staatsaufsichtsbehörde« verwies, wiederholte diese Mitte Juni ihren Protest beim preußischen Ministerpräsidenten und Minister des Innern, Hermann Göring, und ergänzte ihn um einen Katalog weiterer antijüdischer Maßnahmen Ende Juni 1933.[28] Hierbei kritisierte die Gemeinde die zum großen Teil vor dem Berufsbeamtengesetz vom 7. April unter dem Pauschalvorwand staatsfeindlicher Gesinnung vorgenommenen Entlassungen jüdischer Wohlfahrtsärzte und jüdischer Angestellter aus städtischen Verwaltungen, besonders aus dem Bezirksamt Wedding, sowie die Nichtwiedereinstellung zuvor entlassener Juden, die sich auf die ›Frontkämpferausnahmeklausel‹ im Berufsbeamtengesetz berufen konnten, durch einige Bezirksämter und stadtnahe Gesellschaften, z. B. die BEWAG.[29]

Die von der Stadtregierung ausgelösten Berufsbehinderungen und Entlassungen verschärften die aus der Weltwirtschaftskrise resultierenden großen sozialen Probleme innerhalb der jüdischen Bevölkerung. So registrierte man trotz starker Emigration in Berlin im Juni 1933 von 101 904 als berufstätig klassifizierten Juden 16 643 als erwerbslos. Lag damit die Arbeitslosenquote schon allgemein über 16 %, war von den jüdischen Angestellten aber mehr als ein Drittel und von den Arbeitern fast die Hälfte ohne Tätigkeit.[30] Bei den Jüdischen Arbeitsnachweisen waren ca. 12 000 Arbeitssuchende eingetragen. Die Berliner Jüdische Gemeinde konnte aber nur in kleinen Schritten helfen. Sie selbst stellte beispielsweise – bei einem Gesamtbestand von 132 Lehrern – mehr als 80 neue Lehrer im Lauf des Jahres 1933 ein, gleichzeitig nutzte sie ihre eigenen Kontakte für Vermittlungen.[31] Als finanzielle Antwort auf die Verfolgungsaktionen hatte die Jüdische Gemeinde am Tag nach der Boykottaktion die Mittel für das Schuldezernat, für die jüdische Wirtschaftshilfe sowie für das Jüdische Wohlfahrtsamt um insgesamt 120 000 RM aufgestockt.[32] Mit sozialen Hilfen unterstützte die Gemeinde 1933 über 19 000 Personen, außerdem 21 000 zusätzlich mit Winterhilfe. In fünf Altersheimen der Gemeinde und drei Heimen anderer jüdischer Organisationen versorgte man 1100 alte Menschen. In Kindergärten der Gemeinde oder in von ihr subventionierten Stätten wurden 850 Kinder betreut; in Heimen, Pflegestellen und Waisenhäusern lebten 580 Kinder. Die Zahl der jüdischen Volksschulen wurde 1933 auf sechs verdoppelt. Insgesamt, d. h. unter Einrechnung der Mittelschule und der ca. 2500 Kinder jüdischer Religionsschulen, erhielten 4000 Schüler Unterricht. Die Hälfte waren allein Neuaufnahmen im Herbst 1933 (siehe Tabelle 2 im Anhang).[33]

Die Beschwerdebriefe der Jüdischen Gemeinde gegen die antijüdischen Berliner Maßnahmen waren vom preußischen Innenministerium im Sommer 1933 an die Reichshauptstadt zur Prüfung zurückgegeben und von den verantwortlichen Stadtämtern in allen Punkten, zum Teil höhnisch, zum Teil demagogisch ausweichend, bis Januar 1934 zurückgewiesen worden. Da auch der Oberbürgermeister diese Haltung mittrug, verwundert es nicht, daß die Angelegenheit verschleppt und im April 1935 schließlich ad acta gelegt wurde[34], daß gleichzeitig aber die Einschränkungen für Juden mit unverminderter Intensität zunahmen. Auf dem Schulsektor wurde im Juli 1933 die Streichung der Schulgeldermäßigung für jüdische Schüler ab Oktober bestimmt, solange ihr Anteil den «Beteiligungssatz der Juden an der Gesamtbevölkerung des Deutschen Reiches« überstieg; wobei ein jüdischer Elternteil für die Diskriminierung ausreichte. Jüdischen Arbeitslosen wurde das Schulgeld nicht mehr gestundet, bei Anträgen auf Schulgeldermäßigung der ›Ariernachweis‹ gefordert.[35] Die Stadt entließ ab Juni 1934 sogar ›arische‹ Lehrer und Lehrerinnen, die nach dem 1. Juli 1933 Juden geheiratet hatten oder noch heiraten wollten.[36]

Die zweite Verfolgungsphase: Sommer 1935 – Sommer 1937

Rund 13 000 Berliner Juden waren nach den ersten Verfolgungsschocks geflüchtet. Im nächsten Jahr emigrierten 9000 Juden, 1935 sank diese Zahl auf 6000.[37] Sicher auch dazu, diese Tendenz aufzuhalten und die Vertreibung der Berliner Juden neu zu stimulieren, dienten die folgenden Ereignisse: Hatten schon in der zweiten Hälfte des Monats Juni 1935 wieder antijüdische Demonstrationen und Boykottaktionen, z. B. gegen Eisdielen mit jüdischen Besitzern, stattgefunden, so kulminierten diese zwischen dem 15. Juli und dem 18. Juli 1935 in – propagandistisch vom ›Völkischen Beobachter‹ unterstützten – pogromartigen Attacken gegen Juden auf dem Kurfürstendamm, im Strandbad Wannsee und im Hansaviertel.[38] Die aufgeheizte Situation wurde dazu benutzt, SA-Gruppenführer Graf Helldorf[39] als neuen Polizeipräsidenten einzusetzen, der – Goebbels nahestehend – zu einer der treibenden Kräfte der ›Judenverfolgung‹ in Berlin werden sollte. Eine seiner ersten Amtshandlungen war es, für Eisdielen mit jüdischen Inhabern die Polizeistunde zeitweise auf 19 Uhr festzusetzen, da Staatskommissar Lippert gegen das angebliche Vordringen von Juden aus der Provinz in den Berliner Speiseeiswirtschaften interveniert hatte. Die eindeutig wirtschaftliche Behinderung der Eisdielen wurde im ›Völkischen Beobachter‹ demagogisch damit begründet, weiteren antijüdischen Demonstrationen vorzubeugen.[40] Gegen die rassistischen Attacken selbst schritt Graf Helldorf erst eine Woche später mit dem Verbot von »Einzelaktionen« ein.[41]

Während der Ausschreitungen im Sommer 1935 hatte die Berliner Verwaltung begonnen, antijüdische Restriktionen im Fürsorgewesen einzuleiten: Seit Juli 1935 ließ die Stadtverwaltung keine Ärzte zur wohlfahrtsärztlichen Versorgung von Hilfsbedürftigen mehr zu, die mit Jüdinnen oder Juden verheiratet waren.[42] Berlin unternahm zusammen mit Königsberg einen Vorstoß im Deutschen Gemeindetag, um städtische Wohlfahrtsausgaben auf Kosten der jüdischen Einwohner durch rigide Interpretation der Fürsorgegesetzgebung zu senken.[43] Zwar scheiterte dies noch, doch die Berliner Initiative führte zur späteren Empfehlung des Innenministers, von jüdischen Stellen zusätzlich gewährte Hilfen auf die Fürsorgeunterstützung von Juden anzurechnen.[44] Gleichzeitig hatte die Stadt Berlin als Mittel gegen »starken Zuzug von nichtarischen Elementen« die Wohlfahrtsämter angewiesen, in Berlin ankommende fürsorgebedürftige Juden grundsätzlich ins Städtische Obdachlosenasyl einzuquartieren, statt ihnen mit Geldhilfen unter die Arme zu greifen.[45]

Zielten solche Berliner Regelungen, die oft den Reichsgesetzen voraus waren, auf die Ausgrenzung der jüdischen Bevölkerung, so versuchten seit Sommer 1935 mehr und mehr amtliche oder halbamtliche Stellen die Abgrenzung durch zusätzliche Kontaktverbote für ›Arier‹ zu verstärken, die man mittels innerbehördlicher Autorität, sozialem Druck oder wirtschaftlichem Zwang durchsetzte. Das Amt für Volkswohlfahrt der NSDAP gab bekannt, daß denjenigen sozialunterstützten Armen im Berliner Bezirk Prenzlauer Berg, die noch »Waren aller Art beim Juden« einkauften, sich also »artvergessen [...] von der Volksgemeinschaft« abwendeten, jede Hilfe versagt werden würde.[46] Berliner Jura-Studenten drohte man, sie öffentlich anzuprangern, wenn sie sich mit Hilfe jüdischer Repetitoren auf Prüfungen vorbereiteten.[47] Der Bezirksbürgermeister von Steglitz befahl den ihm unterstellten städtischen Bediensteten, keine dienstlichen Aufträge mehr an Juden zu vergeben sowie geschäftliche und persönliche Kontakte zu meiden.[48]
Um die Trennung der Juden von Nichtjuden praktizieren zu können, begann im August 1935 das Geheime Staatspolizeiamt (Gestapa) mit der Anlage einer reichsweiten ›Judenkartei‹. Für diese Erfassung mußten jüdische Organisationen, Vereine und Gemeinden unter Androhung ihrer Auflösung künftig ständig zu aktualisierende Mitgliederlisten an die örtlichen Gestapostellen liefern.[49] Gleichzeitig verstärkte die Gestapo offen die Kontrolle und Reglementierung interner Vorgänge in Jüdischen Gemeinden. Mit Hilfe des Staatskommissars für Berlin setzte Heydrich in dieser Phase – unter Berufung auf ein Gesetz von 1847 – die Beschränkung des Berliner Gemeindevorstandes von 12 auf 7 Personen durch[50], womit die Entfernung unliebsamer, ›assimilatorisch‹ eingestellter Funktionäre verknüpft wurde.[51] Die offene Bekanntmachung der Gestapo über die »zeitweilige polizeiliche Überwachung der Sitzungen des Gemeindevorstandes« konnten die Vorstandsmitglieder am 23. September 1935 nur noch zur Kenntnis nehmen.[52]
Im Monat September hatte der NS-Staat mit den ›Nürnberger Rassegesetzen‹ die Separierung der jüdischen Bevölkerung endgültig ›institutionalisiert‹. Den deutschen Juden wurden die Staatsbürgerrechte teilweise entzogen[53], außerdem hatte man ein Verbot der Eheschließung (siehe Tabelle 3 im Anhang) und die Strafverfolgung sexueller Beziehungen von Juden mit Nichtjuden fixiert. Die ›rassische‹ Definition des Begriffes ›Jude‹ in der ersten Folgeverordnung[54] steckte den Kreis der Opfer ab und schuf die ›legale‹ Grundlage für neue Verfolgungsmaßnahmen. In ganz Deutschland mußten ab Dezember als Juden definierte Personen staatliche oder gemeindliche Positionen aufgeben; dazu gehörten alle an öffentlichen Einrichtungen tätigen Lehrer, Ärzte und Professoren.[55]
In der Reichshauptstadt hatte man solche Verfolgungsziele bereits mehrheitlich im Laufe des Jahres 1933 durchgesetzt. Die Separierung der persönlichen Beziehungen von Juden und Nichtjuden wurde hier 1936 und 1937 durch neue Maßnahmen und Regelungen ausgebaut. Um auf kommunalem Terrain gegen die Opfer gezielter vorgehen zu können, erfaßten – unabhängig von der ›Judenkartei‹ der Gestapo – jetzt die städtischen Wahlämter Juden in einer Sonderliste.[56] Zum Jahresbeginn 1936 kündigten verschiedene Berliner städtische Wohnungsbaugesellschaften Mietverträge wegen ›Nichtariertums‹ und setzten die Mieter vor die Tür.[57] Vom Besuch städtischer und privater ›arischer‹ Kindertagesstätten wurden jüdische Kinder im April 1936 aus-

geschlossen.[58] Die Stadtverwaltung verfügte intern, daß Gewerbegenehmigungen zum Vermieten von Sitzgelegenheiten auf städtischen Plätzen und in städtischen Parks künftig vom Ariernachweis abhingen.[59] 1937 ließ das Gartenbauamt des Bezirkes Prenzlauer Berg 92 von 100 Bänken in seinen Anlagen mit der Aufschrifft bemalen: »Für Juden verboten«. Eine Aktion, die die Berliner ›Nordost-Zeitung‹ den übrigen Bezirken zur Nachahmung empfahl.[60]
Von dieser Zeit an registrierte die Berliner Polizei – in Durchführung des Reichsbürgergesetzes – »bei Personen jüdischer Abstammung« Angaben über Religionsänderungen besonders sorgfältig und leitete diese an das Polizeipräsidium, Abt. II, Dezernat Ju. (Judenfragen?) weiter.[61] Wenn die Vorbereitung einer Emigration vermutet wurde – dazu reichte z. B. ein Paßantrag oder eine Geschäftsauflösung –, war die betreffende Person künftig nicht nur den Finanz-, sondern auch den Polizei- und Bezirksbehörden zu melden. Bei Paßanträgen galt die Anzeigepflicht allein für Juden oder Personen mit Vermögen.[62] Die seit 1935 von einzelnen Berliner Behörden und Institutionen angeordneten Kontaktsperren bekräftigte der Polizeipräsident im Mai 1937. Graf Helldorf ordnete an, daß Beamte, Angestellte und Lohnempfänger der Berliner Polizei sich im »persönlichen und schriftlichen Verkehr mit Angehörigen jüdischer Rasse« größte Zurückhaltung auferlegen und keine jüdischen Ärzte, Rechtsanwälte oder Gewerbetreibende mehr aufsuchen sollten.[63]

Die Koordinierung der Verfolgung: Herbst 1937–Herbst 1938

Die antijüdischen Maßnahmen seit den Nürnberger Gesetzen hatten offensichtlich bewirkt, daß die mit 6000 im Jahr 1935 ihren Tiefstand erreichende Zahl der Berliner Emigranten in den Jahren 1936 und 1937 auf je 10 000 hochschnellte, vergleichbar übrigens der Tendenz im restlichen Reichsgebiet.[64] Die oben beschriebenen Anordnungen für die Berliner Polizei markierten den Übergang von bisher wenig koordinierten Einzelaktionen zu systematischeren lokalen Verfolgungsschritten. Im Herbst 1937 forcierte nicht nur die Gestapo erneut ihre Erfassung der Juden über die Jüdische Gemeinde und die Vereinsmitgliederlisten[65], auch die Berliner Stadtverwaltung begann mit Erfassungsaktionen: Um die Inanspruchnahme jüdischer Ärzte endgültig für städtische Beamte und Bedienstete auszuschließen, veröffentlichte man erstmals im November 1937 ein nach den Nürnberger Rassekriterien mit Namen und Adressen versehenes »Verzeichnis der jüdischen Ärzte in der Reichshauptstadt«[66], das sowohl in städtischen Ämtern als auch in anderen öffentlichen Einrichtungen – z. B. Schulen – einzusehen war.[67] Im Februar und März 1938 folgten ebensolche Berliner Listen für Zahnärzte und Dentisten.[68] Um die getrennte Versorgung der hilfsbedürftigen Juden in Berlin einzuleiten, erfaßten ab April 1938 die städtischen Wohlfahrts- und Jugendämter, wer von den laufend Unterstützten Jude war. Zuerst kennzeichnete man deren Krankenscheine mit einem Stempel »Jude! Gültig nur für zugelassene jüdische Wohlfahrtsärzte«. Dann begann die Stadt besondere Krankenscheine in gelber Farbe zu drucken, u. a. für die separate Krankenanstaltsversorgung. Für die separate ärztliche Betreuung

von über 10 000 hilfsbedürftigen Juden ließ man zunächst nur zwanzig jüdische Ärzte zu, die zeitweise alle Fachaufgaben übernehmen mußten.[69]
Um die Verfolgungspolitik in der Reichshauptstadt einheitlich auszurichten, erhielt Polizeipräsident Graf Helldorf im gleichen Monat, April 1938, von Goebbels den Auftrag, ihm schnellstmöglich eine detaillierte Konzeption künftiger antijüdischer Maßnahmen vorzulegen. Helldorf übergab diese Aufgabe der Stapo(leit)stelle Berlin, die sich auf mit Hitler abgestimmte Vorschläge von Goebbels zur kulturellen und wirtschaftlichen Isolierung der Berliner Juden stützen sollte.[70] In der im Mai fertiggestellten »Denkschrift über die Behandlung der Juden in der Reichshauptstadt auf allen Gebieten des öffentlichen Lebens«[71] ging die Stapo(leit)stelle Berlin davon aus, daß bei augenblicklich ca. 150 000 ›Rassejuden‹ die »hohe Sterblichkeits- und außerordentlich niedrige Geburtenziffer [...] einen nicht zu unterschätzenden Anteil zur Lösung der Judenfrage in der Reichshauptstadt dar[stelle]«.[72] Sie sehe zwar augenblicklich keine Möglichkeit, »die Berliner Juden in einem Ghetto unterzubringen«, aber das Ziel, »auf weite Sicht eine Art Ghetto« zu schaffen, sei durchaus zu realisieren. Für Juden könnten »bestimmte Stadtgebiete« verboten werden und in andere abgesonderte Wohngebiete, z. B. das Gebiet nördlich des Alexanderplatzes, das »bereits jetzt von Juden bewohnt sei, [...] ausschließlich Juden eingewiesen werden«.[73] In Berliner Geschäften, Kultureinrichtungen, Gaststätten, Vereinen und Klubs sollten Schilder mit der Aufschrift »Juden unerwünscht« angebracht werden. Juden sollten künftig nur separate Theater, Kinos, Gaststätten und Parks besuchen dürfen. Offizielle Regelungen fehlten bisher weitgehend, so sei informell – ohne Anordnung des Polizeipräsidenten – das Benutzungsverbot städtischer Bäder und Sportstätten eingeführt. Ähnliches gelte auch für das Schulwesen, wo die »systematische Abdrängung« jüdischer Schüler zwar weit fortgeschritten sei, doch hätten Ende 1937 noch 2122 Juden öffentliche Schulen besucht (Mai 1933 über 12 700). Obwohl es inzwischen schon 24 jüdische Schulen mit 6846 Kindern gäbe, werde vorgeschlagen, für Juden die Schulpflicht generell aufzuheben. Nach einer intensiven Diskussion von Berufsverboten und Gewerbebeschränkungen votierte die Berliner Gestapo in der Denkschrift auch für die »generelle Einschränkung der Gewerbefreiheit für Juden«[74]. Diese radikalen Vorschläge wurden vom Sicherheitsdienst des RFSS sofort kritisiert, da die Gestapo die »Lösung der Judenfrage für Berlin« ohne Berücksichtigung der Reichspolitik in Angriff nehmen wolle. Eine effektive Vertreibungspolitik setze zudem die »einheitliche Betrachtung der Judenfrage« bei allen beteiligten Instanzen voraus.[75] Über diese Auffassung wurde auch Goebbels informiert, der mit der Denkschrift im großen und ganzen zufrieden schien: »Helldorf will in Berlin ein Judenghetto errichten. Das sollen die reichen Juden selbst bezahlen. Das ist richtig. Ich unterstütze ihn dabei.«[76] Die Diskussion der unterschiedlichen Positionen bewirkte praktisch einen Schub in Richtung Koordinierung der Verfolgung. Folgerichtig wurde schon am 13. Juni 1938 beim Berliner Polizeipräsidenten ein «Judendezernat« für die «einheitliche Bearbeitung aller Judenangelegenheiten durch die einzelnen Dienststellen« eingerichtet.[77]
Gleichzeitig heizte Goebbels die Atmosphäre weiter an. Vor über 300 Polizeioffizieren erklärte er in Berlin: »Nicht Gesetz ist die Parole, sondern Schikane. Die Juden müssen aus Berlin heraus.

Die Polizei wird mir dabei helfen.«[78] Nach erneuten antijüdischen Ausschreitungen Mitte Juni 1938 und dem damit verbundenen, kurzzeitigen Verbot aller jüdischen Veranstaltungen in Berlin[79] notierte der Gauleiter in seinem Tagebuch: »Die Judenfrage hat sich nun sehr kompliziert. Die Partei hat – wahrscheinlich auf Anregung von Helldorf – die Judengeschäfte beschmiert. Darob hat sich Funk eingeschaltet. Er will das alles legal machen. Aber es dauert so lange.«[80] Offensichtlich mit Goebbels' Zustimmung erließ der Polizeipräsident Graf Helldorf deshalb am 20. Juli »Richtlinien zur Behandlung von Juden und Judenangelegenheiten«. Für die Berliner Polizei war darin der »erstrebte Erfolg« formuliert, die Reichshauptstadt »von den Juden und insbesondere dem jüdischen Proletariat weitgehendst zu befreien«.[81] Für dessen Umsetzung sollten alle existierenden Gesetze und Bestimmungen genutzt werden.

Die Richtlinien reichten von der prinzipiellen Erhebung der Verwaltungshöchstgebühren über häufige Vorladungen an Sonnabenden und jüdischen Feiertagen bis zu Höchststrafen bei geringfügigen Vergehen; für Rauchen im Wald erhielten Juden z. B. künftig die Höchststrafe von 150 RM oder 14 Tagen Haft.[82] Daß jetzt bei den »Behörden mündlich durchgegeben wurde«, die Angelegenheiten von Juden »durch Schikanen aufs äußerste« zu erschweren, erfuhr Betty Scholem von einer ihr bekannten Kriminalrätin. Sie erlebte bald am eigenen Leib die Anwendung der Anweisung: »Meine Unbedenkl[ichkeitsbescheinigung] dauerte 9 Wochen, fortwährend mußten wir neue Vermögenserkl[ärungen] einreichen, jedes Mal wurde gesagt, nun ist alles in Ordn[ung...]. Nichts erfolgte, wir rannten wieder hin, da verlangte man eine neue Erklärung, schließlich riß man die Steuerakten [...] aus ihrer Ruhe, um eine Steuerschuld von mir zu konstruieren, die ich seit 1930 keine Steuern mehr zahle!«[83] Über Schikanen hinaus sollte die Polizei den Berliner Juden jeglichen Waffenbesitz verbieten, Führerscheine bei geringsten Vergehen abnehmen und Kraftfahrzeuge bei Mängeln aus dem Verkehr ziehen, Nachprüfungen von Miet- und anderen Verträgen vornehmen sowie neue Gewerbekonzessionen untersagen. Rigide Preis-, Hygiene- und Brandschutzkontrollen in Geschäften und Firmen waren mit dem Ziel der Geschäftsschließung durchzuführen, ja, jede polizeiliche Möglichkeit zur Stillegung bestehender Gewerbe, selbst des Milchhandels, zu nutzen.[84] Goebbels zeigte sich mit diesen Richtlinien sehr einverstanden: »Die sind nun wirklich rigoros und umfassend. Auf diese Weise treiben wir die Juden in absehbarer Zeit aus Berlin heraus.«[85]

Währenddessen blieb die Berliner Stadtverwaltung nicht untätig. Das Landeswohlfahrtsamt ordnete Mitte August 1938 an, eine Statistik der unterstützten Juden in den verschiedenen Fürsorgegruppen aufzustellen, um die Separierung der Juden auf dem Wohlfahrtssektor weiter voranzubringen; vor allem aber, um durch dieses Vorgehen auf lange Sicht Kosten einzusparen. Aus diesem Grund sollten Pflichtarbeiter bei der Erfassung gesondert aufgeführt werden.[86] Die Stadt zog seit längerem fürsorgebedürftige Juden als Gruppe, nicht als Individualfälle, in separaten Kolonnen zur Abgeltung ihrer Sozialunterstützung durch unentgeltliche Pflichtarbeit heran.[87] Bis Juli 1938 wurden viele der jüdischen Pflichtarbeiter als Bauhilfskräfte, z. B. bei Hausabbrüchen für die Neugestaltung Berlins, beschäftigt. Rund 800 Juden sollen zum Abriß einer

Gasanstalt in Schmargendorf sowie zu Bodenarbeiten beim Bau einer NS-Mustersportkampfstätte eingesetzt worden sein.[88]

Erfassungsaktionen bildeten immer die Grundlage für neue Ausgrenzungsmaßnahmen. Die ›Gemeinnützige Siedlungs- und Wohnungsbaugesellschaft Berlin m. b. H.‹ (GSW) ließ am 1. September 1938 sämtliche jüdischen Mieter in ihren Wohnungen erfassen, um sie auf der Basis dieser Daten zur Räumung aufzufordern.[89] Das betraf, da 51 Mieter wegen Kriegsverletzungen u. ä. noch verschont werden sollten, insgesamt 261 jüdische Mietparteien, wovon die eine Hälfte mehr oder weniger freiwillig in den nächsten Wochen auszog, die andere aber Einspruch gegen die Kündigungen erhob.[90] Mit Exmittierungsklagen wollte die Gesellschaft jedoch bis zum Ausgang schwebender Berliner Prozesse warten.[91] Zwei Wochen später verkündete der ›Völkische Beobachter‹ unter dem programmatischen Titel »Keine Hausgemeinschaft mit Juden« das erwartete antijüdische Urteil des Amtsgerichts Charlottenburg. Es hatte die Klage eines Juden gegen die Auflösung seines Mietverhältnisses mit der Begründung abgewiesen, daß Juden, die nicht freiwillig auszögen, »eine erhebliche Belästigung« für ein ›gemeinnütziges‹ Berliner Wohnungsunternehmen darstellten, da sie nicht zur ›Volksgemeinschaft‹ gehörten.[92] Eine Auffassung, die Anfang November das Berliner Landgericht nicht nur bestätigte, sondern auf sämtliche Mietverhältnisse ausdehnte.[93] Dieser Prozeß war offenbar durch Einflußnahme von Albert Speer forciert worden. Der »Generalbauinspektor für die Neugestaltung der Reichshauptstadt« hatte beim Justizministerium auf den gesetzlichen Entzug des Mieterschutzes für Juden gedrängt, um über ihre Wohnungen als Ersatz für abzureißende Bauten verfügen zu können. Ohne das Verfahren abzuwarten, verhandelte Speer gleichzeitig mit dem Oberbürgermeister über »die Errichtung eines Blockes von 2500 Kleinwohnungen« für in großen Wohnungen lebende Berliner Juden, die zuerst aus ihren Wohnungen entfernt werden sollten.[94] Ihr künftiges Schicksal, »in einer Baracke leben oder im Keller hausen [zu] müssen«, ahnten manche Juden schon zu diesem Zeitpunkt sehr klar.[95]

Neue Verfolgungsstrategien: November 1938 – Sommer 1939

Der Massenausweisung polnischer Juden Ende Oktober 1938 folgte kurz darauf die nächste Gewaltaktion, der organisierte Pogrom vom 9. und 10. November. Neben der Zerstörung und Plünderung von Geschäften sowie dem Anzünden von Gotteshäusern drangen nach einem zeitgenössischen Bericht im Osten Berlins und in der Alexanderplatz-Gegend »die Bestien auch in die Wohnungen, warfen die Möbel aus den Fenstern u[nd] schlitzten die Betten auf [...]. Vom Todestag [vom Raths] an, 14 Tage lang, wurden alleine in Berlin etwa [12] 000 Männer von 15 J[ahren] an verhaftet, selbst von der Straße weg. Dieser Razzia entgingen nur die, die nicht zu Hause übernachteten.«[96] In dieser Zeit herrschte starker Frost, und die verhafteten Juden mußten im Konzentrationslager »in ungeheizten Räumen auf der Erde liegen. Haufenweise kamen Todesfälle vor, es war gräßlich.«[97] Die Jüdische Gemeinde zu Berlin richtete einen Not-

dienst ein. Viele der nach fünf bis sechs Wochen gegen das schriftliche Versprechen sofortiger Auswanderung entlassenen KZ-Häftlinge wurden »mit geschorenem Kopf, unkenntlich vor Schmutz u[nd] mit erfrorenen Gliedern« ins Jüdische Krankenhaus gebracht und dort versorgt.[98]
Am Pogromvorabend hatte das Geheime Staatspolizeiamt im Einvernehmen mit dem Propagandaministerium ein Verbot sämtlicher »jüdischer Zeitschriften und Zeitungen« verhängt[99], in der zweiten Novemberhälfte gab man dann die Publikationserlaubnis für ein einziges, streng zensiertes Organ, das ›Jüdische Nachrichtenblatt‹.[100] Darin unterrichtete man die jüdische Bevölkerung auch über die seit dem Pogrom erlassenen, einschneidenden wirtschaftlichen Sonderverordnungen (Kontribution, Gewerbeverbot und Zwangs-Arisierung), die viele Juden endgültig erwerbs- und vermögenslos machten.
Hatte es 1933 beispielsweise noch über 6000 Einzelhandelsgeschäfte in Berlin gegeben, deren Inhaber als Juden galten, war zu Beginn des Jahres 1938 wegen Geschäftsaufgabe bei Emigration oder wirtschaftlichen Schwierigkeiten sowie wegen ›Arisierungsverkäufen‹ deren Zahl auf 4000 gesunken.[101] Am 1. April registrierte man nur noch 3105 ›jüdische‹ Geschäfte. Bis zum Jahresende wurden davon 2570 liquidiert und 535 an ›arische‹ Bewerber verkauft.[102] Vor allem nach dem Pogrom und den Wirtschaftszwangsverordnungen setzte solch ein Andrang von Interessenten ein, daß »Beamte, z. B. des Bezirkes Mitte, den ganzen Tag nur mit der Auskunftserteilung« beschäftigt waren. Den »Gesamteindruck, den die Arisierung hinterläßt«, schätzten die Wirtschaftsverantwortlichen für Berlin als »nicht erfreulich« ein. Sie erwarteten, daß »auf die Welle der Arisierungen die ebenso große Welle der geschäftlichen Zusammenbrüche folgen wird«; zu viele Profiteure hatten ohne Kenntnisse kurzfristig »gute jüdische Objekte« billig übernehmen wollen.[103]
Am 3. Dezember 1938 verhängte der Polizeipräsident den ›Judenbann‹ in der Reichshauptstadt. Berliner Juden war ab jetzt der Besuch sämtlicher öffentlichen Theater, Kinos, Kabaretts, Konzert- und Vortragsräume, Museen, Rummelplätze, Sportplätze, Eisbahnen, öffentlichen und privaten Badeanstalten, Hallenbäder und Freibäder, der Ausstellungshallen am Messedamm, des Funkturmgeländes, der Deutschlandhalle, des Sportpalastes und des Reichssportfeldes verboten. Weit mehr als die tief in den Alltag der Betroffenen einschneidenden Freizügigkeitsbeschränkungen ist das im ›Judenbann‹ fixierte Besuchsverbot für mehrere Straßenabschnitte im Berliner Regierungsviertel (Wilhelmstraße etc.) bekannt. Für diesen Bereich sollte ab 1. Juli 1939 auch ein Wohnverbot für Juden gelten – ein erster Baustein für das von der Gestapo seit Mai 1938 geplante ›Ghetto auf weite Sicht‹.[104]
Um die angestrebte vollständige soziale Separierung der Juden durchzusetzen, sollte – wie auf mehreren interministeriellen Koordinierungskonferenzen in Berlin im November/Dezember 1938 beschlossen – die Verfolgung zentralisiert und systematisiert werden. Dafür wurden Sonderbehörden ins Leben gerufen. Nach Wiener Vorbild gründete Göring in Berlin Ende Januar 1939 die ›Reichszentrale für die jüdische Abwanderung‹. Die künftig von Heydrich geleitete Institution sollte interministeriell alle Maßnahmen zur Vertreibung der Juden koordinieren und gleichzeitig die Ausplünderung der Juden forcieren.[105] In den ersten beiden Monaten des Jahres 1939

waren über 6400 Berliner Juden geflüchtet; im Januar 3275 und im Februar 3187. Unter Einrechnung zuziehender Juden hatte sich die Zahl der Emigranten aufgrund der Pogrompolitik gegenüber Januar 1938 um das Vierzehnfache, gegenüber Februar um das Siebenfache erhöht.[106] Die Zahlen sollten auf diesem Niveau gehalten werden. Alle für die Emigration notwendigen Behördenvorgänge, wie die Erteilung von Pässen, Genehmigungen zur Mitnahme von Umzugsgut sowie von Arbeitsamts- und Steuerbescheinigungen, wurden deshalb für Berlin in der Zentralstelle zusammengefaßt.[107] In der Kurfürstenstraße 115/116 saßen so neben der Gestapo auch ständig dorthin abgeordnete städtische Beamte vom Bürgersteuer- oder Finanzamt, die z. B. die Steuerunbedenklichkeitsanträge der Juden bearbeiteten.[108] Die allgemeine Zentralisierung in der Verfolgungspolitik zog offenbar im März 1939 die formelle Auflösung des ›Judendezernats‹ beim Polizeipräsidenten nach sich, wenngleich sich Graf Helldorf in grundsätzlichen Fragen der Berliner Judenpolitik die persönliche Mitsprache weiter vorbehielt.[109]

In vier Sachkomplexen vollzog sich nach dem Pogrom die weitere Verfolgungsentwicklung für die in Deutschland zurückbleibenden Juden: separate Wohlfahrt, getrennte Versorgung, ›Geschlossener Arbeitseinsatz‹ und Wohnkonzentration. Am 19. November wurden reichsweit die Juden von der gleichberechtigten Versorgung im staatlichen Wohlfahrtssystem ausgeschlossen.[110] Stadtpräsident und Oberbürgermeister Lippert ordnete für Berlin persönlich an, zur Separierung der Juden besondere Sprechtage und Sachbearbeiter in den Bezirkswohlfahrtsämtern festzulegen. Die Wohlfahrtsämter mußten künftig alle Zahlungen an Juden extra streng überprüfen, zudem gewährte man Juden nur den »notwendigen Lebensbedarf«, ohne Sonderleistungen, den sie ausnahmslos durch Pflichtarbeit abzugelten hatten.[111] In diesem Kontext sollte künftig »der schärfste Maßstab« bei der Prüfung der Anträge von in Krankenhäuser einzuweisenden Juden angelegt werden.[112] Nach der Verordnung vom 19. November mußte die staatliche Fürsorge erst bedürftige Juden versorgen, wenn die örtlichen Jüdischen Gemeinden ihn oder sie nicht ausreichend unterstützen konnten. Das Berliner Landeswohlfahrtsamt ließ den für die Jüdische Gemeinde bestellten Treuhänder und Wirtschaftsprüfer daraufhin den Etat der jüdischen Wohlfahrtspflege untersuchen. Der kam zu dem Ergebnis, daß die Gemeinde am Ende des Jahres 1938 weder vollständig die Kosten der Betreuung verarmter Juden aufbringen noch die Kosten für die Versorgung jüdischer Insassen in Kranken- und Pflegeanstalten tragen könne.[113] Allein die Jüdische Winterhilfe versorgte zu diesem Zeitpunkt schon rund 20% der Berliner Juden, das waren über 25 000 Personen, mit zusätzlichen Lebensmittel- oder Heizhilfen.[114] Aufgrund der starken Emigration sank in den nächsten Monaten die Zahl der von den städtischen Bezirkswohlfahrtsämtern unterstützten Juden von 7500 Ende 1938 auf 5557 im ersten Quartal 1939.[115] Ab 1. Mai mußte die Jüdische Gemeinde zu Berlin zunächst Organisation und Kosten der ›Geschlossenen Fürsorge‹ (Anstaltsfürsorge) sowie Teile der ›Offenen Fürsorge‹, nämlich die Wohlfahrtsspeisung und die Bekleidungshilfe, übernehmen.[116] Eine zusätzlich für Berlin geplante 15%ige Senkung der Wohlfahrtsbezüge aller künftig von städtischen Ämtern versorgten Juden konnte die Jüdische Gemeinde nur verhindern, indem sie der Stadt einen Pauschalbetrag von anderthalb Millionen Reichsmark für die Zeit von Mai 1939 bis Ende 1941 überließ.[117]

Die große Zahl verarmter, erwerbsloser und mit Sozialmitteln zu unterstützender Juden hatte in den Strategie-Diskussionen nach dem Pogrom als eine der nächsten zentralen Verfolgungsmaßnahmen die Planung einer Zwangsbeschäftigung dieses Personenkreises befördert.[118] Der Leiter der Berliner Arbeitsverwaltung errichtete schon zum 1. Dezember 1938 eine ›Zentrale Dienststelle für Juden‹ in der Fontanepromenade 15. Die von den Opfern später als »Schikanepromenade«[119] bezeichnete Sonderstelle organisierte künftig den separaten Einsatz aller Berliner arbeitslosen Juden.[120] Drei Tage nachdem der Präsident der Reichsanstalt für Arbeitsvermittlung und Arbeitslosenversicherung am 20. Dezember 1938 den ›Geschlossenen Arbeitseinsatz‹ aller erwerbslosen und sozialunterstützten Juden im Reichsgebiet offiziell angeordnet hatte, verbot man den Berliner Juden das Betreten des allgemeinen Arbeitsamtes.[121] Ein Teil der – zu diesem Zeitpunkt ca. 5100 – jüdischen Arbeitslosen mußte auf Druck der Arbeitsverwaltung seit geraumer Zeit seine Unterstützung bei verschiedenen Stadtbezirksverwaltungen durch Pflichtarbeit abgelten, so beim Gartenamt Charlottenburg oder bei Straßenbauarbeiten des Tiefbauamtes Schöneberg.[122] Die Stadtverwaltung hatte für das Wohlfahrtswesen inzwischen beschlossen, daß alle fürsorgeunterstützten, arbeitsfähigen Juden ebenfalls unentgeltliche Pflichtarbeit zu leisten hätten.[123] Der Anteil der im ersten Quartal in solchen Programmen tatsächlich eingesetzten jüdischen Wohlfahrtsempfänger war enorm, insgesamt 1030, d. h. zwei Drittel der tauglichen Juden.[124] Über die bestehenden Pflichtarbeitsprogramme hinaus waren die Ämter der Stadtverwaltung zunächst nicht sonderlich an der Möglichkeit interessiert, Juden in separaten Kolonnen als niedrig bezahlte Hilfskräfte einzusetzen. Um diese Chance nicht zu vertun, forderte der stellvertretende Bürgermeister, Ludwig Steeg, Ende Februar 1939 den verstärkten »Einsatz der Juden auch bei schweren Arbeiten«.[125] Diese Forderung begrüßten ohne Abstriche jedoch nur das Hauptplanungsamt, das den Einsatz jüdischer Pflichtarbeiter bei der Anlage dreier Parks um insgesamt 780 Personen ausweiten wollte, das Tiefbauamt für seine Straßenbauten und die Stadtentwässerungsanstalt für Erdarbeiten auf Rieselfeldern.[126] Da die Berliner NSDAP-Gauleitung besonders Müllarbeiten als dem Charakter des ›Geschlossenen Arbeitseinsatzes‹ angemessen befand, drängte die Arbeitsverwaltung Anfang Mai 1939 den Oberbürgermeister, städtische Arbeitsplätze auf zwei – außerhalb Berlins gelegenen – Müllplätzen für Juden zur Verfügung zu stellen.[127] Doch Mitte Juni 1939 mußte die Behörde des Stadtpräsidenten den Oberbürgermeister Berlins erneut auffordern, dem Arbeitsamt bei der Eingliederung der »heute noch [...] sehr zahlreichen arbeitslosen Juden« in den ›Geschlossenen Arbeitseinsatz‹ zu helfen.[128]

Neben der Zwangsbeschäftigung erwerbsloser Juden hatte das am 30. April 1939 erlassene »Gesetz über Mietverhältnisse mit Juden«[129] gravierende Auswirkungen auf das tägliche Leben der Juden in der Reichshauptstadt. Aufgrund der Kann-Bestimmung im Mietgesetz ordnete der Oberbürgermeister am 19. Mai 1939 eine Anmeldepflicht für alle in Berlin an Juden vermieteten oder untervermieteten Wohn- oder Geschäftsräume an.[130] Dem waren Unterredungen zwischen der Stadtverwaltung und der Behörde des Generalbauinspektors Speer, der seit Herbst 1938 auf den Entzug des Mieterschutzes für Juden drängte, über eine »Aktion zur zwangsmäßigen Räu-

mung der Judenwohnungen in arischem Hausbesitz« vorausgegangen. Sie hatten verabredet, eine entsprechende »Judenkartei« anzulegen. Nachdem die GBI-Behörde die Bezirke bestimmt habe, welche völlig »judenfrei« zu machen seien, würden die Wohnungen – notfalls durch Druck der NSDAP auf die Hauswirte – gekündigt. Diese Einflußnahme wurde als notwendig erachtet, weil viele Vermieter die geplanten Kündigungen ablehnten, da Juden »aus politischen Gründen die ruhigsten und bescheidensten Mieter« seien, die die Hausbesitzer nicht »belästigen«[131] würden. Im Zusammenhang mit der Bekanntgabe der Wohnungs-Anmeldepflicht wurde im ›Jüdischen Nachrichtenblatt‹ angekündigt, daß aufgrund des neuen Mietgesetzes bald alle jüdischen Wohnungen in ›arischen‹ Häusern geräumt würden. Die Juden sollten zwangsweisen Räumungen durch freiwilligen Umzug in Häuser mit jüdischen Eigentümern zuvorkommen, dabei jedoch beachten, daß hierfür die Berliner »Stadtgebiete Potsdamer Straße, Lützowplatz, Tiergartenviertel, Hansaviertel, Kleiststraße, Tauentzienstraße, Kurfürstendamm und Bayerisches Viertel« tabu seien; also nicht mehr nur das Regierungsviertel.[132] Diese Information entsprach exakt den Planungen Speers, dessen Behörde offenbar zur gleichen Zeit Karten des Berliner Stadtgebietes herstellte, in denen »judenreine Gebiete« für Charlottenburg, Tiergarten, das Bayerische Viertel sowie Dahlem/Zehlendorf verzeichnet wurden.[133] Auch über Wohnungen in Häusern jüdischer Eigentümer wurde in der Speer-Behörde schon diskutiert, denn das Propagandaministerium habe festgestellt, daß in der geplanten »Ost-West-Achse noch 1800 Fensterachsen mit Juden besetzt« seien. Um diesen angeblich auch in politischer Hinsicht gefährlichen Zustand zu beseitigen, solle »eine Entscheidung des Führers« eingeholt werden.[134]
Die wachsende Unsicherheit aufgrund des Zusammendrängens der Juden in immer kleineren Wohnungen hatte zur Folge, daß immer weniger alte Menschen von der Jüdischen Gemeinde in Privatpflegestellen untergebracht werden konnten. Die Zahl der Pflegebedürftigen war aber seit dem Pogrom sprunghaft gestiegen, da viele der Deutschland verlassenden Jüdinnen und Juden ihre nicht emigrationsfähigen Familienangehörigen zurücklassen mußten. Allein in Berlin gab es im Sommer 1939 3000 Vormerkungen für Altersheimplätze, obwohl die Zahl der jüdischen Heime seit 1933 von 5 auf 13 mit 1683 Plätzen gesteigert worden war.[135] Nach Angabe der gerade gegründeten ›Reichsvereinigung der Juden in Deutschland‹ – dem aus der früheren ›Reichsvertretung‹ hervorgegangenen Zwangsgebilde gehörten alle Juden als Zwangsmitglieder an; Emigrationsvorbereitung, Fürsorge sowie das Schulwesen waren ihr als Hauptaufgaben übertragen worden – hatten im ersten Halbjahr 1939 allein 16 000 Juden, so viele wie im ganzen Vorjahr, die Stadt und das Land verlassen.[136]

Leben in der Zwangsgemeinschaft: September 1939 – Sommer 1941

Seit 1933 waren ca. 80 000 Juden aus Berlin geflüchtet.[137] Mit Kriegsbeginn Anfang September 1939 wurden jedoch die meisten Grenzen geschlossen und die Transitwege gesperrt. Der NS-Staat beschränkte zudem sämtlichen Juden innerhalb Deutschlands den Informationszugang

und die Freizügigkeit; ihnen wurden die Radioapparate entschädigungslos weggenommen und ihre Bewegungsfreiheit eingeschränkt.
Da Juden nun nach 20 Uhr nicht mehr ihre Häuser verlassen durften, stellten sich die jüdischen Organisationen darauf ein. Der bei Kriegsbeginn kurzzeitig, wie schon während des Pogroms, verbotene ›Jüdische Kulturbund‹ gab nach seiner Wiederzulassung in Berlin nun Kinovorstellungen um 14.30 und um 17 Uhr.[138] Eine wachsende Zahl in den ›Geschlossenen Arbeitseinsatz‹ gepreßter Juden konnte diese kulturellen Angebote trotzdem nicht nutzen, speziell die über tausend Berliner Juden, die ab Mitte September für drei Monate zur Kartoffel- und Rübenernte ins Berliner Umland verpflichtet worden waren.[139] Da meist nur gering entlohnt, ließen diese unter harten Bedingungen stattfindenden Einsätze die große Menge fürsorgebedürftiger Familien nur wenig schrumpfen. Die Zahl von den städtischen Wohlfahrtsämtern laufend versorgter Juden sank von 4332 Ende September 1939 auf 3821 Ende Dezember.[140] Die Jüdische Winterhilfe unterstützte in dieser Phase 17 563 Berliner Juden mit zusätzlichen Hilfen.[141]
Als der Vorsitzende der Jüdischen Gemeinde zu Berlin, Heinrich Stahl, Anfang 1940 seine Emigrationsabsichten umsetzen wollte – was die Gestapo offenbar verhinderte –, übernahm Moritz Henschel spätestens im März die Führung der Gemeinde.[142] Währenddessen wurde die Separierung der Berliner Juden in allen Lebensbereichen weiter vorangetrieben, vor allem auf dem Miet- und Versorgungssektor. Die schon vor Kriegsbeginn begonnene Aktion zur Exmittierung von Juden wurde fortgesetzt. Im Kriegsverwaltungsbericht des Bezirkes Pankow hieß es dazu: »Die Unterbringung erfolgte bei anderen Judenfamilien, die zusammenrücken mußten, als Untermieter oder in den zur Unterbringung von Juden vorgesehenen Häusern.« Letztere würden danach ausgewählt, »ob sie sich in besonders schlechtem baulichen Zustand« befanden.[143] Im April befahl nun auch die Stapo(leit)stelle Berlin dem Vorstand der Jüdischen Gemeinde, die intensivere »Ausnutzung des von Juden benutzten Wohnraumes« zu beschleunigen. Die Gemeindevertreter verteidigten sich geschickt damit, daß sie bereits eine interne »Erhebung über den jüdischen Wohnraum in jüdischen Häusern und in den sogenannten Judenhäusern« ohne Resultate durchgeführt hätten. Sie plädierten dafür, den »jüdischen Wohnraum in arischen Häusern« besser auszunutzen, obwohl seit einem Jahr die Räumung gerade solcher Wohnungen lief. Daß die Gestapo trotzdem über diesen Vorschlag mit den städtischen Wohnungsämtern verhandeln wollte, ist ein deutliches Zeichen mangelnder Behördenkoordination.[144]
Die Situation, daß der ›Geschlossene Arbeitseinsatz‹ bisher nur die bei den Arbeitsämtern gemeldeten, Arbeitslosenunterstützung beziehenden Juden erfaßte und gleichzeitig Tausende Juden ohne Beschäftigung waren, die von Ersparnissen, Ruhestandsgeldern oder Renten lebten, mußte bei wachsendem Arbeitermangel infolge der Ausweitung des Krieges ihren Niederschlag in den Behördenkalkulationen finden. Ende April/Anfang Mai 1940 wurden deshalb in Berlin alle jüdischen Männer zwischen 18 und 55 Jahren und alle jüdischen Frauen zwischen 18 und 50 Jahren aufgefordert, sich bei der für den Arbeitseinsatz zuständigen Stelle der Jüdischen Gemeinde registrieren zu lassen.[145] Die ›Zentrale Dienststelle für Juden‹ des Berliner Arbeitsamtes ordnete im Zusammenhang mit der Ausweitung des ›Geschlossenen Arbeitseinsatzes‹ im Mai 1940 an,

jüdische Beschäftigte künftig durch gelbe Davidstern-Abzeichen auf Brust und Rücken zu kennzeichnen.[146] Nach Intervention der ›Reichsvereinigung‹ ließ die Gestapo die »Anordnung betreffend Kennzeichnung der Juden« in Berliner Betrieben jedoch aufheben.[147]
Zur gleichen Zeit begannen in Berlin die Beschränkungen auf dem Versorgungsgebiet. Ab Mai 1940 wurde Juden, die reichsweit seit Anfang 1940 nur noch reduzierte Lebensmittelrationen erhielten, im Berliner Bezirk Charlottenburg verboten, Einkäufe zu jeder Tageszeit zu tätigen. In den für den Verkauf bewirtschafteter Waren zugelassenen Geschäften, außer Bäckereien, waren Plakate mit dem Text anzubringen: «Juden ist der Zutritt erst ab 12 Uhr gestattet.«[148] Goebbels verlangte Ende Juni, daß in ganz Berlin der Einkauf für Juden vor 15.30 Uhr untersagt werde.[149] Der Polizeipräsident begrenzte – offensichtlich dessen Wunsch folgend – nur wenige Tage darauf die Einkaufszeit für Juden in allen Verkaufsstellen, öffentlichen und privaten Wochenmärkten, in Markthallen sowie im Straßenhandel auf die Zeit zwischen 16 und 17 Uhr – also auf eine einzige Stunde. An allen Geschäften, sogar an den Verkaufseinrichtungen der Straßenhändler, mußten entsprechende Schilder befestigt werden.[150] Das intensive Bemühen der jüdischen Verantwortlichen, über die Gestapo eine Milderung der Bestimmung zu erreichen, z.B. eine Einkaufszeit zwischen 16 und 19 Uhr, scheiterte.[151]
Als Ende Juli 1940 reichsweit der private Fernsprechverkehr für Juden verboten wurde[152], mußten in Berlin die Privatanschlüsse – statt wie vorgesehen bis Ende September – vorzeitig bis Ende August abgegeben werden.[153] Hierfür nutzte man offensichtlich die Tatsache, daß im Zuge einer reichsweiten Anweisung in Berlin schon im März 1940 alle jüdischen Fernsprechteilnehmer in der Neuausgabe des Telefonbuches ihren Eintragungen die Zwangsnamen «Sara« und «Israel« hatten hinzufügen lassen müssen.[154] Im Sommer 1940 befahl der Berliner Polizeipräsident, künftig den strengsten Maßstab zur Überwachung der Ausweispflicht von Juden anzulegen: Juden seien prinzipiell persönlich vorzuladen und bei «jeder sich bietenden Gelegenheit« sei ihre Kennkarte zu verlangen. Da diese Verfügung sich nicht nur an die Polizei, sondern auch an die Berliner Spitzenbehörden und Parteidienststellen richtete, wurden die städtischen Beamten extra verpflichtet, Verstöße beim nächsten Polizeirevier anzuzeigen.[155]
Die Freizügigkeits- und Kommunikationsbeschränkungen standen offensichtlich im Zusammenhang mit den inzwischen forcierten Deportationsplanungen: Am 19. Juli 1940 verkündete Goebbels auf einer seiner Ministerkonferenzen den Plan, »sofort nach Kriegsende sämtliche [...] in Berlin noch lebenden Juden [...] nach Polen schaffen zu lassen. [...] Erst nach Berlin sollen dann die anderen Judenstädte (Breslau usw.) an die Reihe kommen.«[156] Anfang September 1940 waren nicht nur die Planungen abgeschlossen, wie im Propagandaministerium verbreitet wurde, sondern es war alles vorbereitet, um unmittelbar »nach Kriegsende [...] innerhalb von 4 Wochen 60 000 Juden im wesentlichen nach dem Osten aus Berlin zu entfernen; die restlichen 12 000 würden innerhalb weiterer vier Wochen ebenfalls verschwunden sein«.[157]
Im Sommer 1940 lebten noch 72 327 jüdische Einwohner in Berlin. Davon waren 25 000 Frauen und 16 000 Männer im Alter zwischen 18 und 60 Jahren nach Einschätzung der deutschen Arbeitsverwaltung mehr oder weniger arbeitsfähig.[158] Im Oktober 1940 rekrutierten die Arbeits-

ämter in einer neuen Erfassungswelle sämtliche noch vorhandenen, tauglichen Juden in Berlin, aber auch im Reich, um den immensen Bedarf der Industriebetriebe an Arbeitskräften zu decken. Die Berliner Sonderdienststelle des Arbeitsamtes überschritt im November 1940 alle bisher selbst gezogenen Grenzen und verpflichtete sogar Juden, die in Umschulungsprogrammen lernten, sowie Kinder unter 16 Jahren, die ohne Beachtung der Arbeitsschutzbestimmungen für Jugendliche eingesetzt wurden.[159] Der Berliner Paketverkehr zu den Weihnachtsfeiertagen sollte in einer groß angelegten Sonderaktion von 3000 jüdischen Hilfskräften erledigt werden, wofür das Arbeitsamt von der Jüdischen Gemeinde verlangte, Juden aus Ausbildungskursen zu beurlauben.[160] Ende November untersagte jedoch die Gestapo die Verwendung von Juden für den Postbetrieb.[161] Dieser Eingriff in die seit Ende 1938 koordiniert, jedoch in den einzelnen Lebensgebieten arbeitsteilig funktionierende Verfolgungspraxis illustriert den allmählichen Wandel hin zur Dominanz des Reichssicherheitshauptamtes sowohl in der reichsweiten wie in der lokalen Entwicklung der ›Judenpolitik‹. Die Arbeitsverwaltung blieb zwar weiterhin verantwortlich für den ›Geschlossenen Arbeitseinsatz‹, mußte jedoch künftig ihre konkreten Pläne mit der Gestapo abstimmen. Das Berliner Arbeitsamt organisierte im Winter 1940/41 neben dem sprunghaft angestiegenen Industrieeinsatz die Zwangsbeschäftigung Hunderter Juden bei der Stadtverwaltung und ihren Bezirksämtern mit Straßenreinigungs-[162], Straßenbau- und Tiefbau-, Friedhofs- und Müllarbeiten[163] sowie beim Baustab des Generalbauinspektors Speer mit Luftschutzbunkerbauten oder mit Abrißtätigkeiten für die »Neugestaltung der Reichshauptstadt«.[164] Sonderaktionen außerhalb der Reichweite der Arbeitsverwaltung, z. B. eine, bei der Anfang Februar 1941 NSDAP-Funktionäre Berliner Juden, »darunter auch ältere, grauhaarige Frauen und junge Mädchen«, zwangen, ohne Entlohnung die Straßen vom Schnee zu säubern, blieben eher die Ausnahme.[165] In einigen Berliner Bau- und Industriebetrieben, wie der ›Zeiss-Ikon Werke AG‹, der ›Philipp Holzmann KG‹ und der ›Fa. Julius Berger‹, mußten jüdische Zwangsarbeiter bereits wieder Kennzeichen tragen.[166]

Dies war nur ein Ausdruck der immer krasseren Separierungsmaßnahmen gegen die Berliner Juden: Seit Herbst 1940 gab es die von Zeitungen propagandistisch unterstützte Anweisung, in Häusern, wo ›Arier‹ und Juden noch gemeinsam wohnten, isolierte Luftschutzräume für Juden einzurichten.[167] Separate Notunterkünfte für jüdische Bombenobdachlose mußten ab November in Verwaltungsgebäuden der Jüdischen Gemeinde und Synagogenräumen eröffnet werden.[168] Ende November ordnete das Hauptwohlfahrtsamt Berlin an, daß die Jüdische Gemeinde künftig sämtliche Fürsorgeausgaben für die Berliner Juden zu übernehmen habe.[169] Die Wohlfahrtsstelle der größten jüdischen Gemeinde in Deutschland mußte also ab Januar 1941 mehrere Tausend jüdische Arme mit regelmäßigen Zahlungen unterstützen. Gleichzeitig versorgte die Jüdische Winterhilfe über 11000 Berliner Juden zusätzlich mit Lebensmitteln oder Kleidung.[170] Ab Januar 1941 durften Juden in Berlin nur noch bei der Firma ›Alsi-Schuhreparaturen‹ und deren Filialen ihre Reparaturen anmelden.[171]

Seit Jahresbeginn 1941 hatte die Behörde des Generalbauinspektors verstärkt mit der Umsiedlung von Mietern aus Neugestaltungsgebieten in zuvor geräumte ›Judenwohnungen‹ begonnen. Die abzureißenden Häuser dienten offenbar zunächst anderen Zwecken, da Hitler das schnelle Freimachen von 1000 Wohnungen für Bombenopfer bei »künftigen Fliegerangriffen« gefordert hatte.[172] Mitte März hatte man die Aktion nicht nur den städtischen Behörden angekündigt[173], sondern auch der Wohnberatungsstelle der Jüdischen Gemeinde. Letztere mußte sie durch Erfassen des vorhandenen Wohnraums in jüdischem Grundbesitz unterstützen.[174] Die jüdischen Mieter wurden dann, wie es in der Sprache der Speerschen Behörde hieß, »in jüdischem Wohnraum jüdischen Grundbesitzes geschachtelt«.[175] Von dieser Aktion wollte auch das Reichssicherheitshauptamt profitieren und beauftragte die jüdische Seite, für sich eine Liste ›guter jüdischer‹ Wohnungen in ›arischen‹ Häusern bis zum 1. April einzureichen.[176] Mit Hilfe der ersten größeren »Judenwohnungs-Entmietungsaktion« stellte Speer bis Mai 1941 der Reichshauptstadt zur Unterbringung bombengeschädigter »Volksgenossen« 940 Wohnungen zur Verfügung[177]; im August 1941 sollte die Räumung weiterer »5000 Judenwohnungen« gestartet werden.[178]

Diese Räumungsaktionen der Speer-Behörde liefen parallel zu den Deportationsplanungen. Am 20. März 1941 erfuhren die Teilnehmer einer Besprechung im Propagandaministerium, unter ihnen Vertreter Speers und des Reichssicherheitshauptamtes, daß Hitler die Anwesenheit der ca. 70 000 Juden in Berlin kritisiert hätte. Hitler habe zwar nicht entschieden, daß »Berlin sofort judenfrei gemacht werden müsse«, aber Goebbels glaube, daß ein »geeigneter Evakuierungsvorschlag sicher die Zustimmung des Führers finden würde«. Adolf Eichmann erklärte, daß dem Reichssicherheitshauptamt bereits ein schriftlicher Befehl Hitlers über die Deportation von 60 000 Wiener Juden vorläge. Da aber in Wien »vorerst nur 45 000 Juden greifbar« seien, könne man vielleicht 15 000 Juden aus Berlin in die künftigen Deportationen einbeziehen. Auf Drängen des Propagandaministeriums und der Vertreter des Generalbauinspektors wurde Eichmann abschließend gebeten, für Goebbels einen »Vorschlag zur Evakuierung der Juden aus Berlin« auszuarbeiten.[179] Diese immer konkreteren Vorbereitungen hatten neue gravierende Beschränkungen für die jüdische Seite zur Folge: Von der Jüdischen Gemeinde zu Berlin wurde ab März 1941 eine »erhebliche Betriebskostensenkung« verlangt. Neben anderen Maßnahmen sollte sie, die ab Anfang April ihre Bezeichnung in »Jüdische Kultusvereinigung zu Berlin e.V.« ändern mußte[180], rund 1000 ihrer 2750 Mitarbeiter, Lehrer und Hilfskräfte entlassen.[181] Von 230 Lehrern blieben nur 100.[182] Darüber hinaus verfügte die ›Aufsichtsbehörde‹ am 22. April 1941, daß in Berlin sämtliche handwerkliche Kurse einzustellen seien[183] – gleichgültig ob Ausbildungsprogramme für Jugendliche oder die erst im Januar 1941 zur Umschulung von Erwachsenen eingerichteten Brunnenbau- und Schädlingsbekämpfungslehrgänge.[184]

Obwohl hierdurch im März/April 1941 noch einmal mehrere tausend Juden und Jüdinnen in den Berliner Zwangseinsatz eingegliedert wurden – ein Umstand, der bisher immer mit dem Beginn der Zwangsarbeit gleichgesetzt wurde –, war letztlich das Reservoir für den Industrieeinsatz weitgehend ausgeschöpft. Die Berliner Arbeitsverwaltung verhandelte deshalb mit dem Reichssicherheitshauptamt bereits über Pläne, auswärtige deutsche Juden in Berliner Industriebetrieben zu beschäftigen. Solche Vorhaben wurden aber von der Errichtung firmeneigener Lager abhängig gemacht, da gerade die Räumungsaktion der Speer-Behörde gegen jüdische Mieter lief und deshalb kein Wohnraum mehr zur Verfügung stand. Für den Einsatz von 200 Jüdinnen aus Frankfurt am Main errichtete die ›Siemens-Schuckert Werke AG Berlin‹ ein Lager auf Firmengelände in Halensee – offenbar das erste Zwangsarbeitslager für Juden der Reichshauptstadt.[185] Gleichzeitig hatte der Masseneinsatz jüdischer Zwangsarbeiter in Industrie und Großbetrieben die ad acta gelegten Forderungen nach Kennzeichnung wieder wachgerufen. Am 21. April 1941 ordnete daraufhin Goebbels an, daß »für die Juden in Berlin – die wir augenblicklich nicht herausbringen könnten, weil sie als Arbeitskräfte unentbehrlich seien – ein Abzeichen geschaffen werde«.[186] In den meisten Berliner Firmen mußten die jüdischen Zwangsarbeiter nun eine – in der Regel gelbe – Armbinde als Kennzeichen tragen.[187] Nach zeitgenössischen Berichten arbeiteten Tausende Berliner Juden, außer bei den oben bereits genannten Erd- und Abrißarbeiten der Berliner Stadtverwaltung oder der Speer-Behörde, seit längerem in Großfirmen wie der ›Siemens AG Berlin‹. Dort wurden Männer als Bohrer, Dreher, Stanzer, Wickler, bei der Montage von Schaltkästen, als Drahtlackierer, Kunstharzpresser, Gummimischer und Schlosser sowie Frauen als Drahtwicklerinnen, Entgraterinnen oder Bohrerinnen – oft im Akkord – eingesetzt. In Firmen der chemischen oder der holzverarbeitenden Industrie arbeiteten speziell Jüdinnen und jüdische Jugendliche, ebenso bei Verpackungs-, Transport-, Montage- und Adjustierungstätigkeiten an Apparaten oder Geräten, z. B. für Flugzeuge. Die Gesamtzahl jüdischer Zwangsarbeiter in Berlin schätzte man im Juli 1941 auf ca. 26 000 – 28 000 Personen – davon 45 % Frauen –, die in weit mehr als 230 Firmen und Unternehmen eingesetzt waren.[188] Um die Auswirkungen der Samstagsarbeit für die Masse der Zwangsarbeiter und Zwangsarbeiterinnen zu mildern, richtete die Jüdische Gemeinde im Juli 1941 in sechs Lokalitäten, u. a. in der Synagoge Levetzowstraße und der Aula Joachimsthaler Straße, Extragottesdienste sowohl nach orthodoxem als auch nach reformiertem Ritus für die am Nachmittag aus den Fabriken Zurückkehrenden ein.[189]

Der Beginn der Deportationen: Herbst 1941–Herbst 1942

Am 15. August 1941 wurden auf einer Sitzung im Propagandaministerium die teilnehmenden Ministerialbeamten, Behörden- und NSDAP-Vertreter zur Unterstützung für neue antijüdische Zwangsmaßnahmen aufgefordert. Goebbels wollte in den folgenden Tagen Hitler weitere Reduzierungen der Lebensmittelrationen, Beschränkungen bei der Benutzung öffentlicher Verkehrsmittel sowie die Kennzeichnung aller Juden im Altreich vorschlagen.[190] Außerdem sollten in Berlin, ähnlich wie in anderen Städten von der Gestapo bereits praktiziert, sämtliche Juden aus ihren Wohnungen entfernt und in Barackenlagern konzentriert werden.[191] Die Sitzungsteilnehmer wurden von Eichmann informiert, daß Hitler die vom Reichssicherheitshauptamt beantragte Deportation der Juden aus dem Altreich während des Krieges noch abgelehnt habe, weshalb man dort kurzfristig einen Stufenplan zur »Teilevakuierung der größeren Städte« ausarbeite.[192]

Am 10. September 1941 sperrte die Gestapo den Zuzug nach Berlin[193], gleichzeitig wurde reichsweit der berüchtigte ›Judenstern‹ eingeführt, der in Berlin am 17. und 18. September an sieben Stellen (Synagogen und Schulen) von der Gemeinde ausgegeben wurde.[194] Die Verpflichtung, den Stern zu tragen, riß die Juden – nach Einführung der Kennkarten und Zwangsvornamen – endgültig aus der in Berlin noch teilweise schützenden Anonymität der Großstadt. Sie war mit dem Verbot gekoppelt, die Wohngemeinde zu verlassen. Hitler hatte seine Pläne geändert und wollte nicht mehr das Kriegsende abwarten, um Deutschland gewaltsam »judenfrei« zu machen. Goebbels notierte am 24. September hierzu: »Berlin kommt als erstes an die Reihe, und ich habe die Hoffnung, daß es uns im Laufe des Jahres noch gelingt, einen wesentlichen Teil der Berliner Juden nach dem Osten abzutransportieren.«[195] Anfang Oktober 1941 wurde die jüdische Seite vom Reichssicherheitshauptamt unterrichtet[196], daß Familien geschlossen »umgesiedelt« werden würden.[197] Zu diesem Zweck mußte die Synagoge Levetzowstraße als Sammellager für 1000 Menschen vorbereitet werden.[198] Aus Berlin fuhr der erste Deportationszug am 18. Oktober mit 1013 Berliner Juden mit Ziel Litzmannstadt (Lodz) ab.
In der Chronik des Generalbauinspektors wurde später befriedigt vermerkt, daß in der Zeit vom 18. Oktober bis zum 2. November »in Berlin rund 4500 Juden evakuiert« wurden[199], was in Speers Pläne paßte: »Dadurch werden weitere 1000 Wohnungen für Bombengeschädigte frei«, die von ihm »der Stadt zur Verfügung gestellt werden« konnten.[200] Diese erhielt von ihm dann noch einmal 3000 »Judenwohnungen« aus der Ende November eingeleiteten dritten »Großaktion«.[201] Viele nicht deportierte Juden verloren hierbei nicht nur ihre Wohnungen und mußten sich überstürzt als Untermieter bei anderen Juden einmieten, sondern konnten aufgrund der Vermögensbeschränkungen vom 1. Dezember nicht mehr über ihre Möbel frei verfügen. Der frühere Bankbeamte Erich Frey war gezwungen, da er kurzfristig keine Verkaufsgenehmigung erhielt, seinen Hausrat der Jüdischen Gemeinde kostenlos zu überlassen und dafür noch Transport- und Lagerkosten zu übernehmen. Für die Renovierung der zwangsweise verlassenen Wohnung zahlte er mehr als das Doppelte des üblichen Preises.[202] Hohe Kosten den Juden aufzuerlegen, war offenbar die Regel. Es existierten dafür sogar Spezialformulare mit einer »Reparatur-Verpflichtung des evakuierten Juden (III. Aktion)«.[203]
Bei der Räumung der Wohnungen harmonierten die unterschiedlichen Interessen der Gestapo, der Behörde des Generalbauinspektors und der Stadtverwaltung. Dagegen mußte der weitere Abtransport der Berliner Juden, von denen im November 1941 noch ca. 20 000 in ›kriegswichtigen‹ Firmen Zwangsarbeit leisteten, nach Einschätzung damaliger Rüstungsverantwortlicher zumindest betriebswirtschaftliche Probleme verursachen. Aufgrund der Dimension des Problems gab es deshalb in Berlin – im Gegensatz zu anderen Orten – zwischen der Arbeitsverwaltung und der Gestapo Absprachen über einen koordinierteren Abzug von Juden aus der Rüstungsindustrie.[204] Dies bedeutete eine mögliche Verzögerung des individuellen Transporttermins bei Firmenreklamationen, keinesfalls jedoch absoluten Schutz, denn allein bis Ende Januar 1942 deportierte die Gestapo wieder mehrere tausend Zwangsarbeiter auch aus kriegswichtigen Betrieben.[205]

Da Ende Januar 1942 von 58 637 noch in der Reichshauptstadt lebenden Juden noch immer ca. 2000 als Angestellte jüdischer Einrichtungen tätig sowie 21 000 zwangsbeschäftigt waren, war der Prozentsatz auf Fürsorge angewiesener Juden nicht gestiegen; rund 3000 mußten von der jüdischen Wohlfahrt ständig und insgesamt 5000 von der Jüdischen Winterhilfe zusätzlich betreut werden.[206] Die Berliner Gestapo wollte die Juden zu diesem Zeitpunkt möglichst schnell »aus dem Stadtbild« entfernen. Aufgrund der großen Zwangsarbeiterzahl suchte sie aber nach einem Ausgleich für den Widerspruch zwischen dem Rüstungsarbeitskräftedefizit und den Deportationsplänen. So war vorgesehen, alle Wohnungen, in denen noch Juden lebten, zu räumen und die Nichtarbeitsfähigen, ob Kinder, Greise oder Gebrechliche, zu deportieren. Die Zwangsarbeiter sollten dann – von ihren Familien getrennt – bei den Industrieunternehmen »in geschlossenen Lagern« eingesperrt und wie Kriegsgefangene behandelt werden. Die Gestapo kündigte im Februar 1942 Industrieunternehmen, die mehr als 100 jüdische Zwangsarbeiter beschäftigten, diese Pläne und die Absicht an, »mit der Evakuierung der Familienangehörigen der werktätigen Juden« im April oder Mai 1942 zu beginnen.[207] Hitler, dessen persönliches Placet als offizielle Voraussetzung für die Umsetzung der Gestapo-Vorhaben galt, entschied sich offenbar Anfang Mai 1942 gegen die Familientrennung.[208]

Als sich das Projekt damit erledigt hatte, bot die Gestapo einigen Firmen als Notvariante an, jüdische Zwangsarbeiter im Lager Auguststraße einzuquartieren – eines der drei seit Sommer 1941 zur »Aufnahme von wohnungslosen bezw. evakuierten Juden« von der Jüdischen Gemeinde eingerichteten »Bereitschaftsheimen«.[209] Rund 300 Juden, die weiter täglich zur Zwangsarbeit gingen, sollen schließlich mehrere Monate in der Auguststraße bis zu ihrer Deportation gehaust haben. In ihren Wohnungen waren längst »ausgebombte deutsche Familien« einquartiert worden[210], denn die nach den Deportationen leerstehenden »Judenwohnungen« wurden ab Mitte 1942 direkt von der Stadt beschlagnahmt, um mit ihnen ›arische‹ Bombengeschädigte, vor allem kinderreiche Familien oder »kriegsversehrte Ritterkreuzträger«, zu versorgen.[211]

Im Mai 1942 wurden in Deutschland wie in Berlin die Lebensumstände der noch nicht deportierten Juden weiter verschärft. Die Berliner ›Kultusvereinigung‹ mußte am 9. Mai 1942 bekanntgeben, daß weitere Straßenzüge, nämlich die gesamte Straße Unter den Linden, die Tauentzienstraße und ein Teil des Kurfürstendamms, für Juden gesperrt seien. Da gleichzeitig seit dem Frühjahr die Benutzung öffentlicher Verkehrsmittel fast vollständig verboten worden war, verlängerten sich die Fußwege enorm.[212] Ab Mitte des Monats hatten Juden ihre sämtlichen Haustiere anzumelden – in Berlin bei der eigentlich für Deportationsreklamationen zuständigen Stelle im Jüdischen Krankenhaus, Iranische Straße – und später abzuliefern.[213] Ende Mai erließ der Oberbürgermeister eine weitere drastische Versorgungsbeschränkung. Nichtrationierte Lebensmittel durften an Juden nur verkauft werden, «wenn sie so reichlich vorhanden sind, daß jede Anforderung der deutschen Verbraucher reibungslos erfüllt werden kann«.[214] Diese letzte Anweisung hatte offensichtlich den Brandanschlag der Widerstandsgruppe Baum auf die NS-Propagandaaustellung «Das Sowjetparadies« zum Hintergrund. Am 29. Mai 1942 wurden wegen der Beteiligung von fünf Juden an dem Anschlag die Vorstandsmitglieder der Jüdischen

Gemeinden Berlin und Wien sowie der ›Reichsvereinigung‹ vorgeladen und von der Gestapo über die Festnahme von 500 Berliner Juden als Geiseln unterrichtet. Von den Verhafteten seien 250 Juden erschossen und 250 Juden in ein KZ überführt worden. Weitere Erschießungen wurden für ähnliche Fälle angekündigt, eine Drohung, die der ganzen jüdischen Bevölkerung bekanntgegeben werden sollte.[215]

Im Juni 1942 begannen dann die Transporte für Alte, Kriegsdekorierte und andere ›privilegierte‹ Gruppen nach Theresienstadt. Unter den ersten Deportierten am 11. Juni war der langjährige Gemeindevorsitzende Stahl, der wenige Tage zuvor noch als Untermieter in eine neue Wohnung ziehen mußte, da der Stadtteil Dahlem kurzfristig »judenrein« werden sollte.[216] Ende Juli, nach weiteren Deportationen, erwog die Berliner Gestapo bereits die Deportation »in Mischehe Lebender«, da nach den gültigen Kriterien für den nächsten Transport zu wenige Personen zur Verfügung standen. Die Jüdische Gemeinde erhielt daraufhin den Auftrag, eine neue Kartei aller Juden Berlins anzufertigen.[217]

Nach weiteren Theresienstadt-Transporten lebten Anfang September 1942 in Berlin nur noch 46 658 Juden.[218] Zu diesem Zeitpunkt war den städtischen Behörden der Abtransport von weiteren 13 000 Berliner Juden bereits angekündigt.[219] Die ›Jüdische Kultusvereinigung‹ mußte zu diesem Zweck eine neue Kartei mit Hilfe von Daten der Arbeitsverwaltung für die Gestapo erstellen.[220] Sie schätzte, daß insgesamt noch für Deportationen nach Osten ca. 29 500 Personen in Frage kämen, nämlich 27 000 Zwangsarbeiter und ihre Familienangehörigen sowie 2500 Angestellte jüdischer Einrichtungen, deren Ehepartner und Kinder unter vierzehn Jahren. Für weitere Theresienstadt-Transporte fanden sich noch ca. 6000 Berliner Juden. Übrig blieben nichttransportfähige Juden und ca. 11 000 »Nichtsternträger«, d. h. Juden in ›privilegierten Mischehen‹ und ›Mischlinge‹.[221]

Die Gestapo-Devise lautete zu diesem Zeitpunkt, daß zuerst »aus Etatgründen zur Abwanderung gebracht werden« müsse, wer irgendeine Form sozialer Hilfe empfange.[222] In Berlin betraf das 1692 fürsorgeunterstützte Juden, unter ihnen 350 Kinder und knapp 600 über fünfundsechzigjährige Juden.[223] Die Richtlinien für Transportreklamationen waren inzwischen so verschärft worden, daß nur noch unaufschiebbare Operationen eine – und dann sowieso nur noch kurzfristige – Zurückstellung rechtfertigten.[224] Im September 1942 deportierten die Polizeibehörden schließlich die enorme Zahl von über 12 000 Juden aus dem Altreich, davon 10 212 nach Theresienstadt. Aus Berlin wurden über 3000 Juden abtransportiert.[225]

Im Zusammenhang mit dieser Deportationswelle wurden die repressiven Bestimmungen, die den Alltag der Juden in Berlin prägten, erneut verschärft: Die Einkaufszeiten verkürzte man Anfang September noch einmal, Juden durften nur noch wochentags zwischen 16 und 17 Uhr einkaufen. Markthallen, Wochenmärkte sowie Straßenverkaufsstände waren künftig tabu.[226] Um diese Einschränkungen durchzusetzen, wurden zugleich verstärkte Kontrollen und ein scharfes Durchgreifen der Polizeibehörden angeordnet: Juden, die vor 16 Uhr sich vor oder in Geschäften anstellten, waren fortzuweisen; Juden, die sich nach 17 Uhr in Geschäften aufhielten, auch wenn sie vor 17 Uhr das Geschäft betreten hatten, waren aus dem Geschäft zu weisen und anzuzeigen. Telefonische oder mündliche Vorbestellungen ebenso wie das Zurücklegen von Waren verbot man unter der Drohung, die ›arischen‹ Geschäftsinhaber anzuzeigen.[227]

Im Oktober 1942 stammte die Mehrheit der aus dem Altreich Deportierten aus Berlin, genau 2971.[228] Mitte des Monats veranstaltete die Gestapo kurzfristig eine Selektion unter den 1416 Mitarbeitern und Helfern der ›Kultusvereinigung‹. 345 Angestellte (109 Männer und 236 Frauen) fielen dieser Aktion zum Opfer und wurden am 26. Oktober 1942 nach Riga deportiert; 20 hatten flüchten können.[229] Daraufhin verhaftete die Gestapo wenige Tage später 20 jüdische Persönlichkeiten der ›Kultusvereinigung‹ und der ›Reichsvereinigung‹, von denen in der zweiten Novemberhälfte acht erschossen und ihre Angehörigen abtransportiert wurden.[230] In dieser Phase wurden Alois Brunner und seine Wiener Deportationsspezialisten in die Reichshauptstadt geholt, um die Deportationen zu forcieren.[231] Das Lager Große Hamburger Straße, dessen Fenster Anfang Oktober vergittert worden waren, mußte genau wie die Synagoge Levetzowstraße auf Anweisung Brunners soweit von Mobiliar befreit werden, daß sie jeweils 1200 bis 1500 zu deportierende Personen fassen konnten. Als Sammellager für Theresienstadt-Transporte wurde nun die Gormannstraße bestimmt. Aufgrund der wachsenden Zahlen flüchtender sowie Selbstmord begehender Juden änderten die Wiener die Taktik. Ohne vorherige Information wurden nun in großen Razzien die Juden einzelner Straßenzüge, unter Mithilfe von dazu verpflichteten Angestellten der Gemeinde, in die Sammellager gebracht.[232]

Im November 1942 – von diesem Monat an gingen die Berliner Osttransporte nur noch nach Auschwitz – wurden 1442 Berliner Juden, davon 441 nach Theresienstadt, abtransportiert.[233] Sowohl 48 Kinder aus dem »Jüdischen Säuglings- und Kleinkinderheim« Niederschönhausen, Moltkestraße, waren unter den Verschleppten[234], als auch die letzten Insassen des Altersheims Köpenick, Mahlsdorfer Straße, eines der mittlerweile 21 jüdischen Alters- und Siechenheime in Berlin (5 im Jahr 1933).[235] Ende November 1942 lebten nur noch 35 246 Juden in Berlin.[236] Das Transportsoll war jedoch bis Ende November mit ca. 7500 nur zur Hälfte erfüllt worden. Da die im September angeordnete Erfassung über vorhandene Karteien offenbar nicht ausreichte, wurde am 27. November 1942 allen Berliner Juden, auch sogenannten ›Geltungsjuden‹, befohlen, binnen drei Tagen der Statistischen Abteilung der ›Reichsvereinigung‹ schriftliche Angaben zur Person, wie Namen, Familien-, Wohnungs- und Arbeitsverhältnisse, zu liefern.[237] Doch nicht alle Berliner Juden füllten die Meldezettel aus, weshalb die Gestapo am 11. Dezember unter Drohungen öffentlich die Aufforderung mit neuem Termin wiederholen mußte.[238] In der gleichen Woche kündigte man bereits den Privatunternehmern den Abzug der letzten Juden verbindlich für den 31. März 1943 an.[239]

Die letzte Deportationsphase: Dezember 1942–März 1943

Im Dezember 1942 begann die letzte große Deportationsphase: In diesem Monat wurden 2096 Berliner Juden deportiert, im Januar 1943 waren es 2632, im Februar 2914.[240] Der enorme Umfang der in dieser Zeit aus Berlin abgehenden Transporte schuf für die Berliner Behörden wachsende Probleme, da sie gar nicht so schnell die Wohnungen räumen und das zurückgelassene Hab und Gut verwerten konnten, wie nun deportiert wurde. Die Reichshauptstadt hatte beispielsweise das Mobiliar von »3000 Judenwohnungen« übernommen, das an zwölf große Berliner Möbelgeschäfte weiterveräußert werden sollte. Aus jedem Verwaltungsbezirk mußte ein Beamter abgestellt werden, um eine schnelle Abwicklung zu sichern, denn die Preise wurden in einer gemeinsamen Kommission von Vertretern des Oberfinanzpräsidenten, der Stadtverwaltung und des Berliner Möbelhandels festgelegt.[241]

Auf Betreiben der ›Aufsichtsbehörde‹ war die ›Jüdische Kultusvereinigung zu Berlin‹ inzwischen endgültig in die ›Reichsvereinigung‹ eingegliedert worden, was ihre Löschung im Vereinsregister, nicht aber ihre Liquidation zur Folge hatte.[242] Die Gemeindeorganisation verfügte nur noch über 816 Mitarbeiter, darunter 137 in der Verwaltung und 651 im Fürsorgebereich.[243] Im Februar 1943 lebten in Berlin noch rund 27 000 Juden, das war mehr als die Hälfte der Juden des Altreiches.[244] In der Mitte des Monats fiel offenbar die Entscheidung über den konkreten Ablauf und den Termin für den Abschluß der Deportationen. Goebbels triumphierte: »Die Juden in Berlin werden nun endgültig abgeschoben werden. Mit dem Stichtag des 28. Februar sollen sie zuerst einmal alle in Lagern zusammengefaßt werden und dann schubweise, Tag für Tag bis zu 2000, zur Abschiebung kommen. Ich habe mir zum Ziel gesetzt, bis Mitte, spätestens Ende März Berlin gänzlich judenfrei zu machen.«[245]

Das Ziel war also die Deportation der letzten ›ungeschützten‹ Juden. Unter den ›ungeschützten‹ Juden waren einige Tausend Zwangsarbeiter die größte noch verbliebene Gruppe. Die Razzia zu deren Abtransport sollte, und das war das zweite wichtige Vorhaben, mit der Erfassung aller in ›Mischehe‹ lebenden jüdischen Zwangsarbeiter und deren Entfernung aus den Industriebetrieben verbunden werden, weshalb man sie später ›Fabrik-Aktion‹ nannte. Laut dem hier erstmals vorliegenden Erlaß zur ›Fabrik-Aktion‹ ordnete das Reichssicherheitshauptamt in der letzten Februarwoche an: »Nachdem die im hiesigen Dienstbereich wohnhaft gewesenen Juden mit Ausnahme der in deutsch-jüdischer Mischehe lebenden Juden fast restlos umgesiedelt worden sind«, sollten »sämtliche noch in Betrieben beschäftigten Juden zum Zwecke der Erfassung aus den Betrieben« entfernt werden. »Infrage kommen für diese Aktion vor allem die in Mischehe lebenden Juden.« Am Tage der Razzia habe die Gestapo unter Mithilfe des Werkschutzes die Juden »unauffällig« zusammenzufassen, dabei seien die in ›Mischehen‹ lebenden Juden von der Gestapo generell nach Hause zu entlassen. In keinem Fall dürften diese aber wieder in ihrem alten oder einem anderen Betrieb beschäftigt werden. Die Razzia war auf Anordnung des Reichssicherheitshauptamtes »schlagartig am 27. 2. 1943 bei Beginn der Arbeitszeit durchzuführen«.[246] Am avisierten Tag erfolgte im Reich und in Berlin »der Abzug« aller zwangsbeschäftigten Juden aus den Unternehmen und Betrieben.

Juden wurden in Berlin aber nicht nur von ihren Arbeitsplätzen weg verhaftet, sondern an diesem und den folgenden Tagen auf der Straße, bei Vorladungen im Arbeitsamt oder bei der Polizei, oder man holte sie aus ihren Wohnungen. Die Opfer wurden in vier Sammellagern (Synagoge Levetzowstraße, Konzerthaus Clou und zwei Kasernen) mehrere Tage bis zur Deportation interniert.[247] Entsprechend der doppelten Zielsetzung der Razzia deportierte die Gestapo im Laufe des Monats März nicht die Gesamtzahl der offenbar über 11000 Verhafteten, sondern ›nur‹ 8658 – ›ungeschützte‹ – Berliner Juden und Jüdinnen in der größten Transportwelle seit September 1942.[248]

Die Berliner Gestapo hatte die in ›Mischehe‹ lebenden Juden sowie die ›Geltungsjuden‹, die bei der Razzia aus den Betrieben entfernt worden waren, zwar regelmäßig sofort von den übrigen getrennt, aber oft nicht entlassen. »Wir, die in Mischehe Lebenden, bekommen einen weißen Zettel umgehängt [...], werden wieder auf Lastautos geladen.«[249] Hunderte von ihnen internierte die Gestapo zunächst in einem Verwaltungsgebäude der ›Jüdischen Kultusvereinigung‹ in der Rosenstraße oder im Sammellager Große Hamburger Straße. Erst nach der Deportation der meisten ›ungeschützten‹ Juden innerhalb weniger Tage – am 6. März fuhr der fünfte Razzia-Transport, diesmal mit 657 Juden, aus Berlin ab[250] – wandte sich die Gestapo der nächsten Aufgabe zu.[251] Um die restlichen ›ungeschützten‹ Angestellten und Mitarbeiter der Gemeinde ebenfalls deportieren zu können, sollten diese durch eine geringere Zahl ›geschützter‹, in ›Mischehe‹ lebender Juden ersetzt werden. Am 6. März 1943 wurden die ersten von den festgehaltenen Juden entlassen und zunächst 302 Personen als Ersatzkräfte für jüdische Einrichtungen ausgewählt[252], später davon insgesamt 190 bestätigt.[253] Nachdem die Neuen in ihre Aufgaben eingewiesen worden waren, holte die Gestapo die alten Mitarbeiter aus ihren Wohnungen und deportierte sie mit den nächsten Transporten bis Ende März.[254] Die Internierung der in ›Mischehe‹ lebenden Juden und ›Geltungsjuden‹ diente also offenbar u. a. dem Ziel, über sie als Austauschkräfte für jüdische Institutionen verfügen zu können, nicht sie zu deportieren. Wenn es in Berlin von Anfang an eine solche Absicht gegeben hätte, wäre die Trennung bei der Ankunft in den Sammellagern unlogisch und überflüssig gewesen. Der tagelange Protest Hunderter Frauen und Männer vor den Sammellagern Rosenstraße und Große Hamburger Straße war mutig und ohne Beispiel, war aber offensichtlich nicht ursächlich für die Entlassung der Juden.[255]

Die letzten Juden in Berlin: April 1943 – April 1945

Goebbels' Fazit zur ›Fabrikaktion‹ lautete: »Daß die Juden an einem Tage verhaftet werden sollten, hat sich [...] als Schlag ins Wasser herausgestellt. Im ganzen sind wir 4000 Juden dabei nicht habhaft geworden. Sie treiben sich jetzt wohnungs- und anmeldungslos in Berlin herum und bilden natürlich für die Öffentlichkeit eine große Gefahr.«[256] Während einige unter vielen Schwierigkeiten als Untergetauchte (›U-Boote‹) überleben konnten, sorgten bei anderen ›aufmerksame‹ Nachbarn dafür, daß ihre Aufenthaltsorte der Gestapo oder auch den Polizeirevieren schnell bekannt wurden.[257] Nach den März-Transporten lebten in Berlin nur noch 18515 Juden.[258] In den nächsten Monaten wurden die letzten Gemeindeangestellten mehrheitlich nach Theresienstadt deportiert – unter ihnen ihr letzter Vorsitzender Moritz Henschel. Am 10. Juni 1943 löste man die ›Kultusvereinigung‹ auf und beschlagnahmte ihr Vermögen.[259] Das Jüdische

Krankenhaus in Berlin diente künftig als Sitz der Rest-›Reichsvereinigung‹. Gleichzeitig wurde es zu einem Lager mit Kranken, internierten Juden aus ›Mischehen‹, Gestapohäftlingen und für die SS zwangsarbeitenden Juden umfunktioniert. Ständig wurden weiter kleinere Transporte mit Juden abgefertigt.[260] Mitte 1944 zählte man noch knapp 6000 Juden in Berlin.[261] Obwohl ein halbes Jahr später, im Januar 1945, das Reichssicherheitshauptamt als letzten Verfolgungsakt anordnete, alle »in Mischehen lebenden arbeitsfähigen« Juden und Jüdinnen ins Konzentrationslager Theresienstadt zu deportieren[262], konnte das wegen fehlender Transportkapazitäten nur noch teilweise durchgeführt werden.[263] In Berlin, der ehemaligen Reichshauptstadt, soll es nach der Befreiung ca. 4700 jüdische Mischehepartner, 1900 KZ-Überlebende (besonders aus Theresienstadt) und 1400 Juden, die als ›U-Boote‹ die letzten Verfolgungsjahre überstanden hatten, gegeben haben.[264] Von einstmals über 160 000 Berliner Juden erlebten im Mai 1945 also nur 6000 bis 8000 Juden das Ende der NS-Diktatur.[265]

Fazit

In der Reichshauptstadt lebten die Juden seit der Errichtung der NS-Diktatur 1933 im Schnittpunkt zweier Verfolgungsprozesse, der antijüdischen Politik der Reichsregierung einerseits und der antijüdischen Maßnahmen der Berliner Stadtverwaltung andererseits. Gleich nach Einsetzung von Julius Lippert als Staatskommissar für Berlin begann die Stadtverwaltung mit administrativen Methoden, Juden vor allem auf sozialem und wirtschaftlichem Feld zu diskriminieren. Jüdische Ärzte, Juristen, Akademiker und Angestellte verloren ihre Stellungen in allen öffentlichen Einrichtungen. Auch viele private Einrichtungen und Unternehmen entließen jüdische Beschäftigte. Tausende Berliner Juden emigrierten ins Ausland. Eingaben der Jüdischen Gemeinde bei städtischen und staatlichen Instanzen gegen die NS-Politik nützten wenig: Die Separierung der Juden von den Nichtjuden wurde mit offenen und versteckten Mitteln vorangetrieben – seit den ›Nürnberger Gesetzen‹ auf scheinbar legaler Basis – und von den Nichtjuden mehrheitlich bis in die Privatsphäre hinein akzeptiert. Kennzeichnend war in Berlin bis 1937 ein Wechselspiel von spontanen und geplanten, von gewalttätigen und administrativen Aktionen einzelner städtischer Behörden.

Ab Herbst 1937 begannen Goebbels, Polizeipräsident Graf Helldorf und die Berliner Gestapo, ab Sommer 1938 auch Generalbauinspektor Speer, sich unmittelbar in die Berliner Verfolgungsplanung und -gestaltung einzuschalten. Überlagerten sich zuerst die unterschiedlichen Ziele und Interessen, beschleunigte dies letztlich doch den Prozeß der Zentralisierung. Bis Mitte 1938 diskriminierte und separierte die Stadt Juden in vielen Bereichen des täglichen Lebens und war dabei oft den allgemeinen Entwicklungen im Reich einen Verfolgungsschritt voraus. Nun wurden Berliner Maßnahmen zunehmend mit der Verfolgungsstrategie im Reichsgebiet koordiniert, und insbesondere nach dem Novemberpogrom 1938 in die zentrale Politik integriert. Auf mehreren Konferenzen in Berlin erarbeitete die NS-Führung eine einheitliche Verfolgungsstrategie,

die einerseits die Vertreibung neu forcieren sollte, andererseits die Separierung der Zurückbleibenden in allen Lebensbereichen vorsah.
Für die Berliner Juden bedeutete das zu Beginn des Jahres 1939 neben wirtschaftlichen Zwangsmaßnahmen – wie der ›Zwangsarisierung‹ und dem Gewerbeverbot – die endgültige Trennung im Ausbildungs-, Kultur-, Sozial-, Erwerbs- und Wohnsektor, nach Kriegsbeginn auch in der Versorgung, was gleichzeitig den kontrollierten Ausbau ›jüdischer‹ Strukturen zu einer ›Geschlossenen Zwangsgemeinschaft‹ bedingte. Lokale Bedingungen übten auf deren konkrete Ausgestaltung einen erheblichen Einfluß aus. In Berlin wurde das Vorgehen zur Zusammendrängung im Wohnbereich von Generalbauinspektor Speer und dessen Interessen zur Neugestaltung der Reichshauptstadt diktiert, die Ausweitung der Zwangsbeschäftigung auf über 20 000 Juden schon 1940 von der Sonderdienststelle des Arbeitsamtes organisiert. Spätestens ab 1940/41 schwang sich das Reichssicherheitshauptamt zur obersten Autorität über Verfolgungsplanung und -ausführung auch in Berlin auf, der selbst Goebbels nur noch sporadisch die Initiative entreißen konnte. Die Berliner Behörden konnten keine unabgestimmten Entscheidungen mehr treffen, ohne mit der Gestapo in Konflikt zu geraten. Im Lauf des Jahres 1941 wurden die Berliner Juden durch die Speer-Behörde in mehreren Räumungsaktionen in immer weniger Stadtgebieten und Wohnungen zusammengedrängt, wurde ihre Versorgung mit lebensnotwendigen Dingen durch die Stadtverwaltung immer weiter erschwert.
Mit der Vorbereitung und dem Beginn der Deportationen im Jahr 1941 dominierte endgültig die vom Reichssicherheitshauptamt definierte Verfolgungspolitik. Aus der Reichshauptstadt – inzwischen Zentrale der Vernichtungspolitik gegen die europäischen Juden – wurden die mittlerweile jeder Freizügigkeit und ihres letzten mobilen Vermögens beraubten Berliner Juden bis 1943 in über 60 Transporten in die Vernichtungsstätten des Ostens (ca. 35 500) sowie in über 120 Zügen nach Theresienstadt (ca. 15 000) deportiert. Insgesamt wurden über 50 500 Menschen verschleppt.[266]
Nach neuesten Forschungen liegt die Gesamtzahl der Berliner Juden, die aufgrund der nationalsozialistischen Gewaltpolitik ihr Leben verloren, bei über 55 000. Seit 1933 waren viele durch Pogrome und Konzentrationslagerhaft umgekommen oder hatten sich angesichts der Verfolgungen und drohenden Deportation das Leben genommen. Die große Mehrzahl wurde ab 1941 in Auschwitz und anderen Vernichtungsstätten ermordet.[267]

Tabelle 1

Jüdische Bevölkerung in Berlin 1933-1941

Bezirk	Juni 1933	August 1935	Mai 1939	Juni 1941
Charlottenburg	27013	26741	11393	10400
Wilmersdorf	26607	27222	13810	11700
Mitte	24425	22368	13821	10000
Prenzlauer Berg	18051	17062	9577	7910
Schöneberg	16261	15924	10056	9075
Tiergarten	12286	12425	5312	4460
Friedrichshain	6437	6557	3563	3300
Kreuzberg	6096	5899	2652	2240
Wedding	3500	3317	1961	916
Steglitz	3186	2445	1226	900
Neukölln	2941	2413	1129	1080
Zehlendorf	2331	1635	441	362
Tempelhof	2322	1825	455	352
Lichtenberg	2208	1928	563	340
Pankow	2079	1417	1080	504
Weißensee	1366	1022	590	286
Reinickendorf	1115	884	363	180
Treptow	1006	824	232	265
Spandau	725	625	205	162
Köpenick	609	489	284	288
Summe nach Religion	160564	153022	78713	64720
Gesamt nach »Rasse«			82457	73842

Die scheinbar geringe Verminderung zwischen 1933 und 1935 liegt in einem starken Zuzug (Binnenwanderung) von Juden begründet, der den starken Verlust an Bevölkerung durch Emigration zunächst ausglich; Kriegstaschenbuch. Berlin in Zahlen. Ausg. 1942, (Berlin 1942), S. 36–38; YV Jerusalem, 051/OSOBl, Nr. 28 (500-1-163), Bl. 48 (Statistik des SD 1935); LBI/A New York, Max Kreutzberger Research Papers Coll., AR 3183, Box 2, Folder 2, unfol. (Statistik der Reichsvereinigung 1941).

Tabelle 2

Schulbesuch jüdischer Kinder in Berlin

Öffentliche Schulen	1933	1934	1935	1936	1937	1938	1941
Höh.Knabenschulen	3267	1506	1334	733	426	207	
Höh.Mädchenschulen	2715	1258	1081	464	294	125	
Städt. Mittelschulen	377	204	221	135	62	22	
Städt. Volksschulen	6264	4614	3746	2674	1855	932	
Sonderschulen	123	113	95	69	67	60	
Gesamt	12746	7695	6477	4075	2704	1346	
Jüdische Schulen	ca. 2000	ca. 4000			8845	6846	2446

Zahlen der Schüler an öffentlichen Schulen jeweils vom 1. Mai 1933–1938; Statistisches Jahrbuch Berlin 1934–1939, Berlin 1935–1940. 1932 waren noch über 14000 jüdische Schüler an öffentlichen Schulen, hier hatte sich also schon die erste Fluchtwelle niedergeschlagen; Fehrs, S. 238. Zahlen Schüler an jüdischen Schulen aus: Die Gemeinde ruft. Der Vorstand der Jüdischen Gemeinde zu Berlin, Berlin 1934, S. 8; Almanach des Schocken Verlags auf das Jahr 5699, Berlin 1938/39, S. 139. Gruner, »Lesen brauchen sie nicht zu können...«, S. 323; BA, Abt. Potsdam, 75 C Re 1, Nr. 7, Bl. 116: Bericht ü. das jüdische Schulwesen vom 1. 10. 1941.

Tabelle 3

Heiraten von Berliner Juden und Jüdinnen 1933–1938

Ehen von Jüdinnen mit:	Juden	Männern nichtjüdischer Konfession				
	Gesamt	Evangel.	Kathol.	Andere	Atheist.	Gesamt
1932	823	107	24	6	72	209
1933	802	111	23	3	67	204
1934	1025	63	13	1	37	114
1935	1031	47	10	1	21	79
1936	1048	9	5	–	3	17
1937	1067	7	4	1	3	15
1938	1263	13	3	4	11	31

Ehen von Juden mit:	Jüdinnen	Frauen nichtjüdischer Konfession				
	Gesamt	Evangel.	Kathol.	Andere	Atheist.	Gesamt
1932	823	307	44	3	64	418
1933	802	346	57	2	54	459
1934	1025	177	28	3	45	253
1935	1031	113	25	3	29	170
1936	1048	17	2	–	8	27
1937	1067	14	2	3	7	26
1938	1263	9	1	2	8	20

Statistisches Jahrbuch der Stadt Berlin 1934–1938, Berlin 1935–1939.

1 Bis heute nur: Hans Gerd Sellenthin, Geschichte der Juden in Berlin und des Gebäudes Fasanenstraße 79–80. Festschrift anläßlich der Einweihung des jüdischen Gemeindehauses, Berlin 1959; vgl. auch: Juden in Berlin 1671–1945. Ein Lesebuch. Mit Beiträgen v. Annegret Ehmann u. a., Berlin 1988. Zu Einzelaspekten vgl. Rivka Elkin, »Das Jüdische Krankenhaus muß erhalten bleiben!« Das Jüdische Krankenhaus in Berlin zwischen 1938 und 1944, Berlin 1993; Annegret Ehmann u. a., Die Grunewald-Rampe. Die Deportation der Berliner Juden, 2. korr. Auflage, Berlin 1993.

2 Z. B. Alois Kaulen/Joachim Pohl, Juden in Spandau. Vom Mittelalter bis 1945, Berlin 1988; Karl Heinz Metzger u. a., Kommunalverwaltung unterm Hakenkreuz. Berlin-Wilmersdorf 1933–1945, Berlin 1992; Kulturamt Weißensee (Hg.), Juden in Weißensee. »Ich hatte einst ein schönes Vaterland«, Berlin 1994.

3 Zur allgemeinen Verfolgungspolitik vgl. vor allem Uwe D. Adam, Judenpolitik im Dritten Reich, Düsseldorf 1972; Kurt Pätzold, Verfolgung, Vertreibung, Vernichtung, Leipzig 1983; Wolfgang Benz (Hg.), Die Juden in Deutschland 1933–1945. Leben unter nationalsozialistischer Herrschaft, München 1988.

4 Manchester Guardian, 27. 3. 1933, in: Der Gelbe Fleck. Die Ausrottung von 500 000 deutschen Juden. Mit. e. Vorwort v. Lion Feuchwanger, Paris 1936, S. 20f. Vgl. Wolfgang Wippermann, Steinerne Zeugen. Stätten der Judenverfolgung in Berlin, Berlin 1982, S. 100.

5 Völkischer Beobachter (im folgenden: VB) (Norddt. Ausgabe), 10. 3. 1933.

6 Joseph Goebbels, Tagebücher 1924–1945, hg. v. Ralf Georg Reuth, Bd. 2: 1930–1934, München 1992, S. 779: Eintrag v. 13. 3. 1933. Lippert wurde an diesem Tag zum Staatskommissar für die Reichshauptstadt bestellt. Als solcher wurde er ab Dezember 1933 als staatliche Aufsichtsbehörde für Gemeindeangelegenheiten dem preußischen Ministerpräsidenten direkt unterstellt. Zur Biographie Lipperts vgl. Wolfgang Ribbe (Hg.), Stadtoberhäupter. Biographien Berliner Bürgermeister im 19. und 20. Jahrhundert, Berlin 1992, S. 261–276.

7 Vossische Zeitung, 18. 3. 1933; Joseph Walk, Das Sonderrecht für die Juden im NS-Staat, Heidelberg 1981, I/Nr. 10, S. 5; Helmut Eschwege (Hg.), Kennzeichen J, Berlin 1981, S. 377; vgl. Fridolf Kudlien, Ärzte im Nationalsozialismus, Köln 1985, S. 64.

8 VB (Berliner Ausgabe), 19.3.1933, zit. nach: Der Gelbe Fleck, S. 22.

9 VB (Norddt. Ausgabe), 21. 3. 1933.

10 VB (Norddt. Ausgabe), 28. 3. 1933.

11 VB (Norddt. Ausgabe), 30. 3. 1933; vgl. Der Gelbe Fleck, S. 25.

12 Landesarchiv Berlin, Außenstelle Breite Straße (ehemaliges Stadtarchiv) (im folgenden: LAB [StA]), Rep. 01–02, Nr. 214, Bl. 64RS: Entwurf eines Schreibens des OB v. 4. 1. 1934.

13 Jüdische Rundschau, 4. 4. 1933; Walk, I/Nr. 20 und Nr. 31, S. 7 und 9. Vgl. Kudlien, S. 64.

14 Dienstblatt der Stadt Berlin, 1933 Teil I, S. 122, Nr. 66: Erlaß Staatskommissar Lipperts an die städt. Verwaltung, die Bezirksämter und städt. Gesellschaften v. 30. 3. 1933.

15 8 Uhr Abendblatt, 31. 3. 1933; Hanna S. Leich/André Lundt, Zur Ausschaltung jüdischer Rechtsanwälte 1933–1938 – am Beispiel Berlins, in: Recht und Politik 24 (1988), Heft 4, S. 221–222.

16 VB (Norddt. Ausgabe), 2/3. 4. 1933.

17 Einleitung zum Judengesetz, zit. nach: Christoph Graf, Politische Polizei zwischen Demokratie und Diktatur, Berlin 1983, S. 236.

18 Ebd., S. 234ff. Vgl. Klaus Drobisch, Die Judenreferate des Geheimen Staatspolizeiamtes und des Sicherheitsdienstes der SS 1933 bis 1939, in: Jahrbuch für Antisemitismusforschung 2 (1993), S. 231.

19 Horst Helas, Die Razzia am 4. April 1933, in: Das Scheunenviertel. Spuren eines verlorenen Lebens, Berlin 1994, S. 135f.

20 LAB (StA), Rep. 01–02, Nr. 214, Bl. 21: Schreiben v. 29. 5. 1933.

21 Ebd., Bl. 31: Stellungnahme Plath (Staatskommissar zur Wahrnehmung der Geschäfte des Stadtrates für die Wohlfahrtspflege/Landeswohlfahrts- und Jugendamt) v. 6. 9. 1933.

22 Ebd., Bl. 21: Schreiben v. 29. 5. 1933; vgl. ebd. Bl. 32: Schreiben Landeswohlfahrtsamt v. 30. 9. 1933.

23 Vgl. Verfügung über Grundsätze der Stadt Berlin für die Wochenfürsorge; Dienstblatt der Stadt Berlin, 1933 Teil VII, S. 99, Nr. 170: Erlaß Plath (Landeswohlfahrts- und Jugendamt); vgl. auch LAB (StA), Rep. 01–02, Nr. 214, Bl. 33: Schreiben Lawohl/Abt. Jugendwohlfahrt v. 21. 9. 1933.

24 LAB (StA), Rep. 01–02, Nr. 214, Bl. 23: Schreiben der Jüd. Gemeinde v. 29. 5. 1933. Vgl. Jüdische Rundschau, 5. 5. 1933; Walk, I/89, S. 20.

25 Vorsitzender seit dem 23. 5. 1933; vgl. Hermann Simon, Heinrich Stahl (13. April 1868–4. November 1942). Vortrag, gehalten zur Gedenkfeier der Jüdischen Gemeinde am 22. April 1993, Berlin 1993, S. 15.

26 Leo Baeck Institute/Archive New York (im folgenden LBI/A), Gemeinde Berlin Coll., Box 1, unfol.: Sitzung des Gemeindevorstandes am 3. 5. 1933, S. 4. Für den freundlichen Hinweis auf dieses Protokoll und die im folgenden

zitierten Protokolle aus den dreißiger Jahren, auf das Dokument »Die Gemeinde ruft« sowie einige andere Dokumente danke ich Frau Dr. Stefanie Schüler-Springorum.

27 LAB (StA), Rep. 01-02, Nr. 214, Bl. 21: Schreiben v. 29. 5. 1933.

28 Ebd., Bl. 20: Schreiben mit Anlage v. 13. 6. 1933; vgl. auch ebd. Bl. 24-29: Schreiben v. 29. 6. 1933.

29 Ebd., Bl. 27-28: Schreiben der Jüdischen Gemeinde v. 29. 6. 1933.

30 Von 32 880 Angestellten waren 11 420 erwerbslos, von 10 018 Arbeitern 4954 und von 53 628 selbständigen Gewerbetreibenden nur 22. Die Volkszählung im Juni 1933 registrierte in Deutschland insgesamt 33 661 Juden als erwerbslos; Yad Vashem Jerusalem, 08/ Nr. 17, unfol.: Denkschrift, S. 8.

31 Allein im März 1934 gab es 1100 Vermittlungen. Vgl.: Die Gemeinde ruft. Der Vorstand der Jüdischen Gemeinde zu Berlin, Berlin 1934, S. 8-12, 16.

32 LBI/A New York, Gemeinde Berlin Coll., Box 1, unfol.: Sitzung des Gemeindevorstandes am 2. 4. 1933, S. 1.

33 Die Gemeinde ruft, S. 8.

34 LAB (StA), Rep. 01-02, Nr. 214, Bl. 19: Schreiben Surén (RMdI) v. 22. 7. 1933; ebd., Bl. 62-65: Entwurf eines OB-Schreibens an den Oberpräsidenten v. 4. 1. 1934; ebd., Bl. 65RS: Vfg. des OB v. 5. 10. 1934 und handschriftl. Notiz darauf v. 12. 4. 1935.

35 Ergänzung der Schulgeldordnung für die städtischen höheren Lehranstalten und Mittelschulen v. 22. 3. 1933, in: Dienstblatt der Stadt Berlin, 1933 Teil VIII, S. 159, Nr. 277: Verfügung Sahm (OB) v. 18. 7. 1933.

36 Ergänzende Anordnung des Staatskommissars zu den Durchführungsbestimmungen zum Kap. II und III des Reichsgesetzes zur Änderung von Vorschriften des Beamtenrechts v. 30. 6. 1933 (Für Volks- und Mittelschulen); Dienstblatt der Stadt Berlin, 1934 Teil VIII, S. 151, 156, Nr. 263, 277: Verfügung Meinshausen v. 20. u. 28. 6. 1934.

37 Bundesarchiv (im folgenden: BA), Abteilung Potsdam, 75 C Re 1, Nr. 47, unfol.: Aktennotiz Eppstein (ca. Okt. 1939).

38 Allg. Übersicht: Berlin Juni 1935; Geheimes Staatsarchiv Berlin-Dahlem, Preußischer Kulturbesitz, I HA, Rep. 90 P, Lageberichte Provinz Brandenburg 2.2, Bl. 45; allg. Übersicht Berlin Juni 1935, ebd.; Lageberichte Provinz Brandenburg 2.1, Bl. 237-238; vgl. Bericht in: Der Gelbe Fleck, S. 49-54.

39 Wolf Heinrich Graf von Helldorf, geb. 1896 in Merseburg, Husarenoffizier im 1. Weltkrieg, nach Freikorps und Kapp-Putsch-Teilnahme Exil in Italien bis 1924, 1926 NSDAP-Mitglied, 1933-1935 Polizeipräsident in Potsdam, seit 1935 in Berlin, August 1944 Hinrichtung im Zusammenhang mit dem 20. Juli 1944.

40 Die Vereidigung Helldorfs war am 19. 7. 1935. Vgl. Bericht in: Der Gelbe Fleck, S. 54f. Das Schreiben Lipperts an den Polizeipräsidenten und den Oberbürgermeister datierte v. 18. 7. 1935; Brandenburgisches Landeshauptarchiv Potsdam (im folgenden: BLHA), Pr. Br. Rep. 30, Bln E, Polizeiamt Mitte, Nr. 3, Bl. 8-9. Zur Maßnahme gegen die Eisdielen: VB (Norddt. Ausgabe), 21. 7. 1935.

41 VB (Norddt. Ausgabe), 28. 7. 1935. Vgl. Bericht in: Der Gelbe Fleck, S. 54f.

42 Nachtragsvertrag zwischen der Stadt Berlin und der Kassenärztlichen Vereinigung Deutschlands/Verwaltungsstelle Berlin; Dienstblatt der Stadt Berlin, 1935 Teil VII, S. 211, Nr. 278: Erlaß an die Bezirksbürgermeister mit Nachtragsvertrag von Sahm (OB) v. 15. 7. 1935.

43 Adam, S. 191f.

44 Dienstblatt der Stadt Berlin, 1935 Teil VII, S. 325, Nr. 407: Vfg. Spiewok (Landeswohlfahrtsamt) v. 28. 11. 1935.

45 LAB, Rep. 214, Acc. 794, Nr. 13, unfol.: Vfg. Spiewok (Landeswohlfahrtsamt) v. 17. 7. 1935.

46 Bekanntmachung des Amtes für Volkswohlfahrt der NSDAP/Kreis Prenzlauer Berg v. 31. 7. 1935; zit. in: Der Gelbe Fleck, S. 281.

47 Bekanntmachung v. August 1935; zit. ebd., S. 282.

48 Vfg. des Bezirksbürgermeisters v. Juli/August 1935, zit. nach: Deutsches Nachrichtenbüro, in: Der Gelbe Fleck, S. 135.

49 Pätzold, S. 100f., Dok. Nr. 60: Gestapa-Erlaß v. 17. 8. 1935. Vgl. Central Archives for the History of the Jewish People Jerusalem, KGez/Nr. 140, unfol.: Rd.schreiben des Vereins für jüdische Krankenpflegerinnen Berlin v. 26. 9. 1935.

50 BLHA Potsdam, Pr. Br. Rep. 60, Nr. 471, Bl. 39-40: Schreiben Heydrichs an das RuPrMdI v. 16. 7. 1935; vgl. auch ebd., Bl. 29+RS: Schreiben des Staatskommissars an den Polizeipräsidenten Berlin v. 27. 11. 1935; ebd., Bl. 35+RS: Vermerk des Staatskommissars mit Briefentwurf an Jüd. Gemeinde v. 25. 2. 1936; ebd., Bl. 42: Brief der Jüdischen Gemeinde v. 13. 3. 1936.

51 Zum gewünschten Ausscheiden »assimilatorisch« (hier polemisch benutzt im Sinne von deutschfreundlich und auswanderungsunwillig) eingestellter Personen, speziell von Grätz und Woyda, vgl. ebd., Bl. 37: Telefonnotiz (Staatskommissarsbehörde) über Gespräch mit Stahl v. 6. 3. 1936; ebd., Bl. 56: Schreiben des Staatskommissars an den Polizeipräsidenten v. 7. 11. 1936.

52 LBI/A New York, Gem. Berlin Coll., Box 1, unfol.: Sitzung des Gemeindevorstandes am 23. 9. 1935, S. 1.

53 Reichsbürgergesetz v. 15. 9. 1935, in: RGBl., 1935 I, S. 1146.

54 1. Verordnung zum Reichsbürgergesetz v. 14. 11. 1935, in: RGBl., 1935 I, S. 1333.

55 2. Verordnung zum Reichsbürgergesetz v. 21. 12. 1935, in: RGBl., 1935 I, S. 1524.
56 Vgl. Monika Schmidt, Ausgrenzung der Juden, in: Metzger, S. 151ff.
57 Der Gelbe Fleck, S. 180. Vgl. zu einem Fall: LAB (StA), Rep. 09, Nr. 31419, unfol.: Schreiben Steeg (Staatskommissar) v. 14. 3. 1936. Vgl. auch Klaus Scheurenberg, Ich will leben, Berlin 1982, S. 27.
58 Erlaß des OB/Landeswohlfahrts- und -jugendamt v. 2. 4. 1936, in: Wolf Gruner, »Lesen brauchen sie nicht zu können...«. Die Denkschrift über die Behandlung der Juden in der Reichshauptstadt vom Mai 1938, in: Jahrbuch für Antisemitismusforschung 4 (1995), S. 305–341, Hinweis auf den Erlaß: S. 326; vgl. Metzger, S. 158.
59 Nach den Vertraulichen Instruktionen des Reichspropagandaministeriums an die deutsche Presse, abgedr. in: Der Gelbe Fleck, S. 183.
60 Juden in Weißensee, S. 177.
61 Vfg. des Polizeipräsidenten v. 22. 2. 1937, Beilage C zu den Amtlichen Nachrichten des Polizeipräsidiums in Berlin, 1937, Nr. 14 v. 26. 2. 1937.
62 Das Meldeformular mit gesonderten Rubriken für ›Juden‹ und ›Mischlinge‹ ging an das zuständige Finanzamt und abschriftlich an die Stapoleitstelle Berlin, die Zollfahndungsstelle für Berlin und Brandenburg, den Bezirksbürgermeister, die Reichsbankanstalt, den OFP Berlin (Devisenstelle) und OFP Berlin (Zentrale Nachrichtenstelle). Vfg. des Polizeipräsidenten v. 28. 4. 1937, Beilage A zu den Amtlichen Nachrichten des Polizeipräsidiums in Berlin, 1937, Nr. 31 v. 7. 5. 1937.
63 Amtliche Nachrichten des Polizeipräsidiums in Berlin, 1937, Nr. 33, S. 53: Vfg. v. 11. 5. 1937.
64 BA, Abt. Potsdam, 75 C Re 1, Nr. 47, unfol.: Aktennotiz Eppstein (ca. Okt. 1939).
65 BA, Abt. Potsdam, ASt. Coswig, 75 A Berlin 2, Nr. 271, Bl. 120: Rd.schreiben der Jüd. Gemeinde v. 25. 10. 1937.
66 Dienstblatt der Stadt Berlin, 1937 Teil I, S. 393–407, Nr. 323: Vfg. Steeg v. 6. 11. 1937.
67 Auszug aus einer Schulchronik, 8. 11. 1937, in: Schon damals fingen viele an zu schweigen. Quellensammlung zur Geschichte Charlottenburgs von 1933–1945, Berlin 1986, S. 96.
68 Dienstblatt der Stadt Berlin, 1938, Teil I, S. 55–58, Nr. 30: Rd. Vfg. Steeg (i.V. OB) v. 5. 2. 1933; ebd. S. 101–102, Nr. 57: Rd. Vfg. Steeg (i.V. OB) v. 5. 3. 1938.
69 Ebd., 1938, Teil VII, S. 113–114, Nr. 104: Vfg. Steeg (OB) v. 30. 3. 1938; vgl. auch ebd., S. 121, Nr. 111: Vfg. Plath (OB) v. 8. 4. 1938; und ebd., S. 147, Nr. 140: Vfg. Spiewok (Lawohl) v. 27. 4. 1938.
70 Wolf Gruner, »Lesen brauchen sie nicht zu können...«, S. 307.
71 Abdruck der Denkschrift in: ebd., S. 320–341.
72 Ebd., S. 308. Bei 3000 Sterbefällen nur ca. 600–800 Geburten im Jahr 1937, YV Jerusalem, 08/Nr. 17, unfol.: Denkschrift, Einleitung, S. 10.
73 Ebd., S. 322f.
74 Ebd., S. 323–334.
75 Ebd., S. 310f.
76 Goebbels-Tagebücher, Bd. 3, S. 470: Eintrag v. 2. 7. 1938. Vgl. Gruner, Denkschrift, S. 311–312.
77 Laut Vfg. über Auflösung v. 14. 3. 1939, Amtliche Nachrichten des Polizeipräsidiums in Berlin, 1939, Nr. 12 v. 23. 3. 1939, S. 35.
78 Die Tagebücher des Joseph Goebbels (Fröhlich), Teil 1, Bd. 3, S. 452: Eintrag v. 11. 6. 1938.
79 BA, Abt.Potsdam, ASt. Coswig, 75 A Berlin 2, Nr. 271, Bl. 24: Rd.schreiben der Jüdischen Gemeinde v. 19. 6. 1938.
80 Die Tagebücher des Joseph Goebbels (Fröhlich), Teil 1, Bd. 3, S. 463: Eintrag v. 22. 6. 1938.
81 YV Jerusalem, 051/OSOBI, Nr. 106, Bl. 21: Erlaß des Berliner Polizeipräsidenten v. 20. 7. 1938.
82 Ebd., Bl. 22–26 u. 31: Richtlinien für die Behandlung von Juden und Judenangelegenheiten.
83 Betty Scholem, November (geschr. 25. 3. 1939 in Marseille), in: LBI Bulletin 77 (1987), S. 6.
84 YV Jerusalem, 051/OSOBI, Nr. 106, Bl. 26–32: Richtlinien...
85 Die Tagebücher des Joseph Goebbels (Fröhlich), Teil 1, Bd. 3, S. 492: Eintrag v. 27. 7. 1938.
86 LAB, Rep. 214, Acc. 794, Nr. 13, unfol.: OB/Lawohl an Bezirksbürgermeister v. 16. 8. 1938.
87 Stadtarchiv Göttingen, Sozialamt, Acc. Nr. 407/77, Nr. 47/1, unfol.: Sitzung des Wohlfahrtsausschusses des DGT am 10. 6. 1937 in Heidelberg, S. 22.
88 Deutschland-Berichte der Sozialdemokratischen Partei Deutschlands (Sopade) 1934–1940, 5. Jg., Nr. 7, Juli 1938, Teil A: Nachrichten und Berichte, S. 760f.
89 LAB (StA), Rep. 09, Nr. 31419, Bl. 41: Dienstanweisung v. 1. 9. 1938.
90 Ebd., Bl. 44: Vermerk Planungsamt v. 12. 11. 1938.
91 Ebd., Bl. 41: Dienstanweisung v. 1. 9. 1938.
92 VB, 18. 9. 1938, Faksimile in: Quellensammlung zur Geschichte Charlottenburgs, S. 96.

93 Pätzold, S. 162, Nr. 123: Auszug aus der Urteilsbegründung v. 7. 11. 1938. Die Folge war, daß auch andere Berliner Unternehmen, wie die Deutsche Gesellschaft für Siedlung und Wohnungsbau, ihre jüdischen Mieter zu Räumungen aufforderten, vgl. Schreiben v. 30. 11. 1938; Faksimile in: Hans Werner Fabarius, Juden in Marienfelde, Berlin 1990, S. 72.

94 BA, Abt. Potsdam, 46.06. GBI, Nr. 157, Bl. 192–193: Brief Speer an Schmeer (RWM) v. 6. 10. 1938. Die Verfolgung der Juden im Wohnsektor und die Rolle des GBI Speer in Berlin wird von Susanne Willems (Bochum) gerade in einer demnächst fertiggestellten Dissertation »Wohnraumpolitik und Massendeportation der Juden im NS-Staat 1938–1943« untersucht.

95 Brief Ernst Pinner v. 13. 11. 1938, in: Geschichtswerkstatt Lichtenrade (Hg.), Direkt vor der Haustür. Berlin-Lichtenrade im Nationalsozialismus, Berlin 1990, S. 198.

96 Betty Scholem, November (geschr. 25. 3. 1939 in Marseille), in: LBI Bulletin 77 (1987), S. 4f.

97 Ebd.

98 Ebd.

99 BLHA Potsdam, Pr. Br. Rep. 41 Amtsbezirk Brieske, Nr. 183, Bl. 51: Gestapa-Erlaß übermittelt in Erlaß der Gestapo Frankfurt/Oder v. 9. 11. 1938.

100 Zur Geschichte des Jüdischen Nachrichtenblattes: Herbert Freeden, Die jüdische Presse im Dritten Reich, Frankfurt/Main 1987, S. 171–184.

101 Max Viseur, »Die Entjudung des Einzelhandels«, in: Wirtschaftsblatt der Industrie- und Handelskammer zu Berlin, 7. 2. 1939.

102 BA Koblenz, R 41, Nr. 156, Bl. 130: Statistik des OB/Stadtwirtschaftsamt v. 24. 3. 1939. Nach einem Zeitungsbericht hatte man von 3750 im August registrierten Geschäften ca. 3050 liquidiert und ca. 700 ›arisiert‹, Berliner Börsenzeitung, 25. 1. 1939.

103 BA Koblenz, R 41, Nr. 155, Bl. 121–122: Sonderbericht des Stadtpräsidenten »über die Entjudung des Einzelhandels in Berlin« v. 5. 1. 1939.

104 Erste AO (des Berliner Polizeipräsidenten) zu der Reichspolizeiverordnung über das Auftreten der Juden in der Öffentlichkeit, in: Amtsblatt für den Landespolizeibezirk Berlin (Sonderausgabe, 5. 12. 1938), Ausg. A, Stück 98, S. 335; vgl. Jüdisches Nachrichtenblatt (im folgenden: JNBl) 1 (1938), Nr. 4, 6. 12. 1938, S. 2.

105 BA Koblenz, R 14 RMEuLW, Nr. 301, Bl. 221: VP Göring an RMdI am 24. 1. 1939.

106 Im gleichen Zeitraum waren nur 580 Juden nach Berlin gezogen, BA Koblenz, R 41, Nr. 156, Bl. 67: Wirtschaftl. Lagebericht des Stadtpräsidenten v. 24. 3. 1939.

107 JNBl, Nr. 14, 17. 2. 1939, S. 1.

108 Dienstblatt der Stadt Berlin, 1940, Teil IX, S. 39, Nr. 52: Vfg. Mackensen (Hauptsteueramt) v. 13. 3. 1940; ebd., S. 136, Nr. 112: Vfg. Mackensen (Hauptsteueramt) v. 14. 6. 1940.

109 Amtliche Nachrichten des Polizeipräsidiums in Berlin, 1939, Nr. 12, 23. 2. 1939, S. 35; Vfg. des Polizeipräsidenten v. 14. 3. 1939.

110 RGBl., 1938 I, S. 1649.

111 LAB, Rep. 214, Acc. 794, Nr. 13, unfol.: Vfg. Dr. Lippert v. 3. 12. 1938; ebd., Rep. 203, Acc. 867, Nr. 5100, Bl. 19: Vermerk ü. Besprechung am 14. 1. 1939. In Berlin-Wilmersdorf wurde daraufhin eine eigene Abteilung für Juden eingerichtet, vgl. Metzger, S. 161.

112 LAB, Rep. 214, Acc. 794, Nr. 13, unfol.: Vfg. Kaminski (OB) v. 8. 12. 1938.

113 Ebd.: Vfg. Behagel (OB/Lawohl) v. 29. 12. 1938.

114 Wolf Gruner, Die Berichte über die Jüdische Winterhilfe von 1938/39 bis 1941/42, in: Jahrbuch für Antisemitismusforschung 1 (1992), S. 312, 325.

115 BA Koblenz, R 41 RArbM, Nr. 155, Bl. 124: Sonderbericht v. 5. 1. 1939 zum Wirtschaftslagebericht, S. 13; vgl. auch Gruner, Berichte, S. 312.

116 LAB, Rep. 214, Acc. 794, Nr. 13, unfol.: Erlaß Steeg (i.V. OB/Wohlfahrtsamt) v. 12. 5. 1939; vgl. Dienstblatt, 1939 VII, S. 146, Nr. 143.

117 BA Koblenz, R 36 DGT, Nr. 1023, Bl. 17: Vermerk des Deutschen Gemeindetages v. Oktober 1940.

118 Vgl. zum gesamten Komplex Zwangsarbeit die bald erscheinende Dissertation des Autors: Wolf Gruner, Der ›Geschlossene Arbeitseinsatz‹ der deutschen Juden als Element des antijüdischen Verfolgungsprozesses des NS-Staates 1938–1943.

119 Peter Edel, Wenn es ans Leben geht, 2. Aufl., Bd. 1, Berlin 1979, S. 196.

120 Dienstblatt der Stadt Berlin, 1938 Teil VII, S. 355, Nr. 381: Vfg. (Breitenfeld/Lawohl) v. 16. 12. 1938; vgl. Christine Roik-Bogner, »Gesondert von den übrigen Dienststellen...« – Arbeitsamt Berlin, Zentralstelle für Juden, Fontane-

promenade 15, in: Berliner Geschichtswerkstatt (Hg.), Juden in Kreuzberg. Fundstücke ... Fragmente ... Erinnerungen, Berlin 1991, S. 252–266.

121 JNBl, Nr. 9/10, 23. 12. 1938, S. 5.

122 BA Koblenz, R 41, Nr. 155, Bl. 46 und 105: Wirtschaftslagebericht des Stadtpräsidenten für das Gebiet Berlin, v. 7. 1. 1939 und Anlage G, S. 9.

123 LAB, Rep. 214, Acc. 794, Nr. 13, unfol.: Protokoll der Arbeitsbesprechung im Lawohl v. 3. 12. 1938.

124 BA Koblenz, R 41, Nr. 156, Bl. 66: Wirtschaftslagebericht des Stadtpräsidenten Berlin v. 24. 3. 1939, S. 55.

125 Durch interne Vfg. v. 28. Januar 1939, wie sich aus den Antworten der Ämter ergibt; vgl. Wolf Gruner, Der Beginn der Zwangsarbeit für arbeitslose Juden in Deutschland 1938/39. Dokumente aus der Stadtverwaltung Berlin, in: Zeitschrift für Geschichtswissenschaft 37 (1989), H. 2, S. 139–147, Dok. Nr. 1–7; ebd., S. 143, Dok. Nr. 4: Handschriftl. Notiz v. 28. 2. 1939 auf Schreiben des Stadtrats für Verkehrswesen v. 14. 2. 1939.

126 Ebd., S. 143–147, Dok. Nr. 5–7: Schreiben Hauptplanungsamt und Stadtwirtschaftsamt an OB v. 24. 2. u. v. 7. 3. 1939.

127 Ebd., S. 147–148, Dok. Nr. 8: AA an OB Berlin am 9. 5. 1939.

128 LAB (StA), Rep. 01 GB, Nr. 1281, Berlin, Bl. 50: Schreiben v. 12. 6. 1939.

129 RGBl., 1939 I, S. 864.

130 AO über die Anmeldung von Räumen nach Maßgabe des Reichsgesetzes über Mietverhältnisse mit Juden v. 30. 4. 1939, in: Amtsblatt der Reichshauptstadt Berlin, 80 (1939), Sonderausgabe, 25. 5. 1939, S. 427.

131 BA, Abt. Potsdam, 46.06 GBI, Nr. 3442, Bl. 9–10: Vermerk ü. Sitzung am 17. 5. 1939; ebd., Nr. 3443, Bl. 142: Vermerk ü. dieselbe Sitzung.

132 JNBl, Nr. 40, 31. 5. 1939, S. 4.

133 BA, Abt. Potsdam, 46.06 GBI, KS, Nr. 3560: 4 Karten.

134 Ebd., 46.06 GBI, Nr. 3443, Bl. 105: Vermerk Dr. Fränk (GBI) v. 23. 5. 1939.

135 Ebd., 75 C Re 1, Nr. 1, Bl. 96: Aktennotiz für Eppstein v. 7. 7. 1939.

136 Ebd., Nr. 47, unfol.: Aktennotiz Eppstein (ca. Okt. 1939).

137 Ebd.

138 JNBl, Nr. 71, 5. 9. 1939, S. 1; vgl. auch Brief v. 3. 4. 1940; Hertha Feiner, Vor der Deportation. Briefe an die Töchter Januar 1939 bis Dezember 1942, Frankfurt/Main 1993, S. 56f.

139 Arbeitsbericht der Reichsvereinigung der Juden in Deutschland für das Jahr 1939, Berlin 1940, S. 26.

140 Die offene Fürsorge im Vierteljahr Juli/Sept. 1939 (Ergebnisse des Schnelldienstes der Reichsfürsorgestatistik), Statistisches Reichsamt, Abt. III Sozialstatistik, MS, Berlin 1939, S. 4. Die von den Bezirksfürsorgeverbänden laufend in bar unterstützten Parteien am 31. Dezember 1939. Ergebnisse des Schnelldienstes der Reichsfürsorgestatistik, MS, Berlin 1940, S. 5.

141 Gruner, Berichte, S. 330, Dok. Nr. 2: Bericht über die JWH 1939/40 v. 26. 6. 1940.

142 Simon, Heinrich Stahl, S. 20; vgl. auch: Neue Vorstandsmitglieder der Jüdischen Gemeinde zu Berlin, in: JNBl, Nr. 22, 15. 3. 1940, S. 3. Vgl. dagegen die Meinung von Lowenthal, Henschel hätte den Vorsitz erst im Juni 1942 übernommen; Ernst G. Lowenthal, Von Moritz Veit bis Heinrich Stahl. Gemeindevorsteher von 1845 bis 1943, in: Der Bär von Berlin. Jahrbuch des Vereins für die Geschichte Berlins 28 (1979), S. 90.

143 LAB (StA), Rep. 49–08, Nr. 25, Bl. 137: Kriegsverwaltungsbericht 1. 9. 1939–31. 3. 1941; vgl. auch den Bericht des Wohnungsamtes Spandau; zit. nach Kaulen/Pohl, S. 121.

144 BA, Abt. Potsdam, 75 C Re 1, Nr. 47, unfol.: Vermerk ü. Vorladung zur Gestapo am 20. 4. 1940.

145 Geht aus der Meldung v. 21. 5. 1940 hervor, JNBl, Nr. 41, 21. 5. 1940, S. 2.

146 BA, Abt. Potsdam, 75 C Re 1, Nr. 45, Bl. 198: Aktennotiz ü. Vorladung ins Gestapa am 30. 5. 1940.

147 Ebd., Nr. 45, Bl. 194: Vorladung ins Gestapa, 5. 6. 1940.

148 Amtsblatt der Reichshauptstadt Berlin 81 (1940), Nr. 21, 26. 5. 1940, S. 296: Vfg. des Bezirksbürgermeisters v. 20. 5. 1940.

149 BA, Abt. Potsdam, 50.01 RMVP, Nr. 1220, unfol.: Konferenz v. 25. 6. 1940, S. 3.

150 Vfg. v. 4. 7. 1940, Beilage D zu den Amtlichen Nachrichten des Polizeipräsidiums in Berlin, 1940, Nr. 19, 12. 7. 1940.

151 BA, Abt. Potsdam, 75 C Re 1, Nr. 45, Bl. 171 und 155: Notiz Eppsteins über Vorladung ins Gestapa am 12. 7. und 6. 8. 1940; vgl. ebd., Bl. 94 und 96RS: Protokolle RV-Vorstandsitzungen am 8. und 29. 7. 1940.

152 Bruno Blau, Das Ausnahmerecht für die Juden in Deutschland 1933–1945, bearb. 3. Aufl., Düsseldorf 1965, Nr. 284: Erlaß des Reichspostministers v. 29. 7. 1940. Vgl. BA, Abt. Potsdam, 75 C Re 1, Nr. 45, Bl. 154: Notiz über Vorladung ins Gestapa am 6. 8. 1940.

153 Willy Boelcke (Hg.), Kriegspropaganda 1939–1941. Geheime Ministerkonferenzen im Reichspropagandaministerium, Stuttgart 1966, S. 468: Konferenz am 20. 8. 1940.

154 JNBl, Nr. 23, 19.3. 1940, S. 1.

155 Beilage A zu den Amtlichen Nachrichten des Polizeipräsidiums in Berlin, 1940, Nr. 24, 7. 9. 1940, S. 22, 24f. Vgl. Abdruck der AO im Dienstblatt der Stadt Berlin, 1940 Teil 1, S. 281, Nr. 145: Vfg. des Oberbürgermeisters v. 30.8. 1940.

156 Boelcke, S. 431: Konferenz am 19. 7. 1940.

157 Boelcke, S. 492: Konferenz am 6. 9. 1940.

158 Boelcke, S. 510: Konferenz am 17. 9. 1940.

159 BA, Abt. Potsdam, 75 C Re 1, Nr. 2, Bl. 78: Protokoll der RV-Vorstandsitzung v. 11. 11. 1940.

160 Ebd., Nr. 2, Bl. 76+RS: RV-Vorstandssitzung am 25. 11. 1940.

161 Ebd., Nr. 45, Bl. 114: Aktennotiz über Vorladung ins Gestapa am 26. 11. 1940.

162 Z. B. in den Bezirken Wilmersdorf, Zehlendorf, Schöneberg, Steglitz und Spandau, LAB, Rep. 208 Spandau, Acc. 1651, Nr. 9301, Bl. 41: Straßenreinigungsanstalt der Stadt Berlin an OB Berlin am 23. 12. 1940, vgl. ausführlicher zu Spandau: Kaulen/Pohl, S. 146–155.

163 LAB, Rep. 210 Zehlendorf, Acc. 2580, Nr. 1117, unfol.: Kriegstagebuch des Tiefbauamtes vom 1. 9. 1939 bis 31. 5. 1941; ebd., Rep. 208 Spandau, Acc. 1651, Nr. 9301, Bl. 66: Handschriftl. Notiz v. 31. 1. 1941 über Einstellung von 10 Juden als Friedhofsarbeiter; vgl. auch LAB (StA), Rep. 05, Nr. 564, unfol.: Kostenerläuterung zu einmaligen Bauausgaben 1940/41 Betriebshof Köpenick/Müllbeseitigungsanstalt am 7. 2. 1941; ebd., Nr. 565, unfol.: Müllbeseitigungsanstalt an Kämmerei am 8. 5. 1941.

164 BA, Abt. Potsdam, 46.06, Nr. 674, Bl. 37–83: Baustab Speer Arbeiterbestandsmeldungen Sonderaktion Luftschutzraumbau 13. 12. 1940–10. 9. 1941, z. B. Bl. 81: Stand v. 16. 1. 1941 mit 44 Juden, davon Bunkerbau 13 Juden, oder Bl. 63: Stand 25. 5. 1941 mit 9 Juden (letzte Erwähnung).

165 LBI/A New York, Microfilms, Wiener Library, Reel 156, 1e: Ausschnitt aus: ›Die Tat‹ (Zürich), Nr. 35, 11. 2. 1941.

166 Central Zionist Archives Jerusalem, Reports of the J. T. A., A 140/276: Report Nr. 10, 11. 1. 1941.

167 Blau, S. 84, Nr. 291: AO des Polizeipräsidenten von Berlin v. 21. 9. 1940, vgl. Zitat Nordost-Zeitung, 28. 9. 1940, in: Juden in Weißensee, S. 182.

168 JNBl, Nr. 88, 1. 11. 1940, S. 3.

169 LAB, Rep. 214, Acc. 794, Nr. 13, unfol.: Vfg. Behagel (OB/Hauptwohl) v. 29. 11. 1940; vgl. auch JNBl., Nr. 103/104, 24. 12. 1940, S. 2, 3.

170 Gruner, Berichte, S. 336, Dok. Nr. 3: Bericht über die JWH 1940/41 v. 23. 6. 1941.

171 JNBl, Nr. 7, 24. 1. 1941, S. 3.

172 LAB, Pr. Br. Rep. 107, Acc. 2133, Nr. 186 1–3, Nd. 2, Bl. 5–6: Schreiben Hettlage (GBI) v. 11. 2. 1941.

173 Dienstblatt der Stadt Berlin, 1941 Teil III, S. 29, Nr. 30: Vfg. Pfeil v. 18. 3. 1941.

174 JNBl, Nr. 24, 25. 3. 1941, S. 2.

175 LAB, Pr. Br. Rep. 107, Acc. 2133, Nr. 53 a, Bl. 960: Chronik des GBI Speer, von Rudolf Wolters u. a., 1941, S. 21 (April 1941).

176 BA, Abt. Potsdam, 75 C Re 1, Nr. 45, Bl. 4: Aktennotiz Eppsteins über Anruf des RSHA am 29. 3. 1941.

177 LAB, Pr. Br. Rep. 107, Acc. 2133, Nr. 53 a, Bl. 978: Chronik des GBI 1941, S. 39 (Mai 1941).

178 Ebd., Bl. 1005: Chronik des GBI 1941, S. 66/67 (August 1941).

179 Institut für Zeitgeschichte/Archiv München, MA-423, Bl. 5604–5605: Notiz v. 21. 3. 1941 über eine Besprechung v. 20. 3. 1941.

180 LAB, Rep. 42, Acc. 2147, Nr. 28006, Bl. 62: Beschluß v. 2. 4. 1941.

181 BA, Abt. Potsdam, 75 C Re 1, Nr. 45, Bl. 77+RS: Aktennotiz 7/41 ü. Vorladung im RSHA am 20. 2. 1941; ebd., Bl. 42: Aktennotiz 21/41 ü. Vorladung Vorstand JKV Berlin ins RSHA am 11. 3. 1941.

182 Brief v. 11. 3. 1941, in: Feiner, S. 79.

183 BA, Abt. Potsdam, 75 C Re 1, Nr. 125, Bl. 253: Chronik 1941 (ca. Ende August 1941).

184 JNBl., 4. 2. 1941, S. 2.

185 BA, Abt. Potsdam, 75 C Re 1, Nr. 45, Bl. 50: Notiz 18/41 Eppsteins (RV) ü. Anruf des RSHA am 7. 3. 1941.

186 Boelcke, S. 695: Konferenz v. 21. 4. 1941.

187 Vgl. LBI/A New York, Memoire Coll.: »Zwangsarbeit, Berlin 1941« von Elisabeth Freund (1941), S. 18.

188 Robert Prochnik, Bericht über die organisatorischen und sonstigen Verhältnisse der jüdischen Bevölkerung in Berlin und unter Berücksichtigung des gesamten Altreichs, Stand 31. 7. 1941, MS, Wien 1941, S. 5. Zur Zahl der Firmen: Gruner, Berichte, S. 316.

189 So fanden ab dem 5. Juli Andachten statt, JNBl, Nr. 51, 4. 7. 1941, S. 2; vgl. auch Tätigkeitsbericht der Kultusverwaltung für das 2. Quartal 1941 (ohne Seitenangabe); LBI/A New York, Seeliger Coll., Nr. 2, unfol.; vgl. auch Martin Riesenburger, Das Licht verlöschte nicht, 2. erw. Aufl., Berlin 1984, S. 14.

190 Bernhard Lösener, Das Reichsministerium des Innern und die Judengesetzgebung, in: Vierteljahreshefte für Zeitgeschichte 9 (1961), H. 3, S. 302–303: Vermerk Löseners (RMdI) ü. Sitzung am 15. 8. 1941; vgl. auch Pätzold, S. 304, Dok. Nr. 278: Vermerk ü. Besprechung am 15. 8. 1941 im RMfVP.

191 So wie die Gestapo das im übrigen Reichsgebiet praktizierte, beispielsweise in München; vgl. Wolf Gruner, Terra Inkognita? – Die Lager für den »jüdischen Arbeitseinsatz« 1938–1943 und die deutsche Bevölkerung, in: Ursula Büttner (Hg.), Die Deutschen und die Judenverfolgung, Hamburg 1992, S. 143–159.

192 Lösener, S. 303.

193 BA, Abt. Potsdam, 75 C Re 1, Nr. 761, Bl. 8: Notiz Cohn (RV) v. 18. 9. 1941.

194 Synagogen Levetzowstr., Thielschufer, Münchener Str., Alte Synagoge und die Schulen Joachimsthaler Str., Choriner Str., Kaiserstr.; JNBl, Nr. 61, 12. 9. 1941, S. 1.

195 Goebbels-Tagebücher (Reuth), Bd. 4, S. 1673: Eintrag v. 24. 9. 1941.

196 YV Jerusalem, 01/51: Bericht Hildegard Henschel, S. 3. Vgl. LBI/A New York, Memoire Coll.: »Bericht 23./24. 7. 1958« von Martha Mosse, S. 9.

197 Notiz ü. Vorsprache Löwenherz bei Brunner v. 2. 10. 1941, zit. bei Hans Safrian, Die Eichmann-Männer, Wien 1993, S. 120.

198 Hildegard Henschel, Aus der Arbeit der Jüdischen Gemeinde Berlin während der Jahre 1941–1943, in: Zeitschrift für die Geschichte der Juden 9 (1972), H. 1/2, S. 34.

199 Exakt waren es 4 Transporte mit 4201 oder 4206 Personen. Die Zahlen aufgrund der Transportlisten basieren auf den Angaben bei A. I. Kruglov, Die Deportation deutscher Bürger jüdischer Herkunft durch die Faschisten nach dem Osten 1940 bis 1945, in: Zeitschrift für Geschichtswissenschaft 32 (1984), H. 12, S. 1086–1091. Diese Angaben sind nahezu identisch mit den Angaben in: Juden in Berlin 1671–1945. Ein Lesebuch, S. 323 ff., das sich weitgehend auf Kempner stützt; Robert M. W. Kempner, Die Ermordung von 35 000 Berliner Juden. Der Judenmordprozeß in Berlin schreibt Geschichte, in: Gegenwart und Rückblick, Berlin 1970.

200 LAB, Pr. Br. Rep. 107, Acc. 2133, Nr. 53 a, Bl. 1024: Chronik des GBI 1941, S. 85 (November 1941).

201 Ebd., Bl. 1026: Chronik des GBI, 1941, S. 87 (November 1941).

202 Brief Erich Frey v. April/Mai 1942, in: Michael Kreutzer, »Die Gespräche drehten sich auch vielfach um die Reise, die wir alle antreten müssen«. Leben und Verfolgtsein der Juden in Berlin-Tempelhof. Biographien und Dokumentation, Berlin 1988, S. 102 f.

203 Kosten für Entwesung und Instandsetzung wurden den Exmittierten durch Anwendung der Schönheitsreparaturklausel auferlegt; Faksimile des Vordruckes zur Novemberaktion 1941 ausgefüllt im Februar 1942, in: Dorothea Kolland (Hg.), Zehn Brüder waren wir gewesen. Spuren jüdischen Lebens in Berlin-Neukölln, Berlin 1988., S. 382.

204 Bundesarchiv-Militärarchiv Freiburg i. Br., RW 20-3, Nr. 16, Bl. 35: Lagebericht Rüln Wehrkreis III v. 15. 11. 1941, S. 9, Abdruck bei Konrad Kwiet, Nach dem Pogrom: Stufen der Ausgrenzung, in: Benz, S. 590 f.

205 Vgl. ebd. und BA, Abt. Potsdam, 75 C Re 1, Film 52 407-23: RV-Statistik, Stand 31. 1. 1942.

206 BA, Abt. Potsdam, 75 C Re 1, Nr. 759, Bl. 3: Vermerk der RV/Abt. Fürsorge v. 4. 9. 1942; vgl. auch Gruner, Berichte, S. 341, Dok. Nr. 4.

207 BA, Abt. Potsdam, ZwA Dahlwitz-Hoppegarten (ADZ), Dok/K 568/1, Bl. 55: Aktennotiz der IG Farben-Aceta-Berlin v. 9. 2. 1942.

208 Vgl. Goebbels Tagebücher (Reuth), Bd. 4, S. 1792: Eintrag v. 11. 5. 1942.

209 Das Lager Auguststraße hatte eine Kapazität von 25 Juden, das Lager Große Hamburger Straße von 40 und das Lager Johannisstraße von 30; Schreiben der JKV Berlin v. 24. 8. 1941 an die Viktoria-Versicherungs A.G. Berlin, zit. nach Hermann Simon, Die Berliner Juden unter dem Nationalsozialismus, in: Verdrängung und Vernichtung unter dem Nationalsozialismus, Hamburg 1992, S. 257.

210 Scheurenberg, S. 86, 90.

211 Dienstblatt der Stadt Berlin, 1942 Teil I, S. 218–219, Nr. 181: Vfg. v. 10. 8. 1942; ebd., Teil III, S. 145, Nr. 143: Vfg. Pfeil (Pla VI) v. 24. 12. 1942.

212 Brief Erich Frey v. April/Mai 1942, in: Kreutzer, S. 104.

213 Sie wurden dort aber nicht abgeliefert, wie oft geschrieben, Henschel, S. 40.

214 Vfg. des Oberbürgermeisters (Petzke Haupternährungsamt) v. 31. 5. 1942, in: Amtsblatt der Reichshauptstadt Berlin 83 (1942), Nr. 24, 14. 6. 1940, S. 344.

215 BA, Abt. Potsdam, 75 C Re 1, Nr. 8, Bl. 109: Vermerk v. 29. 5. 1942.

216 Simon, Hermann Stahl, S. 24.; vgl. auch Brief von Stahl v. 10. 6. 1942, ebd., S. 34.

217 BA, Abt. Potsdam, 75 C Re 1, Film 52407-23, Bl. 103: Vermerk Kozower ü. Rücksprache bei der Gestapo am 29. 7. 1942; ebd., Bl. 112: Notiz Henschel ü. Rücksprache bei der Gestapo am 29. 7. 1942.

218 75 816 Juden im Altreich, YV Jerusalem, 08/Nr. 14, unfol.: September-Statistik der RV.

219 LAB, Rep. 239, Acc. 302, Nr. 7, unfol.: Wirtschaftslagebericht des Stadtpräsidenten Berlin/LWA für Juli und August 1942, 8. 9. 1942, S. 12.

220 BA, Abt. Potsdam, 75 C Re 1, Nr. 3, unfol.: RV-Bericht an RSHA v. 1. 10. 1942 ü. Vorstandssachen v. 3. 9. 1942, S. 1.

221 Insgesamt ging man von 7257 Sternträgern im Alter von über 65 Jahren aus, wovon ca. 2500 Personen , z. T. nicht transportfähige kranke Juden, sowie die für die Osttransporte bestimmten Zwangsarbeiter und Partner in nicht privilegierten Mischehen, abgezogen waren, BA, Abt. Potsdam, 75 C Re 1, Nr. 3, unfol.: RV-Bericht an RSHA v. 1. 10. 1942 ü. Vorstandssachen v. 3. 9. 1942, S. 1.

222 Ebd., Film 52407-23, Bl. 83: Notiz Henschel (RV) ü. Rücksprache bei Gestapo Berlin am 28. 9. 1942.

223 BA, Abt. Potsdam, 75 C Re 1, Nr. 759, Bl. 3: Aufstellung der Abt. Fürsorge der RV v. 4. 9. 1942.

224 Ebd., Bl. 111+RS: Vermerk Lustig v. 2. 9. 1942. Vgl. zur Praxis 1941/42: Elkin, S. 45f.

225 YV Jerusalem, 08/Nr. 14, unfol.: RV-September-Statistik.

226 Pol.VO v. 2. 9. 1942 zur Änderung der Pol.VO über die Einkaufszeiten für Juden v. 4. 7. 1940; Beilage D zu den Amtl. Nachrichten des Polizeipräsidiums in Berlin, 1942, Nr. 38, 7. 9. 1942.

227 Vfg. des Polizeipräsidenten zur Pol.VO v. 2. 9. 1942, Amtl. Nachrichten des Polizeipräsidiums in Berlin, 1942, Nr. 38, 7. 9. 1942, S. 113–114.

228 YV Jerusalem, 08/Nr. 14, unfol.: RV-Oktober-Statistik.

229 Am 19. 10. hatte die Gemeinde den Auftrag erhalten, binnen weniger Stunden namentliche Listen der Angestellten bei der Gestapo einzureichen. Insgesamt wurden 533 Personen selektiert. 111 waren für Theresienstadt vorgesehen, der Rest krank oder geflüchtet, BA, Abt. Potsdam, 75 A Berlin 2, Nr. 17, Bl. 299: Tabelle (o. Datum); ebd., Bl. 318: Tabelle v. 13. 10. 1942; vgl. auch ebd., Bl. 290: Vermerk Henschel v. 19. 10. 1942.

230 Bruno Blau, in: Monika Richarz (Hg.), Jüdisches Leben in Deutschland, Bd. 3: Selbstzeugnisse zur Sozialgeschichte 1918–1945, Stuttgart 1982, S. 461.

231 Sie blieben von Oktober 1942 bis Januar 1943, Safrian, S. 189–192.

232 BA, Abt. Potsdam, 75 C Re 1, Nr. 26, Bl. 47: Notiz Henschel ü. Rücksprache am 14. 11. 1942. Vgl. LBI/A New York, Memoire Coll.: Bericht Martha Mosse v. 23./24. 7. 1958; vgl. auch Safrian, S. 189ff. Zur Vergitterung: Vermerk der Jüd. Reparaturwerkstatt v. 12. 10. 1942; BA, Abt. Potsdam 75 A Be 2, Nr. 89, Bl. 78.

233 YV Jerusalem, 08/Nr. 14, unfol.: RV-November-Statistik.

234 Die Kinder waren zuvor schon in das jüdische Waisenhaus, Schönhauser Allee 162, gebracht worden: Auszug aus der Transportliste (19–29. 11. 1942), YV Jerusalem, 08/Nr. 294, unfol.

235 Gert Lüdersdorf, Juden im Bezirk Köpenick 1812–1945. Versuch einer Rekonstruktion, Berlin o. J. (1993), S. 22ff.

236 YV Jerusalem, 08/Nr. 14, unfol.: RV-November-Statistik.

237 BA, Abt. Potsdam, 75 C Re 1, Nr. 3, Bl. 6 :Vermerk ü. 22. 11. 1942; JNBl, Nr. 48, 27. 11. 1942, S. 1.

238 JNBl, Nr. 50, 11. 12. 1942, S. 1.

239 ZW-Tagung v. 7./8. 12. 1942, zit. bei Tilla Siegel, Industrielle Rationalisierung unter dem Nationalsozialismus, Frankfurt/Main 1991, S. 389; vgl. Kempner, S. 202.

240 BA, Abt. Potsdam, 75 C Re 1, Nr. 69, Bl. 144: Statistik (RV) v. 6. 1. 1943; ebd., Bl. 116: RV-Statistik v. 12. 2. 1943; ebd., Bl. 81: RV-Statistik v. 12. 3. 1943. Vgl. zu den Zahlen v. Januar bis März 1943: Kurt-Jakob Ball-Kaduri, Berlin wird judenfrei. Die Juden in Berlin in den Jahren 1942/1943, in: Jahrbuch für die Geschichte Mittel- und Osteuropas 22 (1973), S. 214–218.

241 LAB, Rep. 208, Acc. 9301, Nr. 1651, Bl. 93: Vermerk Wirtschaftsamt Berlin-Spandau v. 18. 12. 1942; ebd., Bl. 94: Schnellbrief des OB v. 22. 2. 1943.

242 LAB, Rep. 42, Acc. 2147, Nr. 28006, Bl. 96: AO v. 28. 1. 1943.

243 BA, Abt. Potsdam, 75 C Re 1, Nr. 51, Bl. 4: Notiz ü. Mitarbeiterstand JKV Berlin (o. Datum).

244 Ebd., Nr. 69, Bl. 81: RV-Statistik v. 12. 3. 1943.

245 Tagebücher von Joseph Goebbels (Fröhlich), Teil II, Bd. 7, S. 369: Eintrag v. 18. 2. 1943.

246 BLHA Potsdam, Pr. Br. Rep. 41 Großräschen, Nr. 272, Bl. 84–85: Erlaß der Gestapo Frankfurt/Oder v. 24. 2. 1943 in Rd.erlaß des Landrats in Calau v. 25. 2. 1943.

247 Vgl. zu den Vorgängen insgesamt: Gernot Jochmann, Frauenprotest in der Rosenstraße. »Gebt uns unsere Männer wieder«, Berlin 1993.

248 BA, Abt. Potsdam, 75 C Re 1, Nr. 69, Bl. 57: RV-Statistik v. 6. 4. 1943.

249 Bericht Siegfried Cohn, zit. bei Kwiet, S. 595.

250 Zu den Transportzahlen und Daten: Ball-Kaduri, S. 215.

251 Vgl. zur Einbeziehung der RV- und JKV-Mitarbeiter vgl. auch zum Ablauf der Deportationen: Hildegard Henschel, zit. bei: Ball-Kaduri, S. 208–210.

252 BA, Abt. Potsdam, 75 C Re 1, Nr. 50, Bl. 417+RS: RV-Aktennotiz Nr. 243 ü. Rücksprache im RSHA am 9. 3. 1943. Z. B. auch für das Jüdische Krankenhaus, vgl. Berichte bei Dagmar Hartung-von Doentinchem/Rolf Winau (Hg.), Zerstörte Fortschritte: Das Jüdische Krankenhaus in Berlin 1756–1861/1914–1989, Berlin 1989, S. 198–201.

253 BA, Abt. Potsdam, 75 C Re 1, Nr. 50, Bl. 417+RS: Notiz Nr. 243 ü. Rücksprache im RSHA am 9. 3. 1943.

254 Ball-Kaduri, S. 215 f., 221.

255 Ansichten, solche Demonstrationen hätten die Deportationsplanungen des RSHA behindern können, bestehen vor dem historischen Kontext wohl nicht, vgl. Ansicht bei Ball-Kaduri, S. 214, sowie Darstellung und Interpretation bei Nathan Stoltzfus, »Jemand war für mich da«. Der Aufstand der Frauen in der Rosenstraße, in: Die Zeit, Nr. 30, 21. 7. 1989, S. 9–12. Etwas differenzierter: Jochmann, S. 27 f., 136.

256 Goebbels Tagebücher (Reuth), Bd. 5, S. 1911f.: Eintrag v. 11. 3. 1942.

257 Vgl. z. B. Siegfried Heimann, Polizeiberichte aus Berlin-Schöneberg, in: Jochen Boberg u. a. (Hg.), Die Metropole. Industriekultur in Berlin im 20. Jahrhundert, Bd. 2, München 1986, S. 260 f.

258 BA, Abt. Potsdam, 75 C Re 1, Nr. 69, Bl. 57: RV-Statistik v. 6. 4. 1943.

259 Lowenthal, S. 90 f.

260 Elkin, S. 60 f.

261 BA, Abt. Potsdam, 75 C Re 1, Nr. 9, Bl. 56: Statistik v. 1. 7. 1944.

262 Dokumente über die Verfolgung der jüdischen Bürger in Baden-Württemberg durch das nationalsozialistische Regime 1933–1943, bearb. v. Paul Sauer, Teil 2, Stuttgart 1966, S. 383, Dok. Nr. 550 a): Vfg. Sipo Baden-Elsaß v. 26. 1. 1945.

263 LBI/A New York, Ludwig Misch Coll., AR 2073: Meine Beschäftigung während des Krieges, S. 5.

264 Siegmund Weltlinger, »Hast Du es schon vergessen?« Erlebnisbericht über die Verfolgung, Frankfurt/Main 1954, S. 7.

265 Nach Alexander 5990, vgl. Gabriel Alexander, Jüdische Bevölkerung Berlins nach 1871, in: Tel Aviver Jahrbuch für Deutsche Geschichte 20 (1991), S. 311. Nach Weltlinger 8000, vgl. Weltlinger, S. 7.

266 35 738 und 14 797 (Theresienstadt) nach Kempner; 15 122 (Theres.) nach Kruglov, danach also 50 535 oder 50 860 insgesamt.

267 Diese Zahl von Opfern schließt die Berliner Juden, die zunächst entkamen, dann aber aus besetzten Ländern deportiert wurden, ein. Für die Übermittlung dieser Zahl, die ein Ergebnis der jahrelangen Kollektivforschung für ein Gedenkbuch der Berliner Juden ist, danke ich Ulrich Schulze-Marmeling.

Nach der Befreiung: Jüdisches Leben in Berlin 1945–1953

Andreas Nachama

Die Anfänge des organisierten jüdischen Gemeindelebens nach der Befreiung liegen im Dunkeln. Stellt man sich auf den Standpunkt des Unrechtsstaates, so hat die Jüdische Gemeinde zu Berlin am 28. Januar 1943 mit der Überführung in die ›Reichsvereinigung der Juden in Deutschland‹ aufgehört zu existieren. Mißt man jüdisches Gemeindeleben jedoch an seinen traditionellen Aufgaben, so hat es mit dem Wirken Martin Riesenburgers auf dem jüdischen Friedhof in Weißensee[1] und der kleinen jüdischen Kolonie auf der Krankenstation der Gestapo in den Räumen des ehemaligen Jüdischen Krankenhauses[2] wohl zu keiner Zeit eine vollständige Unterbrechung jüdischer Gemeindetätigkeit gegeben. Ein Blick in das Archiv des Friedhofs Weißensee zeigt, daß unter Leitung Martin Riesenburgers das Beerdigen jüdischer Menschen, der jüdischen Tradition entsprechend, dort niemals aufgehört hat, ja, daß es 1942, gemessen an der Zahl der Beisetzungen, seinen traurigen Höhepunkt gefunden hat. Da die Einrichtung und der Unterhalt eines Friedhofes zu den ersten und vornehmsten Pflichten einer jüdischen Gemeinde zählen, könnte man, wenn man außerdem die gelegentlich im Verborgenen auf dem jüdischen Friedhof abgehaltenen Gottesdienste berücksichtigt, tatsächlich von einer Kontinuität der Jüdischen Gemeinde zu Berlin auch durch die Nazizeit hindurch sprechen.[3]

Anfänge eines neuen jüdischen Gemeindelebens

Nach der Befreiung durch die sowjetischen Truppen tauchten die in Berlin überlebenden jüdischen Menschen »aus der Illegalität«[4] wieder auf. Von mindestens zwei unabhängig voneinander stattfindenden ersten Gottesdiensten nach der Befreiung wird berichtet. Während Bruno Blau[5] von einem Gottesdienst am 6. Mai in Anwesenheit des die sowjetischen Truppen begleitenden polnischen Oberrabbiners in der Charlottenburger Meinekestraße berichtet, schildert Martin Riesenburger[6] in seinen Erinnerungen den ersten Gottesdienst am Freitag, dem 11. Mai 1945, in der Synagoge Lothringer Straße – das ist der als Raum für die Trauerfeiern genutzte ehemalige Warteraum im linken Flügel der Eingangsanlage in Weißensee.

Wie es von diesen ersten Gottesdiensten zu einer wieder an die Tradition der Jüdischen Gemeinde zu Berlin anknüpfenden Einheitsgemeinde kam, schildert ein Brief des »Vorstandes der Jüdischen Gemeinde zu Berlin« an die sowjetische Zentralkommandantur vom 12. Dezember 1945: »Nach dem Einzug der siegreichen Roten Armee in Berlin hatte Herr Generaloberst *Bersarin* mit dem in Berlin, Karl-Liebknecht-Straße 32, wohnhaften jüdischen Zahnarzt, Herrn Dr. Martin *Blum,* im Reichstagsgebäude eine Besprechung, in deren Verlauf Herr Generaloberst Bersarin Herrn Dr. Blum die Anregung gab, die ›Jüdische Gemeinde zu Berlin‹, die bekanntlich durch das Hitler-Regime aufgelöst worden war, wieder aufzubauen. Herr Dr. Blum sammelte um sich die Herren Dr. med. Leo *Hirsch,* Berlin N 54, Alte Schönhauser Str. 46, Arnold *Peymer,* Berlin N 54, Rosenthaler Str. 40/41 und Erich *Mendelsohn,* Berlin-Neukölln, Elbestr. 38, und diese Männer führten in den Monaten Juni und Juli 1945 die Reorganisation der Jüdischen Gemeinde zu Berlin durch. Es hatten sich gleich nach Kriegsende in einzelnen Stadtbezirken Bezirksgemeinden gebildet, die im Laufe der Zeit in der Jüdischen Gemeinde zu Berlin aufgingen.«[7]

Weiter wird in diesem Brief berichtet, daß die Jüdische Gemeinde zu Berlin ihre Hauptverwaltung in der Oranienburger Straße 28 habe und daß sie von einem Vorstand geleitet werde, der aus folgenden Personen bestehe:

»1. Herr Erich *Nelhans,* Berlin NO 55, Prenzlauer Allee 35 (Herr Nelhans hat sich über zwei Jahre in Berlin vor der Gestapo verborgen gehalten und bis Kriegsende ohne Lebensmittelkarten gelebt).

2. Herr Dr. Hans *Münzer,* Berlin-Charlottenburg, Droysenstraße 10a (Herr Dr. Münzer hat sich über zwei Jahre in Berlin vor der Gestapo verborgen gehalten und bis Kriegsende ohne Lebensmittelkarten gelebt).

3. Herr Dr. Hans-Erich *Fabian,* Berlin-Wilmersdorf, Osnabrücker Straße 28 (Herr Dr. Fabian ist von der Gestapo in das Konzentrationslager Theresienstadt verbracht worden und ist von dort nach seiner Befreiung durch die Sowjet-Russische Armee wieder nach Berlin zurückgekehrt).[8]

4. Herr Dr. Leo *Loewenstein,* Berlin-Wilmersdorf, Rüdesheimer Platz (Herr Dr. Loewenstein ist von der Gestapo in das Konzentrationslager Theresienstadt verbracht worden und ist von dort nach seiner Befreiung durch die Sowjet-Russische Armee wieder nach Berlin zurückgekehrt).

5. Herr Karl *Busch,* Berlin-Spandau, Weinmeisterhornweg 39 (Herr Busch hat sich über zwei Jahre in Berlin vor der Gestapo verborgen gehalten und bis Kriegsende ohne Lebensmittelkarten gelebt).

6. Herr Julius *Meyer,* Berlin NO 55, Saarbrücker Straße 6 (Herr Meyer ist von der Gestapo nach Auschwitz verbracht worden und ist von dort nach seiner Befreiung durch die Sowjet-Russische Armee wieder nach Berlin zurückgekehrt).

Außerdem besteht ein Gemeinde-Gremium von 19 Repräsentanten.

Aufgabe der Jüdischen Gemeinde ist es, die religiösen und sozialen Belange der gesamten in Berlin lebenden Judenheit zu wahren. Da nach dem Zusammenbruch des Nazi-Regimes keinerlei Unterlagen zur Erfassung der der Verfolgung entkommenen Juden zur Verfügung standen, mußte an einen vollkommenen Neuaufbau der Jüdischen Gemeinde herangegangen werden. Hierzu war eine Zählung notwendig, die in Form einer Registrierung erfolgte. Das vorläufige Ergebnis dieser Registrierung ist folgendes:

Von den im Jahre 1932 in Berlin ansässig gewesenen rund 200 000 Juden sind nach dem Abzug von ca. 50 000 Personen, die auswanderten, ungefähr 140 000 Menschen durch Verfolgung der Nazis ums Leben gekommen. Es ist nur ein Rest von ca. 7000 übrig geblieben, von denen 1500

aus dem K.Z. kamen, 1250 sich jahrelang vor der Gestapo versteckt hielten, und ca. 4250, die von der Deportation auf Grund ihrer ›arischen‹ Verheiratung zunächst verschont blieben. Von diesen 4250 Juden mussten 2250 den Judenstern tragen, während die restlichen hierzu nicht gezwungen waren, weil christliche Kinder aus ihrer Ehe hervorgegangen waren.«[9]
Über den Hintergrund der Abfassung dieses Briefes geben die hier nicht zitierten letzten Absätze Auskunft. Darin wird dargelegt, daß die die Jüdische Gemeinde unterstützenden ausländischen Organisationen (genannt werden die in den Westsektoren Berlins und in den Westzonen tätige UNRRA und der ›Joint‹[10]) »unpolitische Organisationen« seien, die den insbesondere während der Nazizeit ohne Lebensmittelkarten lebenden Juden nun die notwendige Versorgung mit Lebensmitteln ermöglichen würden. Offenbar war die im sowjetischen Sektor ansässige Jüdische Gemeinde in den Sog des beginnenden Kalten Krieges geraten, was den Sowjets eine Kooperation mit westlichen Hilfsorganisationen suspekt erscheinen ließ. In diesem Zusammenhang ist möglicherweise auch die Einleitung des Briefes zu sehen, in der die Gründung der Jüdischen Gemeinde nahezu als Akt des sowjetischen Stadtkommandanten Bersarin geschildert wird.

Hilfsleistungen für die Überlebenden

Die frühesten auffindbaren Dokumente der rekonstituierten Jüdischen Gemeinde nach der Befreiung beschäftigen sich ausschließlich mit der schlechten Versorgungslage der jüdischen Menschen in Berlin und befinden sich in den Archiven der Hilfsorganisationen, an die sie gerichtet waren. Sie geben zum Ausdruck, daß nach der Befreiung die Lebensmittelversorgung noch schlechter geworden war[11], und bitten um Hilfe für die überlebenden Juden Berlins.
Mit dem Einzug der Amerikaner in Berlin am 4. Juli 1945 begannen die Aktivitäten internationaler Organisationen.[12] Ausführliche Berichte von Korrespondenten, die in die zerstörte Reichshauptstadt entsandt worden waren, wie auch jüdischer GIs[13], beschrieben die armselige Situation der Berliner Juden in der zweiten Jahreshälfte 1945. So schrieb Sergeant L. P. Brewsler am 6. Juli 1945 aus Berlin an seine Eltern:
»Dieser Brief ist nicht sehr familiär, sondern soll von Euch an alle jüdischen Zeitungen in New York weitergeleitet werden. Dieser Brief betrifft die jüdischen Menschen, die in Deutschland übrig geblieben sind. [...] Sie brauchen Hilfe, dringende Hilfe und sofortige Hilfe, denn sie sind dem Tod durch Unterernährung, Krankheiten und Seuchen geweiht, wenn wir Juden, die wir überlebt haben und denen es gutgeht, nicht helfen. Zum Beispiel trifft man eine Person, die einst ein führender Journalist in diesem Land war, nur noch ein Haufen Unglück, ein vor sich hin vegetierender Haufen Fleisch, der den Willen zum Leben verloren hat, ein Mensch, der zwölf Jahre in Konzentrationslagern, Gefängnissen, ›Nervenheilanstalten‹ war und der nach seiner Befreiung noch immer nicht an Menschlichkeit glaubt, weil niemand bereit ist, ihm zu helfen. [...] Da beginnt man zu zweifeln, warum wir diesen Krieg geführt haben, [...] warum so viele

unserer Kameraden ihr Leben verloren haben. [...] Diese Menschen hier brauchen Nahrung, Kleidung, Medizin, Geld und vor allem eine geistige Perspektive, die ihnen wieder einen Lebenswillen einhaucht. Eine Perspektive, die ihnen so lange Jahre völlig fehlte.«[14]

Auch andere berichteten von völlig gebrochenen Menschen, die aufgerichtet werden mußten, um nach der Befreiung wieder ihren Weg in der Gesellschaft zu finden.[15]

Ein am 25. August verfaßtes Memorandum des ›Jewish Central Information Office‹[16] gab die Zahl der am 15. August 1945 in Berlin lebenden Juden mit 5000 an, davon 3000 »Volljuden«, 2000 »Sternträger« sowie 960 Personen, die aus Konzentrationslagern nach Berlin kamen. Zusätzlich gäbe es noch etwa 2000 bis 3000 Personen, die sich selbst nicht als Juden bezeichneten, aber von den Nationalsozialisten ihrer jüdischen Herkunft wegen verfolgt worden waren. In diesem Memorandum wurde erstmals erwähnt, daß die Jüdische Gemeinde im April 1945 noch ein Vermögen von 3 Millionen RM besessen hatte, das dann im Mai durch alliierte Verfügungen gesperrt wurde und über das sie seither nicht verfügen konnte. Deshalb forderten die Verfasser des Berichts auch, daß die Geldmittel der Jüdischen Gemeinde zur Verfügung gestellt werden sollten, auch um Flüchtlinge, die von jenseits der Oder nach Berlin kämen, mit 35 RM pro Person zu unterstützen. Sie berichteten auch, daß die Jüdische Gemeinde fünf Synagogen unterhielt und ein Durchgangslager eingerichtet hatte.

Aus der gleichen Feder stammt ein Bericht vom 2. Oktober 1945, der bemerkenswerte Fortschritte bei der Versorgung der jüdischen Bevölkerung Berlins konstatierte.[17] Die Zuwanderung jüdischer Menschen wurde darin mit täglich 20 bis 30 Personen, die Gesamtzahl dieser Flüchtlinge mit 500 beziffert. Es heißt weiter: »Der Status der Juden hat sich entscheidend verändert. Juden aller Kategorien, ›Volljuden‹, ›Mischlinge‹, ›Geltungsjuden‹ und ›Arier‹, die mit Juden verheiratet sind, werden nun durch den Magistrat von Berlin als Opfer des Faschismus anerkannt [...]. Die Veränderung des Status hat einschneidende Folgen: a) Die deutschen Autoritäten haben ein Büro am Sitz der Jüdischen Gemeinde eingerichtet, das autorisiert ist, sich mit Angelegenheiten zu befassen, die Juden in besonderer Weise betreffen, wie zusätzliche Lebensmittelkarten, Kleidergutscheine, Wohnungswesen und Repatriierung. Das Büro wird von Julius Meyer geleitet, der mehrere Jahre in Auschwitz war und bemerkenswerten Einfluß auf die deutschen Lokalbehörden nimmt. [...]«[18]

Die Verfasser des Berichts notierten auch, daß Juden in verantwortungsvolle Positionen des Magistrats berufen worden seien und nannten in diesem Zusammenhang Sigmund Weltlinger, der Mitglied im ›Beirat für kirchliche Angelegenheiten‹ geworden sei. An anderer Stelle erwähnten sie, daß Juden aus Polen in steigender Zahl nach Berlin kämen. »Es gibt Berichte von einem Lager in der Nähe Posens (polnisch), in welchem einige hundert Juden in Gefangenschaft gehalten werden, um Zwangsarbeit unter polnischer Aufsicht zu leisten.«[19] Erstmals wurde auch über Antisemitismus im befreiten Deutschland berichtet: »Herr Nelhans sagt, daß Antisemitismus in seiner brutalen Form des Rassenhasses mit dem Einzug der Roten Armee im Mai verschwunden oder in den Untergrund ausgewichen sei. Er meint aber, daß er in Form von oftmals nicht artikulierten Vorurteilen weiterbestehe. Die Jahre der gnadenlosen Verfolgung müssen jedoch seiner Meinung nach einen lang andauernden Einfluß auf den deutschen Geist genommen haben.«[20]

Der Hauptausschuß des Magistrats der Stadt Berlin, Hauptamt für Sozialwesen, gab im Mai 1946 Richtlinien für die Ausgabe von Ausweisen für die Opfer des Faschismus (OdF) heraus. Danach erhielten Ausweise:

»1. Kämpfer gegen den Faschismus

2. Opfer des Faschismus

A. Opfer der Nürnberger Gesetzgebung (Juden, Mischlinge, Zigeuner)

1. Die Hinterbliebenen der Ermordeten oder im KZ Verstorbenen
2. Alle ehemaligen KZ-Häftlinge
3. Die Illegalen
4. Die Sternträger
5. Mischlinge 1. Grades
6. Privilegierte Mischehen
7. Zigeuner

B. Die politischen Gelegenheitstäter

C. Die aus religiösen oder aus weltanschaulichen Gründen Verfolgten (Katholiken, Protestanten, Bibelforscher)

D. Militärstraftäter

E. Sippenhaft

F. Anerkennung wegen unpolitischer Vergehen.«[21]

Auffallend bei dieser Aufzählung ist zum einen, daß unter Punkt 1 die Kämpfer gegen den Faschismus aufgeführt werden und daß die dem Ausschuß den Namen gebenden »Opfer des Faschismus« erst an zweiter Stelle kommen, und zum anderen die kritiklose Übernahme der NS-Terminologie vom »Illegalen« bis zum »Mischling«.

Die Situation der den Holocaust überlebenden Juden in Europa stellte für die US-Armee zunehmend ein Problem dar. Deshalb ernannte General Eisenhower Rabbi Judah Nadich, einen amerikanischen Armeegeistlichen, zu seinem Sonderberater[22] und beauftragte ihn, einen Bericht über die Situation der Juden im besetzten Deutschland anzufertigen. Nadich besuchte die von der UNRRA angelegten Sammellager in der amerikanischen Besatzungszone und in Berlin[23] und informierte anschließend ebenso über das gesperrte Bankvermögen der Jüdischen Gemeinde von 3,5 Millionen RM wie über die für den 1. Oktober 1945 angesetzten Wahlen innerhalb der Jüdischen Gemeinde, die den kommissarisch tätigen Vorstand legitimieren sollten. Er führte aus, daß die Gemeinde Besitz in allen vier Besatzungssektoren habe, daß jedoch lediglich im amerikanischen Sektor eine Rückübertragung eingeleitet worden sei. Weiter schrieb er: »Ein unmittelbares Problem sind 250–300 jüdische ›Displaced Persons‹ polnischer Herkunft, die nicht nach Polen repatriiert werden wollen. Überwiegend junge Leute, sind sie in den oben erwähnten Sammellagern [Rykestraße und Iranische Straße 3] unter schlechtesten Bedingungen untergebracht.

Beide Lager bedürfen unverzüglicher Reparatur der Fenster, Decken und Dächer. In der Rykestraße sind für 180 Menschen 140 Betten und 80 Decken vorhanden. Je 20 Menschen schlafen in einer Holzbaracke, die keine Fensterscheiben hat und im Winter völlig unbeheizbar ist. Die Lebensmittelration beträgt 300 g Brot, ½ l Suppe, 1½ Würfel Margarine wöchentlich und gelegentlich eine Tomate.«
Erwähnt wird in diesem Bericht auch Rabbiner Isidore Breslau, der offenbar als erster Militärseelsorger in Berlin für die amerikanischen Truppen tätig war und über den der weitere Kontakt zur Berliner Gemeinde laufen sollte.
Mit dem Einzug der amerikanischen Truppen nach Berlin wurden also nicht nur internationale Hilfsorganisationen aktiv, sondern auch die US-Armee selbst.[24]

Jüdische ›Displaced Persons‹

Ziel der UNRRA (›United Nations Relief and Rehabilitation Administration‹) war es, die millionenfach aus ihrer Heimat vertriebenen und durch Kriegshandlungen versprengten nichtdeutschen Opfer des Zweiten Weltkrieges zu repatriieren. Dies schloß die in den Konzentrationslagern bzw. auf den Todesmärschen befreiten jüdischen Opfer der Nationalsozialisten ein, soweit sie nicht ehemals deutsche Staatsbürger waren, nahm also die deutschen Juden aus. Das erste Team der UNRRA traf am 27. Juli 1945 in Berlin ein.[25] Die UNRRA Berlin, US-Sektor, hatte ihr Verwaltungszentrum in der Fischerhüttenstraße 24 in Berlin-Zehlendorf. Sie betreute folgende Lager für ›Displaced Persons‹ in Berlin:
– ›Wiesengrund‹, Potsdamer Chaussee, Berlin-Zehlendorf.[26] Dieses Lager wurde am 8. Juli 1945 an der Potsdamer Chaussee errichtet. Am 4. August 1945 wurde es wegen seiner schlechten Infrastruktur zugunsten der Unterkunft am Teltower Damm 87/92 aufgegeben.
– ›Teltower Damm‹ 87/92 in Berlin-Zehlendorf. Das von der US-Armee eingerichtete Lager befand sich auf einem während der Nazizeit von der Organisation Todt, zwischenzeitlich von der sowjetischen Besatzungsstreitmacht genutzten Areal. Die Lagerstatistik[27] weist nur ca. 12 % der ca. 650 in diesem Lager betreuten Personen als jüdische ›Displaced Persons‹ aus.
– ›Düppel Center‹, Potsdamer Chaussee 87. Am 9. Januar 1946 verließ die 78. US-Infanterie-Division die Baracken an der Potsdamer Chaussee und übergab sie an die UNRRA, die mit diesem Lager, das vier Personen pro Raum in zweistöckigen Betten vorsah, auf die seit November 1945 verstärkt zu registrierende ›Infiltration‹ von polnischen Juden reagierte. Alle hier betreuten 3452 Personen wurden als polnische Juden bezeichnet. Von den Frauen waren 218 schwanger und 219 stillende Mütter.[28]
– ›Düppel Center Annex‹, Eisenacher Straße 39, Berlin-Mariendorf. Die von dem 310. Infanterie-Regiment der US-Armee geräumten Wohnungen, die seit Sommer 1946 als Lager dienten, boten bis zu 4000 Personen Platz. Am 15. Oktober 1946 waren alle 3117 betreuten Personen polnische Juden, davon 104 stillende Mütter und 92 Schwangere.[29] Die Verpflegung für dieses

Lager wurde im ›Düppel Center‹ zubereitet und über 20 Kilometer Entfernung nach Mariendorf transportiert.[30]

– ›Eichborndamm‹ 140–148, Berlin-Wittenau. Dieses ursprünglich von der Jüdischen Gemeinde eingerichtete Durchgangsheim wurde wie auch das Asyl in der Iranischen Straße 3 vom UNRRA-Team Nr. 679 betreut. Das Lager Eichborndamm hatte 172, das Asyl in der Iranischen Straße 125 betreute Personen.[31] Aufgrund einer Verwaltungsvereinbarung vom 23. Juli 1946 übertrug die Jüdische Gemeinde den Betrieb dieser beiden Lager auf die UNRRA, behielt jedoch die »Heime auch weiter in ihrer Obhut und Verwaltung«, weil sie diese »aus dem Nichts aufgebaut hat[te]«.[32] Das Durchgangslager befand sich auf dem Gelände der ›Deutschen Waffen- und Munitionsfabriken AG, Werk Borsigwalde‹. Der Treuhänder sandte pikanterweise auf dem originalen Rechnungsbogen dieser Aktiengesellschaft Mietrechnungen in Höhe von monatlich 2090,42 RM an die UNRRA[33], die diese an das Amt für Kriegsschäden und Besatzungskosten weiterleitete. Daß damit eine am Munitionsgeschäft des Zweiten Weltkrieges beteiligte Firma auch am Leid der ›Displaced Persons‹ durch Mietzinseinnahmen beteiligt wurde, erscheint absurd.

Nach Auskunft des Chefs des UNRRA-Area-Team, Charles Rappaport[34], war den amerikanischen Besatzungstruppen bei ihrer Ankunft von den sowjetischen Militärbehörden versichert worden, in Berlin gebe es keine ›Displaced Persons‹. Die Sowjets hatten nämlich einen Ukas erlassen, daß ab 1. Juli keine Nicht-Berliner mehr in der Stadt sein sollten. Aber schon kurz nach der Ankunft der Amerikaner wurden die ersten ›Displaced Persons‹ im ›Wiesengrund‹ gesammelt. Sie wurden nach Hesslingen bei Helmstedt in der britischen Besatzungszone gesandt. DPs aus dem britischen Sektor Berlins wurden in den amerikanischen transferiert. Die Briten beteiligten sich durch Lebensmittellieferungen am Unterhalt der amerikanischen DP-Lager. Zahlreiche der ersten DPs waren französischer Nationalität; fünf tägliche Flüge repatriierten diese vom Flughafen Tempelhof nach Paris. Vom 4. bis 31. August 1945 wurden 2325 DPs registriert, deren Mehrheit Franzosen, Belgier, Holländer oder Schweizer waren. Die Camps waren zu dieser Zeit reine Transiteinrichtungen, wo die zu Betreuenden Tag und Nacht eintrafen. Sie wurden registriert, von einem C.I.C.-Agenten befragt, medizinisch untersucht, mit DDT bestäubt und dann in ihr Nachtquartier eingewiesen. Die meisten DPs blieben nicht länger als 48 Stunden bis zu ihrem Weitertransport in Berlin. Die Verpflegungsration lag zu dieser Zeit bei ca. 3000 cal pro Tag. Bis 31. Oktober wurden 10 244 Personen durch das Lager ›Teltower Damm‹ geschleust.

Im November 1945 begann dann ein spürbarer Anstieg der Zahl jüdischer Flüchtlinge aus Polen. Etwa 200 Personen waren bis November 1945 gekommen; nun stieg die Zahl auf ca. 120 bis 130 Personen pro Tag. »Diese Menschen geben an, daß der Antisemitismus in Polen so brutal war, daß sie gezwungen gewesen seien, Polen zu verlassen, um ihre eigene Sicherheit zu gewährleisten.«[35]

Grundsätzlich wurde eine große Zahl von jüdischen Flüchtlingen in die westlichen Besatzungszonen überführt, um das UNRRA-Zentrum in Berlin vor Überfüllung zu bewahren. Im Dezember 1945 gaben die Briten jedoch bekannt, daß sie keine weiteren ›Displaced Persons‹ aus Berlin in die westlichen Besatzungszonen überführt sehen wollten. Die Angelegenheit wurde im Alliierten Kontrollrat besprochen, denn es kamen mehr als 250 Personen täglich in Berlin an. Die einzigen noch funktionierenden Auffanglager waren diejenigen, die die Jüdische Gemeinde im französischen Sektor eingerichtet hatte, die allerdings eine geringe Kapazität hatten. Der realistischste Vorschlag wurde von der französischen Seite gemacht, die argumentierte, da die DPs nun einmal nach Berlin strömten, müßte man sich ihrer auch annehmen. Trotzdem wurden in das UNRRA-Zentrum nur Frauen überstellt, die im achten Monat schwanger waren – aus humanitären Gründen. Die Frage der Unterbringung der in Berlin eintreffenden Flüchtlinge wurde auch in der Sitzung des Berliner Magistrats vom 23. Dezember 1945 erörtert. Es wurde beschlossen: »Die bisher von der Jüdischen Gemeinde zu Berlin in den Lagern Eichbornstraße, Oranienburgerstraße, Rykestraße und Iranische Straße betreuten jüdischen Flüchtlinge werden mit sofortiger Wirkung dem Hauptamt für Sozialwesen, Abt. für Umsiedler, unterstellt.«[36]

Durch die bereits oben erwähnte Eröffnung des ›Düppel Center‹ unter der Leitung von Harold Fishbein, einem amerikanischen Zivilisten, sowie durch die Organisation von großen Transporten in die US-Zone in Westdeutschland entspannte sich die Situation. Trotzdem reduzierte sich die Zahl der Lagerinsassen nicht wirklich, da die Menge der Neuankömmlinge bis Juni/Juli 1946 der der Transferierten entsprach. Es wurde schließlich als Annex des ›Düppel Center‹ ein weiteres Lager in Berlin-Mariendorf eingerichtet. Außerdem besuchte UNRRA-Direktor General La Guardia Berlin. Etwa zu dieser Zeit wurde ein ›Zentralkomitee der befreiten Juden Berlins‹ gegründet, das als repräsentatives Organ der beiden jüdischen UNRRA-Zentren galt. Diese Organisation wurde später dafür genutzt, die Verwaltung der beiden Lager in die Hände der DPs zu überführen. Als der Strom jüdischer Flüchtlinge nachließ, verloren die Lager ihren Charakter als Transitstationen. Arbeits-, Sozial-, Pädagogik-Programme und medizinische Versorgung konnten nun mit Hilfe von qualifizierten DPs eingerichtet werden und wurden zunehmend in Selbstverwaltung bewirtschaftet. Dies betraf vor allem die Kulturarbeit, Beschulung der Kinder, Workshops, die Verteilung der Kleidung und das Postwesen. Die UNRRA-Mitarbeiter zogen sich auf die Überwachung der von den DPs wahrgenommenen Tätigkeiten zurück.[37]

Im Monatsbericht vom 15. Juni 1946[38] berichtete Harold Fishbein über 2741 ständig im Lager (›Düppel-Center‹) wohnende polnische Juden. 330 DPs wurden zur Betreuung und Mitarbeit beschäftigt, außerdem zeitweise oder permanent 141 Deutsche. 405 Jugendliche im Alter zwischen sechs und achtzehn Jahren lebten im Camp, von denen 47 % den angebotenen Schulunterricht besuchten. Angeboten wurden Kindergarten, Vorschulklasse, Grundschulkurse in drei Klassenstufen, Oberschulkurse in zwei Klassenstufen sowie eine Abschlußklasse. 73 % der Schüler machten vom Lehrangebot in Jiddisch Gebrauch, 20 % der Schüler besuchten Polnisch-Kurse, 7 % nahmen an den Deutsch-Kursen teil. Dafür standen insgesamt zwölf Lehrer zur Verfügung, von denen nur zwei ein anerkanntes Lehrdiplom hatten. Der Kindergarten fand täglich für vier Stunden statt. Für Kinder geeignete Möbel wurden von den Lagerinsassen selbst gebaut, während Spielzeug erworben werden konnte. Der Bericht kritisierte, daß die Kinder nur vier Stunden täglich beschult, ansonsten aber nicht weiter betreut wurden. Was die Kulturarbeit anging, so wurde bemängelt, daß es noch immer nicht gelungen war, eine eigene Lagerzeitung fertigzustellen, obwohl die Vorbereitungen dafür schon einige Zeit dauerten. Erst am 2. August 1946 erschien die Berliner DP-Lagerzeitung ›Unser Leben‹ in jiddischer Sprache und in hektographierter Form. In dem Bericht wird mit einigem Stolz hervorgehoben, daß der Aufbau einer ›Volksuniversität‹ guten Fortschritt mache, da die Lagerinsassen wüßten, daß sie für eine Emigration nach Palästina Hebräisch benötigten und für eine in die USA Englisch. Zwar gäbe es derzeit nur eine Lehrkraft für Englisch, aber zwei weitere würden dafür sorgen, daß die Englisch-Kurse diversifiziert werden könnten, so daß ein Grundkurs, ein Fortgeschrittenen- und ein Leistungskurs angeboten werden könnten. Im Bereich Erwachsenenbildung gab es Lehrgänge für Englisch (100 Teilnehmer), Hebräisch (150), Landwirtschaftskunde (50), jüdische Geschichte (150), Geographie Palästinas (150), Amerikanische Geschichte (100) und ein Forum (250). Kurse in Mechanik und eine Fahrschule waren in Vorbereitung. Die Bibliothek verfügte über 500 Bücher, zum größten Teil auf hebräisch. Eine im Camp eingerichtete Synagoge hatte nur wenige religiöse Bücher. Zur Erfüllung der infrastrukturellen Aufgaben standen den UNRRA-Teams insgesamt zwölf Militärfahrzeuge sowie vier Zivilfahrzeuge zur Verfügung.

Das amerikanische Engagement

Der mit den US-Truppen nach Berlin entsandte ›Jewish Chaplin‹ war Rabbiner Isidore Breslau, dessen Nachfolger Captain Joseph S. Shubow im November 1945 nach Berlin kam. Breslau hatte die Gottesdienste zu den hohen jüdischen Feiertagen für die jüdischen Mitglieder der amerikanischen Streitkräfte im Auditorium Maximum des Harnack-Hauses abgehalten, dem gesellschaftlichen Mittelpunkt der ehemaligen ›Kaiser-Wilhelm-Gesellschaft‹. Sein Nachfolger Shubow konnte schon drei Gottesdienste in teilweise wiedererrichteten Synagogen abhalten. Diese Gottesdienste wurden von den Teilnehmern sehr emotional beschrieben. Rabbiner Shubow schrieb über den Chanukka-Gottesdienst, an dem ca. 2000 Personen teilnahmen, in seinem Monatsbericht: »Die Chanukka-Feier, das heroische makkabäische Fest der Lichter, wurde in Anwesenheit von Soldaten und Zivilisten in Berlin begangen, das erste Mal in Freiheit seit 1932 – hier wurde auf symbolische Weise unser heroischer alliierter Sieg über die Nazi-tyrannischen Heiden versinnbildlicht.«[39] Die Sabbatgottesdienste wurden von jeweils mehreren hundert Menschen besucht. Shubow erwähnte in einem seiner Monatsberichte außerdem ein Treffen mit dem Oberbürgermeister Berlins, Dr. Werner, mit dem er auf derselben Kanzel sprach und der »den Juden Berlins zu helfen versuchte«. Zu den in seinen Monatsberichten aufgeführten Tätigkeiten gehörten auch Trauungen. Bei der späteren Überleitung der Besatzungsherrschaft in die Bundesrepublik Deutschland wurde in diesem Zusammenhang ausdrücklich festgestellt, daß die von amerikanischen Militärgeistlichen geschlossenen Ehen auch ohne standesamtliche Registrierung gültig blieben.[40] »Ein historischer Augenblick [...] war die Eröffnung einer Mazza-Fabrik in Berlin, der ersten in dieser Stadt seit 1935 [...].«[41] Aus den Berichten geht weiter hervor, daß die Militärrabbiner intensiven Kontakt mit der Jüdischen Gemeinde, den ›Displaced

Persons‹ sowie der UNRRA pflegten. Shubow schloß seinen Bericht mit der Einschätzung: »Die Aufgabe war kolossal, wenn es mir gestattet sei, es so zu bewerten. Ich diente dem Chaplin Center, OMGUS, der Jüdischen Gemeinde Berlin und mehreren tausend DPs in den UNRRA Lagern. Es war für mich eine unvergeßliche Gelegenheit und ein historisches Privileg.«[42]

Nachfolger von Joseph Shubow war Chaplin Rabbi Herbert Friedman, der von April bis Juli 1946[43] in Berlin war. Friedman zelebrierte im Rathaus Schöneberg den ersten ›Seder‹ – das ist das traditionelle Pessachmahl, das inhaltlich durch die Erzählung vom Auszug der Israeliten aus Ägypten bestimmt ist. Friedman schrieb in seiner zusammen mit Shubow abgefaßten Einladung, daß dies der erste ›Seder‹ in Freiheit für die Juden in Deutschland seit 1932 sei. Ca. 2000 Menschen nahmen an diesem Mahl teil, das von der US-Armee auch für die jüdischen Soldaten der anderen alliierten Streitkräfte sowie für überlebende Berliner Juden und ›Displaced Persons‹ veranstaltet wurde. Eingeladen war auch die Generalität der alliierten Streitkräfte, die mit Ausnahme der sowjetischen auch erschien.[44]

Friedman engagierte sich stark für die Überlebenden des Holocaust. Mehrmals wöchentlich fuhr er nächtens ohne ausdrückliche Erlaubnis mit Armeelastwagen von Berlin nach Stettin und brachte von dort ›Displaced Persons‹ in die UNRRA-Lager nach Berlin. Hier schließt sich der Kreis zu der hohen Flüchtlingszahl, die die Berliner UNRRA-Lager kennzeichnete. Friedman war nach eigener Auskunft[45] für die ›Bericha‹ aktiv, obwohl die US-Armee die Flucht der ›Displaced Persons‹ in die US-Besatzungszonen nicht unterstützte. Die ›Bericha‹ war eine von 1944 bis 1948 in Europa tätige Organisation, die die illegale Einwanderung jüdischer Holocaust-Überlebender nach Palästina organisierte.[46] Friedman wurde auch Zeuge der beginnenden antijüdischen Politik der UdSSR im sich entwickelnden Kalten Krieg; ein jüdischer Offizier der Roten Armee, der im Chaplin-Center Unter den Eichen an einem Essen teilgenommen hatte, wurde in Potsdam standrechtlich erschossen.

Die erste amerikanisch-jüdische Hilfsorganisation, die in Berlin tätig wurde, war das AJDC (›American Joint Distribution Committee‹), kurz ›Joint‹ genannt, das für die ›Displaced Persons‹ und die deutschen Juden zum Stützpunkt der Rückgewinnung des Lebens wurde. Um den Hilfsbedürftigen näher zu sein, hatte der ›Joint‹ unmittelbar nach der Befreiung der französischen Hauptstadt in der Rue de Teheran 19 in Paris sein europäisches Hauptquartier eingerichtet. Das Berliner Büro des ›Joint‹ war in der Zehlendorfer Kronprinzenallee 247. Bis zu sechs Mitarbeiter waren für den ›Joint‹ in Berlin tätig.[47] Die Aktivitäten lassen sich mit folgenden Punkten umreißen:

- Import und Verteilung zusätzlicher Lebensmittelrationen und Kleidung. Im Budget 1946 wurde dieser Posten mit ca. 19 % angegeben; dies war zugleich der größte Einzeletat.
- Finanzielle und religiöse Unterstützung der Gemeinden.
- Auswanderungshilfen.
- Sozialarbeit, insbesondere Hilfe bei der Suche nach verschollenen Verwandten.
- Kultur- und Bildungsprogramme. Im Budget des ›Joint‹ für 1946 waren sie mit 14 % ausgewiesen.
- Medizinische und zahnärztliche Hilfe. Im Budget für 1946 machte diese Position 12 % aus.[48]

Im Gegensatz zur UNRRA betreute der ›Joint‹ alle in Berlin lebenden oder eintreffenden Juden. In den Berichten des ›Joint‹ wurde immer wieder beklagt, daß die deutschen Juden, die nicht in den DP-Camps lebten und keinen Zugang zu ihnen hatten, von der UNRRA wie (feindliche) Deutsche behandelt würden, obgleich sie entweder in einem Konzentrationslager oder versteckt im Untergrund die NS-Herrschaft überlebt hatten.[49] Ebenfalls keinen Zugang zur UNRRA-Hilfe hatten zum einen jene Personen, die nach ihrer Befreiung in ihr Heimatland zurückgekehrt waren und dann doch wieder nach Berlin kamen, zum anderen jene, die aus Polen ›illegal‹ nach Berlin geflüchtet waren.[50]

Der erste Repräsentant des ›Joint‹ in Berlin war Philip Skornik. Rabbi Joseph Shubow hat dessen Tätigkeit in Berlin in einem detaillierten Beschwerdebrief[51] an den ›Joint‹ beklagt: Skornik habe, seine Kompetenzen weit überschreitend, selbsttätig Hilfe für die nach Berlin kommenden jüdischen Flüchtlinge aus Polen organisiert und sei dabei in Konflikt mit der amerikanischen Militärverwaltung geraten.[52] Die Leistungen des ›Joint‹ können nicht hoch genug veranschlagt werden, da seine Unterstützungsarbeit insbesondere auch den von der Hilfe, die in den DP-Camps direkt verteilt wurde, ausgeschlossenen deutschen Juden sowie denjenigen, die außerhalb der Lager wohnten, zugute kam. Robert Weltsch berichtete im Januar 1946 aus Berlin: »In der letzten Zeit häufen sich die Aufnahmegesuche in die Jüdische Gemeinde von Leuten, die früher ausgetreten waren. Der Grund hierfür mag manchmal sentimental oder persönlich sein, in den meisten Fällen aber besteht die Attraktion in den Lebensmittelpaketen, die das ›American Joint Distribution Committee‹ verteilt. Alle Empfänger solcher Pakete sind voll des Lobes über ihren Inhalt, und die Nichtempfänger beschweren sich, daß sie in der Nazi-Zeit als ›Nichtarier‹ die Lasten des Judentums getragen haben, daher jetzt die Vorteile genießen müßten. [...] Alle interessiert vor allem eines: wo bekommt man etwas zusätzliche Nahrung? Essen, Wohnung und Heizung und eventuell noch Zigaretten – das sind die Sorgen der Menschen, und so wird auch das Judentum nicht in erster Reihe als eine Quelle seelischer Nahrung betrachtet, sondern als ein Weg zur Erlangung der ersehnten Joint-Pakete.«[53] In diesem Zusammenhang wurde auch von ›Paketjuden‹ gesprochen; der Bericht macht jedoch deutlich, warum der ›Joint‹ eine der populärsten jüdischen Hilfsorganisationen in Berlin wurde.[54]

Ebenfalls in Berlin tätig wurde die ›Jewish Agency for Palestine‹, die zwei Mitarbeiter ab Mai 1946 nach Berlin entsandt hatte. Das Büro befand sich in der Hertzstraße 1a. »Nicht zu den Friedhöfen, sondern zur jüdischen Heimat« war das Motto, unter dem die ›Jewish Agency‹ nicht die Repatriierung der ›Displaced Persons‹, sondern deren Emigration nach Palästina betrieb. Stark gehindert wurde sie hierin durch die restriktive Politik der Engländer, die den Vorschlag des amerikanischen Präsidenten Truman ablehnten, 100 000 jüdischen DPs die Einwanderung nach Palästina zu gestatten. So blieb der ›Jewish Agency‹ nichts anderes übrig, als die Einwanderungswilligen auf illegalem Weg nach Palästina zu bringen.[55] Am 30. November 1949 beendigte die ›Jewish Agency‹ ihre Tätigkeit in Berlin.

Seit Anfang 1946 war, gleichfalls mit zwei Mitarbeitern, die ›Jewish Relief Unit‹ in Berlin tätig, eine von den britischen Juden finanzierte Organisation. Sie residierte im ›Military Government

House‹ im britischen Sektor. Da England selbst von direkten Kriegsfolgen betroffen war und die Zahl der englischen Juden ein Bruchteil der amerikanischen ausmachte, fiel die Hilfe wesentlich bescheidener aus als bei den amerikanisch-jüdischen Hilfsorganisationen. Einer der beiden Berliner Mitarbeiter wirkte im UNRRA-Camp in Wittenau.
Schließlich arbeitete in Berlin noch die HIAS (›Hebrew Immigration and Sheltering Aid Society‹), die sich ausschließlich damit beschäftigte, den Auswandernden zu helfen, ihre Papiere vorzubereiten, um sie dann dem amerikanischen Konsulat oder der ›Jewish Agency‹ vorzulegen. Das Büro der HIAS befand sich in der Sophie-Charlotte-Straße 59 in Berlin-Zehlendorf. Hier kam es nicht selten zu Überschneidungen mit der Arbeit des ›Joint‹, was 1949 zu einem Abkommen, später sogar zu einer Fusion beider Organisationen führte. Im Bericht des ›Joint‹ wird aufgeführt, daß es mit Ausnahme der HIAS keinerlei Überschneidungen oder Konkurrenzen zwischen den verschiedenen Organisationen gegeben habe.[56]

Konsolidierung des Gemeindelebens

Bereits Anfang 1946 wurde die in der Folgezeit mit großem Engagement diskutierte Frage der Funktion der Jüdischen Gemeinde aufgeworfen. Waren die Institutionen, die in Berlin (und andernorts in Deutschland) eingerichtet wurden, temporäre Serviceeinrichtungen, um die Überlebenden des Holocaust bis zu ihrer möglichst baldigen Emigration zu betreuen, oder sollte in Deutschland wieder eine jüdische Gemeinde auf Dauer entstehen? Der zweite Quartalsreport des ›Joint‹ 1946 reflektierte über die Perspektiven der Jüdischen Gemeinde in Berlin. »Einige der besten Gemeinderepräsentanten und Mitglieder sind bereits nach Amerika emigriert«, hieß es dort, und andere würden dies tun, wenn die Emigrationsmöglichkeiten zahlreicher würden. »Nur diejenigen werden zurückbleiben, die entweder Angst haben, sich auf eine Emigration einzustellen, oder die sich zu alt fühlen, um in einem fremden Land [...] ein neues Leben zu beginnen. [...] Der größte Prozentsatz der zurückbleibenden Juden gehört zu den Mischehen, hauptsächlich den ›privilegierten‹ Mischehen [...].«[57] Deutsch-jüdische Gemeindemitglieder seien aber überzeugt, daß nach Überwindung der gegenwärtigen Schwierigkeiten »ein neues, freies Deutschland« entstehen werde. Wie man an diesem Bericht unschwer erkennen kann, waren die in Deutschland zu dieser Zeit tätigen jüdischen Hilfsorganiationen der Meinung, daß sie eine Liquidationsgemeinde unterstützten.
Als am 1. März 1946 die erste Ausgabe der »Zeitschrift für Fragen des Judentums: Der Weg« erschien, begann innerhalb der Jüdischen Gemeinde selbst die Diskussion über den weiteren Weg dieser Gemeinde. Zahlreiche Beiträge erörterten die praktischen Schritte, die heute als ›Aufbau nach dem Untergang‹ bezeichnet werden können. So wurde beispielsweise in der ersten Ausgabe die Tätigkeit der Dezernenten für allgemeine Verwaltung (Dr. Hans Münzer), für Kultus (Erich Nelhans[58]), für allgemeine Fürsorge (Julius Meyer) sowie Sigmund Weltlingers (Magistrat und jüdische Arbeit) beschrieben. Über die Arbeit des ›Joint‹ und den baldigen Arbeitsbeginn

der ›Jewish Relief Unit‹ wurde ebenso berichtet wie über die Einweihung eines Betsaales im Durchgangslager Wittenau oder den Beginn des Backens der Mazzot in den Räumen der Firma Sarotti. Die Einrichtung eines Religionsunterrichtes in der Oranienburger Straße 28 wurde mehrfach, in verschiedenen Ausgaben, angesprochen.[59]

Breiten Raum in den folgenden Ausgaben des ›Weg‹ nahmen Suchanzeigen ein: »Wer weiß etwas über den Verbleib meines Mannes Kurt Salomon? Transport 6.10.44 von Theresienstadt nach Auschwitz. Anni Salomon, Charlottenburg, Pestalozzistraße 14.«[60]

Aus einem Aufruf zu einer Feierstunde am 22. September 1946, dem Tag, den die ›Opfer des Faschismus‹ zum Gedenktag proklamiert hatten, ist zu ersehen, daß die Jüdische Gemeinde gemeinsam von ihrem Verwaltungsgebäude zum Lustgarten ging, um »geschlossen« an der Feier teilzunehmen.

Zwei Mitteilungen des Magistrats zum jüdischen Neujahrsfest werfen ein Schlaglicht auf die Beziehungen der Jüdischen Gemeinde zu der verfaßten Öffentlichkeit. Zum einen wurde verlautbart, daß auf Grund des Magistratsbeschlusses Nr. 391 vom 7. September 1946 Juden im öffentlichen Dienst zu den hohen Feiertagen auf Antrag vom Dienst freigestellt werden konnten.[61] An gleicher Stelle war eine Neujahrsbotschaft des Oberbürgermeisters der Stadt Berlin, Dr. Arthur Werner, abgedruckt, der darin der Hoffnung Ausdruck verlieh, daß Gott, »der Herr, nun für alle Zukunft seine schützende Hand über alle unsere jüdischen Mitbürgerinnen und Mitbürger halten und uns mit der Weisheit der Versöhnung erfüllen [möge], damit wir in Eintracht vereint einer friedlichen und glücklichen Zukunft entgegengehen«.[62]

Eine Botschaft ganz anderer Art versandte der Vorstand der Jüdischen Gemeinde an die sowjetische Militäradministration in Karlshorst. »Zum Jahrestag der Oktober-Revolution wünscht die Jüdische Gemeinde zu Berlin der siegreichen Sowjetunion, die uns vom Joch der Naziherrschaft befreit hat, eine glückliche Zukunft.«[63]

Am 14. März 1947 erschien im ›Weg‹ der erste namentlich von Heinz Galinski gezeichnete Artikel unter der Überschrift »Unsere Widerstandskämpfer«. Galinski warf darin die Frage auf, ob die Juden tatsächlich nur Opfer der Naziverfolgung oder nicht auch Kämpfer gegen das Nazisystem waren und stellte materialreich eine große Liste jüdischer Widerstandsaktionen gegen den Nationalsozialismus auf. Die Diskussion ist vor dem Hintergrund zu sehen, daß die politisch Verfolgten insbesondere in der sowjetischen Besatzungszone für sich geltend machten, die ›besseren‹ Opfer des Faschismus gewesen zu sein, da sie aktiv das Nazisystem bekämpft hätten, während die Juden nur passive Opfer gewesen wären.

Besonders ausführlich berichtete der ›Weg‹ über die Rückkehr von 295 jüdischen Emigranten aus Shanghai im August 1947. Zu ihrer Begrüßung waren nicht nur die in Berlin tätigen jüdischen Hilfsorganisationen und ein Vertreter des Vorstandes der Jüdischen Gemeinde erschienen, sondern auch der Stellvertretende Oberbürgermeister von Berlin, Dr. Friedensburg. In seiner Willkommensrede erwähnte er unter anderem, »wenn gelegentlich von erneutem Anwachsen des Antisemitismus die Rede sei, so sollten die Ankommenden diesen Behauptungen nicht Glauben schenken. Derartige Meldungen in der Presse seien übertrieben und aus Sensationslust entstanden. Diese Worte wurden von den Remigranten mit sichtlicher Genugtuung aufgenommen, wenngleich die anwesenden Anverwandten ihnen aus eigenem Erleben über gegenteilige Erfahrungen berichten konnten.«[64] Dieser Bericht spiegelt in wenigen Worten die Situation der Jüdischen Gemeinde zwei Jahre nach der Befreiung wider: Die Rückwanderer sahen sie als eine neue Lebensperspektive an, bangten zugleich jedoch vor einer noch immer judenfeindlichen deutschen Gesellschaft, während die Politiker versuchten, das Problem durch Gesundbeten aus der Welt zu schaffen.

Der spätere Regierende Bürgermeister von Berlin, Willy Brandt, zu dieser Zeit Presseattaché der norwegischen Militärmission, beschrieb in einem groß aufgemachten Artikel im ›Weg‹ die jüdische Einwanderung von ›Displaced Persons‹ nach Norwegen.[65]

Im Januar 1948 fanden Wahlen zur verfaßten Gemeindeversammlung, der sogenannten Repräsentantenversammlung, statt. Als Wahlziele führte die jüdisch-liberale Liste auf: Das Bekenntnis zum jüdischen Staat, die tatkräftige Unterstützung der Auswanderungswilligen sowie die gesicherte Existenz der in Deutschland Verbleibenden und die Würdigung der Treue der nichtjüdischen Ehepartner.[66] »Auf dieser Liste 1 haben sich, ohne Unterschied ob volljüdische Ehen oder Mischehen, alle Juden zusammengefunden, die für liberale Gesinnung des Judentums und seiner Verwaltung eintreten. Unter den 30 Kandidaten der Liste 1 befinden sich 16 Partner aus Mischehen.«[67] Diese Argumentation wandte sich offenbar gegen die bei dieser Wahl nicht kandidierenden Vertreter der DP-Lager, die insbesondere die in ›Mischehen‹ lebenden ›deutschen Juden‹ und ihre religiös-liberale Haltung nicht anerkennen wollten. Bei einer Wahlbeteiligung von 77 Prozent entfielen 10 Sitze auf die jüdisch-liberale Liste mit Dr. Erich Fabian und Heinz Galinski an der Spitze, 6 Sitze auf die national-jüdische Einheitsliste mit Julius Meyer und Bernhard Wollstein und, durch die Berücksichtigung der Reststimmen, 5 Sitze auf die unabhängige liberale Liste 3 unter Leitung von Dr. Ehrlich. Der Vorstand wurde aus allen Listen unter Einschluß der Spitzenkandidaten aller drei Listen gebildet, wobei Dr. Fabian der Vorstandsvorsitz zukam.

Die DPs in der Öffentlichkeit

In der bereits erwähnten Magistratssitzung vom 23. Dezember 1945 führte Sigmund Weltlinger, jüdischer Vertreter im ›Beirat für kirchliche Angelegenheiten‹, unter anderem aus, daß die nach Berlin kommenden jüdischen Flüchtlinge aus Polen »Koffer voll deutschen Geldes mitbringen, das seinerzeit massenhaft in Polen gedruckt wurde, jetzt dort wertlos ist, und nun hier von diesen Flüchtlingen auf den Schwarzen Markt geworfen wird«.[68] Auch in der Presse wurden Schwarzmarktgeschäfte der ›Displaced Persons‹ beklagt, wobei ein aggressiv-feindlicher Ton auffällt:

»Kaum hat man den Bahnhof Eichbornstraße verlassen, stehen schon einige elegant gekleidete Gestalten um einen herum. Auf diesem, augenblicklich wohl dem größten Schwarzen Markt

Berlins, der sich über mehrere Straßen erstreckt, wird alles gehandelt. Wer bevölkert ihn aber, diesen Markt?
Unweit vom Bahnhof hat die UNRRA für polnische ›Displaced Persons‹ ein Durchgangslager eingerichtet. Diese Herrschaften denken aber gar nicht daran, ›durchzugehen‹. Sie fühlen sich sehr wohl in Berlin, nachdem sie gemerkt haben, wie gut sich die Notlage der Bevölkerung bei einigermaßen gutem Geschäftssinn ausnützen läßt. Sie haben ja alles, was sie brauchen: Speck, Kaffee, Kakao, Butter und Nährmittel. Ihre besten Kunden sind die Mütter von Kleinkindern. Ihr ganzes Geschäft baut sich auf der Tatsache auf, daß jede Mutter ihrem Kinde ab und zu einmal ein kräftiges, sättigendes Essen vorsetzen möchte. [...] Der Grundsatz dieser Herren in hellen Gabardinemänteln und hohen Stiefeln ist: Wir haben die Lebensmittel, damit machen wir alles. [...] Es wäre wirklich einmal notwendig, hier Einhalt zu gebieten, indem man den Kaufmännern dieser Art ein bißchen auf die Finger sieht. Sie nutzen die Großzügigkeit der alliierten Behörden aus, um sich zum Schaden der deutschen Bevölkerung die Taschen zu füllen.«[69]
Es bedarf keiner weiteren Erörterung, daß die aus Konzentrationslagern befreiten, teilweise kurzfristig nach Polen zurückgekehrten und dort erneut verfolgten Holocaust-Überlebenden jede sich ihnen bietende Gelegenheit nutzten, um ihrem Leben eine ökonomische Grundlage zu geben. Ob die auf Tagesrationen von 2000 bis 2200 cal basierenden Verpflegungsmaßnahmen im UNRRA-Camp und die gelegentlich zusätzlich von den Hilfsorganisationen verteilten Pakete tatsächlich dazu ausreichten, um wie beschrieben einen schwunghaften Handel zu führen, sei dahingestellt. Tatsache ist, daß der Schwarzmarkt für diese Personengruppe die einzige Möglichkeit war, überhaupt zu Geld zu kommen.
Die DPs traten aber auch durch politische Aktionen in die Öffentlichkeit; so protestierten sie beispielsweise am 30. September 1947 gegen das Konzert Jehudi Menuhins mit Wilhelm Furtwängler im Titania-Palast, weil sie es für falsch hielten, daß ein jüdischer Solist mit einem auch im ›Dritten Reich‹ aktiven Dirigenten zusammen in Berlin auftrat.[70]
Nach dem Bekanntwerden der Proklamation des Staates Israel kamen am 16. Mai 1948 in den »Verschleppten-Lagern Berlins Tausende von DPs zusammen, um diesen Tag festlich zu begehen«.[71] »Als Höhepunkt der Veranstaltung ergriff der Direktor der ›Jewish Agency‹ Berlin, Dr. Liebstein, das Wort, der von dem Vorsitzenden der Kundgebung als Gesandter des jüdischen Staates angekündigt wurde. [...] Der Direktor der IRO [›International Refugee Organisation‹], Mr. Fischbein, forderte die Juden in den Lagern auf, sich freiwillig für die jüdische Armee zu melden, um den Kampf um die Freiheit Israels zu unterstützen.«[72] Erwähnt sei noch, daß auf der Kundgebung aus gleichem Anlaß im DP-Lager in Wittenau auch Heinz Galinski als Mitglied des Gemeindevorstandes dessen Bekenntnis zum jungen jüdischen Staat artikulierte.[73]
Auch nach Auflösung der DP-Camps traten die ›Displaced Persons‹ noch wahrnehmbar in Berlin auf. So findet sich zum Beispiel im »Monthly Report of Military Governor« zum 3. März 1949 folgender Bericht: »Presseberichten zufolge haben sich in Berlin mehrere hundert DPs im Protest gegen einen Film, der antisemitisch sein soll, versammelt. Es gibt keine DP-Camps mehr in Berlin. Schätzungen sagen, daß zwischen 17 000 und 18 000 ›Displaced Persons‹ in Berlin leben.

Davon sind 8000 bis 9000 deutsche Juden, die anderen haben osteuropäische Nationalitäten. Die Berliner Polizei berichtet von 25 000 Ausländern in Berlin, die IRO schätzt aber nur die obige Zahl in DP-Kategorien.«[74]

In diesem Bericht werden auch die ›deutschen Juden‹ der Kategorie der ›Displaced Persons‹ zugeschlagen; der schriftliche Protest des Vorstandes der Jüdischen Gemeinde[75] fand wenig Beachtung. Zugetragen hat sich dieser Vorfall Ende 1949 in der ›Kurbel‹, einem Charlottenburger Kino. Die DPs boten dem Betreiber des Kinos zunächst mehrere tausend Mark, wenn er den Film absetzen würde. Es kam zu Krawallen vor dem Kino, bei denen 25 DPs verletzt wurden; vier von ihnen mußten zu stationärer Behandlung ins Krankenhaus. 30 Berliner Polizisten und mehrere britische Militärpolizeieinheiten versuchten, die Ordnung wiederherzustellen. Als die Demonstration vor dem Kino beendet war, war die Menge auf 1500 Personen angeschwollen. Schließlich wurden bei Vorstellungsbeginn die Vorhänge niedergerissen, die Leinwand durch Steinwürfe zerstört und die Bestuhlung demoliert. Ad hoc kam ein Komitee zusammen, das unter Beteiligung des Oberbürgermeisters Ernst Reuter die britischen Militärbehörden bat, den Film abzusetzen. Die internationale und die Berliner Presse berichteten ausführlich über den Vorfall. Ein amerikanischer Korrespondent[76] schrieb, daß die Berliner »sauer« auf die ›Displaced Persons‹ seien, die sie hinter den Vorgängen wähnten und die ihrer Meinung nicht nach Berlin gehörten.[77]

Etwa einen Monat nach Beginn des amerikanischen Engagements bei der Luftbrücke, die am 25. Juni 1948 begann, wurde – ab 23. Juli – die Evakuierung der UNRRA-Lager in die Camps in den westlichen Besatzungszonen eingeleitet. In den leeren Flugzeugen wurden auf dem Rückweg DPs ausgeflogen. Etwa 5400 Personen wurden bis zum 1. August auf diesem Weg aus der Stadt gebracht. Ein letzter Transport mit Kranken fand am 16. August statt. »150 DPs haben sich entschlossen, in das deutsche Wirtschaftsleben einzutreten,«[78] und sind in Berlin verblieben. Die geleerten UNRRA-Lager wurden an die US-Armeeverwaltung zurückgegeben. Damit endete eine für die Wiedererrichtung jüdischen Gemeindelebens in Berlin wichtige Periode.

Obwohl sich die Zahl jüdischer Menschen in Berlin mit der Evakuierung nahezu halbierte, stärkte sich die Position der Jüdischen Gemeinde, denn nun war sie die einzige organisierte jüdische Interessenvertretung in der Stadt. Die Berliner Ausgabe des ›Weg‹ überschrieb ihren Leitartikel: »Berlin sieht sie gerne gehen« und führte darin aus, daß »[wir] immer – in letzter Zeit besonders – hören müssen, daß die DPs in den Lagern Schlachtensee und Zehlendorf die Zentrale des Schwarzen Marktes seien, die Insassen Verbrecher seien«.[79]

Auf dem Weg zur Spaltung

Der Begriff »Wiedergutmachung« taucht bereits in Dokumenten aus dem Jahr 1945 auf. »In der Stadtverordneten-Versammlung am 4. 12. 1947 beantragte Ottomar Geschke, daß den Juden ihr Besitz, der unter dem Naziregime in Berlin unter Ausnutzung der jüdischen Zwangslage erwor-

ben worden sei, zurückgegeben werde. [...] Für die LDP wies Stadtverordneter Markiwicz darauf hin, daß entnazifizierte Nazis sofort in den Besitz ihres Vermögens gelangen[80], während die Juden zweieinhalb Jahre nach dem Zusammenbruch des Hitlerreiches auf ihr selbstverständliches Recht warteten. Die Jüdische Gemeinde richtete unter Leitung von Rolf Loewenberg ein »Wiedergutmachungsbüro« ein, das »allen Personen, die Rückerstattungs- oder Wiedergutmachungsansprüche stellen, beratend zur Seite« stand.[81] Vor allem galt es, das Gemeindeeigentum zu erfassen und auf Grund einer Anordnung der Alliierten Kommandantur vom 16. Februar 1949 »Ansprüche auf Rückerstattung noch vorhandener Vermögenswerte« zu stellen.[82]
Am 2. Dezember 1949 gab die West-Berliner Stadtregierung den »Vertretern der Arbeitsgemeinschaft politisch, rassisch und religiös Verfolgter« das Versprechen »auf schnellste Verabschiedung eines Entschädigungsgesetzes«.[83] Während diese Regelung noch im parlamentarischen Entscheidungsprozeß war, wurden im Ostsektor bereits die Anträge für das VdN-Gesetz bearbeitet. Hier wurden als Verfolgte des Naziregimes anerkannt »alle Ehepartner von Sternträgern und alle Personen, die nach den Nürnberger Gesetzen als Juden galten und den Vornamen Sara oder Israel tragen mußten«.[84] Am 26. Oktober 1950 verabschiedete die Berliner Stadtverordnetenversammlung einstimmig ein Gesetz über die Entschädigung der Opfer des Nationalsozialismus. Bis dahin hatte die Stadt nur Überbrückungshilfen gezahlt. In dem Gesetz wurde festgelegt, daß, sofern später ein zu erlassendes Bundesgesetz günstigere Bedingungen für die Entschädigung gewähren würde, dessen Vorschriften an die Stelle des Berliner Gesetzes treten sollten. Am 31. Januar 1951 genehmigte die Alliierte Kommandantur das Berliner Entschädigungsgesetz und machte darauf aufmerksam, daß die Opfer des 20. Juli, von denen es in Berlin rund 1000 geben würde, nicht berücksichtigt seien. Am 18. September 1953 wurde das Bundesentschädigungsgesetz vom Bundestag ratifiziert.
Die Frage der Rückerstattung von unter fragwürdigen Umständen veräußertem jüdischen Eigentum wurde in der jüdischen Gemeinschaft schon bald nach der Befreiung diskutiert. Wer die Forderungen auf Rückerstattung, Hilfe oder Wiedergutmachung zu stellen hatte, war bei den Überlebenden des Holocaust unschwer zu beantworten. Stand ein Opfer persönlich hinter seinen Ansprüchen, dann handelte es sich um die Frage nach dem rechtlich richtigen Weg; war es hingegen eine juristische Person, wurde die Dimension schon schwieriger. In West-Berlin wurde die Rückerstattung entsprechend den Verordnungen in der britischen Zone geregelt.[85] Es gab jedoch einige Sonderregelungen, die weit über die Regelungen des Bundesentschädigungsgesetzes hinausgingen und aus dem Landeshaushalt Berlin finanziert wurden. »Das Berliner Entschädigungsamt wurde zuständig für alle Geschädigten, die während der NS-Zeit ihren Wohnsitz in Groß-Berlin hatten, oder die nach dem Krieg ihren Wohnsitz in West-Berlin nahmen oder aus Ostberlin zugewandert sind; ferner für Personen, die Anfang 1947 in einem Berliner Lager für ›Displaced Persons‹ gewesen sind.«[86] Diese Berliner Sonderregelungen wurden im Bewußtsein der Mitglieder der Jüdischen Gemeinde dem Vorstand der Gemeinde angerechnet und bildeten das Grundkapital für das hohe Ansehen, das Heinz Galinski zuteil wurde, der nach der Emigration Dr. Fabians im März 1949 ab 1. April den Vorsitz im Vorstand der Jüdischen Gemeinde übernahm.

Weitaus komplizierter war die Sachlage bei dem Eigentum der Jüdischen Gemeinde selbst. Schon die ersten Berichte über die Situation der Juden in Berlin nach der Befreiung[87] erwähnten das von den Alliierten gesperrte Vermögen der Jüdischen Gemeinde. Tatsächlich war die Eigentumsfrage der Kern der Debatte um die Aufbau- oder Liquidationsgemeinde: War die von Nelhans, Julius Meyer und anderen begründete Gemeinde Rechtsnachfolgerin der 1943 liquidierten Gemeinde oder eine Neuschöpfung? Wenn sie eine Nachfolgeorganisation war, so stand ihr der umfangreiche Immobilienbesitz der Vorkriegsgemeinde zu, war sie es nicht, dann mußte darüber nachgedacht werden, wem der ehemalige Gemeindebesitz zufiel.[88]
Große jüdische Organisationen stellten sich auf den Standpunkt, daß die große Mehrzahl der Holocaust-Überlebenden außerhalb Deutschlands lebte, daß also das sich aus ihrem früheren Eigentum ergebende Kapital keinesfalls dem deutschen Staat anheimfallen könne. Im Fall der Jüdischen Gemeinden in Deutschland sei eine Rechtsnachfolge nicht gegeben. Ergebnis der durch die Adenauer-Erklärung vom 27. September 1951 in Gang gekommenen Verhandlungen zwischen der »Conference on Jewish Material Claims against Germany«, dem Staat Israel und der Bundesregierung war das am 10. September 1952 in Luxemburg geschlossene Abkommen, das die ›Claims Conference‹ zur Rechtsnachfolgerin und damit Erbin sämtlicher von den Nazis vernichteter jüdischer Religionsgemeinschaften in der Bundesrepublik machte.[89] Die ›Claims Conference‹ bestimmte jedoch, daß zum Betrieb jüdischer Gemeinden notwendiger Grundbesitz, etwa von Synagogen, bei den Gemeinden verbleiben könne. Dies führte in Berlin dazu, daß die in Betrieb befindlichen Synagogen, die Friedhöfe, aber auch das in den fünfziger Jahren für die Pflege der zahlreichen an Verfolgungsleiden Laborierenden wichtige Jüdische Krankenhaus und das Altenheim in der Iranischen Straße bei der Gemeinde verbleiben und von ihr weiter betrieben werden konnten. Andere ehemals der Jüdischen Gemeinde gehörende Liegenschaften wurden veräußert, soweit sie im Einflußbereich der westlichen Alliierten lagen. Für den Ostteil Berlins und die DDR kamen diese Bestimmungen erst nach der Vereinigung zur Anwendung. Im Ostteil der Stadt und in der DDR wurden Eigentumsverluste überhaupt nicht entschädigt. Die Opfer des Faschismus, zu denen auch die dort verbliebenen jüdischen Verfolgten zählten, erhielten stattdessen, gemessen an den Einkommensverhältnissen der DDR, großzügige Renten.
Im Januar 1953 spaltete sich die Jüdische Gemeinde. »Kommunistische Kreise haben jetzt in Ostberlin einen neuen Vorstand für die Jüdische Gemeinde des Ostsektors gebildet. Ähnliche Bestrebungen der SED in anderen Städten sollen die nach Westberlin geflohenen Gemeindevorstände ersetzen. In einem Aufruf verspricht der neue Vorstand der Ostberliner Jüdischen Gemeinde, in ›engster Verbindung‹ mit den Ostzonen-Behörden zu arbeiten. [...] In der Vorstandserklärung heißt es u. a., im sowjetisch besetzten Gebiet würden antisemitische Handlungen strafrechtlich geahndet und die Rechte der jüdischen Bürger gewahrt und geschützt.«[90]
Die Teilung der Gemeinde Berlins in eine östliche und eine westliche begann jedoch bereits mit den im Ansatz grundverschiedenen Regelungen für den weiteren Umgang mit dem ehemaligen Gemeindebesitz. Es läßt sich also nicht feststellen, welche die tatsächlichen Auslöser für die Spaltung waren. Der erste Rundbrief an die Mitglieder der ›Jüdischen Gemeinde von Groß-Ber-

lin‹, wie sich die Ost-Berliner Gemeinde ab 1953 nannte, der undatiert zum jüdischen Neujahr erschien, erwähnte einen provisorischen Vorstand und enthielt ein Geleitwort von Rabbiner Martin Riesenburger: »Wollt ihr einen Halt gewinnen im Wechsel der Zeiten, wollt ihr Euer Leben nicht verrauschen lassen, so haltet euch an unsere Thora. Lasset in euer Herz einziehen Liebe zu GOTT und Liebe zu den Menschen. Diese gedoppelte Liebe, die doch nur eine ist, bildet den Kern, bildet das ein und alles unserer heiligen Lehre.«[91] Wer Riesenburgers verschlüsselte Art des Predigens aus der Zeit des ›Dritten Reiches‹ kennt, weiß, daß diese Worte eine auf die aktuelle Situation bezogene doppelte Bedeutung hatten. Es sei jedoch davor gewarnt, dies als Verurteilung der Teilung anzusehen, denn Riesenburger war ein überzeugter Bürger der DDR.

Hier beginnt jedoch ein neues Kapitel des jüdischen Gemeindelebens nach der Befreiung. In einem 1954 in Berlin publizierten Gebetbuch für das Pessachfest wird die Stimmungslage im Nachkriegsdeutschland mit den folgenden Worten umrissen: »Hätte in den Jahren der Verfolgung einer behauptet, in diesem Land würde jemals wieder eine Haggada herausgegeben werden, man hätte ihm nicht geglaubt. Daß es nun doch so gekommen sein kann, mutet uns wie ein Wunder, wie ein Triumph des Lebens über den Tod an.«[92] So ist der hier skizzierte Aufbau nach dem Untergang mehr als eine Episode in der Geschichte der Juden in Berlin.

1 Vgl. Martin Riesenburger, Das Licht verlösche nicht. Ein Zeugnis aus der Nacht des Faschismus. Predigten, 2. Auflage, Berlin 1984, S. 53f.

2 Bruno Blau, Vierzehn Jahre Not und Schrecken, in: Monika Richarz (Hg.), Jüdisches Leben in Deutschland. Selbstzeugnisse zur Sozialgeschichte 1918–1945, Bd. 3, Stuttgart 1982, S. 474.

3 Riesenburger, S. 53f.

4 Es sei dahingestellt, was vom 30. Januar 1933 bis zum 8. Mai 1945 in Deutschland aus heutiger Sicht als ›legal‹ oder als ›illegal‹ zu bezeichnen ist. Tatsache ist, daß in allen Zeitzeugenbefragungen die ›Untergetauchten‹, d. h. versteckt oder mit falscher Identität in Berlin lebenden Juden ihr Überleben als einen Akt der ›Illegalität‹ bezeichnen.

5 Richarz, S. 474.

6 Riesenburger, S. 53f.

7 Archiv Stiftung Neue Synagoge – Centrum Judaicum, Berlin, 5 A Be 1 (unsigniert). Zu den offenbar spontan entstandenen Bezirksgemeinden und ihrer Zentralisation vgl. Hermann Simon, Die Jüdische Gemeinde Nordwest. Eine Episode aus der Zeit des Neubeginns jüdischen Lebens in Berlin nach 1945, in: Andreas Nachama/Julius Schoeps (Hg.), Aufbau nach dem Untergang. Deutsch-jüdische Geschichte nach 1945, Berlin 1992, S. 274–284.

8 Nach dem Bericht von Bruno Blau ist Dr. Fabian bereits 1944 von den Nazis aus Theresienstadt nach Berlin zurückbeordert worden, um als Spezialist unter Aufsicht der Gestapo Finanztransaktionen zu bewirken.

9 Fortsetzung des bereits zitierten Dokuments, Archiv Stiftung Neue Synagoge – Centrum Judaicum, Berlin, 5 A Be 1 (unsigniert). Die für 1932 angegebenen 200 000 in Berlin ansässigen Juden sind zu hoch gegriffen; das im Erscheinen begriffene Gedenkbuch Berliner Juden hat etwa 55 000 ermordete bzw. durch indirekte Einwirkung der Nazis umgekommene jüdische Opfer festgestellt, so daß die hier angegebene Zahl von 140 000 Opfern der damals unübersichtlichen statistischen Situation zuzuschreiben ist.

10 ›Joint‹ ist eine im Nachkriegsdeutschland und bis heute gängige Bezeichnung für das ›American Joint Distribution Committee‹ (AJDC).

11 Archiv AJDC, Shelf 36, Schreiben des Vorstandes der Jüdischen Gemeinde an das AJDC vom 9. Juli 1945; unterschrieben vom Vorstand: Erich Nelhans, Moses Fernbach.

12 Alex Grobman, Rekindling The Flame. American Jewish Chaplins and the Survivors of European Jewry, 1944–1948, Detroit 1993.

13 Archiv AJDC, Shelf 36 G, Nr. 399, Displaced Persons. Appeals for Help by Soldiers Stationed in Germany: Sergeant L. P. Brewsler, 6. 7. 1945.

14 Ebd.

15 Vgl. Burkhard Asmuss/Andreas Nachama(Hg.), »... um der Menschheit zu ersparen, was uns nicht erspart geblieben ist ...«, in: Nachama/Schoeps, S. 64.

16 Archiv AJDC, Shelf 36 H, Nr. 446, Localities in Berlin 1945–1946. Jewish Central Information Office: The Jews in Berlin, 25. 7. 1945.

17 Archiv AJDC, Shelf 36 H, Nr. 446, Localities in Berlin 1945–1946. Jewish Central Information Office: The Jews of Berlin II, 2. 10. 1945: This is the second report received from our correspondent in Berlin. The facts are based on another talk with the Chairman of the Jewish community, Mr. E. Nelhans. The report is dated September 27, 1945.

18 Ebd.

19 Ebd.

19 Ebd.

20 United Nations Archives, New York, UNRRA PAG 4/3.0.11.1.3:82, Divers.

21 Major Judah Nadich war »Consultant on Jewish Activities to the Theater Commander«.

22 Judah Nadich, Eisenhower and the Jews, New York 1953, S. 102–111; Report Nadich über Berlin: United Nations Archives, New York, UNRRA PAG 4/3.0.11.0.1.3:4 – 15.4, Berlin Area Record. Der Bericht ist überschrieben mit »Combined Displaced Persons Executive«, datiert auf den 16. 9. 1945. Nadich besuchte diesem Bericht zufolge das Jüdische Krankenhaus, zwei von der Jüdischen Gemeinde unterhaltene Sammellager in der Iranischen Straße 3 und in der Rykestraße und das Jüdische Kinderheim in der Moltkestraße 10–11 in Pankow. Er sprach mit dem Vorsitzenden Erich Nelhans sowie dem als Generalsekretär bezeichneten Julius Meyer.

23 US National Archives, Washington, RG 247, Records of the Office of the Chief Chaplins, Chaplins reports and »201« files 1920–1950; 1946–48 Reserve Officer Training Corps, Box Nr. 318: Monthly Report of Chaplins for the Month of March 1946, S. 3f.

24 United Nations Archives, New York, UNRRA PAG 4/3.0.11.3.2:49 Bericht des Team 204 vom 27. 7. 1945. Der Direktor des Teams beschreibt die dreitägige Fahrt von Heidelberg nach Berlin, die entgegen seinen Erwartungen von den sowjetischen Streitkräften nicht behindert wurde.

25 United Nations Archives, New York, UNRRA PAG 4/3.0.11.3.2:49, UNRRA Area Team 1027: Report on UNRRA DP Operation in Berlin, Germany. July 1945–June 1947, prepared by Charles Rappaport, UNRRA Area Team 1027.
26 United Nations Archives, New York, UNRRA PAG 4/3.0.11.3.2.:49. Mitteilungsblatt des UNRRA Centre Zehlendorf, Team 501, Nr. 1, Berlin/Germany, March 1946, S. 2: Unter »Unser Lagerbestand am 15. Februar 1946« wird ausgeführt, daß von insgesamt 649 Personen 63 polnisch-jüdischer Herkunft und 17 deutsch-jüdischer Herkunft seien.
27 United Nations Archives, New York, UNRRA PAG 4/3.0.11.3.2:49, UNRRA Monthly Area Team Report v. 15. 12. 1946.
28 Ebd., UNRRA Monthly Area Report v. 15. 10. 1946.
29 Ebd., Bericht des Team 204 v. 27. 7. 1945.
30 United Nations Archives, New York, UNRRA PAG 4/3.0.11.1.3:80, Documentation Team Berlin v. 18. 11. 1946.
31 United Nations Archives, New York, UNRRA PAG 4/3.0.11.1.3:82, Divers 2.
32 United Nations Archives, New York, UNRRA PAG 4/3.0.11.1.3:80.
33 United Nations Archives, New York, UNRRA PAG 4/3.0.11.3.2:49 Bericht des Team 204 v. 27. 7.1945.
34 Ebd., UNRRA Area Team 1027: Report on UNRRA DP Operation in Berlin, Germany. July 1945–June 1947, prepared by Charles Rappaport, UNRRA Area Team 1027.
35 Landesarchiv Berlin (LAB), ZS 8500/32, Niederschrift der Magistratssitzung v. 23. 12. 1945, S. 1f.
36 United Nations Archives, New York, UNRRA PAG 4/3.0.11.3.2:49 Bericht des Team 204 v. 27. 7. 1945.
37 Ebd.
38 US National Archives, Washington, Monthly Report of Chaplins, Joseph S. Shubow, November 1945, S. 3.
39 US National Archives, Washington, NND 834011, Record Group 165, entry 476, Box 817 (WD General and special staff), Civil Affairs Division, Country File of col. C. H. Frost, 1944–52: Allied High commission, Law No. 23: Legal Position of Displaced Persons and Refugees.
40 US National Archives, Washington, Monthly Report of Chaplins, Joseph S. Shubov, February 1946.
41 Ebd., March 1946.
42 US National Archives, Washington, RG 247, Records of the Office of the Chief Chaplins. Chaplins Reports and »201« files 1920–1950; Box Nr. 577, Robert Gustave Freitag thru Herbert Friedman.
43 Diese ›Seder‹-Abende der US-Army, veranstaltet durch den jeweiligen jüdischen Chaplin, blieben übrigens eine ständige Einrichtung bis zum Abzug der amerikanischen Streitkräfte 1994.
44 Interview des Autors mit Rabbi Herbert Friedman in dessen Büro in der Wexner-Foundation im August 1993 in New York.
45 Enzyclopaedia Judaica, Bd. 4, Spalte 622–632.
46 Archiv AJDC, Shelf 36 H, Report Nr. 355 v. 1. 6. 1946.
47 Archiv AJDC, Shelf 36 H, Report Nr. 389, Germany. Beinhaltet einen Gesamttätigkeitsbericht mit einem detaillierten Budget.
48 In den UNRRA-Akten finden sich zahlreiche Bittschreiben Berliner Juden, die um Aufnahme in die UNRRA-Listen nachsuchen. Vgl. United Nations Archives, New York, UNRRA PAG 4/ 3.0.11.1.3.:82.
49 Archiv AJDC, Shelf 36 G, Nr. 390, Displaced Persons, Jul.–Dec. 1946, Report Nr. 374 v. 20. 9. 1946, S. 1f.
50 Archiv AJDC, Shelf 36 H, Nr. 446, Localities in Berlin, Brief von Rabbi Joseph Shubow an AJDC v. 11. 1. 1946.
51 Vgl. OMGUS 5/35-2/3: Historical Report of the Operation of the Office of Military Government Berlin District, 1. 7. 1945–30. 6. 1946, Volume IV, Public Welfare Branch.
52 Jedioth Hadashoth (Israelische Tageszeitung in deutscher Sprache), 8. 2. 1946, S. 5.
53 Der Weg, 2. 7. 1948.
54 Der bekannteste Fall der Entdeckung eines solchen Transportes war die »Exodus«, die mit 4000 für Palästina bestimmten Reisenden nach Hamburg zurückkehren mußte. Auch auf Zypern gab es große Internierungslager mit 16 000 DPs.
55 Archiv AJDC, Shelf 36 G, Report Nr. 355 v. 1. 6. 1946, S. 14.
56 Ebd.
57 Nelhans wurde 13. März 1948 von sowjetischen Behörden verhaftet und ist seitdem verschollen.
58 Der Weg, Nr. 1, 1. 3. 1946; Der Weg, Nr. 9 (ohne Datum, ca. Anfang Mai 1946).
59 Der Weg, 15. 3. 1946.
60 Der Weg, 20. 9. 1946.
61 Der Weg, 4. 10. 1946.
62 Ebd.; vgl. auch: Der Weg, 12. 11. 1948. Hier dankt die Jüdische Gemeinde ausdrücklich für »die Hilfe, die uns in unserer Arbeit von der Russischen Zentralkommandantur gewährt wurde«.
63 Der Weg, 29. 8. 1947.
64 Der Weg, Nr. 41, 10. 10. 1947, S. 3.

65 Der Weg, 9.1.1948.
66 Ebd.
67 Landesarchiv Berlin (LAB), ZS 8500/32, Niederschrift der Magistratssitzung v. 23.12.1945, S.1f.
68 Neue Zeit, 24.5.1947, S.3.
69 Der Weg, 10.10.1947, S.3.
70 Der Weg, 21.5.1948, S.10.
71 Ebd.
72 Ebd.
73 US National Archives, Washington, NND 834011, Record Group 165, entry 476, BOX 819 (WD General and Special Staff), Civil Affairs Division. International Refuge Organization, Country File of Col. C. H. Frost, 1944–52, Germany: Transfer of DPs from US.
74 Offener Brief an den Militärbefehlshaber der Britischen Besatzungszone Deutschlands, General Sir Bryan Robertson vom 20. Februar 1949 unterzeichnet von Dr. Fabian, Heinz Galinski, Julius Meyer und Bernhard Wollstein, in: Der Weg, 25.2.1949.
75 New York Times, Februar 1949.
76 US National Archives, Washington, NND 834011, Record Group 165 entry 476, BOX 819.
77 Ebd.
78 Vgl. Der Weg, 6.8.1948.
79 Der Weg, 12.12.1947.
80 Der Weg, 13.5.1949.
81 Vgl. das Interview mit Rolf Loewenberg, in: Der Weg, 13.5.1949, S.9.
82 Vgl. Der Weg, 16.6.1950, S.5.
83 Ebd.
84 Joachim Nawrocki/Johannes Völkers, 30 Jahre Wiedergutmachung. Und eine Chronik der Berlin-Besuche emigrierter Mitbürger, Berlin 1981, S.8.
85 Ebd.
86 Report Nadich über Berlin: United Nations Archives, New York, UNRRA PAG 4/3.0.11.0.1.3:4-15.4, Berlin Area Record.
87 Vgl. hierzu Mario Offenberg (Hg.), Adass Jisroel. Die jüdische Gemeinde in Berlin 1869–1942. Vernichtet und Vergessen, Berlin 1986, S. 262ff.
88 Vgl. Allgemeine Wochenzeitung der Juden in Deutschland 7,25 (1952), S.1f.
89 Vgl. DER SPIEGEL (1995), Heft 2, S. 38f.
90 Allgemeine Wochenzeitung der Juden in Deutschland 8 (1953), S.1.
91 Stiftung Neue Synagoge – Centrum Judaicum, Berlin, Bibliothek: Nachrichtenblatt der Jüdischen Gemeinde, Bd.1 1953f., (unpaginiert), Rundbrief vom Herbst 1953.
92 Pessach-Haggadah, bearb. v. Robert R. Geis, o. O. 1954 (Sonderausgabe der Allgemeinen Wochenzeitung der Juden in Deutschland), Vorwort.

Literatur zur jüdischen Geschichte in Berlin

Mit dem vorliegenden Verzeichnis wird der Versuch unternommen, über die von den einzelnen Autoren benutzten Arbeiten hinaus die wichtigste Literatur zur jüdischen Geschichte in Berlin von den Anfängen bis zur Gegenwart zusammenzustellen. Da es sich nicht um eine umfassende Bibliographie, sondern um eine Auswahl handelt, sind vor allem biographische Studien nur in geringem Umfang aufgenommen worden. Der Tatsache, daß Berlin aufgrund seiner Bedeutung für die allgemeine jüdische Geschichte, aber auch für die Geschichte der Judenfeindschaft und -verfolgung in den allgemeinen Darstellungen zur jüdischen und zur deutschen Geschichte in der Regel eine große Rolle spielt, ist dadurch Rechnung getragen worden, daß auch entsprechende Werke verzeichnet sind, allerdings unter strenger Beschränkung auf das unbedingt Erforderliche. Für eine systematische Erfassung der neueren Literatur sei vor allem auf die regelmäßig erscheinende, durch Register vorbildlich erschlossene Bibliographie im Year Book des Leo Baeck Institute hingewiesen.

Erich Achterberg, Berliner Hochfinanz. Kaiser, Fürsten, Millionäre um 1900, Frankfurt/Main 1965.

H. G. Adler, Der verwaltete Mensch. Studien zur Deportation der Juden aus Deutschland, Tübingen 1974.

Shalom Adler-Rudel, Jüdische Selbsthilfe unter dem Naziregime 1933–1939. Im Spiegel der Berichte der Reichsvertretung der Juden in Deutschland, Tübingen 1974.

Gabriel Alexander, Die Entwicklung der jüdischen Bevölkerung in Berlin zwischen 1871 und 1945, in: Tel Aviver Jahrbuch für Deutsche Geschichte 20 (1991), S. 287–314.

Als wäre es nie gewesen: Menschen, die nicht mehr entkamen – Fotografien aus den letzten Jahren des jüdischen Gemeindelebens in Berlin bis 1942, Ausstellungskatalog der Abteilung Jüdisches Museum des Berlin-Museums, Berlin 1989.

Alexander Altmann, Moses Mendelssohn. A Biographical Study, Alabama 1973.

Werner T. Angress, Das Deutsche Militär und die Juden im Ersten Weltkrieg. Dokumentation, in: Militärgeschichtliche Mitteilungen 19/20 (1976) S. 77–146.

Werner T. Angress, Generation zwischen Furcht und Hoffnung. Jüdische Jugend im Dritten Reich, Hamburg 1985.

Werner T. Angress, The German Army's »Judenzählung« of 1916. Genesis – Consequences – Significance, in: Leo Baeck Institute. Year Book XXIII (1978), S. 117–137.

Hannah Arendt, Rahel Varnhagen. Lebensgeschichte einer deutschen Jüdin aus der Romantik, München 1959.

Steven Aschheim, Brothers and Strangers. The East European Jew in German and German-Jewish Consciousness, Madison 1982.

Burkhard Asmuss/Andreas Nachama, Zur Geschichte der Juden in Berlin und das Jüdische Gemeindezentrum in Charlottenburg, in: Wolfgang Ribbe (Hg.), Von der Residenz zur City. 275 Jahre Charlottenburg, Berlin 1980, S. 165–228.

Dolores L. Augustine, Patricians and Parvenus. Wealth and High Society in Wilhelmine Germany, Oxford 1994.

Marianne Awerbuch/Stefi Jersch-Wenzel (Hg.), Bild und Selbstbild der Juden Berlins zwischen Aufklärung und Romantik. Beiträge zu einer Tagung, Berlin 1992.

Leonhard Baker, Hirt der Verfolgten. Leo Baeck im Dritten Reich, Stuttgart 1982.

Kurt Jacob Ball-Kaduri, Berlin wird judenfrei. Die Juden in Berlin 1942/43, in: Jahrbuch für die Geschichte Mittel- und Ostdeutschlands 22 (1973), S. 197–241.

Kurt Jacob Ball-Kaduri, Von der »Reichsvertretung« zur »Reichsvereinigung«, in: Zeitschrift für die Geschichte der Juden 4 (1964), S. 191–199.

Avraham Barkai, Vom Boykott zur »Entjudung«. Der wirtschaftliche Existenzkampf der Juden im Dritten Reich, Frankfurt/Main 1988.

Peter Baumgart, Absoluter Staat und Judenemanzipation in Brandenburg-Preußen, in: Jahrbuch für die Geschichte Mittel- und Ostdeutschlands 13/14 (1965), S. 60–87.

Monika Becker u.a., Juden in Treptow. Sie haben geheißen, wie ihr heißt, Berlin 1993.

Kristina Behnke, Juden im Grunewald – wer sich nicht erinnern will ... ist gezwungen, die Geschichte noch einmal zu erleben. Dokumentation zur Ausstellung, Berlin 1987.

Ingrid Belke, In den Katakomben. Jüdische Verlage in Deutschland 1933–1938, Ausstellungskatalog, Marbach 1985.

Ingrid Belke (Hg.), Moritz Lazarus und Heymann Steinthal. Die Begründer der Völkerpsychologie in ihren Briefen, 2 Bde., Tübingen 1971, 1983/86.

Walter Benjamin, Berliner Kindheit um 1900, Frankfurt/Main 1987.

Wolfgang Benz (Hg.), Die Juden in Deutschland 1933–1945. Leben unter nationalsozialistischer Herrschaft, München 1988.

Helmut Berding, Moderner Antisemitismus in Deutschland, Frankfurt/Main 1988.

Dietz Bering, Kampf um Namen. Bernhard Weiß gegen Joseph Goebbels, Stuttgart 1991.

Dietz Bering, Der Name als Stigma. Antisemitismus im deutschen Alltag 1812–1933, Stuttgart 1987.

Berliner Geschichtswerkstatt (Hg.), Juden in Kreuzberg. Fundstücke ... Fragmente ... Erinnerungen, Berlin 1991.

Inka Bertz, »Keine Feier ohne Meier«. Die Geschichte der Firma Hermann Meyer & Co. 1890–1990, Berlin 1990.

Inka Bertz, Eine Großstadtbücherei und ihre Bibliothekarin: Helene Nathan, in: Helga Lüdtke (Hg.), Leidenschaft und Bildung.

Zur Geschichte der Frauenarbeit in Bibliotheken, Berlin 1992, S. 172–195.
Inka Bertz, Propheten und Ostjuden. Zur Verarbeitung von Zeiterfahrung im Werk Jakob Steinhardts vor und nach dem Ersten Weltkrieg, in: Jakob Steinhardt. Der Prophet. Ausstellungs- und Bestandskatalog des Jüdischen Museums im Berlin Museum, Berlin 1995, S. 65–91.
Beate Berwin, Moses Mendelssohn im Urteil seiner Zeitgenossen, Berlin 1919 (Neudruck Vaduz 1979).
Kurt Blumenfeld, Erlebte Judenfrage. Ein Vierteljahrhundert deutscher Zionismus, Stuttgart 1962.
Miriam Bodian, The Jewish Entrepreneurs in Berlin and the »Civil Improvement of the Jews« in the 1780's and 1790's, in: Zion 2,49 (1984), S. 159–184. (hebr.)
Walter Boehlich (Hg.), Der Berliner Antisemitismusstreit, Frankfurt/Main 1988.
Joachim Borchart, Der europäische Eisenbahnkönig Bethel Henry Strousberg, München 1991.
Rolf Born, Heimann Joseph Ephraim oder Tradition als Bindung. Die Familiengeschichte von Heimann Joseph Ephraim, ein Enkel von Nathan Veitel Heine Ephraim, und die seiner Nachkommen, Berlin 1988.
Michael Brenner, The Jüdische Volkspartei. National-Jewish Communal Politics during the Weimar Republic, in: Leo Baeck Institute. Year Book XXXV (1990), S. 219–243.
Michael Brenner, The Renaissance of Jewish Culture in Weimar Germany, Yale 1995 (im Druck).
Mordechai Breuer, Jüdische Orthodoxie im Deutschen Reich 1871–1918. Sozialgeschichte einer religiösen Minderheit, Frankfurt/Main 1986.
Georg Brühl, Die Cassirers: Streit für den Impressionismus, Leipzig 1991.
Albert A. Bruer, Geschichte der Juden in Preußen 1750–1820, Frankfurt 1991.
Ursula Büttner (Hg.), Die Deutschen und die Judenverfolgung, Hamburg 1992.
Bund der Antifaschisten Berlin-Pankow e.V. (Hg.), Jüdisches Leben in Pankow. Eine zeitgeschichtliche Dokumentation, Berlin 1993.
Günter Busch, Max Liebermann. Maler, Zeichner, Graphiker, Frankfurt/Main 1986.
Hertha Luise Busemann u.a., Insel der Geborgenheit. Die Private Waldschule Kaliski Berlin 1932–1939, Stuttgart 1992.
Karoline Cauer, Oberhofbankier und Hofbaurat. Aus der Berliner Bankgeschichte des XVIII. Jahrhunderts, Frankfurt/Main o. J. (1973).
Lamar Cecil, Jew and Junker in Imperial Berlin, in: Leo Baeck Institute. Year Book XX (1975), S. 47–58.
Udo Christoffel (Hg.), Berlin Wilmersdorf. Die Juden. Leben und Leiden, Berlin 1987.
Michael S. Cullen, Leipziger Straße 3. Eine Baubiographie, in: Mendelssohn-Studien 5, Berlin 1982, S. 9–78.
Volker Dahm, Das jüdische Buch im Dritten Reich. T. 1: Die Ausschaltung der jüdischen Autoren, Verleger und Buchhändler; T. 2: Salman Schocken und sein Verlag, Frankfurt/Main 1979, 1982.
Horst Denkler, Flugblätter im jüdisch-deutschen Dialekt aus dem revolutionären Berlin 1848/49, in: Jahrbuch des Instituts

für Deutsche Geschichte 4 (1977), S. 215–257.
Inge Deutschkron, Berliner Juden im Untergrund, Berlin 1980.
Inge Deutschkron, Ich trug den gelben Stern, 12. Aufl. Köln 1995.
Inge Deutschkron, Unbequem... Mein Leben nach dem Überleben, Köln 1992.
Wolfgang Dreßen (Hg.), Jüdisches Leben (Berliner Topographien 4), Berlin 1985.
Ingeborg Drewitz, Berliner Salons. Gesellschaft und Literatur zwischen Aufklärung und Industriezeitalter, Berlin 1965.
Ulrich Dunker, Der Reichsbund jüdischer Frontsoldaten 1919–1939. Geschichte eines jüdischen Abwehrvereins, Düsseldorf 1977.
Hans Ebert, The Expulsion of the Jews from the Berlin-Charlottenburg Technische Hochschule, in: Leo Baeck Institute. Year Book XVIV (1974), S. 155–171.
Annegret Ehmann (Hg.), Die Grunewald-Rampe. Die Deportation der Berliner Juden, 2. korr. Aufl. Berlin 1993.
Christiane Eifert, The Forgotten Members of the Arbeiterwohlfahrt. Jews in the Social Democratic Welfare Association, in: Leo Baeck Institute. Year Book XXXIX (1994), S. 179–209.
Isaac Eisenstein-Barzilay, National and Antinational Trends in the Berlin Haskalah, in: Jewish Social Studies 21 (1959), S. 165–192.
Mordechai Eliav, Das orthodoxe Rabbinerseminar in Berlin. Ziele, Probleme und geschichtliche Bedeutung, in: Julius Carlebach (Hg.), Wissenschaft des Judentums. Anfänge der Judaistik in Europa, Darmstadt 1992, S. 59–73.
Rivka Elkin, »Das Jüdische Krankenhaus muß erhalten bleiben!« Das Jüdische Krankenhaus in Berlin zwischen 1938 und 1944, Berlin 1993.
Yehuda Eloni, Zionismus in Deutschland. Von den Anfängen bis 1914, Gerlingen 1987.
Rudolf Elvers, Über das Schicksal der Mendelssohn-Familienstiftungen, in: Jahrbuch der Stiftung Preußischer Kulturbesitz 10 (1972), S. 147–160.
Alfred Etzold u. a., Jüdische Friedhöfe in Berlin, Berlin 1980.
Hans-Werner Fabarius, Juden in Marienfelde. Schicksale im Dritten Reich, Berlin 1990.
Irmgard Fassmann, Juden- und Frauenemanzipation. Berliner Jüdinnen als Vorkämpfer der deutschen Frauenbewegung, in: Tribüne 24,96 (1985), S. 152–159.
Maya I. Fassmann, Die Mutter der Volksküchen. Lina Morgenstern und die jüdische Wohltätigkeit in Berlin, in: Christiane Eifert/Susanne Rouette (Hg.), Unter allen Umständen. Frauengeschichte(n) in Berlin, Berlin 1986, S. 34–59.
Ernst Feder, Heute sprach ich mit... 1926–1932. Tagebuch eines Berliner Publizisten, hg. v. Cécile Lowenthal-Hensel u. Arnold Paucker, Stuttgart 1972.
Jörg H. Fehrs, Von der Heidereuthergasse zum Roseneck. Jüdische Schulen in Berlin 1712–1942, Berlin 1993.
Hertha Feiner, Vor der Deportation. Briefe an die Töchter Januar 1939 bis Dezember 1942, Frankfurt/Main 1993.
Hans Feld, Jews in the Development of the German Film Industry. Notes from the

Recollections of a Berlin Film Critic, in: Leo Baeck Institute. Year Book XXVII (1982), S. 337–364.

S. Fischer Verlag: Almanach. Das siebzigste Jahr 1886–1956, Frankfurt/Main 1956.

Theodor Fontane, Adel und Judenthum in unserer Gesellschaft; ders., Die Juden in unserer Gesellschaft, beides in: Jost Schillemeit, Berlin und die Berliner. Neuaufgefundene Fontane-Manuskripte, in: Jahrbuch der Deutschen Schillergesellschaft 30 (1986), S. 34–82.

Käte Frankenthal, Der dreifache Fluch: Jüdin, Intellektuelle, Sozialistin. Lebenserinnerungen einer Ärztin in Deutschland und im Exil, Frankfurt/Main 1981.

Herbert Freeden, Die jüdische Presse im Dritten Reich, Frankfurt/Main 1987.

Herbert Freeden, Jüdisches Theater in Nazideutschland, Frankfurt/Main 1985.

Ismar Freund, Die Emanzipation der Juden in Preußen, unter besonderer Berücksichtigung des Gesetzes vom 11. März 1812. Ein Beitrag zur Rechtsgeschichte der Juden in Preußen, 2 Bde., 1. Bd.: Darstellung, 2. Bd.: Urkunden, Berlin 1912.

Albert H. Friedlander, Leo Baeck. Leben und Lehre, Stuttgart 1973.

Sophie Friedländer, Am meisten habe ich von meinen Schülern gelernt. Lebensgeschichte einer jüdischen Lehrerin in Berlin und im Exil, Berlin 1987.

Evyatar Friesel, The Political and Ideological Development of the Centralverein before 1914, in: Leo Baeck Institute. Year Book XXXI (1986), S. 121–146.

Richard Fuchs, The »Hochschule für die Wissenschaft des Judentums« in the Period of Nazi Rule, in: Leo Baeck Institute. Year Book XII (1967), S. 3–31.

Führer durch das Jüdische Museum. Sammlungen der Jüdischen Gemeinde zu Berlin, Berlin 1933.

Peter Gay, The Berlin-Jewish Spirit. A Dogma in Search of Some Doubt, New York 1972.

Peter Gay, Freud, Juden und andere Deutsche. Herren und Opfer in der modernen Kultur, Hamburg 1986.

Ruth Gay, Geschichte der Juden in Deutschland. Von der Römerzeit bis zum Zweiten Weltkrieg, München 1993.

Ludwig Geiger, Geschichte der Juden in Berlin, 2 Bde., Berlin 1871 (Neudruck Leipzig 1988).

Eike Geisel, Im Scheunenviertel. Bilder, Texte und Dokumente, Berlin 1981.

Marlies Gerhardt (Hg.), Rahel Varnhagen – Pauline Wiesel. Ein jeder machte seine Frau aus mir, wie er sie liebte und verlangte. Ein Briefwechsel, Darmstadt 1987.

Geschlossene Vorstellung. Der Jüdische Kulturbund in Deutschland 1933–1941, Ausstellungskatalog, Berlin 1992.

Felix Gilbert, Lehrjahre im alten Europa. Erinnerungen 1905–1945, Berlin 1989.

Felix Gilbert (Hg.), Bankiers, Künstler und Gelehrte. Unveröffentlichte Briefe der Familie Mendelssohn aus dem 19. Jahrhundert, Tübingen 1975.

Nahum N. Glatzer (Hg.), Leopold Zunz, Jude – Deutscher – Europäer. Ein jüdisches Gelehrtenschicksal im 19. Jahrhundert in Briefen an Freunde, Tübingen 1964.

Horst Göppinger, Juristen jüdischer Abstammung im »Dritten Reich«.

Entrechtung und Verfolgung, 2. völlig überarb. Aufl., München 1990.
Wolfgang Gottschalk, Die Friedhöfe der Jüdischen Gemeinde zu Berlin, Berlin 1992.
Walter Grab/Julius H. Schoeps (Hg.), Juden im Vormärz und in der Revolution von 1848, Stuttgart 1983.
Walter Grab/Julius H. Schoeps (Hg.), Juden in der Weimarer Republik, Bonn 1986.
Heinz Mosche Graupe, Die Entstehung des modernen Judentums. Geistesgeschichte der deutschen Juden 1650–1942, 2. Aufl. Hamburg 1977.
Leonard Gross, Versteckt. Wie Juden in Berlin die Nazi-Zeit überlebten, Reinbek 1983.
Michael Groth, The Road to New York. The Emigration of Berlin Journalists 1933–1945, München 1984.
Fritz Grünfeld, Das Leinenhaus Grünfeld. Erinnerungen und Dokumente, hg. v. Stefi Jersch-Wenzel, Berlin 1967.
Wolf Gruner, Der Beginn der Zwangsarbeit für arbeitslose Juden in Deutschland 1938/39. Dokumente aus der Stadtverwaltung Berlin, in: Zeitschrift für Geschichtswissenschaft 37 (1989), S. 139–147.
Ernest Hamburger, Juden im öffentlichen Leben Deutschlands. Regierungsmitglieder, Beamte und Parlamentarier in der monarchischen Zeit, Tübingen 1968.
Dagmar Hartung-von Doentinchem/ Rolf Winau (Hg.), Zerstörte Fortschritte: Das Jüdische Krankenhaus in Berlin 1756–1861/1914–1989, Berlin 1989.
Helmut Heinrichs u.a. (Hg.), Deutsche Juristen jüdischer Herkunft, München 1993.
Werner Heise, Die Juden in der Mark Brandenburg, Berlin 1932.
Hans Dieter Hellige, Generationskonflikt, Selbsthaß und die Entstehung antikapitalistischer Positionen im Judentum. Der Einfluß des Antisemitismus auf das Sozialverhalten jüdischer Kaufmanns- und Unternehmersöhne im Deutschen Kaiserreich und in der K.u.K.-Monarchie, in: Geschichte und Gesellschaft 5 (1979), S. 476–518.
Hans Dieter Hellige (Hg.), Walther Rathenau – Maximilian Harden. Briefwechsel 1897–1920, Gerlingen 1983.
Sebastian Hensel (Hg.), Die Familie Mendelssohn 1729–1847 nach Briefen und Tagebüchern, 3 Bde., Berlin 1879.
Deborah Hertz, Jewish High Society in Old Regime Berlin, New Haven 1988.
Deborah Hertz, Die jüdischen Salons im alten Berlin. Frankfurt/Main 1991 (Teilausgabe des engl. Originals).
Henriette Herz, Berliner Salons. Erinnerungen und Portraits, hg. v. Ulrich Janetzki, Frankfurt/Main 1984.
Henriette Herz in Erinnerungen, Briefen und Zeugnissen, hg. v. Rainer Schmitz, Frankfurt/Main 1984.
Georg Heuberger (Hg.), Zedaka. Jüdische Sozialarbeit im Wandel der Zeit. 75 Jahre Zentralwohlfahrtsstelle der Juden in Deutschland 1917–1992, Ausstellungskatalog, Frankfurt/Main 1992.
Esriel Hildesheimer, Jüdische Selbstverwaltung unter dem NS-Regime. Der Existenzkampf der Reichsvertretung und Reichsvereinigung der Juden, Tübingen 1994.

Tassilo Hoffmann, Jacob Abraham und Abraham Abrahamson. 55 Jahre Berliner Medaillen-Kunst 1755-1810, Frankfurt/Main 1927.

Samuel Holdheim, Geschichte der Entstehung und Entwicklung der jüdischen Reformgemeinde in Berlin, Berlin 1857.

Willy Holzer, Jüdische Schulen in Berlin: Am Beispiel der privaten Volksschule der jüdischen Gemeinde Rykestrasse, Berlin 1992.

Peter Honigmann, Die Austritte aus der Jüdischen Gemeinde Berlin 1873-1941. Statistische Auswertung und historische Interpretation, Frankfurt/Main 1988.

Peter Honigmann, Peter Theophil Riess, der erste Jude in der Preußischen Akademie der Wissenschaften. Eine Betrachtung über sein Verhältnis zum Judentum, in: Jahrbuch des Instituts für Deutsche Geschichte 14 (1985), S. 181-189.

Thomas P. Hughes u.a. (Hg.), Ein Mann vieler Eigenschaften. Walther Rathenau und die Kultur der Moderne, Berlin 1990.

Initiative Haus Wolfenstein (Hg.), Von Juden in Steglitz. Beiträge zur Ortsgeschichte, 2. Aufl. Berlin 1990.

Jacob Jacobson, Die Judenbürgerbücher der Stadt Berlin 1809-1851, Berlin 1962.

Jacob Jacobson, Jüdische Trauungen in Berlin 1723-1759, Berlin 1938.

Jacob Jacobson, Jüdische Trauungen in Berlin 1759-1813. Mit Ergänzungen für die Jahre von 1723-1759, Berlin 1968.

Stefi Jersch-Wenzel, Juden und »Franzosen« in der Wirtschaft des Raumes Berlin/Brandenburg zur Zeit des Merkantilismus, Berlin 1978.

Stefi Jersch-Wenzel/Thomas Jersch, Zur Geschichte der jüdischen Gemeinde in Berlin, Berlin 1987.

Gernot Jochmann, Frauenprotest in der Rosenstraße. »Gebt uns unsere Männer wieder«, Berlin 1993.

Werner Jochmann, Gesellschaftskrise und Judenfeindschaft in Deutschland 1870–1945, Hamburg 1988.

Judaica Katalog. Abteilung Jüdisches Museum, hg. v. Vera Bendt, Berlin 1989.

Juden in Berlin, T. 1: Beiträge zu Literatur und Kunst, Theater und Kritik, in: Emuna 9,1 (1974), S. 3–69; T. 2: Hochschule, Gemeinde, Persönliches Erleben, in: Emuna 9,2 (1974), S. 83–138.

Juden in Berlin 1671–1945. Ein Lesebuch. Mit Beiträgen von Annegret Ehmann u.a., Berlin 1988.

Juden in Preußen. Ein Kapitel deutscher Geschichte, Ausstellungskatalog, hg. v. Bildarchiv Preußischer Kulturbesitz, Dortmund 1981.

Jüdisches Adressbuch für Groß-Berlin, Berlin 1931 (Neudruck Berlin 1994).

Hartmut Kaelble, Berliner Unternehmer während der frühen Industrialisierung. Herkunft, sozialer Status und politischer Einfluß, Berlin 1972.

Norbert Kampe, Jews and Antisemites at Universities in Imperial Germany, T. 1: Jewish Students: Social History and Social Conflict, in: Leo Baeck Institute. Year Book XXX (1985), S. 357–394; T. 2: The Friedrich-Wilhelms-Universität of Berlin. A case study on the students' »Jewish question«, in: Leo Baeck Institute. Year Book XXXII (1987), S. 43–101.

Norbert Kampe, Studenten und »Judenfrage« im Deutschen Kaiserreich. Die Entstehung einer akademischen Trägerschicht des Antisemitismus, Göttingen 1988.
Marion Kaplan, Die jüdische Frauenbewegung in Deutschland. Organisation und Ziele des jüdischen Frauenbundes 1904–1938, Hamburg 1981.
Marion Kaplan, The Making of the Jewish Middle Class. Women, Family, and Identity in Imperial Germany, New York 1991.
Jacob Katz, Zur Emanzipation und Assimilation der Juden, Darmstadt 1982.
Jacob Katz, Aus dem Ghetto in die bürgerliche Gesellschaft. Jüdische Emanzipation 1770–1870, Frankfurt/Main 1986.
Jacob Katz, Tradition and Crisis. Jewish Society at the End oft the Middle Ages, New York 1961.
Alois Kaulen/Joachim Pohl, Juden in Spandau. Vom Mittelalter bis 1945, Berlin 1988.
Siegmund Kaznelson (Hg.), Juden im deutschen Kulturbereich, Berlin 1959.
Peter Kirchner (Hg.), Jüdische Friedhöfe in Berlin, Berlin 1980.
Guido Kisch, Judentaufen. Eine historisch-biographisch-psychologisch-soziologische Studie besonders für Berlin und Königsberg, Berlin 1973.
Hans-Günter Klein/Cécile Lowenthal-Hensel, Moses Mendelssohn. Leben – Werk – Aspekte seines Nachwirkens, Ausstellungskatalog, Berlin 1986.
Eckart Kleßmann, Die Mendelssohns: Bilder aus einer deutschen Familie, München 1990.
Wolfgang Knauft, Unter Einsatz des Lebens. Das Hilfswerk beim Bischöflichen Ordinariat Berlin für katholische »Nichtarier« 1938–1945, Berlin 1988.
Heinz Knobloch, Herr Moses in Berlin. Ein Menschenfreund in Preußen. Das Leben des Moses Mendelssohn, Berlin 1979.
Rosemarie Köhler/Ulrich Kratz-Whan, Der jüdische Friedhof Schönhauser Allee, Berlin 1992.
Dorothea Kolland (Hg.), Zehn Brüder waren wir gewesen...: Spuren jüdischen Lebens in Neukölln, Begleitbuch zur Ausstellung, Berlin 1988.
Gottfried Korff/Reinhard Rürup (Hg.), Berlin, Berlin. Die Ausstellung zur Geschichte der Stadt, Katalog, Berlin 1987.
Tilman Krach, Jüdische Rechtsanwälte in Preußen. Bedeutung und Zerstörung der freien Advokatur, München 1991.
Michael Kreutzer (Hg.), »Die Gespräche drehten sich auch vielfach um die Reise, die wir alle antreten müssen«. Leben und Verfolgtsein der Juden in Berlin-Tempelhof. Biographien und Dokumentation, Berlin 1988.
Maren Krüger u.a., Alltag im Berliner Untergrund 1943–1945, in: Rainer Erb/Michael Schmidt (Hg.), Antisemitismus und jüdische Geschichte. Studien zu Ehren von Herbert Strauss, Berlin 1987, S. 295–312.
Rolf-Herbert Krüger, Das Ephraim-Palais in Berlin. Ein Beitrag zur preußischen Kulturgeschichte, Berlin 1987.
Kulturamt Weißensee (Hg.), Juden in Weißensee. »Ich hatte einst ein schönes Vaterland«, Berlin 1994.

Herbert Kupferberg, Die Mendelssohns, Tübingen 1972.

Konrad Kwiet/Helmut Eschwege, Selbstbehauptung und Widerstand. Deutsche Juden im Kampf um Existenz und Menschenwürde, 1933–1945, Hamburg 1984.

Marjorie Lamberti, Jewish Activism in Imperial Germany. The Struggle for Civic Equality, New Haven 1978.

Rolf Landwehr, Alice Salomon und ihre Bedeutung für die soziale Arbeit. Ein Beitrag zur Entwicklung der sozialen Berufsarbeit und Ausbildung anläßlich des 10jährigen Bestehens der Fachhochschule für Sozialarbeit und Sozialpädagogik Berlin, Berlin 1981.

Leistung und Schicksal. 300 Jahre Jüdische Gemeinde zu Berlin, Ausstellungskatalog des Berlin-Museums, Berlin o. J. (1971).

Jakob Lestschinsky, Das wirtschaftliche Schicksal des Deutschen Judentums, Berlin 1932.

Richard S. Levy, The Downfall of the Anti-Semitic Political Parties in Imperial Germany, New Haven 1975.

Albert Lichtblau, Antisemitismus und soziale Spannung in Berlin und Wien 1867–1914, Berlin 1994.

Hans Liebeschütz/Arnold Paucker (Hg.), Das Judentum in der Deutschen Umwelt 1800–1850. Studien zur Frühgeschichte der Emanzipation, Tübingen 1977.

Wilfried Löhken/Werner Vathke (Hg.), Juden im Widerstand. Drei Gruppen zwischen Überlebenskampf und politischer Aktion. Berlin 1939–1945, Berlin 1993.

Steven M. Lowenstein, The Berlin Jewish Community. Enlightenment, Family and Crisis 1770–1830, Oxford 1994.

Steven M. Lowenstein, Jewish Upper Crust and Berlin Jewish Enlightenment: The Family of Daniel Itzig, in: Francis Malino/David Sorkin (Hg.), From East and West. Jews in a Changing World 1750–1870, Oxford 1991, S. 182–201.

Steven M. Lowenstein, Two Silent Minorities: Orthodox Jews and Poor Jews in Berlin 1770–1823, in: Leo Baeck Institute. Year Book XXXVI (1991), S. 3–25.

Ernst G. Lowenthal, Juden in Preußen. Ein biographisches Verzeichnis, Berlin 1981.

Cécile Lowenthal-Hensel, Franz von Mendelssohn, in: Mendelssohn-Studien 6 (1986), S. 251–267.

Franz D. Lucas/Heike Frank, Michael Sachs – der konservative Mittelweg: Leben und Werk des Berliner Rabbiners zur Zeit der Emanzipation, Tübingen 1992.

Gert Lüdersdorf, Juden im Bezirk Köpenick 1812–1945. Versuch einer Rekonstruktion, Berlin o. J. (1993).

Alfred Marcus, Die wirtschaftliche Krise der deutschen Juden, Berlin 1930.

Trude Maurer, Ostjuden in Deutschland 1918–1933, Hamburg 1986.

Josef Meisl (Hg.), Protokollbuch der jüdischen Gemeinde Berlin 1723–1854, Jerusalem 1962.

Peter Melcher, Weißensee. Ein Friedhof als Spiegelbild jüdischer Geschichte in Berlin, Berlin 1986.

Karl Heinz Metzger u. a., Kommunalverwaltung unterm Hakenkreuz. Berlin-Wilmersdorf 1933–1945, Berlin 1992.

Michael A. Meyer, Jüdische Identität in der Moderne, Frankfurt/Main 1992.
Michael A. Meyer, Von Moses Mendelssohn zu Leopold Zunz. Jüdische Identität in Deutschland 1749–1824, München 1994.
Michael A. Meyer, Response to Modernity. A History of the Reform Movement in Judaism, New York 1988.
George L. Mosse, Jüdische Intellektuelle in Deutschland. Zwischen Religion und Nationalismus, Frankfurt/Main 1992.
Werner E. Mosse, The German-Jewish Economic Elite 1820–1935. A Socio-Cultural Profile, Oxford 1989.
Werner E. Mosse, Jews in the German Economy. The German-Jewish Economic Elite 1820–1935, Oxford 1987.
Werner E. Mosse/Arnold Paucker (Hg.), Deutsches Judentum in Krieg und Revolution 1916–1923, Tübingen 1971.
Werner E. Mosse/Arnold Paucker (Hg.), Entscheidungsjahr 1932. Zur Judenfrage in der Endphase der Weimarer Republik, Tübingen 1965.
Werner E. Mosse/Arnold Paucker (Hg.), Juden im Wilhelminischen Deutschland 1890–1914, Tübingen 1976.
Werner E. Mosse/Hans Pohl (Hg.), Jüdische Unternehmer in Deutschland im 19. und 20. Jahrhundert, Stuttgart 1992.
Werner E. Mosse u.a. (Hg.), Revolution und Evolution. 1848 in German-Jewish History, Tübingen 1981.
Andreas Nachama, Jiddisch im Berliner Jargon oder Hebräische Sprachelemente im deutschen Wortschatz, Berlin 1994.
Andreas Nachama/Julius H. Schoeps (Hg.), Aufbau nach dem Untergang. Deutsch-Jüdische Geschichte nach 1945, Berlin 1992.
Andreas Nachama/Gereon Sievernich (Hg.), Jüdische Lebenswelten. Jüdisches Denken und Glauben, Leben und Arbeiten in den Kulturen der Welt, Ausstellungskatalog, Berlin 1992.
Andreas Nachama/Gereon Sievernich (Hg.), Jüdische Lebenswelten. Jüdisches Denken und Glauben, Leben und Arbeiten in den Kulturen der Welt, Dokumentation der Ausstellung, Berlin 1992.
Andreas Nachama u.a. (Hg.), Jüdische Lebenswelten. Jüdisches Denken und Glauben, Leben und Arbeiten in den Kulturen der Welt, Essayband, Berlin 1992.
Andreas Nachama/Hermann Simon (Hg.), Jüdische Grabstätten und Friedhöfe in Berlin. Eine Dokumentation, Berlin 1992.
Daniel Nadav, Julius Moses und die Politik der Sozialhygiene in Deutschland, Gerlingen 1985.
Hertha Nathorff, Das Tagebuch der Hertha Nathorff. Berlin – New York. Aufzeichnungen 1933–1945, hg. v. Wolfgang Benz, München 1987.
Joachim Nawrocki/Johannes Völckers, 30 Jahre Wiedergutmachung. Und eine Chronik der Berlin-Besuche emigrierter Mitbürger, Berlin 1981.
Mario Offenberg (Hg.), Adass Jisroel. Die Jüdische Gemeinde in Berlin 1869–1942. Vernichtet und vergessen, Berlin 1986.
Manfred Ohlsen, Der Eisenbahnkönig Bethel Henry Strousberg. Eine preußische Gründerkarriere, Berlin 1987.
Peter Paret, Die Berliner Secession. Moderne Kunst und ihre Feinde im kaiserlichen Deutschland, Berlin 1981.

Peter Paret, »The Enemy within«. Max Liebermann as President of the Prussian Academy of Arts, New York 1984.
Arnold Paucker, Der jüdische Abwehrkampf gegen Antisemitismus und Nationalsozialismus in den letzten Jahren der Weimarer Republik, 2. verb. Aufl. Hamburg 1969.
Arnold Paucker, Jüdischer Widerstand in Deutschland. Tatsachen und Problematik, Berlin 1989.
Arnold Paucker (Hg.), Die Juden im Nationalsozialistischen Deutschland 1933–1943. The Jews in Nazi-Germany 1933–1943, Tübingen 1986.
Margarita Pazi/Dieter Zimmermann, Berlin und der Prager Kreis, Würzburg 1991.
Anna Pelteson u.a., »Hier ist kein Bleiben länger«. Jüdische Schulgründerinnen in Wilmersdorf, Ausstellungskatalog, Berlin 1992.
Stephen M. Poppel, Salman Schocken and the Schocken Verlag, in: Leo Baeck Institute. Year Book XVII (1972), S. 93–113.
Stephen M. Poppel, Zionism in Germany 1897–1933. The Shaping of a Jewish Identity, Philadelphia 1977.
Christian Pross/Rolf Winau (Hg.), »Nicht mißhandeln!« Das Krankenhaus Moabit: 1920–1933 ein Zentrum jüdischer Ärzte in Berlin. 1933– 1945 Verfolgung – Widerstand – Zerstörung, Ausstellungskatalog, Berlin 1984.
Peter Pulzer, Jews and the German State. The Political History of a Minority, 1848–1933, Oxford 1992.
Hugo Rachel, Das Berliner Wirtschaftsleben im Zeitalter des Frühkapitalismus, Berlin 1931.
Hugo Rachel u.a., Berliner Großkaufleute und Kapitalisten, 3 Bde., Berlin 1938/39 (erg. Nachdruck Berlin 1967).
Jehuda Reinharz, Fatherland or Promised Land. The Dilemma of the German Jew 1893–1914, Ann Arbor 1975.
Jehuda Reinharz (Hg.), Dokumente zur Geschichte des deutschen Zionismus 1882–1933, Tübingen 1981.
Hanns Günther Reissner, Eduard Gans. Ein Leben im Vormärz, Tübingen 1965.
Jürgen Rennert/Dietmar Riemann, Der Gute Ort in Weißensee. Bilder vom jüdischen Friedhof und eine Sammlung jüdischer Stimmen zu Vergehen und Werden, Bleiben und Sein, Berlin 1987.
Ilse Rewald, Berliner, die uns halfen, die Hitlerdiktatur zu überleben, Berlin 1975.
Monika Richarz, Der Eintritt der Juden in die akademischen Berufe. Jüdische Studenten und Akademiker in Deutschland 1678–1848, Tübingen 1974.
Monika Richarz, Jüdisches Berlin und seine Vernichtung, in: Jochen Boberg u. a. (Hg.), Die Metropole. Industriekultur in Berlin im 20. Jahrhundert, München 1986, S. 216–225.
Monika Richarz (Hg.), Bürger auf Widerruf. Lebenszeugnisse deutscher Juden 1780–1945, München 1989.
Monika Richarz (Hg.), Jüdisches Leben in Deutschland 1780–1945, 3 Bde., Stuttgart 1976, 1979, 1982.
Jehuda Riemer, Fritz Perez Naphtali. Sozialdemokrat und Zionist, Gerlingen 1991.
Heidelore Riss, Das Theater des Jüdischen Kulturbundes Berlin. Zum gegenwärtigen Forschungsstand, in: Theatralia Judaica.

Emanzipation und Antisemitismus als Momente der Theatergeschichte. Von der Lessing-Zeit bis zur Shoah, Tübingen 1992, S. 312–338.

Ludwig v. Rönne/Heinrich Simon, Die früheren und gegenwärtigen Verhältnisse der Juden in den sämmtlichen Landestheilen des Preußischen Staates, Breslau 1843.

Stefan Rohrbacher, Gewalt im Biedermeier. Antijüdische Ausschreitungen in Vormärz und Revolution (1815–1848/49), Frankfurt/Main 1993.

Hazel Rosenstrauch (Hg.), Aus Nachbarn wurden Juden. Ausgrenzung und Selbstbehauptung 1933–1942, Berlin 1988.

Hans Rosenthal, Zwei Leben in Deutschland, Bergisch-Gladbach 1980.

Eli Rothschild (Hg.), Meilensteine. Vom Wege des Kartells Jüdischer Verbindungen (K.J.V.) in der Zionistischen Bewegung, Tel Aviv 1972.

Sabine Rudischhauser, Hugo Heimann und die sozialdemokratische Kommunalpolitik im alten Berlin, in: Jahrbuch für die Geschichte Mittel- und Ostdeutschlands 40 (1991), S. 88–118.

Reinhard Rürup, Emanzipation und Antisemitismus. Studien zur »Judenfrage« der bürgerlichen Gesellschaft, Göttingen 1975 (Neudruck Frankfurt/Main 1987).

Reinhard Rürup (Hg.), Topographie des Terrors. Gestapo, SS und Reichssicherheitshauptamt auf dem »Prinz-Albrecht-Gelände«. Eine Dokumentation, 9. Aufl. Berlin 1987.

Irene Runge, Vom Kommen und Bleiben. Osteuropäische jüdische Einwanderer in Berlin, Berlin 1992.

Arthur Ruppin, Soziologie der Juden, 2 Bde., Berlin 1930/31.

Charlotte Salomon, Leben oder Theater? Ein autobiographisches Singspiel in 769 Bildern, Köln 1981.

Charlotte Salomon, Leben oder Theater? Das »Lebensbild« einer jüdischen Malerin aus Berlin, 1917–1943, Ausstellungskatalog, hg. v. Christine Fischer-Defoy, Berlin 1986.

Paul Sauer, Für Recht und Menschenwürde. Ein Lebensbild von Otto Hirsch (1885–1941), Gerlingen 1985.

Helmut Schanze, Dorothea geb. Mendelssohn, Friedrich Schlegel, Philipp Veit – Ein Kapitel zum Problem Judentum und Romantik, in: Hans Otto Horch (Hg.), Judentum, Antisemitismus und europäische Kultur, Tübingen 1988, S. 133–150.

Jürgen Schebera, Damals im Romanischen Café… Künstler und ihre Lokale im Berlin der zwanziger Jahre, Braunschweig 1988.

Jürgen Schebera, Kurt Weill. Leben und Werk, London 1983.

Regina Scheer, Ahawah. Das vergessene Haus. Spurensuche in der Berliner Auguststraße, Berlin 1992.

Wolfgang Scheffler, Der Brandanschlag im Berliner Lustgarten im Mai 1942 und seine Folgen. Eine quellenkritische Betrachtung, in: Berlin in Geschichte und Gegenwart. Jahrbuch des Landesarchivs Berlin 1984, Berlin 1984, S. 91–118.

Brigitte Scheiger, Juden in Berlin, in: Stefi Jersch-Wenzel/Barbara John (Hg.), Von Zuwanderern zu Einheimischen. Hugenotten, Juden, Böhmen, Polen in Berlin, Berlin 1990, S. 154–488.

Bertold Scheller, Die Zentralwohlfahrtsstelle. Der jüdische Wohlfahrtsverband in Deutschland. Eine Selbstdarstellung, Frankfurt/Main 1987.

Klaus Scheurenberg, Überleben: Flucht und andere Geschichten aus der Verfolgungszeit des Naziregimes, Berlin 1990.

Kurt Schilde, Vom Columbia-Haus zum Schulenburgring. Dokumentation mit Lebensgeschichten von Opfern des Widerstandes und der Verfolgung von 1933 bis 1945 aus dem Bezirk Tempelhof, Berlin 1987.

Kurt Schilde, Jüdischer Sport im »Deutschen Wald«: Die organisierte jüdische Sportbewegung in Berlin von der Gründung 1898 bis zur Liquidierung durch die Nazis 1938, in: Sozial- und Zeitgeschichte des Sports 2 (1988), S. 44–58.

Usiel O. Schmelz, Die demographische Entwicklung der Juden in Deutschland von der Mitte des 19. Jahrhunderts bis 1933, in: Zeitschrift für Bevölkerungswissenschaft 8 (1982), S. 31–72.

Peter Schmidt, Berlin und seine Juden im 18. Jahrhundert, in: Hans Otto Horch (Hg.), Judentum, Antisemitismus und europäische Kultur, Tübingen 1988, S. 97–116.

Heinrich Schnee, Die Hoffinanz und der moderne Staat. Geschichte und System der Hoffaktoren an den deutschen Fürstenhöfen im Zeitalter des Absolutismus, Bd. 1: Die Institution des Hoffaktorentums in Brandenburg-Preußen, Berlin 1953.

Hansjörg Schneider, Jakob van Hoddis. Ein Beitrag zur Erforschung des Expressionismus, Bern 1967.

Max F. Schneider, Felix Mendelssohn Bartholdy. Herkommen und Jugendzeit in Berlin, in: Jahrbuch der Stiftung Preußischer Kulturbesitz 2 (1963), Berlin 1964; S. 157–168.

Julius H. Schoeps, Liberalismus, Emanzipation und jüdische Reform. Aaron Bernstein und die Berliner Reformgemeinde, in: ders. (Hg.), Religion und Zeitgeist im 19. Jahrhundert, Stuttgart 1982, S. 59–80.

Julius H. Schoeps (Hg.), Juden als Träger bürgerlicher Kultur in Deutschland, Sachsenheim 1989.

Betty Scholem/Gershom Scholem, Mutter und Sohn im Briefwechsel 1917–1946, hg. v. Itta Shedletzky, München 1989.

Gershom Scholem, Von Berlin nach Jerusalem. Jugenderinnerungen, Frankfurt/Main 1977.

Gershom Scholem, Walter Benjamin – die Geschichte einer Freundschaft, Frankfurt/Main 1975.

Ismar Schorsch, Jewish Reactions to German Anti-Semitism 1870–1914, New York 1972.

Ismar Schorsch, Moritz Steinschneider on Liturgical Reform, in: Hebrew Union College Annual 53 (1982), S. 241–264.

Ismar Schorsch, From Wolffenbüttel to Wissenschaft. The Divergent Paths of Isaak Marcus Jost and Leopold Zunz, in: Leo Baeck Institute. Year Book XXII (1977), S. 109–128.

Christiane Schütz, Kunst aus jüdischen Verlagen, in: Europäische Moderne. Buch und Graphik aus Berliner Kunstverlagen

1890–1933, Ausstellungskatalog, Berlin 1989, S. 141–162.
Ernst Schulin, Walther Rathenau. Repräsentant, Kritiker und Opfer seiner Zeit, Göttingen 1979.
Ernst Schulin (Hg.), Gespräche mit Rathenau, München 1980.
Günter Schulz (Hg.), Glückliche Jugend. Briefe des jungen Komponisten Felix Mendelssohn Bartholdy, Bremen 1971.
Gotthart Schwarz, Theodor Wolff und das Berliner Tageblatt. Eine liberale Stimme in der deutschen Politik 1906–1933, Tübingen 1968.
Jizchak Schwersenz, Die versteckte Gruppe: Ein jüdischer Lehrer erinnert sich an Deutschland, Berlin 1988.
Lilli Segall, Vom Widerspruch zum Widerstand. Erinnerungen einer Tochter aus gutem Hause, Berlin 1986.
Hans Gerd Sellenthin, Geschichte der Juden in Berlin und des Gebäudes Fasanenstraße 79–80. Festschrift anläßlich der Einweihung des jüdischen Gemeindehauses, Berlin 1959.
Hans Gerd Sellenthin, Juden in Berlin 1671–1945. Ein Lesebuch, Berlin 1988.
Naomi Shepherd, Wilfrid Israel. German Jewry's Secret Ambassador, London 1984.
Heinrich Silbergleit, Die Bevölkerungs- und Berufsverhältnisse der Juden im Deutschen Reich, Bd. 1 (Preußen), Berlin 1930.
Monika Simmel, Alice Salomon. Vom Dienste der bürgerlichen Tochter am Volksganzen, in: Jahrbuch der Sozialarbeit 4 (1981), S. 369–402.
Felix Simmenauer, Die Goldmedaille: Erinnerungen an die Bar Kochba-Makkabi Turn- und Sportbewegung 1898–1938, Berlin 1989.
Hermann Simon, Die Berliner Juden unter dem Nationalsozialismus, in: Arno Herzig/Ina Lorenz (Hg.), Verdrängung und Vernichtung der Juden unter dem Nationalsozialismus, Hamburg 1992, S. 249–266.
Hermann Simon, Das Berliner Jüdische Museum in der Oranienburger Straße, überarbeitete Fassung, Berlin 1988.
Hermann Simon, Heinrich Stahl (13. April 1868 – 4. November 1942). Vortrag, gehalten zur Gedenkfeier der Jüdischen Gemeinde am 22. April 1993, Berlin 1993.
Hermann Simon, Die Neue Synagoge Berlin. Geschichte, Gegenwart, Zukunft, Berlin 1991.
Max Sinasohn, Adass Jisroel Berlin. Entstehung, Entfaltung, Entwurzelung, 1869–1939, Frankfurt/Main 1965.
Max Sinasohn, Die Berliner Privatsynagogen und ihre Rabbiner 1671–1971. Zur Erinnerung an das 300jährige Bestehen der Jüdischen Gemeinde zu Berlin, (Privatdruck) Jerusalem 1971.
Bernd Sösemann, Das Ende der Weimarer Republik in der Kritik demokratischer Publizisten. Theodor Wolff, Ernst Feder, Julius Elbau, Leopold Schwarzschild, Berlin 1976.
Arthur R. G. Solmssen, Berliner Reigen, Frankfurt/Main 1981.
David Sorkin, The Transformation of German Jewry, 1780–1840, New York 1987.
Fritz Stern, Gold und Eisen. Bismarck und sein Bankier Bleichröder, Frankfurt/Main 1978.

Selma Stern, The Court Jew. A Contribution to the History of Absolutism in Europe, New Brunswick 1984.
Selma Stern, Der Preußische Staat und die Juden, 3 Bde., Tübingen 1962–1971.
Herbert A. Strauss, Die letzten Jahre der Hochschule (Lehranstalt) für die Wissenschaft des Judentums, Berlin: 1936–1942, in: Julius Carlebach (Hg.), Wissenschaft des Judentums. Anfänge der Judaistik in Europa, Darmstadt 1992, S. 36–58.
Herbert A. Strauss/Kurt Grossmann (Hg.), Gegenwart im Rückblick. Festgabe für die Jüdische Gemeinde zu Berlin 25 Jahre nach dem Neubeginn, Heidelberg 1970.
Manfred Stürzbecher, Verzeichnis der jüdischen Ärzte von Groß-Berlin, in: Die Berliner Ärztekammer 3 (1984), S. 157.
Barbara Suchy, The Verein zur Abwehr des Antisemitismus, T. 1: From its Beginnings to the First World War, in: Leo Baeck Institute. Year Book XXVIII (1983), S. 205–239; T. 2: From the First World War to its Dissolution in 1933, in: Leo Baeck Institute. Year Book XXX (1985), S. 67–103.
Synagogen in Berlin. Zur Geschichte einer zerstörten Architektur, Ausstellungskatalog, 2 Tle., Berlin 1983.
Josef Tal, Der Sohn des Rabbiners. Ein Weg von Berlin nach Jerusalem, Berlin 1985.
Gabriele Tergit, Etwas Seltenes überhaupt. Erinnerungen, Frankfurt/Main 1983.
Walter Tetzlaff/E.G. Lowenthal, 2000 Kurzbiographien bedeutender deutscher Juden des 20. Jahrhunderts, Lindhorst 1982.
Heidi Thomann Tewarson, Rahel Levin Varnhagen. Mit Selbstzeugnissen und Bilddokumenten dargestellt, Reinbek 1988.
Felix A. Theilhaber, Der Untergang der deutschen Juden. Eine volkswirtschaftliche Studie, 2. Auflage, Berlin 1921.
Georg Tietz, Hermann Tietz. Geschichte einer Familie und ihrer Warenhäuser, Stuttgart 1965.
Francoise Tillard, Die verkannte Schwester. Die späte Entdeckung der Komponistin Fanny Mendelssohn Bartholdy, München 1994.
Angelika Timm, Zur Biographie jüdischer Hochschullehrerinnen in Berlin bis 1933. Nach Materialien des Archivs der Humboldt-Universität zu Berlin, in: Tel Aviver Jahrbuch für deutsche Geschichte 21 (1992), S. 243–258.
Toleranz und Brüderlichkeit. 30 Jahre Gesellschaft für christlich-jüdische Zusammenarbeit in Berlin, Berlin 1979.
Jacob Toury, Die politischen Orientierungen der Juden in Deutschland. Von Jena bis Weimar, Tübingen 1966.
Jacob Toury, Soziale und politische Geschichte der Juden in Deutschland, Düsseldorf 1977.
Habakuk Traber/Elmar Weingarten (Hg.), Verdrängte Musik. Berliner Komponisten im Exil, Berlin 1987.
Wilhelm Treue, Das Bankhaus Mendelssohn als Beispiel einer Privatbank im 19. und 20. Jahrhundert, in: Mendelssohn-Studien 1, Berlin 1973, S. 29–80.
Johannes Tuchel, Am Grossen Wannsee 56–58: Von der Villa Minoux zum Haus der Wannsee-Konferenz, Berlin 1992.

Hermann Ullstein, The Rise and Fall of the House of Ullstein, London 1949.
Ullstein-Verlag: Hundert Jahre Ullstein, hg. v. Joachim W. Freyburg u. Hans Wallenberg, Berlin 1977.
Und lehrt sie: Gedächtnis! Eine Ausstellung des Ministeriums für Kultur und des Staatssekretärs für Kirchenfragen in Zusammenarbeit mit dem Verband der Jüdischen Gemeinden in der DDR zum Gedenken an den faschistischen Novemberpogrom vor 50 Jahren, Berlin 1988.
Rahel Varnhagen, Briefe an eine Freundin. Rahel Varnhagen an Rebecca Friedländer, hg. v. Deborah Hertz, Köln 1988.
Rahel Varnhagen, Briefwechsel. Rahel und ihre Zeit, hg. v. Friedhelm Kemp, 4 Bde., München 1966–1968.
Verein Stiftung Scheunenviertel (Hg.), Das Scheunenviertel: Spuren eines verlorenen Lebens, Berlin 1994.
Shulamit Volkov, Die Juden in Deutschland 1780–1918, München 1994.
Shulamit Volkov, Jüdisches Leben und Antisemitismus im 19. und 20. Jahrhundert, München 1990.
Joseph Walk, Kurzbiographien zur Geschichte der Juden 1918–1945, München 1988.
Hermann Wallich/Paul Wallich, Zwei Generationen im deutschen Bankwesen 1833–1914, hg. v. Henry C. Wallich, Frankfurt 1978.
Ronald Webster, American Relief and Jews in Germany 1945–1960. Diverging Perspectives, in: Leo Baeck Institute. Year Book XXXVIII (1993), S. 293–321.
Wegweiser durch das jüdische Berlin. Geschichte und Gegenwart, Berlin 1987.
Siegmund Weltlinger, »Hast Du es schon vergessen?« Erlebnisbericht über die Verfolgung, Frankfurt/Main 1954.
Stefi Wenzel, Jüdische Bürger und kommunale Selbstverwaltung in preußischen Städten 1808–1848, Berlin 1967.
Jacob Wertheimer, Unwelcome Strangers. East European Jews in Imperial Germany, New York 1987.
Uwe Westphal, Berliner Konfektion und Mode. Die Zerstörung einer Tradition 1936–1939, Berlin 1986.
Johannes Wickert, Albert Einstein in Selbstzeugnissen und Bilddokumenten dargestellt, Reinbek 1972.
Hans Wilderotter (Hg.), Die Extreme berühren sich: Walter Rathenau (1867–1922). Eine Ausstellung des Deutschen Historischen Museums in Zusammenarbeit mit dem Leo Baeck Institut/New York 1993, Katalog, Berlin 1993.
Petra Wilhelmy, Der Berliner Salon im 19. Jahrhundert 1780–1914, Berlin 1989.
Wolfgang Wippermann, Steinerne Zeugen. Stätten der Judenverfolgung in Berlin, Berlin 1982.
Fritz Wisten, Drei Leben für das Theater: Stuttgart 1919–1933 – Jüdischer Kulturbund – Berlin 1945–1962, Berlin 1990.
Robert S. Wistrich, German Social-Democracy and the Berlin Movement, in: Internationale wissenschaftliche Korrespondenz zur Geschichte der deutschen Arbeiterbewegung 12 (1976), S. 433–442.

Eugen Wolbe, Geschichte der Juden in Berlin und in der Mark Brandenburg, Berlin 1937.
Egmont Zechlin, Die deutsche Politik und die Juden im Ersten Weltkrieg, Göttingen 1969.
Bruno Zevi, Erich Mendelsohn, Zürich 1983.
Kurt Zielenziger, Juden in der deutschen Wirtschaft, Berlin 1930.
Georg Zivier/Walther Huder, Dreihundert Jahre Jüdische Gemeinde zu Berlin, Berlin 1971.
Wolf Zuelzer, Der Fall Nicolai, Frankfurt/Main 1981.

Autorinnen und Autoren

Gabriel E. Alexander, M.A., geb. 1951 in Guayaquil/Equador. Akademischer Direktor des Historischen Forschungszentrums beim Jüdischen Nationalfond (Keren Kayemeth Leisrael) Jerusalem. Dissertationsvorhaben zum Thema »Die Berliner Juden und ihre Gemeinde in der Weimarer Republik (1918–1933)«. Veröffentlichungen u.a.: »Berlin« in der Enzyklopädie des Holocaust (1993); Die Entwicklung der jüdischen Bevölkerung in Berlin zwischen 1871 und 1945, in: Tel Aviver Jahrbuch für Deutsche Geschichte 20 (1991).

Werner T. Angress, Dr. phil., geb. 1920 in Berlin. Emeritierter Professor für Geschichte an der State University of New York in Stoney Brook. Veröffentlichungen u.a.: Die Kampfzeit der KPD 1921–1923 (1973); Generation zwischen Furcht und Hoffnung. Jüdische Jugend im Dritten Reich (1985); Juden im politischen Leben der Revolutionszeit, in: Werner E. Mosse/Arnold Paucker (Hg.), Deutsches Judentum in Krieg und Revolution 1916–1923 (1973); zahlreiche Aufsätze zur deutsch-jüdischen Geschichte.

Dolores L. Augustine, Dr. phil., geb. 1955 in Washington/D.C. Associate Professor an der St. John's University in New York. Veröffentlichungen: Patricians and Parvenus. Wealth and High Society in Wilhelmine Germany (1994); zahlreiche Aufsätze zur deutschen Unternehmergeschichte, u.a.: Die soziale Stellung jüdischer Unternehmer am Beispiel Berlin, in: Werner E. Mosse/Hans Pohl (Hg.), Jüdische Unternehmer in Deutschland im 19. und 20. Jahrhundert, Sonderheft 64 der Zeitschrift für Unternehmensgeschichte (1992).

Inka Bertz, M.A., geboren 1959 in Düsseldorf. Dissertationsvorhaben zum Thema »Die Jüdische Renaissance in Deutschland und ihre Bildkultur 1900–1925«; Wiss. Mitarbeiterin bei Ausstellungen und im Jüdischen Museum im Berlin Museum (1989–1992 Volontariat). Veröffentlichungen u.a.: »Keine Feier ohne Meyer«. Die Geschichte der Firma Hermann Meyer & Co. 1890–1990 (1990); »Eine neue Kunst für ein altes Volk«. Die Jüdische Renaissance in Berlin 1900–1924 (1991); zahlreiche Aufsätze zur jüdischen Geschichte im 20. Jahrhundert.

Michael Brenner, Dr. phil., geb. 1964 in Weiden/Oberpfalz. Assistant Professor für Jüdische Geschichte im Department of Near Eastern and Judaic Studies der Brandeis University in Waltham/Massachusetts. Veröffentlichungen u.a.: Am Beispiel Weiden. Jüdischer Alltag im Nationalsozialismus (1983); The Renaissance of Jewish Culture in Weimar Germany (Ph. D. dissertation,

Columbia University New York 1994, im Druck, Yale University Press); zahlreiche Aufsätze zur neueren jüdischen Geschichte.

Wolf Gruner, Dr. phil., geb. 1960 in Berlin. Zunächst Reprotechniker, dann Studium der Geschichtswissenschaften an der Humboldt-Universität Berlin, 1989 Diplom, 1994 Promotion an der Technischen Universität Berlin mit dem Thema: »Der ›Geschlossene Arbeitseinsatz‹ der deutschen Juden als Element des antijüdischen Verfolgungsprozesses des NS-Staates 1938–1943«. Aufsätze und Quellenveröffentlichungen zur Geschichte der nationalsozialistischen Judenverfolgung.

Rüdiger Hachtmann, Dr. phil., geb. 1953 in Celle/Niedersachsen. Wiss. Assistent am Institut für Geschichtswissenschaft der Technischen Universität Berlin. Veröffentlichungen u. a.: Industriearbeit im Dritten Reich. Untersuchungen zu den Lohn- und Arbeitsbedingungen in Deutschland 1933–1945 (1989); Aufsätze zur Wirtschafts- und Sozialgeschichte 1929–1945, zum nationalsozialistischen Arbeitsrecht sowie zur Sozialgeschichte der Revolution von 1848; 1994 Abschluß einer Habilitationsschrift zum Thema »Berlin 1848. Eine Politik- und Gesellschaftsgeschichte der Revolution«.

Stefi Jersch-Wenzel, Dr. phil., geb. 1937 in Berlin. Leiterin der Sektion für deutsch-jüdische Geschichte der Historischen Kommission zu Berlin, apl. Professorin an der Technischen Universität Berlin. Veröffentlichungen u. a.: Jüdische Bürger und kommunale Selbstverwaltung in preußischen Städten 1808–1848 (1967), Juden und »Franzosen« in der Wirtschaft des Raumes Berlin/Brandenburg zur Zeit des Merkantilismus (1978); zus. mit Marianne Awerbuch (Hg.), Bild und Selbstbild der Juden Berlins zwischen Aufklärung und Romantik (1992); zus. mit Barbara John (Hg.), Von Zuwanderern zu Einheimischen. Hugenotten, Juden, Böhmen, Polen in Berlin (1990); zahlreiche Aufsätze zur deutsch-jüdischen Geschichte.

Norbert Kampe, Dr. phil., geb. 1948 in Berlin. Wiss. Mitarbeiter des Zentrums für Antisemitismusforschung an der Technischen Universität Berlin, seit 1989 Abteilungsleiter in der Stiftung Archiv der Akademie der Künste, Berlin. Veröffentlichungen u. a.: Studenten und »Judenfrage« im Deutschen Kaiserreich. Die Entstehung einer akademischen Trägerschicht des Antisemitismus (1988); (Hg.), Jewish Immigrants of the Nazi-Period in the USA: Jewish Emigration from Germany 1933–1942 (2 Bde. 1992); mit Herbert A. Strauss (Hg.), Antisemitismus. Von der Judenfeindschaft zum Holocaust (1985); Aufsätze zur jüdischen Sozialgeschichte und zur Geschichte des Antisemitismus.

Steven M. Lowenstein, Dr. phil., geb. 1945 in New York. Levine-Professor für Jüdische Geschichte an der University of Judaism in Los Angeles. Veröffentlichungen u. a.: Frankfurt on the Hudson. The German-Jewish Community of Washington Heights 1933–1983 (1989); The Mechanics of

Change: Essays on the Social History of German Jewry (1992); The Berlin Jewish Community. Enlightenment, Family and Crisis 1770–1830 (1994); zahlreiche Aufsätze zur deutsch-jüdischen Sozialgeschichte, Demographie und Kultur.

Michael A. Meyer, Dr. phil., geb. 1937 in Berlin. Adolph-S.-Ochs-Professor für Jüdische Geschichte am Hebrew Union College, Jewish Institute of Religion, Cincinnati, Internationaler Präsident des Leo-Baeck-Instituts. Veröffentlichungen u. a.: Ideas of Jewish History (1974); Response to Modernity. A History of the Reform Movement in Judaism (1988); Jüdische Identität in der Moderne (1992); Von Moses Mendelssohn zu Leopold Zunz. Jüdische Identität in Deutschland 1749–1824 (1994); zahlreiche Aufsätze zur jüdischen Geschichte.

Andreas Nachama, Dr. phil., geb. 1951 in Berlin. Geschäftsführender Direktor der Stiftung Topographie des Terrors, Berlin, u. a. Ausstellungsleitung »Jüdische Lebenswelten« (1992). Veröffentlichungen u. a.: Jiddisch im Berliner Jargon oder Hebräische Sprachelemente im deutschen Wortschatz (1994); (Mit-Hg.), Jüdische Lebenswelten, Ausstellungskatalog; Essayband; Dokumentation (3 Bde. 1992); mit Julius H. Schoeps (Hg.), Aufbau nach dem Untergang. Deutsch-Jüdische Geschichte nach 1945 (1992); mit Hermann Simon (Hg.), Jüdische Grabstätten und Friedhöfe in Berlin (1992).

Arnold Paucker, Dr. phil., geb. 1921 in Berlin. Direktor des Leo-Baeck-Instituts, London, 1970–1992 Herausgeber des Year Book des Leo-Baeck-Instituts. Veröffentlichungen u. a.: Der jüdische Abwehrkampf gegen Antisemitismus und Nationalsozialismus in den letzten Jahren der Weimarer Republik (2. Aufl. 1969); Jüdischer Widerstand in Deutschland. Tatsachen und Problematik (1989); (Hg.), Die Juden im Nationalsozialistischen Deutschland 1933–1943. The Jews in Nazi-Germany 1933–1943 (1986); Mit-Hg. zahlreicher Sammelbände zur deutsch-jüdischen Geschichte; Aufsätze zu historischen und philologischen Themen.

Reinhard Rürup, Dr. phil., geb. 1934 in Rehme/Westf. Professor für Neuere Geschichte an der Technischen Universität Berlin, Wissenschaftlicher Direktor der Stiftung Topographie des Terrors, Berlin, Vorsitzender der Wissenschaftlichen Arbeitsgemeinschaft des Leo-Baeck-Instituts in der Bundesrepublik Deutschland. Veröffentlichungen u.a.: Emanzipation und Antisemitismus. Studien zur »Judenfrage« der bürgerlichen Gesellschaft (1975, 1987); Deutschland im 19. Jahrhundert 1815–1871 (2. Aufl. 1992); mit Werner E. Mosse/Arnold Paucker (Hg.), Revolution und Evolution. 1848 in German-Jewish History (1981); zahlreiche Aufsätze zur jüdischen Geschichte und zum Antisemitismus.

Personenregister